헌법 위의 악법 2

국가보안법, 폐지가 답이다

헌법 위의 악법 2
국가보안법, 폐지가 답이다

2022년 4월 18일 초판 1쇄 펴냄
2022년 11월 30일 초판 2쇄 펴냄

지은이 민주사회를 위한 변호사모임
펴낸이 신길순

펴낸곳 도서출판 **삼인**
등록 1996년 9월 16일 제25100-2012-000046호
주소 03716 서울시 서대문구 성산로 312 북산빌딩 1층

전화 (02) 322-1845
팩스 (02) 322-1846
전자우편 saminbooks@naver.com

디자인 디자인 지폴리
인쇄 수이북스
제책 은정제책

ISBN 978-89-6436-217-4 93360

값 26,000원

헌법 위의 악법

2

국가보안법, 폐지가 답이다

민주사회를 위한 변호사모임

삼인

국가보안법 종언을 위한 마지막 송사送辭

대한민국에서 국가보안법은 무엇인가. 일제와 냉전의 유물, 분단의 시작과 고착, 누군가에게는 굴레를 씌우고, 가족을 신고하게 하고, 누구는 벌레가 되게 하고, 누구에게는 밥이 되었던 '헌법 위의 악법', 국가보안법은 74년 세월을 여전히 버티고 있다.

4·3, 여순, 국회프락치 사건, 1차 인혁당 사건, 동백림 사건, 태영호 납북 사건, 통일혁명당 사건, 남조선 해방전략당 사건, 유럽 유학생 간첩단 사건, 납북어부 간첩 사건, 구미유학생 간첩단 사건, 2차 인혁당 사건, 오송회, 진도 간첩단, 울릉도 간첩단, 학림, 부림, 아람회, 수지 김 사건, 김철우, 김승효, 진두현, 구말모, 고병택, 이철, 강종헌, 김오자, 김원중, 김동휘, 강종건, 박동운, 김정사, 이헌치, 김장호, 유영수, 유성삼, 박박, 김병주, 이종수, 김태홍, 최철교, 윤정헌, 조봉암, 함주명, 송두율, 이시우, 유우성, ….

해방 이후 일어난 인권침해 사건의 기저에는 국가보안법 체제가 있다. 국가보안법은 냉전에 기대어 남북을 나누고, 정적을 제거하고, 정권 안보를 위하여 간첩을 생산하는 공작소였다.

구구한 말이 얼마나 더 필요하겠는가. 얼마나 많은 말로써 폐지를 논하였던가, 얼마나 많은 웅변으로 그 짓밟힘을 성토하였던가, 74년 세월 동안 흘린 눈물이 또 얼마였던가. 그 많은 피의 강, 한恨의 강, 이제는 평화와 통일의 강으로 흘러야 한다. 국가보안법의 역사를 끝내고 낙인과 저주가 아닌 상생의 길로 가야 한다.

오늘 우리가 출판하는 이 책이 국가보안법을 논하는 마지막 책이길 간절히 소망한다. 기획·편집·출판까지 총괄하신 이정희 변호사님을 비롯해 글을 쓰고 닦고 고뇌하였을 집필진과 편집진의 노고는 이루 헤아릴 수 없다. 그리고 글 행간에 숨겨져 있는 인고의 삶을 살았을 피해자 한 분 한 분의 고난의 역사 또한 잊을 수 없다.

이 책이, 국가보안법의 사슬을 끊는 마지막 송사가 되기를 소망한다.

조영선

(민주사회를 위한 변호사모임 국가보안법 폐지 TF 단장)

민변 국가보안법 폐지 TF

단장　조영선

간사　이주희, 허진선

구인호 권정호 김무락 김은진 김인숙 김진형 문은영 박천우 박치현 박현서 백수범
서채완 송봉준 신의철 심재환 엄기섭 오민애 윤영태 윤재은 이명춘 이정희 임종인
임준형 장경욱 전다운 정병욱 정이명화 조세현 조지훈 채희준 천낙붕 최병모 최봉태
최혁용 하주희 함승용

집필

기획대담　김형태 임종인 김용민 신윤경 이정희
　　　　（정리）박천우 임준형

제2조　심재환

제3조　이정희

제4조　이주희 오민애 윤재은 조세현

제5조　하주희

제6조　김진형

제8조　채희준

제9조　이주희 오민애 윤재은 조세현

제10조 신의철

특별형사소송규정 등　윤영태

맺음말 이정희

편집

편집 책임 이정희

김진형 박천우 신의철 심재환 윤영태 임준형

목차

1부　기획대담

2부　반국가단체와 간첩

1부

기획
대담

증오의 법, 국가보안법을 없애자

일시 : 2021년 9월 27일 오후 3시

장소 : 민주사회를 위한 변호사모임 대회의실

참석자 : 김형태 변호사(법무법인 덕수)

　　　　임종인 변호사(법무법인 해마루)

　　　　김용민 의원/변호사(더불어민주당)[1]

　　　　신윤경 변호사(법무법인 동화)

사회 : 이정희 변호사(법무법인 향법)

진행 및 정리[2] : 박천우 변호사, 임준형 변호사(법무법인 향법)

사진 촬영 : 허진선 민주사회를 위한 변호사모임 간사

이정희 『헌법 위의 악법』 2권 대담에 참여해주셔서 정말 고맙습니다. 국가보안법 사건 경험이 많으시고 폐지운동에 오랫동안 노력해오신 변호사님들이셔서 귀한 시간이 될 것 같습니다. 먼저, 국가보안법 폐지 이야기

---

1 김용민 의원은 대담 당일 국회 본회의 일정으로, 이후 서면 발언을 맥락에 맞게 편집하였다.

2 독해의 편의를 위하여 보충한 부분은 ( )로 표시하였다. 이해를 위하여 필요한 사항은 각주에 기재하였다.

를 하면 "국가보안법은 사문화된 거 아니냐"는 말을 굉장히 많이 합니다. 또 문재인 정부 들어서는 적용되는 경우가 크게 줄기도 했다는 건데요. 하지만 최근에도 국가보안법 사건은 끊이지 않고 일어나고 있습니다. 국가보안법 사건 변호를 많이 맡고 계신 신윤경 변호사님께서 최근 국가보안법 사건들의 유형을 설명해주실 수 있을까요?

1. 국가보안법은 사문화되었나

신윤경 우선 고전적인 유형들이 항상 있죠. 통일운동하시던 분들, 노동운동하시던 분들, 소지라든가 찬양고무라든가 보통 이런 거로 들어가고, 조금 더 나아가서는 외국에서 225국[3] 공작원을 만났다, 이런 고전적인 유

---

3 법원은 북한의 대외연락부(225국)가 대남공작조직으로 군사정보를 비롯한 대한민국의 국가기밀 수집을 지속적으로 시도하고 있다고 판단한다. 서울중앙지방법원 2012. 2. 23. 선고 2011고합1131 판결 등.

형이 있고요.

두 번째로는 국정원이나 대공수사기관이 70년대부터 하는 거 있지 않습니까. 우리 사회에 가장 약한 고리를 타깃으로, 재일교포라든가 납북어부라든가, 그게 이제는 탈북민으로 바뀌었어요. 탈북민들이 전원 합신센터[4]에 들어갈 수밖에 없는 상황을 이용해서 탈북민들을 간첩으로 만드는 유형이 있죠. 권길순이라든가 이혜련이라든가 여자 간첩으로 조작된 분들이 계시다가, 유우성 사건부터 조작이 문제가 되고, 얼마 있다가 홍강철 사건이 터지고 난 다음에 이제는 언론 보도에 나는 건 없어요. 보도 나는 건 없지만, 지금까지 정황을 봤을 때, 사건들이 없어진 게 아니라, 그냥 애초에 언론에서 보도를 안 해버리는 게 아닌가, 그러면 바깥에서는 전혀 알 수가 없는 상황이니까. 왜냐하면 이 탈북민들이 남한에 무슨 연고가 있는 것도 아니고 하니까, 이렇게 묻어버리면서 간첩으로 만들기 상당히 좋은 상황이에요. 그래서 어찌 보면 이게 더 악화된 게 아닌가 하는 의심을 가지고 있고.

세 번째로는, 약간 특이하다고 해야 할까요. 세 번째 유형의 공통점은, 자기가 국가보안법에 하나도 관련이 없는 사람이라고 생각해요. 그러니까, "나랑 상관없는 거". 소위 말하는 범행이라는 걸 하면서도, 자기가 국가보안법 위반이라는 생각은 하지도 않았다는 건데, 이분들이 주로 어떤 분들이냐면, 대북사업, 경제사업 하시던 분들 내지는 경제사업을 처음에는 적법한 절차를 거쳐서 하다가, 나중에 정권 바뀌고 나서 예전에 아무 문제도 되지 않았던 일을 새삼스레 문제 삼는 것입니다. "그때 사업을 하면서 니가 이렇게 찬양 고무했지.", "그때 사업을 하면서 네가 이렇게 허가된 범위를 벗어났지." 내지는 "허락 안 받고 사업을 했지." 세 번째 유형 중에서

---

4 북한이탈주민보호센터(구 정부합동신문센터, 합신센터)는 국가정보원의 관할 하에 군, 검찰, 국가정보원이 북한이탈주민에 대한 배경 조사 및 위장탈북 분류 등을 하는 기관으로, 모든 북한이탈주민은 대한민국에 도착하자마자 간단한 건강검진을 마친 후 바로 이곳으로 가게 된다.

"우리 사회에 가장 약한 고리를 타깃으로, 그게 이제는 탈북민으로 바뀌었어요" 신윤경 변호사

도 어떻게 보면 좀 황당한 유형이 있어요. 북한 사람이랑 (함께) 범죄를 저지르다가, 컴퓨터 사용 사기라든가, 왜 도박 사이트 같은 거 있잖아요. 불법적인 도박 사이트, 해킹, 이런 범죄를 중국 단둥이나 이런 데서 북한 사람과 같이 하다가, 그러니까 이 사람들은 '내가 컴퓨터 사용해서 이런 범죄를 한다.' 생각은 있지만, 자기 행위가 국가보안법 위반이란 생각은 못 하는데, 잡힌 다음에 같이 범죄를 저지른 북한 사람이 갑자기 공작원이 돼버리는 거예요. 이런 새로운 유형이 생기고 있습니다.

임종인 하나 여쭤볼게요. 2017년 민변 국가보안법 보고서를 봤는데, 17년도에 문재인 정부가 탄생하지 않습니까. 그런데 18년, 19년, 20년 문재인 정부 아래에서 국가보안법 입건 건수는 얼마나 돼요?

신윤경 제가 체감하기에는 정권 초반에는 확실히 좀 줄었어요. 지금 들어온 것들은 공소시효 완성이 얼마 안 남은 것들로 작년, 재작년부터 좀 많이 들어오는 것 같아요.

임종인 그러니까 이 책 보면 2012년과 13년도에 이명박 대통령 재임

말기, 대선 있던 해하고, 그다음에 박근혜 정부 1년 차 때 급격히 늘었다가 좀 줄다가 2017년까지만 나와 있는데, 아무래도 문재인 정부에서 좀 많이 줄었을 거로 생각하는데, 몇 건이나 되는지 궁금해요. 이것은 문재인 정부의 의지, 국가보안법 폐지로는 못 나갔어도 국가보안법을 대하는 태도가 어땠는지를 알 수 있는 중요한 바로미터라고 생각이 되어서요. 문재인 정부에서 어떻게 됐었는지 좀 주의 깊게 살펴보고 싶어요.[5]

신윤경 그게 정부의 의지라고 생각되지는 않는 게, 지금 문 정부 쪽의 인적 구성이라든가 그런 점에서 조작 사건이나 간첩 사건이 터져서 정권 유지에 도움될 게 하나도 없기 때문이 아닐까요. 적용하지 않으려는 의지가 있었다면, 제 사건 중에, 박근혜 때 주범은 재판받고 공범들은 재판을 안 받았던 사람들이라든가 시효가 만료되는 그런 분들, 기소하지 말아야 하는데, 기소는 다 되고 있거든요. 그러니까 예전 정권 때 입건된 분들은 시효 만기를 남겨놓고 지금 다 기소되고 있거든요.

임종인 그러니까 별 차이가 없다는 말씀.

신윤경 제 말은, 그냥 정권 유지에 플러스가 아니니까 그냥 하지 않고 있는 거지, 굳이 이 정부가 국가보안법 폐지는 못해도 사문화시키기라도 해야겠다는 의지 때문에 (기소를) 안 하는 건 아닌 것 같다는 거죠.

이정희 김용민 의원님은 변호사로서 서울시 공무원 간첩조작사건에서 무죄판결을 이끌어내셨습니다. 당시 국가정보원과 검찰의 증거조작, 탈북민들의 피해 실태가 드러나 많은 사람에게 충격을 주었는데요, 국가보안법이 사문화되었다고 하려면 위 사건에서 드러난 문제들이 엄정하게 처리

---

5 2020. 3. 9. 법원행정처 통계에 따르면 노무현 정부 5년 국가보안법 위반 1심 건수(재심 제외)는 276건, 이명박 정부 5년 329건, 박근혜 정부 4년 317건, 문재인 정부 3년(2020. 2.까지) 98건이었다. 2019년 국가정보원 통계로는 2004년 국가보안법 폐지운동 이후 노무현 정부에서 구공판 건수는 2005년 41건, 2006년 34건, 2007년 36건이었다가, 이명박·박근혜 정부에서 다시 늘어 2013년에는 197건에 이르렀다. 문재인 정부 이후에는 다시 2017년 27건, 2018년 26건, 2019년 15건으로 줄었다.

되고 재발을 막을 법적·제도적 변화가 이어졌어야 할 텐데, 그런 변화는 찾기 어려웠습니다. 국가보안법은 아직도 진행형이라고 해야 할까요?

김용민 아쉽게도 변화된 것이 거의 없는 것 같습니다. 제도적으로 국정원의 수사권을 이관하는 변화는 있으나 아직 시행 전이고, 개정된 국정원법상으로도 국정원이 여전히 수사에 준하는 조사를 할 수 있게 되어 있어서 갈 길이 멀다고 생각합니다. 사건 조작에 관계된 검사들은 단 한 명도 처벌받지 않은 사실에서도 크게 달라지지 않았다는 것을 알 수 있습니다. 서울시 공무원 간첩조작사건 이후에도 국가보안법을 악용한 고발이나 수사 등이 여전히 있습니다. 그나마 간첩조작사건으로 일부 국정원 직원들이 처벌받아서 국정원이 조심하고 있다는 정도가 위안이 아닐까 싶습니다. 한편 서울시 공무원 간첩조작사건도 지금이야 그렇게 부르지만 과거에는 '간첩조작'이 아니라 '증거조작'사건으로 불렀습니다. 국정원 또는 탈북민 단체 등이 변호인을 상대로 수시로 고소, 고발하거나 손해배상을 청구했기 때문에 간첩조작이라고 쉽게 부르지 못했습니다. 국가보안법이 여전히 존재감을 과시하고 있는데, 이를 제어하기 위한 최소한의 견제 장치들이 작동하지 않는 것도 문제입니다. 서울시 공무원 간첩조작사건에서 증거를 조작한 국정원 직원들을 기소할 때 국가보안법상 무고날조죄를 적용하지 않고 형법상 모해증거위조죄를 적용하여 국가보안법의 악용 가능성만 더 높여주기도 했습니다.

김형태 제가 이번 대담에서 반론을 주로 하는 미꾸라지 역할을 좀 해볼게요(일동 웃음). 국가보안법은 근본적으로 남북의 정치·경제적 구조의 차이에서부터 출발한 거죠. 대한민국과 조선민주주의인민공화국이 완전히 다른 체제가 됐잖아요. 저쪽은 사회주의를 지향해서 땅도 다 무상분배 했고, 이쪽은 유상분배에 경제체제도 자본주의에 편입됐고. 그래서 1948년 국가보안법 제정 당시에는 두 체제 간에 머리 터지게 싸워야 하니까, 남쪽 입장에서는 보안법이 엄청난 무기가 됐을 것 같아요. 1차 법 개정 당시 국회에서 토론하는 거 보면, 법무부 장관이 나와가지고 "이거는 그냥 총이고, 총알이다." 이러죠. 거기에 무슨 법률가들이 말하는 절차적 적법성, 정당성 이런 거 얘기 안 하고 "그냥 적이니까 죽여야 된다." 이런 식으로 보안법의 정체성을 까놓고 얘기하거든요.

그렇게 출발했는데 1990년대 이후 자본주의, 사회주의가 수렴하는 경향도 있고, 신자유주의가 출현하고 현실 사회주의는 다 무너집니다. 현재 북쪽은 순수 사회주의라고 말하기는 좀 어렵고 러시아, 중국도 바뀌었고, 그러니까 1948년 당시처럼 세계적으로나 국내적으로나 사상이나 경제체제가 자본주의, 사회주의로 확실하게 나뉘어서 싸우는 게 아니기 때문에, 보안법이 무기로서의 가치가 많이 떨어졌다는 생각이 들어요.

6·25전쟁이 끝난 후, 50년대에는 조봉암 같은 대통령 후보도 보안법으로 사형시켜 버렸고, 6, 70년대에는 남파간첩은 물론 그 가족들이나 납북어부들을 무수히 간첩으로 조작해서 감옥에 가두고 죽였죠. 그게 다 북쪽과 정치·경제적으로 첨예하게 대립하고 있었기 때문에 보안법이란 무기를 가혹하게 쓴 겁니다. 1972년 박정희 정권의 남북대화 이후로는 북에서 남파간첩을 안 보내잖아요. 그러니까 남쪽 자생 공산주의자들이라면서 인혁당 사건을 조작해서 8명을 사형시켰어요. 80년대 전두환은 군사 쿠데타를 정당화시키고 사회 분위기를 다잡으려고 시도하는 과정에서 남파간첩 대신에 애꿎은 재일교포들을 상대로 무수한 조작간첩사건을 만들죠. 이후 점점 사회가 민주화되고 전 세계적으로 좌우의 첨예하게 대립하던 정치경제적 흐름이 수렴하게 되니까 보안법을 활용할 필요성이 좀 없어졌지 않았나 싶어요. 옛날 8, 90년대 보안법은 학생, 노동자, 농민처럼 자본주의 모순에 저항해서 사회를 개혁하려는 세력을 탄압하는 무기였는데 지금은 그런 충돌이 거의 없어졌지요. 이제 보안법의 표적으로 남은 건 마지

날marginal한, 중심으로부터 소외된 변방의 탈북민들이 아니냐, 옛날에는 재일교포였는데 이제는 탈북민으로 바뀐 거죠.

그리고 1989년 임수경이 북에 갔다 왔는데, 그때만 해도 통일론을 둘러싸고 엄청나게 싸웠거든요. 정부 주도로 하느냐 민간 주도로 하느냐, 창구 단일화로도 싸우고. 그러니 남북분단으로 이득을 보는 기득권 세력들은 보안법 가지고 민주화, 통일운동 세력을 무찔러야 했는데, 지금은 그럴 필요가 없어졌어요. 안타깝게도 민간 통일운동세력들이 거의 사라져버렸거든요.

아까 '국가보안법 과연 사문화되었나'라는 물음이 있었는데, 사문화까지는 아니지만, 국가보안법의 존재 토양이 이제는 많이 없어졌다고 말할 수 있겠지요. 물론 앞으로도 법이 존재하는 한 정권의 성향에 따라 국가보안법 기소 건수는 늘고 줄고 하겠죠. 윤석열 정권이 들어서면 또 그걸 칼로 쓸 수도 있겠지만, 이제는 옛날처럼 우리 사회가 나아갈 방향을 둘러싼 커다란 싸움에는 못 써먹어요. 그래서 국가보안법을 둘러싼 본 게임은 사실상 끝났다고 생각합니다.

현재 국가보안법은, 제가 사형폐지 운동을 열심히 하는데, 그거와 비슷해요. 우리가 25년 동안 사형집행을 안 해서 사실상 폐지국이지만, 법률상 폐지를 안 하면 사형제도는 계속 남아 있거든요. 하여튼 보안법도 마지막 숨통을 딱 끊어야 한다는 점에서는 무조건 동의하는데, 그 효용성이나 영향력 이런 거는 다시 평가해야 되지 않을까 이런 생각이 듭니다.

여전히 보수 세력, 분단 세력, 공안기관,
국정원이 국가보안법을 필요로 한다

임종인 저는 완전히 다르게 생각하는데(일동 웃음), 지금 김 변호사님 말씀대로 70년대까지는 남북 간에 잠재적인 경쟁 체제였고 실질적으로 남한을 북한식으로 만들려고 공작원도 많이 파견했지만, 그 후로는 줄어들어 거의 없게 됐죠. 그러나 국가보안법의 효용성, 국가보안법이 정권 유지를 위해 활용되고 국가보안법이 여론 환기를 하고 이런 것은 계속 있죠. 70년대에 많은 재일동포 유학생 간첩조작사건[6]이 있었거든요. 예를 들면 김정사, 강종헌, 이철 등, 뭔 일만 터지면 정치적으로 좀 불리해지면 바로 간첩단을 터뜨려서 정권 유지에 이용하는 것은 70년대 80년대에 계속됐고, 90년대에도 했고. 지금 우리가 알다시피 2013년도에 이른바 서울시 공무원 간첩조작사건 유우성 씨 경우가 바로 정권 유지를 위해 쓴 거거든요. 왜냐하면 2013년 2월에 박근혜가 취임하는데 그전에 국정원의 (대통령) 선거 댓글 사건으로 정통성 문제에 엄청나게 시달렸어요. "(선거)부정으로 (당선)된 사람이다." 그랬을 때 바로 2013년 3월에 터뜨린 사건이 서울시 (공무원) 간첩 사건이거든요. 또 7조로 고무·찬양, 이적표현물 소지로 계속 처벌해왔고, 기본적으로 남과 북의 긴장관계를 활용하면서 정권을 유지했고. 근데 제가 보기에는 문재인 정부는 남북 평화를 추구하는 정권이라고 보이니까, 그전에 이명박·박근혜 정부는 남북분단을 극단적으로 활용하는 정부고, 그래서 근본적으로 좀 다르다, 폐지는 못했어도 달라졌다, 이렇게 생각을 하는 거죠. 실제로 그럴 거라고 보이고요.

그래서 저는 결론만 말씀드리면, 국가보안법의 효용성은 보수 세력, 남북분단 세력 이런 데서는 계속 활용할 여지가 있다. 그다음에 공안기관이 필요로 한다. 노무현 정부 때도 보면 대검 공안부가 계속 사건처리를 안 하니까 사람도 줄어들고 없었어요. 근데 이명박 정부 들어서 사람도 보강

---

6 재일동포 유학생 간첩조작사건들은 1970년대 중반 고국에 유학 온 재일동포 학생들을 불법 구금하여 고문으로 얻어낸 허위자백을 근거로 국내 대학에 침투한 간첩으로 조작한 사건이다. 강종헌, 이철은 1975년 11·22 사건으로 사형판결을 받았고, 김정사는 1977년 한통련 간부 겸 대남공작지도원으로부터 지령을 받고 국가기밀을 수집하였다는 혐의 등으로 징역 15년을 선고받았다. 이들은 모두 재심을 통해 무죄를 선고받았다.

이 됐고, 국정원도 마찬가지예요. 제가 한통련[7] 명예회복과 귀국 보장을 위한 대책위원회 집행위원장을 하면서 느낀 건데, 지금도 한통련 의장에 대해서 여권도 안 내주죠. 국정원에서 '일본에 있는 거 하나 틀어잡고 있어야 되겠다. 반국가단체 하나를.' 근데 조총련에 대해서, 북한에 대해서 직접 국가보안법으로 처벌한 예는 없잖아요. 동조한 사람들을 처벌해서 국민들을 다스리는 거는 유효하다고 봐야죠.

국가보안법을 2004년도에 첨예하게 폐지하려고 했을 때, 결국 한나라 당과 보수 세력의 반대로 못했는데, 그러면서 "국가보안법 이제 적용하겠어?" 이랬는데, 전혀 아니고, 이명박·박근혜 때는 많이 활용돼왔다. 그리고 여기 서울시 공무원 간첩조작사건도 보면 여성 탈북민을 6개월씩 가둬두고, 이런 것은 옛날에 사람들을 영장 없이 90일씩 가둔 거하고 무슨 차이가 있나. 그래서 저는 국가보안법의 효용성은 계속되고 있다, 이것을 어떻게 없애느냐가 굉장히 중요하지 않나 이렇게 생각을 하는 겁니다.

이정희 국가보안법 체제 유지에는 분명히 그 실행자들이 있지요. 국가 정보원, 기무사, 보안경찰, 공안검찰 등이 그들입니다. 김용민 의원님은 서울시 공무원 간첩조작사건 등을 통해 공안수사기관들의 적나라한 단면을 보셨을 듯합니다. 이들이 권한을 계속 유지하는 상태에서는 국가보안법 폐지도 어렵겠다는 생각까지 듭니다. 이 사건 수행 과정에서 파악하신 공안수사기관들의 핵심 문제는 무엇인가요?

김용민 공안수사기관들로서는 기득권을 유지하기 위해서 국가보안법은 반드시 유지되어야 할 법인 것 같습니다. 제가 경험한 가장 큰 문제점

---

7 재일한국민주통일연합(한통련)은 1973. 8. 15. 재일 한국인들이 대한민국의 민주화와 통일을 목표로 설립한 단체로, 김대중 전 대통령이 초대 총재였다. 한통련은 김대중 구명 운동 등으로 대한민국 민주화를 위해 노력했고 일본의 반전·시민운동에도 참여해왔다. 그러나 1978. 6. 19. 대법원이 재일동포 유학생 김정사에 대한 간첩 유죄판결에서 한통련을 반국가단체로 판시한 뒤, 이 판결을 근거로 한통련 구성원들의 귀국이 금지되었다. 2003년 일시 귀국이 허가되었으나 이명박 정부 이후 또다시 귀국을 금지당했다.

"조작해도 처벌받지 않는다는 자신감, 불법의 분업화, 성과보상이 문제"
김용민 국회의원

은, 처벌받지 않는다는 자신감과 불법의 분업화와 이에 따른 성과보상이
었습니다. 모든 수사기관이 수사과정에서 유죄의 심증을 가지고 증거를
확보하고 결론에 이르고자 할 것인데, 그렇더라도 증거나 증언을 조작하
면서까지 사건을 조작하는 것은 쉽지 않은 결심을 해야 합니다. 공안수
사의 경우 이러한 조작이 발각되지 않는다는 특수성이 있으나 사후에 재
심 등을 통해 밝혀지더라도 이미 공소시효가 지나 처벌을 할 수 없었습
니다. 그러다 보니 공안수사기관의 수사관들은 조작해도 처벌받지 않는
다는 나름의 자신감이 있었습니다. 실제로 중국 공문서를 조작한 협조자
는 국정원 수사관으로부터 "걸려도 처벌받지 않는다."라는 말을 들었다
고 했습니다. 한편 국정원의 경우 많은 수사관을 동원해 불법의 일부를
분업화합니다. 그러다 보니 개별 수사를 하는 수사관 입장에서는 어떤 불
법을 하는지 잘 알기 어렵거나 자신의 행위가 어떤 결과를 가져올지 제
대로 알지 못해 위법에 대한 인식이 낮습니다. 게다가 국가보안법에 따라
기소만 하더라도 수사관이 포상을 받게 되어 있으니 낮은 불법성 인식에

높은 성과 보상이라는 유혹에 빠지기 쉽습니다. 더 나아가 걸려도 처벌받은 적이 없다는 보호막까지 있었으니 두려울 게 없었던 것 같습니다. 서울시 공무원 간첩조작사건에서 국정원 직원과 협조자 등이 처벌을 받게 되어 공안수사기관의 수사관들에게 큰 경고의 메시지를 준 것은 다행스러운 일입니다.

이정희 국가보안법이 여전히 공안기관을 유지하기 위한 명분으로 활용되는 것은 분명해 보입니다. 기관 축소를 막고 국가보안법 폐지를 막기 위해 쓰는 공격 수단이 국가보안법이라고 해야 할까요. 한편으로는 국가보안법 사건들이 최근 줄어들기는 했지만 새로운 피해자들이 생기는 게 중요한 문제인 것 같습니다. 북한 사람과 함께 범죄를 저지른 사람이라 해도 형법상 사기죄로 처벌받는 것과 국가보안법 위반으로 처벌받는 건 굉장히 다른 얘기인 거잖아요. 근데 본인은 사기를 저질렀다고 생각하지 국가보안법 위반이라고는 전혀 생각도 못했는데 국가보안법 위반이 되어버리는 상황이, 국가보안법이 우리의 현실 감각을 뛰어넘는, 굉장히 체제 대립적인 법제로서 남아 있으면서 언제든 활용될 수 있는 게 아닌가 싶어요. 아까 김형태 변호사님께서 마지널한 부분이라고 말씀해주셨는데, 최근에 2013년 이후 국가보안법 판례들을 민변 TF에서 다 찾아보고 있는데요. 탈북민들이 처벌받은 경우가 굉장히 많아요. 우리한테 알려지지 않은 국가보안법 피해자들이 있구나, 이런 생각이 들어서 마지널한 부분이라고 말씀하시는 건 저희가 좀 주목해야 하지 않을까 싶었습니다.

신윤경 제가 홍강철 씨 사건 준비하다가, 판결문 인터넷 검색이 되기 시작한 지 얼마 안 됐을 때, 한번은 탈북민 간첩 연관 사건 검색을 하니까 판결이 하나 나와서 대법원 인터넷 도서관 가서 찾아봐야겠다 하고 갔는데, 예약하고 어쩌고 시간이 좀 걸리다가 한두 달 정도 지났거든요. 그 사이에 비공개 처리가 되더니 그 판결문이 그 이후에는 검색해도 나오지 않는 거예요. 우연의 일치겠지만, 판결문 비공개로 아예 검색조차 안 되게 막을 수 있으면 그건 정말로 완전히 파묻혀지는 거죠.

김형태 제가 드린 말씀은 보안법의 위험성이 없어졌다는 말씀이 아니고, 우리가 보안법을 대하는 태도, 보안법에서 우리가 끄집어내야 될 게 뭐냐인데, 2, 30년 전 혹은 10년 전까지, 사회의 근간을 놓고 싸웠거든요. 노동자들이 노동자가 주인이라고 그러고 들고나오니까, 이걸 치기 위해서 보안법을 썼고, 농민도 마찬가지고 그랬는데, 이제 좀 바뀌었거든요. 우리 사회가 시스템이 바뀌었기 때문에.

우스갯소리인데, 엊그제 대법원이 "문재인이 공산주의자"라는 거는 '팩트'가 아니라 했어요.[8] 사실에 관한 진술이 아니라 그냥 의견이니 명예훼손죄에 해당되지 않는다고. 나는 그걸 보고, "야, 이거 우리 사회가 바뀌었다!" 물론 화가 났지, 어떻게 공산주의자라는 진술이 '사실'에 관한 진술이 아니냐. 그런데 대법원에서 그렇게 파기해버렸어요, 유죄였던 거를. 그래서 이거 황당하다.

그런데 뒤집어서 생각하면, '공산주의'라고 욕을 하는 거는 옛날에는 진짜 팩트에 관한 진술이니까 그 진위를 가려야 했거든. 공산주의가 주장하는 바가 있잖아요, 사유재산제를 부정한다든지. 헌법재판소 판결[9] 보면 자

---

8 대법원 2021. 9. 16. 선고 2020도12861 판결. 고영주 전 방송문화진흥회 이사장은 2013년 1월 보수성향 시민단체의 신년하례회에서 제18대 민주통합당 문재인 대통령 후보를 가리켜 "공산주의자이고, 이 사람이 대통령이 되면 우리나라가 적화되는 것은 시간문제"라고 발언해 허위사실 적시에 의한 명예훼손 혐의로 불구속 기소되었다. 1심 판결은 "고 전 이사장의 자료나 진술 등을 보면 (문재인 후보를) 악의적으로 모함하거나 인격적인 모멸감을 주려는 의도는 보이지 않고, 오히려 자유민주주의 체제라고 믿어 온 체제의 유지에 집착하는 것으로 보인다."며 명예훼손의 고의를 인정하기 어렵다는 이유로 무죄를 선고했다. 이와 달리 2심 판결은 "공산주의자" 발언은 단순한 의견표명이 아니라 전체적으로 검증이 가능한 구체화된 허위사실의 적시에 해당한다고 판단해 징역 10개월 집행유예 2년을 선고했다. 이에 대법원은 "문재인은 공산주의자"라는 발언은 의견이나 평가, 가치판단으로 보아야 하므로, 명예훼손죄의 구성요건인 구체적인 사실의 적시에 해당하지 않는다는 이유로 고 전 이사장의 유죄를 인정한 원심을 파기하고 사건을 서울중앙지방법원으로 돌려보냈다.

9 "자유민주적 기본질서에 위해를 준다 함은 모든 폭력적 지배와 자의적 지배 즉 반국가단체의 일인독재 내지 일당독재를 배제하고 다수의 의사에 의한 국민의 자치, 자유·평등의 기본원칙에 의한 법치주의적 통치질서의 유지를 어렵게 만드는 것으로서 구체적으로는 기본적 인권의 존중, 권력분립, 의회제도, 복수정당제도, 선거제도, 사유재산과 시장경제를 골간으로 한 경제질서 및 사법권의 독립 등 우리의 내부체제를 파괴·변혁

유민주적 기본질서의 요소가, 권력분립이 있어야 되고 기본권을 보장해야 되고 복수정당 제도를 보장해야 되고 사유재산제가 있어야 되고 의회제도인가 이렇게 몇 개가 있는데, 그걸 부정하는 세력들에 대해서 보안법으로 친 거예요. 그런데 그 부정하는 세력들은 지금 다 없어졌고요. 제가 요새 재심 같은 거 해보면, 옛날 사노맹 아니면 제헌의회 사건 같은 대표적 국보법 사건 관련된 사람들 만나보면, 지금은 늙어서 그렇기도 하지만, 그때도 그 사람들이 그 다섯 가지를 부정하지는 않았어요. 그런데 80년대까지만 해도 정말로 그거 부정하는 친구들이 있었거든요. 보안법 다루는 입장에서 보면, 저놈들은 진짜 '적'인 거예요. 그래서 가차 없이 치니까 큰 싸움이 벌어졌는데, 그런 싸움은 이제 수렴이 되어가고 어느 쪽의 승패를 가릴 수도 없이 전혀 새로운 시스템으로 사회가 나가고 있기 때문에, 사회의 기본적인 방향을 놓고 국가보안법으로 싸우는 시대는 지나갔다.

그러니까 제가 볼 때는, 국가보안법은 이게 단순한 정치·경제적 체제 선택이나 특정 정권의 탄압 문제를 넘어서서, 보다 근본적으로 우리 사회 구성원들 전체의 편 가르기를 극대화시킨다는 것이죠. 편 가르기, 생각과 이권이 다른 사람끼리. 나는 모든 싸움이란 게 다 생각과 이권의 다툼에서 비롯된 거라고 보는데, 생각이 다르거나 이권이 다른 사람끼리 싸울 때 국가 차원에서 이걸 평화롭게 조정하는 게 아니라 상대를 말살하는 무기로 법을 쓰는 거예요. 자본주의와 사회주의 대립의 무기가 국가보안법이었고, 요새 같으면 종교도 서로 싸우기 시작하면 무섭거든요. '태극기'하고 '촛불' 두 세력이 쫙 갈려서 집회하는 거 보면 정말 총이 있으면 서로 쐈을 것 같아요. 그런 편 가르기 싸움은 과거에도, 그리고 앞으로도 영원히 지속되겠죠. 그런데 그 싸움을 정치적으로 조화롭게 해결할 생각은 안 하고

시키려는 것이다." 헌법재판소 1990. 4. 2. 선고 89헌가113 결정.

"국가보안법은 편 가르기를 극대화시키는 증오의 법" 김형태 변호사

국가보안법 같은 걸 이용해서 일방적으로 상대방을 치는 거죠. 이게 말하자면 증오의 법이거든요.

그런 측면에서 국가보안법 폐지운동은 좀 더 시야를 넓혀야 합니다. 보안법이 없어지거나 바뀌더라도 또 다른 편 가르기 싸움의 도구가 나올 수도 있고, 지금 언론도 형편없잖아요. 언론도 결국 편 가르기 싸움의 무기로 쓰는 거예요. 국가보안법이나 엉터리 언론 가지고 상대방에 대한 증오와 편견을 부추기고 공격하는 수단으로 써먹는 거를 막는, 좀 더 넓은 시야에서 보안법 폐지운동을 했으면 좋겠습니다. "자, 이제 서로에 대한 미움과 공격을 멈추고 생각과 이권의 차이를 넘어서서 다 같이 더불어 살아가는 방법을 찾읍시다." 이거죠.

임종인 제가 보기에는, 세월이 흐르면서 우리나라도 경제적으로 성장하고 그다음에 개인의 인권 의식도 높아지면서 여러 가지 인권 향상이 있었죠. 예를 들면 지금 우리 김 변호사님이 이야기하신 사형제, 사형을 선고는 하나 97년 김대중 대통령이 된 이후로는 집행하지 않아서 사실상 집행폐지국이 된 것, 이건 국가 권력의 무자비한 행사에서 큰 진전이 있었던 거죠. 그리고 양심적 병역거부도 2018년에 받아들여진 것, 그다음에 여성의 권리랄지 이런 것들에서 많은 진전이 있었죠. 많은 진전이 있었지만, 국가보안법은 여전히 있다. 국가보안법도 당연히 옛날같이 그렇게 폭력적으로 집행은 못하죠. 그렇다고 해서 국가보안법이 지금 효력을 발휘하지 못하느냐, 그렇지 않다. 그래서 국가보안법을 없애는 게 중요하다, 그렇게 생각합니다.

30년 전 한두 번 봤다는
증언으로 유죄

김형태 신 변호사님께 물어보고 싶은데, 최근 국가보안법 사건 재판에서 법원이 '국가의 존립 안전이나 자유민주적 기본질서에 대해 해악을 끼칠 위험성이 높은지'를 판단하는 데 있어서 어느 정도 엄격히 하고 있어요?

신윤경 딱히 옛날과 크게 달라진 건 없는 것 같아요. 가끔가다가 하급심 판결은 좀 엄격하게 보는 경우가 있긴 하지만 전체적인 경향은 크게 변했다는 생각은 안 들어요. 그러니까 맨날 '위험성이 있어야 한다'고 하지만, 실제로 사건에서 검사가 구체적 위험성을 입증했냐면, 그렇지 않거든요. 예를 들어서 7조 이적표현물 소지 같은 사건에서, 피고인이 소위 말하는 이적표현물을 소지해서 과연 우리 국가에 어떠한 구체적 위험성이 발생했는가, 그걸 검사가 입증한 경우는, 제가 볼 때는 사실, 단 하나도 없어요. 그냥 위험하다, 이적표현물이 위험하다, 그래서 그냥 그걸로 유죄가.

김형태 선고도 그렇게 나와요?

신윤경 선고에도 딱히, 이게 '이 표현물 때문에 어떤 위험이, 어떤 구체적으로 명백한 어떠한 위험이 발생했고 그게 우리 체제에 이런 위험성이'

그렇게 정치精緻하게 하지는 않죠. 그냥 '위험성이 있다. 끝.' 그 점에서 보면 비록 우리 대법원이 그런 기준을 세우고 있다 해도 그걸 실제로 검찰이 구체적으로 입증을 하고 법원은 이게 입증되는지 보는가에 대해서 저는 상당히 회의적입니다.

그다음에 북한이랑 얽히면, 단순한 이적표현물 소지를 넘어서서 회합·통신을 했다거나 간첩이라든가, 북한 공작원을 만났다는 게 공소사실이라면, 피고인이 실제로 만난 사람이 정체가 무엇인가, 정말 북한 공작원인가, 그 입증을 대부분 누가 하냐면요, 곽인수[10] 같은 사람들. 95년에 잡힌 사람이 "40년 전에 본 그 사람이 맞습니다." 하면 그게 아무런 검증 없이, 이 사람이 하는 증언들이 다 그냥 사실인 게 돼버리는 거예요.

예를 들어, 만난 사람이 북한 사람이라는 것 자체만으로는 위험성을 인정할 수 없지만, '북한의 공작원이고, 북한의 어디 노동당의 지령을 받은 공작원이다, 225국 공작원이다, 통전부[11] 소속 공작원이다', 이런 것들까지는 있어야 돼요. 법원이 그런 것들까지는 요구를 하는데, 문제는 제대로 검증이 이루어지지 않고 "40년 전에 만난 그 사람이 맞습니다.", "50년 전에 만난 그 사람이 맞습니다.", "아, 얼굴이 하나도 안 변했네요."(일동 웃음). 더 심한 사례는 뭐냐면, 탈북민들이 주로 증언을 하는데, 제가 농담으로 '직업이 증인이다.' 이렇게 말하는 사람들이 있는데, 가장 황당했던 건 "내가 30년 전 225국 거기서 경비를 서면서 이 사람을 한두 번 봤습니다. 그때 그 사람이 맞습니다. 내가 경비를 서서 오고 가는 걸 봤기 때문에 압니다." 이런 소리를 해요. 황당하죠. 황당한데, 그것 때문에 결국 유죄가 됐

---

10 곽인수는 1995년 남파된 간첩으로 체포된 후 국군기무사령부 분석관, 국가안보전략연구소 연구원으로 재직하고 있다.

11 법원은 통일전선부(통전부)가 북한의 대남공작조직으로 군사정보를 비롯한 대한민국의 국가기밀 수집을 지속적으로 시도하고 있다고 판단한다. 서울중앙지방법원 2012. 2. 23. 선고 2011고합1131 판결.

어요.

김형태 그런 것도 유죄를 해요?

신윤경 네. 김경용, 이영수 사건.

김형태 제가 왜 여쭤봤냐 하면, 현재 국가보안법 사건들과는 달리 과거 국보법 사건들 재심에서는 판사들이 고문이나 불법체포, 감금 등을 이유로 일단 재심개시결정을 내리고 나면, '과거의 억울한 사건'이라는, 그런 뭐랄까, 기본전제를 깔고 재판을 진행하는 것 같은 느낌이 들거든요. 예를 들어서 최근에 대법원에서 무죄 확정이 된 구미 유학생 간첩 사건[12]의 경우에, 양동화는 평양에 갔다 왔거든. 그리고 돈도 받았어요. 김성만은 동베를린 북한대사관에 가서 1만 불이나 받았거든요. 그때 80년대 전두환 때면 북한에 가는 것 자체가 금지되어 있는데 간 거니까 북한대사관이나 평양에 가는 것 자체만으로 무조건 국가의 존립·안전을 해하는 거라고 검사는 우기는 거예요. 여전히, 검사들은 그러는 거예요.

그런데 법원은 국가 존립·안전 침해의 위험성 여부를 일일이 다 따져서, 돈도 받았고 북에 가서 여행까지 다 했는데, 무죄를 준 거예요. '위험성, 국가의 존립·안전에 대한 위험이 없다.' 본래 1심에서는 아예 검사 제출 증거들이 증거능력이 없다는 이유로 공소사실 자체가 인정되지 않는다면서 무죄를 선고했는데, 항소심에서는 증거능력은 있고 따라서 피고인이 북에 가고 돈을 받은 사실은 인정되지만, 위험성이 없다면서 전향적으로 무죄를 선고한 거죠. 대법원에서 그대로 확정이 됐고.

---

12 1985년 국가안전기획부가 미국 일리노이 주립대학 유학생과 관련자 15명을 60여 일 이상 불법 구금하고 고문하여 간첩 등으로 발표한 사건. 피해자 양동화, 김성만, 황대권, 이원중의 청구로 개시된 재심사건에서, 1심 판결은 검사 제출 증거들이 모두 위법수집증거로 증거능력이 없거나 증거능력이 인정된다고 하더라도 제출된 증거들로는 공소사실이 인정되지 않는다는 이유로 무죄판결하였다. 검찰이 피고인 양동화, 김성만에 대해 항소하였는데, 2심 판결은 구 국가보안법 잠입·탈출 조항 등은 국가의 존립·안전이나 자유민주적 기본질서에 실질적 해악을 끼칠 명백한 위험성이 있는 경우에 한하여 적용되어야 한다는 법리에 따라 검찰의 항소를 기각하였다. 이 판결은 대법원에서 확정되었다. 1심 서울중앙지방법원 2020. 2. 14. 선고 2017재고합38 판결, 2심 서울고등법원 2020. 8. 21. 선고 2020노545 판결, 3심 대법원 2021. 7. 29. 선고 2020도11671 판결.

그러니까 옛날 국가보안법 위반사건들은 재심에서 제대로 판단하면서 요새 사건들은 그냥 여전히 옛날 고리짝 식으로 계속하고 있다는 소리네요.

이정희 변호사님 지적이 맞는 것 같습니다.

임종인 그게 왜 그러냐, 그게 바로 활화산과 사화산의 차이겠죠! 활화산! 살아 있는 것에 대해서는 그냥 처벌하는 거예요. 그러나, 아무런 영향력이 없는 거다, 그러면 그것은 봐주는 거예요. 그게 대표적인 게 구미 유학생들 아니면 일본 유학생들 간첩단 사건에 대해서는 무죄가 나왔고 배상도 다 해줬단 말이에요. 그런데 한통련은 반국가단체로 두고 활용하고 있는 거거든. 한통련이 무슨 해악을 주고 이런 거 아니거든. 그런데도 붙들고 잡고 있어야 돼.

그러니까 더 나빠진 걸 이야기한다면, 제일 나빠진 게 종북 프레임, 아주 무서운 프레임을 보수 세력이 확보해 놓고 있어요. 두 번째로는 7조 남용을 계속하고 있죠. 이른바 조직 사건은 탈북민들로 만드는 거고. 지금 어떤 일이 벌어졌냐면, 통합진보당을, 정당을 해체했잖아요, 2014년에. 이게 박정희 때도 안 한 거거든. 박정희 때도 정당을 해산하는 일은 없었거든. 그런데 어쨌든 성공을 했단 말이에요. 사회적 분위기를 박근혜 때 만들고 그다음에 종북이라는 것을 덧씌워서. 민주당은 분리시켰어요. 문재인 대표한테 이런 말 했거든, 한나라당 사람들이. "아무리 정권을 잡고 싶더라도 종북세력하고는 손을 끊고 하세요." 실제로 그래서 2013년, 14년도에 통합진보당에 종북 프레임을 걸었을 때 눈을 감고 있었다는 거죠. "너도 종북이야." 이러니까, 당 대표였던 문 대표한테 "아무리 정권을 잡고 싶어도 종북세력하고는 손을 떼고 해야죠." 이렇게 하니까, 거기에 대해서 아무 말도 못 했단 말이야. 처음에 잘못한 거다, 순망치한이라는 거 있지 않습니까. 그래서 지금 제가 보기에는 안 좋아진 것이 굉장히 많다,

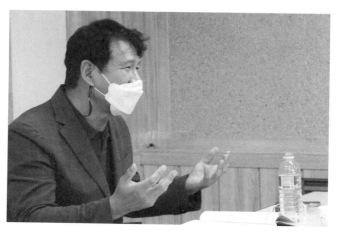

"현재 사건은 유죄, 재심 사건은 무죄" 그게 바로 활화산과 사화산의
차이 임종인 변호사

2004년 이후에.

　2004년도에 국가보안법 폐지 못하고 노무현 전 대통령 임기가 끝난 다
음에 이명박과 박근혜는 마음대로 활용을 해왔잖아요. 그다음에 더 놀라
운 것은 2016년 박근혜가 탄핵됐을 즈음에 황교안 국무총리(당시 대통령
직무대행)가, 수사기관이 국가보안법 실적을 올리면 일반인은 20억 원 주
고 수사기관에 돈 1억 원을 준다고 대통령령[13]에 상금을 크게 올렸단 말이
에요. 전에도 수사기관에서 자기들이 간첩을 잡았다 하면 승진도 하고 돈
도 준 걸로 알고 있지만, 이렇게 대놓고 상금을 크게 올린 것은, 더욱더 놀
랍게 나빠진 거다, 이런 생각이 들었어요.

　이정희　첫 번째 단락 이야기를 정리해볼 수 있을 것 같은데요. 주셨던
말씀 가운데 재심 사건과 현재 사건의 차이, 사화산과 활화산의 비유, 이
런 대목도 굉장히 중요한 것 같고요. 국가보안법이 약한 사람들을 피해 집

---

13 이명박, 박근혜 정부는 국가보안법상 상금 규정에 관한 대통령령인 '보안유공자상금지급 등에 관한 규정'
상 일반인에 대한 상금을 크게 올렸고, 특히 박근혜 정부에서는 5억 원에서 20억 원으로 인상했다.

단으로 만들고 있는 문제에 대해서 생각해볼 필요가 있을 것 같습니다.

2. 국가보안법이 파괴한 사람들

이정희 두 번째 주제로 넘어가서, 김형태 변호사님께서 "국가보안법이 증오의 법이다" 이런 말씀을 해주셨는데요, 국가보안법이 1948년 12월 1일에 제정되어서 1949년 한 해에만 11만 8천여 명의 피해자를 낳았다고 하고 70여 년 동안 지금까지 피해자가 굉장히 많이 생겨났는데, 김형태 변호사님께서 피해자들의 삶에 대해서, 그 피해의 양상과 정도에 대해서 가장 가까이 보신 분이 아닐까 싶어요. 의문사진상규명위원회 활동하시면서, 또 재심 사건들도 많이 다루셨고요. 그래서 어려운 질문이기는 한데, 국가보안법이 파괴한 삶의 단면들 가운데 우리가 떠올리기 굉장히 힘겹지만, 반드시 잊지 말아야 할 장면이 있다면 어떤 것이 있을지 말씀해주실 수 있을까요.

김형태 분단 초기에는 보안법도 필요 없이 '계엄포고령' 가지고, 여순 사건 때부터 사람들 막 죽였거든요. 그리고 보안법 발동했고, 보도연맹 같은 경우는 아예 법 없이 그냥 죽여버렸고. 이게 다 제가 볼 때는 '증오의 법'이죠. 절차적 정당성이나 그런 건 전혀 없는 상태에서, 자기와 사상이나 이해관계가 다른 자들을 즉결처형하거나 보안법으로 사형시키거나 아예 아무런 근거 법 없이 그냥 총으로 쏴 죽이거나. 이런 것들이 오랫동안 반복된 것들에 대해서 이제 과거사진상규명 절차나 법원 재심 등을 통해서 바로잡기를 조금씩 하고 있는 상황인 거예요. 4·3이나 여순부터 쭉 희생자들 나오는 거 보면, 여순 같은 경우도, 철도 공무원이 철도 운행하는데, 소위 반란군이 그 기차를 타고 들어왔다 해서 철도 공무원들 잡아다가 포고령 위반으로 싹 다 처형했단 말이에요. 보도연맹은 십만 명인지 얼마인지도 모르지만, 법 없이 아무것도 없이 그냥 죽였어요. 그다음에 시기별로 보안법, 반공법, 다시 보안법으로 바뀌면서, 이 법들을 빌미로 대통령 후보도 죽이고 저기 북에서 특사 내려온 황태성, 박정희 친구도 죽이고. 그때 무시무시한, 정권을 둘러싼 목숨 건 싸움에 보안법이 사용됐죠.

사형폐지운동 관련 통계를 보면 60년대에는 주로 남파 간첩들 사형이 엄청 많았어요. 70년대에 좀 뜸했다가 80년대 아까 말씀드린 대로 재일교포들 상대로 조작한 거는 정말 이루 말할 수 없죠. 최근에 손유형이라는 분 재심 사건을 하고 있는데, 법원에서 다른 '공범'들은 다 무죄 선고하면서 그 사람은 딱 선고에서 빼니까, 일본에서 난리가 난 거야. "이거 또 유죄 나는 거 아닌가." 그분은 조총련 관련 민족 교육 활동을 열심히 했거든요. 법원에서 되게 고민하는 거예요. 조총련이라고 그러니까 이게 '무죄'의 '무'자가 잘 안 나오는 거야. 고민을 막 해. 그래서 지난번에 일본에서 생애사를 전공하고 있는 교수를 증인으로 불러서, 왜 손유형 씨가 조총련 활동을 했는지, 조총련 활동의 어느 측면인지, 교육적인 측면을 증언하게 했어요. 그런데 과거 안기부는 손유형 씨가 조총련의 이기적인 측면에 실망해서 전향을 하고 한국에서 사업하려고 하니까, 전향도 '지령에 의해서 전향'하는 거고, '조총련 탈퇴한 것도 지령'이고, '한국에서 사업한 것도 지령'이라는 거예요. 아무것도 한 게 없는데 억지 사촌으로 그렇게 엮어서 사형 선고받았잖아요. 애꿎은 친척들도 줄줄이 잡혀가서 집안이 그야말로 쑥대밭이 되었죠. 재일교포들 그렇게 된 사람들 정말 많습니다.

아까도 말했지만, 임수경 방북 사건은 통일 논의 주도권을 누가 가지느냐를 둘러싼 싸움이었지요. 국가만 창구 단일화로 주도한다고 하니까. 아직도 창구 단일화 문제는 여전히 남아 있는데, 지금 통일운동 세력들이 정부에 독자적으로 치고 나갈 수 있는 토대가 전혀 없어요. 다 무너져서. 80년대 말만 해도 꽤 셌는데, 이제는 하라고 그래도 할 사람이 없는 거예요. 그리고 자본주의의 폐해가 북으로 그대로 밀려들어갈 때 그걸 브레이크 걸 수 있는 남쪽 시민사회 세력이 있나? 없죠. 제가 인혁당 4·9통일평화재단에 관여하고 있지만, 어떻게든 통일평화운동 해보려고 그러는데, 동력이 없어요, 동력이 없고. 민경련,[14] 이런 남북 경협 하는 사람들이나 경제적인 것만 있지.

국가보안법은 남북통일에 반대되는 테제인데, 그러면 국보법을 없애고 남북통일을 열심히 고민하고 민간 입장에서 정부에 대해 브레이크도 걸고 북쪽에 대해서도 뭐라고 싫은 소리도 할 수 있고 또 끌어당기기도 하는 그런 세력들이 지금 다 없어졌어요. 오늘 아침 신문에 보니 북에 가서 김일성 주석과 통일문제를 논의했던 문익환 목사, 정경모 선생, 유원호 선생, 돌아가신 세 분의 유해를 합장하는 행사 사진이 실렸던데, 이런 분들, 이런 세력들이 이제는 없어요. 정말로, 국가보안법에 위배될 수 있는 통일운동 세력이 좀 나왔으면 좋겠네, 개인적으로. (일동 웃음) 그게 없어서 너무 안타깝고.

이정희 김용민 의원님은 서울시 공무원 간첩조작사건을 통해 탈북민들이 국가보안법 위반 혐의자로 지목되고 처벌되는 과정을 자세히 보셨을 듯합니다. 국가보안법이 위 사건의 당사자를 비롯한 탈북민들에게 가하는 가장 큰 피해는 무엇일까요?

김용민 서로를 믿지 못하게 만드는 구조이고, 이를 통해 탈북민들이 남

---

14 민족경제협력연합회(민경련)는 북한에서 대남 민간경협을 담당하는 기구로, 1990년대 정무원(현 내각) 시절 대외경제위원회 산하 단체로 출발했다. 1998년 5월 이후부터 현재의 이름으로 활동해오고 있고, 2000년대 남북경협이 비교적 활발한 시기에 남측 업체들의 대북 교역협의 창구역할을 해왔다.

한에서 정착하는 데 어려움을 겪게 만드는 것이 문제입니다. 탈북민들은 남한에 입국해 정착하고 그 이후의 과정 전반에 걸쳐 국정원과 관계를 뗄 수가 없습니다. 그런 국정원에서 탈북민들에게 필요에 따라 진술을 요구하고, 교통비 등의 명목으로 돈을 쥐여주는 일이 있습니다. 안정적인 정착에 어려움을 겪는 탈북민들의 경우 이러한 돈이 생활에 도움이 될 수 있습니다. 그리고 국정원이 소개하는 기관, 단체 등에서 강의를 하고 강사료를 지급받거나, 인터뷰 출연 등을 소개받는 경우도 있어서 탈북민들 입장에서는 국정원과의 돈독한 관계가 매우 중요합니다. 그렇기 때문에 국정원이 진행하는 국가보안법 위반 수사에서 탈북민들은 국정원 직원들이 요구하는 방향으로 진술을 하는 게 유리하다는 것을 잘 알고 있고 실제로 허위 진술을 하는 경우도 존재합니다. 서울시 공무원 간첩조작사건 역시 진술을 했던 탈북민들이 국정원으로부터 돈을 받고 진술했고, 허위진술을 하기도 했습니다. 물론 경우에 따라서는 간첩신고로 둔갑하여 포상금을 지급받기도 합니다. 그러다 보니 탈북민들 사이에서는 언제든 간첩으로 둔갑될 수 있다는 불안감과 서로 간에 불신이 생길 수밖에 없습니다. 이러한 구조적 문제가 결과적으로 탈북민들의 남한 정착을 더욱 어렵게 만들게 된다고 생각합니다.

이정희 서울시 공무원 간첩조작사건에서는 당사자뿐만 아니라 변호인들도 국가정보원과 검찰에 맞서다가 공격당하는 등 피해자의 위치에 서게 되기도 했지요. 민변의 여러 선배 변호사님들이 국가보안법 피해자들을 변론하다가 구속당하거나 기소되어 유죄판결을 받기도 하고 심지어 변론권을 남용했다며 검찰의 징계 신청까지 받는 등 많은 고초를 겪어오셨는데요, 서울시 공무원 간첩조작사건에서 변호인들이 감당했어야 하는 위험이나 부담은 어떤 것이었나요?

김용민 현실적인 위험이나 부담은 고소, 고발과 소송전이었습니다. 변호인단이 유우성의 여동생과 함께 진실을 폭로하는 기자회견을 했는데, 곧바로 국정원이 보도자료를 배포하며 소송 엄포를 놨고, 실제로 국정원 직원들이 고소와 6억 원의 손해배상청구를 했습니다. 다행히 손해배상 사건은 승소했고, 고소 사건은 아직 진행되지 않고 있습니다. 불기소를 통보받은 사실이 없어 그냥 사건을 들고 있다고만 판단됩니다. 그 이후 국정원 직원이 직접 나서서 고소하지는 않았으나 탈북민 단체에서 수시로 고발했습니다. 탈북민 단체는 민변 사무실에 찾아와 시위하기도 해서 변호인단을 곤란하게 하기도 했습니다. 개인적으로는 보수단체 회원 등이 법정이나 길에서 만나면 욕을 하는 경우가 종종 있었습니다. 그러나 더한 일도 경험했던 선배 변호사들의 의연한 태도에 많은 용기를 내게 되었습니다.

제대로 된 피해 회복 조치도 없다

이정희 국가보안법 적용사를 살펴보면 인혁당, 민청학련, 사노맹 등 많은 조직이 반국가단체로 지목되었는데, 그 가운데 지금도 존속하는 조직은 북한과 조총련, 한통련뿐입니다. 한통련 간부인 재일동포들은 여권 발급을 거절당하는 등 인권침해를 당해왔습니다. 임종인 변호사님께서 한통련 완전한 명예회복과 귀국보장을 위한 대책위원회 집행위원장을 맡으시면서 굉장히 노력을 많이 하고 계시는데요.

임종인 한통련 이름이 '재일한국민주통일연합'인데, 김대중 대통령이 만든 거거든요. 1973년도에 김대중 전 대통령이 납치되던 해, 8월 15일 납치되기 며칠 전에, 재일동포, 민단 민주화하는 사람들과 김대중 씨가 한국의 민주화를 위해서 만든 단체죠. 그래서 한 일이 뭐냐, 70년대에는 김대중 납치 원상회복, 일본으로 돌려보내라. 일본 정부도 그런 방침이었으니까. 그다음에 광주 항쟁을 널리 알리는 활동이 있었고, 80년대 김영삼 야당 총재가 단식을 하니까 동조 단식도 하고. 87년 6월 항쟁 때는 같이 일본에서 시위도 하고. 90년대 들어서 우리나라에서 통일운동 열기가 높아지니까, 한통련도 통일운동을 한 거죠. 해외, 남쪽, 북쪽 이렇게 3자 만났을 때, 해외에서 가장 큰 단체인 한통련이 같이 한 거죠.

'한통련이 반국가단체다' 그것은 1977년 김정사라는 유학생 간첩 사건에, 그냥 아무런 근거도 제시하지 않은 채, 한통련의 강령이나 이런 것들이 어떻게 해서 반국가단체인 건지도 없이, '반국가단체인 한통련의 누구로부터 교사를 받아서 김정사(간첩 유죄)' 이렇게 됐단 말이에요. 그런데 김정사 씨는 2013년도에 재심에서 무죄가 되고 손해배상까지 받았어요. 그런데 그 단체인 한통련은 반국가단체라고 공소장에 나오고 판결에 나오는데, 이게 반국가단체가 아니라고 할 주체가 없어요, 법률적으로. 이러니까 법원에서 반국가단체가 아니라고 확인하라는 것도 할 수 없는 거고. 그렇게 지내다가 2003년도에 노무현 대통령의 결단으로 한통련 사람들이 아무런 제약 없이 한국에 왔죠. 노무현 대통령 때 2007년, 2008년도까지는 아무 문제 없이 왔어요.

그러니까 고향에 방문하고 이런 거였는데, 이명박 대통령 들어와서 또 '반국가단체 손형근 의장이 북한에 간 걸 조사해야 되겠다'고 압수수색 영장을 갑자기 받아가지고 김포공항에서 한 3시간 조사를 한 뒤에, 한통련 사람들은 자유롭게 올 수가 없게 되고. (전에는) 여권을 다 발부해줬었는데, 2009년 이후로 지금까지 여권 발급을 일부는 제한하고 안 내주고, 이렇게 하는 것이 현실입니다. 그래서 우리가 "한통련에 대해서 여권을 다 발급해줘라." 왜냐하면 일본에 있는 재일교포들은 한국만 오는 게 아니라 미국이나 영국, 독일 이런 외국에도 가야 되는데, 한국 사람인데 한국 여권을 안 주니까 갈 수가 없는 거죠. 현 정부 아래서도 안 해줘서 저희가 인권위원회에 진정을 냈어요. 그랬더니 인권위원회에서 2021년 5월에 "그건 잘못된 거다. 특히 범죄 혐의가 있다고 하더라도 한국에서 나가는 것을 막는 것이지, 여권은 신분증이나 마찬가지니까 내주고, 그다음에 한국에 들어오면 그걸 뭐 하면 되는 거 아니냐." 이렇게까지 얘기했는데, 지금 한통련 손형근 의장한테는 여권을 안 내주고 있습니다.

이정희 아직도 그렇군요.

김형태 그러면 한통련이 공식적으로 법원에서 반국가단체로 인정된 게 최근에는 없어요?

임종인 없어요.

김형태 77년이 마지막이에요?

임종인 77년이고 그 후로는 그냥 대법원판결 난 거 가지고 계속 반국가단체. 그래서 거기 만난 사람은 반국가단체 구성원하고 일본 가서 만나서 밥 한번 먹으면 회합한 거야. 회합 통신.

김형태 그게 77년 판결이고,

임종인 77년 이후로 지금까지. 지금은 뭐 그런 판결은 없지만.

김형태 반국가단체라고 명시한 새로운 판결이 최근에는 없어요?

임종인 지금은 없죠. 그리고 사실은 한통련의 조직원은 한 500명 정도밖에 안 되는 아주 작은 단체예요. 지금은 한국이 민주화된 상황에서는 한통련이 우리의 민주화에 영향을 줄 수도 없고, 도와주는 것도 어렵고. 남북관계에서도 남과 북이 해결할 문제고, 평화체제는 한통련이 개입할 여지도 없는 거고. 그러나 그들은 그동안 해왔던 자존심, 민족에 대한 사랑, 이렇게 사는데, 왜 여권도 안 내주느냐.

김형태 그럼 그걸 행정소송 같은 거 하면 안 되나요?

임종인 행정소송을 2003년 전에도 많이 했었죠. 여권발급거부처분 취소소송. 그래서 이겼었죠. 제가 보기에, 왜 아직도 안 내주느냐, 한통련이라는 걸 하나를 잡고 있어야, 일본에서 수많은 국정원 활동가들이 활동하게 되고. 지금 진실화해위원회에다가 한통련이 반국가단체가 아닌 것을 확인해 달라는 걸 냈습니다. 반국가단체라는 것은 김정사 판결문에 명시가 돼 있을 따름이죠. 김대중 대통령이 사형 판결을 받은 게 바로 한통련 수괴 그거였어요.

김형태 그럼 행정소송을 해서 법원에서 한번 붙어봐야 하는 것 아닌가요, 그래서 그거 벗겨줘야지.

이정희 그러니까 지금 남은 문제는 이런 거죠. 반국가단체 규정 또는 이적표현물 규정 이런 거는 옛날에 독재정권 시절에 다 해놓고, 그걸 벗어나는 방법은 현재 당사자로선 쉽지 않은.

임종인 옛날에 했던 일을 반복한다는 게, 조금 슬퍼요. 문재인 정부에서, 문재인 정부의 국정원에서.

김형태 지금 우리가 국가보안법 폐지를 얘기하고 있으면 폐지운동의 일환으로 적극적으로 소송을 또 내서, 패소만 하더라도 자꾸 문제 제기해야죠.

임종인 지금 국정원에서 하는 얘기는 "압수수색 영장이 2009년에 발부됐는데 지금도 유효하다, 그 압수수색 영장이 있기 때문에 (여권을) 못 내준다." 이렇게 말하고 있죠.

김형태 영장에 기간이 있을 텐데, 그것 때문에?

임종인 2032년까지 유효하다고 하니까.(웃음)

김형태 그거 소송해야 할 것 같은데.

임종인 아무튼 많은 사람들이 그렇게 말하죠. "2003년도에 그때 노무현 대통령이 (여권) 내줬는데 왜 지금은 안 해주는 거냐, 무슨 변화가 있었냐? 여권 내주고 자유롭게 왕래했는데." 현 정부에서 국정원을 통제 못하고 있다고 나는 보고 있는 겁니다.

김형태 저렇게 여권 안 내주면 소송해야죠. 옛날에 한통련뿐 아니라 세계 각국에 있는 해외 민주인사들 찍히면 못 들어오게 하다가, 노무현 정부 때 다 들어왔잖아요. 그때 송두율 교수도 들어와서 완전히 곤욕을 치르고, 최종적으로 무죄를 받긴 했지만 결국 한국을 떠났는데, 국정원이 민주적 통제가 안돼 있다는 거는 지금도 역시 마찬가지인 것 같고.

이정희 지금 말씀들에서 드러나는데, 국가보안법이 만들어지기 이전, 여순부터 시작해서 국가보안법 체제에서 많은 피해자가 만들어졌고, 그 분들이 계속해서 사회로부터 적대시되고 배제당하는 일들이 벌어지고 있는데 아직도 그것이 완전히 회복되지 못했고, 거기서 벗어나려면 이분들이 재심을 하든 뭘 하든 계속 소송하는 과정을 겪어야 하는데 그것도 쉬운 것이 아니고, 인혁당 사건 피해자들의 경우에는 배상금 관련되어서 굉장히 복잡한 소송 과정들을 거치는 걸 보셨을 텐데, 우리 사회가 과연 최소한 과거 피해자들에게라도 제대로 된 피해 회복 조치를 적극적으로 하고 있는 것인지 의문이 들 때가 좀 있어요. 김형태 변호사님께서 그런 문제에 대해서 고민이 많으셨을 것 같은데요, 국가보안법 체제 피해자들의 피해 회복을 위해서 필요한 것이, 통상적으로 우리가 생각하는 형사사건 피해자들의 재심 이외에 다른 어떤 것들이 있을지 말씀해주시면 좋을 것 같습니다.

김형태 예를 들면 인혁당 피해자들이 고등법원 판결에 따라 국가로부터 받은 배상액의 이자를 대법원이 다시 국가에 반환하라고 뒤집는 바람에 난리가 났지요.[15] 그 해결 방법으로 이자 환수청구권을 국가가 포기하

---

15 인혁당 재건위원회 사건은 1975년 박정희 정권이 유신체제 유지를 위해 중앙정보부(국정원 전신)와 검찰을 동원해 사건을 조작하여 8명을 사형에 처하고 17명을 무기징역 등 장기투옥 시킨 사건이다. 김대중 정부 들어 고문조작사실이 밝혀져 피해자들은 재심을 통해 무죄를 선고받았다. 피해자와 유가족(16가족 77명)들은 대한민국을 상대로 손해배상 청구소송을 내, 1심 판결 후 490억 원의 배상금을 가지급 받았다. 그러나 대법원 2011. 1. 27. 선고 2010다1234 판결(주심 신영철 대법관)은 원심을 파기하고, 국가가 불법을 저지른 때부터 지연손해금을 산정해 온 종전 판례를 바꿨다. 지연손해금 발생 시점이 사건 발생(인혁당 판결이 확정된 1975. 4. 9.)이 아니라 손해배상 소송의 변론 종결일(2009. 11. 13.)이라고 판단한 것이다. 지연손해금을 받을 불법행위 발생 시점으로부터 장기간이 경과해 현저한 과잉 배상 문제가 제기된다며, 34년 동안의 지연

면 되는데, 국정원 측 주장은 그건 배임이라는 거야. 그런데 배임이라는 거는 위법성이 있어야 되는데, 이건 국가의 정책으로서 청구권을 포기하는 거기 때문에 애초부터 위법성이 없어서 배임이 전혀 안 되는 거지요. 실제로 그런 판결들이 나왔지요. 내가 국가 측 사람들하고 만났는데 공식적인 자리에서는 그분들은 끝까지 배임이라고 막 우기는 거예요. 그래놓고 밖에 나와서는 뭐라 하냐면, 그런 자리에 있기 때문에 어쩔 수 없다는 거예요. 그런 역할로 먹고사는 데니까 그런 소리 안 할 수가 없다는 얘기죠. 하다 하다 안 되니까 국회에서 2020년 10월에 법안[16]을 만들어서 계류되어 있어요. 국가에 대한 채무를 면제할 수 있는 기준을 만들어서, 강정해군기지나 쌍용차 손해배상 사건 등 여러 건 많았잖요, 이런 사건들에서 국가에 대한 채무를 면제하는 기준을 만들어서 이러한 기준에 해당하면 국가가 받을 돈이 있어도 안 받는다는 법안입니다.

그런데 그것도 기획재정부에서 브레이크를 걸어서 주로 인혁당 사건에만 해당이 되도록 요건을 너무 좁혀서 수정안을 만들어 올렸어요. 이렇게 하면 안 되는 거죠. 일반적으로 국가가 잘못한 거에 대한 채무를 면제해야

손해금을 삭감했다. 이후 대법원은 과거사 관련 손해배상 소송에서 줄곧 같은 입장이다. 이로 인해 피해자들은 가지급금의 절반에 가까운 211억 원을 반환해야 할 처지에 놓였다. 국정원은 2013년 7월 피해자들에게 부당이득금 반환 청구소송을 제기, 승소확정판결을 받아냈다. 하지만 피해자들이 반환해야 할 돈은 이자까지 더하여 이미 가지급금을 초과하여 버렸다. 국정원은 재산 압류와 강제경매 처분을 시도하는 등 환수에 나섰다.

16 2020. 10. 27. 김경협 의원 등 12인이 발의한 '국가채권관리법 일부개정법률안'은 현행법이 채무면제요건을 협소하게 규정하고 있어 과거 불법적 공권력 행사로 발생한 국민의 피해를 온전히 회복시키거나 국민의 헌법상 권리 행사 과정에서 발생한 국가와의 분쟁을 해소하는 데 기여하지 못하는 실정이라고 보고, 부당한 공권력의 행사로 피해를 당한 채무자가 피해 회복 과정에서 예상치 못하게 국가에 대하여 채무를 부담하게 된 경우 또는 채권을 회수하는 것이 헌법상 기본권 행사를 위축시킬 우려가 있는 경우에는 정부가 제반 사정을 참작하여 채무를 감면할 수 있게 함으로써 국민 통합과 국가발전에 이바지할 수 있도록 채무 감면 절차를 개선·보완하는 것을 내용으로 한다. 이 개정안은 인혁당 피해자들이 소송을 통하여 국가로부터 손해배상금을 가지급 받았으나 이후 판례 변경으로 오히려 국가에 대하여 지급금 중 상당액과 막대한 지연이자의 반환 채무를 부담하게 되어 다시 심각한 경제적·정신적 고통 속에서 생활하고 있는 사실, 쌍용자동차 노동조합의 단체행동권 행사 중 공권력과 충돌하는 과정에서 손해가 발생하였다며 국가가 제기한 손해배상청구 소송과 관련하여, '경찰청 인권침해사건 진상조사위원회'에서 소 취하를 권유하였음에도 불구하고 경찰청이 채무면제를 할 수 있는 명확한 근거 규정이 없어 진정한 화해가 이루어지지 못하고 있는 문제를 법 개정의 이유로 제시하고 있다.

하는데, 돈에 관해서는 기재부가, 사상에 관해서는 국정원이 딱 쥐고서 관료들이 요소요소에서 막고 있어요. 국민들이 뽑은 정권 차원에서의 해결이 직업관료 기득권에 의해 막혀 있는 거죠.

박천우 당시 인혁당 사건 관련하여 이미 지급했던 국가배상액 중 이자부분을 반환하라는 사건, 재판이 진행 중이던 분들이 세 분 정도였던 것 같은데. 현재 재판은 그냥 멈춰있는 상태인가요?

김형태 멈춰있어요, 지금. 선고만 남아있는데, 법원에서도 보니까, 그 이자를 법원 자기네들이 주라고 그래서 받아 갔는데, 항소심까지 해서 받았는데, 대법원이 판례를 변경해버리고. 그건 말도 안 되는 판결이잖아요. 판사들도 다 알아요. 그러니까 가능하면 도와주려고 그래요. 이번 하급심 판사들은. 그래서 법원은 원고인 국가 측으로부터 해결 법안을 준비 중이라는 자료를 받아내면 선고를 연기하겠다는 입장이지요. 그래서 국가 측에서 계류법안을 법원에 내긴 냈어요. 선고는 언제든지 할 수 있고, 선고하면 무조건 피고인 인혁당 피해자 측의 패소잖아요, 엉터리 대법원판결 때문에. 어쨌든 국가가 낸 이자 반환 소송은 국회에서 국가채무면제 법안이 빨리 처리되어서 소 취하가 되어야겠지요.

3. 국가보안법 폐지, 어떻게 할 것인가

이정희 2004년 노무현 대통령이 "국가보안법을 칼집에 넣어 박물관에 보내야 한다."고 한 것에 즈음해 국가보안법 폐지운동이 활발하게 벌어졌습니다. 그러나 결국 폐지에도 일부 개정에도 성공하지 못했고, 그 후 폐지운동은 한동안 다시 시작되지 못했습니다. 이명박·박근혜 정부에 들어서서는 오히려 국가보안법 기소 건수가 크게 늘어났습니다. 종북 공세가 빈발하고 통합진보당에 대해 사상 최초의 정당해산결정이 내려지기까지 했습니다.

2004년 폐지운동에 참여했던 박래군 인권재단 사람 이사장은 2008년 한 토론회에서, 국가보안법이 우리 사회의 진보를 억누르는 역할을 하고 있는데 당시에는 이를 폭넓게 이해하지 못했다고 회고했습니다. 직접 피해 당사자를 넘어 진보운동진영의 전체 과제로 인식하게 하고 연대를 통한 운동으로 만들어나가지 못한 것이 성과를 내지 못한 원인이었다고 돌아보기도 했는데요, 2004년 국가보안법 폐지운동에 대해 돌아보면 어떠신지요?

임종인 제가 2004년도에 국가보안법 투쟁이 어떻게 전개됐고 어떻게 좌절되었는지에 대해서 말씀을 좀 드리겠습니다. 2002년도에 노무현 대통령이 당선됐고, 그 전에 김대중 대통령 때도 마찬가지로, 노무현 대통령 초기 2004년 17대 국회의원 선거까지는 이른바 한나라당이 과반수의 다수당이었어요. 그러니까 대통령 업무를 수행하기가 어려웠죠. DJ 정부 말기 임동원 통일부 장관 해임건의안이 통과된 뒤에 자민련과 연정이 깨진 상황에서부터 노무현 대통령 탄핵 때까지, 그리고 2004년 4월 15일 총선 때까지 한 3년 동안에 민주당이 완전히 소수당이 돼가지고, 김대중 정부 말기 그리고 노무현 정부 초기까지 제대로 뭘 할 수가 없었어요. 노무현 대통령이 당선됐을 때, 그 당시에는 이회창 후보가 당선된다는 예측이 지배적이었어요.

여하튼 노무현 대통령이 어렵게 당선이 돼서 많은 기대를 했는데, 여러 가지 개혁을 할 수가 없는 상황에서 소위 보수당인, 깨진 민주당과 한나라당이 합쳐서 탄핵을 하지 않습니까. 거기에 대해서 국민들이 크게 반발해서 4·15 총선에서 열린우리당을 152석 과반수로 만들어주셨어요. 그래서 이제 여러 가지 개혁이 가능하겠다, 왜냐하면 우리나라 정부가 1948년에 수립된 다음에 (최초로) 민주개혁 세력이 (국회) 절반을 넘었고 또 민주노동당이 10석 당선이 됐기 때문에 162석, 그다음에 민주당도 9석, 그래서 여러 가지 할 수 있으리라고 생각하는 가운데에서 국가보안법 폐지운동도 추진하게 된 거예요.

그런데 지금 생각해보면 전략적 실수가 있었다고 생각이 들어요. 그때 4월 선거가 있었고 6월에 국회가 시작된 뒤에 8월에 노무현 대통령이 "국가보안법은 이제 박물관으로 보내야 된다." 유명한 얘기를 했죠. 그 뒤에 열린우리당 지도부에서 4대 개혁입법을 만들었잖아요. 국가보안법 폐지, 과거사법, 언론법, 사립학교법. 그런데 이렇게 하는 것은 매우 잘못된 전략이라는 생각이 들어요. 왜냐하면 반대하는 세력이 엄청나게 많아졌던 거예요. 예를 들면 사립학교법을 추진하니까 노무현 정부에 우호적인 천주교도 반대하고, 언론법에는 약간 진보적인 언론들도 반대하고, 그다음에 과거사법도, 국가보안법은 말할 것도 없고. 그래서 지나놓고 보니까, 국가보안법 폐지 하나만 했어야 했다, 가장 근본적인 법을. 그런 생각이 드는 겁니다.

그리고 실제로 그 당시에는 국가보안법이 없어져야 되겠다, 폐지되어야 되겠다, 이러한 기운이 국민들 사이에 많이 있었어요. 그래서 정기국회가 9월에 시작됐을 때부터 마지막 12월 31일까지 국회의원 중 적극적으로 국가보안법을 폐지해야 된다는 사람들은 농성도 하고, 국회 앞에서 2천 명의 사람들이 열흘 이상 농성해주면서 꿈쩍도 않고 지지를 해줬죠. 근데 첫째는, 국가보안법 하나만 했어야 되는데 4개를 하는 것은 우리 힘에 부치는 거였다는 거. 또 하나는 전략, 당시 한나라당 대표가 박근혜 씨, 원내대표가 김덕룡 씨였는데. 한나라당 측에서도 자기네들이 수세에 몰리니까 국가보안법 7조를 폐지하고 이름을 바꾸는 것까지는 양보를 했었어요. 그런데 열린우리당의 국회의원 152명 성향이 모두 달라서 몇십 명은 국가보안법을, 말은 안 해도 폐지에 반대한 거였어요. 반대했어요, 실제로.

김형태 어떤 사람들이?

임종인 아니 한두 명이 아니니까.

김형태 아니 그래도 좀 알만한 사람들이?

임종인 30~40명 정도 될 거예요, 반대하는 말은 안 해. 지도부에서 7조만 없애자는 식으로라도 추진을 했어야 했다는 생각이 들어요. 지금 생각해보면 여기 책(민변 국가보안법 보고서)에서도 보니까 그 당시에 국가보안법 7조를 없앴으면, 이명박·박근혜 때 사건의 80퍼센트 이상이 7조 사건이니까, 국가보안법이 현재 존재하는 이유는 7조니까. 다른 것은 형법으로도 처벌할 수 있잖아요. 그러나 고무·찬양, 이적표현물 소지 이런 것은 국가보안법 없으면 처벌 못하니까, 국가보안법의 존재 이유가 사실상은 7조라는 거죠. 그래서 그때 그걸 전략적으로 받았으면 좋았겠다고 생각해요.

그것을 과격하게 전면 폐지 안 하면 안 된다는 의원들이 있었죠. 그렇다고 해도 그 사람들은 달래지 않아도, "이거라도 이렇게 할 수밖에 없다."라고 하면 될 가능성이 충분히 있었다는 거죠. 그러고 난 뒤에 2005년부터는 국가보안법 얘기가 지금까지 없어져 버린 거예요. 그 당시에 여당 지도부나 이런 사람들은 '국가보안법 적용 안 하면 없어지는 거나 마찬가지겠지'라고 생각했지만, 그건 틀렸다는 게 지금 오늘날까지 드러난 사실이잖아요.

김형태 당시 여당 지도부에서는 여론 눈치를 봐서 그런 거예요? 표결에 부쳐서 그냥 당론으로 정해서….

임종인 한나라당과 합의 안 하면 어렵죠. 국가보안법은 헌법보다 위니까. 국가보안법이니까. 이게 날치기, 그냥 단독 처리로는 안 되는 거니까.

김형태 당장 오늘 언론중재법부터 그렇게 처리하면 어때요?(일동 웃음)

임종인 언론중재법하고 국가보안법하고는 하늘 땅 차이예요. 힘의 차이가. 그때 그렇게 했으면 좋았을 거라고 생각해요. 그래서 간단히 말하면 4대 입법을 한꺼번에 추진하지 말고 국가보안법 먼저 하고, 국가보안법도 유연하게 처리해야 되겠다, 이런 게 전략인 거 아니겠습니까. 그런 아쉬움이 들고. 그때 그걸 못하고 난 뒤에 열린우리당 지지율도 떨어지고 여러 가지 개혁에 대해서 동력이 떨어졌죠. 그래서 2006년 지방선거에서 완전히 지고 2007년에는 대통령 선거에서도 완전히 지고.

대선 후 국가보안법 대폭 개폐는
180석을 만들어준 국민에 대한 기본적 예의

이정희 이 얘기를 조금 이어나가면 좋을 것 같은데요. 당시 다들 아쉬움도 많으셨을 것 같고, 지금은 또 어떻게 새로 폐지운동을 해야 될까 고민도 있으실 것 같은데요.

임종인 지금은 민주당이 180석이니까, 상임위원장만 찾을 일이 아니라, 180석이니까 해야 되는데, 문제는 동력이 있냐 이겁니다. 지금 법안을 낸 걸 보니까 7조만 폐지하자는 법안도 내고 그랬던데, 국회에서 당론으로 만들어야죠. 국가보안법을 폐지하는 데 당론을 만들어야 되는데, 지금은 굉장히 어렵죠. 대통령 선거가 얼마 안 남았으니까 전략적으로 적절하지 않겠죠. 그러나 폐지하려고 하는 사람들, 국회의원들, 그런 분들은, 제 생각에는 큰 알맹이를 만들었으면 좋겠어요. 그러면서 대선 끝난 다음에는 국가보안법의 상당 부분을 바꾸는 것은 180석을 만들어준 국민에 대한 기본적인 예의가 아닐까, 저는 생각합니다.

이정희 2022년에는 폐지 내지는 최소한 대폭 개정되었으면 좋겠다는 말씀이신데요.

임종인 그런데 지금 민주당이 어려운 점은 아까 제가 여러 번 말씀드렸지만, 종북 프레임이다. 왜냐하면 통합진보당 사태 때 아무 말도 않고 등을 돌렸기 때문에 그렇다. "너희들 또 뭐 하는 짓이야!", 이렇게 언론 보수 세력이 한마디 하면 "아이고 잘못했습니다." 이렇게 나올 가능성이 있다, 이거예요. 그러니까 민주당의 핵심 의원들이 중심을 잘 잡고, 대선 이겨서 우리나라를 정리해 나가는 거로 하는 게 좋겠다. 지금 7조 같은 거로 처벌하는 나라가 어디 있겠어요. 타이완 같은 데는 90년대에 이미 다 없어졌는데. 모택동을 아무리 찬양해도 처벌하지 않고. 그건 사상의 자유 시장에 맡겨야 하는 건데. 우리나라가 지금 선진국이 됐다는데, 선진국 국민이 누리고 있는 인권 상황에서 이른바 표현의 자유, 알 권리, 이런 것들을 근본적으로 제약하고 사람을 옥죄는 법이 지금도 존재한다? 그것은 1925년도에 만들어진 일본의 치안유지법이 100년 되어서도 남아 있는 거나 마찬가지다, 일본은 없어졌는데.

민주당이 180석이 된 지 1년 반 정도 됐는데, 제가 보기에는 지금까지 크게 보여준 건 없는 것 같아요. 180석 위력을 가지고 우리나라의 근본적인 문제를 해결하겠다는 것은 거의 없지 않았나, 잘했으면 좋겠어요.

이정희 앞으로 전망도 함께 말씀해주시면 좋을 것 같습니다.

임종인 역시 국가보안법 폐지는 국민 여론이 올라와야죠. 정치인들한테 국민 여론이 안 올라가는데 너희들 혼자 막 해라, 이럴 수가 없는 거죠. 그래서 이제 국가보안법 폐지 연대도 만들고, 여론을 많이 불러일으키고 싶은데, 지금은 여러 가지 상황이 안 좋죠. 코로나 상황이고 국민들은 지쳐 있는데, 또 남북 간에 사이도 굉장히 나빠졌고, 어려운 면이 있죠. 그러나 어려울수록 노력을 해야죠.

우리나라 역사상 국가보안법은 국가를 보안하는 법이 아니라 정권 보안법이었으니까, 그리고 처음에 태어날 때부터, 친일파들이 반민족행위처벌법이 만들어지니까 여순 사건을 계기로 해서 형법도 만들기 전에 국가를 보안한다는 이유로 자기 세력 보안법을 만들었잖아요. 그래서 6·25 때는 원시적인 폭력으로 사람들을 엄청나게 죽였죠. 우리 역사에서 불행한 일이 되었죠. 그 후로도 국가보안법이 엄청나게 나쁘게 작동해 왔으니까. 그래서 이제는 없앨 때가 온 것 같아요. 21세기가 되었으니까.

김형태 옛날 1970년대 학교 다닐 때 운동권 분류에 따르면 법률가들은 쁘띠 부르주아 계급이라고 그랬잖아요. 정치·경제 권력의 하부에 있는 법 기술자들. 그리고 법은 부르주아의 이익을 실현해주는 도구에 불과하다는 거죠. 그런데 처음 말씀드린 대로 이제 자본주의와 사회주의가 수렴되는 현상이 나타났습니다. 나아가 기술이 많이 발전해서 자본에 대립되는 노동을 기계나 인공지능이 다 대체하는 시대가 올 텐데, 그러면 기술을 독점한 자본이 그 이윤을, 노동의 대가와 상관없이, 물건을 사갈 수요자들에게 일률적으로 나누어 주는 기본소득으로 반드시 갈 것 같아요. 그렇게 되면 노동 문제나 온갖 문제들이 전혀 다른 양상으로 가겠지요. 생각과 이권을 어떻게 배분하느냐를 정하는 것이 헌법이고 법인데, 생각과 이권을 배분하는 법이 결국 국회에서 국민이 만드는 겁니다. 그런데 이권을 어떻게 배분하느냐, 결국 법이라는 게, 땅따먹기거든요. 쉽게 말하면 싸우는 거예요. 내가 더 많이 가져가겠다 이거지요. 어떻게 배분하느냐 하는 법을 잘 만들어야 하는데, 여태까지는 특정 세력들이 자기네 땅을 많이 가져가기 위해서 국가보안법을 이용했습니다. 그 욕심의 싸움에서 사람들이 부화뇌동하는 거, 이거는 모양만 바뀔 뿐이지 계속 반복될 거라고요. 우리 노모가 동네 약국에서 할머니들하고 얘기하면, 그 할머니들이 문재인 무조건 욕하는 거야. 이북 퍼주기 한다고 무조건 욕해. 우리 어머니가 답답해도 말을 못해요. 근데 그런 사람들이 동력이거든요, 국가보안법 유지의 동력이죠.

국보법의 핵심은 이권 싸움에서 한쪽이 다른 세력을 탄압하는 법으로서 역할을 해온 것이니까, 국가보안법의 해악을 넓게 봐야 합니다. 보안법 폐지 싸움에서 여태까지 늘 해왔던 거는 "이렇게 억울한 사람이 많고"였지만, 그것을 넘어서서 "이 악법의 본질이 뭐냐." 이걸 넓고 깊게 보고, 스스로 공부도 하고, 다른 사람을 설득해야지요. 이 법은 그냥 표면에 드러난 현상일 뿐이고, 아까 사형제 얘기도 했지만, 사형제도는 "나쁜 놈은 그저 다 죽이자."는 거 아니에요? 그것도 결국 자기 이권, 자기 생명 때문에 그런 거니까, 사형제도 그래서 없애기 진짜 어려워요. 그래서 우리도 여러 번 폐지해보려고 그랬는데 잘 안 되더군요.

제가 국가보안법 폐지 토론에 많이 나갔잖아요. 나가면 사회자가 그래요. 이거 사형 폐지 토론하고 똑같대. 주제만 바꾸면 된대요. 사형 폐지하자는 자는 국가보안법 반대하고, 똑같아. 토론하는 사람도, 논리도 거의 비슷해. 사형제도라는 것도 그렇고, 강성 형벌 요새 나오는 것도 그렇고, 언론이 지금 저렇게 횡포를 부리는 것도 그렇고. 다 이권을 말아먹으려는 사람들이 법을 이용하고 언론을 이용하고 강성 형벌 이용하고 이런 거기 때문에, 총체적인 시각에서 이렇게 하면 안 된다는 걸 설득하고 보여주고, 늘 해오던 말 아닌, 좀 더 깊은 의미를, 이게 우리 역사에서 무슨 의미가 있는지 보여줘야 하지 않을까, 이런 생각을 해요.

보안법 싸움이 그냥 보안법 싸움이 아닙니다. "편 가르기, 이제 그만 좀 하자, 법의 탈을 쓴 불법인 엉터리 법 갖고 사람을 잡는다든지 강성 형벌로 죽인다든지 이런 거는 막자. 우리 사회가 바뀌었으니까 헌법의 문화국가에 맞게, 사형 폐지라든지 보안법 폐지라든지 이런 것들, 언론의 횡포 이런 거 다 거기다 묶어서, 없는 사람들 더 이상 쪼지 마라." 이렇게 가면 좋겠습니다. 2022년 대선에서 좀 개혁적인 분이 잡아서, 한 1~2년 개혁적 분위기가 있을 테니까, 그때 이런 것들 타고 들어가서, 국회 180석은 이미 있으니까, 1~2년 동안에 화다닥 해치워야 되지 않을까 이런 생각이 있어요.

이정희 2004년에 폐지를 성공하지 못했던 이유가 뭘까, 물론 열린우리 당 내에서 당시에 여러 가지 의견 대립이 있으면서 그나마 그때 할 수 있었던 최선의 선택, 어쨌든 현실적인 선택을 해서 중요한 부분에서 중요한 개정이라도 하지 못했던 문제도 있겠지만, 돌아보니 이런 생각이 들더라고요. 그때는 "국가보안법이 이제 별로 적용이 안 될 거야", 더 이상 국가보안법이 남용되지 않을 거라고 생각했는데, 그 이후로 이명박·박근혜 정부가 되면서 오히려 종북 공격이 굉장히 심해지고 약한 사람들에 대한 사회적 배제는 굉장히 강해진 것을 저는 체험한 사람이 되어버렸잖아요?

2004년에 우리가 국가보안법 폐지 운동을 했을 때, "이 법은 남용된다, 피해자를 만들어낸다."라고만 이야기했지, 이게 우리 사회 전체를 편 가르기하고 사람들을 집단으로 배제하고 우리 사회를 바람직하지 못한 사회로 만드는 굉장히 중요한 도구라는 건 제대로 쉽게 말씀드리지 못했던 거 아닌가 하는 거죠. "이런 피해자가 있다. 이런 남용이 있다." 수준을 넘어서서 이제는 한국 사회가 서로 죽고 죽이는, 편 가르기하고 배제하는 고통스러운 역사를 벗어날 필요가 있는 거 아니냐. 서로 공존하고, 약간의 차이가 있더라도 서로 함께 얼마든지 이야기하면서 풀어나갈 수 있으니까, 이제는 다른 단계로 가자는 차원에서 얘기를 다시 해본다면 달라질 수도 있지 않을까 하는 생각을 해봅니다.

임종인 동의하고요. 옛날에는 이런 일이 있었어요. 70년대에는 머리를 기르고 다니면 장발 단속을 해서 경찰이 머리를 깎을 수 있는 권한이 있었어요. 깎았어요, 실제로. 여성들한테는 스커트 길이를 쟀어요. 그것도 처벌하고. 근데 지금 생각해보면 어이없는 일이잖아요, 받아들일 수 없는. 국가보안법 7조가, 국가보안법이 지금 형법하고 달리 존재하는 중요한 이유라 하면 생각과 말을 처벌하는 거니까, 생각을 못하게 하는 거니까, 우리나라

민도가 올라가고 인권 감각이 올라가면 "책을 못 봐? 뭐, 책 가지고 있다고 처벌을 해? 이게 말이 되느냐." 이걸 잘 설명하면 우리 국민이 그 정도는 받아들이지 않을까 하는 생각이 들어요. 흔히 예를 드는 거로 광화문에서 "김일성 만세" 하는 사람이 있다고 해도 국민이 거의 동조하지 않을 거다, 이거죠. 생각할 자유를 막으면 우리나라가 완전한 선진국이 되기가 어렵죠. 생각하고 말하는 것을 막으면 안 되는 거예요. 우리나라 영화가 세계적으로 인기를 끌고 드라마도 인기가 많아진 것도 표현의 자유가 많이 보장되면서 됐으니까요.

김형태 1991년 국가보안법 개정 때 헌법재판소에서 낸 판례에 의해 새로운 구성요건이 추가된 거잖아요. 국가의 존립·안전, 자유민주적 기본질서에 대한 실질적 해악, 그게 나름대로 훌륭한 기준이라고 생각을 해요. 지금 재심 사건들이 그 잣대대로 재판이 이뤄지고 있는 거거든요. 이북 가서 사람 만나고 돈 받아도 해악이 안 되면 무죄라는 거예요. 그 판례 해석만 제대로 해도 거의 다 무죄가 될 것 같고. 예를 들면 이런 게 있을 것 같아요. 어떤 집단이, 칼을 들고 다니면서 "누구 하나 죽이고 죽겠다.", 기본권 보장을 부인하는 집단이 있다, 폭력 혁명을 하려고 그런다, 이걸 들고나오는 집단이 있어. 그러면 이거는 원래 헌법 37조 2항이 있잖아요. 국가의 안전 보장, 질서 유지, 공공복리를 위해 기본권을 제한하는. 범죄단체조직으로 처벌도 하고 외환, 내란죄 다 있거든요. 그걸로 충분히 처벌할 수 있어요.

김수영 시인이 공산당 허용하자는 주장을 시에다 썼는데, 공산당을 왜 못하게 하느냐 이 말이죠. 그 대신 만약 공산당이 폭력 혁명을 하겠다는 걸 강령으로 하면 범죄단체조직으로 처벌하면 되는 거고, 공산당이 사유재산제를 가능하면 좀 줄여보겠다 그러면 주장하라고 그러고, 그게 다수가 되면, 헌법개정권력이잖아요, 그러면 헌법을 바꿔야지. 그러니까 공산당이 허용되는 나라가 되는 게 궁극의 목표가 아닐까 이런 생각이 좀 있어요.

청년 음악가의 꿈을
포기하게 하는 국가보안법

이정희 2004년 이후 국가보안법 폐지 논의는 정부 여당에서는 꺼내기 어려운 것이 된 듯합니다. 국가보안법 폐지를 우선과제로 추진했으나 성공하지 못하고 열린우리당 지지율이 급락한 경험을 되풀이할 수 없다는 생각도 있겠고, 국가보안법 폐지 주장만으로도 색깔론 공격을 당할 수 있다는 생각도 있겠지요. 이러한 위축효과 자체가 국가보안법의 위력이기도 하겠습니다.

문재인 대통령은 2012년에 국가보안법을 폐지하지 못해 아쉽다는 회고[17]를 한 바 있는데, 정작 2017년 집권 후, 2020년 국회 180석 확보 후에는 정부 여당에서는 이런 회고조차도 잘 나오지 않습니다. 국가보안법을 폐지하고 국가보안법 체제를 극복하기 위해서는 국민 여론의 지지가 중요한데, 국민을 설득하는 정부 차원의 계획과 노력은 별달리 눈에 뜨이지 않는 듯합니다.

같은 맥락에서 김용민 의원님께, 박근혜 정부 치하에서 국가보안법의 문제점을 극명하게 보셨기에, 국회의원이 되면서 국가보안법 폐지 의지를 다지셨을 텐데요, 말을 꺼내기조차 어려운 정치 현실을 어떻게 극복해야 할지 고심이 크실 것 같습니다. 국회에서 국가보안법 폐지안을 논의하고 처리할 가능성을 어떻게 보시는지요? 어떻게 하면 국가보안법 폐지가 정치 현안으로 떠오를 수 있을까요?

---

17 문재인 대통령은 2012년 11월 5일 한 언론사 창간 기념 서면 인터뷰에서 "국가보안법은 폐지돼야 한다. 1998년 유엔에서 한국 정부에 대해 국가보안법이 유엔의 인권규약 위반 사실을 재확인하는 등 국제 인권규범과도 충돌하고 있다. 국가보안법은 폐지돼도 현행 형법으로 충분히 대체할 수 있다."며 폐지 입장을 밝힌 바 있다. 또한 문 대통령은 자서전 『문재인의 운명』에서 참여정부 민정수석 시절 공수처 설치와 국가보안법 폐지를 하지 못한 것이 아쉬움으로 남는다고 회고했다. 특히 국가보안법 폐지에 관해서는 "더 뼈아팠다"고도 했다.

특히 2000년대 중반 한총련 사건 이후로는 젊은 세대 가운데서 국가보안법으로 직접 처벌되는 경우는 많지 않습니다. 그렇지만 젊은 세대에게도 국가보안법이 영향을 미치는 것이 있다고 보시는지요? 이들에게도 국가보안법은 반드시 폐지해야 하는 법이라고 말할 수 있을까요?

김용민 국회에서 국가보안법 폐지 논의가 다시 시작되고 있습니다. 저를 포함한 초선의원 모임인 '처럼회'를 중심으로 국가보안법 폐지를 추진하고 있고, 법안을 발의해 둔 상태입니다. 두 가지 법안이 발의되어 있는데, 국가보안법 전부 폐지법률안과 제7조를 삭제하는 법률안입니다. 아직 당내 상황은 처리 여부가 불투명한데, 내부 동력을 다지는 노력을 하겠습니다.

문재인 정부 들어 국가보안법이 크게 이슈가 되지 않고 있어 생활에 불편함이 없는 것처럼 보일 수 있으나 우리 머릿속에 생긴 벽을 제거하지 않고서는 더 나아가기 어려운 한계점에 반드시 도달할 것입니다. 최근 우리 문화가 세계에서 각광을 받고 있으나 문화와 사상의 자유가 보다 폭넓게 인정되고 결과물을 꽃피우기 위해서는 국가보안법이 폐지되어야 합니다. 독일에서 유학하고 있는 한 청년 음악가는 북한음악을 배우고 싶고, 연구하고 싶고, 북한음악가와 교류하고 싶어 했습니다. 그러나 국가보안법이라는 현실 앞에 그 꿈을 포기하게 되었습니다. 특히나 독일에서는 과거 동백림 사건이라는 대대적인 간첩조작사건의 아픔이 있었기 때문에 더더욱 큰 공포심을 심어주고 있습니다. 이처럼 국가보안법이 알게 모르게 우리 정신의 크기를 줄이는 독이 되고 있습니다.

민주당이 거대 여당이 되었는데, 아직도 우리 사회의 기득권 구조를 타파하는 입법을 제대로 하지 못하고 있다고 생각합니다. 당내에서 두려워하는 목소리도 존재하고, 아직 180석을 준 국민들의 의사를 제대로 이해하지 못하고 있는 것은 아닌지 걱정입니다. 당내에서 강한 개혁의 목소리들이 나오고는 있으나 지난 보궐선거 패배 이후 공감대를 잘 얻지 못하게 된 것도 매우 안타까운 상황입니다. 그러나 포기하지 않고 국가보안법 폐지 문제를 포함한 개혁과제를 추진하도록 하겠습니다.

박천우 이제 조만간 각 당의 대선 후보가 정해지고 당장 토론 붙으면 이것도 뭔가 사회자가 안 물어도 이쪽에서 묻고 이렇게 하는 과정에서 분명히 질문이 나올 거 같아요. 일종의 십자가 밟기 식의 질문으로 사용될 텐데, 과연 그 지점에서 예컨대 민주당의 후보가 국가보안법 7조 정도는 폐지해야 된다고 말을 할 건지, 아니면 넘어갈 것인지, 그 장면을 조만간 몇 달 안에 볼 것 같은데, 그게 우려가 많이 됩니다.

임종인 문재인 대통령이 후보 시절에 답변한 것이 있습니까?

박천우 국가보안법은 폐지해야 된다고 명확히 후보 시절에 밝힌 건 2012년 대선 당시였고. 2017년에는 딱히…. 2012년에는 국가보안법은 폐지해야 한다, 7조만이 아니고 그냥 폐지해야 한다였는데, 대통령 되고 나서는 딱히 국가보안법에 대해 뭔가 직접적으로 언급을 한 적은 없었던 것 같고, 물론 불가피한 여러 여론 지형이나 환경의 문제도 있긴 한데 그런 답답함이 있었고.

모든 분이 말씀하신 것처럼 결국 여론이 뒷받침되지 않으면 국회건 헌재건 어디건 흐름이 나오기가 참 쉽지 않은데, 젊은 세대들에게 있어서 인권 의식이 많이 올라온 것도 있는데, 저는 이런 주제에서는 많이 후퇴했다고 느끼고 있는 편이어서요. 젊은 세대들, 앞으로 그 세대들이 결국 커나갈 텐데 어디서부터 어떻게 설득할 수 있을지. 사실 헌재도 통합진보당 해산을 결정한 주체이지 않습니까. 단 한 번도 사과한 적도 없고 반성한 적도 없고. 탄핵 결정 내렸다고 모든 게 다 덮이는 것처럼 이렇게 돼버렸지만, 그래서 여러모로 답답함과 우려를 가지면서 동시에 계속 뭐라도 해야지 이런 생각으로 활동하고 있습니다.

이정희 혹시 변호사님들께서 젊은 세대에게는 어떻게 얘기하면 좋을지, 말씀 주실 것이 있을까요?

임종인 역시 무서운 게 종북 프레임이에요. 저는 21세기에 들어와서 우파가 가지게 된 가장 좋은 무기가 종북 프레임이라고 봅니다. "너 종북 아니야?" 거기에는 이제 북한에 대한 젊은 사람들의 감정이, "좀 정상적인 나라가 아닌 것 같은데. 젊은 사람이 저렇게 다 정권을 잡고 혼자 멋대로 하는 것이 어디 있어? 상식적인 나라가 아닌데 저 나라와 뭘 하기 위해서, 또 잘 지내기 위해서 국가보안법 없애는 것이 우리와 무슨 관계가 있냐"라는 얘기를 많이 한다면서요. 그러나 저는 길게 봐서는 역시 우리 젊은이들을 믿습니다.

제가 전에 어떤 선배 교수님하고 얘기한 것 중에서, 학생들이 옛날에는 분신자살하고 그랬잖아요. 우리 사회를 위해서. 그런데 그런 사회는 정상적인 사회가 아니다, 젊은 사람들은 편하게 놀면서 자기 생각 가지고 지내다 보면 그게 건강한 사회를 만드는 거다, 그래서 저는 염려하지 않습니다. 제가 보기에 젊은 사람들이 개인적으로 남에 대한 기본적인 예의를 더 잘 갖춰요. 남을 잘 배려한다는 거라고 저는 보이거든요. 생각들이 그냥 굽힘이 없고. 그래서 그렇게까지 걱정 안 해도 되지 않겠는가. 좀 알기 쉽게 설명을 해줘서 북한의 문제점도 좀 제기하고. 북한에 대해서는 비판도 안 하는 게 일반적인 진보 진영의 관행처럼 되어 있는데, 상식에 맞지 않는 것은 이야기도 좀 하고, 우리가 이해할 부분은 이해하고 하면서 결국 우리 국민 개인의 자유와 권리가 늘어나는 사회가 되어야 한다, 이렇게 이야기하는 게 좋지 않을까 생각됩니다.

신윤경 박정근 사건[18] 같은 경우에 갑자기 반짝 관심이 생겼을 때가 있

---

18 2012년 박정근이 트위터에 북한을 찬양하는 글을 게시했다는 이유로 제7조 위반으로 기소되어 1심에서 유죄판결을 받았다가 2심에서 무죄판결받은 사건. 자세한 내용은 민주사회를 위한 변호사모임, 『헌법 위의

었어요. 트위터에서 그냥 장난처럼 한 것들, "이것이 과연 정말 죄가 될 수 있어? 이걸로 재판까지 가?" 이런 거로 잠깐 젊은 사람들의 충격이 있었어요.

이정희 언제든 또 생겨날지도 모르죠, 또 그런 일들이. 안 생겨나기를 바라지만.

헌재 위헌결정을 가능하게 할
여론이 필요하다

임종인 어떻게 보면 국가보안법 폐지가 또 잘 될 수도 있어요. 제가 양심적 병역거부자 대체복무제를 주장하면서 변호사로서 법안도 내고 많이 설득도 하고 방송에도 나가고 했는데, 2000년도에 양심적 병역거부를 이제는 받아들여야 된다고 글도 쓰고 국회에서 법안도 내고 해서 욕도 많이 먹고 그랬는데, 이게 결국 2018년에 (헌법재판소 헌법불합치 결정이) 됐어요.[19] 그런데 이게 국회에서는 안 돼요. 국회에서 양쪽이 똑같이 대립하니까 어려운 점이 있어요. 저는 헌법재판소의 역할을 그렇게 높게 평가하지는 않는데, 그러나 양심적 병역거부가 우리 사회에 받아들여진 것은 역시 헌법재판소의 결정으로 된 거다. 이게 정부에서 하려고 하면 안 돼요. 2007년도에 노무현 대통령 때 윤광웅 국방부 장관이 (양심적 병역거부자에

악법』, 삼인, 2021, 125-126쪽 참조.

19 헌법재판소 2018. 6. 28. 선고 2011헌바379 등 결정은 병역법 제88조 제1항 등의 위헌 여부를 판단해달라며 양심적 병역거부자들과 법원이 낸 헌법소원·위헌법률심판제청 사건 28건에서, 병역의 종류에 양심적 병역거부자에 대한 대체복무라는 대안이 있음에도 불구하고 군사훈련을 수반하는 병역의무만을 규정한 병역종류조항은 침해의 최소성 원칙에 어긋난다는 이유로 병역법 제5조 제1항에 대해 재판관 6(헌법불합치) 대 3(각하) 의견으로 헌법불합치 결정을 선고했다. 이에 따라 2020. 1. 1.부터 병역법 제5조 제1항 제6호에 '대체역'(병역의무자 중 「대한민국헌법」이 보장하는 양심의 자유를 이유로 현역, 보충역 또는 예비역의 복무를 대신하여 병역을 이행하고 있거나 이행할 의무가 있는 사람으로서 「대체역의 편입 및 복무 등에 관한 법률」에 따라 대체역에 편입된 사람)이 신설되어 운용되고 있다.

대한 대체복무제도를) 받아들이겠다고 발표를 했어요. 그러나 그게 법안으로 안 되고 이명박·박근혜 정부 때는 완전히 묻혀버렸죠.

법원에서도 국가보안법 7조에 대해서 판사들이 계속 위헌제청을 하더군요. 양심적 병역거부 문제도 마찬가지였거든요. "이걸 계속해서 징역을 보내면 되겠냐." 이거 저는 굉장히 중요하다고 봐요. 양심 형성의 자유, 양심 표현의 자유에서 양심의 의미가 중요하다고 생각합니다. 이건 단순히 여호와의증인만의 문제가 아니라 우리 국민의 양심의 문제죠. 예전과 다르게 지금은 양심이 굉장히 중요하잖아요. 그중에 양심적 병역거부와 대체복무제, 이거는 엄청난 변화인데, 국회에서 하기 어렵다. 저는 정치권에서 해결해야 한다고 생각하지만, 법원이나 헌재에서 의외로 또 다른 변화가 있을 수도 있다.

김형태 그런데 보안법은 헌재에서 안 하려고 그래요. 보안법은 절대로 안 하려고 그래요. 국회 가는 게 낫지. 사형은 진짜, 헌재를 더 기대해요. 투 트랙으로 가고 있는데, 사형은 헌재에서 2010년 합헌결정에서 합헌 의견 대 위헌 의견이 5 대 4였거든요.[20] 민변 출신이고 현재 국가인권위원회 위원장인, 송두환 당시 재판관이 사형 유지 쪽에 서 가지고 말이지, 진짜 그때 너무 화가 났어요. 그분이 위헌 의견이었으면 4 대 5로 뒤집혔거든요.

이정희 그런데 국가보안법 위헌결정은 왜 어려울 거로 생각하세요?

김형태 왜냐면 헌재 재판관들이 감히, 그걸 깨뜨릴 힘이 전혀 없어요.

이정희 그래도 변화가 전혀 없는 건 아닌데요.

임종인 헌재에 변화를 기대한다기보다도, 변화가 오면 그걸 집약해서 표현해주는 거죠.

김형태 국회에 우리 임종인 변호사 같은 분이 몇 명 있으면 확 해치우

---

20 헌법재판소 2010. 2. 25. 선고 2008헌가23 결정.

는 건데.(웃음)

이정희 위헌소송 담당하고 계신 신윤경 변호사님 말씀도 좀 들어봐야 할 거 같은데요. 국가보안법 7조 1항·5항에 대해서 위헌제청된 사건에 대해서 대리인단에 함께하고 계셔서요.

신윤경 소송대리인의 입장에서야 '된다'라고 큰소리쳐야겠지만, 솔직히 제 개인적인 입장으로는 헌재에 거의 기대를 걸고 있지는 않습니다. 왜냐하면 그 전에 위헌 의견이 김이수 재판관 한 명뿐이었고, 지금은 구성원이 변경되긴 했지만, 기본적으로 헌재가 굉장히 정치적이고 자기들이 욕먹을 일은 절대로 안 하려는 느낌이 들고, 탄핵 때만 해도 이때는 사람들이 다 거리에 나와서 절대적으로 탄핵에 찬성하는 견해가 다수라는 게 거의 명시적으로 입증이 되었으니까 거기에 손을 들었지, 만약에 촛불 시위가 없었다면 아무리 박근혜가 어떤 난리를 쳤어도 헌재가 탄핵을 가결했을 거라는 생각은 안 들거든요.

국가보안법도 마찬가지인데, 국가보안법은 양심적 병역거부와는 좀 다르다고 생각해요. 왜냐하면 병역은 사실 딸만 있는 집은 빼놓고 거의 모든 국민이 다 같이 겪는 문제예요. 살다보면 다 부딪힐 수밖에 없는 문제고. 그래서 양심적 병역거부라는 것은 어떤 의미에서 아들이 있는 집에 다 해당이 되고 살면서 한 번씩은 생각하기 싫어도 해보게 되는데. 물론 나쁜 쪽으로 생각하면 누구는 양심 없냐 이러지만, 그런데 국가보안법은 사실 여기 계시는 변호사님들이야 사건들도 다 하시고 그러니까 많이 느끼시겠지만, 일반 국민들 입장에서는 이게 나랑 상관없는 문제인 거예요. 딱히 통일운동이나 노동운동 하시는 분이 아니면. 물론 그런 분들이 한 번 걸리면 더 손해가 크기는 한데, 딱히 이렇게 일상생활에서 잘 못 느끼는 문제고 별로 관심 없는 문제인데, '국가보안법 이거 꼭 폐지해야 한다'라는 범국민적인 합의나 관심을 불러올 수 있을까가 저는 제일 큰 의문이고, 저번 탄핵 사건처럼 뜨거운 폐지에 대한 찬성이 없는 이상, 헌법재판소 재판관들이 오히려 자신이 종북주의자라고 몰릴 위험을 감내하고 법률가의 양심에 따라서 위헌이라고 선언하는 것이 가능할지, 죄송한 말씀이지만 딱히 별로 믿을 수는 없다고 생각합니다.

임종인 제 말은, 국가보안법을 헌재에서 나서서 위헌결정하리라 이런 기대보다는, 여기저기서 계속 국민들 사이에서 국회에서도 운동을 하면, 지금 신 변호사님 이야기대로 헌재가 그걸 받아서 하는 거죠. 탄핵도 마찬가지예요. 저는 결국 탄핵이 될 거라고 생각했는데, 왜냐하면 국민의 다수가 탄핵을 바라고 있는데, 안 하면 국민의 뜻을 따르지 않는 헌재가 있어야 하냐는 헌재 존폐론이 나오리라고 생각을 했어요. 그래서 그건 될 거로 생각했었죠.

그런데 국가보안법은 1948년부터면 지금 73년(2021년 현재), 쉬운 게 아니죠. 양심적 병역거부 헌재 결정을 보면, 국민 의식의 변화가 놀랍다는 거죠. 제가 이걸 제기했을 때, 얼마나 절 미친놈 취급했는데요.

이정희 공격을 굉장히 많이 받으셨던 거로 기억나요.

임종인 공격을 엄청나게 받았죠. 제가 2004년도에 국회에 들어갔을 때 TV토론 나갔더니 그 당시 열린우리당 당원들의 다수가, 80~90퍼센트가 "임종인 당선자는 탈당시켜라." 열린우리당 당원들이 그랬었어요. 제가 우리 민변 변호사들하고 (양심적 병역거부) 변호인단을 조직해서 한 4년간 파다가, 국회의원들이 이 법안을 안 내주는 거야. 그래서 국회에 들어가게 된 이유도 있는데요. 차라리 내가 법안을 내야겠다 해서 국방위도 지원했고. 국방위 18명인데 여당이 처음에는 동의하지 않았는데 "면제가 아니다, 다른 일을 시키는 거다." 2년 동안 계속 얘기를 했더니 여당은 9명 중에서 8명이 찬성을 하고 한나라당은 다 반대를 했어요. 그런데 그러고 난 뒤에 청와대에서 이야기해서 국방부하고 청와대하고 협의 끝에 2007년도에 받아들이겠다고 했는데, 많은 사람이 또 거부하면서 재판하고 판사들도 위헌제청 내고 그랬었지, 이게 뭐 처음부터 받아들여진다는 생각은 없었어요.

저는 이러면 어떨까 하는 생각이 들어요. 국가보안법 7조를 없애는 데에는, '아니 우리나라에서 무슨 책을 보든 뭔 상관이냐, 책을 보고 좋아하는 사람도 있고 싫어하는 사람도 있고, 볼 사람은 볼 텐데', 이렇게 이야기를 하면 달라질 거다. 좀 더 많은 노력이 필요하고 그런 것들이 합쳐져서 국가보안법 폐지가 된다.

제가 전에 일본 유학할 때 느낀 건데, 1925년 제정된 치안유지법이 1945년에 없어졌거든요. 지금 파괴활동방지법이 있지만 그건 완전히 달라요. 그랬는데 지금 우리나라는 (치안유지법의 유산을) 그렇게 짊어지고 사는 거예요. 다른 나라 사람들이 보편적으로 누리고 있는 인권을 우리도 누려야 된단 말이에요. 우리나라 국민 의식이 굉장히 높아졌는데 책을 마음대로 가지지도 못하고, 못 보는 이런 사회가 말이 되느냐.

김형태 말이 안 된다는 건 당위의 측면에서 당연히 다 동감하죠. 그런데 문제는 현실에서 어떻게 이걸 바꿀 수 있느냐인데. 아까도 말씀드렸지만, 국가보안법이 그냥 국가보안법이 아니고, 남북 대립이 워낙 심해서 전쟁까지 해서 다 죽었잖아요. 우리 민족이 당파싸움 잘한다는 건 일본 식민사관이라고 하지만, 실제로 우리나라 사람들 진짜 전투력이 왕성해서, 요새 보세요. 끔찍해요. 우리나라가 이렇게 된 데는 국가보안법도 매우 큰 역할을 한 거예요. 물론 전쟁의 현실에서 국가보안법이 필요했고, 국가보안법이 이번에는 거꾸로 현실을 옥죄는 거죠. 사실이 규범을 만들지만, 규범이 또 사실을 만드는 거거든요.

그러니까 현실에서 이거 폐지하는 게 진짜 쉽지 않아요. 그저 당위만을 강조해서 국보법 유지론자들을 비난하는 데 그치면 속이야 시원하겠지만 잃어버릴 것들이 많다는 얘기죠. 반격이 들어오고. 국가보안법의 근본적인 토양인 남쪽, 북쪽이 가지고 있는, 그리고 남쪽 내에서도 진보, 보수가 서로에 대해 가지고 있는 증오심, 전투력, 아까 그걸 편 가르기라고 얘기했는데, 이게 극대화되었기 때문에 국가보안법 없어지면 다른 거로 또 편 가르기를 할 것 같기도 하고, 지금 언론이 그러고 있어요. 보안법이 힘이 좀 빠지니까 법보다 더 적극적으로 언론이 그렇게 못된 짓을 하잖아요. 그러니까 이 싸움 이거, 증오의 싸움이고, 우리 사회가 자기와 생각이 다른 자, 이해관계가 다른 자에 대한 극도의 미움으로 쫙 갈라졌어요. 미국도 그렇게 됐더만요 요새. 이런 미움의 법을 폐지해야지 이런 편 가르기가 해결되고, 너와 내가 같이 살 수 있다는 식으로 상대를 구슬려야 합니다. 이렇게 미움의 정서가 해결돼야지 보안법이 폐지되는 거예요.

새로운 대통령이 나오면 개혁적으로 한순간에 확 폐지한다, 그걸 우리가 기대하는 바이지만, 그것이 또 편 가르기가 되어서 말도 못하게 역공이 들어올 겁니다. "빨갱이 종북 대통령"부터 해서. 그래서 아까 말씀하신 7조부터 살짝 없애고 나가든지 이런 것도 아주 현실적인 방안일 수도 있다는 생각이 들고, 근본적으로는 자기와 생각이 다른 자, 이해관계가 다른 자를 그냥 말살하려고 하는 우리 사회를 고치는 게 국가보안법 폐지하고 묶여 있다고 생각해요. 딱 묶여 있어요.

임종인 그렇죠. 그게 연결되어 있죠. 생각이 다르면 다른 얘기를 하면 되지, 감옥을 보내려고 하면 되냐. 지금은 감옥을 보내잖아요. 자기하고 생각이 다른 책을 읽고 있고, 갖고 있으면 감옥을 보낸다는 거예요. 말로 하고 논리로 따지면 될걸. 제가 몇 년 전에 네팔 카트만두 대학에서 1년간 코이카 자문관으로 가서 우리나라 헌법과 네팔 헌법을 비교해서 가르친 적이 있는데, 네팔은 사형제가 없습니다. 2008년에 만든 네팔 헌법에서 사형제를 폐지했어요. 아시아권에서는 드문 예죠. 왕정을 폐지하면서 사회주의 정당이 연립 정당이 되어서 헌법을 만들면서 했는데, 지금 아시아권에서 사형제가 폐지된 나라가 거의 없죠. 그리고 사형제 비슷한 거니까 얘기한다면 지금 선진국에서는 일본하고 미국하고 두 나라가 사형집행을 하잖아요. 유럽연합은 지금 28개 국가 중에서 사형제를 폐지하지 않으면 유럽연합에 들어갈 수 없습니다. 그러니까 국가 권력이 자기 나라 국민들에게 사형을 집행하지 않는다는 얘기는 침략해서 다른 나라 사람도 죽이지 않는다, 그 담보라는 거예요. 그런데 저는 이것도 긍정적으로는 봐요. 한나라당 박근혜·이명박 정부가 인권 면에서 많은 잘못을 했지만 그래도 사형을 집행은 안 했다는 거야.

김형태 아아- 아니, 정권 바뀔 때마다 집행하려고 그랬어요. 그런데 안 한 이유는 유럽과의 관계 때문에 그런 겁니다. 유럽과 범죄인 인도협약 맺고 국회에서 비준했기 때문에. 통상조약 때문에도 사형집행은 못했던 거예요.

이정희 차마 못한 거네요. 하려다가.

임종인 결론적으로는 못하게 된 것은 사실이고. 10년 이상 사형집행 안 하고 사실상 폐지국 대우를 받게 된 것도 변화라고 생각합니다. 저는 원시적 폭력이, 자유당 때하고 공화당 때, 전두환 때하고는 좀 다르다, 현재의 경우 우리나라가 전체적으로 변화했다는 점에서 한편으로 긍정적으로 보고, 한편으로는 이렇게 됐는데도 국가보안법을 적용해서야 되겠냐는 생각도 들고 그런 거죠.

국가보안법 폐지가
끝이 아니다

이정희 말씀 들어보니, 국가보안법을 폐지한다고 할지라도 그게 끝이 아니라는 생각이 드네요.

김형태 끝이 아닐 거예요.

이정희 우리 사회의 증오와 적대 문화 또는 남북 관계 대립이 계속된다면 국가보안법이 없어진다고 할지라도 또 어떤 방식으로 새로이 적대와 배제, 증오, 처벌을 이어갈 수 있는 법제가 만들어질 수도 있겠다는 생각이 들고요.

김형태 지금 언론이 그거 하는 거예요.

이정희 국가보안법 위헌소송, 폐지운동을 바라볼 때, 우리 사회의 이런 증오의 체제를 변화시키겠다는 꾸준한 노력을 하겠다는 결심이 있어야만 이 운동이 계속 성과를 유지해 나갈 수 있겠다 싶습니다. 그 시작의 하나로써 민변 변호사들로서는 헌법소송을 굉장히 중요하게 기획하고 준비해 왔던 건데, 신윤경 변호사님께서 헌법소송에서 위헌결정 날 가능성이 크지 않다, 기대를 많이 안 한다고 하시지만, 그동안 7조 전체는 아니지만 7조 5항의 소지에 대해서는 5대 4가 나온 적이 있었어요. 제14조 자격정지에 관련되어 나온 건데 2018년에 5대 4가 됐고, 그래서 국가보안법 전체 또는 7조 전체를 헌법재판소를 통해서 다 없앨 수는 없어도, 적어도 하나씩 작은 구멍이라도 낼 가능성은 최대한 넓혀나가는 게 변호사들로서는 해야 할 일이 아닌가 생각이 들고요. 양심적 병역거부를 인정한 헌법재판소 결정에서 특히 앞으로 잘 쓸 수 있을 부분이, 국가안보라고 하면 정말 흔들릴 수 없는 최선의 가장 중요한 가치로 보고, '어떤 다른 기본권과도 형량이 불가능하고 무조건 국가 안보가 있어야 그다음에 인권도 있다' 이런 논리로 계속되어 오다가, 이번에 최초로 양심적 병역거부에 대한 헌법재판소 결정, 대법원판결 내놓으면서 국가 안보와의 형량 문제가 조금씩 바뀌는 양상이 좀 보이기 시작하더라고요. 변호사로서는 최대한 법원과 헌법재판소를 설득해 나가는 꾸준한 노력은 필요할 것 같습니다.

김형태 사형제도 계속 그렇게 집행 안 하고 반대 운동하니까, 세계적인

"증오의 체제를 바꾸기 위해 꾸준히 노력하겠다는 결심이 있어야"
이정희 변호사

추세도 그러니까 사형선고하는 예가 거의 없어졌어요. 사형선고가 2011년 이후에는 1년에 한 건도 없는 경우가 상당히 많고 어쩌다 한 건 나오기도 하고.

임종인 우리나라 법원에서?

김형태 선고를 안 해요. 판사들도. 아무리 흉악범이라도. 그래서 그것도 조금 진전된 거예요. 법적 폐지는 못했지만 사실상 압박이 엄청난 압력이 된 거죠.

이정희 국가보안법 보면서 다시 놀랐던 게 13조인데요. 국가보안법이 재범이 되면 형량이 다 사형으로 올라가더라고요, 거의. 7조 5항, 10조만 빼고. 국가보안법이 형법하고 똑같다고 흔히 얘기해왔던 것이 있잖아요. 형법하고 똑같은데 왜 국가보안법에 있냐. 근데 그 존재 이유가 결국 그 가중을 위해서더라고요. 가중을 위해서 한 번 처벌해놓고 그다음 5년 안에 다시 재범하면 그때 최고형이 사형으로 다 올라가는 거예요. 그러니까 진짜 사형 폐지를 위해서라도 국가보안법 13조, 7조, 특별형사소송절차는 꼭 폐지해야죠. 상금 조항은 체포하는 과정에서 살해하거나 자살하게 해도 상금을 줘요. 정말 비인도적 법률이고 야만적 법률이라는 생각이 다시 한번 드는데, 그런 요소들 각각을 각개격파해 나가는 변호사들의 노력은 굉장히 중요한 것 같습니다.

4. 국가보안법을 폐지해야 하는 이유 한마디

이정희 국가보안법을 폐지해야 하는 이유, 어떻게 폐지할 수 있을지는 누구도 한마디로 말하기 어려운 문제입니다. 그러나 군이 한 마디의 답을 구하는 이유는, 더 많은 분과 이 이야기를 함께하고 싶기 때문입니다. 정부가 계획을 세우지 못하고 있다면 우리라도 계획을 세워야겠지요. 여당이 나서지 못하고 있다면 우리라도 시작해야겠구요. 이 자리에 함께하신 분들은 모두 국가보안법 폐지를 위해 노력해온 민변의 오랜 회원들이십니다. 민변이 30여 년 넘게 쏟아온 노력이 국가보안법 폐지로 결실을 맺을 수 있도록 함께 지혜를 모아주십사 부탁드리며 단문의 답을 요청합니다. 임종인 변호사님께, 어떻게 하면 국가보안법을 폐지할 수 있을까요. 한 마디로 딱 말씀해주시면요?

임종인 국가보안법은 국가를 지키는 법이 아니다. 국민의 지지를 제대로 받지 못한 정권을 보안하는 법이었다. 그래서 선진 국민이 못 되게 우리 국민을 거의 바보로 취급하면서 책도 제대로 못 보게 하고 말도 제대로 못하게 하고. 국가의 주인인 국민이 자기 사상을 형성하고 말할 수 있는 것을 빼앗았기 때문에 이것은 우리나라의 장래를 위해서 없어져야 된다, 이렇게 생각합니다.

이정희 신윤경 변호사님께, 국가보안법을 폐지해야 되는 이유는?

신윤경 완전한 자유민주주의입니다. 사상이나 표현의 자유를 제약하는 법이 없어져야 하는 것은 당연하고요. 그다음에는 이제 우리가 고전적인 의미에서 자본주의 체제를 더 이상 유지할 수는 없을 겁니다. 거기서 복지와 평등, 분배 쪽으로 나아가야 하는데, 자본주의 체제의 틀을 벗어나서 앞으로 새로운 경제 체제나 분배 체제를 생각하는 데 국가보안법이 가장 장애가 된다고 생각합니다.

이정희 김형태 변호사님께서도 한 마디.

김형태 국가보안법을 폐지해야 하는 이유는 촛불 시민과 태극기 할배들이 서로 원수 삼는 이 무서운 현실이, 미움을 조장하는 보안법에서 비롯되었기 때문입니다.

이정희 네. 정말요. 정말요. 신윤경 변호사님께 단답형 질문 하나 더요. 어떻게 하면 헌법재판소가 국가보안법 위헌결정을 내리게 할 수 있을까요.

신윤경 다수의 눈치를 보는 게 헌재니까, 국민의 여론 결집이 가장 중요하지 않을까요.

이정희 임종인 변호사님께도 같은 질문드리겠습니다.

임종인 헌재 재판관을 잘 뽑아야지. 그러니까 헌재 재판관은 대통령하고 대법원장, 국회가 지명하는 거니까. 헌재 재판관을 잘 뽑을 수 있는 세력을 국회나 대법원이나 대통령으로 진출시켜야 되겠죠.

이정희 또, 어떻게 하면 국가보안법을 폐지할 수 있을까요?

임종인 국민 여론을 알기 쉽게 잘 설명해주는 것을 많이 연구해서, 국가보안법이 기본적으로 왜 문제인가를 쉬운 말로, 지금 우리 이정희 변호사님 말씀대로 단답형으로 만들어보면 좋겠어요. 왜 국가보안법이 문제인가, 또 국가보안법도 조문마다 다르니까, 평범한 사람들이 잘 알 수 있게 연구했으면 좋겠는데. 어이없는 사례를 모아서 보여주면 문제점을 이해하기 좀 낫지 않을까 생각합니다.

이정희 김용민 의원님께, 어떻게 하면 국가정보원과 공안수사기관들이 국가보안법 사건을 조작하지 못하게 할 수 있을까요?

김용민 구조적으로는 정보기관과 수사기관을 분리해야 합니다. 이 부분은 어느 정도 현실화할 수 있을 것 같습니다. 근본적으로는 국가보안법 폐지가 우선되어야 한다고 생각합니다. 그리고 사건을 조작할 수 있는 원인인 포상제도 등도 당연히 없어야 하고, 적발될 경우 엄벌에 처해야 합니다. 한편, 사건 조작 등 수사기관의 국가폭력에 대해서는 공소시효 적용을 배제하는 법 개정도 논의해볼 필요가 있습니다.

이정희 김형태 변호사님께, 어떻게 하면 한반도에 더 이상 국가폭력·혐오·배제가 생겨나지 않게 할 수 있을까요?

김형태 제가 아까 말씀드렸죠. 촛불 시민과 태극기 할배가 서로 원수 삼지 말자.

이정희 원수 삼지 않으려면?

김형태 개개인에게 그래 주십사 설득하고 부탁하는 거예요.

이정희 모두의 마음이 움직여 혐오와 배제가 없고 국가폭력이 없고 국가보안법이 없는 날이 어서 오기를 기원해봅니다. 대담 여기서 마무리할까요. 오늘 함께해주셔서 고맙습니다.

2부

반국가단체와

간첩

제2조 반국가단체 – 대결 시대의 유물

제2조(정의) ① 이 법에서 "반국가단체"라 함은 정부를 참칭하거나 국가를 변란할 것을 목적으로 하는 국내외의 결사 또는 집단으로서 지휘통솔체제를 갖춘 단체를 말한다.
② 삭제 〈1991. 5. 31.〉

지금 오른쪽과 왼쪽에서, 들을 때마다 늘 소름 끼치는 강요의 소리가 날뛰고 있다.

"우리에게 찬성하지 않는 자는 우리의 적이다."

우주가 두 쪽으로 갈라지면, 그 균열은 모든 사람들을 뚫고 지나간다.[1]

---

1 슈테판 쯔바이크 지음, 정민영 옮김, 『에라스무스 평전』, 아름미디어, 2006, 187쪽.

1. 국가보안법의 핵심 규정 '반국가단체'

(1) 세계 인구의 절반과 대결한 법률

반국가단체를 정의한 제2조는 국가보안법의 근간이 되는 핵심 규정이다. 제2조 제1항은 반국가단체를 '정부를 참칭'하거나 '국가를 변란'할 것을 목적으로 하는 국내외의 결사 또는 집단으로서 지휘통솔체계를 갖춘 단체라고 한다. 그에 따라 제3조에서 반국가단체를 구성하거나 그에 가입한 자를 처벌하는 규정을 둔다. 제2조 제1항을 기초로 목적수행, 자진지원·금품수수, 잠입·탈출, 찬양·고무, 회합·통신, 편의제공 등 국가보안법이 규정하는 여러 범죄행위가 파생되어 전체 국가보안법 구조를 형성한다. 이 특수한 개념 규정은 형법과 별도로 국가보안법이 존재하여야 한다는 당위론의 유일한 근거가 된다.[2]

'정부참칭'이란 합법적 절차에 의하지 않고 임의로 정부를 조직하여 진정한 정부인 양 사칭하는 것이다. 대한민국은 한반도에서 유일한 합법정부라는 것이 그 논리적 전제다. '국가를 변란'한다는 것은 단지 정부를 구성하고 있는 자연인 즉 대통령 등을 교체하는 것이 아니라 정부조직이나 제도 그 자체를 파괴 또는 변혁하는 것을 말한다. 반국가단체로 지목된 대표적인 예는 바로 북한이다.[3] 국가보안법은 1948년 12월 제정 시부터 직접 북한을 특정하여 지목하는 표현만 사용하지 않았을 뿐 북한을 주된 규제대상으로 하였다. 법 제정 시 국회 심의과정에서도, '국헌에 위배하여 정부를 참칭하거나 그에 부수하여 국가를 변란할 목적으로'라는 문구는

---

2 황교안, 『국가보안법』, 박영사, 2011, 33쪽.
3 황교안, 위의 책, 34-37쪽.

"38 이북의 소위 무슨 정권이니 인민 무엇이니 하는 것을 지적한 것"[4]임이 강조되었다. 1949년 1차 개정 시 법제처 해설도 "예를 들면 북한괴뢰집단과 같은 것을 구성한 것을 처벌하려는 규정"이라고 밝히고 있었다.[5]

정부참칭 또는 국가변란 목적의 집단 구성·가입을 처벌하는 규정은 제정 국가보안법에서부터 제1조로 존재했고, 이를 '반국가단체'로 칭한다는 명시적 규정만 1960년 6월 1일 개정 시 더해졌다. 이때까지는 북한과 관련된 목적수행, 자진지원, 금품수수 등이 국가보안법의 처벌대상이었는데, 1961년 중대한 변화가 일어난다. 5·16쿠데타로 집권한 박정희 정부는 '반공'을 "국가재건과업의 제1 목표"로 선언하면서 1961년 7월 3일, 세계 어느 나라에서도 찾아보기 어려운 '반공법'을 제정했다. 반공법이 만들어낸 변화는 첫째, 찬양·고무, 회합·통신까지 처벌대상을 넓힌 것이다. 둘째, 국가보안법은 북한 또는 국내 단체와 관련된 행위를 처벌대상으로 하였으나, 반공법은 북한 외에 소련, 중국 등 공산계열 노선의 모든 외국과 국외 정당, 단체 등과 연관된 행위까지 처벌했다. 반국가단체의 정의 자체는 '국가보안법 제1조에 규정된 단체 중 공산계열의 노선에 따라서 활동하는 단체'로 두되, '반국가단체나 국외의 공산계열의 이익이 된다는 정을 알면서' 한 회합·통신(제5조), 탈출(제6조 제4항)까지 처벌대상으로 했다.[6]

---

4 국회속기록-제헌국회 제1회 제99차 본회의(1948. 11. 9.), 5쪽, 백관수 법제사법위원장의 발언.

5 "제6조에서 국헌을 위배하여 정부를 참칭하거나 또는 국가를 변란할 목적으로 결사 또는 집단을 구성한 것을 처벌하게 하고 있는데 이것은 우리나라 헌법에 위반하여 거짓 정부를 자칭하거나 우리나라를 변란하려고 결사 또는 집단을 구성한 것. 예를 들면 북한괴뢰집단과 같은 것을 구성한 것을 처벌하려는 규정", 이종득, 「국가보안법 등」, 법제처, 1949. 12. 법령해설(국가보안법 개정 법령에 대한 해설)

6 반공법 [법률 제643호, 1961. 7. 3., 제정] 제2조(정의) 본법에서 반국가단체라 함은 국가보안법 제1조에 규정된 단체 중 공산계열의 노선에 따라서 활동하는 단체를 말한다.
제5조(회합, 통신 등) ① 반국가단체나 국외의 공산계열의 이익이 된다는 정을 알면서 그 구성원 또는 그 지령을 받은 자와 회합 또는 통신 기타 방법으로 연락을 하거나 금품의 제공을 받은 자는 7년 이하의 징역에 처한다.
② 전항의 미수범은 처벌한다.
③ 제1항의 죄를 범할 목적으로 예비 또는 음모한 자는 5년 이하의 징역에 처한다.
제6조(탈출, 잠입) ① 반국가단체의 지배하에 있는 지역으로 탈출한 자는 10년 이하의 징역에 처한다.

1963년 개정에서는 국외 공산계열을 찬양·고무(제4조)한 것도 처벌했다.[7] 1969년 6월 9일 서울지검 공안부가 프랑스 화가 파블로 피카소를 찬양하거나 그의 이름을 광고 등에 이용하는 행위가 국외공산계열의 찬양·고무·동조라는 이유로 '피카소 크레파스' 제조사 대표를 입건한 것도 반공법 제4조에 근거한 것이었다. 피카소가 좌익 화가로서 1944년에 국제공산당에 입당하고 소련에서 레닌평화상을 받았으며 한국전쟁 시 '한국에서의 학살'이라는 작품으로 공산당을 선전해왔다는 이유[8][9]다.

1980년 전두환 신군부에서 국가보안법을 개정하며 반공법을 흡수하면서는 더 노골적으로 국외 공산계열 결사 등을 아예 반국가단체로 규정한다. 제2조 제2항에서 '공산계열의 노선에 따라 활동하는 국내외의 결사 또는 집단'도 반국가단체로 본다[10]고 한 것이다. 이 조항은 "공산계열이라 함은 소련과 중국 등 공산주의 국가를 비롯하여 공산주의 단체 내지는 그

---

② 반국가단체의 지배하에 있는 지역으로부터 잠입한 자가 지체 없이 수사정보기관에 자수하지 아니한 때에는 5년 이상의 유기징역에 처한다.
③ 반국가단체 또는 그 구성원의 지령에 의하여 전항의 죄를 범한 때에는 사형, 무기 또는 5년 이상의 징역에 처한다.
④ 반국가단체 또는 국외의 공산계열의 지령을 받기 위하여 탈출한 자는 전항의 례에 의한다.
⑤ 제1항과 전항의 미수범은 처벌한다.
⑥ 제1항의 죄를 범할 목적으로 예비 또는 음모한 자는 7년 이하의 징역, 제4항의 죄를 범할 목적으로 예비 또는 음모한 자는 2년 이상의 유기징역에 처한다.
7 반공법 [법률 제1412호, 1963. 10. 8., 일부개정] 제4조(찬양, 고무 등) ① 반국가단체나 그 구성원 또는 국외의 공산계열의 활동을 찬양, 고무 또는 이에 동조하거나 기타의 방법으로 반국가단체(국외공산계열을 포함한다)를 이롭게 하는 행위를 한 자는 7년 이하의 징역에 처한다. 이러한 행위를 목적으로 하는 단체를 구성하거나 이에 가입한 자도 같다.
② 전항의 행위를 할 목적으로 문서, 도화 기타의 표현물을 제작, 수입, 복사, 보관, 운반, 반포, 판매 또는 취득한 자도 전항의 형과 같다.
③ 전항의 표현물을 취득하고 지체 없이 수사, 정보기관에 그 사실을 고지한 때에는 벌하지 아니한다.
④ 제1항, 제2항의 미수범은 처벌한다.
⑤ 제1항, 제2항의 죄를 범할 목적으로 예비 또는 음모한 자는 5년 이하의 징역에 처한다.
8 중앙일보, 1969. 6. 9., 「피카소 찬양은 위법」
9 1951. 5. 발표된 피카소의 '한국에서의 학살' 작품은 70년 만인 2021. 5.에야 처음으로 국내 전시되었다. 한겨레, 2021. 5. 4., 「마침내 70년 만에 만나는, 피카소 '한국에서의 학살'」
10 국가보안법 [법률 제3318호, 1980. 12. 31., 전부개정] 제2조(반국가단체) ① 이 법에서 "반국가단체"라 함은 정부를 참칭하거나 국가를 변란할 것을 목적으로 하는 국내외의 결사 또는 집단을 말한다.
② 제1항의 목적으로 공산계열의 노선에 따라 활동하는 국내외의 결사 또는 집단도 반국가단체로 본다.

산하단체와 용공세력을 말한다. 공산계열의 노선에 따르는 활동이라 함은 공산계열의 주의·주장의 전부 또는 일부에 부합하는 활동을 말하여, 그와 같은 주의·주장을 실현하기 위한 새로운 조직의 활동이건 다른 목적으로 구성된 단체를 변질시켜 공산주의 노선을 취하는 단체로 목적 변경을 하는 활동이건 상관없다."[11]고 해석되었다. 그야말로 "전 세계를 향하여 적대의 시선을 보이고 있는 법률"로, "세계 사회주의 체제 아래 살고 있는 그 나라의 사람 전부도 반국가단체 구성원임에 틀림없는 사실이다. 오늘날의 이 지구상은 말할 것도 없거니와 인류 역사상 인구 4천만의 나라가 이처럼 세계 인구의 절반에 상당한 인구 20억의 반국가단체 구성원을 만들어 대결하는 나라가 있었을까?"[12]라는 탄식을 불러온 조항이었다. 제 2조 제2항은 몇 년 뒤 1988년 서울 올림픽 개최를 앞둔 2월 대검찰청이 '대공산권 교류와 관련한 현행법규 운용지침'을 전국 검찰에 시달해 북한을 제외한 공산권 국가와 교류는 국가보안법에 저촉되지 않는다고 유권해석[13]하면서 사실상 사문화되었다가, 노태우 정부가 '민족자존과 통일번영을 위한 특별선언', 이른바 7·7선언을 통해 자유로운 남북왕래와 문호개방, 남북협력, 사회주의국가들과 관계 개선 의사를 표명하고 중국, 소련과 수교로 나아가자 1991년 개정 시 삭제되었다.

(2) 반국가단체로 지목된 대상들

1990년대까지는 국내에서 결성된 단체들 가운데서도 남조선민족해방

---

11 정경식·이외수, 『신국가보안법』, 박영사, 1987, 64쪽.
12 권태수, 「국가보안법을 해부한다」, 《월간 남녘》 1989년 8월호, 205-206쪽(박원순b, 『국가보안법연구 3』, 역사비평사, 1992, 122쪽에서 재인용).
13 중앙일보, 1988. 7. 22., 「인적·물적 교류활성화 뒷받침 '남북교류 특례법' 만들기로」

전선 준비위원회(남민전), 한국민주투쟁국민위원회(민투) 및 민주구국학생연맹(민학련),[14] 한울회,[15] 전국민주학생연맹,[16] 아람회,[17] 사회민주주의 청년연맹,[18] 자주·민주·통일그룹,[19] 남한사회주의 노동자동맹,[20] 구국전위,[21] 민족민주혁명당[22] 등 관련자들을 반국가단체 구성죄로 처벌한 판결이 여럿 나왔다. 그러나 2000년대 중반 이후로는 2011년 왕재산 사건을 제외하고는 국내 단체들 가운데 반국가단체 구성죄로 기소된 사례가 없다. 왕재산 사건에서도 반국가단체 구성 부분은 1심에서부터 줄곧 무죄로 판단되었고, 제4조 목적수행 중 국가기밀 누설 등에 대해서만 유죄판결이 내려졌다.[23]

이처럼 국내 단체들이 반국가단체로 처벌되는 사례가 없어진 지금, 반국가단체로 남아 있는 것은 북한과 조총련, 한통련뿐이다. 하지만 남북 간 직접 침투가 중단되고 1991년 남북기본합의서가 체결된 이후로는 북한 간부 등이 반국가단체 구성죄로 유죄판결 받은 바 없고, 조총련 역시 마찬가지다. 한통련은 1973년 민단 소속 재일교포들이 결성한 조직으로, 초대 의장이 김대중 전 대통령[24]이었고, 한통련 구성원들은 노무현 정부에 들어서서야 국내에 입국할 수 있게 되었다. 그러나 이명박 정부 때부

---

14 대법원 1980. 12. 23. 선고 80도2570 판결.
15 대법원 1982. 7. 13. 선고 82도1219 판결.
16 대법원 1982. 9. 14. 선고 82도1847 판결.
17 대법원 1982. 9. 28. 선고 82도2016 판결.
18 대법원 1996. 9. 10. 선고 95도939 판결.
19 대법원 1991. 11. 22. 선고 91도2341 판결.
20 대법원 1995. 5. 12. 선고 94도1813 판결.
21 대법원 1995. 7. 28. 선고 95도1121 판결.
22 대법원 2000. 10. 6. 선고 2000도2965 판결.
23 1심 서울중앙지방법원 2012. 2. 23. 선고 2011고합1131 등 판결, 2심 서울고등법원 2013. 2. 8. 선고 2012노805 판결, 3심 대법원 2013. 7. 26. 선고 2013도2511 판결.
24 김대중 전 대통령이 1980년 전두환 신군부로부터 사형판결을 받은 사건은 통칭 내란음모사건으로 불리나, 내란음모죄의 법정형은 3년 이상의 유기징역이나 유기금고에 그친다. 사형 판결의 근거는 반국가단체 수괴(한통련의 전신인 한민통 의장)라는 것이었다. 이재승a, 『국가범죄』, 도서출판 앨피, 2010, 416쪽.

터 다시 입국을 제한당했고, 문재인 정부가 되어서도 국가정보원과 외교통상부는 한통련이 반국가단체라는 판결이 있었다는 이유[25]로 여권발급을 거부해왔다. 2021년 12월 현재 다른 간부들은 입국할 수 있게 되었으나 의장은 여전히 입국을 거부당하고 있다. 한통련은 1977년 재일동포 김정사 간첩조작사건 판결에서 처음 반국가단체로 지목된 뒤 이 판결에 따라 거듭 반국가단체로 판시되었다.[26] [27] 그러나 김정사는 2013년 재심에서 무죄확정판결을 받았다. 한통련을 반국가단체로 판정할 근거는 사라진 셈이다.

국가보안법 제정부터 지금까지, 줄곧 반국가단체로 지목된 존재는 북한이다. 대법원은 북한을 "적화통일노선을 고수하면서 대한민국의 자유민주주의 체제를 전복하고자 획책하는 반국가단체"[28]로 본다. "북한이 우리의 자유민주적 기본질서에 위협이 되고 있음이 분명한 상황"[29]이라는 판시다. 국가보안법은 북한이 반국가단체임을 전제로 북한으로부터 대한민국의 안전을 확보하기 위하여 제정된 것이라고 보아도 과언이 아니[30]라는 것이다.

---

25 국가인권위원회 2021. 5. 26. 진정0798800 결정, 4, 10쪽.

26 대법원 1990. 10. 12. 선고 90도1744 판결 "북한 및 조총련의 지령에 따라 구성된 종전의 한민통(한국민주회복통일추진국민회의 일본본부)이 1989. 2. 12. 명칭만을 한국민주통일연맹(한통련)으로 바꾸었을 뿐 아무런 실체에 변동이 없으므로 이는 반국가단체라 할 것인바, 현재까지 국가보안법이 그대로 시행되고 있는 이상 비록 한통련 주요 간부들의 범민족대회 참석을 위한 입국이 허가되었다고 해서, 위 단체에 대해 국가보안법의 적용을 면제 내지 유보하겠다는 법집행의 관행이 생겨난 것이 아니니 위 단체를 여전히 반국가단체로 볼 수밖에 없다.", 대법원 1990. 9. 11. 선고 90도1333 판결 "반국가단체인 한국민주회복통일추진국민회의(약칭 "한민통")의 일본본부의 구성원들이 1989. 2. 12. 이를 발전적으로 개편하여 그 명칭만을 바꾼 것에 불과한 "한통련" 역시 반국가단체에 해당하고 피고인이 그러한 사정을 알면서 그 구성원들이 보내오는 문서를 받고 이에 관한 답신 등을 발송한 경우에는 반국가단체와의 통신연락죄의 죄책을 면할 수 없다.", 대법원 1995. 9. 26. 선고 95도1624 판결.

27 한통련 산하 단체라는 이유로 별도의 반국가단체로 판단된 경우로, '이철규 고문살인규명 일본지역대책위원회'가 "반국가단체인 한통련 산하 단체로서 그 지휘를 받는 반국가단체"라고 한 것이 있다. 대법원 1990. 10. 12. 선고 90도1744 판결.

28 대법원 2008. 4. 17. 선고 2003도758 전원합의체 판결.

29 대법원 2003. 3. 14. 선고 2002도4367 판결.

30 김대휘·김신, 『주석형법(각칙 1)』, 한국사법행정학회, 2017, 97-98쪽.

(3) 제2조는 위헌심사할 수 없다?

국가보안법의 위헌 문제가 제기될 때마다 북한을 반국가단체로 보는 제2조에 대한 위헌 제기도 끊이지 않는다. 그런데 헌법재판소는 제2조가 북한을 반국가단체로 보는 것에 대해 계속 헌법심사를 거절해왔다. 청구 자체가 부적법하다는 것이다. 그 이유에 대한 설명은 법원과 헌법재판소의 역할이 다르다는 데서 출발한다. 법원은 어떤 사실이 현행 법률에 해당하는지(사실인정 문제)를 다루고, 헌법재판소는 그 법률이 합헌인지 위헌인지(규범통제 문제)만을 다루는 것으로 판단영역이 나누어져 있어서, 헌법재판소는 그 법률이 어떻게 해석·적용되는지는 심사하지 않는다는 것이다. 국가보안법 제2조 자체가 "북한을 바로 '반국가단체'로 규정하고 있지는 아니"하고 법원이 북한을 반국가단체로 판단한 것뿐이니, 북한이 반국가단체인지 아닌지는 사실 인정 문제여서 법원이 다룰 문제이지 헌법재판소가 다룰 영역이 아니라는 논리다. 요약하면 "북한을 반국가단체로 규정하고 있음을 전제로 한 위헌 주장은 형사 절차상의 사실 인정 내지 법 적용의 문제를 헌법 문제로 오해한 것"[31]이므로 헌법재판소가 판단할 일이 아니라고 한다.[32]

그런데 이러한 헌법재판소의 판단은 대법원의 입장과 대비된다는 평가가 있다.[33] 대법원은 북한이 반국가단체라는 근거를 헌법 제3조 "대한민국의 영토는 한반도와 그 부속도서로 한다."로부터 찾는다. 위 조항으로 대

---

31 헌법재판소 1997. 1. 16. 선고 89헌마240 결정.
32 "북한이 반국가단체 조항의 '반국가단체'에 해당되는지 여부는 형사재판절차에서의 사실인정 내지 구체적 사건에서의 법률조항의 포섭·적용에 관한 문제일 뿐이므로, 위 청구인의 주장은 당해 사건 재판의 기초가 되는 사실관계의 인정이나 평가 또는 개별적·구체적 사건에서 법률조항의 단순한 포섭·적용에 관한 문제를 다투거나 의미 있는 헌법문제를 주장하지 않으면서 법원의 법률해석이나 재판결과를 다투는 것에 불과하여 현행의 규범통제제도에 어긋나는 것으로서 허용될 수 없다." 헌법재판소 2015. 4. 30. 선고 2012헌바95 등 결정.
33 이장희, 「북한의 법적 지위」, 『통일과 헌법재판3』, 헌법재판연구원, 2018, 151쪽.

한민국 헌법의 효력은 북한 지역에도 미치고, 한반도에서 남한이 유일합 법정부인 반면 북한은 반국가단체라는 논리다. 북한이 반국가단체인지를 대법원은 헌법 문제로 보는데 정작 헌법재판소는 법률해석 문제라고 하여 판단을 회피하고 있는 것이다.

규범통제의 실질적인 대상은 법률텍스트 자체라기보다는 그 해석을 통해 나온 법규범이다.[34] 헌법재판소는 국가보안법 제4조 제1항 제2호 나목의 '국가기밀'에 대하여, "법 자체에 '국가기밀'의 개념에 관한 정의규정이 없어 대법원의 확립된 해석론(판례)이 법규적 기능을 하고 있으므로"[35]라고 하였다. 정의규정이 있더라도 추상적이어서 법원의 해석론에 따라 적용 범위가 구체화된다면, 판례마다 해석이 달라 혼란스러운 상태가 아니라 확립된 해석론이 있다면, 법규적 기능을 하는 그 해석까지 포함하여 법률 내용으로 보고 위헌성을 판단해야 한다.

국가보안법의 모든 조문은 '반국가단체'가 존재하여야만 적용되므로, 반국가단체가 무엇을 지칭하는지는 국가보안법 해석에서 가장 중요한 문제다. 국가보안법은 북한이 반국가단체임을 전제로 만들어지고 적용되어 왔다. 제2조 중 북한을 가리키는 '반국가단체' 부분은 이 법의 입법동기를 정당화하고 적용범위를 규정한 핵심 부분이다. 북한 외의 국내외 단체 구성원이 제3조 반국가단체 구성죄로 유죄판결받는 사례가 사라진 2000년대 이후로는, '반국가단체'는 '북한'을 특정해 지목하는 용어로 사용된다 해도 과언이 아니다. 더구나 북한이 반국가단체라는 것은 대법원의 확립된 판례로, 공지公知의 사실로 그 인정에 증거를 요하지 않는다고까지 하고 있으니, 북한의 반국가단체 인정 여부는 개별·구체적인 사건에서 그때

---

34 최규환, 「헌법재판소의 법률해석」, 헌법재판연구원, 2020, 48쪽.
35 헌법재판소 1997. 1. 16. 선고 92헌바6 등 결정.

마다 달라질 수 있는 법조항의 적용 문제에 불과한 것이 아니다. 또 북한을 반국가단체로 보는 것이 헌법상 평화통일원리 및 평화국가원리에 위반되는지도 문제될 수 있다.[36] 그러므로 북한을 반국가단체로 보는 것은 단순한 법률해석 문제가 아니라 헌법 제3조의 해석 및 헌법의 지상과제인 통일의 상대방인 북한의 헌법상 지위라는 '의미 있는 헌법 문제'에 관한 것이어서, 규범통제 문제로서 헌법재판소의 심판대상이 되어야 한다. 제2조 위헌심사를 위해 먼저, 북한의 법적 지위에 관한 '이중적 지위론'을 검토한다.

2. 이중적 지위론 폐기하고
상호존중 민족내부관계론 정립해야

(1) 동서독기본조약의 '이중적 성격'과 북한에 대한 '이중적 지위론'

1991년 남북 유엔 동시 가입과 남북기본합의서 체결 이후 헌법재판소와 대법원은 북한을 "평화통일을 위한 대화·협력의 동반자이면서 동시에 대남적화노선을 취하고 있는 반국가단체라는 이중적 존재"[37]라고 한다. 북한의 법적 지위에 관한 '이중적 지위론'이다. 이중적 지위론은 이른바 '남북한 특수관계론'의 핵심 내용이다. 남북한 특수관계론은 남북관계를 법적으로 '특수관계'로 설명하는 이론으로, 남북기본합의서가 남북 간의 관계를 "나라와 나라 사이의 관계가 아닌 통일을 지향하는 과정에서 잠정

---

36 이장희, 위의 글, 166-167쪽.
37 헌법재판소 1997. 1. 16. 선고 92헌바6 등 결정, 대법원 2003. 5. 13. 선고 2003도604 판결.

적으로 형성되는 특수관계"라고 정의한 것에서 출발한다. 남북기본합의서 중 '특수관계' 표현은 1972년 동독과 서독이 동서독기본조약을 체결하면서 양자의 관계를 '민족내부의 특수관계'라고 규정한 용어에서 유래하였다.[38]

동서독기본조약에서 동서독은 양국의 국권이 각기 자신의 영토에 한정됨을 인정하고, 상호 간 대내·외적 사안에서 양국의 독립성과 자주성을 존중하면서(제6조), 양자 사이의 경계의 불가침성을 제한 없이 존중할 의무를 부담하였다(제3조). 동서독기본조약 발효 직후인 1973년 6월 21일 동서독은 유엔에 동시 가입하였다. 남북기본합의서도 체제 인정·존중, 내부문제 불간섭, 파괴·전복 행위 중단, 불가침 경계선과 구역 설정을 선언한다. 남북한은 남북기본합의서 체결 이전인 1991년 9월 18일 유엔에 동시 가입하였다. 이처럼 동서독기본조약과 남북기본합의서는 다같이 '특수관계'를 말하고 상호존중을 선언하며 유엔 동시 가입이라는 변화와 함께 체결·발효되었다.

독일 연방헌법재판소는 1973년 동서독기본조약 합헌결정에서 '이중적 성격'을 논하였다. "기본조약은 이중적 성격을 갖는다. 기본조약은 그 種적 특성에 비추어볼 때는 국제법적 조약이며, 그 특수한 내용에 비추어볼 때에는 무엇보다 내부관계를 규율하는 조약이다."[39]라는 것이다. 동서독기본조약의 '이중적 성격'은 국제법적 조약이자 국내법적 민족내부관계라는 점을 말하는 것으로, 이 판시를 근거로 독일 연방헌법재판소는 동서독기본조약에 대해 합헌적 효력을 인정하였다. '민족내부관계'는 동서

---

38 도회근, 「남북한관계와 통일에 관한 헌법학적 연구와 과제」, 『통일과 헌법재판 3』, 헌법재판연구원, 2018, 26쪽.
39 동서독기본조약에 대한 독일 연방헌법재판소 판결 전문, 『통일과 헌법재판 1』, 헌법재판연구원, 2016, 166쪽.

독 간 인정과 공존을 위해 설정한 개념이므로, 상대방을 형사처벌 대상으로 하는 내용은 들어있지 않다. 그런데 '민족내부 특수관계' 개념과 '이중적 성격'은, 한반도에서는 적대와 형사처벌 수단인 국가보안법을 정당화하는 근거로 활용되었다. 국내 학설과 대법원, 헌법재판소는 '남북한 특수관계론'을 통해 민족내부관계는 곧 국내법적 영역을 말하고 여기에서 북한은 처벌 대상이자 대화 상대로서 '이중적 지위'를 갖는다고 하였다. "북한은 통일을 지향하는 과정에서 대화의 상대방이라는 지위와 대한민국을 적화하려고 시도하는 반국가단체라는 이중적 지위를 가지고"[40]라고 하거나, "북한은 한편으로는 국가의 안전을 위태롭게 하는 반국가단체이면서 동시에 다른 한편으로는 평화적 통일을 위한 대화와 협력의 동반자"[41]라고 보는 것이다.

상대방을 독립한 공존의 대상으로 인정하는 동서독기본조약의 '특수관계'의 핵심은 흐릿해지고, 상대방을 형사처벌하겠다는 적대의식이 '남북한 특수관계'의 중심에 자리 잡아 북한에 대한 '이중적 지위론'으로 나타났다. 대립의 과거를 극복하고 공존의 미래를 열기 위한 합의의 요체를 살리지 않고, 분단의 과거가 미래의 발목을 잡아두게 한 셈이다. 상호 존중의 정신은 빼놓은 채로, '특수관계'라는 용어만 수입, 변형되었다. 법률 또는 합의가 담고 있는 정치의식과 정치적 태도의 변화를 수용하지 않고 용어만 복제할 경우, 다른 정치의식과 정치적 태도 위에서는 그 법률의 정신도 제대로 조명되지 못한다.

---

40 헌법재판소 2008. 7. 31. 선고 2004헌바28 전원재판부 결정 중 서울중앙지방검찰청 검사장의 의견.
41 헌법재판소 1993. 7. 29. 선고 92헌바48 결정, 헌법재판소 1997. 1. 16. 선고 92헌바6 등 결정, 대법원 2000. 9. 29. 선고 2000도2536 판결, 대법원 2003. 5. 13. 선고 2003도604 판결.

(2) 이중적 지위론의 문제점

1) 헌법조항 간 충돌 해결이 아니라 법체계 간 충돌 야기·확대

대법원과 헌법재판소[42]의 북한에 대한 이중적 지위론은 헌법 제3조와 제4조의 해석에 관한 '규범조화적 해석론'에 따른 것으로 분석된다. 이중적 지위론의 자세한 근거는 학설마다 다소 다르나, 대체로는 헌법 제3조 "대한민국의 영토는 한반도와 그 부속도서로 한다." 규정은 북한 지역도 규범적으로 대한민국 영토로 보는데, 제4조 "대한민국은 통일을 지향하며, 자유민주적 기본질서에 입각한 평화적 통일정책을 수립하고 이를 추진한다." 규정은 북한이 휴전선 이북 지역에서 관할권을 행사하고 있다는 현실을 시인한 것이어서 두 조항이 충돌하고 있으니, 상충모순관계를 인정하면서 두 조항 모두 각자의 현실적 구체적 효력을 인정해야 한다는 등이다.[43] 이중적 지위론은 서로 다른 두 법률체계에 대해 모두 헌법상 근거를 제시한다. 우선 북한을 평화통일의 당사자로 보는 남북관계발전에 관한 법률 및 남북교류협력에 관한 법률 등은 헌법 제4조를 근거로 성립하는 것으로 설명한다. 한편 북한을 반국가단체로 보는 국가보안법은 헌법 제3조를 근거로 한다고 본다. "비록 북한이 국제사회에서 하나의 주권국가로 존속하고 있고, 우리 정부가 북한 당국자의 명칭을 쓰면서 정상회담 등을 제의하였다 하여 북한이 대한민국의 영토고권을 침해하는 반국가단체가 아니라고 단정할 수 없"다[44]는

---

42 헌법재판소 1993. 7. 29. 선고 92헌바48 결정, "현 단계에 있어서의 북한은 조국의 평화적 통일을 위한 대화와 협력의 동반자임과 동시에 대남적화노선을 고수하면서 우리자유민주체제의 전복을 획책하고 있는 반국가단체라는 성격도 함께 갖고 있음이 엄연한 현실인 점에 비추어, 헌법 제4조가 천명하는 자유민주적 기본질서에 입각한 평화적 통일정책을 수립하고 이를 추진하는 한편 국가의 안전을 위태롭게 하는 반국가활동을 규제하기 위한 법적 장치로서, 전자를 위하여는 남북교류협력에관한법률 등의 시행으로써 이에 대처하고 후자를 위하여는 국가보안법의 시행으로써 이에 대처하고 있는 것이다."

43 도회근, 위의 글, 23쪽.

44 대법원 1990. 9. 25. 선고 90도1451 판결.

것이다.

이중적 지위론은 이처럼 헌법의 개별 조항에 따라 상호 충돌하는 이중적 법체계가 형성·공존하는 것이 가능하다며, 규범조화적 해석론을 정당화 근거로 사용한다. 규범조화적 해석론[45]의 핵심은 헌법상 어느 하나의 가치만을 내세우며 다른 하나를 희생시켜서는 안 된다는 것인데, 헌법 제3조와 제4조가 충돌하니, 모두 효력을 인정하려면 제3조에 따른 국가보안법도, 제4조에 따른 남북교류협력에 관한 법률도 유효하다고 해야 한다는 논리다.

그러나 규범조화적 해석론은 개별 법률에 관해 헌법규범 간 충돌이 있을 경우, 여러 가치로부터 합헌적인 '하나의 해결책'을 찾아 해당 법률이 합헌인지 위헌인지 판단하여 헌법조항 간 모순을 해결하기 위한 해석론이자, 헌법규범 간 충돌을 해결하기 위해 어떤 헌법규범을 어떤 경우에 얼마나 후퇴시킬 수 있는지에 관한 이론[46]이다. 상반되는 헌법규범 각각에 따른 상충된 입법이 모두 합헌이라고 정당화하는 이론이 아니고, 충돌하는 헌법조항들이 각각 상반되는 법체계를 만들게 하는 입법론도 아니다.

북한에 대한 이중적 지위론이 규범조화적 해석론을 근거로 든 것은, 규범조화적 해석론의 취지와 구현 양태를 무시하고 '충돌하는 헌법적 가치

---

45 규범조화적 해석론은 "헌법상의 기본권 상호 간 또는 기본권과 헌법상의 국민의 의무 등 헌법적 가치나 법익이 상호 충돌하고 대립하는 경우에는 성급한 법익교량이나 추상적인 가치형량에 의하여 양자택일 식으로 어느 하나의 가치만을 선택하고 나머지 가치를 버리거나 희생시켜서는 안 되고, 이러한 충돌하는 가치나 법익 등이 모두 최대한 실현될 수 있는 조화점이나 경계선을 찾아야 할 것이며, 이러한 조화점이나 경계선은 구체적 사건에서 개별적·비례적으로 모색되어야 한다는 원칙"(헌법재판소 2011. 8. 30. 2007헌가12 결정 중 이강국, 송두환 재판관의 한정위헌의견)으로 설명된다.

46 강일신은 실제적 조화원칙으로도 불리는 규범조화적 해석론의 구현 방법은, 기본권충돌과 관련하여 보면, 첫 번째, 국가가 두 의무를 동시에 이행하는 것이 가능한 대안을 발견할 수는 없는지를 물어 두 기본권을 제한하지 않고 실현할 수 있는 제3의 대안이 있는지를 확인하는 것, 두 번째, 다른 절충점이 가능했는지를 찾고 충돌하는 기본권들이 상호간 최소한의 희생을 통해 가능한 한 훼손되지 않고 살아남을 수 있는 수단이 실행가능하고 적절했는지를 묻는 것, 세 번째, 절충점 모색이 불가능한 경우 충돌하는 권리들 중 어느 것이 문제되는 상황에서 후퇴해야 하는지 그러한 후퇴는 헌법적으로 허용될 수 있는지를 묻는 것이 될 수 있다고 한다. 강일신,「실제적 조화원칙에 관한 연구」, 헌법재판연구원, 2019, 3쪽, 55쪽.

들을 모두 최대한 실현시켜야 한다'는 구절만을 따온 것이다. 따라서 이중적 지위론은 규범조화적 해석론의 본뜻에도 어긋난다. 규범조화적 해석론은 헌법규범 간 충돌을 지양하기 위한 것인데, 이중적 지위론은 이와 정반대로 추상적 규범인 헌법조항 간 충돌을 구체적 규범인 형사처벌 법률로까지 확대시켜 법체계 간 충돌을 증폭시킨다. 규범조화적 해석이 필요한 이유는 국민들이 헌법상 가치 충돌의 혼란에서 벗어나 하나의 행동지침을 갖도록 하기 위해서인데, 이중적 지위론은 정반대로 국민들을 상호 모순되는 법률들 사이에 던져버린다.

추상적이거나 다의적인 헌법 규정, 상충되는 헌법 규정들이 있더라도, 헌법의 해석·적용은 헌법의 기본원리에 입각하여 일의적으로 이루어져야 한다. 법체계 또한 헌법의 기본원리에 따라 일관되게 형성되어야 한다. 북한에 대한 이중적 지위론은 이러한 헌법 해석·적용의 기본 개념과 법체계 형성의 전제에도 어긋난다. 상충되는 헌법 규정 각각이 별도의 충돌하는 법체계를 형성하는 것을 정당화하는 헌법적 근거는 어디에도 없다. 이중적 지위론은 헌법 조항의 충돌을 법률의 충돌로 이어지게 하고, 국가보안법을 적용할 때는 헌법 제4조의 현실적·구체적 효력을 완전히 배제할 뿐이다.

한편 동서독기본조약의 '이중적 성격'을 지적한 독일 연방헌법재판소는, 동서독기본조약을 전체 국가 안에서 대외적으로 독립한 국가로 성립한 동서독이 상대방에 대하여 민족내부관계를 수립하도록 "진지하게 의도된 새로운 기초"로 보고, 나아가 "두 개의 독일 국가 사이의 새로운 관계를 위한 기초로써 향후 양국의 병립·공존을 위한 다수의 법적인 구체화가 이 사건 조약으로부터 필연적으로 도출되게 된다."면서, "후속의 법적 조치들은 모두 이 사건 조약과 부합되어야" 한다고 판시하였다.[47] 동서

---

47 동서독기본조약에 대한 독일 연방헌법재판소 판결 전문, 182쪽.

독기본조약의 '이중적 성격'은 상호 충돌하는 법체계를 합리화하는 명분이 아니라, 동서독의 공존을 위한 법적 구체화를 요구하는 지침이었다. 그런데 한반도로 건너온 이중적 지위론은 규범조화적 해석론까지 동원하여 국가보안법을 정당화하고 법체계의 충돌마저 합리화하는 논리로 전락하였다.

2) 지나친 자의적 적용 초래

북한에 대한 이중적 지위론은 법 집행자나 해석자에게 지나친 자의를 인정[48]하는 심각한 문제를 발생시킨다. 국가보안법이 무거운 형사처벌조항을 둔 법률이라는 점을 고려할 때, 남북교류협력에 관한 법률과 국가보안법의 법체계 간 모순이 자의적인 형사 기소와 처벌까지 이어질 경우 헌법 제12조가 보장하는 신체의 자유 및 적법절차 원칙에도 위배된다.

남북교류협력에 관한 법률 제27조에서 제29조는 이 법상 신고·승인 절차를 거치지 않은 남북왕래 등 행위를 행정범(질서범)으로 본다. 도덕적 비난 가능성이 있어서 처벌하는 것이 아니라, 단순히 행정적 목적상 부과된 의무를 이행하지 않았기 때문에 제재한다는 입장이다. 제재 정도도 300만 원 이하의 과태료 또는 가장 중한 위반에 대해서도 3년 이하의 징역 또는 3천만 원 이하의 벌금을 부과하는 데 그친다. 반면 국가보안법은 같은 모습의 행위를 잠입·탈출죄로 보고 10년 이하의 징역이라는 무거운 형벌에 처한다. 국가의 존립·안전이라는 중대한 국가적 법익을 해하는 죄로 그 위법성이 매우 높다고 보는 시각이다. 이렇게 두 법은 같은 행위에 대해 다른 시각을 가지고 전혀 다르게 대처한다.

남북교류협력에 관한 법률 제3조는 "남한과 북한의 왕래·접촉·교역·협력사업 및 통신 역무의 제공 등 남한과 북한 간의 상호 교류와 협력을

---

48 도회근, 위의 글, 24쪽.

목적으로 하는 행위에 관하여는 이 법률의 목적 범위에서 다른 법률에 우선하여 이 법을 적용한다."고 한다. 그런데 '상호 교류와 협력을 목적으로 하는 행위' 문구는 이 법상 어디까지는 적법하고 어디서부터는 국가보안법에 저촉되어 위법한지 구체적인 기준을 전혀 제시하고 있지 않다. 위 조항만으로는 법률의 적용 범위를 여전히 알 수 없는 것이다.[49][50] 일반인으로서는 자신의 행위가 언제 국가보안법의 처벌 대상이 되고 언제 남북교류협력에 관한 법률에 따라 규율될 것인지 예상하기 어렵고, 이는 결국 법집행자의 자의에 따라 결정되는 문제를 낳아왔다. 상충되는 두 법률을 그 적용 범위마저 애매한 상태에서 공존하게 하는 것은 그야말로 법질서의 큰 혼란이며, 이를 핑계로 법집행기관의 자의적·선택적 집행이 이루어지도록 방치하는 결과가 될 뿐이다. "법 운영에 있어서 자의성을 주는 것은 법치주의 원리에 반하는 것이고 결국 법의 집행을 받는 자에 대한 헌법 제11조의 평등권 침해가 되는 것"[51]이다.

1990년대 냉전 해체를 전후하여 국제평화주의와 평화통일원리에 따른 남북교류협력에 관한 법률이 제정된 이후에도 이와 충돌하는 국가보안법이 존속하게 된 것은, 노태우 정부가 7·7선언을 통해 중국, 소련과 수교로

---

49 박원순b, 『국가보안법 연구3』, 역사비평사, 1992, 58쪽.

50 1988년 7·7선언 직후 정부는 「남북한 교류에 관한 특례법」(가칭)을 제정하기로 하고 작업에 착수했는데, 당시 나온 구상은 인적 교류에 대해서는 북한 방문 시 관계 당국에 신고만 하면 국가보안법 규정을 적용받지 않도록 하는 것이었다. 물자 교류에 대해서는 당시 대외무역법 제64조(국가보안법과의 관계)가 "이 법에 의한 물품의 수출·수입행위에 대하여는 그 행위가 업무수행상 정당하다고 인정되는 범위 안에서 국가보안법을 적용하지 아니한다."고 하던 것을, 특례법에서는 명시적으로 '비군사적 목적'의 물자 교류는 자유롭게 허용한다고 명확히 하는 것이었다. 당시 정부 관계자는 "현행 국가보안법에는 우리 국민의 북한 방문이나 물자 교류 자체가 범죄행위로 규정되어 있어 남북의 자유로운 교류에 장애가 되고 있다."며 "국가보안법을 개정하려면 시일이 오래 걸리고 부작용도 우려되기 때문에 빠른 시간내에 7·7선언의 확고한 의지를 밝히고 실현시키기 위해 특례법을 만들어 국가보안법 적용을 배제키로 했다."고 특례법 추진 배경을 설명했다. 중앙일보, 1988. 7. 22., 「인적·물적 교류활성화 뒷받침 '남북교류 특례법' 만들기로」
국가보안법과 적용 범위 구분 문제에 있어, 남북교류협력에 관한 법률은 위 특례법 추진 내용에도 미치지 못하는 것으로 보인다.

51 헌법재판소 1990. 4. 2. 선고 89헌가113 전원재판부 결정.

나아가고 북한과의 교류협력도 추진하자 국가보안법 폐지 여론이 각계에서 비등하였으나, 결국 국가보안법은 그대로 두어 정부비판세력의 발목을 잡아두는 동시에 친정부인사들의 남북교류와 교역에는 면죄부를 부여하겠다는 이중적 정책을 선택했기 때문이다. 북한에 대한 이중적 지위론은 법체계의 모순 충돌을 야기할 뿐만 아니라 법집행자의 정치적 판단에 따른 자의적 형사 기소와 처벌의 근거를 제공해 헌법상 적법절차원리에 위배하여 국민의 신체의 자유를 제한하며 평등권을 침해하는 문제를 발생시켰으므로, 더 유지되어서는 안 된다.

(3) 바뀐 현실에 맞는 '상호존중 민족내부관계론'으로

이제 북한에 대한 이중적 지위론을 폐기하고, 북한이 국가로 성립하였음을 인정하면서 통일을 지향하는 분단국 사이의 민족내부관계로 설명하는 '상호존중 민족내부관계론'을 도입해야 한다. 북한은 대외적으로 독립한 주권국가일 뿐만 아니라, 대한민국과 사이에서도 그 통치영역에서 북한 주민들과 독자적인 정치적 공동체를 이루고 있는 '국가'다.

민족내부관계는 남북의 공존을 전제로 하는 것이므로, 북한을 반국가단체로 보아 형사처벌하는 국가보안법을 정당화하는 근거로는 사용될 수 없다. 민족내부관계는 ① 상호 간의 합의에 따라 통일이라는 같은 지향을 추구하는 과정에서 생겨나는 문제들을 해결하기 위한 경우, ② 분단을 겪지 않고 하나의 민족국가를 형성하였다면 당초 생겨나지 않았을 장벽이나 장애를 제거하고 추가 비용 지출 등의 부담을 줄이기 위해 민족내부거래를 간이하게 하기로 합의한 경우, ③ 일방의 주민이 자유로운 판단에 의하여 분단국 일방의 통치영역에서 벗어나 다른 분단 상대방 국가의 보호를 받고자 할 때 민족의 단결을 도모하기 위한 민족구성원 보호의 경우에 한정하여 인정하여야 한다.[52] 이렇게 보면, '민족내부관계'에서 국가보안법 제2조 반국가단체 규정은 설 자리가 없다.

유엔 동시 가입과 남북기본합의서 체결 이후 남북을 통일의 상대방으로 인정한 교류협력, 화해의 진전 등 상호인정과 공존, 공동번영을 도모하는 남북관계의 근본적 변화라는 헌법 현실에 비추어, 헌법 제3조 영토조항은 북과 '상호존중 민족내부관계'에서 남북 간 민족내부거래 및 대한민국에 보호를 요청해온 북한 주민 보호에 필요한 범위에서만 현실적·구체적 규범력을 갖고, 그 외에는 미래 통일한반도의 판도를 규정한 미래지향적 규정으로 해석하는 것이 옳다. 서울대학교 통일평화연구원이 매년 실시하는 통일의식조사 결과, 2020년 북한의 국가성에 대한 인식으로 "북한도 하나의 국가다"에 대해 65.3퍼센트가 '그렇다'고 답했고 26.5퍼센트는 '반반/그저 그렇다', 8.0퍼센트는 '아니다'로 답하였다. 북한의 국가성을 분명하게 부정하는 국민은 극소수에 지나지 않고, 이미 2/3에 달하는 국민이 북한의 국가성을 인정하고 있는 것이다. 북한을 국가로 인정하는 의식은 최근 4년 사이에 57.9퍼센트 → 58.8퍼센트→ 61.2퍼센트 → 65.3퍼센트로 꾸준히 증가하고 있다.[53] 대한민국 국민 다수에게 있어서도 북한은 이미 하나의 국가다. 유엔 동시 가입 이후에도 국가보안법을 존속시킬 근거를 유지하기 위해 국가보안법과 관련해서는 북한을 국가로 인정할 수 없다고 고집하는 이중적 지위론은 이제 폐기해야 한다. 오래전에 바뀐 현실과 국민의식을 반영하여, 북을 국가로 인정하고 평화통일과 주민보호를 위해 필요한 경우 민족내부관계로 보는 '상호존중 민족내부관계

---

[52] 상호존중 민족내부관계가 인정될 사항은 민주사회를 위한 변호사모임, 『헌법 위의 악법』, 306-308쪽에 상세히 기술되어 있으므로 중복을 피한다.

[53] 김범수·김병로·김학재·김희정·박원호·이종민·최규빈·임경훈·최현정, 「2020 통일의식조사」, 서울대학교 통일평화연구원, 2021, 91쪽. 2020 통일의식조사는 2020. 7. 22.-8. 17.까지 전국 만 19세-74세 성인남녀 1200명을 대상으로 실시되었다.

론'으로 변화가 필요하다.

3. 북한은 남한의 '국가변란'을 기도하는가

동서독기본조약의 '민족내부 특수관계'에서 유래한 '남북한 특수관계'의 핵심에 북한에 대한 이중적 지위론이 자리 잡은 것, 이중적 지위론이 남북 유엔 동시 가입과 남북기본합의서 체결 이후 30년이 지난 오늘까지 학설과 판례에서 다수 견해를 유지하고 있는 것은, 북한이 계속 대한민국에 대하여 적화통일을 추구하고 무력남침과 대남공작을 포기하지 않고 있으므로 국가보안법을 유지할 필요가 있다는 인식 때문이다. 2004년 국가보안법 폐지 여론이 불붙던 시점에 대법원이 "북한이 직접 또는 간접 등 온갖 방법으로 우리의 체제를 전복시키고자 시도할 가능성은 항상 열려 있다"면서 "남북 사이에 화해와 평화적 공존의 구도가 정착됨으로써 앞으로 북한의 반국가단체성이 소멸되는 것은 별론으로 하고", 북한을 반국가단체에서 제외하는 것이 "스스로 일방적인 무장해제를 가져오는 조치"[54]

---

54 "비록 남북 사이에 정상회담이 개최되고 그 결과로서 공동선언이 발표되는 등 평화와 화해를 위한 획기적인 전기가 마련되고 있다 하더라도, 그에 따라 남북관계가 더욱 진전되어 남북 사이에 화해와 평화적 공존의 구도가 정착됨으로써 앞으로 북한의 반국가단체성이 소멸되는 것은 별론으로 하고, 지금의 현실로는 북한이 여전히 우리나라와 대치하면서 우리나라의 자유민주주의 체제를 전복하고자 하는 적화통일노선을 완전히 포기하였다는 명백한 징후를 보이지 않고 있고, 그들 내부에 뚜렷한 민주적 변화도 보이지 않고 있는 이상, 북한은 조국의 평화적 통일을 위한 대화와 협력의 동반자임과 동시에 적화통일노선을 고수하면서 우리의 자유민주주의 체제를 전복하고자 획책하는 반국가단체라는 성격도 아울러 가지고 있다고 보아야 하고, 남북 사이에 정상회담이 개최되고 남·북한 사이의 교류와 협력이 이루어지고 있다고 하여 바로 북한의 반국가단체성이 소멸하였다거나 대한민국의 안전을 위태롭게 하는 반국가활동을 규제함으로써 국가의 안전과 국민의 생존 및 자유를 확보함을 목적으로 하는 국가보안법의 규범력이 상실되었다고 볼 수는 없다는 것이 대법원의 확립된 견해이다.
북한이 이제는 우리의 자유민주주의 체제를 전복시키려는 시도를 할 가능성이 없다거나 혹은 형법상의 내란죄나 간첩죄 등의 규정만으로도 국가안보를 지킬 수 있다는 등의 이유로 국가보안법의 규범력을 소멸시키거나 북한을 반국가단체에서 제외하는 등의 전향적인 입장을 취해야 한다는 주장도 제기되고 있다. 그러나 북한은 50여 년 전에 적화통일을 위하여 불의의 무력남침을 감행함으로써 민족적 재앙을 일으켰고 그 이후 오늘에 이르기까지 크고 작은 수많은 도발과 위협을 계속해 오고 있다는 경험적 사실을 잊어서는 안될 뿐만 아

라며 노골적으로 국가보안법 폐지를 반대하고 나선 것이 그 대표적인 예다. 북한을 반국가단체로 보는 이중적 지위론은 뒤에 보듯 헌법의 국제평화주의와 평화통일원리에 위배되는 것이지만, 헌법 위배 문제를 살피기에 앞서 북한이 지금도 이른바 적화통일을 추구하고 있는지를 역사와 현실에 비추어 객관적으로 검토하는 것이 필요한 이유다.

(1) 적화통일 전략에 근본적 변화가 없는가

헌법재판소와 대법원이 북한을 반국가단체로 보는 국가보안법을 합헌으로 판단하는 이유는, "북한은 조국의 평화적 통일을 위한 대화와 협력의 동반자이나 동시에 남·북한 관계의 변화에도 불구하고, 적화통일노선을 고수하면서 우리의 자유민주주의 체제를 전복하고자 획책하는 반국가단체라는 성격도 아울러 가지고 있"[55]다는 것이다. 북한이 반국가단체라는 근거로는 무력남침위협, 적화통일노선, 통일전선정책 등 침략과 체제전복 기도가 존재한다는 점을 든다.[56] 북한 위협의 현존은 누구나 다 알고 있어서 검사가 재판에서 별도로 증거를 제출해 증명할 필요도 없는 공지公知의 사실[57]로 취급된다. 판례는 "북한은 현 군사분계선 이북의 대한민국 영

니라, 향후로도 우리가 역사적으로 우월함이 증명된 자유민주주의와 시장경제의 헌법 체제를 양보하고 북한이 주장하는 이념과 요구에 그대로 따라갈 수는 없는 이상, 북한이 직접 또는 간접 등 온갖 방법으로 우리의 체제를 전복시키고자 시도할 가능성은 항상 열려 있다고 할 것이다. 이러한 사정이라면 스스로 일방적인 무장해제를 가져오는 조치에는 여간 신중을 기하지 않으면 안 된다. 나라의 체제는 한번 무너지면 다시 회복할 수 없는 것이므로 국가의 안보에는 한치의 허술함이나 안이한 판단을 허용할 수 없다." 대법원 2004. 8. 30. 선고 2004도3212 판결.

55 대법원 2008. 4. 17. 선고 2003도758 전원합의체 판결, 대법원 2010. 7. 23. 선고 2010도1189 전원합의체 판결.

56 헌법재판소 1998. 8. 27. 선고 97헌바85 결정, 대법원 2004. 8. 30. 선고 2004도3212 판결.

57 "북한이 대남적화통일을 기본목표로 설정하고 변증법적 유물론의 역사관에 서서 한국의 역사를 지배계급에 대한 피지배계급의 계급투쟁으로 규정하고 있으며 대남민족해방과 인민민주주의 혁명전략의 목적을 달성하기 위한 전술로 남한이 미제국주의에 종속된 식민지이고 남한정권이 반동적 파쇼정권이라고 매도하면서 남한의 노동자, 농민을 혁명의 주력군으로, 지식인, 청년 학생, 도시 소시민 등에 이르는 각계각층을 보조군으

토를 강점하여 대한민국의 통치권의 행사를 방해하고 있을 뿐만 아니라, 대한민국을 전복하기 위하여 6·25동란을 일으키는 등의 무력도발행위를 계속하고 선전·선동으로 대한민국 내부로부터의 붕괴를 지속적으로 획책"[58]한다는 등으로 판시한다. 또 북한이 1991년 유엔 동시 가입과 남북기본합의서 채택 이후에도 "핵실험과 정전협정 백지화 선언 등으로 한반도 전쟁위험을 한층 고조시켜 대한민국의 존립·안전을 위태롭게 하고, 225 국·정찰총국·통일전선부 등 각종 대남공작조직을 통해 대한민국의 기밀 탐지, 지하당 조직, 사이버 테러·선전전 등을 지속적으로 감행하는 등 대한민국의 자유민주적 기본질서를 전복하고자 하는 적화통일 노선을 유지하고 있다"는 것, "북한은 2000. 6. 15. 및 2007. 10. 4. 두 차례에 걸쳐 남북정상회담이 개최되고 남북공동선언문이 발표되자 위 선언의 이행을 주장하며 '우리민족끼리', '낮은 단계의 연방제' 등의 용어를 앞세워 미국의 지배와 간섭 배제, 주한미군 철수, 한미동맹 폐기, 반미 민족공조, 반통일 및 사대 매국세력 척결, 국가보안법 폐지, 연방제 통일 등 소위 반미자주화, 반파쇼민주화, 조국통일 투쟁을 끊임없이 선동하고 있다."[59]는 것 등이 북한이 반국가단체라는 판단의 이유다.

결국 북한이 반국가단체라는 주장의 핵심 근거는, 북한은 정세와 상황에 따라 표면적 또는 전술적으로 다르게 대응하지만, '적화통일'과 대한민국의 '자유민주체제 전복'이라는 대남전략목표 달성을 추구하는 데서는

로 삼아서 반미, 반정부통일전선을 형성하여 폭력, 비폭력, 합법, 반합법, 비합법 등의 모든 수단을 써서 미제국주의와 군사파쇼독재정부 및 매판자본가를 타도하여야 한다고 선전, 선동하고 통일방안으로 이른바 고려연방제를 제의하면서 선결조건으로 남한에서의 반공정권 퇴진, 반공정책과 국가보안법 폐지, 미국과 북한간의 평화협정체결 및 주한미군철수 등을 내세우고 있는 외에 제3국의 공작거점 및 해외 반한교민단체를 전위조직으로 하여 위장평화 공세를 전개함과 아울러 국내 반정부인사 및 운동권학생을 입북시켜 연공통일전선을 구축하고자 획책하고 있음은 공지의 사실에 속하는 것으로서 그 인정에 반드시 증거를 요하지 아니한다." 대법원 1993. 9. 28. 선고 93도1730 판결.
58 대법원 1991. 2. 8. 선고 90도2607 판결.
59 서울중앙지방법원 2016. 12. 15. 선고 2016고합538 등 판결.

근본적인 전략적 변화가 없다는 것이다. 한국전쟁에서 확인한 북의 적화 통일노선은 바뀌지 않았다는 논지다. 지금도 그 노선이 바뀌지 않았다는 근거는 무엇일까? 한국전쟁 이후 70여 년이 지난 지금, 전쟁을 통해 일방의 정치적 지향을 상대방에게 강제하려던 극단의 시대를 직접 경험한 사람들은 많지 않다. 그러나 전쟁이라는 엄청난 참화 속에서 개인의 사상과 정치적 의견에 따라 죽고 사는 것이 결정되던 순간들이 사회 모든 구성원에게 안긴 공포의 체험은, 분단 상황을 적대와 대결의 방향으로 몰아가는 배경으로 악용되어 왔다. 1960년대 후반까지 감행된 북의 무장요원 침투와 총격전의 기억은, 남의 국민들로 하여금 1953년 정전협정 체결에도 불구하고 한국전쟁을 현재형으로 인식하도록 만들었다. 1991년 남북기본합의서 체결 이후에도 휴전선 부근이나 서해에서 벌어지는 국지적·일시적 충돌 또는 북의 핵무기개발도 그 원인이나 배경은 불문하고 북이 언제든 남을 공격할 수 있다는 생각을 불러일으키는 사안으로 받아들여진다.

그러나 어느 나라 어느 정부든 시대의 한계를 뛰어넘기 어렵듯, 시대가 바뀌는데도 전혀 바뀌지 않는 나라도 정부도 없다. 제2차 세계대전 직후 전 세계가 냉전으로 급격히 빨려 들어갈 때 이승만 정부가 내세운 대북정책은 평화통일정책이 아니라 북으로 진격하여 무력으로 점령하는 것이었다. 남북이 서로 다수의 무장공작원을 보내지 않게 될 즈음인 1970년대까지, 우리 정부가 북에 보낸 북파공작원[60]들은 그 존재조차 숨겨진 채 남북 대치 상황 속에서 희생되었다.[61] 그러나 1987년 6월항쟁과 연이은 냉전해

---

60 국가정보원은 남한에서 북한으로 침투시킨 북파요원은 정보사 요원만 생환자를 포함하여 11,273명이고, 중앙정보부, 보안사, 미군첩보기관 등이 보낸 북파공작원이나 휴전선 부근의 일반 부대에서 보낸 공작원을 합하면 이보다 훨씬 많을 것이라고 한다. 국정원과거사건진실규명을통한발전위원회b, 『과거와 대화 미래의 성찰－학원·간첩편(Ⅵ)』, 국가정보원, 2007, 247쪽.

61 진실·화해를위한과거사정리위원회가 최봉직 어부 실종 의혹 사건을 조사한 결과, 충남 보령 출신 어부인 최봉직은 육군 첩보대 공작원에게 발탁되어 1963. 10. 11. 자기 소유 배와 함께 북파되었다가 실종되어 1964. 3. 미귀 처리되었음이 확인되었다. 그러나 경찰은 최봉직을 월북자로 오인하여 그 가족들을 지속적으로 조사 감시하였고, 가족들은 이웃들로부터 '간첩 집안'으로 냉대와 핍박을 당하였다. 최봉직의 아들은 군복

체를 경험한 노태우 정부는 1988년 7·7 선언을 통해 공산권 국가와 외교 관계를 수립하고 북에 대해 민족공동체통일방안을 제안하며 합의에 의한 통일정책으로 선회하였다. 또한 김대중 대통령이 2000년 8월 15일 제55주년 광복절 경축식 연설에서 "적화통일도 흡수통일도 전쟁과 파멸을 가져올 것"이라고 선언한 이래 문재인 대통령도 2017년 8월 15일 제72주년 광복절 경축사에서 "흡수통일을 추진하지도 않을 것"이라며 같은 입장을 확인한 바 있다. 이처럼 남한의 통일방안은 무력북진통일론에서 현상 유지로, 나아가 평화통일정책으로 발전[62]해왔다. 퇴행과 우여곡절이 없었던 것은 아니나, 특히 민주개혁정부 집권에 힘입어 남의 통일정책에서는 체제 이식 시도까지도 사라지기에 이르렀다. 북의 통일정책도 변화해왔다. 1970년대 이후로는 무장요원 남파공작시도가 사라졌고, 1980년대 이후로는 남북이 서로의 체제를 인정한 상태에서 통일을 완성할 수 있다고 해왔다. 1991년 남북기본합의서 체결 이후로는 더욱 분명히, '적화통일'을 추구하지 않는다는 사실을 확인하고 있다. 북한의 대남정책도 시대와 현실의 변화에 따라 변화했을 가능성을 염두에 두고 살펴보아야 한다.

1) 2021년 조선노동당 규약 개정

그간 대법원과 헌법재판소는 북이 적화통일을 추구한다는 근거로서 북한 헌법과 조선노동당 규약 서문을 주로 들었는데, 최근 여기에서부터 상당한 의미가 있는 개정이 이루어져 그 해석을 놓고 논의가 전개되었다.

북한이 공식적으로 남에 대한 입장을 밝힌 문서 가운데 가장 기본적인

무 중 부친이 실종되자 부친의 소재 파악 및 어린 동생들의 생계 마련을 위해 탈영하였다가 징역형을 선고받기까지 하였다. 과거사정리위원회는 국가가 1964. 3. 최봉직의 실종을 확인하고도 가족에게 알리지 않아 행복추구권을 침해한 것과 가족들이 '빨갱이' 집안으로 냉대받게 하는 등 헌법상 국민 보호의무를 위반하였음을 확인하였다. 진실·화해를위한과거사정리위원회b,「진실화해위원회 종합보고서IV」, 2010. 106-107쪽.

62 한인섭,「분단과 통일, 그리고 법」,《법과 사회》제5호, 법과사회이론학회, 1992, 46쪽.

것은 북한 헌법과 조선노동당 규약이다. 헌법재판소와 법원도 북한이 주체사상에 기초한 적화통일을 추구하고 있다는 근거로 역시 이 두 규정을 드는데, "북한 헌법은 '조선노동당의 영도'(제11조) … 를 규정하여 … 실질적으로 조선노동당 규약을 북한 헌법보다 상위에 놓고"있어 "북한의 모든 국가권력이 당에 집중되어 있고 각급 국가기관은 당에서 결정한 정책을 집행하는 집행기구에 불과"[63]하다는 이유로 조선노동당 규약에 주목한다. 종래 조선노동당 규약[64] 서문은 "조선노동당의 당면 목적은 공화국 북반부에서 사회주의 강성국가를 건설하며, 전국적 범위에서 민족해방민주주의혁명[65]의 과업을 수행하는 데 있으며, 최종 목적은 온 사회를 김일성-김정일주의화하여 인민대중의 자주성을 완전히 실현하는 데 있다. … 조선노동당은 남조선에서 미제 침략무력을 몰아내고 온갖 외세의 지배와 간섭을 끝장내며 일본 군국주의의 재침책동을 짓부수며 사회의 민주화와 생존의 권리를 위한 남조선 인민들의 투쟁을 적극 지지성원하며 우리 민족끼리 힘을 합쳐 자주, 평화통일, 민족대단결의 원칙에서 조국을 통일하고 나라와 민족의 통일적 발전을 이룩하기 위하여 투쟁한다."고 기술하고 있었다. 법원은 '전국적 범위에서 민족해방민주주의혁명 과업 수행', '온 사회를 김일성-김정일주의화' 부분을 "김일성 독재사상(주체사상)에 기초한 한반도 적화통일을 기본목적으로 설정한 것"[66]이라고 판단해왔다. 북한이 나아갈 방향을 설정하고 사회 각 분야의 정책 실행을 이끄는 위치에 있는 조선노동당 규약상 명문으로 북한이 현재 추구하는 국가 목표를 대

---

63 헌법재판소 2014. 12. 19. 선고 2013헌다1 결정.

64 2016. 5. 9. 조선노동당 제7차대회에서 개정된 규약. 국가정보원, 『북한법령집 : 上』, 2020, 54쪽.

65 2010. 9. 28. 개최된 조선노동당 제3차 당대표자회의에서 당규약이 개정되었는데 이때 기존의 '민족해방인민민주주의혁명' 용어에서 '인민'이 삭제되고 '민족해방민주주의혁명'으로 바뀌었다. 북한 당국은 이미 1980년대 후반부터 자신들의 이론을 '민족해방민주주의혁명론'으로 정리하였는데, 조선노동당이 2010년에 이를 당규약에 공식적으로 반영한 것이다.

66 수원지방법원 2015. 12. 3. 선고 2015고합292 판결.

남 적화통일로 선언한 것이라는 시각이었다.

그런데 2021년 1월 5일에서 12일까지 진행된 조선노동당 제8차 당대회에서 개정된 당규약에서는 조선노동당의 당면 목적 중 '전국적 범위에서 민족해방민주주의혁명 과업 수행' 문구가 '전국적 범위에서 사회의 자주적이며 민주주의적인 발전 실현'으로 바뀌었다. 기존의 조선노동당 규약의 내용을 적화통일전략의 근거로 해석하는 것이 옳으냐에 대해서는 아래에 따로 살피나, 이 문구는 대남 적화통일노선의 대표적인 표현으로 지적되었는데 이 대목이 삭제되었으므로 북한이 적화통일노선에서 후퇴한 것은 분명[67]하다는 평가도 나오고 있다. 아래에서는 북한의 통일정책 및 대남정책의 실제와 그 변화과정을 간략히 살펴본다.

2) 북한 대남정책의 전개과정

해방 직후 한반도가 남북으로 분단되자 북은 통일적 자주독립국가 수립을 목표로 하는 정책을 추진하였다. 북은 국토양단과 민족분열을 초래한 원인이 미군정의 남북분할지배정책에 있다고 보고, 자주독립과 통일정부 수립을 지향하는 남북의 모든 세력들이 힘을 모을 것을 주장했다. 민족자결의 원칙하에 외세의 간섭을 배격하고 우리 민족 자신의 힘으로 민주주의적 원칙하에 총선거라는 평화적 방법으로 통일독립정부를 수립하자는 것이었다. 북은 38선 북쪽 지역은 자주적 통일정부 수립을 추진할 유리한 조건이 조성되어 있으나 남쪽 지역은 자주통일독립을 지향하는 세력들이 탄압받고 있다고 인식하였다. 따라서 유리한 조건에 있는 북에서 먼저 제반 민주개혁을 실시해 역량을 강화하고,[68] 남에서는 자주독립을 지향

---

67 이기동, 「북한의 8차 당대회 당규약 분석」, 《이슈브리프》 267호, 국가안보전략연구원, 2021. 6. 4., 1-2쪽.
68 임영태a, 『북한50년사 Ⅰ』, 들녘, 1999, 97-100쪽.

하는 모든 세력들이 함께 미국의 분할지배정책을 반대하여 통일정부 수립을 위해 싸워야 한다고 보았다. 1948년 남에서만 유엔 감시하에 단독정부 수립을 위한 선거를 실시하려 하자, 북은 그해 4월 평양에서 김구, 김규식 등이 참석한 전조선제정당사회단체 대표자연석회의를 열었다. 연석회의에 모인 남북 지도자들은 단독선거 반대, 외국군 철수, 남북 총선거를 통한 통일정부 수립을 천명하였다. 그러나 남북에 각각 정부가 수립된 분단 상황에서, 남북의 대립이 무력충돌로 비화하여 벌어진 한국전쟁은 3년여 동안 우리 민족에게 미증유의 참화를 안기고 대립만을 더욱 격화시킨채 정전을 맞았다. 절대 다수의 민심이 평화통일을 바라게 되었고, 누구도 한반도에서 전쟁을 다시 선택하기는 어려웠다. 북한은 동족상잔을 피하고 평화적 방법으로 통일할 것을 주장하며, 외세의 간섭 없이 민족 전체의 의사에 따라 남북한 총선거를 실시하자는 안을 내놓았다.[69]

남에서 1960년 4월혁명이 승리하여 이승만 독재가 무너지고 평화통일 열망이 분출하자, 북한은 남한혁명은 남한 인민의 힘으로 이룩해야 하며, 통일은 남북 총선거를 통해 평화적으로 이루되 연방제야말로 적대감이 남아있는 남북관계를 풀 수 있는 유일한 방책이라고 주장하였다. 남한이 주장했던 유엔 감시하의 총선거 방안은 외국의 간섭이 따르니 받아들일 수 없는 방법이라고 보고, 그 대안으로 민족의 동질성을 회복하는 기간, 상호 충돌과 대립에 대한 불신과 공포를 해소하는 기간을 두는 통일방안이 필요하다고 한 것이다. 구체적으로는 남북 정부를 그대로 두고 독자적인 활동을 보장하며 남북 정부 대표로 최고민족회의를 구성해 남북교류협력 및 전반적 민족발전의 조절역할을 하게 하며 이를 통해 신뢰를 회복하고, 그 바탕 위에서 총선거를 하자는 내용이었다. 김일성 수상은 1960년 8월 14일

---

69 백학순, 「북한의 대남전략」, 세종연구소 북한연구센터 엮음, 『북한의 국가전략』, 도서출판 한울, 2003, 170-199쪽.

8·15해방 15주년 기념대회에서 한 보고에서 처음으로 위와 같은 내용의 연방제통일방안을 제안[70]하고, 이어 1961년 9월 조선노동당 4차 대회에서 남한 혁명의 성격을 민족해방인민민주주의 혁명으로 규정하며 평화통일방안을 기본 노선으로 제시한다.[71]

한편 북한은 통일에는 평화적 방법과 비평화적 방법이 있다는 주장도 함께해왔다. 극도의 긴장상태가 지속되다가 급기야 군사적 충돌이 현실화되면 그 상황이 무력에 의한 통일의 계기가 될 수 있다고 본 것이다. 실제 1968년 1월 북한 무장군인 30여 명이 청와대를 습격하려 한 사건도 있었다. 그러나 이를 북한 지도부의 무력 통일 시도의 일환으로 보기는 어렵다. 북한 스스로 이를 "당 지도부에 보고하지 않은 극좌 모험주의자들의 행동"으로 평가하였기 때문이다. 1972년 5월 김일성 수상은 7·4 남북공동성명 조율 차 극비 방북한 이후락 중앙정보부장에게 "대단히 유감"이라며 사과[72]하였고, 2002년 5월 김정일 위원장도 박근혜 유럽·코리아재단 이사에게 "당시 극단주의자들이 일을 잘못 저질렀습니다. 미안하게 생각합니다. 그 일을 저지른 사람들은 다 응분의 벌을 받았습니다."라고 재차

---

70 박근나, 「북한 연방제 통일방안의 변화 연구」, 조선대학교 정치외교학과 석사학위논문, 2006. 8., 20-21쪽.

71 유영구, 『남북을 오고간 사람들』, 도서출판 글, 1993, 201-207, 236-237쪽.

72 1972. 5. 4. 자신의 집무실에서 방북 중이던 이후락 당시 중앙정보부장을 만난 김일성 수상의 발언은 다음과 같이 기록되어 있다.

"우린 어떻고 하니 통일문제의 외세의존 반대입니다. … 한 마디로 닉슨이나 중소가 조선 문제를 결정할 수 없습니다. … 싸움으로 문제가 해결되지 않습니다. 박 대통령께도 전하십시오. 싸움하지 말고 비방도 말자. … 조국 문제, 평화적으로 해결해야 합니다."

"모험주의자들이 생길 수 있지요. 박 대통령께 말씀드리시오. 청와대 사건이던가, 그것은 대단히 미안한 사건이었다고. 이것은 전적으로 우리 내부의 좌경맹동분자들이 한 짓이지 나나 당의 의사가 아닙니다. 보위부 참모장, 정찰국장 다 철직하고 지금 다른 일 하고 있습니다. … 나를 죽인다고 공산주의자가 없어지는 게 아니지 않느냐. … 우리는 박 대통령 개인을 반대하지 않고 친우가 될 용의가 있다고 전해주시오. 누가 누구를 이기느냐 하는 것이 아니고 민족이 단결하고 적대시하지 않아야 합니다. … 그동안 우리가 박 대통령이 오해할 만한 일 많이 했습니다. 그러나 그건 우리 내부 맹동주의 종파분자 탓이었습니다. 남조선에선 '남침한다'고 하고 6·25 같은 동란을 염려하는데 … 우리는 절대 남침하지 않습니다. 과거에 이러쿵저러쿵한 것은 내가 한 것이 아니라는 말씀입니다. 서로 군대축소 군비축소해야지. 지금 상태 그대로 두면 모험주의자가 한 번 '통탕' 불지르기 시작하면 그것이 위험합니다. 이 위험을 없애려면 대책을 강구해야 합니다." 김충식, 『남산의 부장들 I』, 동아일보사, 1993, 352-356쪽.

사과하였다.[73] 실제 이 사건을 전후하여 크고 작은 충돌은 끊임없이 발생했지만, 북이 통일 실현의 수단으로 본격적으로 군사력을 동원하는 일은 일어나지 않았다.

1970년대 들어와 분단 사상 처음으로 획기적인 진전이 이루어지는데, 바로 1972년 7월 4일 발표된 남북공동성명[74]이다. 핵심 내용인 자주, 평화, 민족대단결의 통일 3원칙은 북의 주장을 남이 수용한 것이다. 북의 과도적 형태의 연방제 통일방안은 1970년대에도 유지되는데, 1973년 6월 23일 내놓은 '조국통일 5대 방침'에서 북한은 단일국호에 의한 남북연방제 실시와 단일국호에 의한 유엔가입을 주장하였다.[75]

북한은 1980년 10월 10일 조선노동당 제6차 대회에서 고려민주연방공화국 창립방안을 새로 내놓는다. 이 방안은 분단된 지 35년이 되는 동안 남북의 이념과 체제가 각기 굳어져 단일체제로 통일은 어렵게 된 현실을 시인하는 데서 출발한다. 상대방의 사상과 제도를 인정하는 기초 위에서 남북이 동등하게 참여하는 민족통일정부를 만들고 그 밑에서 남북이 지역자치제를 실시하는 연방공화국을 만들자는 것이다. 북은 이를 사상과 제도의 차이를 초월하고 민족적 이념에 기초하여 이해관계를 공정하게 감안하여 통일을 모색한 것으로, '전환적 의미'를 갖는 통일방안이라고 보았다. 고려민주연방공화국 창설방안은 남북 간 체제가 다른 상태를 과도적 성격이 아니라 통일국가의 완성된 형태로 보았다는 점에서 이전의 연방 제안에서 한 단계 더 나아간 것으로, 1980년대 통일정책의 결정판이라 할 수 있다. 북은 고려민주연방공화국 수립의 전제조건으로 남의 민주화와

---

73 김상범, 「북한의 무력행위에 대한 대남 사과·유감 표명 사례 연구」, 경남대학교 극동문제연구소, 2020, 18쪽.
74 7·4 남북공동성명 중 "사상과 이념·제도의 차이를 초월하여 우선 하나의 민족으로서 민족적 대단결을 도모하여야 한다."
75 백학순, 위의 글, 175쪽.

민주정권의 수립이 필요하다고 보았지만, 이전과는 달리 사회체제를 바꾸는 혁명을 선결조건으로 하지 않았다.[76]

1991년 1월 1일 신년사에서 북은 새로운 신축적인 연방제안을 제기한다. 1993년 북한이 김영삼 정부 출범에 맞춰 발표한 조국 통일을 위한 전 민족 대단결 10대 강령은 연방제 방안을 실현하기 위한 토대로서 온 민족이 단결해야 할 당위성과 방책을 제시한다. 사상과 제도의 차이를 뛰어넘어 통일을 원하는 모든 남측 사람들과 손을 잡을 수 있다는 취지다. 1991년 제기된 느슨한 연방제안은 2000년 6월 15일 남북 정상이 서명한 6·15 공동선언 제2항 "남과 북은 나라의 통일을 위한 남측의 연합제안과 북측의 낮은 단계의 연방제안이 서로 공통성이 있다고 인정하고 앞으로 이 방향에서 통일을 지향시켜 나가기로 하였다."에 그 내용이 수용된다.[77] 북한이 제안한 낮은 단계의 연방제는 1민족 1국가, 2체제 2정부 방식의 고려민주연방공화국 창설 방안을 일거에 실현하는 방식을 완화하여, 평화공존을 통한 단계적 연방제 수립을 목표로 한다. 북이 전통적으로 말해온 연방제 통일방안도 일시적 통합형에서 단계적 발전형으로 변화해왔다고 할 수 있다. 2000년 6·15 정상회담 때 김정일 위원장은 김대중 대통령에게 "앞으로 통일은 적어도 40년에서 50년 이상 걸리지 않겠느냐"라고 한 바 있다.[78] 북이 구상하는 통일과정도 일거에 연방제통일정부를 수립하는 방식이 아닌, 남북이 공존하며 점차 통합의 수준을 높여가는 긴 시간이 걸리는 단계적 발전방식이라고 볼 수 있다.

2000년 이후 북한이 현실화시키기 위하여 주력한 것은 낮은 단계로부터 시작해 높은 단계로 올라가다 마지막에 완성된 형태의 통일정부를 수

---

76 심지연, 『남북한 통일방안의 전개와 수렴』, 돌베개, 2001, 76-79쪽.
77 김남식, 『21세기 우리민족 이야기』, 통일뉴스, 2004, 130-132쪽.
78 한겨레, 2018. 4. 29., 「판문점선언에는 남북연합 통일방안이 숨어 있다」

립하는 방식의 평화통일이었다. 2000년과 2007년 2차례 남북정상회담이 그 대표적 결과다. 김정은 국무위원장의 집권 후에도 북은 남이 대북 대결정책으로 회귀하지 않는 한 2000년대 들어와 남북 공동의 합의로 확립된 민족화해와 협력, 자주통일과 평화번영이라는 정책기조는 지속될 것이라는 입장을 보였다. 2012년 4월 김정은 국무위원장은 첫 공개 연설에서 "강성국가 건설과 인민생활 향상을 총적 목표로 내세우고 있는 우리 당과 공화국 정부에 있어서 평화는 더없이 귀중하다"라며 평화의 중요성을 강조했고, "진정으로 나라의 통일을 원하고 민족의 평화번영을 바라는 사람이라면 누구든지 손잡고 나갈 것이며 조국통일의 역사적 위업을 실현하기 위하여 책임적이고도 인내성 있는 노력을 기울일 것"이라고 발언해 남북 대화에 나설 의사를 피력했다.[79] 이처럼 북한의 통일노선도 현실적 조건과 상황의 전개에 따라 역사적으로 변화해온 것에 주목할 필요가 있다.[80]

(2) 북한은 적화통일노선을 추구하고 있는가

1) 조국통일 3대 헌장

북한은 "조선의 통일문제는 외세의 지배와 간섭을 종식시키고 조선민족의 자주권을 완전히 실현하며 북과 남 사이의 불신과 대립을 없애고 민족적 단합을 이룩하는 문제"[81]라고 한다. 유의해야 할 것은, 북한은 통일을 남한혁명과는 목표와 주체, 지역적 범위가 다른 별개 문제로 본다는 것이다. 통일은 한반도 전체에서 자주권을 회복하고 민족의 단합을 이루는 전

---

79 경향신문 2012. 11. 8., 「북, 조건마련 시 북남경협 빠르게 추진」

80 정창현, 『남북정상회담』, 도서출판 선인, 2014, 85쪽 이하.

81 김일성, 「조국의 자주적 평화통일을 이룩하자」, 1980. 10. 10. 조선로동당 제6차 대회에서 한 보고(심지연, 위의 책, 365쪽에서 재인용).

민족적 과제로 보는 반면, 남한혁명은 남한지역에서 외세종속, 독재와 인권유린 등 내부문제를 해결하기 위해 벌이는 남한만의 독자적인 운동이라고 보는 입장이다.[82] 이에 기초하여 북한은 남한을 상대로 사회주의혁명을 목표로 남한에서 현 체제를 전복하고 북한 체제로 통합하는 이른바 '적화통일'을 추구하지 않으며, 남한을 함께 힘을 합쳐 외세의 간섭을 배제하고 하나의 나라를 세워나가야 할 대등한 주체로서 평화통일의 상대방으로 본다고 한다.

통일문제에 대한 북의 핵심적 입장을 표명한 대표적 제안들은 이른바 '조국통일 3대 헌장'이다. 북은 여기에 조국통일의 근본원칙과 방도들이 전일적으로 체계화되고 집대성되어 있다고 한다. 조국통일 3대 헌장은 아래 세 문서를 말한다.

① 1972년 7월 4일 김일성 주석이 제시한 '조국통일 3대 원칙'(통일 3원칙).

② 1993년 4월 6일 '조국통일을 위한 민족대단결 10대 강령'(10대 강령).

③ 1980년 10월 10일 '고려민주연방공화국 창립방안 및 연방국가의 10대 시정방침'(연방제 방안).

북은 통일 3원칙은 통일을 추진하는 데에서 지켜야 할 근본 입장이고, 10대 강령은 통일을 추진해갈 민족주체역량을 형성하기 위한 강령이며, 연방제 방안은 통일국가의 전모와 실현 방도를 밝힌 설계도라고 한다.[83]

통일 3원칙은 외세의 간섭 없는 통일, 무력행사에 의거하지 않는 통일, 사상과 이념, 제도의 차이를 초월한 통일을 실현하여야 한다는 것이다. 통일 3원칙에는 남한을 흡수하여 사회주의로 통일하겠다는 내용은 없다. 반

---

82 백영철, 『분단을 넘어 통일을 향해』, 건국대학교 출판부, 2000, 916~917쪽, 1293쪽
83 김정일, 「위대한 수령 김일성 동지의 조국통일유훈을 철저히 관철하자」, 1997. 8. 4.(정봉화, 『북한의 대남정책』, 한울아카데미, 2005, 355-370쪽에서 재인용)

공을 국시로 하던 박정희 정부 시절 남으로서도 7·4 남북공동성명에서 북과 위 원칙에 합의[84]할 수 있었던 배경이다.

10대 강령[85]은 공산주의자와 민족주의자, 무산자와 유산자, 무신론자와 유신론자가 모든 차이를 초월하여 하나의 민족으로 단결할 것, 북침과 남침, 승공과 적화에 대한 의구심을 풀고 신뢰하고 단합할 것, 서로 상대방을 위협하지 말고 침략하지 말며, 상대방에게 자기의 제도를 강요하지도 흡수하지도 말 것 등을 내용으로 한다. 남과 북에 서로 다른 사상과 제도가 있다고 하여 반목과 대결을 거듭할 것이 아니라 그 차이를 인정하고 그것을 뛰어넘어 전 민족의 이익을 위하여 민족적 단합을 이룰 것을 주장한다. 남북에 존재하는 두 개의 정부와 제도를 인정하고 그것을 그대로 둔 채로 남북의 각계각층을 대표하는 범민족정부를 만드는 방법으로 통일하자는 것이다. 남한의 자유민주주의 체제를 전복한 뒤 자기의 제도를 이식하겠다는 적화통일론, 사회주의통일론과 전혀 다르다.

연방제 방안[86]은 남과 북에 서로 다른 제도가 엄존하는 현실에서 어느 한쪽의 체제에 다른 한쪽의 체제가 흡수 내지는 편입되지 않고 그대로 유지, 존속하도록 보장한다는 것을 핵심으로 한다. 원래 연방제 개념에는 연방 구성 부분이 독자성을 보유하고 각자의 자율적 결정과 합의에 따라 연방의 권한 범위를 정한다는 것이 전제되어 있다. 연방제 나라 가운데는 연방을 이루는 각 부분 사이의 제도가 다르지 않은 경우가 더 많다. 그러나 북의 연방제 방안은 남북이 서로 상대방에 존재하는 사상과 제도를 그대

---

84 7·4 남북공동성명 1. 쌍방은 다음과 같은 조국통일원칙들에 합의를 보았다.
첫째, 통일은 외세에 의존하거나 외세의 간섭을 받음이 없이 자주적으로 해결하여야 한다.
둘째, 통일은 서로 상대방을 반대하는 무력행사에 의거하지 않고 평화적 방법으로 실현하여야 한다.
셋째, 사상과 이념·제도의 차이를 초월하여 우선 하나의 민족으로서 민족적 대단결을 도모하여야 한다.
85 김일성, 「조국통일을 위한 전민족대단결10대강령」(심지연, 위의 책, 420~422쪽에서 재인용)
86 김일성, 「조국통일을 위한 전민족대단결10대강령」(심지연, 위의 책, 365~374쪽에서 재인용)

로 인정하고 용납하는 기초 위에서 남북이 동등하게 참가하는 민족통일 정부를 만들 것을 주장한다. 그렇게 하지 않고 남북이 자기의 사상과 제도를 절대화하거나 그것을 상대방에게 강요하려 하면 대결과 충돌을 가져오게 되며 도리어 분열을 심화시키는 결과를 낳게 될 것이기에 자신들의 사상과 제도를 결코 남쪽에 강요하지 않겠다는 것이다. 북은 10개 항의 통일정부 시정방침도 민족의 자주와 단합, 통일적 발전을 원칙적으로 지향하면서 남북 쌍방이 고유의 제도를 침해하지 않는 상태에서 민족성원들의 민주적 권리 보장, 복리향상, 경제협력 등을 추구하는 정책들이라고 주장한다. 각 구성원이 다른 체제를 가진 연방국가가 원만하게 운영될 수 있을지 실현 가능성 여부를 떠나, 고려민주연방공화국 창립방안 자체는 다른 체제의 공존을 전제로 하고 있다는 것만은 분명하므로, 이 방안을 적화통일론으로 평가할 수는 없다.

북이 자신들의 통일정책의 핵심을 집대성해놓았다고 주장하는 조국통일 3대 헌장의 내용을 보면, 북의 통일정책 목표를 적화통일이라고 볼 수 없다. 북에게 남은 자기 체제를 보전하면서 통일할 당사자이지, 통일을 위해 또는 통일을 통해 체제를 뒤바꿀 타도 대상은 아닌 것이다.

2) 최고 정책결정권자들의 입장

북한은 최고 정책결정권자가 국가정책을 수립하고 집행하는 데에서 절대적인 권한을 행사하는 수령을 중심으로 운영되는 사회주의국가이다. 따라서 북한의 최고 정책결정권자들인 김일성 주석과 김정일 국방위원장의 발언이나 문건 등을 살펴보는 것이 중요하다.

첫 남북대화로 거슬러 올라가면, 1972년 7·4 남북공동성명 합의 전 남북대화가 진행되었는데 방북 중이던 이후락 당시 중앙정보부장을 만난 김일성 주석은 통일문제의 외세의존 반대, 평화적 해결, 대결 및 비방 중지,

민족의 단결, 남침 부인[87] 등을 피력했다.

1985년에도 남북은 비밀리에 남북정상회담을 추진하기로 합의하고 상호 밀사를 파견한 일이 있다. 1985년 9월 4일부터 6일까지 서울을 방문한 북한 밀사 허담은 전두환 대통령을 만난 자리에서 김일성 주석의 남북최고위급회담과 조국통일문제에 대한 입장을 전달했다. 그 내용은 긴장 완화, 전쟁위험 방지, 동족상쟁 회피, 핵전쟁 우려 및 실질적인 통일방안 마련을 비롯하여, 쌍방이 서로 자기 입장을 강요하지 말고, 존중하고 신뢰하는 입장에서 통일방안을 근접시키도록 노력할 것, 남북에 존재하는 사회·정치제도를 그대로 두고 서로 용납할 수 있는 통일국가의 기틀을 마련할 것[88] 등이었다. 외세반대, 대결반대, 남침부인, 전쟁반대, 쌍방존중, 상호인정 등의 일련의 위 내용들을 무력남침론, 적화통일론으로 평가할 수 없다.

김정일 국방위원장은 김일성 주석 사후 두 번에 걸쳐 통일문제에 관한 논문을 발표했다. 남북이 사상과 제도의 차이를 초월하여 공존, 공영, 공리를 도모, 통일을 평화적 방법으로 실현, 어느 한 쪽의 제도에 의한 통일을 실현하려고 한다면 통일은 고사하고 오히려 분열을 심화시키고 돌이킬 수 없는 민족적 재난을 가져오게 될 것이라는 점 등[89]을 피력하고, 남북 사이에 사상과 제도의 차이 등이 있지만 하나의 민족으로서의 민족적 공통성이 훨씬 더 크다는 점, 민족 내부에 계급계층의 요구와 이해관계가 다르지만 모든 것을 조국통일 위업에 복종시킬 것 등[90]을 주장한 것이다. 통일은 자신들의 사상인 사회주의를 남에게 이식하기 위한 것이 아니며, 그 방법에

---

87 김충식, 위의 책, 352-356쪽.

88 김일성, 「친서」(노중선, 『남북대화백서』, 도서출판 한울, 2000, 116-118쪽에서 재인용).

89 김정일, 「위대한 수령 김일성 동지의 조국통일유훈을 철저히 관철하자」(정봉화, 위의 책, 355-370쪽에서 재인용)

90 김정일, 「온 민족이 대단결하여 조국의 자주적 평화통일을 이룩하자」, 1998. 4. 18.(정봉화, 위의 책, 371-383쪽에서 재인용)

서도 '남침'과 같은 강압적, 대결적 방법을 취할 수 없다는 점을 명백히 한다. 특히 민족성과 민족의 공통된 이해관계가 민족적 단결의 기초가 됨을 지적하고 남북의 화해와 민족의 대단결을 호소하면서 적대정책, 대결정책의 폐기를 역설하였다. 이러한 입장을 남침론, 적화론이라고 할 수는 없다.

3) 남북정상회담에서 김정일 위원장이 한 발언

김정일 위원장은 2000년 6월 남북정상회담 시 김대중 대통령과 통일방안 등이 포함된 6·15공동선언에 합의하는 과정에서, 통일문제와 관련하여 "우리 7천만 민족에게 뭔가 큰 선물을 내놓아야 할 것 같습니다. 그 선물은 우리 7천만 민족이 원하는 염원, 통일 아니겠습니까. … 현실적으로 지금 당장 통일한다는 것은 어려운 일인 것 같습니다. 그렇다면 낮은 단계의 연방제를 합시다.", "조선 반도의 문제는 조선 사람들끼리 해결해야 됩니다."라고 하였다.

김대중 대통령이 "절대로 한반도에서 전쟁이 일어나게 해서는 안 됩니다. 양쪽 군대가 서로 부딪친다고 했을 때 결국 한민족은 공멸할 수밖에 없습니다. 결코 전쟁이 있어서는 안 됩니다."라고 발언하자 김정일 위원장은 "전적으로 동감입니다."라고 맞장구쳤고, 또 김대중 대통령이 "우리는 북한을 절대 흡수통일하지 않겠습니다. 그건 불가능합니다. 북한도 대남 적화통일을 한다는 것은 불가능합니다."라고 발언하자 "동감입니다. 서해 교전은 상부의 지시를 안 받고 한 일입니다."라고 찬성 입장을 밝혔다.

아울러 주한미군 문제에 관해서도 김대중 대통령이 "현실적으로 주한미군이 나가라고 해서 나가겠습니까? 다 이유가 있습니다. 주한미군은 한반도뿐만 아니라 동북아의 안정을 위해 필요한 존재입니다. 통일 후에도 필요합니다."라고 하자, 김정일 위원장도 "지금 필요하지요. 동북아 안정 유지를 위해서도 필요한 것으로 압니다. 저는 1992년에 방미한 김용순 동지를 통해서 미국 정부 측에 이런 뜻을 전달한 적이 있습니다. 다만, 우리 인민들이 갑자기 생각이 바뀌지 않으므로 공개적으로 이야기하지 못하고 있을 뿐입니다."라고 발언하며 반대하지 않았다.[91]

즉 김정일 위원장은 통일문제를 외세의 개입 없이 자주적으로 해결해야 한다는 원칙을 피력하고, 통일방식으로는 무력을 사용하지 않는 평화적 통일을 지향하며, 적화통일도 아니고 흡수통일도 아닌 서로 화합하고 단결하는 통일이 되어야 하고, 즉각적 통일은 불가능하다는 데 동의하고 남북 양측이 모두 받아들일 수 있는 점진적 통일방식을 택하되 서로의 체제와 이념을 인정한 속에서 가능한 통일방안으로 낮은 단계의 연방제를 제안했고, 주한미군 문제에 관해서도 자신들이 고수해왔던 입장과는 다르게 통일 후까지의 주둔을 용인하는 발언도 내놓은 것이다.

4) 남북 합의에 수용된 북한의 입장

분단 상태에서 이루어진 남북대화에서 마련된 중요한 성과인 남북합의 중 가장 중요한 것으로 7·4 공동성명, 남북 사이의 화해와 불가침 및 교류·협력에 관한 합의서(남북기본합의서), 6·15 공동선언, 2007년에 남북 정상이 합의한 남북관계발전과 평화번영에 관한 선언(10·4선언), 2018년에 합의한 4·27 판문점선언, 9·19 평양공동선언을 들 수 있다. 그중 6·15 공동선언을 살펴보면, 남북은 단합하여 자주적으로 통일문제를 해결하고, 남측의 연합제 안과 북측의 낮은 단계의 연방제 안이 서로 공통성이 있다고 인정하고 그러한 방향에서 통일을 지향시켜 나가기로 합의하였는데, 이 선언에는 명백히 북한이 상당 기간 주장해온 자주, 평화, 민족대단결의 원칙이 관통되어 있다. 그렇다면 이를 무력남침, 적화통일론과 연결 짓기

---

91 최원기·정창현, 『남북정상회담 600일』, 김영사, 2000, 73-80쪽.

어렵다.

10·4 선언에서도 북한은 일관되게 남한의 사상과 체제를 인정하고, 상호존중과 신뢰의 바탕 위에서 남북관계를 발전시키기를 바라며, 남북 간의 정치·군사적 대치상태를 해소하고 평화를 구축하고 나아가 통일을 이룩하기를 희망하는 입장을 피력하였다. 특히 남북이 정전체제를 종식시키고 평화체제를 구축해 나갈 것에 합의[92]하였는데, 이때 북한은 정전협정 문서의 서명 당사국이 아닌 한국이 평화협정을 맺을 때 당사자의 지위를 가지는 데에 반대하지 않았다. 다른 선언들에도 같은 정신과 기조가 담겨 있다.

(3) 북한이 남한 내부의 혁명을 지시하거나 유도하고 있는가

반민주적 집권세력과 공안수사기관, 극우매체 등이 한국 사회운동이 북의 지령에 따르고 있다는 증거로 드는 것 가운데는, 사회운동단체에 간첩이 침투해 있다는 것이 주종을 이루었다. 1958년 조봉암 진보당 당수에 대한 사형판결, 김대중 전 대통령에 대한 신군부의 1980년 사형판결 등은 모두 그 비서나 지지자들이 북한과 연계되었다는 이유를 근거로 한 것이었다. 북한과 연계되었다는 것만 확인되면 빨갱이나 간첩으로 몰렸고, 어떠한 정치적 공간도 남기지 않고 소멸되었을 뿐만 아니라 사형까지 당했다. 조작과 왜곡이 드러나는 것은 몇십 년이 지나서야 가능했다. 이후 한국 사회에서는 북의 주장과 같은 내용을 말하거나 노선이 유사하다는 것 자체만으로 북의 지시에 따른 것으로 재단되어 처벌되는 일이 반복되었다.

최근 대법원이 북한을 국가변란을 목적으로 하는 단체라고 보는 근거

---

92 남북관계 발전과 평화번영을 위한 선언 4. 남과 북은 현 정전체제를 종식시키고 항구적인 평화체제를 구축해 나가야 한다는 데 인식을 같이하고 직접 관련된 3자 또는 4자 정상들이 한반도지역에서 만나 종전을 선언하는 문제를 추진하기 위해 협력해 나가기로 하였다.

가운데 하나는, 한국의 진보운동에서 내건 자주·민주·통일 노선이 북한이 내놓은 민족해방인민민주주의혁명노선에 근거한 것이고 북이 이를 지시하거나 지원하며 남의 사회 혼란을 부추기고 있다는 것이다.

그러나 1960년대부터 북한은 혁명이든 개혁이든 남한 사회의 변화는 그 누구도 대신해줄 수 없고 남한 국민이 스스로의 힘으로 이룩해야 할 남측 내부의 독자적인 일이라는 입장을 명백히 하였다. 북은 그 과정에서 자신들의 지원과 조력이 필요할 수 있다고 주장하고, 과거 대남사업이라는 이름으로 이를 실행하기도 하였다. 그러나 북 자신도 남의 변화에서 남한 국민 스스로가 주동적 역할을 한다는 점과 북의 역할은 보조나 지원에 그친다는 점을 명확히 하였다. 자신들이 남의 변화 내지 이른바 혁명을 좌우할 수는 없다는 인식이다.

남의 사회운동에서 북과 유사한 용어로 공통성 있는 내용을 말한다고 하여 이를 북이 남의 사회운동을 지시하고 지령을 내린다고 볼 주요 근거로 삼는 것은 부당하다. 한국 사회가 변화를 추구하면서 경험을 통해 다다른 결론과 북이 해오던 주장에 공통점이 있을 수 있다. 남과 북의 사람들 모두 한 민족으로서 식민지배의 역사를 공유하고 분단의 시간을 함께 겪어왔기 때문이고, 분단극복의 과제를 공동으로 짊어지고 있기 때문이다. 그러나 한국의 사회운동은 결국 한국 사회에서 국민의 지지와 비판을 받으며 자신의 사회 인식과 논리, 운동 방향을 다듬고 세워나갈 수밖에 없다. 그중 과거 북의 주장과 유사한 노선을 수용한 세력이 있다 하더라도, 시간이 흐르면서 결국 국민들 속에서 검증을 거치며 자신들의 전망과 방법을 내놓게 된다. 한국 사회운동에서 자주·민주·통일 주장은, 반민족행위자 청산 실패에 기인한 긴 독재의 경험, 광주학살을 감행한 전두환 정부에 대한 미국의 비호, 평화통일 주장마다 가해진 용공음해, 사회경제적 부정의를 시정하자는 호소에 대한 외면을 체험하면서 이를 바로잡으려는 지난한 실천의 현장에서 얻은 역사적 경험과 학습의 성과물이다. 자주·민주·통일이 필요하다는 것은 한국의 학생운동, 시민운동, 민중운동, 평화운동, 통일운동 등 각종 사회운동의 공통적 인식이다. 주안점이나 선후 차는 각각 다르고 활동방식도 차이가 있지만, 전체적으로 자주·민주·통일이라는 표어가 드러내는 문제의 존재와 극복의 필요성을 부인하는 경우는 많지 않다. 분단 현실에 대한 인식, 통일과제에 대한 강조 등은 학계 전반이 인정하는 것이다.

큰 틀에서 맥락을 같이 하는 이 사회운동의 성과물이 헌법이 명시한 민주주의와 평등이 실현되는 사회를 원하고 대외적 독립성을 확고히 한 주권국가로서 면모를 갖추기를 바라는 국민들의 소망과 만날 때, 한국 사회 각 분야는 헌법이 그려낸 '정의·인도와 동포애'의 모습으로 서서히 전진해왔다. 자주·민주·통일 노선은 우리 헌법 정신과 원리의 구현으로서 자주독립 정신, 국민주권주의, 민주주의 원리, 평화통일주의, 영토 보전, 기본권 보장, 국제평화주의 원리에 부합한다. 대한민국의 정체성, 헌법의 지상명령은 바로 자주독립, 국민주권 확립이고, 국가 주권수호, 영토 보전, 국민기본권 옹호, 민주주의 원칙 고수, 평화통일원칙 견지로, 이는 자주·민주·통일 주장의 내용과 다르지 않다.

이미 한국 사회에서 헌법의 가치를 실현하는 방법론으로 검증을 거친 이 견해를 '북의 지령에 따른 노선'이라고 평가하는 것은 한국 민주주의 진전의 역사적 경험에 맞지 않는다. 무엇보다 1990년대 후반 민주화운동 세력이 선거에서 승리하는 것이 가능해진 이후로는, 한국 사회운동에서 선거와 같이 다수 의사에 따른 방법 외의 수단을 실행하여 정권 교체나 체제변혁을 시도하는 세력은 존재하지 않았다. 다수 의사에 따른 사회변화를 주장하는 것은 국민들로 하여금 헌법제정 권력으로서 권한을 행사하게 하자는 주장일 뿐이어서 완전히 합헌으로, 이것으로부터 국가안보에 대한 어떤 위해도 생기지 않는다.

주한미군 주둔, 한미동맹 존속 여부, 통일방안 등도 이미 한국 사회운동은 물론 학계와 현실 정치에서도 주요 논점이 되었고, 미국의 간섭 배제, 주한미군 철수, 한미동맹 폐기, 국가보안법 폐지, 연방제 통일 등 주장은 공론장에서 토론되어야 할 견해 중의 하나로 받아들여지고 있다. 위 주장을 북한이 처음 내놓았고 반미자주화, 반파쇼 민주화, 조국통일 투쟁을 선동했다고 하여 '북의 지령에 따른 주장'이라고 보는 견해는 한국사회운동의 자주성과 독립성에 비추어 그릇된 것이다.

(4) 북한의 남한혁명과 통일에 관한 입장에 대한 종합적 평가

이상 여러 차원에서 표명된 북한의 입장, 대남전략의 실제와 변화과정을 종합하여 살펴보면 현재 북한이 '무력남침', '적화통일', '체제전복'을 추구하고 있다고 보기 어렵다.

그 근거는, 우선 북이 통일문제를 바라보는 시각상, 적화통일을 추구한다고 보기 어렵다는 점이다. 북의 입장에서는 통일문제가 발생한 원인은 외세의 부당한 개입이 초래한 분단이고, 통일은 분단의 근원을 없애는 역사적 과업이다. 남과 북에 이질적 이념과 체제가 존재하게 된 것은 분단이 만들어낸 결과일 뿐 분단의 원인이 아니라고 본다. 이념과 체제가 달리 됨에 따라 분단 현상이 심화되고 남북 간의 오해와 불신, 대립이 심화된 것은 사실이지만, 그 차이가 통일을 가로막는 절대적 조건은 될 수 없다는 것이다. 따라서 분단을 없애는 것, 즉 통일을 성취한다는 것은 이념과 체제를 단일화하는 문제가 아니라 분단의 원인인 외세의 간섭을 배제하고 민족적 화해와 단합을 이룩하는 것이며, 그 과정에서 이념과 체제의 차이는 인정하면서 그것을 뛰어넘어야 하는 문제라는 시각이다.

또 북한의 연방제통일론은 남측의 제도를 어찌해보자는 제도통일론이 아니고, 체제와 이념을 떠난, 그것을 상호 인정하는 민족통일을 주장하는 것이다. 그러하기에 그 실현 방법으로서 평화적 협상에 의한 공존상태를 거친 연방제통일을 주장하는 것이다. 그 적실성 논의는 차치하고 적어도 그것은 남측의 제도를 전복하거나 체제를 파괴하려는 논리와는 거리가 멀다. 우리 측의 민주제도를 전복시키려는 능력도 되지 못하고, 그러한 의도와 목적을 관철시키려 행동하는 순간 통일은 요원해지고 다시 대립, 대결 상태로 빠져들 수밖에 없기 때문이다.

북한은 남한에서 민족해방과 민주주의 실현을 이뤄야 한다고 보지만, 그것이 사회주의 체제를 수립하는 것은 아니라고 본다. 북한은 남한혁명이 주로 민족해방의 성격, 부차적으로 민주주의실현의 성격을 가진다고 보는데, 민족해방은 계급혁명이나 적화노선과는 직접적인 연관이 없다는 것이다. 북은 남에서 일어나는 사회변혁에 관해 '인민'민주주의 혁명이라는 용어를 사용해왔는데, 최근에는 민주주의 혁명이라고만 한다. 단순한 용어 순화가 아니라, 기존의 인민민주주의 혁명 규정과 달리, 특히 사회주의 혁명으로 직결되지 않는다는 점을 강조하려는 것으로 평가된다. 민주주의 혁명은 자본주의 수립과 발전 단계에서 세계 여러 나라에서 수행된 것이고, 사회주의 체제에서도 민주화운동이 벌어지는 사례도 많았다. 헌법 전문이 명시한 4월혁명, 1987년 6월항쟁이 모두 민주주의 혁명이다. 따라서 민주주의 혁명이란 사회주의 혁명과 동일시될 것이 아니고, 직접 관련된 것도 아니다. 민주주의 혁명은 정치적 민주화, 사회경제적 민주화, 기본권의 보장 등을 목표로 토지개혁, 중요산업 국유화, 기본권 보장, 남녀평등, 공공성 강화 등을 중요한 해결과제로 본다. 이는 노동자와 농민을 중심으로 한 근로민중이 정치권력을 장악하고 생산수단을 소유하는 사회주의 혁명과 여러 면에서 다르다. 사회주의 혁명에서는 자본가 계급 일반에 맞서 노동자, 농민 등 인민대중이 착취와 압박의 근원이 된다는 계급제도를 폐지하고 사회주의 제도의 수립을 목표로 하는 데에 견주어 민주주의 혁명에서는 중소자본가, 영세상인, 지식인, 종교인 등이 혁명역량의 한 축이 된다고 하는 점을 보더라도, 북한이 남한혁명의 성격을 사회주의 혁명으로 본다고 할 수 없다.

북이 가진 궁극적 지향점은 사회주의이므로 그에 따른 미래 전망과 구상에 기초해 '적화통일'의 의도가 있다고 보더라도, 당면해서는 '적화통일'을 실현할 능력이 없으며, 따라서 그러한 의도를 실현할 의지를 가질 수 없다는 것은 현실적 조건을 살펴보아도 쉽게 얻을 수 있는 당연한 결론이다. 북한이 남한에 자기의 체제를 강요하여 수용하게 하려면 무력을 동원하는 전쟁의 방식 이외엔 있을 수 없는데, 명심해야 할 것은, 만약 다시 한반도에서 전쟁이 일어난다면 남북 모두가 재기하기 어려울 정도로 엄청난 참화를 입으리라는 것이 명백하다는 점이다. 엄청난 인명 피해는 물론 수십 년간 축적해온 온갖 사회적 기반을 잃어버릴 결과를 뻔히 알면서도 북한이 무력남침해올 것이라고 보는 것은 합리적이지 않다.

1968년 청와대 습격 사건 이후 벌어진 무력 충돌 또는 남한 주민과 군인들의 피해에 대해, 북은 자신들이 관련된 것을 인정하는 경우 유감을 표명해왔다. 강릉 잠수함 침투 사건(1996. 9. 18.), 2차 연평해전(2002. 6. 29.),[93] 금강산 관광객 피살 사건(2008. 7. 11.), 연평도 포격사건(2010. 11.

---

93 2002. 6. 29. 연평도 근해에서 북한 함정이 우리 해군의 참수리 고속정 357호에 선제 기습포격을 가해 고속정이 침몰하고 6명의 장병이 희생된 사건에 대하여, 북한은 사건 발생 26일 후인 7. 25. 남북장관급회담 김령성 북측 단장 명의로 우리 측 수석대표인 정세현 통일부 장관 앞으로 전화통지문을 보내 "북측은 동 전화통지문을 통해 서해 해상에서 우발적으로 발생한 무력충돌사건에 대해 유감스럽게 생각하면서 이러한 사건이 재발되지 않도록 노력을 기울여야 할 것"이라며 유감을 표명했다. 정부는 7. 30. 정세현 통일부 장관 명의로 전화통지문을 발송하여 "북측이 서해교전사태에 대해 유감을 표명하고 재발 방지를 위해 노력해야 한다는 입장을 밝힌 데 대해 유의한다. 앞으로 무력충돌과 같은 불상사가 다시 일어나지 않도록 필요한 모든 조치를 취할 것을 촉구한다."며 수용 의사를 밝혔다. 김대중 정부의 일관된 대북 협력 정책과 2000년 역사상 최초로 개최된 남북정상회담, 6·15 공동선언 및 남북장관급회담 등을 통해 남북이 신뢰를 쌓아온 결과로 판단된다. 김상범, 위의 글, 26-27쪽.

23.), 목함 지뢰 사건(2015. 8. 4.), 해수부 공무원 사망 사건(2020. 9. 22.)[94] 등에 대해서다. 물론 그 외에도 국민들이 기억하는 여러 사건에 대하여 최소한의 유감 표명도 이루어지지 않은 경우[95]가 다수 있다. 유감을 표명한 경우에도 남북대화가 단절되거나 후퇴한 때에는 사건 직후 북한 당국이 정당성을 주장하다가 뒤늦게 태도를 전환한 경우가 많고, 공동조사와 책임자에 대한 문책, 배상 등이 온전히 이루어지지 않았다. 무엇보다 이와 같은 무력충돌과 인명 피해는 일어나서는 안 되는 비극적인 일이다. 그러나 분명한 것은, 남북대화가 진전되는 상황에서야 이러한 사건들에 대한 유감 표명도 빠르게 나오고 재발 방지 조치도 모색될 수 있었다는 사실이다.

북의 핵개발을 남침위협으로 보는 것에 대해서는 미국의 선제핵공격 위협에 대한 방어수단 내지 전쟁억제력으로서 의미가 더 크다고 보는 의견이 있다. 1992년 1월 북한 정부가 미국에 "미군 철수를 요구하지 않을 테니 북미 수교를 하자"고 요구했는데 미국이 이를 받아들이지 않으니 북미 수교를 압박할 수단으로 핵 개발을 시작했다고 보는 것[96]이다. 미국이 대북적대 정책을 철회하고 북을 군사적으로 공격하지 않는다는 것이 보장되면 북이 굳이 핵을 가질 필요가 없으므로 포기할 수 있다[97]는 분석이다. 북은 2016

---

94 2020. 9. 21. 소연평도 해상에서 실종된 해양수산부 소속 공무원이 북한 해역에서 발견되었지만 북한군의 총격에 의해 사망한 사건에 대하여, 북한은 사건 발생 3일 후인 9. 25. 통일전선부 명의의 전통문을 보내 "국무위원장 김정은 동지는 가뜩이나 악성 비루스 병마 위협으로 신고하고 있는 남녘동포들에게 도움은커녕 우리 측 수역에서 뜻밖의 불미스러운 일이 발생해 문재인 대통령과 남녘 동포들에게 커다란 실망감을 더해준 것에 대해 대단히 미안하게 생각한다는 뜻 전하라고 했습니다."고 하였다. 문재인 정부와 4·27 판문점 선언 등으로 남북관계 진전을 모색하고 있는 상황에서 민간인 사망자 발생의 영향으로 남북관계가 급격히 악화될 수 있음에 유의한 결과로도 볼 수 있다. 김상범, 위의 글, 38-40쪽.
95 정부가 북한이 실행한 것으로 밝혀온 1965년 5월 L-19 격추 시도 사건, 1967년 1월 해군 경호함 PCE-56호 격침 사건, 1968년 10월~11월 울진·삼척 무장간첩 침투 사건, 1983년 버마 아웅산 묘소 폭파 사건, 1998년 6월 속초 잠수정 침투 사건, 1999년 6월 제1차 연평해전, 2009년 11월 대청해전, 2010년 3월 천안함 사건에 대해서는, 북한은 개입을 부정하거나 자위적 조치였다고 주장하였다. 김상범, 위의 글, 4쪽.
96 정세현, 『정세현의 통일토크 – 남북관계현장 30년: 이론과 실제』, 서해문집, 2013, 73쪽.
97 정세현·황방열, 『담대한 여정』, 메디치, 2018, 67쪽.

년 5월 조선노동당 7차대회부터 줄곧 핵선제불사용원칙을 천명했고, 대남 사용은 불가하다고 밝혔다.

한편 북한의 대남전략에 미치는 한국과 미국의 대북전략의 영향도 살필 필요가 있다. 북한의 대남전략도 일방적으로 나오는 것이 아니라 한국과 미국의 대북전략으로부터 영향받고 대응하는 과정에서 나오고 변화하기 때문이다. 북한의 대남전략을 체제전복을 꾀하는 적화통일전략으로 평가하더라도, 그 전략이 나오는 환경을 상대방인 우리 쪽이 제거할 가능성은 없었는지 돌아볼 필요가 있다. 남은 2000년 이전까지 표면적으로는 평화통일을 내세우면서도 내면적으로는 체제흡수를 내용으로 하는 통일방안을 유지하였고, 그에 대해 북은 크게 반발해왔다. 남이 북한의 대남전략을 적화통일 노선이라고 비난한 것처럼, 북은 남이 자신들을 흡수통일하려는 구상을 갖고 이를 실행하려는 적대 정책을 펴면서 남북 간 교류나 협력도 그러한 목적에서 진행하려 한다고 본 것이다. 다행히 교류협력이 지속되고 상호이해가 깊어지면서 북이 가진 흡수통일 우려 의혹의 강도는 약화되고 있는 것으로 보인다. 하지만 실제로 미국의 동북아전략, 대북전략과 한미연합사의 작전계획, 합동군사훈련, 지속적인 핵위협, 핵선제공격 전략, 한국의 부흥계획, 충무계획 등의 북한 급변사태 등에 대비한 대북노선과 정책에는 북한의 우려를 자아낼만한 내용이 들어있다.[98] 상호 충돌을 불러오는 적대적 태도가 야기될 환경은 바꿔야 한다.

이처럼 무력남침·적화통일론은 수구냉전세력의 자가발전으로 유지되

---

98 2006년 한미 양국이 실시한 RSOI(전시증원연습)/ FE(독수리연습) 당시 3. 25.- 31. 충남 만리포에서 공개 실시된 훈련에서는, 이상희 합참의장 등 한미 장성들이 참여한 가운데 담당 장교가 "본 훈련은 5027-04 3단계 2부를 적용한 것"이고, "만리포는 북한 서해안의 한 지역을 상정한 상륙작전", "평양의 고립을 위한 서해안 상륙작전 준비 중", "한미연합사령관은 평양을 압박, 고립하기로 결심했다."고 해당 연습이 가정한 상황을 공개 브리핑한 바 있다. 매년 실시되어온 한미연합군사훈련에 대해 북한은 북침훈련임을 주장하며 중단을 요구해왔고, 훈련을 앞두고 늘 남북관계에 긴장이 높아졌다. 통일뉴스, 2006. 4. 3., 「〈통일시론〉'북침훈련' 막았다고 고발조치하다니」

어온 허구적 논리다. 적화통일론을 북한의 희망 사항이자 미래구상이라고 평가하여 비판할 수 있을지언정, 이를 현실에서 실행되는 정책이라고 볼 근거는 없다. 무력충돌은 우리 민족이 감당할 수 없는 재앙을 부를 것이고, 적화통일은 남한 현실상 실현 불가능하기 때문이다. 북한을 무력남침·적화통일론을 견지하고 남한 사회운동에 지시·개입하여 정부를 참칭하고 국가를 변란할 목적을 가졌다며 반국가단체로 보는 국가보안법 제2조는, 지금까지 살펴본 북한의 통일문제와 남한 혁명에 대한 입장과 실현된 정책 내용에 비추어 볼 때 사실적 근거가 없는 규정이다. 제2조 반국가단체 규정은, 이미 오래전에 과거가 되어버린 전쟁의 기억에 얽매여, 현존하는 위험이 아닌 과거의 공포에 사로잡힌 규정일 뿐이다. 현실적인 근거 없는 공포에 사로잡혀 대결과 전쟁위기를 넘어 화합과 평화통일의 미래로 가기를 멈추고 과거로 퇴보해서는 안 된다. 대결의 시대가 남긴 유물이 계속 남북 구성원 모두의 발목을 잡도록 두는 것은 또 다른 불행이 일어날 여지를 열어두는 것일 뿐이다. 단 한 명의 희생도 더 일어나지 않도록 하기 위해서라도, 남북 간 대립을 심화시키는 제2조 반국가단체 규정을 없애고 평화통일의 미래로 가야 할 때다.

4. 북한을 '국가'로 인정하지 않고 처벌

헌법이 선언한 국제평화주의는 남북관계에 관해서는 평화통일원리로 나타난다. 헌법의 기본원리로서 국제평화주의는 남북관계에 있어 국제법상 국가로 성립한 북한에 대한 주권존중, 분단문제를 중심으로 한 분쟁의 평화적 해결의무를 내용으로 한다. 평화통일원리는 북한과 대화와 협상의 규범화, 활발한 토론을 저해하는 법 제도의 개폐 필요로 구체화된다.[99] 국제평화주의와 평화통일원리를 실현할 국가의 의무를 다하기 위해서는 분단당사국으로서 분단문제를 평화적으로 해결해나가는 데서 전제되어야 할 북한에 대한 주권존중의무에 위반되는 법률, 평화통일로 나아가는 과정에서 보장되어야 할 사상과 정치적 표현의 자유를 제한하는 법률을 철폐하는 것이 필수적이다.

(1) 주권존중의무 위반

국제연합 회원국이 다른 회원국을 국가로 승인하지 않는다고 하여도, 이는 그 국가와 외교관계를 수립하는 등의 행위를 하지 않는다는 것에 그칠 뿐, 주권존중의 원칙상, 그 국가 자체를 불법으로 규정하고 그 국가의 구성원이라는 존재 자체를 형사처벌 대상으로 삼을 수는 없다. 국내문제 불간섭의 원칙상, 그 국가의 해체 또는 체제 변경을 목적으로 하거나 결과로 가져오는 국내 법률을 만들어서도 안 된다. 이는 국제연합 회원국이 분단국일 때도 적용되는 원칙이다. 제2차 세계대전 이후 생겨난 분단국가들은 일방이 자신의 국가성과 정당성을 주장하며 상대방을 부정한다. 또 일방이 국제사회에서 양측 모두를 대표한다고 주장하는 국제법상 주권국가임에도 불구하고 정치적으로 재통일을 목표로 하는 잠정적 존재다. 그러나 분단국가 쌍방 모두 독립 주권국가로서 각 통치영역에 실효적 정부를 수립하고 있으며, 분단국 간 경계는 국제법상 국경으로 간주되고, 상대방에 대해 무력사용금지 및 국내문제 불간섭 의무가 적용된다.[100]

---

99 헌법의 국제평화주의와 평화통일원리의 내용에 대해서는 민주사회를 위한 변호사모임, 『헌법 위의 악법』, 286-302쪽에 상세히 기술되어 있으므로 중복을 피하여 줄인다.

100 정인섭, 『신국제법강의』, 박영사, 2018, 157-158쪽.

국가보안법 제2조는 북한을 국제적으로 승인받은 독립성을 가진 국가로 보지 않아 국제평화주의에 위배된다. 국가보안법이 합헌이라는 주장의 헌법적 근거는 헌법 제3조 "대한민국의 영토는 한반도와 그 부속도서로한다."는 조항이다. 그러나 제3조에도 불구하고 대한민국은 헌법 제정 후 지금까지 단 한 순간도 북한이 통치하는 지역에 대해 실효적 지배를 하지 못했다.[101] 대한민국이 유엔으로부터 승인받은 유일한 합법정부로서 한반도 전역에서 합법적 통치권을 갖는다는 유일합법정부론은 1948년 12월 12일 유엔총회결의 제195호(III)를 바탕으로 하나, 이는 애초 위 결의를 잘못 해석한 데 기초해 구성된 허구적 논리다. 위 결의에서도 유엔은 대한민국의 유효한 지배가 미치는 범위는 유엔 감시하의 선거가 시행된 남한 지역에 국한된다는 입장[102]이었기 때문이다. 또 1991년 9월 17일 남북 모두 유엔 헌장 제4조[103]에 따라 국제법상 주권국가로서 유엔 헌장이 정한 의무를 이행할 능력과 의사가 있는 평화 애호국으로 인정받아 유엔에 동시 가입한 만큼, 그 이후로는 유일합법정부론은 국가보안법 존재의 논거가 될 여지가 없다. 유엔 동시 가입과 남북기본합의서 체결 이후 헌법현실의 변화에 비추어, 헌법 제3조 영토조항은 북과 '상호존중 민족내부관계'

---

101 김일수가 "우리 헌법상 영토규정은 실효성 없는 선언규정에 불과하다. 그것은 국민의 통일 염원을 담은 낭만적 규정에 불과한 것으로서 현실적 이행효력이 나타나지 못하는 자연채권과 같을 뿐"이라고 한 것도, 북한 지역에 대해 실효적 지배가 없다는 취지로 이해할 수 있다. 김일수, 『법, 인간, 인권 : 법의 인간화를 위한 변론』, 박영사, 1996, 105쪽.

102 United Nations Resolution 195(III)

"2. Declares that there has been established a lawful government (the Government of the Republic of Korea) having effective control and jurisdiction over that part of Korea where the Temporary Commission was able to observe and consult and in which the great majority of the people of all Korea reside; that this Government is based on elections which were a valid expression of the free will of the electorate of that part of Korea and which were observed by the Temporary Commission, and that this is the only such Government in Korea;"

103 국제연합 헌장 제4조 1. 국제연합의 회원국 지위는 이 헌장에 규정된 의무를 수락하고, 이러한 의무를 이행할 능력과 의사가 있다고 기구가 판단하는 그 밖의 평화 애호국 모두에 개방된다.

2. 그러한 국가의 국제연합회원국으로의 승인은 안전보장이사회의 권고에 따라 총회의 결정에 의하여 이루어진다.

에서 남북 간 민족내부거래 및 대한민국에 보호를 요청해온 북한 주민 보호에 필요한 범위에서만 현실적·구체적 규범력을 갖고, 그 외에는 미래의 통일한반도의 판도를 규정한 미래지향적 규정으로 해석해야 한다. 헌법 제3조 영토조항은 반국가단체를 정의하는 '정부참칭'이라는 징표를 합리화하는 근거가 될 수 없다.

남북기본합의서 체결 이후, 남북은 올림픽 등 국제경기에 한 팀을 이루어 공동 출전할 때 한반도를 넣은 깃발을 공동단기로 사용해왔다. 이러한 국가적 행위가 상징적으로 확인하는 것과 같이, 한반도와 그 부속도서는 남북 어느 일방의 독점물이 아니라 남북 정권을 포함한 우리 민족 전체의 것이다. 평화적 통일이란 상호존재 인정과 존중의 전제하에 대화와 타협을 통한 통일을 추구하겠다는 것이고, 상대방을 '내 집을 강점한 범죄집단'으로 보면서 그와 대화 내지 타협을 한다는 것은 불가능하다[104]고 볼 때, 영토조항에서 반국가단체의 개념 중 정부참칭이라는 징표의 헌법적 근거를 찾는 것은 잘못된 해석이다.

또한 국가보안법 제2조는 북한 주민들을 대한민국의 형사관할권 아래 놓는 것이어서 헌법이 명시한 국제평화주의에 위배된다. 국제평화주의 원칙상, 인도에 반한 죄나 자국민에 대한 범죄, 내란·외환죄 등 중대한 국가적 법익침해범죄로서 외국인의 국외범 처벌이 필수적인 범위를 넘어 다른 나라의 구성원을 자국의 형사재판관할권에 복종하게 하는 것은 불가능하다. 그런데 제2조 '반국가단체' 규정은 이미 국제적으로 독자적인 국가로 성립한 북한을 국가로 인정하지 않고 일개 단체로 보면서 제3조에 따라 그 구성원 모두를 대한민국의 형사관할권 아래 놓고 사상 또는 표현의 자유를 제한하는 반국가단체 구성죄 등으로 처벌하는 것을 전제하므로, 헌

---

104 한인섭, 위의 글, 46쪽.

법 제6조에 위배된다.

대한민국의 안보를 위협하는 다른 나라 또는 외국인에 대한 처벌이 필요하면, 안보에 위해를 가하는 폭력·파괴행위를 보편적·일률적으로 규율하고 방어하는 형법상 외환죄 등으로 대처할 수 있다. 분단 상황에서 무력충돌에 대처하기 위한 규제의 필요성을 인정하더라도, 교전이 벌어질 때 북한을 적국으로 보아 행위자를 처벌하는 것이 얼마든지 가능하다. 국가안보를 이유로 분단 상대방인 북한에 대하여만 다른 나라와 달리 규율할 이유가 없다.

그런데 국가보안법 제2조는 명백히 국제법상 국가로 성립한 북한을 '반국가단체'라고 지칭하고, 북한을 국가로 인정하지 않는다.[105] 그 결과 분단 현실의 대한민국의 통치권 아래 들어와 있지 않은 북한 영역 내에서 살고 북한의 통치권 아래에서 활동하는 사람들은 그 존재 자체로 제2조의 처벌 대상인 반국가단체 구성원으로 규정된다. '반국가단체'인 이상 해체시키고 재결성을 막는 것이 당연한 귀결이 된다. 제2조는 북한의 주권을 부정하는 것이고, 그 구성원인 북한 주민들을 분단 상태의 대한민국의 형사관할권 아래 놓는 것으로 직결되어, 국제연합 헌장상 회원국에 대한 주권존중의무 위반이다. 또한, 북한 체제의 해체 또는 체제변형을 당연시하는 것으로 국내문제 불간섭의무에 위반된 법률이다.

(2) 분쟁의 평화적 해결 저해

국제평화주의 원칙에 따르면, 분단국들도 상대방이 국제법상 국가로

---

105 형법 제102조에서 '외국' 또는 '외국인의 단체'를 구분하는 것으로 보아, '단체'는 국가가 아닌 경우를 가리킨다.
형법 제102조(준적국) 제93조 내지 전조의 죄에 있어서는 대한민국에 적대하는 외국 또는 외국인의 단체는 적국으로 간주한다.

성립한 이상 붕괴시키거나 체제를 변형시켜 분단문제를 해결하려 해서는 안 된다. 분단문제를 평화적으로 해결하려면, 상대방을 형사처벌 대상으로 규정하고 그 구성원과 이에 동조하는 시민을 처벌하겠다는 법체계에서 벗어나, 분단 상대방을 신뢰 증진을 위한 대화와 협력의 대등한 당사자로 대해야 한다. 실제로 남북이 마주앉아 대화하면 평화통일의 원칙이 재확인되었고, 아울러 상호 체제 부정이나 파괴·폭력행위 금지에 대한 진전된 내용의 합의가 이루어져왔다. 7·4 남북공동성명은 남북 사이의 긴장 상태 완화와 신뢰 분위기 조성을 위해 상대방을 중상비방하지 않고 무장도발을 하지 않으며 군사적 충돌사건을 방지하기 위한 적극적인 조치를 취하기로 합의하였다. 10·4 남북공동선언에서는 남북이 내부문제에 간섭하지 않고, 군사적 적대관계를 종식시키고 한반도에서 어떤 전쟁도 반대하며 군사적 긴장을 완화하고 대화와 협상을 통해 분쟁을 해결할 것을 확인하였을 뿐만 아니라, 나아가 우발적 충돌방지를 위해 서해에 공동어로수역을 지정하고 평화수역을 만들기 위한 협의에 나아갈 것까지 합의하였다. 4·27 판문점 선언에서는 이러한 원칙과 합의에 대해 재확인하면서 확성기 방송과 전단 살포를 중지하자는 구체적인 합의도 나왔다.[106] 이러한 성과는 모두 분단 상대방을 대화와 협력의 당사자로 인정한 데 기초한

---

106 4.27 판문점 선언

2. 남과 북은 한반도에서 첨예한 군사적 긴장상태를 완화하고 전쟁 위험을 실질적으로 해소하기 위하여 공동으로 노력해 나갈 것이다.

① 남과 북은 지상과 해상, 공중을 비롯한 모든 공간에서 군사적 긴장과 충돌의 근원으로 되는 상대방에 대한 일체의 적대행위를 전면 중지하기로 하였다. 당면하여 5월 1일부터 군사분계선 일대에서 확성기 방송과 전단 살포를 비롯한 모든 적대 행위들을 중지하고 그 수단을 철폐하며 앞으로 비무장지대를 실질적인 평화지대로 만들어 나가기로 하였다.

② 남과 북은 서해 북방한계선 일대를 평화수역으로 만들어 우발적인 군사적 충돌을 방지하고 안전한 어로 활동을 보장하기 위한 실제적인 대책을 세워나가기로 하였다.

3. 남과 북은 한반도의 항구적이며 공고한 평화체제 구축을 위하여 적극 협력해 나갈 것이다. 한반도에서 비정상적인 현재의 정전상태를 종식시키고 확고한 평화체제를 수립하는 것은 더 이상 미룰 수 없는 역사적 과제이다.

① 남과 북은 그 어떤 형태의 무력도 서로 사용하지 않을 것에 대한 불가침 합의를 재확인하고 엄격히 준수해 나가기로 하였다.

것이다.

그런데 국가보안법 제2조는 분단 상대방을 '반국가단체'로 보아 형사처벌 대상으로 한다. 무거운 형벌의 위협과 대화협력의 진전이 동시에 공존하는 것은 현실에서 불가능하다. 공동체의 '적'으로 간주되는 분단 상대방이 이를 모를 리 없으니 대화협력에 꾸준히 적극적으로 임하기를 기대할 수 없기 때문이다. 북한을 해체시키거나 체제를 변형시켜 분단문제를 해결하고자 하는 것이니, 북한으로서도 자신을 붕괴시키려는 상대방과 대화협력을 거절하거나 중단하려 할 위험이 높아지기 때문이다. 나아가 '반국가단체'와 평화적인 대화를 시도하려는 자는 끊임없이 적과 내통하는 사람으로 의심받거나 상대방 편을 드는 사람으로 매도당하고 공동체에서 배제당하기 때문이다. 결국 1990년대 이후 시작된 남북대화와 협력의 진전은 실제로는 대화에 나서서 남한을 방문한 북한의 주요 간부들에 대해 반국가단체 구성죄를 적용하지 않는 암묵적 전제에서만 가능했다. 제2조, 제3조가 북한 구성원들을 반국가단체 구성죄로 무겁게 처벌하겠다고 정해놓았음에도 불구하고 1990년대 이후로는 북한의 구성원이라는 이유로 처벌되는 북한 간부나 주민이 없는 이유는 바로 이것이다.

하지만 국가보안법 규정 자체에 북한의 모든 구성원을 형사처벌 대상으로 놓은 '반국가단체' 부분이 계속 존재하는 한, 남북관계가 악화되거나 국제적 환경이 어떻게 바뀌더라도 북한 구성원을 반국가단체 구성죄로 형사처벌하겠다는 시도가 없으리라는 보장이 없다. 반국가단체 구성 처벌 조항이 문언상 남아 다시 현실에서 적용될 가능성이 일말이라도 있다면, 남북관계에서 북한이 남한을 자기 체제를 붕괴 또는 변형시키려는 의도를 가졌다고 여기고 대화를 거절할 위험도 커진다. 분쟁의 평화적 해결 도모는 지체될 수밖에 없다.

(3) 헌법재판소 판시에 대한 비판

헌법재판소는 북한을 반국가단체로 보는 것이 헌법상 국제평화주의와 평화통일원리에 위배된다는 주장과 관련하여, 북한의 국제법상 지위를 부정하는 것도 아니고 평화통일 노력 포기도 아니라고 하였다.[107] 또 북한의 반국가단체성이 소멸된 것이 아니라는 이유로, 유엔 동시 가입은 가맹국 상호 간 국가 승인이 아니라는 것, 남북기본합의서는 공동성명 또는 신사협정에 불과하다는 것을 든다.[108] 대법원도 "북한을 정치·경제·법률·군사·문화 등 모든 영역에서 우리와 대등한 별개의 독립된 국가로 볼 수 없다."[109]고 한다.

1) 유엔 가입이 회원국 상호 간 국가 승인이 아니라는 판시에 대하여

국가 승인이란 '사실상 존재하고 있는 정치적 통일체가 국제법상 국가자격을 취득하였음을 선언하거나 묵시적으로 인정하는 일방적 행위'를 말하는데, 타국이 국가 승인을 함으로써 국가자격이 창설되는 것은 아니고 기존 사실에 대한 선언적 효과가 있다는 것이 통설적 견해다.[110] 북한이 일정한 주민, 일정한 영토, 타국으로부터의 독립성, 확고한 통치조직을 갖춘 '정치적 통일체'를 갖추었다는 점은 자명하다. 또 북한은 국제연합 및 다수 국가들로부터 국가 승인을 받았다. 유엔 가입 이전인 1990년까

---

107 헌법재판소 2015. 4. 30. 선고 2012헌바95 등 결정은 제7조 제1항이 헌법 제4조, 제6조 제1항에 위배된다는 주장에 대해, "이적행위 조항은 국가의 안전과 존립을 유지하기 위한 것일 뿐 UN 회원국의 하나인 북한의 국제법상 지위를 부정하고자 하는 것이 아닐 뿐만 아니라, 국가의 안전보장이나 자유민주적 기본질서에 부정적인 영향을 미치는 행위를 처벌하는 것이 평화적 통일을 이루기 위한 국가적인 노력의 포기를 의미하는 것도 아니므로, 위 주장은 이유 없다."고 판시하였다.

108 헌법재판소 1997. 1. 16. 선고 89헌마240 결정.

109 대법원 2008. 4. 17. 선고 2003도758 전원합의체 판결, 대법원 2010. 7. 23. 선고 2010도1189 전원합의체 판결.

110 유형석, 「국가 승인이론의 재검토」, 《법학연구》 33호, 한국법학회, 2009, 407-424쪽.

지 대한민국과 수교를 맺은 나라가 132개국이었는데, 북한을 국가로 인정하고 수교를 맺은 나라도 102개 국가에 이르렀다.[111] 주요국 가운데 유엔 동시 가입 이후 북한과 국교를 수립하지 않은 나라는 미국, 일본 등 정치상황에서 특수한 대립관계에 있었던 몇 나라에 지나지 않는다. 그러므로 대한민국의 승인여부와 관계없이 북한이 이미 국제법상 국가임에는 틀림없다.

유엔 가입이 회원국 모두에게 국가 승인의 효력을 갖는 것은 아니라는 주장에 따르더라도, 현실적으로 북한은 '한반도 북측 지역을 무단으로 점령하고 있는 반국가단체'가 아니라 국제법적으로 실체를 갖춘 국가로 인정되고 있음이 분명하다. 한 국가가 다른 특정 국가를 승인하지 않았더라도 그 특정 국가가 국제사회에서 보편적으로 국가성립을 인정받았다면, 그 국가는 승인하지 않은 나라로부터도 주권을 존중받을 권리를 갖는다. 양국이 유엔 회원국이면 헌장 규정에 따라 회원국 상호 간에는 일반 국제법이 적용되고, 주권평등 및 상호내정불간섭 의무를 지게 된다.[112] 오늘날 국제법의 제원칙은 국제사회에서 보편적으로 인정되는 유일한 정통성의 원천임을 부인할 수 없다. 향후 남북한관계의 전개과정과 제도에서도 유엔 헌장의 원칙 등 국제법의 기본원칙을 반영하는 노력을 통하여 남북한 간 대립과 갈등을 조정하는 것이 필요하다.[113] 대한민국도 유엔 회원국으로서 국제평화주의 원칙에 입각하여 타 회원국인 북한의 주권을 인정하는 전제에서 국내법제도를 형성해야 한다.

무엇보다 남북한은 유엔 동시 가입 이후 많은 선언과 성명, 합의를 채

---

111 2020. 6. 현재 대한민국의 수교국가는 191개, 북한은 161개이며, 그 중에서 남북한이 동시에 수교를 맺은 국가는 158개국이다.
112 이용일, 「독일의 분단과 통일의 국제법적 과정」, 《국제법 동향과 실무》 통권 제8호, 외교통상부 조약국, 2004, 23쪽.
113 이용일, 위의 글, 31쪽.

택하였는바, 이를 통해 묵시적으로나마 상호 국가 승인(Tacit Recognition) 하였다고 보아야 한다. 가장 최근인 2018년 4월 27일 '한반도의 평화와 번영, 통일을 위한 판문점선언'을 보더라도 '공동번영과 자주통일'의 원칙을 명확히 하며 대한민국 대통령과 북한 국무위원장이 서명하였는바, 북한의 국가로서 실체를 인정하는 전제에 서 있다고 하지 않을 수 없다.

동서독기본조약에 대한 독일 연방헌법재판소 결정은, "독일민주공화국은 국제법의 의미에서 국가이며 그 자체 국제법주체이다. 이러한 확인은 독일연방공화국에 의한 독일민주공화국의 국제법적 승인과 무관하다."고 하면서, 동서독기본조약 체결과 관련한 동독에 대한 서독의 태도를 "특수한 형태의 사실적 승인"[114]이라고 한 바 있다.[115]

2) 남북기본합의서가 공동성명이나 신사협정에 불과하다는 판시에 대하여

1991년 12월 13일 남북 총리가 서명한 남북기본합의서에 관하여, 헌법재판소는 줄곧 "남북합의서는 남북관계를 '나라와 나라 사이의 관계가 아닌 통일을 지향하는 과정에서 잠정적으로 형성되는 특수관계'임을 전제로 하여 이루어진 합의문서인바, 이는 한민족공동체 내부의 특수관계를 바탕으로 한 당국 간의 합의로서 남북당국의 성의 있는 이행을 상호 약속하는 일종의 공동성명 또는 신사협정에 불과"[116]하다고 판시하였다.[117] 대

---

114 동서독 기본조약에 대한 독일 연방헌법재판소 판결 전문, 『통일과 헌법재판 1』, 헌법재판연구원, 2016, 183쪽.
115 통일 전의 독일기본법은 그 효력범위가 서독지역 11개 주(Land)에 국한되어 있음을 선언하고(제23조) 통일헌법의 제정과 함께 실효함을 규정(제146조)하여 우리 헌법 제3조가 한반도 전역을 영토로 정한 태도와는 차이가 있으나, 동서독기본조약 및 남북기본합의서 체결이 모두 서로의 통치영역을 인정하고 상호존중·관계개선의 출발점이 된 것은 같으므로, 동서독기본조약에 대한 독일 연방헌법재판소 결정은 남북기본합의서 해석에 유용한 참고가 될 수 있다.
116 헌법재판소 1997. 1. 16 선고 92헌바626 등 결정, 헌법재판소 2000. 7. 20. 선고 98헌바63 결정.
117 남북한 중 어느 일방의 재판소에서 독립적으로 남북기본합의서의 법적 성격을 결정지을 수 없다는 견해에 관하여는, 이규창, 「남북합의서의 법적 성격 및 효력에 관한 연구」, 《통일정책연구》 15권 2호, 통일연구원, 2015, 173쪽.

법원도 남북합의서에 대해 "법적 구속력이 있는 것은 아니어서 이를 국가 간의 조약 또는 이에 준하는 것으로 볼 수 없고, 따라서 국내법과 동일한 효력이 인정되는 것도 아니다"고 하였다.[118] 그 근거로는 국회의 비준·동의를 받지 아니하였다거나, 북한이 일방적으로 대화를 중단하는 등 위반하고 있다는 점을 들었다.[119]

그러나 정부는 1992년 2월 19일 평양에서 열린 제6차 남북고위급회담에서 남북기본합의서가 채택·발효된 직후인 1992년 3월 통일원 명의로 발간한 「남북기본합의서 해설」에서, 법적 구속력을 갖는 서면 합의로서 광의의 조약에 해당한다는 취지의 정부 공식 입장을 밝힌 바 있다. 국제법상 조약의 성립요건인 조약당사자의 조약체결능력 보유, 조약체결권자의 직접적 조약체결, 조약체결권자에 의해 임명된 대표자 간 하자 없는 합의 성립, 조약 내용의 실현 가능성 및 적법성 확보가 모두 충분히 충족되었다는 것이다. 다만 조약의 성립 절차상, 당시까지 헌법 관행상 국회의 비준·동의는 국가 간 또는 국제기구와의 조약에 대해서만 행하여져 온 점,[120] 남북관계가 '잠정적 특수관계'라고 한 서문과 그 성질상 '국가 간' 조약이 아닌 점을 고려하여 통상적인 국가 간 조약 체결절차를 거치지 아니하고 특별한 절차를 거친 것으로, 당해 합의를 조약체결능력을 가진

---

118 대법원 1999. 7. 23. 선고 98두14525 판결.

119 서울고등법원 1998. 7. 16. 선고 97구18402 판결.

120 남북기본합의서가 조약이 아니라는 주장은, 동서독기본조약은 동서독 양자 모두 의회의 비준동의를 받아 조약으로 효력을 확고히 하였으나 남북기본합의서는 국회 비준동의를 받지 않았다는 점을 근거로 든다. 그러나 독일기본법은 동서독기본조약 체결 당시 이미 "기본법 제59조 제1항은 모든 조약, 즉 연방의 정치적 관계를 규정하거나 연방의 입법사항과 관련을 갖는 조약에 대하여, 그 조약의 당사자가 기본법상 외국이든 아니든 동일하게, 동의법의 형식으로 의회의 통제를 받을 것을 요구한다."(동서독기본조약에 대한 독일 연방헌법재판소 판결 전문, 165쪽)고 해석되었기에 국가 간 조약이 아니어도 의회 비준동의가 요구되고 있었다는 점에서, 남북기본합의서 체결 발효 당시의 우리 헌법 해석 및 관행상 국가 간 또는 국제기구 간 조약에 대해서만 국회 비준동의 절차를 거친다고 보고 있어 국가로 승인하지 않은 북한 등 정치적 실체와 사이에 이루어진 합의의 국회 비준에 대해 확립된 견해가 존재하지 않았던 것과 차이가 있다. 우리 법제상 남북 간 합의문서의 효력발생 절차는 2005년 남북관계발전에 관한 법률 제정으로 비로소 확립되었다.

국제법 주체 간에 체결된 법적 구속력 있는 당국 간 합의로 본다는 것이다.[121] 그러니 국회의 비준·동의를 받지 아니하였다는 점을 들어 남북기본합의서의 법적 구속력을 부인할 수 없다.

이러한 해석은 국제법 원칙에도 부합한다. 북한은 유엔회원국이고 다양한 국제조약의 가입국으로서 한국을 제외한 국제사회는 북한을 국가로 보는 데 전혀 이견이 없다. 북한을 남한의 시각에서 교전자나 반란단체라고 취급한다고 하여도 오늘날 교전자나 반란단체의 국제법주체성도 포괄적 혹은 부분적으로 인정된다는 점을 고려하면 북한의 국제법주체성은 당연히 인정된다.[122] 또 국회의 비준·동의가 필요했는데 이를 거치지 않았다고 해도, 조약체결의 국내절차 위반은 조약법에 관한 비엔나협약 제46조가 규정한 조약의 유효성에 영향을 미치는 중대한 위반으로 보기 어렵다.[123]

신사협정이란 좁은 의미로는 신의에 기초하여 국가원수나 외무장관 등 공무원이 그 개인의 사회적 평판을 담보하여 국가나 후임자에게 연관되지 않는 서약을, 넓은 의미로는 법적 구속력이 없으나 정치적인 구속력을 갖는 비非구속적 협정을 의미한다.[124] 그러나 남북기본합의서가 그에 서명한 남한의 정원식 국무총리나 북한의 연형묵 총리 개인의 사회적 평판을 담보로 체결된 것이 아니라 남북한 국가(정부)에게 연관된 서약임은 분명하다. 남북기본합의서에는 '헬싱키 최종협정'[125]과 같이 비非구속적 문서임을 명

---

121 통일원, 「남북기본합의서 해설」, 1992, 22-26쪽.; 박정원, 「남북교류와 남북기본합의서」, 『통일과 헌법재판 3』, 헌법재판연구원, 2018, 188쪽, 196쪽.

122 류병운, 「국제법의 법원(法源)으로서 '1992년 남북기본합의서'의 성격」, 《홍익법학》 제13권 4호, 홍익대학교 법학연구소, 2012, 802-803쪽.

123 류병운, 위의 글, 810쪽.

124 류병운, 위의 글, 801쪽.

125 1975년 8월 1일 체결된 헬싱키 최종협정은 냉전 시대 유럽의 국제질서를 변화시키고자 하는 구체적이고도 세밀한 내용을 담았으나, 그 자체가 UN 헌장 제102조에 의한 등록대상이 아니라고 규정하고 있다. 채택 시 참석하였던 각국대표도 이 문서가 법적 구속력을 갖지 않음을 확인하는 발언을 하였다. 정인섭은 이에 비

시한 규정도 없기 때문에 넓은 의미의 신사협정에도 해당하지 않는다. 판례는 '공동성명 내지 신사협정'이라는 용어를 분석 없이 사용하여 "남북기본합의서는 법적 구속력이 없는 것이니 법적 구속력이 없다."고 할 뿐이다.[126]

설령 남북기본합의서가 헌법 제6조의 조약으로서 법적 효력을 갖지 않는다는 주장에 따르더라도, 남북기본합의서 제1조 상호 체제 인정·존중 조항이 그 후의 남북관계가 형성 발전되는 기본 규범이 되어 왔음은 부인할 수 없다. 독일 연방헌법재판소가 동서독기본조약에 대해 "양국의 상호 관계를 규정하기 위한 진지하게 의도된 새로운 기초", "역사적 신기원"이라고 명시하면서, 향후 동서독의 "병립·공존을 위한 다수의 법적인 구체화가 이 사건 조약으로부터 필연적으로 도출되게 된다"고 한 것을 참고할 필요가 있다. 독일 연방헌법재판소는 "이 사건 조약은 보다 커다란 맥락속에서 바라볼 때에만 제대로 된 법적 평가를 할 수 있다.", "이 사건 조약은 연방정부가 긴장완화를 위해 추진해 (온) … 동방정책의 일부"라고 하면서, "이 사건 조약은 정책의 시행을 위해 취해지는 많은 조치들처럼 임의로 수정될 수 있는 것이 아니라 오히려 - 이미 그 이름이 시사하는 것처럼 - 장기적으로 시행될 새로운 정책의 기초를 형성하는 것이다."[127]라고 하여 서독의 긴장완화 및 통일정책의 법적 근거를 확고히 하였다.

3) 북한의 통치권을 인정하는 법제도의 축적

헌법이 정한 평화적 통일 추진 과정에서 남북 간의 교류와 협력이 활발해지고 남북 주민이 한 구역에서 동시에 활동하는 사례와 탈북민이 우리나라

하여 남북기본합의서 제25조는 "이 합의서는 남과 북이 각기 발효에 필요한 절차를 거쳐 그 문본을 서로 교환한 날부터 효력을 발생한다."고 규정하고 있는 점을 지적하며, 남북기본합의서를 법적 구속력이 없는 문서로 볼 수 있을지 의문이라고 한다. 정인섭, 위의 책, 384-386쪽.

126 류병운, 위의 글, 803쪽.

127 동서독기본조약에 대한 독일 연방헌법재판소 판결 전문, 181-182쪽.

의 영역 내로 들어오는 경우가 늘었다. 이에 대해 우리나라는 북한 영역을 벗어나 휴전선 이남 영역 내로 들어오는 북한 주민에 대해 대한민국 국적이 있는 것으로 보고 보호를 제공하는 것과 북한에서 생겨난 민사, 가사 등의 사법적 법률관계에 있어 대한민국 법제를 적용하는 것 외에, 북한 영역 내에서는 북한의 통치권을 인정하는 방향으로 남북합의 등 법제도를 만들어 왔다.

우선 남북교류협력에 관한 법률은 제2조 정의규정에서 '군사분계선 이남지역'을 남한이라 하고, '군사분계선 이북지역'을 북한이라 하여 남북한 간의 상호교류와 협력에 관한 사항을 규율한다. 남북한을 이처럼 규정하는 것은, 실제 남북의 현실문제를 풀어나가는 해법으로서는 이미 '대한민국이 한반도의 유일한 합법정부'라는 주장을 거둔 것이나 다름없다. 또 제25조의2에서는 '북한 당국'의 존재를 인정한다. 휴전선 이북지역에 대해 북한의 통치권을 인정하고 있는 것이다. 남북교류협력법은 '대한민국이 한반도에서 유일한 합법정부이며 북한은 대한민국 영토를 불법적으로 침범하고 있는 반국가단체일 뿐'이라는 국가보안법의 전제와 정면으로 충돌한다. 국가보안법의 시대는 이미 과거이고 남북교류협력법이 미래를 위한 현재의 법률임을 선언한 것이다.

개성공업지구와 금강산관광지구 출입 및 체류에 관한 합의서 10조에서 남한 주민만 북한의 형사관할권에서 배제[128]하기로 합의한 것도, 개성공업지구와 금강산관광지구가 북한의 통치영역으로서 북한의 형사관할권이 우선적으로 적용되고 있음을 인정한 단적인 예다.

이와 관련하여 "남북한 특수관계론에서 북한의 지위를 논하면서 주권에 기초한 영토고권을 강조하는 것은 주권에 대한 잘못된 이해방식이다. 주권이란 공권력의 전개를 통해 행사되는 규칙의 절대적 권위를 나타낸

---

128 이효원, 『통일법의 이해』, 박영사, 2014, 306쪽.

다. 주권이라는 법적 제도적인 권위는 정치적 관계에 기초한다. 대한민국과 북한 주민 사이에 어떠한 정치적 관계도 맺어지지 않았는데, 우리 헌법에 일방적으로 북한 주민이 사는 북한 지역도 대한민국 영토로 구성되어 있으므로 대한민국의 영토고권이 당연히 미친다고 주장하는 것은 헛된 논쟁이다."[129]는 주장을 참고할 필요가 있다. 북한 지역에 대한민국 형법이 적용되는지의 문제에 관하여 '대한민국의 통치권이 실지로 미치는 영역'을 기준으로 형법의 적용 범위를 결정하는 것이 타당하다는 견해[130]도 현실을 반영한 주장으로 보인다.

4) 북의 도발, 긴장이 계속되니 반국가단체로 보아야 한다는 판시에 대하여

헌법재판소는 1991년 남북기본합의서 체결 이후에도 북한의 반국가단체성이 소멸했다고 볼 수 없는 이유로, 남북기본합의서 체결 후에도 북의 도발과 긴장이 계속된다[131]는 점을 든다.

북한의 도발과 긴장이 계속되거나 수시로 대화가 중단된다는 것은 조속히 극복되어야 할 일이지만, 이것 때문에 남북기본합의서의 구속력을 부인할 수는 없다. 남북당국은 오랫동안 남북기본합의서 이행을 스스로 천명하고 상대방에게 요구하면서 남북관계 진전의 준거로 삼아왔는데, 남북당국이 공히 남북기본합의서에 구속력을 부여하지 않았다면 있을 수 없는 일이다. 남북기본합의서는 그 불이행에 대해 제10조 "의견대립과 분쟁문제들을 대화와 협상을 통하여 평화적으로 해결하여야 한다."는 원칙

---

129 김현귀, 「북한주민의 공법상 지위와 남북한 특수관계론」, 『2019 통일학술대회 자료집』, 헌법재판연구원, 2019, 106쪽.
130 박상옥·김대휘, 『주석 형법[총칙 1]』, 한국사법행정학회, 2020, 85쪽.
131 헌법재판소 1997. 1. 16. 선고 89헌마240 결정.

을 정하고 각 분과위원회 구성 및 고위급회담을 통하여 분쟁 해결이 가능하도록 열어두고 있다.[132] 북의 도발이나 일방적 대화 중단은 제10조 절차에 의해 해결해야 할 분쟁상태일 뿐이다. 조약당사자의 대화 의사 여부에 따라 조약의 효력이 좌우되는 것도 아니다. 다만 북한의 대화중단 선언은 1969년 조약법에 관한 비엔나협약 제31조 제3항의 '추후의 관행'으로 남북기본합의서의 규범력을 약화시킬 뿐이다. 북한의 핵무기 개발 역시 남북기본합의서와 1991년 12월 13일 채택된 '한반도의 비핵화에 관한 공동선언' 위반으로 지적하고 조약의 일방 당사자의 중대한 위반으로 평가될 경우 타방 당사자가 조약을 종료시킬 수 있을 뿐, 조약의 효력 자체를 부정할 근거는 되지 않는다.[133]

관련하여, 독일 연방헌법재판소는 동서독기본조약에 대한 합헌결정문의 말미에 "끝으로 명백히 해야 할 것은 독일연방공화국과 독일민주공화국의 경계에서 행해지는 현재의 실제, 즉 장벽, 철조망, 접근자 사살구역, 그리고 발포명령은 이 사건 조약과 결코 양립할 수 없다는 것이다. 그런 점에서 이 사건 조약은 연방정부가 그 기본법적 의무를 이행할 때 이러한 비인간적 상황을 변화시키고 제거하기 위하여 가능한 모든 것을 행할 수 있도록 하는 법적 근거를 제공한다."[134]고 명시한 바 있다. 분단 상대방 사이의 대립과 갈등이 한순간에 완전히 사라질 수는 없다. 분단 상대방과 사이뿐만 아니라 다른 나라들과 관계에서도 대립과 갈등이 커지기도 하고 줄어들기도 한다. 중요한 것은, 독일 연방헌법재판소가 대립과 분쟁 상태가 바뀌지 않으면 동서독기본조약의 효력도 흐지부지되어버릴 수밖에 없다고 하는 대신, 동서독기본조약을 동서독 간 대립상황을 변화시키기 위

132 박정원, 위의 글, 193쪽.
133 류병운, 위의 글, 804쪽.
134 동서독기본조약에 대한 독일 연방헌법재판소 판결 전문, 193쪽,

해 서독이 적극적 활동을 펼칠 수 있는 법적 근거로 보고, 서독 정부에 대해 "재통일을 좌절시키게 될 행동을 해서는 안 된다"[135]고 명언하였다는 점이다. 대결과 분쟁의 과거가 낳은 잔영에 얽매이기보다 미래의 평화를 앞당기는 헌법심판기관의 결정은 큰 역사적 가치를 갖는다.

5. 북한 주민의 자결권 침해

(1) 북한의 평화통일의 당사자 지위를 부정

평화적 통일이 되기 위해서는 상대방을 부정하고 일방적으로 무력으로 점령하거나 강제 병합시켜서는 안 되므로, 평화적 통일이란 최소한 상대방의 실체를 인정하지 않고서는 성립될 수 없는 개념이다.[136] 그런데 북한이 반국가단체임을 전제로 한 국가보안법 제2조는 북한이 국가로 성립하였다는 사실 자체를 부인하고 실체를 부정하므로, 북한을 평화통일의 당사자로 상정한 평화통일원칙에 위배된다.

평화적 통일이란 과거 단일한 민족(또는 국가)이 '분단'되어 있지만 다시 '통일' 상태로 회복되어야 할 분단국으로서 공존한다는 현실을 전제로 한다. 대한민국은 1990년대 이후 남북교류협력에 관한 법률 등을 통해 북한과 상호교류와 협력을 촉진하는 법제를 형성해왔다. 남북관계발전에 관한 법률 등 통일을 위한 대화와 협의 과정에서 만들어지고 있는 다른 법제들에서는 모두 북한을 헌법이 명령하는 평화적 통일의 당사자라는 전제 위에서 북

---

135 동서독기본조약에 대한 독일 연방헌법재판소 판결 전문, 179쪽.
136 김현귀, 위의 글, 100-101쪽.

한과 관계를 규율한다. 그런데 오직 국가보안법만 북한을 '반국가단체'로 보고 국가를 변란할 것을 목적으로 하거나 정부를 참칭하는 단체로 상정한다. 이는 남북관계에서 형성 축적 중인 법체계에 전혀 부합하지 않는다.

반국가단체 규정은 남북교류협력을 위한 법체계와 병존할 수 없는 법률이다. 남북교류협력을 위한 법체계에 따르면 북한의 활동은 보장되고 의견은 존중되며 당국자의 신변안전도 담보되어야 하는데, 국가보안법상 반국가단체 부분에 따르면 북한의 활동을 금지하고 의견은 배제하며 당국자는 사형까지 이르는 중형에 처해야 한다. 인간관계에서는 일면 싸우면서 일면 악수하는 것이 가능하고 현실적이다. 남북관계도 한편에서 격돌하면서 한편으로는 대화를 모색해온 것이 현실이고 합리적이다. 인간관계와 정치적 입장을 오직 한 편으로만 만들어가야 한다면 오히려 비합리적이고 불가능한 일이다. 하지만 형사법의 영역에서는 하나의 행위에 대해 처벌하느냐 마느냐 가운데 하나의 규율만이 논리적·현실적으로 가능하다. 사람을 사형시키면서 동시에 살릴 수는 없기 때문이다.

헌법재판소 반대의견은, 국가보안법이 "북한을 반국가단체로 규정지음으로써 북한을 정부를 참칭하거나 국가를 변란할 것을 목적으로 하는 범죄단체임을 전제로 하여 여러 처벌 규정을 설정하고 있는데, 이러한 처벌 규정이 있는 한, 적대관계의 청산이나 상호화해·협력·교류 등 평화통일사업은 불가능하기 때문에 국가보안법은 결국 헌법의 평화통일이념에 저촉되는 위헌법률"이라고 지적한다. "평화적 통일은 북한이 반국가단체로서 처벌 대상이 되지 않는다는 전제에서만 가능한 것"[137]이라는 지적이다. 북한을 불법단체로 보고 북한주민을 분단된 상태의 대한민국의 형사관할권 아래 놓은 처벌 대상으로 보는 법률의 존재는 북한과 그 주민들에게 불필요

---

137 헌법재판소 1992. 4. 14. 선고 90헌바23 결정 중 변정수 재판관의 반대의견.

한 적대감과 긴장을 불러일으킨다. 이 경우 북한과 평화적 관계 형성은 지체될 수밖에 없다. 제2조는 헌법 제4조의 평화적 통일정책 수립 추진 의무에 위반되고, 헌법 전문의 민족 단결 정신에도 위배된다. 반국가단체 규정과 남북교류협력에 관한 법체계는 동시에 양립할 수 없다. 제2조 반국가단체 규정은 북한이 갖는 평화통일의 당사자 지위를 흔들고 위협한다.

(2) 통일과정에서 북한 주민들의 자기결정권 침해

평화적 통일은 남북 주민의 자발적인 동의 없이는 불가능하다. 민주주의가 구현되는 통일이란 단순히 통일을 받아들여 민족적 단결을 이룩할지, 어떤 통일정부의 형태를 선택할지 여부 등에 대한 판단을 하는 문제만이 아니라, 통일과정에서도 국민주권주의에 따라 민주적 정당성을 가진 통일당사자들의 자기결정에 의한 통일이 되어야 한다는 차원의 문제다. 남북주민의 자기결정에 의하지 않은 통일은 헌법 제4조가 통일정책의 내용으로 제시한 '자유민주적 기본질서'에 입각한 통일이라 볼 수도 없고, 반민주적 방법에 의한 통일은 헌법상 허용되지 않는다.

자유민주적 기본질서의 핵심은 각 주체가 대등한 당사자임을 인정하고 일방적인 복종이나 종속을 배제하는 것이며, 그 기초에는 다원주의에 기초한 상호존중 및 기본권 보호의 정신이 있다. 각 주체들에게 동등한 참여권을 보장하지 않는 법률은 자유민주적 기본질서에 부합한다고 할 수도 없다. 북한을 남한과 대등한 통일의 상대방으로 인정하지 않는 것, 북한주민에 대해 통일국가의 주권자로서의 지위를 부정하는 것은 결코 자유민주적 기본질서에 입각한 평화통일정책이 될 수 없다.

대한민국이 가입·비준한 시민적 및 정치적 권리에 관한 국제규약(자유권규약) 제1조도 유엔헌장의 목적과 원칙에 따라 모든 국민이 자결권을 갖는다고 정한다. 북한 주민들도 이에 따라 통일과정에서 자기결정권을 행사할 수 있어야 하고, 대한민국이 이를 적극 보장하는 방향의 통일정책을 추진해야 함은 물론이다. 자유권규약의 집행기구인 자유권규약위원회는 규약의 해석 적용과 관련한 공식 기준인 일반논평들을 내놓고 있는데, 자유권규약 제1조에 관한 일반논평 12호(1984년) 2문단[138]도, 자결권은 모든 사람의 양도할 수 없는 권리로, 이에 기초하여 모든 사람은 그들의 정치적 지위를 자유로이 결정하고, 그들의 경제적·사회적 및 문화적 발전을 자유로이 추구한다고 명시한다. 자유권규약 제25조에 관한 일반논평 25호(1996년) 2문단[139]은, 자유권규약 제1조 제1항이 다루는 권리의 효력에 의해, "인민은 자유로이 정치적 지위를 결정할 권리와 정부나 헌법의 형태를 선택할 권리를 갖는다."고 한다.

이에 비추면, '북한'을 통일한반도를 만드는 데에서 배제되고 해체되어

---

[138] General comment No. 12: Article 1 (Right to self determination), 1984

2. Article 1 enshrines an inalienable right of all peoples as described in its paragraphs 1 and 2. By virtue of that right they freely "determine their political status and freely pursue their economic, social and cultural development". The article imposes on all States parties corresponding obligations. This right and the corresponding obligations concerning its implementation are interrelated with other provisions of the Covenant and rules of international law.

제1조는 1항, 2항에 명시된 바와 같이 모든 사람의 양도할 수 없는 권리를 규정한다. 이 권리에 기초하여 모든 사람은 그들의 정치적 지위를 자유로이 결정하고, 그들의 경제적·사회적 및 문화적 발전을 자유로이 추구한다. 동 조항은 모든 당사국에게 상응하는 의무를 부과한다. 이 권리와 그것의 이행에 수반되는 의무는 본 규약의 다른 규정 및 국제법 원칙과 상호 연관되어 있다.

일반논평에 관한 번역문은 이하 모두 국가인권위원회, 『유엔 인권조약기구 일반논평 및 일반권고 - 자유권규약위원회 일반논평, 고문방지위원회 일반논평』, 2020.에 따른다.

[139] General Comments under article 40, paragraph 4 of the International Covenant on Civil and Political Rights, General Comment No. 25 (57) 1/1, 1996

2. The rights under article 25 are related to, but distinct from, the right of peoples to self determination. By virtue of the rights covered by article 1 (1), peoples have the right to freely determine their political status and to enjoy the right to choose the form of their constitution or government. Article 25 deals with the right of individuals to participate in those processes which constitute the conduct of public affairs. Those rights, as individual rights, can give rise to claims under the first Optional Protocol.

제25조 하의 권리는 인민의 자결권과 관계가 있는 동시에, 이와는 구별된다. 제1조 1항이 다루는 권리의 효력에 의해, 인민은 자유로이 정치적 지위를 결정할 권리와 정부나 헌법의 형태를 선택할 권리를 갖는다. 제25조는 정치를 조직하는 절차에 참여할 수 있는 개인의 권리를 다루고 있다. 개인적 권리로서의 이러한 권리들은 제1선택의정서에 의거하여 주장이 제기될 수도 있다.

야 할 반국가단체로 보는 국가보안법 제2조, 북한 구성원 모두를 대한민국의 형사관할권 아래 놓고 반국가단체 구성 및 가입죄로 처벌 대상으로 하는 제3조는, 북한 주민들에게 현존하는 '북한'을 통해서는 통일한반도 형성에 관한 자기결정권을 행사할 여지조차 남겨두지 않는다. 이는 북한 주민들에게 헌법 제4조가 통일정책의 내용으로 제시하는 '자유민주적 기본질서'의 핵심 내용인 참여권조차 부정하는 것이다. 통일의 전 과정에서 남북의 모든 구성원에게 자기결정권을 보장해야만 평화적 통일이 가능하다. 그러므로 제2조 '반국가단체' 부분은 헌법의 평화통일원리에 위배된다.

(3) 탈북민에 대한 배제로 민족단결과 공존을 저해

북한을 반국가단체로 전제하고 북한 주민 전체를 반국가단체 구성원으로 규정하는 국가보안법 구조는, 북한을 떠나 대한민국에 정착하고자 하는 탈북민들을 잠재적 국가보안법 위반 혐의자로 다루는 것으로 이어진다. 1990년대 중반 이후 크게 늘어난 탈북민들은 2000년대 중반 이후부터 국가보안법의 주요 피해자가 되고 있는데, 처벌되고 있는 현황 자체도 잘 알려지지 않고 있어 피해가 더욱 심각하다. 2004년 국가보안법 폐지 운동이 활발하게 벌어진 이후로는 과거 많은 국민을 제7조 찬양·고무죄로 구속·처벌해오던 국가보안법 적용 양상이 변화하여, 제7조만 적용될 경우 실형이 선고되는 예가 줄었다. 2017년 문재인 정부 이후로는 제7조 기소 건수도 크게 감소했다. 대한민국 국민들로서는 국가보안법의 직접적 피해자가 되는 위험은 조금이나마 덜게 된 것이다. 그러나 2004년 이후에는 탈북민들이 북에 두고 온 가족과 연락하는 과정에서 제4조 목적수행, 제6조 잠입·탈출 등 중한 범죄로 검거되어 처벌되는 사례가 늘고 있고, 위 죄들의 법정형 자체가 대부분 징역 7년 이상이어서, 실형을 선고받는 경우가 대부분이다. 국가보안법이 적대시하는 북한을 떠나 대한민국에 보호를 요청한 탈북민들이 거꾸로 국가보안법의 새로운 피해자가 되는 모순된 상황이다.

탈북민들은 입국 시 예외 없이 북한이탈주민보호센터(구 중앙합동신문센터)에서 보호여부 결정[140]을 위한 '행정조사'를 받는다. 이때 국가보안법 위반 혐의 유무 또한 보호여부 결정의 기준이 된다. 국가정보원과 기무사(현 국군안보지원사령부), 보안경찰, 정보사령부, 통일부, 해양경찰이 합동으로 행하는 '조사'는, 실제로는 탈북민이 반국가단체의 지령을 받고 잠입했는지 여부에 대한 강도 높은 '수사'다.

난민도 난민법 제12조에 따라 변호인의 조력권을, 제13조에 따라 신뢰관계가 있는 사람과 동석할 권리를 보장받는데, 탈북민은 사실상의 감금 상태에서 외부와 접촉이 차단되고 변호인의 조력을 받을 수도 없다. 대한민국에 오는 순간부터 인권을 침해당하는 것이다. 반국가단체가 점령한 지역에서 넘어왔으니 그 지령을 받고 침투한 것 아니냐는 의심 때문이다. 북한이탈주민보호센터에서는 법관의 영장 없이 최장 180일간 행정조사가 진행되고, 허위자백이나 간첩조작사건까지 발생하기도 하였다. 자유권

---

140 북한이탈주민의 보호 및 정착지원에 관한 법률 제8조(보호 결정 등) ① 통일부 장관은 제7조제3항에 따른 통보를 받으면 협의회의 심의를 거쳐 보호 여부를 결정한다. 다만, 국가안전보장에 현저한 영향을 줄 우려가 있는 사람에 대하여는 국가정보원장이 그 보호 여부를 결정하고, 그 결과를 지체 없이 통일부 장관과 보호신청자에게 통보하거나 알려야 한다.
② 제1항 본문에 따라 보호 여부를 결정한 통일부 장관은 그 결과를 지체 없이 관련 중앙행정기관의 장을 거쳐 재외공관장 등에게 통보하여야 하고, 통보를 받은 재외공관장 등은 이를 보호신청자에게 즉시 알려야 한다.
북한이탈주민의 보호 및 정착지원에 관한 법률 시행령 제14조(국가안전보장에 현저한 영향을 끼칠 우려가 있는 사람의 범위) 법 제8조제1항 단서에 따른 국가안전보장에 현저한 영향을 끼칠 우려가 있는 사람은 다음 각호의 어느 하나에 해당하는 사람으로 한다.
1. 「형법」 중 내란의 죄, 외환의 죄, 「군형법」 중 반란의 죄, 이적의 죄, 암호 부정사용죄 및 「국가보안법」(제10조는 제외한다) 또는 「군사기밀보호법」에 따른 죄를 범하였으나 범할 목적으로 있다가 전향의사를 표시한 사람
2. 북한의 노동당·내각·군·사회안전성 및 국가안전보위부에서 북한체제 수호를 위하여 적극 활동한 사람으로서 국가정보원장이 국가안전보장에 긴요하다고 판단하는 사람
3. 북한 최고 권력자의 배우자 또는 그의 친인척
4. 국가안전보장에 밀접히 연관되는 첨단과학이나 그 밖의 특수전문분야에 중요한 첩보를 가지고 있는 사람

규약위원회는 2015년 11월 5일 북한이탈주민보호센터에서 변호인 접견권이 보장되지 않은 채 실질적인 수사가 벌어지는 문제를 지적하고 개선을 권고하였다.[141]

탈북민은 국가보안법상 목적수행 혐의가 없다는 사실이 확인되어 보호결정이 있어야만 대한민국 국적을 확인받고 정착지원금 등을 받을 수 있는데, 북한이탈주민보호센터에서 나와 사회에 정착하는 과정에서 받는 북한이탈주민의 보호 및 정착지원에 관한 법률 제22조의2에 따른 신변보호 역시 동태 파악을 주요 내용으로 하는 것[142]으로, 북한에 있는 가족들과 제3국을 통해 연락을 취하거나 북한의 가족에게 송금하는 과정에서 국가보안법상 기밀누설 등이 있는지, 다시 입북하려는 것이 아닌지 여부에 대한 감시까지 포함된다. 탈북민에 대한 신변보호는 다른 사람의 범죄로부터 보호하는 것에 그치지 않고 그가 국가보안법상 범죄를 저지를 가능성을 감시하는 것까지 포괄한다. 이러한 제도는 북한을 반국가단체로, 북한 주민을 반국가단체 구성원으로 보는 국가보안법을 기초로 만들어졌다.

탈북민도 북한에서 태어나고 성장해온 자신의 모습을 있는 그대로 인정받고 한국사회에 안정적으로 정착할 수 있어야 한다. 하지만 탈북민은

---

141 유엔 자유권규약위원회 최종권고, 2015. 11. 5., Concluding observations on the fourth periodic report of the Republic of Korea

36. 위원회는 탈북민이 대한민국에 도착한 즉시 "북한이탈주민보호센터"에 구금되며, 해당 센터에 6개월까지 수용될 수 있다는 점을 우려와 함께 주목한다. 피구금자들이 인권보호관에 접근할 수 있다는 대한민국 정부 대표단이 제공한 정보에 주목하면서도, 본 위원회는 피구금자들이 변호인의 조력을 받지 못한다는 점에 우려를 표명한다. 위원회는 탈북민이 보호 대상자가 아니라고 판정된 경우, 독립적인 심의 없이 제3국으로 추방될 수도 있음을 시사하는 보고에 대하여 더욱 우려하는 바이다.

37. 대한민국 정부는 탈북민이 가능한 최단 기간만 구금되고, 피구금자들에게 구금 기간 전반에 걸쳐 변호인의 조력을 받을 권리를 부여받고, 조사 중에도 변호인의 조력이 가능해야 하고, 조사 기간 및 방법 역시 국제인권기준에 부합하도록 엄격히 제한되어야 함을 보장하여야 한다. 대한민국 정부는 또한 개인이 제3국으로 추방되기 전에 충분히 독립적인 적절한 메커니즘에 의해 집행정지 효과를 가지는 심의를 허용하는 명백하고 투명한 절차를 도입해야 한다.

142 오마이뉴스, 2018. 9. 10., 「"북한산 명태 팝니다" 이 글 하나로 보안수사대 표적이 됐다 – 탈북민에게는 더욱 가혹한 국가보안법」

대한민국에 보호신청을 하는 순간부터 자신이 살아왔던 체제를 부정해야 한다. 반국가단체나 구성원의 지령을 받은 자로, 대한민국의 존립·안전을 위태롭게 할 수 있는 자로 의심받기 때문이다. 탈북민이 TV 방송이나 언론인터뷰를 통해 북한을 적대시하거나 비난하는 것은 대한민국의 체제 우월성을 받아들인 것으로 평가되고, 간첩이라는 의심의 눈초리에서 벗어나 사회에 정착할 수 있는 가장 유용한 현실적 수단이 된다. 반대로 자신이 경험한 북한의 긍정적인 면을 말하면 국가보안법 제7조의 의율 대상이 될 위험에 처한다.[143][144] 북한에 있는 가족이 걱정되어 연락을 시도하거나 생활비를 송금하는 과정에서 그 주변 인물과 통화하거나 소소한 부탁을 들어준 것이 한참 뒤 반국가단체 구성원과 회합·통신 또는 반국가단체 구성원의 지령을 받고 목적수행 행위를 한 것으로 처벌 대상이 된다. 한국 사회에 적응하지 못해 북한으로 돌아가려고 방법을 찾으면 국가보안법상 탈출예비·미수 등으로 처벌된다. 심지어 북한에 두고 온 가족을 데리고 오기 위해 입북했다가 가족을 데리고 다시 대한민국으로 돌아와서 "장차 재범하지 않고 대한민국 국민으로서 성실하게 살아갈 것"을 다짐해도 탈출죄와 자진지원 국가기밀누설 등으로 최소 3년 6월 이상의 징역형 실형에 처해진다. 탈북민이 겪는 고통은 국가보안법의 틀 위에서 생겨나고 지속되고 있다. 국가보안법 제2조, 제3조는 대한민국의 보호를 받기 위하여 북한을 떠나 온 탈북민조차 의심의 대상으로 잠재적 범죄자로 취급하고 자신이 평생 살아온 체제를 비난할 것을 실질적으로 강제하면서 평화통일을 저해한다.

---

143 한겨레신문 2017. 12. 10., 「국가보안법 위반혐의로 경찰조사 받은 '평양시민' 김련희 씨」
144 경인일보 2016. 12. 4., 「교사출신 40代 탈북민 '김일성 3부자' 찬양글 국가보안법 위반 기소」

6. "국가변란 글자가 좀 모호합니다"

헌법 제12조 제1항 후문은 죄형법정주의의 원칙을 선언한다. 범죄와 형벌이 법률로 정해져야 한다는 것이다. 죄형법정주의로부터 명확성의 원칙이 나온다. 형사처벌법규는 법률이 처벌하고자 하는 행위가 무엇이며 그에 대한 형벌이 어떠한 것인지를 누구나 예견할 수 있게 명확하게 규정되어야 한다[145]는 것이다. 누구든 형사처벌법규를 보고 자신의 행동을 결정할 수 있어야 하기 때문이다. 처벌법규의 구성요건이 다소 광범위하여 어떤 범위에서는 법관의 보충적인 해석을 해야 하는 개념을 사용하였다고 하더라도 그 점만으로 헌법이 요구하는 처벌법규의 명확성원칙에 반드시 배치되는 것이라고는 볼 수 없지만, 그 내용이 모호하거나 추상적이어서 불명확하면 무엇이 금지된 행위인지를 국민이 알 수 없고 범죄의 성립 여부가 법관의 자의적인 해석에 맡겨져 버리고 만다.[146] 그러면 죄형법정주의 원칙으로 국민의 자유와 권리를 보장하려는 법치주의의 이념은 실현될 수 없게 된다.[147]

(1) '정부참칭'

정부참칭이란 스스로를 정부로 칭하는 것이다. 그런데 남이섬 유원지 운영회사가 섬 입구에 '남이공화국' 간판을 붙이고 관광객들에게 여권 도장을 찍어주는 것처럼 어떤 단체가 스스로를 정부로 칭하는 것만으로는

---

145 헌법재판소 1996. 12. 26. 선고 93헌바65 결정.
146 헌법재판소 1994. 7. 29. 선고 93헌가4 결정, 헌법재판소 1998. 5. 28. 선고 97헌바68결정.
147 명확성의 원칙에 대하여는 민주사회를 위한 변호사모임, 『헌법 위의 악법』, 320-321쪽에 상세히 기술하였으므로 중복을 피하여 줄인다.

형사처벌할 가치나 이유가 없음은 누구나 당연히 안다. 정부참칭을 형사처벌할 필요가 있으려면, 영토의 일부를 점령한다든지, '정부'로 행세하고 있어 기존에 합헌적으로 구성된 정부의 권한을 침해한다는 등의 객관적 요소가 있어야 한다. 그러나 제2조 규정에는 영토의 일부 또는 전부를 점령한다거나 국민의 일부에 대하여 행정권을 행사한다거나 외국에 대하여 또는 국제적으로 국가를 대표하여 행위를 하는 등 '정부'로서 권한을 행사하면 '정부참칭단체'로 본다는 등의 객관적 표지가 전혀 포함되어 있지 않다. 말로 스스로를 정부로 칭하는 것 외에 어떤 요소가 있어야 '정부참칭'인지에 대해 아무 기준이 없다.

(2) '국가변란'

1948년 국가보안법 제정 시 권승렬 검찰총장은 "그다음에 '국가를 변란할 목적'이라고 했는데 국가를 변란하는 것은 글자가 좀 모호합니다. 즉 나라를 변變하고 흔들리게 하는 것인데 범위와 행위가 무엇이라는 것을 알아볼 수가 없습니다. 그래서 '변란을 목적'이라는 것은 좀 모호한 것이라고 생각을 하고"[148]라고 한 바 있다. 나라를 변하고 흔들리게 하는 것이 어느 정도에 이르면 국가변란이 되는지 법문상으로는 짐작할 수가 없다. 학설이 '국가변란'을 "국가조직의 기본적 정치제도를 합법적 절차에 의하지 않고 불법적으로 파괴 또는 변혁하는 것", "정부를 구성하고 있는 자연인의 사임이나 교체만으로는 부족하고 정부의 조직이나 제도 그 자체를 파괴 또는 변혁하는 것"[149]으로 설명하고 있을 뿐이다. 그러나 대법원

---

148 국회속기록 제1회 제99호, 1948. 11. 9., 18쪽, 권승렬 검찰총장의 발언.
149 문인구, 『신국가보안법개론』, 경찰도서출판협회, 57, 60쪽.

은 무력에 의하지 않고 평화적인 수단에 의하려는 경우에도 반국가단체로 인정하고,[150][151] 직업단체에 불과한 남평양피복협동조합도 조선노동당 산하단체라는 이유로 국가변란을 목적으로 한다며 반국가단체로 판단하였다.[152]

헌법재판소는 '국가변란' 개념이 "이미 판례에 의하여 그 개념이 상당한 정도로 정립되어 있어 개념의 불명확성은 제거되었다고 볼 수 있고"[153]라고 하였다. 그러나 대법원은 아람회 사건에서는 "반국가단체구성죄의 주관적 요건인 정부를 참칭하고 국가를 변란한다는 것은 정부를 전복하기 위한 집단을 구성하는 것으로 정부전복을 기획하고 정부전복 후의 새로운 정부의 수립을 구체적으로 구상함을 요"한다고 하면서도, 교사, 학생 등 동창생 12명이 정부 타도에 관하여 주장을 교환하고 계 모임을 만들어 국가변란 목적이 있다고 판단하면서 새로운 정부형태 구상은 당연히 북괴와 같은 형태였을 것이라며 따져보지 않았다.[154]

---

150 "북한 공산당의 소위 평화통일촉진위원회는 무력에 의하지 않고 평화적으로 대한민국 전역을 공산화할 목적하에 조직된 단체이므로 국헌을 위배하여 국가변란을 목적으로 하는 단체에 상위相偉없다 할 것이다." 대법원 1957. 9. 20. 선고 4290형상228 판결.

151 황교안도 폭력적 수단에 의하지 않는 경우에도 반국가단체성이 인정될 수 있다고 한다. 황교안, 위의 책, 41쪽.

152 "공산집단 치하의 피치자가 그의 제도하에서 교육을 받고 병역에 복하며 조세를 바치고 각종 산업경제에 관한 조합이나 직업단체를 조직 내지 가입하거나 그들의 소위 관공기관에 취직하는 행위 등은 동법의 위반행위로 볼 수 없는 것", "단기 4284. 12.부터 공산집단이 중앙생산협동조합연맹을 발안하여 각 기업체가 업종별협동조합으로 통제되는 통에 피고인이 종전부터 경영하던 피복제조조선산업도 남평양피복협조에 투자 형식으로 흡수되어 그 후부터는 피고인도 동 협조의 조합원이 되고 임원에도 선임되어 부위원장, 위원장 등을 역임한 사실이 있는바 동 협조는 순수한 직업단체이기 때문에 피복제업자면 당원 비당원을 막론하고 모두 다 가입하게 된 것으로서 일반적인 제도하에서의 산업기구통제에 수반된 직업조합이며 동 협조의 임원도 조합원의 이익을 위하여 직책을 수행할 따름이며 공산집단이나 조노당과는 아무런 직접특수관계도 가지지 아닌 것임에 불구하고 동 협조를 동법 제1조의 결사집단으로 제정한 것은 범죄구성요건에 관한 법률문제와 협조의 성질을 착오한 위법이 있는 것"이라는 변호인의 주장에 대하여, 대법원은 "남평양피복협동조합도 조노당의 산하단체로서 결국 대한민국의 국헌을 위배하여 공산화의 목적 즉 국가변란을 목적으로 하는 단체에 상위 없다 할 것이요. 피고인은 동 조합 위원장의 지위에 있는 자이니 국가보안법 제1조 제2호를 적용하여 처단함이 타당하다 할 것임으로 이에 배치되는 논지는 채용할 수 없다."고 판시하였다. 대법원 1957. 9. 20. 선고 4290형상228 판결.

153 헌법재판소 1997. 1. 16. 선고 92헌바6 등 결정.

154 "국가보안법 제3조의 반국가단체구성죄의 주관적 요건인 정부를 참칭하고 국가를 변란한다는 것은 정

한편 대법원은 1965년 박정희 대통령이 민간에 정권을 이양하겠다는 혁명공약을 파기하고 경제까지 파탄 낸 상황에서 굴욕적 한일협정을 추진하자 군대를 동원해 대통령이 건의를 받아들이면 유임시키고 그렇지 않으면 국무총리를 직무대행으로 세울 것을 모의한 원충연 대령 및 군인 7명을 반국가단체 구성죄로 처벌하면서, "정부를 전복하고 새로운 정부를 조직하는 것은 대한민국의 정치적 기본질서를 파괴하는 것이며, 오로지 공산정권을 수립하거나 군주국가로 국체를 변경케 하는 경우에만 해당하는 것은 아니다."고 하기도 하였다.[155][156]

부를 전복하기 위한 집단을 구성하는 것으로 정부전복을 기획하고 정부전복 후의 새로운 정부의 수립을 구체적으로 구상함을 요하나, 공산주의자 및 그 동조자들이 정부를 전복하기 위하여 결사나 집단을 구성하였다면 경험칙상 또는 사리상 당연히 정부전복 후에는 구체적으로 북괴와 같은 형태 또는 북괴와 소위 합작을 쉽사리 추진할 수 있는 형태의 정부를 구상하였을 것이라고 보아야 할 것이므로 이에 대하여는 대한민국정부 전복 후의 새로운 통치기구를 수립하는 점에 관하여는 새삼스럽게 정부를 참칭하거나 국가변란의 목적을 따질 필요가 없다.", "피고인들이 정부타도에 관하여 상호주장과 의견을 교환하고 북괴 괴수를 찬양하는 자리에서 계 형식의 모임을 만들기로 합의하고 이 사건 "아람회"를 결성한 것인바, 동 "아람회" 구성에 이르기까지 피고인들은 정부를 전복하려는 목적과 그 실천방법 및 임무분담 내용을 정하고 이에 따라 활동하기로 숙의결정하고 국가를 변란할 목적으로 불법 비밀결사를 계 형식의 위장조직으로 구성키로 한 사실이 인정되는 바이니 위 "아람회"의 결성 당시에 그 목적과 임무에 관하여 명시적으로 논의된 바 없다 하여 그 특정이 없다고 볼 수는 없다." 대법원 1982. 9. 28. 선고 82도2016 판결.

155 대법원 1966. 4. 21 선고 66도152 전원합의체 판결은 원충연 대령 등이 "무력으로 현정부를 전복하고 국회의 기능을 정지하며 소장급 이상의 육, 해, 공군, 해병대장성으로 구성된 구국위원회를 설치하고 대통령이 피고인들의 건의를 받아들이면 그대로 유임시킬 것이나 이에 동의하지 아니하면 국무총리로 하여금 대통령의 직무를 대행케 하는 등 방법으로 정부를 새로이 조직하기로 하고 이 목적을 달성하기 위하여" 결사를 구성하였다고 인정하고, "정부를 참칭하고 국가를 변란할 목적이 있었다고 볼 것이며 만일 피고인들이 계획한 대로 막대한 병력의 군대가 통수계통을 무시하고 동원되어 정부전복과 정권획득의 목적으로 사용되어 극도의 혼란과 수습할 수 없는 국가적 위기에 봉착하게 된다면 이는 대한민국의 기본질서가 파괴되고 실로 국운에 중대한 영향이 미칠 것이라 할 것이니 결국 이는 국가보안법 1조에서 말하는 정부를 참칭하고 국가를 변란케 하는 경우에 해당한다"고 판단하고, "국가보안법 1조에서 말하는 정부를 참칭하고 국가를 변란케 한다는 개념은 오로지 공산정권을 수립하거나 군주국가로 국체를 변경케하는 경우에만 해당한다는 논지는 독단에 지나지 아니한다고 본다."고 덧붙였다.

156 사형을 선고받았다가 15년형으로 감형된 원충연 대령의 유족은 "대한민국의 기본질서를 파괴하기 위한 것이 아니라 진짜 민주주의를 실현하고자 계획한 쿠데타"라며 재심을 청구했는데, 재심 역시 "원 대령의 계획이 실현됐을 경우 극도의 혼란과 수습할 수 없는 국가적 위기에 봉착해 대한민국의 기본 질서가 파괴됐을 것"이라며 국가보안법 위반과 군형법 위반 등 유죄판결을 확정하고 징역 15년을 선고했다. 법률신문, 2020. 6. 30., 「박정희정권 전복 모의」고故 원충연 대령, 재심서도 '유죄' 재심 2심 판결은 "피고인 등은 무력으로 당시 정부를 전복하고 육해공군 및 해병대의 장성급 중 일부로 구성된 구국위원회를 설치하며, 새로운 지도자로 추대할 인물이 선정되기 전까지 종래 정부의 기능을 정지시키는 등 방법으로 정부를 새로 조직하기로 하였고, 피고인 등은 위 목적을 달성하기 위한 결사를 구성하여 빈번히 회합하였으며, 그 실천 방법으로서 특정 부대의 병력을 동원하여 무력으로 육군본부를 위시한 정부기관을 점거하고, 대통령을 위시한 정부요인을 체포하며, 이에 대항할 것으로 예상되는 부대 병력을 무력으로 저지하기로 계획하였는바, 이는 형법

결국 판례를 살펴보아도 제2조 '국가변란'의 의미가 정확히 무엇이며 어떤 구성요건들이 갖춰져야 국가변란으로 처벌된다는 것인지를 분명히 파악하기 어렵다. 위 헌법재판소 결정에 대해서는 "문언해석상 법률명확성의 원칙에 위배"[157]된다는 반대의견도 개진된 바 있다.

(3) '집단'

제2조는 반국가단체를 '결사 또는 집단'으로 나눈다. 이 가운데 '집단'이 반국가단체로 지목되어 사용된 용례는 '북한공산집단' 외에는 찾아보기 어렵다. "제5기 한국대학총학생회연합은 반국가단체인 북한공산집단의 활동을 찬양·고무·선전하며 이에 동조하는 행위를 목적으로 하는 단체"[158]라는 판시 등이다. '북한공산집단'이라는 용어는 북한을 반국가단체로 보는 판결들에서 북한과 거의 동일한 뜻으로 혼용되어왔다.

'집단'이 무엇을 뜻하는지에 대해, 학설들은 "결사와 같이 일정한 공동목적을 수행하기 위하여 조직된 특정 다수인의 집합체"[159]라고 설명한다. 결사는 계속적인 집합체이고 집단은 일시적인 집합체라는 차이가 있다고 하면서도, 실무상으로는 계속성과 일시성의 구별이 어려운 경우가 많아서 결사와 집단의 구별도 어려울 뿐 아니라, 현행법상 결사와 집단을 동일하게 처벌하고 있으므로 사실상 양자 간 구별의 실익이 없다는 것이다.

의 내란죄에서 말하는 국헌을 문란할 목적으로 폭동을 할 것을 계획한 데 그치는 것이 아니라 한 걸음 더 나아가서 정부를 참칭하고 국가를 변란할 목적이 있었다고 보이는 점 등을 더하여 보면, 위와 같은 원심의 판단은 옳고, 거기에 피고인이 지적하는 바와 같은 사실오인 및 법리오해의 잘못이 없다."고 판시하여 반국가단체의 지도적 임무 종사죄를 인정하고 징역 15년을 선고하였고, 대법원도 이를 확정하였다. 1심 서울중앙지방법원 2015. 10. 8 선고 2014재고합1 판결, 2심 서울고등법원 2016. 2. 17 선고 2015노2963 판결, 3심 대법원 2020. 6. 11 선고 2016도3953 판결.
157 헌법재판소 1997. 1. 16. 선고 92헌바6 등 결정 중 조승형 재판관의 반대의견.
158 대법원 1998. 7. 28. 선고 98도1395 판결.
159 정경식·이외수, 위의 책, 64쪽; 황교안, 위의 책, 44쪽.

그러나 국가보안법 제정 직후 1949년 서울지방검찰청이 국가보안법 적용을 위하여 발간한 오제도 검사의 『국가보안법 실무제요』에 따르면, 결사는 특정 다수인이 일정한 공동목적에 따라 임의의 계속적 결합을 이루는 것과 달리, 집단은 '불특정 다수인이 아직 공동목적을 가지는 데까지 至하지(이르지) 못한 단결 또는 결합'이라고 한다. '집단은 결사에 비해 공동목적과 구성원의 특정성을 결여하고 계속성 없고 결합력이 박약한 차이가 있다'[160]는 것이다. 실무제요는, 공동목적이 결여되어 있는 경우는 집합체의 구성원 중 그 지도적 이상의 행위를 하는 자만이 국가변란의 목적을 가지고 기타 다수인은 그 목적을 가지지 못하는 정도에 있는 단체이고, 구성원의 결합력이 박약한 경우는 학생운동의 독서회, 연구회 등을 말하는데, 이들 모두 '집단'인 반국가단체로 처벌 대상이라고 설명한다.

그런데 제정 국가보안법과 현행법 모두, '집단' 구성에 대해서도 '정부를 참칭하거나 국가를 변란할 목적'을 요건으로 하고, '가입'한 자를 처벌하도록 정한다. 목적이 분명해야 하고 구성원이 특정되어야 한다는 것이다. 실무제요 기재에 따르면 '집단'이란 개념 자체가 공동목적[161]과 구성원

---

160 오제도, 『국가보안법 실무제요』, 서울지방검찰청, 1949, 52쪽.

161 다른 법률에서 '집단'을 처벌하는 경우에도 공통의 목적은 필수불가결한 요소다. 형법 제114조는 '범죄를 목적으로 하는 집단' 조직·가입·활동을 처벌대상으로 하는데, 이 '집단'에 대하여 판례는 일관되게 "특정 다수인이 사형, 무기 또는 장기 4년 이상의 범죄를 수행한다는 공동목적 아래 구성원들이 정해진 역할분담에 따라 행동함으로써 범죄를 반복적으로 실행할 수 있는 조직체계를 갖춘 계속적인 결합체를 의미한다. '범죄단체'에서 요구되는 '최소한의 통솔체계'를 갖출 필요는 없지만, 범죄의 계획과 실행을 용이하게 할 정도의 조직적 구조를 갖추어야 한다."(대법원 2020. 8. 20. 선고 2019도16263 판결, 대법원 2021. 10. 14. 선고 2021도7444 등 판결)고 한다. 형법 제114조에서 가벌성 있는 '집단'이란 최소한 공동목적과 구성원의 특정성, 범죄의 계획과 실행에 관련된 조직적 구조가 있는 때에만 인정되는 것이다. 김신규, 형법각론, 청목출판사, 2015, 544쪽; 이재상 외 2인, 형법각론(제10판), 박영사, 2016, 495쪽.

한편 폭력행위 등 처벌에 관한 법률 제4조 소정의 '범죄를 목적으로 하는 집단'이란 범죄의 실행을 공동목적으로 한 다수 자연인의 결합체를 의미하는 것으로 형법 제114조의 단체와는 달라서 계속적일 필요는 없다. 그 조직의 형태가 범죄단체에 이르지는 않지만 일정한 범죄를 목적으로 조직된 결합체이므로 '범죄집단'도 공통의 목적을 가져야 한다는 점에서는 단체와 차이가 없다. 판례는 폭력행위 등 처벌에 관한 법률 제4조 소정의 범죄집단에 대하여 "범죄의 실행을 목적으로 공동목적으로 한 다수 자연인의 결합체를 의미하는 것으로 이 조의 단체와는 달라서 계속적일 필요는 없고 다수자가 동시에 동일 장소에 집합되어 있고 그 조직의 형태가 위 조항에서 정하고 있는 수괴, 간부, 가입자를 구분할 수 있는 정도로 결합체를 이루고 있어야 하는 것으로 단순히 폭력 등의 범죄를 예비 음모하거나 또는 그 범죄의 모의에 가담하여 실행행위의 분담을 정함에 불

특정이라는 구성요건을 모두 충족하지 못하는 셈이다.

나아가 '집단'은 결합력이 박약한 단체를 말한다는 실무제요 기재에 따르면, 현행법의 '지휘통솔체계를 갖춘 단체' 구성요건을 충족하지 못한다. '집단'을 반국가단체의 하나로 정한 제2조는 구성요건에 충족하지 않는 경우를 처벌 대상으로 한 것이다. 결사와 집단을 구별할 실익이 없다고 한 견해도, 반국가단체라고 하려면 일정한 위계질서의 조직체계를 갖추고 있어야 하므로 수평적 결합에 불과한 이른바 '스터디그룹' 등은 조직성을 결여하여 반국가단체로 인정하기 곤란하다[162]고 한다. 결국 '집단'은 반국가단체의 구성요건이 결여된 단체다. 반국가단체로 보려면 적어도 그 구성원 및 구성·가입 일자나 가입방식이 특정되어야 한다는 판례로 보더라도, '집단'은 반국가단체로 볼 수 없다. 이렇게 법규정 자체에 논리모순이 있는 경우, 일반인으로서는 그 처벌 대상이 무엇인지 알 수 없다. 명확성 원칙에 위반된다.

(4) 북한을 '단체'로 볼 때 생겨나는 논리적 모순

북한을 반국가단체로 보는 제2조를 제3조 반국가단체 구성죄 처벌조항과 함께 보면 문제는 좀 더 심각해진다. 제3조 제1항은 '구성하거나 가입한 자'를 단체 안에서 수행한 역할에 따라 처벌한다. '구성' 또는 '가입'이 처벌의 전제다. '구성'이란 2인 이상의 사람이 의사 합치에 의하여 단체를 창설하는 것을 말한다.[163] '가입'이란 기존의 반국가단체의 새로운 구성

과하거나 실행행위를 하였다는 사실만으로는 폭력행위 등 처벌에 관한 법률에서 정한 폭력의 범죄단체를 조직하거나 범죄집단을 구성한 것이라고 할 수 없다."(대법원 1991. 1. 15. 선고 90도2301 판결)고 한다.
결국 다른 법률상 '집단'을 처벌 대상으로 할 때에도, 공동목적의 존재는 필수불가결한 것이다. 이와 비교하면, 국제사회 속에서 국가로 존재하는 북한 그 자체를 가리키는 '북한공산집단'에는 구성원들 사이의 공동목적, 범죄의 계획과 실행에 관련된 조직적 구조가 없다.
162 황교안, 위의 책, 45쪽.
163 황교안, 위의 책, 54쪽.

원이 되는 것을 말한다. 어떤 형식으로든 가입의 의사표시가 있고 단체로부터 이에 대한 승인이 있으면 가입죄가 된다.[164] 그러니 수괴든, 간부든, 어떤 중요한 역할을 하고 있던 간에, 해당 단체를 구성하였거나 가입하였어야 처벌 대상이 된다. 판례가 일관되게 판단하는 대로 '북한' 자체를 반국가단체로 보면, 그 구성은 이미 1948년에 이루어진 것이다. 당시 어떤 방식으로든 구성절차에 관여한 사람들은 구성행위를 한 것이 될 수 있을 것이다. 그러나 현재 절대다수의 북한 주민들은 1948년 이후에 출생한 것이 분명하여, 구성행위에 관여한 바 없다. 대한민국 또는 외국에 살다가 자신의 선택으로 북한으로 간 사람들은 북한에 가입한 행위를 한 것으로 볼 수 있겠으나, 대부분의 북한 주민들은 북한 주민의 자손으로 태어나 자동으로 북한에 속하게 된 것이지, '북한'에 가입 의사표시를 한 것도 아니다. 현재 북한의 최고 지도자조차도 구성·가입행위를 하지 않은 것은 마찬가지다. 결국 북한은 구성·가입행위를 한 사람이라고는 1948년 이전에 출생자인 노인 인구나 얼마 되지 않는 월북자나 귀화자 외에는 없고, 시간이 지나면 극소수의 월북자나 귀화자만을 가입행위를 한 구성원으로 하는 반국가단체로 남는 셈이다.

개인의 의사에 따른 구성·가입행위가 있는 조선노동당과 같은 북한 내의 독립된 별도 조직을 반국가단체로 지목하는 것은 별론으로, 제3조는 '북한' 자체를 제2조의 반국가단체로 보고 그 간부 등을 처벌하겠다는 의미로 이해된다. 유의할 것은, 제3조의 처벌 대상은 '단체 구성·가입' 행위를 한 사람이다. 그런데 북한 간부들의 대다수는 자연적으로 북한의 일원이 된 사람들이지, 구성·가입행위를 한 것이 아니다. 제4조에서 제10조까지 규정들도 하나같이 '반국가단체의 구성원'과 연계 또는 그에 대한 지

---

164 황교안, 위의 책, 55쪽.

원, 활동에 대한 찬양 등을 처벌하는 것이어서 '반국가단체의 구성원'의 존재를 전제로 한다. 그런데 '구성원'이란 역시 반국가단체를 구성한 자, 창설 시의 구성원, 그 뒤에 가입한 자로서 구성·가입행위를 한 자[165][166]다. '북한'을 구성하거나 이에 가입한 사람은 1948년 이전 출생자나 월북자, 귀화자뿐이므로, 현재 북한 간부들의 절대다수는 이에 해당하지 않을 가능성이 훨씬 높다. 결국 '북한'을 반국가단체로 보면, 현재 북한 간부들의 대부분은 자신의 의사에 따른 구성행위를 한 '구성원'이 아니므로, 국가보안법 제3조부터 제10조까지는 적용될 일이 없게 될 것이다.

법률에 정해진 문언의 개념에서 출발한 순수 논리 추론의 이 결말이 국가보안법 적용의 현 상태와 모순된 것임은 분명하다. 이 모순의 근원은, 이미 각 개인의 의사에 기하지 않고 혈통에 따라 소속되고 존속되는 조직인 '국가'로 성립한 북한을, 개인 의사로 가입 탈퇴할 수 있는 '단체'로 취급하는 데 있다. 1948년부터 1953년 휴전 전까지는 이념에 따라 남과 북을 선택하는 사회적 현상이 있었고 이때는 구성·가입으로 평가할 행위들이 있는 것으로 보더라도, 정전협정이 체결되고 남북 양측이 각 영역에 통치권을 행사하는 상황이 고정된 이후에는, 북한을 '단체'로 보는 관념에 집착할 것이 아니라 '국가'로 인정했어야 한다. 1953년 형법 제정안대로 국가보안법을 폐지하였으면 법체계 전반을 남북관계 현실에 맞는 것으로 만들어나갈 수 있었을 것이다. 그러나 당시 국회의원들은 국가보안법 폐

---

165 황교안, 위의 책, 80쪽.

166 "반공법 제1조 제1항에 규정된 반국가단체의 구성원이란 위 국가보안법 제1조에 규정된 바와 같은 내용의 결사 또는 집단을 구성한 자를 의미한다 할 것이며 북한괴뢰집단이 지배하는 지역에 거주하는 사람이라 할지라도 위와 같은 적극적인 집단의 구성 내지 집단에의 가입행위가 없으면 그 지역 내의 거주한다는 사실만으로써 바로 반국가단체의 구성원이라고 할 수 없을 것이다"(대법원 1956. 3. 6. 선고 4288형상392 판결, 대법원 1960. 4. 5. 선고 4293형상57 판결, 서울지방법원 1967. 11. 1. 선고 67고1863 판결)는 판시는 위 문제를 인지한 것으로 볼 수 있다.

지에 찬성표를 던지는 데 주저[167]하여, 현실은 변화하는데 적대 의식에만 기초하여 현실에 맞지 않는 법체계를 남겨두었다. 법체계의 혼란은 아직도 해결되지 못하고 있다.

---

167 1953. 7. 8. 국회 본회의의 형법안 심의 시, 윤길중 법사위원장은 그간 논의를 바탕으로 "형법에 모두 포함시켰으므로 폐지해도 지장이 없고 법체계상 폐지가 옳다"고 보고하였다. 그런데 조주영 의원이 "존속해 두는 것이 아주 없애는 것보다도 낫지 않을까 이런 느낌"이라면서 존치를 언급하자, 별다른 논의 없이 국가보안법 폐지안에 대해 표결했는데 재석 102명 중 찬성 10, 반대 0, 기권 92로, 명시적인 반대는 없이 다수가 기권한 결과 폐지안이 부결되고 말았다.

제3조 반국가단체 구성 등 - 사상을 처벌하다

제3조(반국가단체의 구성 등) ① 반국가단체를 구성하거나 이에 가입한 자는 다음의 구별에 따라 처벌한다.

1. 수괴의 임무에 종사한 자는 사형 또는 무기징역에 처한다.

2. 간부 기타 지도적 임무에 종사한 자는 사형·무기 또는 5년 이상의 징역에 처한다.

3. 그 이외의 자는 2년 이상의 유기징역에 처한다.

② 타인에게 반국가단체에 가입할 것을 권유한 자는 2년 이상의 유기징역에 처한다.

③ 제1항 및 제2항의 미수범은 처벌한다.

④ 제1항제1호 및 제2호의 죄를 범할 목적으로 예비 또는 음모한 자는 2년 이상의 유기징역에 처한다.

⑤ 제1항제3호의 죄를 범할 목적으로 예비 또는 음모한 자는 10년 이하의 징역에 처한다.

삼팔선은 삼팔선에만 있는 것이 아니다
당신이 걷다 넘어지고 마는
미8군 병사의 군화에도 있고
당신이 가다 부닥치고야 마는
입산금지의 붉은 팻말에도 있다
가까이는
수상하면 다시 보고 의심나면 짖어대는
네 이웃집 강아지의 주둥이에도 있고
멀리는 그 입에 물려 보이지 않는 곳에서
죄 안 짓고 혼쭐나는 억울한 넋들에도 있다

김남주, 「삼팔선은 삼팔선에만 있는 것이 아니다」[168] 중에서

1. 치안유지법이 되살아나다

(1) 이승만 단정 반대세력을 반국가단체로

국가보안법상 반국가단체 구성죄는 일제 강점기 치안유지법의 판박이라고 비판받은 핵심 조항이다. 국가보안법 제정법률은 제1조에 '국헌을 위배하여 정부를 참칭하거나 그에 부수하여 국가를 변란할 목적으로 결사 또는 집단을 구성한 자'에 대한 처벌조항을 두었다. 치안유지법 제1조 제1항이 '국체를 변혁하거나 사유재산제도를 부인하는 것을 목적으로 결사를 조직하거나 이에 가입한 자'를 처벌한 것과 함께 보면, 두 법 모두 조직 가

---

168 김남주, 『사랑의 무기』, 창작과비평사, 1989, 167쪽.

입만으로 처벌한 점에서 같다. 차이는 치안유지법이 독립운동 조직 결성을 차단함으로써 독립운동을 말살하는 데 사용되었고 국가보안법은 좌익 성향 조직과 이승만 정부의 단정수립[169]에 반대하는 조직 분쇄를 목적으로 했다는 것이다.

일제는 조선형사령을 통해 식민지 조선에도 일본 형법을 적용[170]했는데, 군국주의 전쟁을 확대해가는 과정에서 사상통제의 면에서는 1925년 제정된 치안유지법을 조선총독부법률로 조선에서도 적용하고, 전시상황에서 치안 유지를 위해서는 일본 형법 개정으로 대처했다.[171] 일본 형법에 신설된 제7장의2 '안녕질서에 관한 죄'는 인심혹란죄人心惑亂罪와 전시폭리죄를 처벌하는 것이었다.[172] 치안유지법은 천황제를 부정하는 사상 자체를 처벌하기 위한 법률로, 천황제를 반대하는 단체에 가입하는 것과 그 사

---

169 국사편찬위원회 우리역사넷http://contents.history.go.kr '단선에 대한 국내 정치세력의 대응'은 1948년 단독정부 수립에 관하여, 가능한 한 많은 정치집단의 참여와 타협 속에서 신생국가의 수립이 이루어지는 것이 바람직하였을 것이라는 전제 위에서 기술한다. 당시 미국이 의도한 반공체제 구축과 분단으로 인하여 정치세력들이 통합과 타협이 아니라 점점 더 분열과 배제로 나아갔다는 것이다. 이 기술에 따르면, 미군정은 각 정치세력에게 남한만의 단독선거 참여를 종용했다. 그러나 이미 경찰의 탄압과 이에 대한 미군정 및 이승만의 호응을 경험한 김구, 김규식 등 중간 우파세력은 단선에 불참하고 남북협상으로 나아갔다. 이들의 단정 반대는 남한 체제 자체에 대한 반대라기보다는 극우파 중심의 정부수립에 대한 반대로 평가된다. 2022. 2. 21. 검색 결과.

170 조선형사령 [시행 1912. 4. 1.] [조선총독부제령 제11호, 1912. 3. 18., 제정] 제1조 형사에 관한 사항은 이 영 기타 법령에 특별한 규정이 있는 경우를 제외하고 다음 각호의 법률에 의한다.
1. 형법

171 신동운b, 「형법과 국가보안법의 관계에 관하여-형법전의 제정경위를 중심으로」, '국가보안법 어떻게 볼 것인가' 토론회 주제발표문, 《인권과 정의》 339호, 대한변호사협회, 2004. 11., 10쪽.

172 일본 형법 제7장의2 안녕질서에 관한 죄
제105조의2 (인심혹란·경제혼란) ① 인심을 혹란惑亂할 것을 목적으로 하여 허위사실을 유포한 자는 5년 이하의 징역 혹은 금고 또는 5천 환 이하의 벌금에 처한다.
② 은행예금의 거래 기타 경제상의 혼란을 유발할 것을 목적으로 하여 허위의 사실을 유포한 자는 7년 이하의 징역 혹은 금고 또는 5천 환 이하의 벌금에 처한다.
제105조의3 (전시의 인심혹란등) 전시, 천재, 기타의 사변을 당하여 인심의 혹란 또는 경제상의 혼란을 유발할 허위의 사실을 유포한 자는 3년 이하의 징역 혹은 금고 또는 3천 환 이하의 벌금에 처한다.
제105조의4 (전시폭리 등) ① 전시, 천재, 기타 사변을 당하여 폭리를 취할 것을 목적으로 하여 금융계의 교란, 중요물자의 생산 또는 배급의 저해 기타의 방법에 의하여 국민경제의 운행을 현저히 저해할 우려 있는 행위를 한 자는 무기 또는 1년 이상의 징역에 처한다.
② 전항의 죄를 범한 자에는 정상에 의하여 1만 환 이하의 벌금을 병과할 수 있다.

상을 전파하는 선동을 처벌했다.[173] "조선의 독립을 달성하자는 것은 제국 영토에서 천황에 의하여 통치되지 않는 국토를 생기게 하는 것", "제국 영토의 일부를 참칭하여 그 통치권의 내용을 실질적으로 축소하고 이를 침해하자는 것"이므로 '국체변혁'을 기도한 것으로 해석되었다.[174] 1926년 순종 장례 시 독립운동 선동도 국체변혁 기도행위로 판단되었다.[175] 중국 공산당에 가입한 조선인에게도 치안유지법이 적용되었다. 중국공산당도 '식민지해방운동의 원조'를 목적으로 하여 "중국만이 아니라 조선으로 하여금 제국으로부터 이탈케" 한다는 이유였다.[176] 1928년 개정 시 조직에 속하지 않은 개인도 처벌하기 위해 목적수행 조항을 삽입하는 등 독립운동을 광범위하게 처벌 대상으로 한 결과, 1925년에서 1933년까지 조선에서 치안유지법 위반으로 검거된 사람은 11,681명에 달했다.[177] 1928년 개정으로 치안유지법의 최고형이 사형으로 높아진 뒤 1930년 제5차 간도공산당 사건에서는 503명 검거자 가운데 22명에게 사형이 선고되는 등, 치안유지법 위반사건에 대해 많은 사형판결이 내려졌다. 식민지 해방운동에 대한 '본보기'였다.[178] 결국 무조건 항복 이후 일본은 맥아더 사령부의 개혁조치에 따라 치안유지법을 폐지하고 일본 형법 제7장의2 '안녕질서에 관한 죄'를 전부 삭제하였다. 일제 식민통치로부터 벗어난 조선에서도

---

173 치안유지법 [시행 1925. 4. 29.] [조선총독부법률 제46호, 1925. 4. 21., 제정] 제1조 ① 국체를 변혁하거나 사유재산제도를 부인하는 것을 목적으로 결사를 조직하거나 이에 가입한 자는 10년 이하의 징역 또는 금고에 처한다.
② 전항의 미수죄는 벌한다.
제3조 제1조제1항의 목적으로 그 목적이 되는 사항의 실행을 선동한 자는 7년 이하의 징역 또는 금고에 처한다.
174 水野直樹(Mizuno Naoki) 저, 이영록 옮김, 「번역: 조선에 있어서 치안유지법 체제의 식민지적 성격」, 《법사학연구》 제26권, 한국법사학회, 2002, 5-7쪽.
175 최종길, 「식민지 조선과 치안유지법의 적용 – 1926·27년을 중심으로」, 《한일관계사연구》 30집, 한일관계사학회, 2008, 515쪽.
176 水野直樹, 위의 글, 18-19쪽.
177 水野直樹, 위의 글, 10-11쪽.
178 水野直樹, 위의 글, 22-23쪽.

1945년 10월 19일 시행된 군정법령 제11호[179]로 일제의 정치 악법 중 치안유지법, 정치범보호관찰령 등이 폐지되고, 기타 정치사상을 이유로 차별하는 법령도 폐지되었다.[180]

하지만 정부 수립 직후 여순사건[181]을 기화로 제정된 국가보안법은 '국헌을 위배하여 정부를 참칭하거나 국가를 변란할 목적으로 하는 단체'를 규제 대상으로 하고, 단체 구성·가입 자체를 처벌하며, 목적 사항 선동·선전을 처벌 대상에 포함시켰다.[182] 식민 본국에서는 완전히 폐지된 치안유지법이, 식민통치의 구 제도를 벗어던져야 할 곳에서 무덤을 열고 일어난 셈이다. 제정 국가보안법은 조직 구성에 대해 내란의 예비단계 수준이라는 이유로 사형만큼은 두지 않았다. 그러나 1949년 개정 시, 사형이 법정형에 추가되었다. 조직 밖의 사람도 처벌하기 위한 목적수행 조항도 들

---

179 정치범처벌법 등 폐지 급及 형벌 제한 [시행 1945. 10. 19.][군정법령 제11호, 1945. 10. 9., 전부개정] 제1조(특별법의 폐지) 1. 북위 38도 이남의 점령 지역에서 조선인민과 기 통치에 적용하는 법률로부터 조선인민에게 차별 급 압박을 가하는 모든 정책과 주의를 소멸하고 조선인민에게 정의의 정치와 법률상 균등을 회복케 하기 위하야 좌기 법률과 법률의 효력을 유한 조령 급 명령을 폐지함.
(가) 정치범처벌법-조선법규류편 제6권제14편제1천20절, 1919년 4월 15일 제정.
(나) 예비검속법-동 제2권제8편제26혈, 1941년 5월 15일 제정.
(다) 치안유지법-동 제2권제8편제16혈, 1925년 5월 8일 제정.
(라) 출판법-동 제2권제8편제255혈, 1910년 2월 제정.
(마) 정치범보호관찰령-동 제2권제8편제23혈, 1936년 12월 12일 제정.
(바) 신사법-동 제2권제6편제1혈지제88혈, 1919년 7월 18일 제정.
(사) 경찰의사법권-동 제6권제3편제939혈 지 제940혈.
제2조(일반법령의 폐지) 1. 기타 법률 급 법률의 효력을 유한 조령 급 명령으로서 기 사법적 우는 행정적 적용으로 인하야 종족, 국적, 신조 우는 정치사상을 이유로 차별을 생케 하는 것은 자에 차를 전부 폐지함.
180 한상범, 『현대법의 역사와 사상』, 나남출판, 2001, 166쪽.
181 여순사건은 1948년 정부가 여수에 주둔하던 국군 제14연대에 제주 4·3사건 진압을 명령하자 10. 19. 위 부대 병사들이 국민에게 총을 들 수 없다며 명령을 거부하면서 무력충돌과 진압과정에서 다수의 군인과 민간인들이 희생된 사건이다. 2021. 7. 20. '여수·순천 10·19사건 진상규명 및 희생자명예회복에 관한 특별법'이 제정되어 2022. 1. 21.부터 시행되었다.
182 국가보안법 [법률 제10호, 1948. 12. 1., 제정] 제1조 국헌을 위배하여 정부를 참칭하거나 그에 부수하여 국가를 변란할 목적으로 결사 또는 집단을 구성한 자는 좌에 의하여 처벌한다.
1. 수괴와 간부는 무기, 3년 이상의 징역 또는 금고에 처한다.
2. 지도적 임무에 종사한 자는 1년 이상 10년 이하의 징역 또는 금고에 처한다.
3. 그 정을 알고, 결사 또는 집단에 가입한 자는 3년 이하의 징역에 처한다.
제3조 전2조의 목적 또는 그 결사, 집단의 지령으로서 그 목적한 사항의 실행을 협의, 선동 또는 선전을 한 자는 10년 이하의 징역에 처한다.

어왔다. 1928년 치안유지법 개정 내용이 1949년 국가보안법 개정에 반영된 것이다. 제거되지 않은 일제 잔재는 그 후로도 두고두고 국가보안법을 통해 되살아났다. 1958년 이승만 정부의 국가보안법 개정 시 제17조 제5항[183]으로 들어온 인심혹란죄는 이미 일본형법에서 삭제된 조항과 다르지 않다. 국가보안법의 인심혹란죄는 언론과 민심에 재갈을 물리는 조항이라는 집중 비판을 받고서야 1960년에 삭제되었다. 다른 나라 공산당 가입도 치안유지법에 저촉된다고 본 적용례[184]는 1961년 반공법에서 국외공산계열과 회합 등을 처벌하는 것으로 등장해 1980년 국가보안법 제2조 제2항이 국외공산계열도 반국가단체로 명시한 것까지 영향을 미쳤다. 이 조항은 냉전이 해체된 1991년에야 삭제된다.

이처럼 일제 식민통치의 잔재가 다시 국민을 옥죄는 상황에서 제정된 국가보안법은, 운용실태도 치안유지법이 적용되던 방식과 다르지 않았다. 1948년 8월 15일 당시 145명의 검사 중 142명이 일제하 경력자[185]로, 일본인을 한국인으로 단순 교체했을 뿐 사실상 식민지 검찰기구의 재건에 불과한 것[186]이었기 때문이다. 식민통치의 손발 노릇을 했던 검찰 주요 인사들은 식민지 사상검찰의 사상문제 대책에 매우 익숙했다.[187] 대상이 독립운동 단체에서 이승만 정부의 단정 수립을 비판하고 남북협상과 통일정부 구성을 요구한 단체들로 바뀐 것뿐이었다. 제정 국가보안법을 운용한

---

183 국가보안법 [시행 1959. 1. 16.][법률 제500호, 1958. 12. 26., 폐지제정] 제17조(약속, 협의, 선동, 선전 등) ⑤ 공연히 허위의 사실을 허위인 줄 알면서 적시 또는 유포하거나 사실을 고의로 왜곡하여 적시 또는 유포함으로써 인심을 혹란케 하여 적을 이롭게 한 자는 5년 이하의 징역에 처한다.

184 水野直樹, 위의 글, 18쪽.

185 문준영의 연구에 따르면, 미군정기에 임용된 검사들 중 일제하 실무경력이 확인되는 검사는 142명인데, 그 가운데 고문 사법과, 조선변호사, 총독부특임 출신이 전체의 52.1%를 차지했다. 나머지 47.9%도 조선총독부 재판소 서기과 직원 출신이 45·46년 판검사특별임용고시(이하 특임)으로 임용된 경우였다. 문준영, 『법원과 검찰의 탄생』, 역사비평사, 2010, 627쪽.

186 강성현c, 「1945-50년 '檢察司法'의 재건과 '사상검찰'의 '反共司法'」, 《기억과 전망》 겨울호(통권 25호), 민주화운동기념사업회, 2011, 109쪽.

187 강성현c, 「1945-50년 '檢察司法'의 재건과 '사상검찰'의 '反共司法'」, 125쪽.

검사들은 일제 치하에서 치안유지법을 활용하던 것과 같은 방식으로 단체 구성 및 목적 사항 선전·선동을 처벌하였다. 식민통치의 기술자들이, 그들을 기용한 이승만 세력의 정치적 목적을 실현하기 위해 사상을 처벌한 치안유지법을 땅속에서부터 다시 끄집어낸 것이었다.[188]

1949년-1950년 부산지방법원의 국가보안법 판결들을 분석한 연구[189]에 따르면, 한국전쟁 이전 국가보안법 유죄판결을 선고받은 815명 중 618명(75.8%)이 단체 가입처벌조항인 제1조 제3항으로 처벌되었다. 이 중 206명(25.2%)은 활동에 대한 처벌조항인 제3조 없이 제1조 제3항을 중심으로 처벌되었다.[190] 당시 국가보안법상 '국헌을 위배하여 정부를 참칭하거나 그에 부수하여 국가를 변란할 목적'의 결사 또는 집단에 대해, 검찰은 8.15 해방 직후 소위 좌익단체인 '남조선노동당, 조선노동조합전국평의회, 민주주의민족전선, 조선민주애국청년동맹, 조선교육자동맹, 조선민주학생연맹, 전국농민연맹, 남조선민주여성동맹, 조선문화단체총연맹, 조선협동조합중앙연맹, 반일운동자구원회 등의 결사 기타 상기 결사에 가입한 각 부분의 산하단체 또는 동 결사 및 단체의 재건준비와 지원하기 위한 단체'[191] [192]라고 하고 있었다. 이 규정에 속한 단체들은 이승만의 단정에 반

188 오제도는 『국가보안법 실무제요』에서, 국가보안법이 치안유지법과 같다는 비판에 대해, 대한민국이 유일 합법정부임을 부인하는 것이라고 비난한다. "경솔히 이 법을 과거 우리 애국열사들의 조국광복운동을 억압하기 위해 강제적으로 내리씌우던 소위 치안유지법의 악법과 동일시할 수 있으리요. 만약 동일시하는 자가 있다면 그것은 아직 아국我國이 독립국가수립 전단계에 있다는 일대 오해에 기인하거나 불연不然이면 고의로 대한민국이 우리 국가의 유일한 중앙정부독립국가라는 것을 부인하려는 가증스러운 일대망론—大妄論일 것이다." 오제도, 위의 책, 31쪽.
189 정선미, 「1949년-1950년 국가보안법 판례분석 - 부산지방법원의 판례를 중심으로」, 《지역과 역사》 37호, 부경역사연구소, 2015. 10., 199쪽에 따르면 당시 부산지방법원은 부산시, 김해군, 동래군, 양산군, 울산군을 관할하고 있었다.
190 정선미, 위의 글, 204-205쪽.
191 오제도, 위의 책, 46쪽.
192 1946년 1월 당시 전평은 전국 223개 지부, 1,757개 지방조합에 553,408명의 조합원이 소속되어 있었다. 전농도 1945년 11월말 시점에서 군단위 118개 조직, 면단위 1,745개, 마을단위 2,588개의 하부조직이 있었고, 조합원은 3,322,937명에 달했다. 강성현a, 「전향에서 감시·동원, 그리고 학살로: 국민보도연맹 조직을 중심으로」, 《역사연구》 제14호, 역사학연구소, 2004, 63-64쪽.

대하여 남북통일정부수립을 주장했던 민전 소속단체와 거의 일치하였다. 국가보안법 제정 직후 서울지방검찰청에서 국가보안법 적용지침서로 발간한 『국가보안법 실무제요』는, 단정 반대세력이 처벌 대상이라고 뚜렷이 선언한다.[193] 이승만의 단정에 반대하는 세력 전체를 좌익으로 규정[194]했다고 해도 무방할 정도다. 위 부산지방법원 판결들 분석 결과로 보아도, 제정 국가보안법은 실제 적용 시 이승만 정권의 정책과 노선에 반대하는 입장에 서 있는 단체들에 대한 탄압의 의미가 가장 컸음을 알 수 있다.[195] 활동으로 처벌받은 경우는 선전, 물품이나 금품 또는 정보제공 등이 대다수였다.[196] 반동분자 살해기도·협박, 경찰서나 관공서 습격, 전신주나 철도 등 운송이나 통신시설 파괴 기도가 있기도 했지만 전체 817명 중 39명으로 4.7퍼센트 정도에 지나지 않았다.[197] 제정 국가보안법의 핵심이 조직 가입 처벌에 있었음이 단적으로 드러난다. 국가보안법은 결사·집단 구성원의 마음속 목적과 사상을 이유로, 해당 결사 구성원을 외부의 적과 내통하는 내부의 적으로 규정하고, 그 집단을 적대적으로 배제하는 법[198]으로 제정되었다.

---

193 "국가보안법에 저촉하는 행위를 수행하는 자는 아我국가에 반역, 또는 매국도배 이외에 아무 것도 아닐 것이다. 그런데도 불구하고 여직껏 대한민국을 단정單政 운운의 불온위험사상을 일소하지 못하고 이북 괴뢰집단과 동등시하며 그 위에 미소 양 군정시 사용하던 초연한 '남북통일'이라는 미명 하에 국헌을 부정하고 어떤 반국가주의운동을 전개함을 애국지사라고는 도저히 긍정할 수 없고 당연히 본법의 단속대상으로 하며 민족정의를 살여 엄중처단하여야 됨을 재언再言 불요不要일 것이다." 오제도, 위의 책, 31쪽; 오제도는 남로당 등 단체들을 열거하면서, 이 단체들을 창설·가입하는 행위가 가입 당시에는 합법적이었더라도 1948년 12월 1일 이전에 탈퇴하지 않은 한 그 후 목적수행 행위가 없어도 본조에 저촉된다고 하며, "비比 견해는 국가보안법 실시 이후 예외없이 검찰 및 판결에 표현되어 온 것"이라고 한다. 오제도, 위의 책, 46쪽.
194 정선미, 위의 글, 201쪽.
195 정선미의 연구에 따르면, 한국전쟁 이전 부산지방법원 국가보안법 유죄판결 817명 가운데 남로당이 416명(50.91%), 민애청 및 청년단체 122명, 전평 61명, 인민공화당 27명, 해원동맹 19명, 농민조합 16명, 여성(부녀)동맹 13명, 인민위원회 9명, 문화동맹·미술가동맹 7명, 반일운동자구원회 2명, 북로당 2명, 기타 17명 순으로 많았다. 소속이 없었던 사람은 81명으로 전체의 10%에 불과했다. 정선미, 위의 글, 201~203쪽.
196 정선미, 위의 글, 206쪽.
197 정선미, 위의 글, 209쪽.
198 강성현d, 「한국의 국가 형성기 '예외상태 상례'의 법적 구조」, 《사회와 역사》, 제94집, 한국사회사학회, 2012, 91~92쪽.

제정 국가보안법 제1조는 1980년 국가보안법 개정 시 제3조로 옮겨졌다. 국가보안법 제3조의 특징은, 일정한 목적을 가진 '결사 또는 집단을 구성한 자'를 처벌한다는 데 있다. 형법상 내란죄[199]는 '폭동한 자'를 처벌한다. 국헌을 문란할 목적이 있다고 모두 처벌하는 것이 아니라, 폭동이라는 행동을 처벌하는 것이다. 일정한 목적을 가진 단체 구성 자체를 처벌하는 규정으로는 형법상 범죄단체조직,[200] 폭력행위 등 처벌에 관한 법률상 단체구성[201]이 있다. 그러나 이때 처벌 근거가 되는 목적이란 특정 범죄를 실행하겠다는 정도까지 구체화된 것이다. 이에 비하여 국가보안법 제3조는 목적이 '정부를 참칭하거나 국가를 변란할 것'이라는 추상적 수준이어도 처벌한다. 행동으로 구체화되지 않은 사상을 근거로 한 처벌이다. 그 밖에 단체구성을 처벌하는 규정으로는 국민 보호와 공공안전을 위한 테러방지법상 테러단체구성이 있으나, 이는 UN이 요인살해, 항공기 폭파 등을 실행하는 테러단체라고 판단해 지정해둔 특정 단체 구성·가입을 처벌하는 것[202]이어서, 그 밖의 단체 구성은 처벌하지 않는다.

---

199 형법 제87조(내란) 국토를 참절하거나 국헌을 문란할 목적으로 폭동한 자는 다음의 구별에 의하여 처단한다.
1. 수괴는 사형, 무기징역 또는 무기금고에 처한다.
2. 모의에 참여하거나 지휘하거나 기타 중요한 임무에 종사한 자는 사형, 무기 또는 5년 이상의 징역이나 금고에 처한다. 살상, 파괴 또는 약탈의 행위를 실행한 자도 같다.
3. 부화수행하거나 단순히 폭동에만 관여한 자는 5년 이하의 징역 또는 금고에 처한다.
200 형법 제114조(범죄단체 등의 조직) 사형, 무기 또는 장기 4년 이상의 징역에 해당하는 범죄를 목적으로 하는 단체 또는 집단을 조직하거나 이에 가입 또는 그 구성원으로 활동한 사람은 그 목적한 죄에 정한 형으로 처벌한다. 다만, 형을 감경할 수 있다.
201 폭력행위 등 처벌에 관한 법률 제4조(단체 등의 구성·활동) ① 이 법에 규정된 범죄를 목적으로 하는 단체 또는 집단을 구성하거나 그러한 단체 또는 집단에 가입하거나 그 구성원으로 활동한 사람은 다음 각 호의 구분에 따라 처벌한다.
1. 수괴首魁: 사형, 무기 또는 10년 이상의 징역
2. 간부: 무기 또는 7년 이상의 징역
3. 수괴·간부 외의 사람: 2년 이상의 유기징역
202 국민보호와 공공안전을 위한 테러방지법 제2조(정의) 이 법에서 사용하는 용어의 뜻은 다음과 같다.
2. "테러단체"란 국제연합(UN)이 지정한 테러단체를 말한다.
제17조(테러단체 구성죄 등) ① 테러단체를 구성하거나 구성원으로 가입한 사람은 다음 각 호의 구분에 따라 처벌한다.

결국 문제되는 것은 특정 단체 구성·가입이 정부참칭 또는 국가변란의 '목적'을 갖는 것인지 가려낼 방법이다. 구체적인 변란 행위 결과 없이 단체 구성만을 가지고 변란 목적과 직접 결부시키는 것은 매우 자의적인 것이 될 위험이 크다. 따라서 국가보안법 제정 시부터, 당국은 변란 목적과 단체 구성을 연결시키는 고리로 '사상'에 주목했다. 사상 관계 집단(혹은 좌익 집단) 구성은 변란 목적에 따른 것이라는 논리다. 국가보안법이 세계사적으로도 유일무이한 이유가 바로 여기에 있다.[203]

(2) 반공 국민 만들기와 사상전향 강제

제3조는 국가보안법 제정 추진 세력의 정치적 목적을 가장 잘 드러내는 조항이기도 하다. 1948년 국가보안법 제정의 배경에는, '친일파(처단)정국'을 '반공정국'으로[204] 전환시키려는 세력의 정치적 목적이 있었다. 1948년 9월 22일 시행에 들어간 반민족행위처벌에 관한 법률 제3조는 "일본 치하 독립운동자나 그 가족을 악의로 살상 박해한 자 또는 이를 지휘한 자는 무기 또는 5년 이상의 징역에 처하고 그 재산의 전부 또는 일부를 몰수한다."고 정하고 있었다. 미군정 치하에서 행정경험을 명분으로 권

---

1. 수괴首魁는 사형·무기 또는 10년 이상의 징역
2. 테러를 기획 또는 지휘하는 등 중요한 역할을 맡은 사람은 무기 또는 7년 이상의 징역
3. 타국의 외국인 테러 전투원으로 가입한 사람은 5년 이상의 징역
4. 그 밖의 사람은 3년 이상의 징역
② 테러 자금임을 알면서도 자금을 조달·알선·보관하거나 그 취득 및 발생 원인에 관한 사실을 가장하는 등 테러단체를 지원한 사람은 10년 이하의 징역 또는 1억원 이하의 벌금에 처한다.
③ 테러단체 가입을 지원하거나 타인에게 가입을 권유 또는 선동한 사람은 5년 이하의 징역에 처한다.
④ 제1항 및 제2항의 미수범은 처벌한다.
⑤ 제1항 및 제2항에서 정한 죄를 저지를 목적으로 예비 또는 음모한 사람은 3년 이하의 징역에 처한다.
⑥ 「형법」 등 국내법에 죄로 규정된 행위가 제2조의 테러에 해당하는 경우 해당 법률에서 정한 형에 따라 처벌한다.
203 강성현d, 「한국의 국가 형성기 '예외상태 상례'의 법적 구조」, 95쪽.
204 강성현d, 「한국의 국가 형성기 '예외상태 상례'의 법적 구조」, 94쪽.

력의 핵심에 다시 진입한 반민족행위세력은 반민족행위처벌법 시행에 따라 처벌 대상이 될 처지에 놓이자 반공을 명분으로 권력보존에 나섰다. 국가보안법 제정으로 정국은 극적으로 반전되었다.

국가보안법은 '적'과 '동포', '국민'과 '비국민'이라는 양극화된 분류 속에 포섭 또는 배제라는 이분법적 공식[205]을 모든 국민에게 적용했다. 국가보안법 적용이 본격화된 1949년 한 해 동안 국가보안법으로 구금된 사람이 11만 8,621명에 달했다. 1949년 12월 사법행정처의 발표에 따르면 총 기소 건수 중 국가보안법 위반자가 80퍼센트[206]였다. 그해 9월에서 10월 사이에 남로당 및 민주주의민족전선 산하 조직 등 좌익단체들을 포함한 132개 정당·사회단체가 해산[207]당한 기록과 당시 부산지방법원 판결들로 미루어보면, 전국적으로 국가보안법 위반자의 상당수가 반국가단체 구성·가입죄였을 것으로 추론할 수 있다.

국가보안법이 일제의 치안유지법을 판박이 했듯, 국가보안법에 근거하여 집요하게 강제된 전향과 국민보도연맹 가입 강제도 일제의 제도를 거의 그대로 답습한 것이었다. 1930년대에 시행된 전향, 관변단체 '녹기연맹'과 '시국대응전선사상보국연맹' 제도가 그것이다.[208] 국가보안법 제정 직후 당국은 '남로당원 자수주간', '좌익근멸주간'등을 설정해 자수와 전향을 대대적으로 압박하였다.[209] 빨갱이라고 비난받지 않으려면 전향해야 했고, 전향자는 1949년 6월 5일 만들어진 국민보도保導연맹[210]을 통해 단일

205 김경미, 「단정수립 후 전향장치와 전향자들의 내러티브-'양심서'를 중심으로」, 《반교어문연구》 제34집, 반교어문학회, 2013, 288쪽.

206 국도신문, 1949. 12. 24., 「법무부 사법행정처, 총 기소건수 중 국가보안법 위반자가 80%를 차지」

207 대한민국 정책브리핑(www.korea.kr), 2004. 9. 8., 「국가보안법 개정사」.

208 김희훈, 「일제강점기 후반 사상전향과 전향 관변단체 그리고 사상전향의 유산」, 《한일관계사연구》 제69집, 한일관계사학회, 2020, 97쪽.

209 동아일보, 1949. 11. 5., 「'남로당원 자수주간' 중 자수자의 40%가 비당원」

210 '보도保導'라 함은 문자가 가진 함의 그대로 '보호하여 지도한다'라는 뜻이다. 엄밀하게 말해 과거 좌익 행적으로 "민족 앞에 얼굴을 들고 나올 면목조차 없"는 이들을 '보호'하여 "조국의 따뜻한 품"에서 '지도'한

한 통제 관리[211] 체계 안에 들어가야 했다. 보도연맹은 강령에서 대한민국 절대 지지, 북한 괴뢰 절대 반대, 공산주의 철저 배격, 이념무장 강화, 남·북로당 파괴, 민족진영 정당·사회단체 보조를 내세웠고, 활동 목적으로 타공打共·반공反共, 반공국민 양성, 전향자 보호를 주창했다.[212] 전향은 생성 중인, 그래서 여전히 취약했던 반공국가를 선험적·절대적인 것으로 승인하고 적극적으로 내면화하기를 강요하는 국가권력의 강제적 행위[213]였다. 또한 포섭−배제의 이율배반적 논리구조에 입각한 반공국민 만들기의 틀 속에서 사상과 신념을 바꾸도록 하는 동시에 남한체제 동화를 강제하는 것[214]이었다. 문교부는 10월 1일 국가이념과 민족정신에 위배되는 저작자의 저작물에 출판금지 명령을 내렸다.[215] 좌파문화인은 전향하고 보도연맹에 가입하지 않으면 무대출연을 금지[216]하는 등 각종 방법으로 전향이 종용되었다. 국가보안법 형사처벌의 위협 아래 국민보도연맹 창설로 본격화된 전향은 사회주의자는 물론이고 중도파, 자유주의자, 민족주의자까지 망라[217]한 방대한 것이었다. 김구 등 중도 독립운동가들이 주도한 민족통일정치협상회의에 참여하는 등 남북협상을 지지하고 단선단정을 비판했던 정당과 사회단체들, 인사들에 대해 전향 압박이 집중[218]되었고, 이들은

다는 함축적인 의미를 가지고 있다. 동아일보, 1949. 11. 3., 「전향자대회서 대통령에 감사」(김경미, 위의 글, 286쪽에서 재인용·)

211 이봉범a, 「단정수립 후 전향의 문화사적 연구」, 《대동문화연구》 제64집, 성균관대학교 대동문화연구원, 2008, 221-222쪽.

212 한지희, 「국민보도연맹의 결성과 성격」, 숙명여자대학교 석사학위 논문, 1995, 23-25쪽.

213 이봉범a, 「단정수립 후 전향의 문화사적 연구」, 218-219쪽.

214 이봉범a, 「단정수립 후 전향의 문화사적 연구」, 250쪽.

215 김경미, 위의 글, 305쪽.

216 조선일보, 1949. 4. 20., 서울시경은 문련 산하 각 문화단체에 소속된 예술인들로서 탈당하지 않으면 금후부터 무대출연을 금지하겠다고 공표한 뒤 곧바로 공연검열을 가혹하게 시행했다(이봉범a, 「단정수립 후 전향의 문화사적 연구」, 223쪽에서 재인용).

217 이봉범b, 「냉전 금제와 프로파간다−반란, 전향, 부역 의제의 제도화와 내부냉전」, 《대동문화연구》 제107집, 성균관대학교 대동문화연구원, 2019, 89쪽.

218 이봉범b, 「냉전 금제와 프로파간다−반란, 전향, 부역 의제의 제도화와 내부냉전」, 117쪽.

줄지어 전향 선언을 내놓았다.[219 220 221] 전향자들을 가입시켜 관리하는 보도연맹은 결성 1년 만에 전국에 걸쳐 30만 명 규모[222 223]로 불어났다.

반민족행위자들의 권력유지를 위한 정치적 기획으로 제정된 국가보안법의 목적은 좌익조직을 섬멸하고 단정 반대세력을 해체 무력화하겠다는 것이었고, 이는 행동으로 나아가지 않더라도 조직구성만으로도 처벌하는 제1조(현행 제3조)를 통해 급속도로 완벽에 가깝게 실현되었다. 국민보도연맹의 결성과 전향제도의 시행이 사상사적 일대 변혁을 이끌어냈다는 오

---

219 행정안전부 국가기록원이 보유한 1949년 11월에서 12월까지 주요 기사 아카이브 목록상으로도, 국가보안법이 좌익계열 단체를 처벌한 결과 각종 단체의 전향선언들이 이어진 것이 드러난다.
연합신문, 1949. 1. 7., 「건민회, 전향성명서를 발표」
영남일보, 1949. 12. 7., 「경상북도 국민보도연맹에 지식인을 포함한 3,000여 명이 전향」
서울신문, 1949. 12. 8., 「근로대중당 중앙위원회의 전향성명서」
동아일보, 1949. 12. 13., 「전향작가를 포함한 한국문학가협회가 결성예정」
국도신문, 1949. 12. 16., 「민족대동회, 북한과의 관계를 완전히 단절할 것을 성명」
서울신문, 1949. 12. 21., 「사회민주당, 기존 노선을 철회하고 전향을 결의하는 성명을 발표」
한성일보, 1949. 12. 28., 「근로인민당, 간부들, 전향 성명서를 발표」

220 김구가 위원장으로 재직했던 한국독립당에서도 전향 선언이 나왔다. 신중국이 성립되어 귀환한 한국독립당 중국동북특별당부 소속 간부 35명은 5.10선거 반대, 남북협상 참여의 김구 노선을 추종했다는 이유로 장문의 집단탈당성명서를 발표하고 전향을 선언했다. 경향신문, 1949. 9. 3., 광고(이봉범b, 「냉전 금제와 프로파간다 – 반란, 전향, 부역 의제의 제도화와 내부냉전」, 117쪽에서 재인용)

221 동아일보만 보더라도, 1948. 12. 11.에서 1950. 6. 18.까지 개인·공동을 포함한 신문지상에 좌익계 탈당(전향) 성명을 기재한 사람의 수가 약 2,700명에 달했다. 한지희, 위의 글, 27쪽.

222 강성현은, 보도연맹은 초기 전국적 형태로 조직된 것이 아니라, 서울을 중심으로 각 지방별로 확산된 형태를 띠고 있다고 지적한다. 강성현에 따르면 특히 지방에서는 자수자 출신 이외에 다른 방식으로 가맹된 사람들이 대부분이었다고 한다. 이들 대다수는 어떤 성격의 단체인지도 모른 채 도장 찍으라는 권유를 받고 손도장 하나 잘못 찍어 가입하거나, 가입해도 아무런 해가 없다는 마을의 구장과 지서 순사의 보증으로 연맹원이 되었다 한다. 심지어 어떤 지역에서는 마을의 신망 있는 인사가 동행해 종용한데다가 양식배급과 여행특혜를 준다는 감언이설에 가맹을 하기도 하고, 어지럽고 어수선한 시국에 보도연맹 가입이 최상의 신분보장이라는 경찰서장의 말에 빚까지 얻어가며 회비를 내고 연맹원이 되기도 하였다. 강제가입 역시 비일비재했다는 것이다. 강성현a, 「전향에서 감시·동원, 그리고 학살로: 국민보도연맹 조직을 중심으로」, 《역사연구》 제14호, 역사학연구소, 2004, 67, 102쪽.

223 국민보도연맹 가입자들은 한국전쟁 직후 근거법령과 관계 없이 군경에 의해 조직적으로 학살되었다. 피해자는 적어도 10만여 명 이상으로 추정된다. 임영태b, 『한국에서의 학살』, 통일뉴스, 2017, 175쪽.; 오병두는 국민보도연맹 학살은 국가보안법이라는 사상통제법령을 배경으로 국민보도연맹이라는 '전향자 단체'를 구성하고 '요시찰인 명부'를 작성하여 피해자들을 분류·상징화·비인간화하며, '경찰력' 등 국가공권력이 피해자들을 '예비검속(강제소집)'하여 일정 기간 구금하여 학살하고, 그 사실을 은폐한 '조직적' 행위로서, 조직화, 절멸, 부인이라는 제노사이드의 특성을 모두 갖춘 것임을 지적한다. 오병두, 「국민보도연맹과 예비검속」, 《민주법학》 제43호, 민주주의법학연구회, 2010, 92-93쪽.

제도의 자평[224]처럼, 국가보안법상 반국가단체조항은 제정 직후 대대적인 전향이라는 내심 고백, 국가권력의 검열, 국민 각자의 자기검열을 통해 반공국민을 만들어내고 반공국가를 형성하는 위력을 발휘하였다.

2. 사법사상 가장 수치스러운 재판

(1) 국회프락치 사건

국가보안법 제정 직후 반국가단체 구성죄로 처벌된 희생자에는 국가보안법 제정에 반대한 국회의원들도 들어있었다. 바로 1949년 5월 이문원 의원 구속 등으로 시작된 국회프락치 사건이다. 국회프락치 사건은 당시 서울지검 정보부와 서울시경 사찰과가 김약수 국회부의장 등 총 13명의 국회의원을 남로당 프락치 등 반국가행위 혐의로 검거해 기소한 사건을 말한다. 노일환, 이문원 국회의원이 남로당원 이삼혁에게 포섭되어 남로당에 가입한 다음 김약수 부의장 등 국회의원들 10여 명을 포섭하여, 남로당의 지령에 따라 의원 70명의 동의로 '남북평화통일에 관한 긴급결의안'을 국회 본회의에 상정하고, 유엔 한국위원단에 주한 외군 철수에 관한 진언서를 제출하였다는 것이 주요 혐의였다. 미군 철수는 당초 미국 스스로의 정책결정으로 예정된 것이었고 이에 따라 6월 30일 완료[225][226]되었지

---

224 오제도, 『그때 그 일들 142』, 『동아일보』, 1976. 6. 21.(이봉범b, 「냉전 금제와 프로파간다 – 반란, 전향, 부역 의제의 제도화와 내부냉전」, 116쪽에서 재인용)

225 행정안전부 국가기록원, '주한미군 철수' 아카이브(2022. 2. 16. 검색 결과).
https://www.archives.go.kr/next/search/listSubjectDescription.do?id=006392&pageFlag=&sitePage=1-2-1

226 1948. 5. 총선거 실시 전 주한미군사령관 하지 장군은 1948년 말까지 미군철수계획을 작성했고 9. 15. 철수가 시작되었으나, 조선민주주의인민공화국 수립과 9. 19. 소련군 철수 선언이 있자 이승만 대통령은 트루

만, 외군 철수 주장을 빌미로 8월까지 국회부의장 김약수, 노일환 의원 등 13명의 국회의원이 구속되었다.

오제도 검사는 노일환, 이문원 국회의원을 당시 국가보안법 제1조 제2호(현행법 제3조 제1항 제2호) 반국가단체의 지도적 임무 종사로 기소했고, 다른 국회의원들은 제3조 목적사항 협의·선전·선동(현행법 제4조 제1항 제5호와 유사) 등으로 기소[227]했다. 이 사건의 유일한 물증은 1949년 6월 정재한이 체포되면서 압수당하였다는 암호 문서였다. 변호인들은 공판 진행 중인 1950년 2월 정재한을 증인으로 신청했으나 오제도 검사는 허위 증언 우려가 있다며 반대했고 법원은 검사 주장을 받아들였다. 그러나 이미 정재한은 1949년 12월 국방경비법으로 사형당한 뒤였다.[228]

기소된 국회의원들에게는 모두 1심에서 유죄판결이 내려졌고 노일환 의원은 징역 10년을 선고받았다. 서울지방법원은 외군 철수 관련 공소사실에 대하여 "유엔한위에 대해 남로당이 주장하는 외군 철퇴를 진언하고 선전한 것은 결국 우리 동족 간에 비참한 살육전을 전개시키고 약육강식의 무자비한 투쟁을 초래하여 우리 대한민국을 중대한 위기에 봉착케 하고 국가 변란을 야기하여 마침내는 공산 독재 정권을 수립하려 함에 그 의도가 있었다"[229]고 판시하였다. 이 사건은 제헌국회에서 반민특위 설치와 국가보안법 제정 반대에 앞장섰던 국회의원들에 대한 이승만 정권의 정치적 보복이자 조작으로 평가되어왔다.[230][231]

먼 미국 대통령에게 주한미군 주둔을 요청했다. 그러나 미 태평양방면 육군사령관 맥아더 장군은 미 합참에 1949. 5. 10.까지 완전 철수를 제안했고, 트루먼의 승인과 미 국방부의 지시에 따라 주한미군사령부는 미 국방부는 1949. 6. 30.까지 철수하고 군사고문단을 수립했다. 로버트 소이어 저, 이상호·윤시원·이동원·박영실 역, 『주한미군사고문단사』, 도서출판 선인, 2018, 52~54쪽.

227 김정기a, 『국회프락치사건의 재발견 Ⅱ』, 도서출판 한울, 2008, 201쪽.

228 김정기b, 『국회프락치사건의 증언』, 한울엠플러스(주), 2021, 87~90쪽.

229 김정기a, 『국회프락치사건의 재발견 Ⅱ』, 209쪽.

230 박원순a, 『국가보안법연구 2』, 356쪽.

231 강성현은 당시 기소 검사 가운데 한 명이었던 선우종원 검사가 2010년 10월 29일 강성현과 한 인터뷰

노일환 의원은 반민족행위처벌법에 의해 설치된 반민족행위특별조사위원회 특별검찰부 차장으로, 반민족행위자 처벌 정국을 반공 정국으로 바꾸려는 국가보안법 제정에 공개적으로 반대했던 의원이었다. 바로 그가 국가보안법상 반국가단체 구성죄의 희생자가 되었다는 사실은, 정치적 반대파를 궤멸시키는 배제의 도구였던 국가보안법의 정치적 기능을 뚜렷이 보여준다.

(2) 남조선해방전략당 사건

1968년 8월 24일 중앙정보부는 이른바 '통일혁명당 지하간첩단 사건'을 발표하면서, 통혁당이 '남조선해방전략당'과도 접선했다고 하였다. 육군사관학교 경제학 교수 권재혁, 노동운동가 이일재 등 13인이 통혁당의 하부조직인 '남조선해방전략당'이라는 반국가단체를 조직하고 내란을 예비음모했다는 것이었다. 권재혁 등은 수사과정에서 장기 53일까지 불법감금되어 구타와 잠 안 재우기 등 가혹행위를 당하며 허위자백을 강요당했다. 그러나 법원은 전부 유죄로 판단하며 사형, 무기 등 중형을 선고하였고, 권재혁은 판결 확정 후 두 달 만인 1969년 11월 4일 사형집행되었다.[232] 2014. 5. 16. 대법원은 유족이 신청한 재심에서 권재혁이 고문으로 허위자백한 사실을 인정하고 사형집행 45년 만에 무죄 확정판결을 내렸다.[233]

에서 한 말을 아래와 같이 기술하고 있다. '선우종원 검사는 본인과의 인터뷰에서 조작에 대해 부인하다가 이후 옷을 고쳐 입고 의미심장한 말을 했다. "우리가 보기에는 틀림없다고 생각하고서 했는데, 그 뒤에 하도 문제 나오는 거 보니까 그런 생각(필자-조작 가능성) 좀 했어요."' 강성현e, 「'아카'(アカ)와 '빨갱이'의 탄생-'적(赤) 만들기'와 '비국민'의 계보학」, 《사회와 역사》 제100집, 한국사회사학회, 2013, 267쪽.

232 진실·화해를위한과거사정리위원회b, 「진실화해위원회 종합보고서 IV」, 2010, 89-91쪽.
233 뉴스1, 2014. 5. 16., 「'남조선해방전략당 사건' 사형된 권재혁씨 재심 무죄」

(3) 인혁당 사건

1차 인혁당 사건은 1964년 한일회담 반대투쟁이 전국적으로 확대되면서 박정희 정부 퇴진을 요구한 상황에서 생겨났다. 6월 계엄령이 선포된 가운데, 8월 14일 검찰총장 신직수가 "북괴의 지령을 받고 있는 대규모 지하조직 인혁당이 학생들을 조종해 국가변란을 기도했다."고 발표하였다. 중앙정보부는 41명을 구속해 검찰에 송치했지만, 서울지검 공안부 검사들은 "증거가 불충분해 도저히 기소할 수 없다."며 버텼다. 검찰 수뇌부는 당직 검사로 하여금 공소장에 서명하게 해 26명을 반국가단체 구성·가입 혐의로 기소했고, 담당 검사들은 사표를 던졌다. 검찰은 이후 14명의 공소를 취소하고 12명만 국가보안법이 아닌 반공법으로 재기소했다. 1심에서는 도예종 씨 등 2명에게 유죄가 선고됐지만, 항소심에서는 6명이 징역 1~3년을 선고받았고 이는 이듬해 9월 대법원에서 확정됐다.

그런데 유신 선포 뒤인 1974년, 10년 만에 인혁당 사건이 다시 등장했다. 1차 인혁당 사건 연루자들이 북한 지령을 받아 인혁당을 재건하고 전국민주청년학생총연맹(민청학련)을 조종해 국가를 전복하려 했다는 혐의였다. 1차 인혁당 사건을 지휘·주도했던 검찰총장 신직수가 중앙정보부장으로 '인혁당 재건위' 사건을 조작해낸 것이다. 2차 사건의 조작은 1차 때 실패에 대한 보복의 성격이 강했다. 박정희 대통령은 1975년 2월 21일 문화공보부를 연두순시 하는 자리에서 "민청학련 사건은 이들(인혁당)이 뒤에서 조종한 것이 명백하다."며 공개적으로 탄압을 지시했다. 대법원은 인혁당 재건위와 민청학련 구성을 반국가단체 구성으로 판단하고, 내란 예비·음모, 긴급조치 위반, 반공법 위반에 더하여 도예종, 이수병 등 8명에게 사형을, 15명에게 징역 15년에서 무기징역을 선고했다. 사형집행은 대법원 판결 후 18시간 만인 1975년 4월 9일 이루어졌다. 경찰은 연미사를 드리러 성당으로 향하던 영구차를 크레인을 동원해 강제로 끌고 가는 등 시신을 일방적으로 화장 처리했다. 시신에 남아 있던 고문 흔적을 감추기 위해서였다. 국제법학자협회는 이날을 '사법사상 암흑의 날'로 정했다. 1995년 4월, MBC의 '근대 사법제도 100주년 기념 설문조사'에서 현직 판사 315명이 인혁당 사건을 우리나라 사법사상 가장 수치스러운 재판으로 꼽았다.[234]

인혁당 재건위 사건 피해자들은 2007년 재심에서 무죄판결을 선고받았고, 국가의 불법행위에 대한 손해배상청구소송에서 2심까지 승소하여 2009년 배상금 일부인 490억 원을 가지급받았다. 그러나 대법원은 배상금이 과다하다며 지연손해금 기산 시점을 불법행위가 있은 1975년이 아닌 손해배상소송 변론종결일인 2009년으로 바꿨다. 결국 최종 배상액이 가지급금보다 크게 줄어들자, 국가정보원은 피해자들에게 210억 원의 부당이득반환청구소송을 제기해 승소하고 피해자들의 집을 경매에 넘겼다. 부당이득금에 이자까지 붙어, 피해자들은 이미 수령한 가지급금보다 더 큰 금액을 물어내야 하는 처지가 되었다. 박정희 정권 시절 무고한 시민을 국가전복 음모 세력으로 몰아 옥고를 치르게 한 중앙정보부의 후신인 국정원이 이제는 대법원판결을 근거로 피해자들을 빚 고문하기에 이른 것이다.[235] 2021년 11월 현재 피해자들이 제기한 청구 이의 소송이 계속 중이다.

(4) 아람회, 전민학련 사건 등

국내 사회운동인사들을 반국가단체 구성죄로 처벌한 사건들 가운데, 구속 시에는 이적단체에 불과했다가 기소 시 반국가단체로 혐의가 바뀌

---

234 한겨레, 2011. 11. 14., 「세계 최악의 사법살인, 조작부터 사형까지 '박정희 작품' 김정남의 '증언, 박정희 시대' ③ 인혁당 재건위 사건 〈상〉」
235 한겨레, 2020. 7. 6., 「인혁당 피해자 '빚고문'한 국정원, 법원 조정안도 거절」

어 유죄판결이 나온 사건들이 있다. 전민학련 사건, 아람회 사건 등이 대표적이다.

아람회 사건은 1981년 7월 동창생 등으로 서로 잘 아는 사이였던 교사, 학생, 직장인, 군인, 주부 12명이 반국가단체 구성죄로 처벌된 사건이다. 수사 계기는 이들이 집이나 식당 등에서 전두환 대통령을 비난하거나 미국에 대해 비판적인 발언을 한다는 고등학생의 제보와 교련교사의 신고였다. 이들은 10-35일가량 충남도경 대공분실과 여관 등에 불법 감금되어 고문 등을 당해 허위자백을 강요당했다. 구속 사유는 이적단체 구성, 찬양고무, 허위사실 날조유포, 이적표현물 소지 배포, 불고지 혐의 등이었다. 그런데 기소 시 이적단체 구성 혐의가 반국가단체 구성 혐의로 바뀌었다. 2심인 서울고등법원은 반국가단체 구성에 대해서는 무죄를 선고했다. 그러나 대법원이 이를 파기하여, 피해자들은 반국가단체 구성 등으로 징역 10년 및 자격정지 10년 등의 중형을 받았다.[236] 이들은 2009년 재심에서 무죄 및 면소판결을 받았다.[237]

전민학련 사건은 1981년 6월 치안본부 대공분실이 '미스유니버스대회 폭파예비음모 사건' 용의자를 조사하던 중 출판사 사장 이태복이 포함된 학생운동 계보를 확보하고 관련자들 26명을 최장 78일 동안 불법감금하고 고문한 사건이다. 경찰조사 시 구속영장은 전국민주학생연맹 및 전국민주노동자연맹 관련자들 모두 이적단체 구성, 집시법 위반 등 혐의로 발부되었다. 그러나 검찰은 전민학련 관련자들에 대해 반국가단체 구성죄를 적용해 기소하였다. 고문의 결과 나온 자백에 기초한 것이다. 법원은 반국가단체 구성에 대해 유죄를 인정하고 25명에 대해 무기징역에서 징역 1년

236 진실·화해를위한과거사정리위원회b, 「진실화해위원회 종합보고서 Ⅳ」, 272-274쪽. 대법원 1982. 4. 28. 선고 82도2016 판결.
237 법률신문, 2009. 5. 23., 「'아람회' 재심사건 무죄, "사법부 역할 다하지 못해"」

까지를 선고하였다.[238] 이들은 2012년[239]과 2014년[240] 재심에서 반국가단
체 구성죄에 대해서는 무죄를, 집시법위반죄에 대해서는 면소판결을 받
았다.

(5) 송두율 교수 사건

검찰은 2003년 재독 철학자 송두율 교수를 반국가단체 구성죄 중 지
도적 임무 종사로 기소하였다. 송두율 교수가 1991년 5월 북한 조선노동
당 정치국 후보위원으로 선임되어 반국가단체의 간부가 되었다는 것이다.
지도적 임무 종사 공소사실의 구체적인 내용은, ① 1988년 12월경부터
2002년 10월경까지 북한에 대한 '내재적 접근법'을 주장하는 여러 편의
글을 국내 일간신문 및 잡지를 통해 발표하고 『경계인의 사색』 책자를 출
간하여 북한의 대남통일전술의 일환으로 북한체제를 찬양하고 주체사상
을 전파하기 위한 친북 저술 활동을 전개하였다는 것, ② 1994년 8월 하
순경부터 2003년 3월경까지 6차례에 걸친 통일학술회의의 개최를 주도
하고 송 교수 스스로 해외대표단 단장으로 통일학술회의에 참가하여 북한
의 대남통일전선전술에 따라 북한의 통일방안을 대외적으로 선전하고 특
히 남한의 진보적 학자들을 상대로 이른바 상층통일전선전술사업을 시행
하여 반국가단체를 위한 지도적 임무에 종사하였다는 것이었다.

1심 판결은 지도적 임무 종사 혐의에 대해 유죄를 인정하였으나, 2심
판결은 무죄를 선고하였다. 송 교수가 북한 조선노동당 정치국 후보위원

---

238 진실·화해를위한과거사정리위원회b, 「진실화해위원회 종합보고서 Ⅳ」, 274-286쪽. 대법원 1982. 9.
14. 선고 82도1847 판결.

239 경향신문, 2012. 6. 15., 「학림사건 피해자 31년 만에 무죄 확정」

240 한겨레, 2014. 11. 2., 「E.H.카 책 소지했다고 옥살이…32년 만에 '간첩 누명' 벗었다」

으로 선임된 사실을 인정할 수 없고, 송 교수의 저술 활동과 통일학술회의 주선 및 참가 활동이 모두 국가의 존립·안전이나 자유민주적 기본질서에 해악을 끼칠 명백한 위험이 있는 경우라고 할 수 없다는 이유였다. 이 부분 무죄판결은 3심에서도 유지되었다.[241]

3. 비례심사 필요도 없는 위헌

헌법 제19조 "모든 국민은 양심의 자유를 가진다."가 보호하는 양심의 자유는 내심의 자유뿐만 아니라 양심실현의 자유를 포함하고, 양심에는 사상과 의견도 포함된다. 자유권규약 제18조 제1항은 사상의 자유를, 제19조 제1항은 의견을 가질 권리를 보장한다. 양심·사상의 자유는 형성과 실현에 관련된 모든 단계에서 원칙적으로 불가침이어야 한다. 내심에 머무른 사상뿐만 아니라, "사상을 평화적으로 외부에 표현하고 설득하는 행위 역시 사상의 자유로부터 연유하는 최소한의 본질적 내용"[242]으로서 보장되어야 한다. 만일 사상표현에 대해 국가안보를 위한 제한을 인정하더라도, 이는 적어도 명백·현존 위험의 원칙에 따른 것이어야 한다. "설득과 권유의 방법으로 다수의 지지를 획득하여 이를 실현시키려는 경우에는 명백·현존하는 위험의 정도에 이르지 못하는 것으로 보아야 한다."[243][244]

241 1심 서울중앙지방법원 2004. 3. 30. 선고 2003고합1205 판결, 2심 서울고등법원 2004. 7. 21. 선고 2004노827 판결, 3심 대법원 2008. 4. 17. 선고 2004도4899 전원합의체 판결.

242 대법원 2010. 7. 23. 선고 2010도1189 전원합의체 판결 중 박시환, 김지형, 이홍훈, 전수안 대법관의 반대의견.

243 대법원 2010. 7. 23. 선고 2010도1189 전원합의체 판결 중 박시환, 김지형, 이홍훈, 전수안 대법관의 반대의견.

244 양심·사상의 자유 일반론은 민주사회를 위한 변호사모임, 『헌법 위의 악법』, 175-182쪽에 상세히 기술

국가보안법이 제정 당시부터 "일제의 치안유지법과 무엇이 다른가"라는 비판을 받은 이유는, 핵심 조항인 반국가단체 구성죄 조항이 행동에 이르지 않은 조직 결성 자체를 처벌했기 때문이다. 그 처벌의 근거가 특정 사상이었기 때문이다. 근대 시민국가에서는 사상·양심의 문제는 신앙과 함께 권력이 간섭할 수 없는 불가침의 영역으로 보장된다고 보았다. "사상은 벌할 수 없다"는 것이 근대국가의 통치의 기본원칙이다. 그러나 일제는 근대 형법 제도를 수입하면서도 천황신권제도와 체제 유지를 위해 개인의 내심을 처벌하는 야만적인 형벌 제도의 싹을 잉태하고 있었다. 이것이 치안유지법이고 사상범에 대한 감시 관리, 나아가 근대국가 어디에도 없는 '전향' 제도였다.[245]

치안유지법[246]은 국체國體변혁과 사유재산제도 부인의 목적을 가진 결사의 조직행위를 처벌했다. 형법상으로는 구체적인 범죄행위 실행을 목적으로 하지 않으면 조직구성 자체는 처벌되지 않는다. 치안유지법이 문제시한 것은 국체변혁이라는 추상적 목적이었다. 치안유지법은 정신과 사상에 대한 예비검속법이었다. 일제 치안·사법 당국이 '위험사상'으로 주목했던 것은 공산주의, 사회주의, 무정부주의 사상이었다. 1928년 개정[247]에서 국체변혁 목적에 대해 사형으로 처벌할 수 있게 한 것에 대해, 당국은

되어있으므로 중복을 피하기 위하여 줄인다.

245 한상범, 위의 책, 128-129쪽.

246 치안유지법 [조선총독부법률 제46호, 1925. 4. 21., 제정] 제1조 ① 국체를 변혁하거나 사유재산제도를 부인하는 것을 목적으로 결사를 조직하거나 이를 알고도 이에 가입한 자는 10년 이하의 징역 또는 금고에 처한다.

247 치안유지법 [昭和3년(1928년) 6월 29일 긴급칙령(129호)에 의하야 개정] 제1조 ① 국체를 변혁함을 목적하고 결사를 조직한 자나 결사의 역원役員 기타 지도자의 임무에 종사한 자는 사형이나 무기 혹은 5년 이상의 징역이나 금고에 처하며 정을 알고 결사에 가입한 자 또는 결사의 목적을 수행하려는 행위를 한 자에 2년 이상의 징역이나 금고에 처함.
② 사유재산제도를 부인함을 목적하고 결사를 조직한 자나 정을 알고 결사에 가입한 자 혹은 결사의 목적을 수행하려고 행위를 한 자는 10년 이상의 징역이나 금고에 처함. 전 2항의 미수죄는 차를 벌함.
《조선총독부관보》 제454호, 1928. 7. 4.

공산주의·사회주의 운동이나 조선의 독립운동 등을 목적으로 하는 결사 조직은 국제혁명을 목적으로 하는 국외단체와 내통해 제국의 붕괴를 획책하는 것으로, 이는 '사상적' 내란죄·외환죄에 해당하므로 극형으로 처벌해야 한다고 이유를 밝혔다.[248]

치안유지법을 동원한 일제의 탄압은 전향이라는 종교적 신조 강요제도의 현대판으로 귀결되었다. 전향하지 않은 자는 하지 않아서 감시하고, 전향한 자는 그것이 사실인지 의심스러워 감시해야 했다.[249] 일제는 치안유지법을 통해 지식인과 사상가, 민족해방을 갈구한 조선인들에게 전향자의 낙인을 찍어 사상적 양심적 파탄자로 사회적으로 사망 선고하였으며 주변 사람을 그 공포 분위기로 굴복시켰다. 이는 직접 단두대로 보내어 순교자를 만드는 것보다 훨씬 효과적이었다.[250]

국가보안법은 치안유지법과 같이 사상을 범죄시하는 법이다. 국가보안법 제3조는 반국가단체, 곧 '정부참칭' 또는 '국가변란'을 목적으로 하는 단체에 사람들이 모여 있는 것 자체를 처벌한다. 정부참칭과 국가변란이 무엇을 말하는지 판단할 기준이 정해져 있지 않으니, 정부참칭 또는 국가변란의 목적이란 추상적이고 모호한 것일 수밖에 없다. 만일 단체의 구성원이 살인, 강도, 방화 등 행위를 하면 제4조 목적수행죄로 처벌된다. 이에 비하여 제3조는 특정한 범죄 행동으로 나아가기 전, 조직을 구성하거나 가입하였을 뿐인 단계에서 구성·가입자 전원을 처벌한다. 지극히 추상적일 뿐만 아니라 포함하는 범위의 경계가 모호하기까지 한, 목적을 같이하는 사람들이 한 테두리 안에 함께 모여 있다는 이유로 처벌하는 것이다.

---

248 강성현e, 「'아카'(アカ)와 '빨갱이'의 탄생 - '적(赤-敵) 만들기'와 '비국민'의 계보학」, 240-241쪽.
249 한상범, 위의 책, 128-129쪽.
250 한상범, 위의 책, 150쪽.

단체 구성·가입이란 행동에 들어가지 않은 사상의 표현에 불과하다. 구체적이고 현실적인 위협을 가져오는 외부적 실천행위를 유발한다는 증명 없이 단체 구성 또는 가입만으로도 처벌해야 한다는 주장의 이유는, 사상이 같은 사람들이 모여 있으면 행동으로 옮길 가능성이 커진다거나 사상이 더 널리 퍼져나갈 수 있으므로 막아야 한다는 것밖에 없다. 그러나 사상이 퍼져나가는 것을 막겠다는 것은 각 개인이 자신들의 선택으로 특정 사상을 갖는 것 자체를 처벌하는 것이어서, 사상 형성의 자유 침해다. 어떠한 이유로도 정당화할 수 없다. 같은 사상을 지닌 사람들이 모이면 사상을 행동으로 옮길 것이 우려된다면, 행동으로 옮길 명백·현존 위험이 발생한 단계에서 규제하면 된다. 형법상 범죄단체조직죄가 바로 특정한 범죄를 실행할 것을 목적으로 하여 명백·현존 위험이 발생한 단계의 단체 구성 또는 가입을 처벌하는 규정이다. '국가변란'과 같은 추상적이고 모호한 목적을 가진 단체 구성이나 가입만으로는 명백·현존 위험이 발생한다고 할 수 없다. 제3조는 구체적인 범죄행동으로 나아가기 전 조직을 구성하거나 가입하는 단계에서 사상이 같다는 이유로 처벌하는 것이어서, 명백·현존 위험이 없는 사상 표현의 자유를 침해할 뿐만 아니라 사상 형성의 자유마저 침해한다.

사상 형성의 자유는 절대적으로 보장되어야 한다. 따라서 어떤 목적과 어떤 수단의 제한이든 사상 형성의 자유 제한은 위헌이다. 사상 형성의 자유를 침해하는 법률은 헌법 제37조 제2항의 비례심사를 거칠 필요도 없는 위헌법률이다. 국가보안법 제3조는 사상 형성의 자유를 침해하는 위헌 조항이므로 즉각 폐지되어야 한다.

4. 명백·현존 위험 없어도 처벌

(1) 결사의 자유의 내용과 제한 법리

헌법 제21조[251]는 표현의 자유의 하나로 결사의 자유를 보장한다. 자유권규약 제22조 결사의 자유에 대하여, 자유권규약위원회는 "정부나 사회 다수에 의해 지지를 받지 못하는 사상을 평화롭게 추구하는 결사를 포함하여 다수 결사의 존재와 활동이 민주사회의 기초 중의 하나"라고 명언하였다. 결사의 자유는 정신적 자유권으로서 다른 기본권에 비하여 우월적 지위를 갖는다. 모든 기본권의 제한은 헌법 제37조 제2항[252]에 따라 공공복리 등 필요한 경우에 한해 법률로만 가능하고 기본권의 본질적 내용을 침해할 수 없다. 또 "입법목적의 정당성과 그 목적달성을 위한 방법의 적절성, 입법으로 인한 피해의 최소성, 그리고 그 입법에 의해 보호하려는 공익과 침해되는 사익의 균형성"[253]을 모두 갖추어야 한다. 결사의 자유를 제한하려면 이에 더하여 구성요건의 명확성이 보장되어야 하고, 표현의 자유의 일환이므로 명백·현존 위험의 원칙이 적용되어야 한다.[254] 따라서 특정한 범죄행위를 구체적 목적으로 하여 명백·현존하는 위험을 발생시키는 경우를 제외하면, 조직구성만으로 처벌하는 것은 결사의 자유 침해다. 다음은 이 원칙에 따라 살펴본다.

---

251 헌법 제21조 ① 모든 국민은 언론·출판의 자유와 집회·결사의 자유를 가진다.

252 헌법 제37조 ② 국민의 모든 자유와 권리는 국가안전보장·질서유지 또는 공공복리를 위하여 필요한 경우에 한하여 법률로써 제한할 수 있으며, 제한하는 경우에도 자유와 권리의 본질적인 내용을 침해할 수 없다.

253 헌법재판소 1993. 12. 23. 선고 93헌가2 결정, 헌법재판소 1997. 3. 27. 선고 94헌마196 등 결정, 헌법재판소 2003. 6. 26. 선고 2001헌바31 결정.

254 결사의 자유 일반론에 대해서는 민주사회를 위한 변호사모임, 『헌법 위의 악법』, 232-234쪽에 기술하였으므로 중복을 피하여 줄인다.

(2) 목적의 정당성

기본권 제한은 국가안전보장·질서유지·공공복리 목적을 위한 경우에만 정당화될 수 있다. 우선, 조직구성 자체를 처벌하는 것은 국가안전보장을 목적으로 한 것이라 할 수 없다. 미국 연방대법원은 미국 공산당이 이론적으로뿐만 아니라 실제로 무력과 폭력으로 정부를 전복하려고 했다는 미국 연방의회의 결정을 수용하였지만, 그 정당에 소속되었다는 것을 이유로 한 권리침해는 불허하였다. 곧, 연방대법원은 미국 공산당이 세계 공산주의자 운동 – 공산주의자 일당 독재를 실현하기 위해 필요한 간첩, 파괴행위, 테러리즘을 이용하려는 운동 – 의 통제, 지시, 훈련 아래 행동했고, 필요하다면 무력으로 현존하는 정부를 전복하려고 시도한 공산주의자 행동 조직이었다는 의회의 결정을 받아들였다. 그러나 미국 연방대법원은 수정헌법 제1조는 그 정당의 불법 목적을 공유하지 않는 한 그 정당에 소속된 미국인의 권리를 보호한다고 판시[255]하였다. De Jonge 사건에서 "정당의 목적에도 불구하고, 피고는 여전히 그의 개인적인 언론자유의 권리와 적법한 목적을 가진 평화 집회에 참여할 권리를 갖고 있다"는 이유로 공산당 모임에 참여하여 도와준 행위를 처벌할 수 없다고 한 것이다. 개별적인 행동에 대해 불법적인 목적을 공유해야만 처벌할 수 있을 뿐, 무력으로 정부를 전복하고자 하는 목적을 표명한 정당에 가입했더라도 그것만으로는 그 구성원인 개인을 처벌할 수 없다는 것이다.

한편 미국은 고의로 외국 테러리스트 조직에게 실질적인 지원이나 자원을 제공하는 행위를 연방범죄로 정하고 처벌하는데, 해당 법률에 대하여 미국 정부는 "(외국 테러단체로 지정된 조직의) 단원이 되는 것을 막지

---

255 장주영, 『미국 수정헌법 제1조와 표현의 자유 판결』, 육법사, 2015, 308쪽.

않고 그에 대해 어떤 제재도 과하지 않는다."[256]는 입장을 표명하였다. 국가안보를 위해 조직의 활동을 제한할 필요가 있다 하더라도, 결사 자체로 처벌하는 것은 정당한 국가안보 목적을 위한 것으로 볼 수 없다는 것이다.

또한, 법률의 목적은 그 법률에 형식적으로 적시된 입법목적만을 가지고 판단하여서는 안 되고, 그 법률이 만들어진 배경과 과정 그리고 그 법률이 실제로 사용된 방식 등을 토대로 실질적으로 판단하여야 한다. 법률에 쓰인 입법목적은 그럴듯해 보이더라도, 법이 실제로 쓰이면서 나타나는 효과는 형식적 입법목적과 전혀 다를 수 있기 때문이다.

제정 법률에서 반국가단체 구성죄의 입법목적이 실제로는 이승만 정부의 단정수립에 반대하고 민족통일정부수립을 주장하는 중도파를 포함한 단체들을 말살하기 위한 것이었음은 역사적으로 분명하다. 그 뒤로도 제3조의 실질적 입법목적은 반민주적 독재정권을 비판하는 단체들을 붕괴시키고 그 구성원들을 중형으로 처벌하여 민주화통일운동을 억압하기 위한 것이었다. 남북이 유엔에 동시 가입하고 남북기본합의서를 채택하고 민주화가 진전된 2000년대 중반 이후로는 제3조는 남북교류가 활발해진 상황에서도 국가보안법의 다른 조항들로 국민들의 자유로운 표현을 억누르고 탈북민들과 대북협력사업가들의 대북접촉을 처벌하는 전제로서 존재하고 있다. 결국 제3조의 실질적 목적은 반민주적 집권세력과 다른 사상 또는 정치적 의견을 가진 사람들에 대한 차별적 형사처벌을 위한 것으로, 목적의 정당성을 갖추지 못했다.

---

256 장주영, 위의 책, 290쪽.

(3) 수단의 적합성

수단의 적합성이란 기본권을 제한하는 법률이 기본권 제한의 목적을 달성하는 데 유효한 수단인 것을 의미한다. 헌법재판소는 수단의 적합성에 대하여 "우리 재판소가 방법의 적절성으로 심사하는 내용은 입법자가 선택한 방법이 최적의 것이었는가 하는 것이 아니고, 그 방법이 입법목적 달성에 유효한 수단인가 하는 점에 한정되는 것이다."라고 한다. 그러나 사상을 처벌하는 것이 국가안전보장에 유효한 수단이 되지 못한다는 점은 역사적으로 증명된 사실이다. 사상은 처벌한다고 없앨 수 없고, 결사를 구성하는 것도 억누른다고 하여 언제까지나 차단할 수 없다. 사상과 표현, 결사에 대해서는 명백·현존하는 위험이 없는 한 사상의 자유 시장에서 유통되게 하여 국민 다수의 검토와 토론을 거치게 하는 것이 가장 유효한 수단이다. 반민주적 집권세력이 수없이 국내의 민주화 통일운동 단체를 구성한 인사들을 반국가단체 구성으로 처벌하였지만, 결국 또 다른 단체들이 생겨났고 민주화운동을 통해 반민주적 세력은 권력을 제 손에서 놓아야만 했다. 반국가단체 구성죄 조항은 수단의 적합성을 충족하지 못한다.

(4) 피해의 최소성

피해의 최소성 원칙은 입법권자가 선택한 기본권의 제한조치가 입법목적 달성을 위하여 적절한 것일지라도, 완화된 수단이나 방법을 모색함으로써 그 제한을 필요 최소한의 것이 되게 하여야 한다는 것을 말한다. 기본권 행사 '방법'을 제한할 수 있는데도 기본권 행사의 '여부'를 제한한 경우, '임의적 규정'으로 입법목적을 달성할 수 있는데도 '필요적 규정'을 둔 경우, 국민에게 의무를 부과하지 않고 목적을 달성할 수 있는데도 의무를 부과한 경우 피해의 최소성이 부정된다.

자유권규약 제6조 생명권에 관한 자유권규약위원회의 일반논평 36호 (2019년)[257] 36문단은, 어떠한 경우라도 정치적 반대 집단 구성에 대해 사형을 유지하는 당사국은 자유권규약을 위배하는 것이라고 명언한다. 국가보안법 제3조 제1항 반국가단체 구성죄에 사형을 법정형으로 한 것은 자유권규약 위배로, 피해의 최소성 요구에 완전히 어긋난다.

폭동 실행을 처벌하는 내란죄 법정형과 비교하면, 국가보안법 제3조가 지나치게 무거운 형벌을 부과하고 있음이 뚜렷이 드러난다. 형법 제87조 내란죄는 국토를 참절하거나 국헌을 문란할 목적으로 폭동 행위를 한 경우를 처벌하는데, 단순 참여자도 5년 이하의 징역이나 금고에 처한다. 그런데 국가보안법 제3조는 폭동의 실행행위도 없고 구체적 실행계획도 없는 단체 구성만으로도 단순 가입자까지 2년 이상의 징역에 처해 내란죄보다 무겁게 벌한다. 더구나 국가보안법 제3조 제5항은 반국가단체 구성에 이르지 않은 예비·음모에 대해서도 단순 가입자를 10년 이하의 징역에 처하여, 내란죄를 실행한 때보다 중하게 벌한다. 국가보안법 제3조는 형이 지나치게 무거워 피해의 최소성을 충족하지 못한다.

---

257 General comment No. 36 Article 6: right to life, 2019
36. Under no circumstances can the death penalty ever be applied as a sanction against conduct the very criminalization of which violates the Covenant, including adultery, homosexuality, apostasy, establishing political opposition groups or offending a head of State. States parties that retain the death penalty for such offences commit a violation of their obligations under article 6, read alone and in conjunction with article 2 (2) of the Covenant, as well as of other provisions of the Covenant.
어떠한 경우라도, 간통, 동성애, 배교背敎, 정치적 반대 집단 구축, 국가원수모독 등과 같은 행위를 범죄로 취급하는 것은, 동 규약을 위반하는 것이므로 사형제도를 적용시킬 수 없다. 그러한 범죄에 사형을 유지하는 당사국은 동 규약 제6조에 따른, 또는 제6조를 제2조 2항과 연계하여 해석할 경우에 따른 의무와 동 규약의 기타 조항에 명시된 의무를 위반하는 것이다.

(5) 법익의 균형성

법익의 균형성은 기본권을 제한하지 않음으로써 침해되는 공익과 기본권을 제한함으로써 침해되는 사익을 비교형량하여 판단한다. 기본권을 제한하지 않음으로써 침해되는 공익이 더 크거나, 공익과 사익 사이의 균형이 이루어지는 경우에는 법익의 균형성이 인정된다. 그러나 보호하고자 하는 공익이 매우 중요한 경우에도 그 공익에 대한 침해의 가능성이 희박한 상황에서는 그에 대응하는 사익이 보호되어야 한다.[258] 여기에 기본권을 제한함으로써 침해되는 공익도 함께 계량하여야 한다. 제3조는 수괴에게는 사형이라는 중형을 과하여 사상의 자유와 결사의 자유를 극단적으로 침해하고, 사회 구성원 전체에게 심각한 위협을 가한다. 그로 인하여 사회전체 구성원의 사상과 결사의 자유가 극도로 위축되는 결과를 가져온다. 1990년대 들어 제3조가 적용된 국내 반국가단체들은 그 규모도 크지 않고 실제 정부를 전복하는 등의 행동으로 들어갈 가능성도 거의 없어, 이들을 처벌하여 보호되는 공익에 비하여 침해되는 사익과 공익이 너무 크므로, 제3조는 법익의 균형성도 충족하지 못한다.

5. 학술회의 개최도 지도적 임무 종사로 기소

제3조 제1항 제2호의 '기타 지도적 임무에 종사한 자'로 기소된 송두율 교수 사건에서, 법원은 위 부분이 명확성의 원칙에 위배되지 않는다고 하였다. "제3조 제1항의 '간부'라 함은 반국가단체 안에서 일정한 지위를 가

---

258 헌법재판소 2008. 7. 31. 선고 2004헌마1010 결정.

지고 수괴를 보좌하여 그 단체의 목적을 수행하기 위한 활동의 전부 또는 일부를 지휘하는 자를 일컫는 것이고, '기타 지도적 임무에 종사한 자'라 함은 반국가단체 안에서의 지위 여하를 막론하고 실제에 있어서 반국가단체의 이념 및 정책에 따라 해당 조직원을 지도하거나 반국가단체의 존립 및 목적달성에 긴요한 업무를 수행하는 등 반국가단체의 조직과 활동에 있어서 실질적으로 중요한 역할을 하는 자라고 할 것이므로, 위와 같이 합리적으로 해석하는 한 그 적용단계에서 그 각 개념이 죄형법정주의의 본질적 내용인 명확성의 원칙을 침해하는 것으로 볼 수 없"[259]다는 이유다. 또 "반국가단체의 조직 형태, 직위, 명칭 등의 다양성, 가변성에 비추어 이를 더 구체화하는 것은 입법기술상 현저히 곤란하기 때문에 이를 가지고 명확성 원칙에 위배된다고 할 수 없다."[260]는 것이다.

그러나 '간부'의 범위가 명확지 않다는 점은 국가보안법 제정 당시 정부의 입장에 나서서 발언한 권승렬 검찰총장도 시인한 바다. "그다음에 「죄에 의하여 처벌한다. 수괴와 간부는 무기, 3년 이상의 징역 또는 금고에 처한다.」 그랬는데 간부라고 하면 말은 됩니다. 그러나 간부라는 범위는 명백치 않습니다. (중략) 간부라는 글자가 제재법으로서 조금 이상한 느낌이 있습니다."[261]

'지도적 임무 종사'의 범위 또한 모호하다. 송두율 교수 사건은 학문연구 목적의 공개적인 저술활동과 남북한 사이의 평화적 통일을 위한 민간교류 증진과 화해분위기 조성에 기여한 남북 해외 학자들 간의 학술회의를 반국가단체 지도적 임무 종사로 몰아 기소하고 1심 유죄판결까지 나온 것으로 중대한 사회 문제가 되었다. 제3조 제1항의 '지도적 임무 종사'가

---

259 서울고등법원 2004. 7. 21. 선고 2004노827 판결.
260 헌법재판소 2008. 7. 31. 선고 2004헌바28 전원재판부 결정 중 법원의 위헌제청신청 기각 이유.
261 국회속기록-제헌국회 1회 제99차 본회의(1948. 11. 9.), 18쪽, 권승렬 검찰총장 발언.

반국가단체의 운영에 관한 특정 업무를 넘어 학문 활동까지 포괄하는 것으로 본 것이다. 이는 학문의 자유에 대한 중대한 제한이 될 수 있다. 제3조 제1항 '간부 기타 지도적 임무 종사' 부분은 개념이 지나치게 포괄적이고 모호하여 다의적으로 해석될 우려가 있어 명확성 원칙에 위배된다.

제4조 목적수행 – 간첩 만들어내기

제4조(목적수행) ① 반국가단체의 구성원 또는 그 지령을 받은 자가 그 목적수행을 위한 행위를 한 때에는 다음의 구별에 따라 처벌한다.

1. 형법 제92조 내지 제97조·제99조·제250조 제2항·제338조 또는 제340조 제3항에 규정된 행위를 한 때에는 그 각 조에 정한 형에 처한다.

2. 형법 제98조에 규정된 행위를 하거나 국가기밀을 탐지·수집·누설·전달하거나 중개한 때에는 다음의 구별에 따라 처벌한다.

가. 군사상 기밀 또는 국가기밀이 국가안전에 대한 중대한 불이익을 회피하기 위하여 한정된 사람에게만 지득이 허용되고 적국 또는 반국가단체에 비밀로 하여야 할 사실, 물건 또는 지식인 경우에는 사형 또는 무기징역에 처한다.

나. 가목 외의 군사상 기밀 또는 국가기밀의 경우에는 사형·무기 또는 7년 이상의 징역에 처한다.

3. 형법 제115조·제119조 제1항·제147조·제148조·제164조 내

지 제169조·제177조 내지 제180조·제192조 내지 제195조·제
207조·제208조·제210조·제250조 제1항·제252조·제253조·
제333조 내지 제337조·제339조 또는 제340조 제1항 및 제2항
에 규정된 행위를 한 때에는 사형·무기 또는 10년 이상의 징역
에 처한다.

4. 교통·통신, 국가 또는 공공단체가 사용하는 건조물 기타 중요시
설을 파괴하거나 사람을 약취·유인하거나 함선·항공기·자동
차·무기 기타 물건을 이동·취거한 때에는 사형·무기 또는 5년
이상의 징역에 처한다.

5. 형법 제214조 내지 제217조·제257조 내지 제259조 또는 제
262조에 규정된 행위를 하거나 국가기밀에 속하는 서류 또는 물
품을 손괴·은닉·위조·변조한 때에는 3년 이상의 유기징역에 처
한다.

6. 제1호 내지 제5호의 행위를 선동·선전하거나 사회질서의 혼란을
조성할 우려가 있는 사항에 관하여 허위사실을 날조하거나 유포
한 때에는 2년 이상의 유기징역에 처한다.

② 제1항의 미수범은 처벌한다.

③ 제1항 제1호 내지 제4호의 죄를 범할 목적으로 예비 또는 음모
한 자는 2년 이상의 유기징역에 처한다.

④ 제1항 제5호 및 제6호의 죄를 범할 목적으로 예비 또는 음모한
자는 10년 이하의 징역에 처한다.

"나는 지금도 하얀 쪽지만 보면 무서워."[262]

1. 간첩과 국가기밀

(1) '간첩 잡는 게 국정원'

'간첩間諜'이란 '스며들어 말을 전한다'는 한자어에서 유래했다. 말 그대로 '적지에 잠입해 틈새를 보아, 적의 상황을 염탐하여 보고하는 자'다.[263] 1907년 헤이그 만국평화회의에서 체결한 14개 협약 중 하나인 「육전의 법 및 관습에 관한 협약」 제2장에 등장하는 '간첩' 개념은 '교전자의 작전 지역 내에서 상대 교전자에게 전달할 의사를 가지고 은밀히 또는 허위의 구실 하에 행동하여 정보를 수집하거나, 수집하려는 자'[264]로서, 교전행위

---

262 송씨일가 간첩단 사건에 연루된 김춘순이 2006년 국정원과거사건진실규명을통한발전위원회와 면담하면서 한 말. 1982. 9. 10. 안기부는 재북간첩 송창섭에게 포섭된 일가친척들이 간첩 지하망을 구축해 25년간 장기암약하며 대학생들과 근로자들의 대정부투쟁을 선동했다고 발표했다. 김춘순은 송창섭의 6촌동생 송기섭의 처로, 안기부에 불법구금되어 가혹행위를 당했고, 회합·통신 혐의로 징역 1년 집행유예 2년 및 자격정지 1년을 선고받았다. 김춘순은 안기부에서 조사받을 때 하얀 쪽지가 들어오면 "다른 사람은 이렇게 얘기했는데 너는 왜 얘기 안 하냐" 하며 혼이 났다며, 허위진술을 강요당한 심정을 위와 같이 표현하며 몸을 떨었다. 국정원과거사건진실규명을통한발전위원회b, 『과거와 대화 미래의 성찰 – 학원·간첩편(VI)』, 국가정보원, 2007, 647쪽.

263 김연철a, 『냉전의 추억』, 후마니타스, 2009, 89쪽.

264 육전의 법 및 관습에 관한 협약(헤이그 제2협약, 1899. 7. 29. 작성)(Convention with Respect to the Laws and Customs of War on Land (Hague II)) [다자조약, 제886호, 1986. 8. 8. 발효]의 협약부속서 육전법 및 관습에 관한 규칙
제2장 간첩
제29조 교전자의 작전지역 내에서 상대 교전자에게 전달할 의사를 가지고 은밀히 또는 허위의 구실하에 행동하여 정보를 수집하거나, 수집하려는 자만이 간첩으로 인정될 수 있다. 그러므로 변장하지 않은 군인으로서 정보를 수집하기 위하여 적군의 작전지역 내에 진입한 자는 간첩으로 인정되지 아니한다. 또한 군인이건 민간인이건 자국군 또는 적군에 송부되는 전보를 전달하는 임무를 공공연히 이행하는 자도 간첩으로 인정되지 아니한다. 전보를 전달하기 위하여 또한 모든 군 또는 지방의 각 부대 간의 연락을 유지하기 위하여 경기구로 파견된 자도 이와 같다.

의 일부를 수행하는 자로 인정되며, 일단 소속군에 복귀하면 이후 체포되더라도 이전의 행위에 대해 어떤 책임도 지울 수 없고 포로로 취급되는 국제인도법의 적용대상이다.

그러나 한국 사회에서 '간첩'은 국제인도법의 인식과는 달리 국가공동체에 은밀히 침투하여 안보를 훼손하고 부지불식간에 국가를 무너뜨리는 혐오스러운 존재로 받아들여졌다. 5·16쿠데타로 집권한 박정희는 1961년 7월 "국가와 국민의 마음을 좀먹는 공산 분자에 의한 간접침략"을 경고[265] 했다. 간접침략은 국가와 국민을 직접적으로 공격하는 것이 아니라 눈에 보이지 않게 좀먹는 것이기에 예측 곤란하고 더 위험한 것으로 표현되었다. 체제 전체를 약화시키기 위한 심리사상전이 광의의 간접침략이라면, 간첩은 협의의 간접침략 전술[266]의 대명사였다. 수사권 남용과 가혹행위를 서슴지 않았던 공안수사기관의 명분도 간첩을 잡아내야 한다는 것이었다. "간첩 잡는 게 국정원"[267]이라는 익숙한 언술은 바로 2021년 문재인 정부의 국정원장에게서도 되풀이되고 있다. 하지만 한국현대사에서 중앙정보부와 안기부, 국정원, 국군기무사령부와 경찰대공분실로 이어지는 공안수사기관들은 줄곧, 간첩을 만들어내는 곳, '간첩공장'이었다.

제30조 행위 중 체포된 간첩은 재판에 회부되지 아니하고서는 처벌될 수 없다.
제31조 일단 소속 군에 복귀한 후에 나중에 적에게 잡힌 간첩은 포로로서 취급되어야 하며, 이전의 간첩행위에 대하여는 어떠한 책임도 지지 아니한다.

265 박정희, 「예비검속자 제헌절 출감조치에 대한 담화」, 1961. 7. 17., 『박정희대통령 연설문집 1집 최고회의편』, 대통령 비서실, 1973, 15쪽.
266 황병주, 「1960-70년대 간첩 담론」, 《사학연구》 제138호, 한국사학회, 2020. 6., 88-89쪽.
267 조선일보, 2021. 6. 24., 「박지원 "간첩 잡는 게 국정원, 국보법 폐기 안 돼"」

(2) 조직구성 처벌에서 간첩 처벌로

형법 제98조에 간첩죄가 있는데도 국가보안법이 '간첩 잡는 법'으로 자리 잡으며 국가기밀 탐지·누설을 주요 처벌 대상의 하나로 한 것은 1958년 개정 시부터다. 1948년 제정 국가보안법은 정부참칭 또는 국가변란 목적의 조직구성을 처벌하는 데 집중되어 있었다. 파괴행동 등을 직접 처벌하는 규정은 들어있지 않았고, 제3조[268]에서 반국가단체의 목적 또는 그 지령으로 '그 목적한 사항의 실행을 협의선동 또는 선전'한 경우를 처벌하는 규정만을 두었을 뿐이다. 1925년 치안유지법 제정법률 내용도 그러하였다.

그런데 1949년 개정 국가보안법은 제3조[269]에 '목적수행을 위한 행위'를 처벌 대상으로 추가한다. 1928년 개정 치안유지법을 옮겨온 것[270]이다. 1928년 개정 치안유지법상 '목적수행' 신설[271]은, 일제 사법당국에 검거된 피의자들 대다수가 공산당 당적黨籍이 없어 치안유지법 제정법으로는 처벌할 수 없자, 결사의 정식 조직원이 아니더라도 혐의가 있는 관계자들을 처벌하기 위한 것[272]이었다. 일제 사상계 검사와 판사들은 식민통치 마지

---

268 국가보안법 [법률 제10호, 1948. 12. 1., 제정] 제3조 전2조의 목적 또는 그 결사, 집단의 지령으로서 그 목적한 사항의 실행을 협의선동 또는 선전을 한 자는 10년 이하의 징역에 처한다.

269 국가보안법 [법률 제85호, 1949. 12. 19., 전부개정] 제3조 전2조의 결사 또는 집단의 지령이나 전2조의 목적을 지원할 목적으로서 그 목적사항의 실행을 협의, 선동 또는 선전하거나 그 목적수행을 위한 행위를 한 자는 10년 이하의 징역에 처한다.

270 강성현b, 「한국전쟁 전 정치범 양산 '법계열'의 운용과 정치범 인식의 변화」, 《사림》 제36호, 수선사학회, 2010, 80쪽.

271 치안유지법 [昭和3년(1928년) 6월 29일 긴급칙령(129호)에 의하야 개정] 제1조 ① 국체를 변혁함을 목적하고 결사를 조직한 자나 결사의 역원役員 기타 지도자의 임무에 종사한 자는 사형이나 무기 혹은 5년 이상의 징역이나 금고에 처하며 정을 알고 결사에 가입한 자 또는 결사의 목적을 수행하려는 행위를 한 자에 2년 이상의 징역이나 금고에 처함.
② 사유재산제도를 부인함을 목적하고 결사를 조직한 자나 정을 알고 결사에 가입한 자 혹은 결사의 목적을 수행하려고 행위를 한 자는 10년 이상의 징역이나 금고에 처함. 전 2항의 미수죄는 차를 벌함.
《조선총독부관보》 제454호, 1928. 7. 4.

272 강성현b, 「한국전쟁 전 정치범 양산 '법계열'의 운용과 정치범 인식의 변화」, 101쪽; 전명혁, 「1920년대 '사

막까지도 '목적수행' 문구를 근거로 사상범을 만들고 탄압해왔다.[273] 일제의 치안유지법을 통한 사상범 탄압 방식을 답습하여 국가보안법을 운용한 공안당국은 1949년 국가보안법 개정 이전에 이미 '목적수행을 위한 행위'를 처벌 대상으로 삼아[274] '제1조나 제2조의 처벌망으로도 어떻게 할 수 없는 자, 즉 비결사원·비집단원'[275]도 처벌해오다가, 1949년 개정 시 삽입하여 법률적 근거를 분명히 한 것이다. 이때까지 국가보안법이 처벌한 '목적수행'은 살인, 방화, 파괴행위 등이었다.

1953년 정전협정 체결 직전 형법 제정과 함께 폐지될 운명이었던 국가보안법은 이승만 정부 아래에서 1958년 대폭 개정되면서 본격적으로 정권유지 수단으로 작동하기 시작한다. 1958년 개정 국가보안법[276]은 '목적수행' 용어는 쓰지 않으면서 제10조(살상, 방화, 소요, 중요시설 등 손괴)부터 제17조(약속, 협의, 선동, 선전 등)에 이르기까지 행위에 대한 처벌규정을 두었다. 그 내용은 대체로 현행 국가보안법 제4조에 열거된 것과 유사하다. 특기할 것은 제4조, 제5조로 '국가기밀'을 정의하고, 제11조에서 '국가기

상사건思想事件'의 치안유지법 적용 및 형사재판과정」,《역사연구》제37호, 역사학연구소, 2019, 417-418쪽.

273 강성현b,「한국전쟁 전 정치범 양산 '법계열'의 운용과 정치범 인식의 변화」, 102쪽.

274 국가보안법상 '목적수행을 위한 행위' 삽입 이전인 1949년 8월 출간된 오제도,『국가보안법 실무제요』초판본에도 '목적수행'이라는 용어는 여기저기에서 등장한다. 단체의 구성목적이 정부참칭이나 변란야기가 아니더라도, '수행한 행위'를 통해 '내포한 의도(목적)'를 판단하고 정부참칭·변란야기 단체와 같이 '단속'하겠다는 방침을 법무부 장관과 서울지검장, 사상검사들이 세웠다는 것이었다. 오제도 검사는 "당시 이인 법무부 장관, 최대교 서울지방검찰청 검사장 및 대부분의 검사들은 당초에 합법적으로 공연히 조직 결성한 결사집단이라도 그 후 그 내포한 의도를 달성하기 위해 수행한 행위가 국헌을 위배하여 국가변란을 야기케 한 이상 본법 입법정신으로 보아 당연히 단속대상이 되며"라고 쓴다. 또 "결사는 사실상 정치결사를 의미하며 정당(남·북로당이 이에 해당)을 지칭하고, 집단은 남로당 산하단체 및 좌익계사회단체를 지칭한다."고 설명한다. 오제도, 위의 책, 54쪽. 오제도 검사에 따르면,『국가보안법 실무제요』는 1948. 12. 27. 전국검찰감독관회의에 제출했던「諸問答申案」을 기초로 작성한 것이다. 그는 이 답신안을 중심으로 감독관회의에서 논의된 문제를 정리하고 그 이후 헌병학교, 경찰학교, 각 경찰서에서 교양하고 다닌 내용을 정리해서 위 책을 썼다고 밝히고 있다. 동아일보, 1976. 6. 19., 오제도,「그때 그 일들⑦」(강성현d,「한국의 국가 형성기 '예외상태 상례'의 법적 구조」, 102쪽에서 재인용).

275 오제도, 위의 책, 67쪽.

276 1958년 개정 국가보안법은 조문이 대폭 늘어나고 표현의 자유 침해를 강화하여 신新국가보안법이라고 불렸다.

밀 탐지 등'을 처벌 대상으로 명시한 것이다.[277] 제4조는 국가기밀을 군사상 측면뿐 아니라 정치, 경제, 사회, 문화 전 영역의 이익 측면에서 정의하였다. 법제처는 "이렇게 국가기밀의 개념을 넓혀야만 총력전화總力戰化한 현대의 간첩개념에 적응할 수 있다"[278]고 해설하였다.

또 제11조는 국가기밀 탐지, 수집, 누설 또는 그 방조에 대해서까지 법정형을 사형 또는 무기징역으로 하여, 제10조에서 제17조 행위에 대한 처벌규정 가운데 형량이 가장 높았다. 반국가단체의 수괴 또는 간부, 군사단체의 수괴에 대한 법정형이 사형 또는 무기징역이었던 것과 비교하면, 1958년 개정 국가보안법에 이르면 간첩이 국가보안법의 핵심 처벌 대상으로 떠올랐음을 알 수 있다. 국가보안법 제정 직후와 달리 파괴행위가 더이상 발생하지 않는 상황에서, 국가보안법상 목적수행의 핵심 내용이 살인, 방화, 파괴행위 등으로부터 사회 전 영역의 국가기밀 탐지·누설로 옮겨간 것이다. 지금도 간첩은 반국가단체의 구성원 또는 그 지령을 받은 자의 '국가보안저해행위' 중 가장 중요한 범죄[279]로 취급된다.

"목적수행" 용어는 1960년 개정 시 제2조, 제3조[280]로 다시 들어온다.

---

277 국가보안법 [법률 제500호, 1958. 12. 26., 폐지제정] 제4조(용어례) 본법에서 국가기밀이라 함은 정치, 경제, 사회, 문화, 군사 등 국가방위상의 이익을 위하여 외국정부와 적에게 기밀로 보지保持할 것을 요하는 문서, 도화 기타의 물건, 사실 또는 정보를 말한다.
제5조(동전) 본법에서 적이라 함은 군사행동을 취하거나 또는 기도하는 제6조 내지 제8조에 규정된 결사, 집단 또는 단체를 말한다.
제11조(국가기밀의 탐지, 수집, 누설 등) ① 적을 이롭게 할 목적으로 국가기밀을 탐지 또는 수집하거나 이를 방조한 자는 사형 또는 무기징역에 처한다.
② 적을 이롭게 할 목적으로 국가기밀을 누설한 자도 전항의 형과 같다.
278 이종득, 「국가보안법등」, 법제처, 법령해설(1959. 12. 26. 법률 제500호로 폐지제정된 국가보안법에 대한 해설)
279 황교안, 위의 책, 92쪽.
280 국가보안법 [법률 제549호, 1960. 6. 10., 전부개정] 제2조(군사목적수행) 반국가단체의 구성원 또는 그지령을 받은 자가 그 목적수행을 위하여 형법 제92조 내지 제99조에 규정된 행위를 한 때에는 그 각 조에 규정된 형에 처한다.
제3조(일반목적수행) 반국가단체의 구성원 또는 그 지령을 받은 자가 그 목적수행을 위한 행위를 할 때에는 다음의 구별에 따라서 처벌한다.
1. 국가기밀의 탐지, 수집이나 누설 또는 폭발물 사용의 행위를 한 때에는 사형 또는 무기징역에 처한다.

1960년 개정 국가보안법은 형법 제98조 간첩을 군사목적수행으로 처벌하고, 별도로 일반목적수행으로는 국가기밀 탐지, 수집 또는 누설을 처벌하였다. 형량도 달라서 군사목적수행인 간첩은 사형, 무기 또는 7년 이상의 징역이었고, 일반목적수행 중 국가기밀 탐지 등은 사형 또는 무기징역이었다. 이렇게 법정형이 서로 달랐으므로 부득이 양자를 구분하는 이론과 판례[281]가 생겼으나, 실상은 그 구분이 애매하였다.[282]

1961년 5·16쿠데타로 집권한 박정희 정부가 6월 22일 특수범죄처벌에 관한 특별법을 만들면서 '목적수행'은 기존 국가보안법보다 더 처벌 대상을 넓힌다. 국가보안법이 반국가단체의 구성원 또는 그 지령을 받은 자의 목적수행만을 처벌하던 것과 달리, 특수범죄처벌에 관한 특별법 제6조는 정당, 사회단체의 주요 간부의 지위에 있는 자가 반국가단체의 이익이 된다는 정을 알면서 그 단체나 구성원의 활동을 찬양, 고무, 동조하거나 기타 방법으로 목적수행을 위한 행위를 한 경우를 모두 처벌해, '목적수행'의 개념 자체를 무한정 확대했다. 더구나 3년 6월을 소급해 적용했다.[283] 쿠데타 이후 입법부와 행정부의 권한을 모두 국가재건최고회의로

---

2. 살인, 방화, 일수나 통화의 위조 동행사의 행위를 한 때에는 사형, 무기 또는 10년 이상의 징역에 처한다.
3. 교통, 통신, 국가나 공공단체가 사용하는 건조물 기타 중요시설의 파괴, 강도, 략취나 유인, 함선, 항공기, 자동차, 무기, 기타 물건의 이동이나 취거의 행위를 한 때에는 무기 또는 5년 이상의 징역에 처한다.
4. 소요, 상해, 국가기밀에 속하는 서류나 물품의 손괴, 은닉, 위조, 변경, 국가기밀의 전달이나 중개, 위조통화의 취득의 행위를 한 때에는 2년 이상의 유기징역에 처한다.
281 1960년 개정 국가보안법 제2조 군사목적수행과 제3조 일반목적수행의 처벌대상을 구별하는 판례로는, 군사상 기밀과 기타의 비군사적 국가기밀을 구분해 제3조의 국가기밀은 비군사적 국가기밀을 뜻한다고 해석하는 입장(대법원 1969. 9. 23. 선고 68도1219 판결), 제3조의 국가기밀은 제2조의 국가기밀보다 고도의 국가기밀을 뜻한다고 해석하는 입장(대법원 1974. 7. 26. 선고 74도1477 판결)이 있었다.
282 황교안, 위의 책, 77쪽.
283 특수범죄처벌에 관한 특별법 [시행 1957. 12. 21.] [법률 제633호, 1961. 6. 22., 제정] 제6조(특수반국가행위) 정당, 사회단체의 주요간부의 지위에 있는 자로서 국가보안법 제1조에 규정된 반국가단체의 이익이 된다는 정을 알면서 그 단체나 구성원의 활동을 찬양, 고무, 동조하거나 또는 기타의 방법으로 그 목적수행을 위한 행위를 한 자는 사형, 무기 또는 10년 이상의 징역에 처한다.
부칙 〈법률 제633호, 1961. 6. 22.〉
본법은 공포한 날로부터 3년 6월까지 소급하여 적용한다.

빼앗아오기 위해 만든 국가재건비상조치법상 형사법의 소급입법이 가능하도록 한 규정[284]에 근거해서다. 특수범죄처벌에 관한 특별법상 규정은 열흘 뒤인 7월 3일 제정 시행된 반공법에서 찬양·고무죄를 처벌 대상으로 하는 것으로 이어진다. 목적수행 처벌 조항들은 1980년 개정 시 제4조[285]로 합쳐진 뒤, 처벌 대상에 전달, 중개도 포함하여 확대하고, 1991년 기밀 누설 시 중요도에 따라 형량을 다르게 정하여 지금에 이르고 있다.

(3) 간첩과 국가기밀 탐지 등, 같은가 다른가

국가보안법 제4조는 많은 행위유형들을 규정하지만, 제4조 제1항 제1

---

284 국가재건비상조치법 [국가재건최고회의령 제42호, 1961. 6. 6., 제정] 제22조(특별법, 혁명재판소와 혁명검찰부) ① 국가재건최고회의는 5·16군사혁명 이전 또는 이후에 반국가적 반민족적 부정행위 또는 반혁명적 행위를 한 자를 처벌하기 위하여 특별법을 제정할 수 있다.
② 전항의 형사사건을 처리하기 위하여 혁명재판소와 혁명검찰부를 둘 수 있다.
제24조(헌법과의 관계) 헌법의 규정 중 이 비상조치법에 저촉되는 규정은 이 비상조치법에 의한다.
285 국가보안법 [법률 제3318호, 1980. 12. 31., 전부개정] 제4조(목적수행) ① 반국가단체의 구성원 또는 그 지령을 받은 자가 그 목적수행을 위한 행위를 한 때에는 다음의 구별에 따라 처벌한다.
1. 형법 제92조 내지 제97조·제99조·제250조 제2항·제338조 또는 제340조 제3항에 규정된 행위를 한 때에는 그 각조에 정한 형에 처한다.
2. 형법 제98조에 규정된 행위를 하거나 국가기밀을 탐지·수집·누설·전달·중개하거나 폭발물을 사용한 때에는 사형 또는 무기징역에 처한다.
3. 형법 제115조·제147조·제148조·제164조 내지 제169조·제177조 내지 제180조·제192조 내지 제195조·제207조·제208조·제210조·제250조 제1항·제252조·제253조·제333조 내지 제337조·제339조 또는 제340조 제1항 및 제2항에 규정된 행위를 한 때에는 사형·무기 또는 10년 이상의 징역에 처한다.
4. 교통·통신, 국가 또는 공공단체가 사용하는 건조물 기타 중요시설을 파괴하거나 사람을 약취·유인하거나 함선·항공기·자동차·무기 기타 물건을 이동·취거한 때에는 사형·무기 또는 5년 이상의 징역에 처한다.
5. 형법 제214조 내지 제217조·제257조 내지 제259조 또는 제262조에 규정된 행위를 하거나 국가기밀에 속하는 서류 또는 물품을 손괴·은닉·위조·변조한 때에는 3년 이상의 유기징역에 처한다.
6. 제1호 내지 제5호의 행위를 선동·선전하거나 사회질서의 혼란을 조성할 우려가 있는 사항에 관하여 허위사실을 날조·유포 또는 사실을 왜곡하여 전파한 때에는 2년 이상의 유기징역에 처한다.
② 제1항의 미수범은 처벌한다.
③ 제1항제1호 내지 제4호의 죄를 범할 목적으로 예비 또는 음모한 자는 2년 이상의 유기징역에 처한다.
④ 제1항제5호 및 제6호의 죄를 범할 목적으로 예비 또는 음모한 자는 10년 이하의 징역에 처한다.

호, 제3호,[286] 제4호,[287][288] 제5호, 제6호가 적용된 경우는 드물다. 적용 사례의 대부분은 제1항 제2호 국가보안법상 간첩, 국가기밀 탐지 등이다. 국가보안법상 간첩은 반국가단체의 구성원 또는 그 지령을 받은 자가 그 목적수행을 위하여 형법 제98조에 규정된 간첩행위를 했을 때 적용된다. 제4조 제1항 제2호가 형법 제98조 간첩과 국가기밀 탐지 등을 별도의 구성요건으로 정하므로, 문언으로만 보면 간첩과 국가기밀 탐지 등은 서로 다른 범주의 것이다. 그런데 형법 제98조도 간첩을 처벌한다고만 할 뿐, 간첩의 행위가 무엇인지는 정하지 않는다. 이와 관련해, 간첩죄는 법정형이 매우 무거운 범죄인데도 법률에서 객관적 구성요건인 행위객체와 행위태양을 명확하게 정하지 않고 학설과 판례의 해석에 맡기는 것은 인권침해의 위험이 있고 명확성의 원칙이나 죄형법정주의에 반한다는 비판[289]이 있다.

이처럼 간첩이 무엇을 말하는지 법률 규정상 명확하지 않으니, 그 구체적인 기준은 판례에 맡겨진 결과가 되었다. "형법 제98조 제1항의 간첩이라 함은 적국이나 북한괴뢰집단의 지령 기타 의사 연락 하에 군사상 기밀

---

286 제4조 제1항 제3호 목적수행 살인 예비·음모로 처벌된 경우로는, 피고인이 2000년경 북한 국내에서 필로폰을 제조하면서 만난 인물로부터 2009년 9월에서 2010년 10월까지 탈북민 암살 지령을 수수하고 살인을 예비하였다고 처벌된 사례가 있다. 북한 영내에서 필로폰 제조에 가담한 사람이라면 북한 공작원 또는 그 지령을 받은 인물일 수밖에 없고 그가 체제선전을 위해 피고인을 데리고 다니기도 하였으니 피고인도 이를 알았을 것이라는 것이다. 서울중앙지방법원 2015. 9. 25. 선고 2015고합392 판결.

287 제4조 제1항 제4호 목적수행 유인죄로 처벌된 경우로는, 2001년 9월 일본에 어학연수 간 피고인이 2001년 12월 자신에게 호의를 베푸는 조총련 구성원을 알게 되어 교분을 맺게 된 후, 위 조총련 관계자로부터 "지인들을 데려오라"는 지령을 받고 9년 동안 3인의 동창생 등을 저렴하게 일본여행할 수 있다며 일본으로 오게 하여 조총련 관계자와 만나게 하고 북한체제를 선전하는 말을 하고 북한 찬양발언을 하는 등 포섭시도를 하여 유인하였다는 사례가 있다. 피고인은 이로 인하여 징역 3년 및 자격정지 3년을 선고받았다. 대전지방법원 2015. 11. 27. 선고 2015고합177 판결.

288 제4조 제1항 제4호 목적수행 유인 미수죄로 처벌된 경우로는, 피고인이 탈북 이전 2006년 4월경 북한에 거주할 때 다른 탈북민이 딸을 탈북시키려 하자 보위부에서 딸을 이용해 그 탈북민을 북한으로 납치·유인하려는데 가담했다가 실패하였다는 혐의로 탈북 후 처벌된 사례가 있다. 1심 수원지방법원 2014. 5. 16. 선고 2013고합846 판결, 2심 서울고등법원 2015. 2. 5. 선고 2014노1599 판결, 3심 대법원 2015. 5. 29. 선고 2015도2622 판결.

289 김호정, 「간첩죄 관련 형법 개정 방안」, 《외법논집》 제40권 제1호, 2016. 2., 61쪽.

사항을 탐지, 수집하는 것을 의미한다."[290]고 하여 간첩을 군사상 기밀탐지에 한정한 판례도 있다. 그러나 대법원 판례의 주류는 1958년 국가보안법에 국가기밀 탐지 등 규정이 만들어지기 이전부터 간첩을 정치, 경제, 사회, 문화 등 각 방면의 모든 국가적 기밀에 '확대하여 해석'하고 있었다.[291] [292] 1958년 국가보안법 개정에 대해 "종래 군사상의 기밀탐지만을 의미하던 간첩의 개념을 명확히 하여 적을 이롭게 할 목적으로 국가의 이익이 되는 모든 정보의 모집을 처벌하는 규정을 두어 총력전에 대비하였다."는 설명[293]이 있으나, 이는 이승만 정부가 내세운 한낱 겉치레였다는 비판이 있다. 이미 대법원이 간첩개념을 넓게 인정하여 군사 관련 이외의 일반적 기밀사항도 포함하고 있었기 때문[294]이다. 대법원은 '군사상 기밀'을 '국방정책상 모든 군사상 기밀'[295]로 보아 사실상 사회 모든 분야로 확대하였다. 간첩의 탐지, 수집 대상도 군사상 기밀에 한하지 않고 '국가기밀'도 포함한다고 하고, 이는 '국가정책상 모든 기밀'[296]로 확장 해석하였다. 결국 국

---

290 대법원 1978. 2. 28. 선고 77도3922 판결.

291 대법원 1957. 9. 20. 선고 4290형상228 판결 "형법 제98조 제1항의 간첩은 그 범위가 광범하여 전시의 군사상 기밀에 국한한 바 없고 특히 근세의 국제 동향이 자유진영 대 공산진영의 투쟁으로 대립되어 비록 무력전은 아니라 할지라도 공산진영은 항시 모략, 허위선전 등으로 간단없이 상대국을 사상전으로써 공략 제압하여 적화를 기도하고 있어 이 계획을 수행하려면 남한의 복구상태, 정치, 문화, 경제면의 동태, 사찰경찰의 동향, 괴뢰집단의 공작상 효과적인 기업체 운영에 필요한 기업의 종류 등을 탐지 수집함은 절대 필요사항이라 할 것이요, 괴뢰집단을 위하여 이를 수집함은 즉 형법 제98조 제1항의 간첩죄를 구성한다 해석함이 타당하다 할 것이다. 그렇지 않다 하더라도 현재와 같은 대공정세 하에 있어서는 군사상의 기밀과 국가 일반 정책하의 기밀의 한계는 이를 확연히 구별할 수 없다. 즉 양자가 불가분의 관계에 있어 간첩의 의의에 관하여 종래의 관념과는 그 양상에 변연이 있다."

292 대법원 1958. 9. 26. 선고 4291형상351 판결 "간첩의 개념과 그 범위가 종전의 세태와 정세의 변천과 발달에 따라 군사상 기밀에만 국한한 것이 아니고 군사상은 물론 정치, 경제, 문화, 사회 등 각 방면에 관한 국가적 기밀에 확대하여 해석할 것임은 소론과 같다 할 것이다."

293 문인구, 『신국가보안법개론』, 경찰도서출판협회, 1959, 3쪽, 69-70쪽.

294 박성호, 「국가보안법에 있어 '국가기밀'의 의미」, 《민주사회를 위한 변론》 통권 30호(1999년 6/7월호), 민주사회를 위한 변호사모임, 1999, 33쪽.

295 대법원 1983. 4. 26. 선고 83도416 판결은 "간첩죄의 군사상 기밀은 순전한 군사상 기밀에만 국한할 것이 아니고 정치, 경제, 사회, 문화 등 각 방면에 걸쳐 북한괴뢰집단의 지, 부지에 불구하고 우리나라 국방정책상 동 집단에 알리지 아니하거나 확인되지 아니함을 대한민국의 이익으로 하는 모든 군사기밀을 포함하고"라고 한다.

296 대법원 1985. 11. 12 선고 85도1939 판결은 "간첩죄의 국가기밀은 순전한 국가기밀에만 국한할 것이

가의 모든 기밀사항은 군사상 기밀[297]이 되고 만다. 국가보안법 제4조 제1항 제2호가 형법상 간첩과 국가기밀 탐지 등을 따로 정한 것도 동어반복이 되어버린다. 판례가 군사상 기밀과 국가기밀을 사실상 같게 보므로, 두 죄를 구별하는 것은 불필요하다[298]는 견해도 있다. 그러나 실제 사건에서는 국가보안법상 간첩과 국가기밀 탐지가 별도로 쓰이고 있어서, 수사기관의 임의적 선택에 따라 '간첩'과 '국가기밀 탐지 등' 죄명이 달리 붙는 것이 아닌지 의문이 있다.

아래에서는 간첩 사건 발생을 시대순으로 개괄하고, 배제와 말살, 사상전향공작 대상이 된 피해자들의 인간존엄 파괴 양상을 살펴본다. 이어 국가기밀의 범위와 알 권리 침해, 명확성의 원칙 위배 문제를 차례로 본다.

2. 국가폭력, 분단폭력, 사법폭력

(1) 38선만 넘어도 간첩

국가정보원 통계에 따르면 간첩의 총수는 1950년대 1,674명, 1960년대 1,686명, 1970년대 681명, 1980년대 340명, 1990년~1996년 114명,

---

아니고, 정치, 경제, 사회, 문화 등 각 방면에 걸쳐 북한괴뢰집단의 지, 부지에 불구하고 우리나라의 국가정책상 동 집단에 알리지 아니하거나 확인되지 아니함을 대한민국의 이익으로 하는 모든 기밀사항을 포함하고 지령에 의하여 민심동향을 파악, 수집하는 것도 이에 해당한다 함이 당원의 판례"라고 한다.

297 대법원 1974. 7. 26 선고 74도1477 전원합의체 판결도 "형법 제98조 제1항의 간첩죄의 구성요건에 관하여 당원은 정치, 경제, 사회, 문화 등 국가의 모든 사항이 군사력에 직결되어 있는 현대전의 양상 아래에서는 고유의 의미의 군사상의 기밀뿐만 아니라 정치, 경제, 사회, 문화 등 국가의 모든 사항에 관한 기밀은 동시에 군사상의 기밀에 속한다는 취지로 누차 판례를 반복하고 있는 바이므로 국가보안법 제2조, 형법 제98조 제1항의 간첩이란 위 설시와 같은 모든 국가기밀을 탐지수집하는 행위'라고 볼 것"이라고 한다.

298 황교안, 위의 책, 139쪽.

총 4,495명에 이르는데,[299] 1970년대 이후 직파 공작원 숫자가 크게 줄면서[300] 정권이 만들어낸 '조작간첩'[301]이 많이 늘어나기 전에는 북에서 남파되어 생포되거나 사살, 자수한 '남파간첩'도 상당수였다. 문제는 남파간첩으로 처벌받은 사람 가운데 실제로 국가기밀 탐지 등 행위를 실행하지 않은 사람도 있었다는 것이다. 특히 수십여 년 동안 구금된 장기수 가운데는 군사분계선을 넘은 직후 체포되는 등으로 아무런 군사상 기밀탐지 행위가 없었던 경우도 많았다. 그 스스로 간첩으로 조작되어 1971년부터 19년을 옥중에서 보낸 서승은, 그가 감옥에서 만난 북에서 내려온 '간첩' 비전향 장기수 가운데 '기밀을 탐지'한 간첩은 없었다고 한다. 장기수 김선명은 1951년 10월에 38선에서 잡혔다. 아직 한국 구경도 하지 못해 간첩행위를 할 수도 없었지만, 북한에서 내려오려고 한 것은 간첩행위를 하기 위한 것임이 틀림없다는 추정으로 간첩죄를 적용받아 1995년 8월 15일까지 45년 동안 감옥에 갇혀 있다가 세계 최장기수로 출소하였다.[302]

하달받은 지령의 내용이 동지 포섭이나 지하당 조직 등일 뿐 군사상 기밀탐지 등 지령을 전해 받은 바 없다면 그 침입 행위는 간첩행위에 착수한 것이라고 할 수 없다.[303] 그러나 문제는 판례가 일관되게 '북한공산집단으로부터 밀봉교육을 받고 남파된 공작원'에 대해서는 그가 받은 지령의 내용이 대한민국의 정치·경제·사회·문화 등 각 부문에 걸친 각종 정보의 탐지·수집 등임이 직무상 현저한 사실이라고 보고, 특별한 경우를 제외하고는 지령의 내용이 문제되지 않는다고 본 데에 있다. 이에 따라 남파공작

---

299 국정원과거사건진실규명을통한발전위원회b, 『과거와 대화 미래의 성찰 – 학원·간첩편(Ⅵ)』, 245쪽.

300 국정원과거사건진실규명을통한발전위원회b, 『과거와 대화 미래의 성찰 – 학원·간첩편(Ⅵ)』, 257쪽.

301 김동춘b, 「'간첩만들기'의 전쟁정치 : 지배질서로서 유신체제」, 《민주사회와 정책연구》 통권 21호, 한신대학교 민주사회정책연구원, 2012, 157-158쪽.

302 서승, 『옥중 19년』, 진실의 힘, 2018, 172쪽.

303 대법원 1968. 12. 24. 선고 67도1409 판결, 대법원 1968. 7. 30. 선고 68도745 판결, 대법원 1982. 7. 27. 선고 82도1294 판결.

원은 지령 내용에 상관없이 '간첩'으로 판단되었다. 더구나 판례는 줄곧, 반국가단체의 구성원 또는 그 지령을 받은 자가 외국 또는 반국가단체가 지배하는 지역으로부터 간첩의 의사를 가지고 국내로 침투한 경우에는 대한민국의 현실적 영토, 영공, 영해 등 지배지역으로 들어오는 때에 간첩행위 실행의 착수가 있다[304]고 보았다. 간첩의 의사를 가지고 외부로부터 대한민국의 지배지역 안으로 일단 들어오면 군사상 기밀을 탐지·수집할 수 있는 상태가 된다는 이유다. 결국 남파공작원은 휴전선을 넘기만 하면 그와 동시에 간첩행위에 착수했다는 결론이 된다. 또 간첩에 대해서는 미수범은 물론 예비·음모도 처벌하고 있었다. 그 결과 남파공작원이지만 실제 기밀탐지행위에 들어가지 않은 경우에도 수십여 년 동안 구금된 채 사상전향을 강요받아야 했다.

(2) 간첩조작사건들

1) 가해자들은 사과하지 않았다

제4조 제1항 2호는 수많은 간첩조작의 근거가 되었다. 수사기관과 정권은 승급, 권력유지 등 정치적 이해관계에 따라 조작 사건을 만들어내고 당사자들에게 허위자백을 받기 위해 고문과 가혹행위 등 위법적 수단을 동원하였다. 이 과정에서 무고한 당사자와 그 가족들, 관련자들은 인간존엄성을 무참히 침해당하였다. 국가보안법 위반범죄사실이 국가에 의해 조작되었다는 것은 명확한 국가의 폭력이다.[305] 1948년 제정 국가보안법에서부터 직권

---

304 대법원 1958. 10. 10. 선고 4291형상294 판결, 대법원 1961. 2. 17. 선고 4290형상934 판결, 대법원 1984. 9. 11. 선고 84도1381 판결.
305 김종군a, 「분단체제 속 국가폭력과 분단 트라우마의 혼재」,《통일인문학》74호, 건국대학교 인문학연구원, 2018. 6., 9쪽.

남용 범죄사실 날조를 처벌[306]하고 있었고, 1958년 국가보안법 개정 시 악용을 막기 위해 수사기관의 범죄사실 날조 처벌을 더 명확히 정한 규정[307]이 지금까지 존속[308]하고 있으나, 이 통제장치는 실제로는 전혀 작동하지 않았다. 분단이 한반도 구성원들에게 자행하는 생명유린과 착취 및 정신적 억압행위인 '분단폭력'[309]의 법률적 실행 수단이 국가보안법이었기 때문이다. 여기에 사법부는 피해자들이 당한 신체적·정신적 고문에 눈감고, 판결로 간첩조작을 뒷받침함으로써 '사법적 폭력'[310]을 가하였다. 권력장악을 위해 국가보안법을 만들고 활용한 세력은 반민족행위자들과 반민주집권세력이었으나, 피해자들이 감당해야 했던 무거운 처벌과 사회적 배제, 그 가족들의 삶의 파괴를 최종 확정지은 장본인은 바로 사법부였다.

1981년 3월 진도 거주 일가친척들이 간첩 혐의로 안기부에 체포된 '2차 진도간첩단사건' 피해자 박동운은 안기부에서 63일 동안 불법 구금되어 고문과 가혹행위 끝에 한 허위자백으로 1심에서 사형, 2심과 3심에서 무기징역 판결을 받고 17년 5개월 동안 수감되었다. 1950년 소식이 끊긴

---

306 국가보안법 [법률 제10호, 1948. 12. 1., 제정] 제6조 타인을 모함할 목적으로 본법에 규정한 범죄에 관하여 허위의 고발 위증 또는 직권을 남용하여 범죄사실을 날조한 자는 해당내용에 해당한 범죄규정으로 처벌한다.

307 국가보안법 [법률 제500호, 1958. 12. 26., 폐지제정][시행 1959. 1. 16.] 제27조(허위의 고소, 고발, 위증, 범죄사실날조) ① 타인을 모함할 목적으로 본법에 규정된 죄에 관하여 허위의 고소, 고발, 위증을 한 자는 1년 이상의 유기징역에 처한다.
② 재판, 검찰, 경찰 기타 인신구속에 관한 직무를 행하는 자 또는 이를 보조하는 자가 그 직권을 남용하여 본법에 규정된 범죄사실을 날조하였을 때에는 2년 이상의 유기징역에 처한다.
③ 전2항의 죄를 범하여 타인으로 하여금 본법의 죄에 대한 형을 받게 하였을 때에는 그 죄에 대한 형과 동일한 형으로 처벌한다. 단, 형이 집행되지 아니하였거나 형의 일부만이 집행되었을 때에는 정상에 따라 그 형을 감면할 수 있다.

308 국가보안법 제12조(무고, 날조) ① 타인으로 하여금 형사처분을 받게 할 목적으로 이 법의 죄에 대하여 무고 또는 위증을 하거나 증거를 날조·인멸·은닉한 자는 그 각 조에 정한 형에 처한다.
② 범죄수사 또는 정보의 직무에 종사하는 공무원이나 이를 보조하는 자 또는 이를 지휘하는 자가 직권을 남용하여 제1항의 행위를 한 때에도 제1항의 형과 같다. 다만, 그 법정형의 최저가 2년 미만일 때에는 이를 2년으로 한다.

309 김종군a, 「분단체제 속 국가폭력과 분단 트라우마의 혼재」, 9쪽.

310 엄순영, 「사법적 폭력과 법치주의」, 《민주법학》 제61호, 민주주의법학연구회, 2016, 58쪽.

박 씨의 아버지가 간첩이고 박 씨가 아버지를 따라 월북했다는 이유였다. 친척들도 박 씨 아버지의 활동을 도왔다는 이유로 징역형을 선고받았다. 박 씨는 "대법관이란 사람들이 젤로 미워요. 국가가 저지른 범죄의 최종 완성처가 대법원 그 사람들이에요."라고 했다.[311]

박 씨는 2006년 11월 1일 국회 법제사법위원회 대법원 국정감사에 출석해서 아래와 같이 당시 상황을 진술하기도 했다. "재판에서 저희 가족이 전부 다 부인을 하면서 열렬하게 고문에 의해서 그랬다고 얘기하니까 판사 세 분이 딱 앉아서 하는 말이 '안기부에서 여태까지 한 것을 다 시인을 해놓고 여기에서 부인을 해?' 하면서 서류를 들어서 탁자를 때리기도 하고 어떨 때는 저희가 얘기하면 코 고는 소리는 안 났어도 졸기도 하고", 법정에서 판사에게 상처의 흔적을 보여주었으나 "판사님은 본 체도 안 하고, 또 상처가 남아 있을 때 고법 때 신체감정신청서를 냈습니다. 그런데 그것도 고법에서 기각하고 받아주지 않았습니다." 박 씨는 판사들의 이름을 기억하고 있다. 1심 김헌무, 김병재, 이형하, 2심 이정락, 박상용, 김훈 판사다.[312]

1심 재판장이었던 김헌무 변호사는 후일 언론의 질문에 대해 "서울형사지방법원 부임해 며칠 안 돼 그 판결을 선고했다. 변명 같지만 구속기간에 쫓겨 선고할 수밖에 없는 상황이었다."고 말했다. 김 변호사는 이어 "기록을 잘못 봤다고 사과해야겠죠."라면서도 "하지만 원인제공을 한 사람은 본인이다. 자백을 했기 때문에 그런 판결을 받게 된 것"이라고 답했다.[313] 피해자들은 2009년 재심을 통해 무죄판결을 받았지만, 박동운은 이미 고인이 된 후였다.

311 경향신문, 2019. 7. 27., 「38년이 지난 오늘…국가의 고문은 끝났습니까」
312 국회회의록-17대 제262회 국정감사 법제사법위원회(2006. 11. 1.), 68-80쪽.
313 국민일보, 2018. 1. 28., 「"웃기고 있네…자백한 그들이 원인제공" 당당했던 간첩 조작사건 가해자들」

2) 1970년대 간첩조작사건[314]

1970년대 박정희 정부에서는 중앙정보부, 보안사령부, 대공경찰 등 공안수사기관들이 서로 경쟁하듯 정보원을 심어 밀고를 받거나 관계자의 약점을 잡아 원하는 진술을 얻어내고 의심만으로 체포 고문해 자백을 받아내 원하는 그림을 그려냈다. 국가보안법사건을 수사하는 수사관에게는 상금과 특진이 따라왔고, 힘도 연고도 없는 사람을 잡아다가 고문을 해서라도 자백만 받아 놓으면 법원이 유죄판결을 내려주었으므로 공안기관들은 간첩을 조작하는 일에 거침이 없었다.[315] 사법부에서도 간첩과 국가기밀 개념을 확대하는 판례들을 잇달아 내놓음으로써 공안기관들의 간첩조작을 사실상 방조했다. 국가기밀이 신문에 난 공지사항이라도 적에게 알려지면 적의 이익이 될 수 있다는 내용이 대법원 판례로 확정되고, 피의자가 기밀을 북에 전달한 것이 아니라 탐지만 해도 목적수행으로 최고 사형까지 처해질 수 있게 되면서 공안기관들은 무전기나 난수표도 없는 간첩들을 만들어냈다.[316]

1970년대 간첩조작 사건은 크게 세 종류로 나누어진다. 가장 먼저, 재일동포를 비롯해 일본과 관련된 사람들이 간첩으로 조작되었다. 일본과 관련된 조작간첩사건이 많은 이유는 북한 공작원과 접촉 사실을 입증할 부담이 없었기 때문이었다. 다수의 재일동포들이 그가 접촉한 조총련 사람이나 소속 불명인 사람이 대남공작원으로 규정되면 손쉽게 간첩으로 조작되었다. 재일동포 중 민단 소속 동포들이 친척과 지인 등을 통해 조총련 소속 동포들과 연결되는 것은 너무나 자연스러운 일이었지만, 1970년대

---

314 1970-80년대 조작간첩사건에 관한 이 단락 서술의 대부분은 김정인, 「분단의 비극서사, 간첩'들'의 탄생」, 《사학연구》 제138호, 한국사학회, 2020. 6., 21-32쪽을 발췌 인용한 것이다. 김정인의 위 글에서 다른 문헌을 인용한 부분에 대한 주석도 검색의 편의를 위하여 옮겨 적었다.

315 홍성우·한인섭, 『인권변론 한 시대 : 홍성우 변호사의 증언』, 경인문화사, 2011, 391쪽.

316 국정원과거사건진실규명을통한발전위원회b, 『과거와 대화 미래의 성찰 – 학원·간첩편(Ⅵ)』, 257쪽.

공안당국에게 일본은 조총련을 통해 북한의 위협이 상존하는 공간으로 인식되었다. 재일동포뿐만 아니라 그와 접촉한 국민들도 같은 논리로 간첩으로 조작되었다. 문인 간첩단 사건에 연루된 문학평론가 임헌영이 수사관으로부터 처음 받은 질문은 "일본에 다녀온 적이 있느냐"는 것이었다.[317]

대통령 선거를 앞둔 1971년 4월 20일, 육군보안사령부(보안사)가 '재일동포형제간첩단사건'을 터뜨렸다. 당시 대학에서는 교련반대시위가 한창이었고 김대중 대통령 후보는 예비군 폐지를 주장하며 돌풍을 일으키고 있었다. 보안사는 "북괴가 학생들을 선동하여 학원 데모를 가열화하여 사회혼란을 획책하기 위해" 재일동포인 서승·서준식 형제를 대학가에 침투시켰다고 발표했다. 당시 보안사는 서승이 북한의 지령을 받아 대학생들에게 교련반대 투쟁과 반정부 투쟁을 선동했으며 김대중 후보에게 북한에서 받은 자금을 전달하려 했다는 각본을 짜고 그들 형제를 고문했다. '재일동포형제간첩단사건' 이후에도 증거도 증인도 없이 오직 고문으로 받아낸 자백에 의거한 조작간첩사건이 잇달아 일어났다.

재일동포 유학생들을 겨냥한 대표적인 사건으로 11·22 사건이 있다. 중앙정보부는 1975년 11월 22일 "모국 유학생을 가장해 국내 대학에 침투한 재일동포 간첩 일당 21명을 검거"했다고 공표했다. 김원중, 김동휘, 강종건 등 20대 중후반의 젊은이들이 고국에 유학 왔다가 장기간 영장 없이 불법 구금되어 고문 폭행 및 가혹행위 속에서 중앙정보부의 강요에 따라 자백하여 사형 등 중형을 선고받았다. 재일동포 유학생 가운데는 혐의자와 교분이 있었다는 이유만으로 수사기관에 끌려가 문초를 당하는 일이 비일비재했고, 일본으로 돌아가 고국과 등지고 살아가는 사례도 적지 않

---

317 황병주, 위의 글, 102쪽.

았다. 그 후로도 11·22 사건과 유사한 사건이 뒤를 이었다.[318] 피해자들은 2012년경 이후에야 재심에서 무죄판결을 받을 수 있었다.

김정사는 1954년 일본에서 민단 간부인 사업가의 아들로 태어나 고등학교 졸업 후 서울대학교 사회 계열에 재학 중이던 1977년 보안사에 의해 간첩, 고무·찬양 등 긴급조치 9호를 위반했다는 이유로 서빙고분실로 연행되어 15년 형을 선고받았다가 1979년 8월 형집행정지로 풀려났다. 민간인에 대한 수사권한이 없는 육군보안사령부는 중앙정보부의 '수사승인'을 받아[319] 김정사를 수사하며 구타해 고막이 터지게 하는 등 가혹행위로 허위자백을 끌어내고,[320] 김정사의 지인인 임계성을 근거 없이 재일 공작지도원으로 지목한 '영사증명서'[321]를 제출하여 유죄판결을 받아냈다. 영사증명서를 작성한 사람은 도쿄 주재 한국대사관 근무자로, 형식적으로는 외무부 영사의 신분을 보유하였으나 실질적으로는 중앙정보부 본부의 지시를 받고 작성하여 보낸 것이었다.[322][323] 국방부과거사진상규명위원회는 보안사가 자유로운 일본의 사회 분위기 속에서 성장한 청년의 사회적 관

---

318 김효순, 『조국이 버린 사람들 – 재일동포 유학생 간첩 사건의 기록』, 서해문집, 2015, 13쪽.

319 국방부과거사진상규명위원회, 「종합보고서」 3권, 2007, 356, 364-366쪽.

320 국방부과거사진상규명위원회, 위의 글, 361쪽.

321 영사증명서는 해외 교포 간첩단 사건 등에서 신빙성을 의심받지 않는 주요 증거로 활용되어오다가, 대법원 2007. 12. 13. 선고 2007도7257 판결(일심회 사건)에서 비로소 증거능력이 부인되었다. 검찰이 제출한 주중국대사관 영사의 영사증명서에 대하여, 대법원이 "영사들이 공무를 수행하는 과정에서 작성한 것이지만 그 목적이 공적인 증명에 있다기보다는 상급자 등에 대한 보고에 있는 것으로서 엄격한 증빙서류를 바탕으로 하여 작성된 것이라고는 할 수 없다"는 이유로, "형사소송법 제315조 제1호에서 규정한 호적의 등본 또는 초본, 공정증서등본 기타 공무원 또는 외국공무원의 직무상 증명할 수 있는 사항에 관하여 작성한 문서라고 볼 수 없고, 또한 같은 조 제3호에서 규정한 기타 특히 신용할 만한 정황에 의하여 작성된 문서에 해당하여 당연히 증거능력이 있는 서류라고 할 수 없다."고 한 것이다.

322 국방부과거사진상규명위원회, 위의 글, 377쪽.

323 김정사 사건에 제출된 영사증명서에는 김정사가 일본에서 만난 적 있는 임계성이 재일한국인청년연맹(한청)과 한민통 조직원으로서 반국가단체의 지도적 임무종사자라고 되어 있었다. 그러나 영사증명서 작성자는 이후 진실화해위원회의 조사 당시 "한민통이 조총련의 지령에 의해 조직되고 조총련의 자금을 받아 활동했다는 사실에 대한 구체적인 증거를 갖지는 못했다. 민단 소속인 사람들이 반한 활동을 하기 때문에 조총련보다 더 나쁘다고 생각해 반국가단체로 판단하고 있었다."라고 '해명'했다. 김효순, 위의 책, 194-195쪽. 그 내용도 민단계열인 한청과 한민통을 별다른 근거 없이 조총련과 동일 계보나 방계 조직으로 기재하고, 한청 간부였을 뿐인 임계성을 재일 지도원으로 상정한 것이었다. 이재승a, 위의 책, 447쪽.

심을 부당하게 간첩죄로 조작했다고 판단했다.[324] 그는 2년 넘는 수감 때문에 일본에서 취득한 협정영주권을 상실하는 피해까지 입었다.[325]

다음으로, 정권에 의해 의문사한 사람도 간첩으로 조작되었다. 1973년 10월 3일 서울법대생들이 유신반대시위를 했고 경찰은 강경 진압했다. 이에 서울대 최종길 교수는 교수회의에서 "부당한 공권력의 최고 수장인 박정희 대통령에게 총장을 보내 항의하고 사과를 받아야 한다."는 발언을 했다. 그리고 얼마 후 중앙정보부에 재직하던 동생의 안내를 받아 중앙정보부에 갔다가 의문사했다. 며칠 후인 10월 25일 중앙정보부장 김치열은 '최종길 교수가 일찍이 독일 유학 중에 평양에 가 노동당에 입당한 간첩으로 자신이 간첩임을 자백한 뒤 조직을 보호할 목적으로 중앙정보부청사 7층 화장실에서 투신자살했다'며 유럽거점 간첩단 사건을 발표했다.[326] 그런데 54명 규모라는 유럽거점 간첩단 사건의 주범은 누구도 검거되거나 기소되지 않았다. 종범으로 구속되었던 2명 중 김촌명은 1심에서 무죄로 풀려났다. 김장현만이 4년 실형을 살았으나 재심을 통해 2012년에 대법원으로부터 무죄판결을 받았다.[327] 사망 후 간첩으로 몰린 최 교수 외에는 간첩이 한 명도 없는 간첩단사건이었다.

세 번째로, 납북어부들도 간첩조작의 피해자가 되었다. 납북어부들은

---

324 국방부과거사진상규명위원회, 위의 글, 349-393쪽.(사건 요약은 이재승a, 위의 책, 416쪽에서 재인용)

325 이재승은 재일교포 간첩조작사건 피해자들이 겪은 피해의 하나로 협정영주권 상실을 지적한다. 일본정부는 한일국교정상화 이후에 한국적 동포들에게 '협정영주권'을 인정하다가 1991년 '일본국과의 평화조약에 기하여 일본 국적을 이탈한 자 등의 출입국관리에 관한 특례법'을 통해 조선적 동포까지 포함하여 '특별영주권' 제도를 운영하였다. 위 제도에 따라 영주권자는 출국시 1년 이내에 일본에 재입국하여 출입국당국에 대해 신고해야 하는데, 재일교포 유학생들은 고국에서 부당하게 간첩죄로 옥살이를 하는 동안 출입국당국에 신고할 수 없어서 협정영주권-그 후속형태로서 특별영주권-을 상실하였고 현재에도 많은 불이익을 당하고 있다는 것이다. 이재승은 이로 인해 발생한 손해가 재일교포 조작간첩사건 피해자 이종수씨에 대한 국가배상판결의 위자료 산정에 반영되기도 하였으나 불법행위에 대한 한국정부의 책임을 일부만 계산한 셈이라고 평가한다. 이재승b, 「분단체제 아래서 재일 코리언의 이동권」, 《민주법학》 제52호, 민주주의법학연구회, 2013. 7., 211-212쪽.

326 김학민, 『만들어진 간첩』, 서해문집, 2017, 267쪽.

327 김학민, 위의 책, 168-169쪽.

주로 영세한 어민들로 동해나 서해에서 조업을 하다가 북한경비정에 납치당하거나 태풍 또는 안개 등으로 방향을 잃고 북방한계선을 넘는 바람에 수일에서 수년까지 억류되었다가 돌아온 이들이었다. 1981년까지 모두 454척 3,568명이 납북되었다가 그중 422척 3,162명이 귀환했는데, 1989년 말 남파공작원 외 복역 중인 장기수 128명 가운데 납북귀환 어부가 16명이었다.[328] 수사당국은 납북귀환 어부들을 사찰하며 그 감시 임무를 경찰로 채용된 아들의 친한 친구에게 맡기기도 하였다. 지인들로부터도 감시당하는 처지에 몰린 피해자는 지역사회에서도 고립되었다. 수사당국은 간첩을 조작하기 위해 유인하는 임무를 함께 납북되었던 친구에게 맡기는 등,[329] 약간이라도 '냄새'가 나는 사람의 동창, 친구, 친척, 과거 안면 있는 사람 등을 평소 사찰하다가 지푸라기라도 하나 있으면 이들을 연결해 고문을 통해 북한 해상에서 월선 조업을 했다는 허위자백을 받아내 간첩단 사건을 만들어냈다.[330]

3) 1980년대 간첩조작사건

전두환 정부에서도 재일동포, 납북어부, 유학생들을 간첩으로 조작하는 악습이 반복되었다. 간첩조작은 공안기관끼리 실적 경쟁의 산물이기도 했다. 1980년대에 보안사의 권세가 안기부의 그것을 압도하면서 두 정보기관 간의 간첩조작 경쟁이 본격화되었다.[331] 무엇보다 보안사는 재일동포를 표적 삼아 수많은 재일동포 간첩 사건을 만들어냈다. 납북어부들도 여전히 간첩이 되었고 미국유학생을 중심으로 구미 유학생 간첩 사건도 만들

---

328 국정원과거사건진실규명을통한발전위원회, 『과거와 대화 미래의 성찰 ─ 학원·간첩편(VI)』 294쪽.

329 김종군a, 「분단체제 속 국가폭력과 분단 트라우마의 혼재」, 28-29쪽.

330 김동춘a, 『전쟁정치』, 길, 2013, 28-29쪽.

331 홍석률, 「박정희 정권기 국가폭력과 인권침해」, 대통령소속 의문사진상규명위원회, 『의문사진상규명위원회 보고서 : 2차(2003. 7. ─ 2004. 6.) ─ 진실을 향한 험난한 여정』, 2004, 101쪽.

어졌다. 문제는 간첩조작이 이제는 정치적 사건과 연루되지 않고도 일상적으로 이루어졌다는 것이다. 전두환 정부에서 간첩조작은 보안사, 안기부, 경찰 등이 승진, 막대한 포상금, 해외연수의 기회를 만들기 위해 언제든 꺼내놓을 수 있는 카드였다.

특히 전두환 정부에서 네 번째 간첩조작 유형이 생겼는데, 월북자 및 행방불명자 가족을 묶어 간첩단으로 조작하는 일이었다. 이 유형에서 가장 놀라운 것은, 일가친척 등이 한꺼번에 체포되는 등 많은 사람이 고정간첩으로 검거되었지만 정작 이들에게 접촉해 포섭하고 지령을 내린 월북자는 한 명도 검거되지 않았다는 점이다. 1984년 '송씨일가 간첩단 사건'에서는 남파간첩이라는 송창섭의 처, 아들, 처남, 동생 등의 친인척을 포함해 28명이 국가기밀을 수집 보고하고 부마, 광주, 10·26사태 등 중요 사건마다 유언비어를 날조 유포하고 25년간 장기 암약한 고정간첩단이라는 이유로 체포되었지만, 핵심 인물인 송창섭은 검거되지 않았다. 1980년 '1차 진도간첩단 사건'에 등장하는 박양민을 제외하고는, 월북자가 남파되었다는 진술증거라도 존재하는 월북자 및 행불자 가족 간첩 사건은 없었다. 2차 진도간첩단 사건은 진도 출신 행불자 박영준이 월북한 것임이 틀림없고, 진도 출신 박 씨가 남파되었다는 첩보가 있는데, 그 박 씨가 박영준일 가능성이 있고, '박영준이 남파되었다면 아들 박동운과 부인 등과 접촉하였을 것이다'라는 가정에 가정이 꼬리를 문 상태에서 일가족을 연행해 조사한 것이다. 또 월북자의 남파 시점이 모두 1950년대 후반에서 1960년대 초반으로 설정되는 바람에 월북자 가족들은 수십 년간 암약한 고정간첩으로 조작되어야 했다. 하지만 수십 년간 암약해온 고정간첩단이라는 거창한 발표와 긴 활동 기간에 비해 간첩 혐의는 매우 빈약했다. 인천 송도에 놀러 갔다가 정박한 배를 보았다는 정도였다. 결국 월북자 혹은 행불자의 연고자 중심의 수사로 인해 일가친척을 포함하는 대규모 간첩단 사

건이 만들어지면서 일가족이 쑥대밭이 되었다.[332]

조작간첩사건의 피해자들은 자신이 속한 조직이 있다는 사실을 수사당국에 불려가서 처음 듣는 경우가 대부분이었다. 이들은 불법 연행되어 몇 달씩 모진 고문을 당했다. 고문은 인간이 겪을 수 있는 최대한의 고통을 주어 폭력에 굴복시킨 다음 권력이 원하는 정보를 얻거나 각본을 만들어내는 반인권적 행위다. 인간이 인간에 가할 수 있는 잔인한 폭력이 모두 동원되었다. 그렇게 수사기관에서 고문받다 죽으면 의문사가 되고 살아남으면 간첩이 되어야 했다. 검사는 피해자들에게 자백하고 전향하면 선처한다고 얼렀고 수사받은 내용을 부인하면 다시 수사기관으로 돌려보냈다. 그렇게 검사 앞에서 자백하면 재판에서 증거능력이 인정되어, 실질적으로 자백만을 증거로 간첩이 만들어지는 시스템이 구축되었다. 이러한 간첩조작의 풍토가 만연하면서 1987년 홍콩에서 부부싸움으로 한국인 남편에게 살해당한 수지 김을 간첩으로 조작하는 사태까지 일어났다. 아내 수지 김을 살해한 후 고정간첩으로 몰아 자신이 북한에 납치될 뻔했다고 주장한 윤태식의 거짓말을 안기부가 의도적으로 은폐한 사건이었다.

1990년대 이후 조작간첩사건 진실규명요구가 확산되면서 2000년대에 들어와서는 국가 차원에서 진실규명작업이 이루어졌다. 2007년 법원은 1972년부터 1987년까지 불법 구금과 고문 의혹 등으로 다시 재판해야 하는 사유가 있는 사건 224건을 추출했는데, 이 중 간첩조작 의혹사건이 무려 141건으로 63퍼센트에 달했다.[333]

---

332 국정원과거사건진실규명을통한발전위원회b, 『과거와 대화 미래의 성찰 – 학원·간첩편(Ⅵ)』, 278쪽.

333 김상숙·박은성·임채도·전명혁·한성훈·홍순권, 『한국 현대사와 국가폭력』, 푸른역사, 2019, 252쪽.; 조작간첩사건에 대한 진상조사는 노무현 정부에 들어 과거청산의 차원에서 국정원, 국방부, 경찰 등에 의해 이루어졌다. 2005년에는 진실·화해를위한과거사정리위원회가 출범하면서 진상조사에 나섰다. 이러한 진상조사를 바탕으로 사법부에 의한 재심이 본격적으로 이뤄졌는데, 아직도 진행 중이다. 김정인, 위의 글, 32쪽.

(3) 새로운 피해자들

1) 탈북민들

21세기에 들어와서도 간첩은 여전히 강력한 주홍글씨로 작용했고, 간첩만들기는 계속되었다. 이명박 정부에서도 간첩 사건은 주요한 정치적 국면에서 '북풍'의 일환으로 등장했다. 이명박 정부는 2008년 10월 국정원 안에 중앙합동신문센터를 설치하고 '탈북민' 중 간첩을 가려내겠다고 나섰다. 2014년 3월 중순까지 합동신문센터를 통해 간첩으로 기소된 사람은 12명이었다. 2010년 6·2 지방선거에 즈음해서는 '황장엽 암살조 남파공작원 사건', '탈북민 사냥꾼 마약상 사건', '인터넷채팅으로 정보수집한 여간첩 사건' 등이 잇달아 터졌다.

2013년 1월 일어난 서울시 공무원 간첩조작사건은 여전히 공안기구가 간첩을 조작한다는 사실과 함께 이제는 탈북민들이 조작의 대상이 되고 있음을 뚜렷이 보여주었다. 서울시 공무원으로 재직 중이던 유우성은 북한 보위부의 지령을 받아 대한민국에서 탈북민의 신원을 파악하여 전달하였다는 간첩 혐의로 구속기소되었다. 언론은 유우성이 탈북민 2만여 명의 정보를 북한에 넘겼다는 등으로 허위 보도하였다. 유우성이 서울시 공무원 재직 중이라는 이유로 박원순 서울시장에게도 정치적 공격이 쏟아졌다. 탈북자단체 대표의 신고와 다른 탈북민들의 증언, 유우성의 여동생 유가려의 진술이 증거였으나, 1심 판결은 유가려 진술에 대해 그 내용이 객관적 증거와 모순되며 중요 부분에서 일관성이 없고 합리성이 결여된다는 이유로 신빙성을 인정하지 않고 간첩 혐의에 대해 무죄를 선고했다. 그러자 국가정보원 수사관들은 항소심에서 유죄를 받게 하려고 중국 동포들에게 돈을 주고 중국 공문서인 북한 출입경기록을 위조했고 검사는 이를 법원에 증거로 제출했으나 중국 측의 공식 확인으로 위조 사실이 밝혀졌다.

또 국정원이 낸 증거들, 즉 유우성이 북에서 찍었다는 사진, 북에 넘겼다는 정보를 담은 USB, 동생에게 정보를 넘길 때 사용했다는 SNS 계정 등도 조작된 것임이 드러났다. 2심 판결은 유가려가 불법 구금되었음을 인정하고 그 후에 이루어진 유가려 진술의 증거능력을 모두 배척하고 무죄를 선고하였다. 대법원도 이 무죄판결을 확정하였다.[334]

국가보안법 제12조 무고·날조는 타인을 국가보안법상 죄로 처벌받게 하려고 증거를 날조한 수사공무원을 그 죄에 정한 형으로 처벌하도록 정한다. 그러나 유우성 사건에서 증거를 위조한 국정원 직원들에게도 국가보안법상 무고·날조죄는 적용되지 않았고, 이들은 형법상 모해증거위조 등 혐의로만 기소되어 유죄확정판결을 받았다.[335] 검사들은 국정원 직원들에게 속았다는 이유로 기소조차 되지 않았다.

2) 대북협력사업가들

최근에는 북측과 계속 접촉하지 않을 수 없는 대북협력사업가들을 국가보안법상 간첩죄로 기소하는 경우가 발생하고 있다. 2014년 코리아랜드 사건은 남북경제협력, 이산가족 상봉 등을 추진하면서 1998년 이후 북한 대외경제협력추진위원회 참사 리호남과 교류해온 사업가가, 2012년 이후 리호남에게 평택 지역 이산가족 명단 등을 전송했다는 것으로 국가보안법상 간첩죄로 기소된 사건이다. 회합통신, 편의제공, 찬양고무도 함께 기소되었는데, 1심은 일부 찬양고무 공소사실에 대해서는 무죄, 그 외에는 모두 유죄로 판단하였다. 2심은 1심 무죄 부분 외에 편의제공에 대해서만 추가로 무죄를 선고하였고 이대로 대법원에서 확정되었다.[336]

---

334 시사인, 2019. 3. 26., 「6년 만에 드러난 '유우성 간첩조작사건' 진실」

335 한겨레, 2015. 10. 29., 「유우성 씨 간첩 사건 증거 조작 국정원 직원 유죄 확정」

336 1심 서울중앙지방법원 2014. 7. 24. 선고 2014고합115 판결, 2심 서울고등법원 2014. 12. 30. 선고

2심 판결은 "대외적으로 '민족경제협력연합회' 참사 등의 직함을 사용하면서 경제활동을 하였다 하더라도 그(리호남)가 하는 행위가 남북교류협력을 목적으로 하는 행위라고 볼 수 없고, 반국가단체인 북한을 위하여 필요한 정보나 자료 등을 수집하는 활동을 한다면 그 범위 내에서는 리호남의 행위는 국가보안법 소정의 반국가단체 구성원으로서의 행위에 해당하고, 리호남이 반국가단체 구성원으로서 위와 같은 정보수집 등의 행위를 하고 있음을 알고 있으면서 피고인이 이에 협력하는 행위를 하였다면 대한민국의 존립과 안전을 위태롭게 하는 반국가활동으로서 국가보안법이 적용되어야 할 것이다." 하여 간첩혐의를 유죄로 판단하였다.

3. 전향공작과 배제

분단과 독재의 어두운 터널 속에서 '간첩'들은 감옥에서 목숨을 담보로 폭력적인 전향공작에 시달려야 했고, 평범한 사람들은 하루아침에 간첩으로 조작되어 형언할 수 없는 고통을 겪어야 했다.[337] 분단과 독재에 기반했던 권력이 정권유지를 위해 자행한 국가폭력 그 자체였다. 이 과정에서 당사자와 관계자들의 인간 존엄성은 극도로 파괴되었다.

(1) 전향공작

간첩은 국가보안법이 색출하여 처단하고자 하는 '내부의 적' 그 자체

2014노2206 판결, 3심 대법원 2015. 4. 9. 선고 2015도1003 판결.
337 김정인, 위의 글, 38쪽.

다. '간첩'은 불온한 생각을 가진 사람들, 사회에서 배제되어야 할 사람들, 반역자의 대명사였다. 그러나 서승은 만델라보다 더 오랜 시간을 감옥에서 보내야 했던 북에서 내려온 '간첩'들을 민족의 통일과 자주, 정의와 평등의 실현이라는 이상을 추구한 정치범[338]이라고 칭한다. 장기수들은 스스로 "우리들은 국가 및 군사기밀을 탐지하거나 누설한 사실이 없다. 간첩의 오명은 반공 히스테리를 유발하고 속죄양을 만들어내기 위해 날조된 것이다. 미전향을 이유로 신체장애인, 병자, 80세 가까운 노인까지 징역 30-40년을 넘어 죽을 때까지 복역하게 하는 것은, 비인도·반민족의 추악한 본질을 드러내는 것이다."[339]라는 입장을 표명했다.

이들은 장기구금상태에서 사상전향공작의 대상이 되었다. 헌법 제19조는 양심의 자유를 기본권으로 규정하고, 여기에는 사상의 자유도 포함된다. 자유권규약 18조 제2항은 "누구도 스스로 선택하는 종교나 신념을 가지거나 받아들일 자유를 침해하게 될 강제를 받지 않는다."고 정한다. 독일기본법 제4조 제1항이 "세계관적 고백의 자유는 불가침이다." 한 것도 같은 취지다. 당초 국가 간 전쟁을 전제로 성립 발전해온 국제인도법은 그 초점을 국내적 차원으로 옮겨가고 있는데, 국제인도법을 국내적 차원에서 생각할 때 국가범죄로 문제되는 대표적인 사례가 바로 강제전향이다.[340] 사상을 문제로 처벌하는 파시스트 정권은 역사상 적지 않았지만, 사상을 강제로 바꿀 수 있다고 믿으며 폭력을 행사하는 사례는 흔치 않았다. 일제 치안유지법에서 시작된 전향 강요는 독재정권 치하에서 국가보안법을 근거로 삼아 사회안전법을 동원한 강제전향, 운동권 학생에 대한 녹화사업

---

338 서승, 위의 책, 26쪽.
339 대전교도소 양심수 일동, 양심수 전원 석방을 요구하는 전국 정치범 통일단식투쟁 「성명서」, 1988. 10. 15.(서승, 위의 책, 276쪽에서 재인용).
340 이재승a, 위의 책, 20-21쪽.

등으로 이어졌다.

'간첩'들에게 가해진 전향공작은 적의 사상을 바꾸는 것이 바로 승리라고 보는 시각에 근거한 것이었다. 일제는 치안유지법의 보완책으로 1931년 3월 27일 '사법차관 통첩 제270호'로 사상전향제도를 정식으로 도입하고 식민지 조선에서도 시행했다. 일본 패전 직후, 미군사령부는 사상전향제도를 일본군국주의의 가장 나쁜 제도라며 폐지하였다. 그러나 일제로부터 해방된 대한민국에서는 분단상황에서 반민족행위자들이 권력을 잡으며 일본에서 이미 폐지된 치안유지법을 본떠 국가보안법을 제정하고 사상전향제도를 되살려 국민보도연맹을 조직하고 가입을 강제하며 사상전향을 시도하였다. 1956년에는 법무부 장관령인 '가석방 심사규정'을 제정하여 사상전향제도를 공식적 제도로 확립하였다. 가석방을 심사할 때, 국가보안법 수형자는 그 사상의 전향 여부에 대하여 심사하고 필요한 때에는 전향에 관한 성명서 또는 감상록을 제출하도록 한 것이다. 전향 여부와 관계없이 공장에 출역하던 비전향수는 출역이 취소되고, 하루종일 감방에 갇혔다. 당국은 사상전향제도에 근거해 학대를 일삼고 전향을 강요했다.[341] 사상전향제도는 폭력으로 인간 내면 정신세계에 난입[342]하는 것이었다. 전향은 인간의 양심과 자주성, 천부인권성의 포기를 의미하는 것[343]이었고, 사상전향제도는 국시로 여겨진 반공 이데올로기의 마지막 보루였다. 단한 장의 종이가 국가와 이데올로기라는 방대한 구조물을 받쳐주고 있었던 것이다.[344]

정치적 신념을 고수하려 했던 장기수들에 대해 고문과 가혹행위라는

---

341 서승, 위의 책, 162-163쪽.
342 서승, 위의 책, 175쪽.
343 대전교소도 양심수 일동, 위의 글(서승, 위의 책, 275쪽에서 재인용)
344 서승, 위의 책, 176쪽.

비인도적 방법으로 강요되었던 사상전향제도는 1998년 10월 10일 가석
방심사 등에 관한 규칙 개정 시까지 존재[345]하다가 각계의 비판으로 폐지
되었다. 그러나 정부는 다시 준법서약서[346] 제도를 만들어 이에 서명하지
않으면 가석방 등을 허용하지 않았다. 사상전향제도를 이름만 바꾼 꼴이
었다. 그런데도 헌법재판소는 준법서약서 작성에 대해 양심의 자유 침해
가 아니라고 판단했다.[347] 준법서약서 역시 내심의 자유를 직접 제한하고

---

345 가석방심사 등에 관한 규칙 [법무부령 제206호, 1978. 7. 4., 제정] 제14조(심사상의 주의) ① 수형자의
개전의 정도를 심사할 때에는 특히 그자의 아첨 기타 위선적 행동의 유무에 주의하여야 한다.
② 국가보안법 위반 등 수형자에 관하여는 특히 그 사상의 전향 여부에 대하여 심사하고 필요한 때에는 전향
에 관한 성명서 또는 감상록을 제출하게 하여야 한다.
③ 무기형에 처하여진 수형자에 대하여는 사회감정에 비추어 범죄의 정상이 극히 딱하고 가엾은가의 여부를
심사하여야 한다.
346 가석방심사 등에 관한 규칙 [법무부령 제467호, 1998. 10. 10., 일부개정] 제14조(심사상의 주의) ② 국
가보안법 위반, 집회및시위에관한법률위반 등의 수형자에 대하여는 가석방 결정 전에 출소 후 대한민국의 국
법질서를 준수하겠다는 준법서약서를 제출하게 하여 준법의지가 있는지 여부를 확인하여야 한다.
347 헌법재판소 2002. 4. 25. 선고 98헌마425 등 결정은 준법서약서가 양심의 자유를 침해하지 않는다고 판
단하였다. "국법질서의 준수에 대한 국민의 일반적 의무가 헌법적으로 명백함을 감안할 때, 내용상 단순히 국
법질서나 헌법체제를 준수하겠다는 취지의 서약을 할 것을 요구하는 이 사건 준법서약은 국민이 부담하는 일
반적 의무를 장래를 향하여 확인하는 것에 불과하며, 어떠한 가정적 혹은 실제적 상황 하에서 특정의 사유思
惟를 하거나 특별한 행동을 할 것을 새로이 요구하는 것이 아니다. 따라서 이 사건 준법서약은 어떤 구체적이
거나 적극적인 내용을 담지 않은 채 단순한 헌법적 의무의 확인·서약에 불과하다 할 것이어서 양심의 영역을
건드리는 것이 아니다.", "가석방은 행형당국의 판단에 따라 수형자가 받는 사실상의 이익이며 은전일 뿐이어
서, 준법서약서의 제출을 거부하는 당해 수형자는 결국 이 사건 규칙조항에 의하여 가석방의 혜택을 받을 수
없게 될 것이지만, 단지 그것뿐이며 더 이상 법적 지위가 불안해지거나 법적 상태가 악화되지 아니한다. 즉,
원래의 형기대로 복역하는 수형생활에 아무런 불이익이 없는 것이다."는 이유다.
이에 대하여는 김효종, 주선회 재판관의 반대의견이 있었다. 헌법 제19조에서 말하는 양심이란 "세계관·인
생관·주의·신조은 물론 이에 이르지 아니하여도 보다 널리 개인의 인격형성에 관계되는 내심에 있어서의
가치적·윤리적 판단도 포함된다", "폭력적 방법으로 정부를 전복할 권리는 누구에게도 보장되어 있지 않다.
그러나 그러한 사고가 개인의 내면에 머무는 한, 이를 고백하게 하거나 변경하게 하는 것은 양심의 자유를 침
해하는 것이다.", "사상전향제의 대상이 되는 공산주의자의 경우라면, 준법서약서 역시 '이제는 자유민주주의
법을 준수하겠다'는 의사표현으로서, 기존에 이미 드러났던 그들의 공산주의 사상을 포기하고 이를 외부에
표현하도록 하는 것이다.", "준법서약서를 작성한다는 것은 지금껏 신봉한 공산주의를 포기하는 것이고, 같
은 사상의 동료들을 배신하는 것이므로 그는 준법서약서와 가석방 여부의 문제에서 심각한 세계관 내지 양심
상의 기로에 서 있을 수밖에 없다.", "준법서약서제도는 수형자의 양심의 표명을 직접적으로 강제하지는 않지
만, 신체의 자유의 회복 혹은 영원한 감옥생활이라는 중대한 개인의 법적 이익이 걸린 수형자로 하여금 준법
서약서를 쓰도록 사실상 강요하는 효과를 지닌다. 이는 국가가 간접적인 강제로써 수형자의 양심(사상, 신조)
을 표명하게 하는 것에 다름 아니다. 또한 준법서약서를 쓰지 않더라도, 이는 당연한 귀결로서 준법에의 의지
가 없음을, 즉 자신의 신조 또는 사상을 그대로 유지한다는 것을 소극적으로 표명하게 된다는 점에서 침묵의
자유에 대한 제약이 되는 것이다.", "비록 준법서약서라는 '표현된 행위'가 매개가 되지만 이는, 국가가 개인
의 내심의 신조를 사실상 강요하여 고백시키게 한다는 점에서, 양심실현 행위의 측면이라기보다는, 내심의 신
조를 사실상 강요하는 것에 다름 아니다. 달리 말하면 국가가 가석방의 조건으로서 특정 개인에게, 외형적인
복종을 요구하는 데 그치는 것이 아니라 복종의 당위성에 대한 내적인 확신을 강요하는 것이 된다.", "준법서

신조의 변형을 강요하는 것이어서 사상의 자유를 침해하는 제도로 비판되었다. 고문 기타 가혹한 행위를 금지하는 자유권규약 제7조는 어떠한 제한도 허용하지 않는다. 자유권규약위원회는 일반논평 20호(1992년) 2문단[348]에서, 공공의 비상사태에서조차도 제7조의 유예가 허용되지 않고, 상급자나 공공 기관의 명령을 포함하여 어떠한 이유도 제7조의 위반에 대한 정당화나 정상참작의 사유로 제시될 수 없다고 하였다. 제5문단에서는 정신적 고통을 야기하는 것도 금지된다고 명시하였다. 사상전향제도와 준법서약 제도는 모두, 고문 기타 신체와 정신에 대한 가혹행위로 사상을 포기하게 하는 제도로서, 비례심사에 들어갈 필요도 없이 바로 위헌이다. 국가보안법 제4조 간첩 조항은 간첩으로 지목된 사람에 대한 신체와 정신에 대한 가혹행위를 정당화하는 것이었다. 준법서약서제도는 2003년 7월 31일에야 폐지되었다.

약서제도는 내심의 의사를 고백하게 하거나 혹은 침묵하지 못하게 하는 것이므로, 신념의 고백 여부에 관한 자유를 침해하는 것이며, 따라서 내심의 의사의 표현행위와 관련된 것이라기보다는 내심의 의사자체와 직접 관련되는 것이라고 보아야 할 것이다."는 이유다.

348 General comment No. 20: Article 7 (Prohibition of torture, or other cruel, inhuman or degrading treatment or punishment), 1992

3. The text of article 7 allows of no limitation. The Committee also reaffirms that, even in situations of public emergency such as those referred to in article 4 of the Covenant, no derogation from the provision of article 7 is allowed and its provisions must remain in force. The Committee likewise observes that no justification or extenuating circumstances may be invoked to excuse a violation of article 7 for any reasons, including those based on an order from a superior officer or public authority.

제7조는 어떠한 제한도 허용하지 않는다. 본 위원회는 동 규약의 제4조에 언급된 것과 같은 공공의 비상사태에서조차도, 제7조의 유예가 허용되지 않으며, 여전히 유효한 것이라는 점을 재확인한다. 본 위원회가 주지하듯이, 상급자나 공공 기관의 명령을 포함하여 어떠한 이유도 제7조의 위반에 대한 정당화나 정상참작의 사유로 제시될 수 없다.

5. The prohibition in article 7 relates not only to acts that cause physical pain but also to acts that cause mental suffering to the victim.

제7조의 금지사항은 신체적 고통을 야기하는 행위뿐만 아니라 피해자에게 정신적인 고통을 야기하는 행위와도 관련된 것이다.(후략)

(2) 붙잡힌 삶, 남파간첩 - 증거날조에 동원되다

남파공작원 가운데 붙잡혀 전향한 경우 중에는 공안기관들의 요구를 거부할 수 없는 처지로, 자신들이 전혀 알지 못하는 것에 대해서도 허위진술을 해야 하는 사람들이 생겨났다. 심지어 공안기관들이 멋대로 남파공작원의 진술서를 작성하여 제출하고 법원이 이를 증거로 채택해 유죄판결을 내렸다는 점이 뒤늦게 드러나고 있다.

1985년 이장형은 조총련에게 포섭되어 지령을 받고 북에 다녀와 국가기밀을 건네주고 조선노동당에 가입했다는 혐의로 무기징역을 선고받았다. 그러나 직접 증거는 치안본부 대공수사실에 영장 없이 장기간 불법 구금된 상태에서 가혹행위 때문에 한 자백뿐이었다. 검찰은 이장형의 피의사실 중 입북 혐의와 관련하여 남파공작원 홍 모 씨의 북한 사회 시설에 대한 참고인 진술조서를 증거로 제출하였고 법원은 이를 유죄인정의 유력한 증거로 채택하였다. 홍 모 씨의 진술조서는 1984년 9월 수사단 및 검찰에서 1979-1980년경 북한 사회 시설에 대해 진술한 것으로 되어 있었다.

그러나 홍 모 씨는 2008년 1월 28일 진실화해위원회 조사에서, 수사단과 검찰에서 이장형 사건에 대해서 조사받은 사실이 없다고 하였다. "진술조서에 서명한 사실도 없다.", "당시에는 나의 처지(체포된 남파공작원)를 이용하여 내가 작성한 것으로 한 것이 많다."고 한 것이다. 진술조서 말미의 서명과 날인은 자신의 필체와 날인이 아니라고 부인하였다. 수사단에서 작성하였다는 자술서와 관련해서는 "진술서는 나의 글씨가 맞지만 진술조서의 서명은 내 글씨가 아니다. 직접 수사단에 찾아가 자술서를 작성한 사실이 없으며, 남영동에서 수사관이 이런 내용이 필요하니 작성해 달라고 하면 작성해줄 뿐이며, 이 모 수사관에게 조사를 받고 진술조서에 서명한 사실도 없다.", "자술서의 진술 내용을 (범죄사실별로) 구분하여 놓은 이유는 수사관들이 필요한 대로 내용을 작성하다 보니 그렇게 된 것"
이라고 하였다. 또 검찰 조사에 대해서도 "검찰에서 조사를 받거나 조서에
서명해준 사실이 없으며, 특히 진술조서에 기재된 옥류관에 관한 내용 중
'높이는 4층 정도'라고 진술한 것은 내가 알지 못하여 사용하지 않은 용
어"라고 하였다. 치안본부와 검찰에서 진술한 원산항에 위치한 중앙당연
락부 산하 해상연락소와 해상연락소에서 이용하는 공작선의 종류에 대해
서는, "해상연락소의 위치가 정확히 어디에 있는지 알지 못하며, 공작선의
종류와 일본 공작선의 침투경로 역시 알지 못한다."고 진술하였다.

당시 이 모 수사관은 진실화해위원회 조사에서 "홍 모 씨를 누가 조사
했는지 알지 못하기 때문에 어떻게 관여되었는지 기억이 안 나네요. 아마
이것도 이○○나 이○○가 작성하고 제 이름으로 진술조서를 만든 것 아닌
가 하는 생각이 듭니다."라고 진술하여 홍 모 씨 진술조서를 작성한 사실
이 없음을 인정하였다.[349] 남파공작원을 이용한 공안기관의 불법적 증거날
조 행위가 다수 일어났음이 드러나는 대목이다. 남파공작원 홍 모 씨의 곤
궁한 처지를 이용해 증거를 날조한 공안수사기관의 불법행위로 인하여,
이장형은 13년이나 복역하고 가석방되었다. 이장형은 재심 청구 이후 공
판을 기다리다 2006년 숨졌고, 2008년 12월에야 재심에서 외국환관리법
위반을 제외한 다른 공소사실에 대해 모두 무죄판결을 받았다.[350]

1982년 송씨일가 간첩단 사건에서도 안기부가 남파간첩을 허위증언
에 동원한 일이 뒤늦게 밝혀졌다. 송씨일가 사건은 재북간첩 송창섭이 '재
남망책' 처 한경희를 중심으로 아들을 포함한 28명의 고정간첩단 지하 망
을 구성해 25년 동안 암약하며 부마, 광주, 10·26 사태 등 중요 사건마다

---

349 진실·화해를위한과거사정리위원회a, 「2008년 상반기 조사보고서」 제3권, 2008, 257-258쪽.
350 제주일보, 2008. 12. 19., 「간첩혐의 고故 이장형 씨 재심서 무죄」

유언비어를 날조, 유포하고 대정부 투쟁을 유도했다는 사건이었다. 안기부는 검거 간첩 박종덕으로 하여금 1958년 3월 간첩밀봉 교육 당시 한경희를 통해 과업을 보고하라는 지령을 받고 한경희를 접선한 바 있다고 증언하게 하였다. 그러나 대법원이 무죄 취지로 파기 환송하자, 이미 1977년 사망한 한경희가 1974년 당시 간첩으로 활동하고 있었다는 점을 입증하기 위하여 박종덕으로 하여금 1983년 11월 21일 파기환송심에서 재차 증언하게 했다.[351] 박종덕이 1974년 출소 후 한경희에게 동업을 요청하는 편지를 보냈다가 "매형(송창섭)이 지난번 사업차 다녀갔다"라는 내용의 답장을 받아 읽고 불태웠다는 내용이었는데, 송씨일가 사건은 두 차례 대법원에서 무죄 취지로 파기 환송되었다가 결국 세 번째인 재재상고심에서 유죄로 형이 확정되었다.[352]

그러나 박종덕은 2006년 11월 국정원과거사건진실규명을통한발전위원회와 면담에서 "한경희에게 편지 보낸 사실도 없고, 답장받은 적도 없고, 편지를 태운 적도 없다.", "두들겨 맞는데 어떻게 할 도리가 없어", "내가 살려니까 그들(안기부 수사관들)이 원하는 대로 해주었다."고 진술했다. 박종덕은 파기환송심에서 증언하게 된 상황과 관련하여 안기부 수사관들이 법원으로 나오라고 해놓고 "그때 얘기한 대로 그대로 안 하고 딴소리하면 또 들어간다."고 협박하여 "잘못했다가는 또 들어가는구나" 싶어 시키는 대로 증언했다고 말했다.[353] 안기부가 남파간첩의 불리한 처지를 악용하여 다시 처벌될 수도 있다는 위협을 가하여 몇십 년 전, 달리 검증할

351 국정원과거사건진실규명을통한발전위원회b, 「과거와 대화 미래의 성찰 – 학원·간첩편(Ⅵ)」, 399쪽.
352 1심 서울형사지방법원 1982. 12. 24. 선고 82고합800 판결, 2심 서울고등법원 1983. 4. 25. 선고 83노 **484** 판결, 3심 대법원 1983. 8. 23. 선고 83도1578 판결, 파기환송심 서울고등법원 1983. 12. 23. 선고 83노 2329 판결, 재상고심 대법원 1984. 4. 24. 선고 84도135 판결, 재파기환송심 서울고등법원 1984. 8. 24. 선고 84노1172 판결, 재재상고심 대법원 1984. 11. 27. 선고 84도2252 판결.
353 국정원과거사건진실규명을통한발전위원회b, 「과거와 대화 미래의 성찰 – 학원·간첩편(Ⅵ)」, 371쪽.

방법도 없는 내용을 허위로 증언하게 한 것이다.

최근 국가보안법 위반사건에서 남파 간첩뿐만 아니라 탈북민들이 증인으로 나와 몇십 년 전에 북한 공작기관에서 특정 인물을 본 적이 있다는 등 증언을 내놓는 경우가 많다. 이 증언들은 대체로 공소사실과 직접 관련되지도 않고 시간적으로도 매우 멀리 떨어져 있다. 더구나 그 내용도 북한지역에서 벌어졌다는 것이어서 신빙성을 객관적으로 검증하기 어려운 것들인데, 이것이 국가보안법 유죄판결의 유력한 증거로 되는 상황은 지금도 벌어지고 있다.

(3) 간첩 조작, 사람을 정치적 목적의 수단으로 삼다

수많은 간첩조작사건들은 분단이 어떻게 평범한 개인의 삶을 철저히 짓밟을 수 있는지 확인하게 한다. 조작간첩은 분단의 최대 피해자였다. 반인권적인 고문에 스스로 허위자백을 하고 그 자괴감에 자신의 존재와 삶을 스스로 부정하면서 살아가야 한다는 것은 평생 치유할 수 없는 고통이고 절망이다.[354] 반민주적 집권세력들은 독재체제를 정당화할 명분이 필요했고, 그러자면 단순 시위자나 비판자가 아닌 내부의 적, 간첩이 필요했다. 간첩을 만들기 위해서는 조작이 필요했다. 조작을 위해 고문이 동원되었다. 조작간첩들은 자신이 한 행위 때문이 아니라 집권세력의 정치적 필요에 의해 간첩으로 만들어졌다. 조작간첩사건의 공개도 매우 정치적인 판단에 의해 이루어졌다. 대통령 선거를 앞두고는 간첩 사건이 줄줄이 일어났고 독재정권이 위기에 처하고 민주화운동의 열기가 뜨거울 때면 으레

---

[354] 김정인, 위의 글, 37쪽.

간첩 사건이 발표되었다.[355] '만들어진 간첩'들은 집권세력의 정치적 곤란 타개를 위한 수단이자 도구였다. '짓밟을 수 있는 존재'로서 한낱 수단이 되어버린 이들은 최소한의 인간존엄까지도 부정당했다.

(4) 혐오와 배제, 연좌제와 신원조회 - 가족들의 피해

간첩조작 국가범죄의 피해는 가족과 친지에까지 이어진다. 국가범죄는 직접적인 피해자뿐만 아니라 관련자들까지 추가적인 희생자로 만들고, 세대를 넘어 피해를 누적시키는 경향이 있다.[356] 보도연맹 예비검속으로 살해된 민간인의 경우, 살해가 일차적인 침해라면, 이차적인 침해는 훨씬 다층적으로 나타난다는 점이 지적된다. 가족을 부양해오던 사람이 사망함으로써 부양 능력의 심각한 훼손, 반복적인 정치적 악평으로 망자뿐 아니라 유가족이 입는 인격과 명예에 대한 침해, 국가가 불법행위에 대한 피해 배상을 제때 제대로 이행하지 않아서 유가족이 겪는 지속적인 경제적 곤란, 연좌제나 블랙리스트로 인해 세대를 이어서 겪게 되는 공적 기회의 원천적인 박탈과 지속적인 배제, 그리고 또 다음 세대로 이어지는 정치적·경제적·사회적 전망의 상실 등 누적된 결과가 이차적 침해로 나타났다는 것이다.[357] 조작간첩사건 피해자의 가족들도 마찬가지 피해를 겪었다. 한번 간첩으로 몰리면 죽음 또는 완전한 배제에 놓이게 된다. 가족들도 마을과 사회로부터 배제당했다. 심지어 민주화운동 안에서도 간첩은 피해야 하는 존재였으므로, 그 가족들은 시국 사건 가족들 속에서도 배제되는 또

---

355 간첩단사건 발표 횟수를 보면 박정희 정부에서는 1969년, 1971년, 1974년이 두드러진다. 모두 민주화운동이 고조되던 시기였다. 전두환 정부에서도 1980년, 1985년 등 정권에 위기가 닥쳤을 때 간첩단사건 발표가 집중되었다. 홍석률, 위의 글, 101쪽.
356 이재승a, 위의 책, 48-49쪽.
357 이재승a, 위의 책, 196-197쪽.

한 번의 고통을 겪어야 했다.

1981년 3월 진도간첩단사건에서 집행유예로 먼저 풀려난 허현 씨는 마을에서 미친 사람 취급을 받았다. 얼마나 혹독한 고문을 받았는지 아무리 얘기해도 "설마 그랬겠느냐"며 사람들은 믿어주지 않았다. 허 씨가 지나가면 동네 사람들은 "저기 안기부에서 두들겨 맞아서 미친놈 지나간다"고 놀렸다. 허 씨와 아내 박미심 씨가 집에 돌아와 보니 이웃집들이 텅 비어 있었다. 간첩 옆집에 살 수 없다는 이유였다. 부부가 집을 비운 동안, 동네 아이들은 허 씨 부부의 아이들을 줄에 묶어 끌고 다니며 "간첩의 자식"이라고 손가락질했다.[358] 한 피해자의 딸은 결혼을 약속한 남성의 아버지로부터 "친한 친구가 경찰이라 네 아버지 얘기를 들었다. 오르지 못할 나무는 아예 쳐다보지 마라."는 말을 듣고 헤어져야 했다.[359]

간첩으로 몰린 사람들의 가족들은 연좌제와 신원身元조회[360]를 통해 취

---

[358] 경향신문, 2019. 7. 27., 「38년이 지난 오늘…국가의 고문은 끝났습니까」

[359] 한겨레, 2020. 9. 18., 「'조작 간첩'의 딸」

[360] 1964. 3. 10. 법률의 근거 없이 대통령령인 보안업무규정 제31조로 법제화된 신원조사제도는 중앙정보부장이 국가보안 목적으로 대상자의 국가에 대한 충성심·성실성 또는 신뢰성을 조사하도록 한 것이다. 조사대상자는 공무원임용예정자, 비밀취급인가예정자뿐만 아니라 공공단체의 직원과 임명에 있어서 정부의 승인이나 동의를 요하는 법인의 임원, 각급 기관의 장이 필요하다고 인정하는 자, 해외여행을 하고자 하는 자, 입국하는 교포까지 포함하여 매우 넓었다. 보안업무규정 시행규칙 제47조 신원조사사항에는 '호주 및 본인과의 관계'가 들어있어 연좌제 적용 근거가 되었고, '본인 및 배우사상관계, 접촉인물, 정당, 사회단체 관계, 종교관계' 등 사상의 자유를 침해할 수 있는 내용도 들어있었다. '해외여행 및 거주사실'도 조사 항목으로, 해외여행 시 반국가단체 구성원과 접촉 연계가능성이 있다는 시각을 전제로 한 것이다. 조사 항목에 포함된 '인품 및 소행'은 정보기관의 자의적 판단 또는 신빙성이 부족한 풍문이나 뒷조사에 의존할 위험이 있는 항목이었다. 신원조사제도에 대하여는 국가정보원법이 명시적 위임 근거를 둔 것으로 보기 어렵고, 대통령령인 보안업무규정은 국가정보원법의 구체적·명시적 위임 없이 신원조사의 목적, 대상, 범위 등을 정하고 있어 결과적으로 보안업무규정에 따른 신원조사 제도는 헌법 제37조 제2항이 정하는 법률유보 원칙에 위배될 소지가 있다는 비판이 제기되었다.
이에 국가인권위원회는 2005. 2. 14. 「신원조사제도 개선 권고」에서 신원조사제도는 명확한 법률적 근거 없이 국민의 기본권을 제한하고 있어 헌법에 위배된다는 입장을 밝혔다. 그러나 이후로도 법률적 근거는 마련되지 않은 채로 2005. 6. 25. 보안업무규정 시행규칙 제56조 개정으로 신원조사사항에서 '본인 및 배우사상관계. 종교관계, 해외여행사실'만 삭제되고 접촉인물이 '교우관계'로 바뀐 것 외에는 별다른 개선이 없었다. '호주 및 본인과의 관계'는 호주제 폐지 이후 2010. 10. 20.에야 삭제되었다. 다시 국가인권위원회는 2018. 12. 27. 「보안업무규정에 따른 신원조사 제도 개선 권고」로 신원조사 제도의 법률적 근거를 마련하도록 입법적 조치를 할 것, 공무원 가운데 고도의 책임성·보안성·인적 신뢰성 등이 요구되는 경우만 대상으로 할 것, 여권 등 발급신청자에 대해서는 공무원 신원조사와 구분해 목적과 절차를 설정할 것, 개인정보 수집 범위를 필요 최소한으로 축소할 것 등을 권고하였다.

업 및 공직 진출을 제약당했다. 국가폭력과 사회감시체제에서 가해진 일상적인 가족상황차별(family status discrimination)이었다. 범죄에 대해 친족구성원이 연대책임을 지는 전근대적인 형법이었던 연좌제는 1894년 갑오개혁에서 공식적으로 전면 철폐 선포되었으나, 1980년 5공화국 헌법에서 '연좌제 금지조항'[361]을 명문화한 이후까지도 근대 형법의 사법책임 개별화원칙과 달리 국민과 비非국민을 이념과 가족으로 분할했다.[362] 국가폭력 피해자 가족들에게 있어, 연좌제는 출생에 따라 국민으로서 동등한 대우를 누릴 수 없는 신분제도나 다를 바 없었다. 전두환 정부는 연좌제 금지조항을 헌법에 삽입하고도 1981년 '공안사범자료관리규정'을 제정 시행하면서, 1948년 8월 4일 이후 공안사범에 대해서까지 모두 적용했다.[363] 그 실태는 검찰이 2008년 촛불집회에 참여해 기소된 이 모 씨에 대해 이씨의 아버지와 남편 이인영 전 국회의원의 30년도 넘은 공안범죄 기록에 사면받은 내역까지도 법정 증거자료로 첨부[364]한 사실이 공개되면서 비로소 드러났다. 헌법상 '연좌제' 금지 원칙에 위반된다는 비판이 제기되자 29년 만에 규정이 개정되어 친인척 공안범죄 기록을 증거로 첨부할 수 없

거듭된 제도 개선 권고의 취지를 일부나마 반영한 보안업무규정 개정은 2020. 1. 14. 신원조사대상에서 해외여행을 위하여 여권을 발급받으려는 사람과 입국하는 교포를 제외함으로써 비로소 일부나마 시작되었다. 2021. 1. 1. 보안업무규정 제36조가 '국가안전보장에 한정된 국가기밀을 취급하는 인원'에 대해서만 국가정보원이 신원조사를 할 수 있도록 개정되었다. 그러나 보안업무규정 시행규칙 제56조는 2021. 11.까지도 이 취지에 따라 개정되지 않아 여전히 3급 이상 공무원 전부를 신원조사대상으로 정하고 있다. 제58조 신원조사 사항에도 여전히 사상과 의견의 자유를 침해할 수 있는 '정당 및 사회단체 관련 사항', 사생활을 침해할 수 있는 '친교 인물', 자의적 판단이 가능한 '인품 및 소행'이 들어있다.

361 헌법 [헌법 제9호, 1980. 10. 27., 전부개정] 제12조 ③ 모든 국민은 자기의 행위가 아닌 친족의 행위로 인하여 불이익한 처우를 받지 아니한다.

362 김명희, 「한국의 국민형성과 '가족주의'의 정치적 재생산 – 한국전쟁 좌익 관련 유가족들의 생애체험 및 정치사회화 과정을 중심으로」, 《기억과 전망》 21호, 민주화운동기념사업회, 2009. 12., 253-254쪽.

363 공안사범자료관리규정 [시행 1981. 6. 1.] [대통령훈령 제45호, 1981. 2. 21., 제정]
부칙 〈제45호,1981.2.21〉
① (시행일) 이 훈령은 1981년6월1일부터 발효한다.
② (경과조치) 1948년8월4일 이후 이 훈령 발효 전까지의 공안사범 및 공안관련사범에 대하여도 이 훈령을 적용한다.

364 YTN, 2009. 10. 30., 「'연좌제 수사' 논란, 정부에 대국민 사과 촉구」

게 되었다.[365]

4. 어디까지가 국가기밀인가

(1) 국가기밀의 범위

국가기밀의 범위를 어디서부터 어디까지로 볼 것인지는 제4조 목적수행죄 적용에서 가장 중요한 문제다. 이 문제는 제5조 제1항 자진지원죄의 핵심 논점으로도 바로 연결된다. 1958년 개정 국가보안법 제12조[366]는 제3항에서 '공표되지 않은 정보'수집을 가중처벌하면서, 제1항, 제2항에서 공표된 정보수집도 처벌 대상으로 하고 있었다. 제12조는 1960년 개정 시 삭제되었다. 국회는 개정이유를 "현행 국가보안법은 선량한 국민의 자유와 권리를 침해할 우려가 농후한 규정이 있"었다면서 "파괴활동을 일삼는 공산분자들만을 단속규정함으로써 선량한 국민의 자유와 권리를 보장하려는 것"이라고 밝혔다. 그러나 그 후로도 법원은 국가보안법 제4조 소정의 '국가기밀'은 공지公知의 사실까지 포함된다고 하여 매우 폭넓게 처벌하였다.[367] 1958년 국가보안법 제12조와 당시 판례들이, 1960년 삭제

---

365 공안사범자료관리규정 [대통령훈령 제271호, 2010. 6. 11., 일부개정] 제16조(자료의 보안유지와 활용) ① 각 관계기관은 자료 유출 등으로 인하여 사생활의 피해가 발생하지 않도록 이 규정에 의한 공안사범에 관한 각종 자료를 관계기관 내부적으로만 활용하여야 하며 보안업무규정에 따라 엄격하게 관리하여야 한다. ② 공안사범자료는 자기의 행위가 아닌 친족의 행위로 인하여 불이익한 처우를 받게 하는 용도로 사용할 수 없다.

366 국가보안법 [법률 제500호, 1958. 12. 26., 폐지제정] 제12조(정보수집) ① 전조의 경우를 제외하고 적을 이롭게 할 목적으로 국가의 정치, 경제, 사회, 문화, 군사에 관한 정보를 수집한 자는 10년 이하의 징역에 처한다. ② 적을 이롭게 할 목적으로 관공서, 정당, 단체 또는 개인에 관한 정보를 수집한 자도 전항의 형과 같다. ③ 전2항의 정보가 공표되지 아니한 것일 때에는 1년 이상의 유기징역에 처한다.

367 1997년 이전의 대법원은 일관되게 국가기밀에 대해 "반국가단체에 대하여 비밀로 하거나 확인되지 아

되었는데도 오랫동안 국가보안법의 해석론에 막강한 영향을 끼쳐온 것[368]이다. 1997년 헌법재판소 한정합헌결정[369]이 공지의 사실을 제외하여야 한다는 취지로 판시한 뒤에야, 대법원 전원합의체 판결[370]이 국가기밀에서 공지의 사실을 제외하여 국가기밀의 범위가 다소 줄었다.

하지만 대법원은 아직 한정합헌결정의 취지에도 제대로 이르지 못하고 있다. 곧, 한정합헌결정은 '국가기밀'을 명백한 위험 기준으로 판단하였다. 사소한 것은 명백한 위험을 초래하지 않는다고 보았다.[371] 그런데 대법원은 '명백한 위험' 기준을 완전하게 받아들이지 않고, 개정 전 국가보안법의 주요 기준이었던 '이로운 행위' 개념을 여전히 사용한다. 위험성을 이익으로 바꿔 판단하고 있는 것이다. 또 대법원은 사소한 것도 반국가단체

니함이 대한민국의 이익을 위하여 필요한 모든 정보자료로서, 순전한 의미에서의 국가기밀에 한하지 않고 정치, 경제, 사회, 문화 등 각 방면에 관한 국가의 모든 기밀사항이 포함되며, 그것이 국내에서의 적법한 절차 등을 거쳐 널리 알려진 공지의 사항이라도 반국가단체인 북한에게는 유리한 자료가 되고 대한민국에는 불이익을 초래할 수도 있는 것이면 국가기밀에 속한다"는 견해였다. 대법원 1993. 10. 8. 선고 93도1951 판결, 대법원 1994. 4. 15. 선고 94도126 판결, 대법원 1995. 7. 25. 선고 95도1148 판결, 대법원 1995. 9. 26. 선고 95도1624 판결.

368 박성호, 위의 글, 32쪽.

369 헌법재판소 1997. 1. 16. 선고 92헌바6 등 결정 "국가기밀은, 일반인에게 알려지지 아니한 것 즉 비공지非公知의 사실(넓은 의미)로서, 국가의 안전에 대한 불이익의 발생을 방지하기 위하여 그것이 적극 또는 반국가단체에 알려지지 아니하도록 할 필요성 즉 '요비닉성要秘匿性'이 있는 동시에, 그것이 누설되는 경우 국가의 안전에 명백한 위험을 초래한다고 볼 만큼의 실질적 가치가 있는 것 즉 '실질비성實質秘性'을 갖춘 것이어야 한다. 이와 같은 국가기밀의 개념을 좀 더 구체적으로 살펴보면, 먼저 국가기밀에 해당한다고 하기 위하여는 문제가 된 사실, 물건 또는 지식이 공지인 것이 아니어야 한다. 따라서 어떤 사항이 일반인에게 널리 알려져서 더 이상 탐지·수집이나 확인·확증의 필요가 없는 사항이라고 한다면 그 사항은 이미 국가기밀이라 할 수 없다."

370 대법원 1997. 7. 16. 선고 97도985 전원합의체 판결 "국가보안법 제4조 소정의 국가기밀이란 '정치, 경제, 사회, 문화 등 각 방면에 관하여 반국가단체에 대하여 비밀로 하거나 확인되지 아니함이 대한민국의 이익이 되는 모든 사실, 물건 또는 지식으로서, 그것들이 국내에서의 적법한 절차 등을 거쳐 이미 일반인에게 널리 알려진 공지의 사실, 물건 또는 지식에 속하지 아니한 것이어야 하고, 또 그 내용이 누설되는 경우 국가의 안전에 위험을 초래할 우려가 있어 기밀로 보호할 실질가치를 갖춘 것'을 말한다."

371 헌법재판소 1997. 1. 16. 선고 92헌바6 등 결정은 국가기밀에 대해 "일반인에게 알려지지 아니한 것으로서 그 내용이 누설되는 경우 국가의 안전에 명백한 위험을 초래한다고 볼 만큼의 실질가치를 지닌 사실, 물건 또는 지식이라고 해석하여야" 한다고 하였다. 또 "국가의 안전에 '명백한 위험을 초래한다'고 함은 어떤 비밀의 내용이 누설되는 경우 그것이 국가안전보장에 미치는 영향의 내용 내지 정도가 객관적으로 보아 애매모호하다거나 사소한 것이라거나 구체성이 현저히 결여되어 있는 것 등은 제외되어야 함을 뜻한다."고 하였다.

에 이익이라면 국가기밀로 본다.[372] 그러나 '사소한 것'이 과연 국가에 불이익을 초래할 수 있는지 의문[373]이 제기된다. 대법원의 이러한 태도는 명백한 위험성이라는 요건을 다시 무의미하게 만든 것[374]이다. 이 문제들로 인하여 대법원이 적용하는 국가기밀의 개념은 헌법재판소 한정합헌결정이 제시한 국가기밀 개념보다 넓다.[375] 그 결과 전원합의체 판결 이후에도 공지의 사실이 아니라고 한 것들은 몇 사례[376]를 제외하고는 대부분 실질비성이 인정되어 국가기밀누설로 판단되었다.[377]

좀 더 들어가면, '공지의 사실'인지 판단하려면 누구에게 잘 알려진 것을 말하는지 먼저 정해야 한다. 헌법재판소 한정합헌결정은 일반인을 기준으로 한다. 일반인이란 당연히 한국 사회를 살아가고 있는 평균적인 사람을 말한다. 그러나 대법원은 반국가단체 측을 기준으로 한다.[378] 한국 사회에서

---

372 대법원 1997. 7. 16. 선고 97도985 전원합의체판결은 실질비성과 관련하여 "그 내용이 누설되는 경우 국가의 안전에 위험을 초래할 우려가 있어 기밀로 보호할 실질가치를 갖춘 것이어야 할 것이다."고 하면서도, "누설할 경우 실질적 위험성이 있는지 여부는 그 기밀을 수집할 당시의 대한민국과 북한 또는 기타 반국가단체와의 대치현황과 안보상황 등이 고려되는 건전한 상식과 사회통념에 따라 판단하여야 할 것이며, 그 기밀이 사소한 것이라 하더라도 누설될 경우 반국가단체에는 이익이 되고 대한민국에는 불이익을 초래할 위험성이 명백하다면 이에 해당한다 할 것이다."라고 한다.
373 김재현b, 「형법상 국가기밀의 개념」,《안보형사법연구》제1권 제1호, 한국안보형사법학회, 2017, 154쪽.
374 김재현a, 「형법상 간첩죄 규정에 대한 개선방안」,《법학연구》제26권 제4호, 연세대학교 법학연구원, 2016. 12., 249쪽.
375 김병운, 「국가보안법 제4조 제1항 제2호 나목 소정의 국가기밀」, 형사실무연구회, 『형사재판의 제문제』 제2권, 박영사, 1999, 225쪽; 김대휘·김신, 『주석형법(각칙 1)』, 86쪽.
376 대법원 2005. 5. 13. 선고 2004도6512판결(2000년 통일대축전 11차 범민족대회 남측 준비위원회의 조직체계·결성선언문·김대중 대통령에게 보내는 특별 서한, 남측 준비위원회 연석회의 결과와 구성상황, 2000년 통일대축전의 일정별 세부진행상황 및 경찰의 진압상황, 해외 인사 참석 사실이 공지의 사실은 아니라고 하면서도 실질비성이 인정되지 아니하여 국가기밀이 아니라고 본 원심을 수긍한 사안), 대법원 2000. 10. 6. 선고 2000도2965 판결(군경의 검문을 피하기 위하여 남파간첩이 신분위장용으로 소지하고 있던 주민등록증상의 남한 내 실존 인물 갑의 현 주소지를 알아내어 이를 남파간첩에게 알려준 행위에 대하여 갑의 현주소지는 공지의 사실은 아니지만, 그것이 누설된다고 하더라도 그 자체로 국가의 안전에 위험을 초래할 우려가 있다고 볼 수 없다는 이유로 무죄를 선고한 원심을 수긍한 사안) 등이 예외인 것으로 보인다고 한다. 김대휘·김신, 『주석형법(각칙 1)』, 92쪽.
377 김대휘·김신, 『주석형법(각칙 1)』, 92쪽.
378 대법원 1997. 7. 16. 선고 97도985 전원합의체판결, "국가보안법 제4조(목적수행)가 반국가단체의 구성원 또는 그 지령을 받은 자의 목적수행행위를 처벌하는 규정이므로 그것들이 공지된 것인지 여부는 신문, 방송 등 대중매체나 통신수단 등의 발달 정도, 독자 및 청취의 범위, 공표의 주체 등 여러 사정에 비추어 보아 반국가단체 또는 그 지령을 받은 자가 더 이상 탐지·수집이나 확인·확증의 필요가 없는 것이라고 판단되는

어느 정도 알려진 사실도 반국가단체나 그 지령을 받은 자에게 탐지 수집이 나 확인·확증의 필요가 있다고 보이는 것은 공지의 사실이 아니[379]라는 결론이 된다. 이에 따라 대법원은 대형서점에서만 구입이 가능한 잡지는 동네서점에서는 구할 수 없다는 이유로 공지의 사실이 아니라는 판결[380]까지 내놓았다. 국가보안법의 수범자인 한국 사회 일반인의 법의식과는 큰 차이가 있는 결론이다. 국가기밀로 인정되는 범위가 너무 넓어 1980년대까지 수많은 간첩이 조작되었고, 최근에는 대북협력사업가와 탈북민들까지 간첩과 국가기밀 탐지 등으로 처벌되고 있다.

(2) 적용 사례

1) 1997년 헌법재판소 한정합헌결정 이전

1997년 한정합헌결정 이전에는 국가기밀로 처벌되는 범위가 매우 넓었다. 1973년 유럽 거점 간첩단 조작 사건 관련자 54명 가운데 유일하게

경우 등이라 할 것"

379 김병운, 위의 글, 222쪽.

380 대법원 1998. 4. 10. 선고 98도82 판결, "한정된 범위의 사람만이 참관할 수 있는 학술세미나, 국방산업박람회 또는 일반인이 쉽게 구할 수 없는 대학가 유인물이나 주변 인물들로부터 탐지·수집한 것이고, 피고인이 국방관계 내용을 수집하였다는 국방과 기술, 군사평론, 국방저널, 군사세계 등의 군사관련 잡지는 일반인에게 배포가 되지 않거나 서점에서 입수가 가능하다고 하더라도 일부 한정된 대형서점에서만 구입이 가능하고, 일부가 해외에도 배포가 되기는 하나 이는 해외대사관 등 제한된 범위 내에서만 배포되는 것으로 입수에 한계가 있어 공지의 사실이라 할 수 없다."
다음과 같이 한국 사회에서 어느 정도 알려진 사실도 국가기밀로 인정된 것 역시 유사한 이유로 보인다. 국제국방산업박람회에서 대한민국의 개별 국방장비를 설명한 팸플릿(대법원 1997. 7. 25. 선고 97도1295 판결), 울산현대자동차공장의 규모 및 현황, 경비상태, 견학코스, 공장내부의 사진과 고성 통일전망대까지의 교통편, 출입절차, 진입로 및 전망대 주변의 초소, 검문소 및 그 경비상황, 전망대 주변의 사진(대법원 1998. 6. 9. 선고 98도950 판결), 범민련 남측본부 내부 동향, 정권 주도세력의 계파별 분석, 노무현 정권의 대미·대북정책의 혼선 현황, 국가정보원이 국가안전보장회의나 청와대 등 핵심인물에게 1급 정보들을 제공하지 않는다는 정보, 민주당 신주류의 구체적인 개혁신당 추진 현황, 인천지역 민주운동세력의 전반적인 현황 및 단일전선체 결성 가능성 분석, 인천지역 민주운동세력의 핵심 구성원, 민주노동당 인천시당 추진상황 및 5월 지방선거 준비 등 내부동향, 민족공동위인천본부 동향, 17대 대통령 선거에서 민주노동당 후보의 참패 결과 이후 정파 간 분열 배경, 민노당 탈당 현상 및 이를 기초로 한 민노당 중앙당 동향에 관한 종합적인 분석, 민노당 인천시당의 총선대비 동향, 당원 및 회비납부 현황, 민노당 당원 교육 및 분회조직 현황(대법원 2013. 7. 26. 선고 2013도2511 판결) 등.

유죄판결을 받은 대통령 자문기구 경제·과학심의회의 분석관 김장현에 대한 국가기밀누설죄는 네덜란드 소재 공과대학 유학생이던 이재원, 김성수에게 책자 《경제조사》를 보낸 것이었다. 이 책자는 경제기획원이 발행하는 것으로 한국 경제를 대외에 홍보하는 문건이었다. 그런데 중앙정보부 수사관은 조사 당시 김장현에게 "너, 이 자식아! 그 책이 이재원이한테 가면 이재원이가 김일성이 책상에 갔다 놨을 거 아니냐!"는 논리로 국가기밀누설로 몰아갔고,[381] 결국 유죄판결이 선고되었다.

국내에서 신문, 라디오 등에 의하여 홍보되어 공지의 사실이 된 사항이더라도 반국가단체에게 유리한 자료가 될 경우에는 국가보안법상 국가기밀에 해당된다[382]는 판례에 따라, 건설 중인 86아시안게임 및 88서울올림픽 종합경기장의 건설 현장과 잠실야구장을 촬영하고 그 사진을 보관한 것도 국가기밀 탐지 수집으로 처벌되었다.[383]

황석영 작가는 1989년 방북 후 미국에 머물다가 1993년 4월 27일 귀국한 직후 안기부에 구속되어 잠입탈출, 이적단체 구성(범민련 해외본부 대변인), 이적표현물 제작(방북기 「사람이 살고 있었네」), 금품수수, 국가기밀누설 혐의로 기소되었다. 황 작가가 방북한 기간에 반국가단체 구성원으로부터 지시를 받고 반국가단체인 북한의 목적수행을 위하여 누설하였다는 국가기밀은 재야운동가들의 신원 정보와 국내 운동권 동향, 남한에 1천여 개의 핵무기가 배치돼 있다는 등의 내용이었다.

국가기밀누설 부분에 대해 1심, 2심 법원[384]은 무죄판결을 내렸다. 재야운동가 신원 정보와 국내 운동권 동향에 대해서는, 국내 운동권 사람들인

381 김학민, 위의 책, 190쪽.
382 대법원 1983. 5. 10. 선고 83도665 판결.
383 대법원 1984. 10. 10. 선고 84도1796 판결.
384 서울고등법원 1994. 2. 21. 선고 93노3764 판결.

장기표 등을 알게 된 경위 또는 그들의 성품에 관한 피고인의 의견이거나 운동권의 바람직한 조직 형태 또는 국내 문인의 주도세력이나 통일의 전망에 관한 피고인의 의견에 불과하여 반국가단체인 북한에게 알려지고 확인된다고 하더라도 북한공산집단에 이익이 되고 대한민국에 불이익이 되는 "실질적인 가치"를 지닌 정보자료에 해당한다고 보기 어렵다는 것이었다. 또 국내 핵 관련 사항 정보는 피고인이 외신이나 국내 언론을 통하여 지득한 것으로서 누구나 이를 쉽게 지득할 수 있는 것이고, 피고인은 위 정보에 접근할 수 있는 지위나 위치에 있지도 아니하여 그 진실성의 담보가 지극히 희박할 뿐만 아니라, 위 정보의 내용도 대부분 피고인이 핵에 관한 일반적, 비전문가적 의견이나 견해를 표명한 것으로서 반국가단체가 이를 유용하게 이용할 만한 가치가 있는 것도 아니므로, 결국 위 핵 관련 정보는 기밀로서의 실질적인 가치가 있는 정보자료가 아니라는 이유였다.

그러나 대법원[385]은 이에 대해 모두 유죄취지로 파기 환송했다. "구 국가보안법 제4조 제1항 제2호 소정의 국가기밀이라 함은 반국가단체에 대하여 비밀로 하거나 확인되지 아니함이 대한민국의 이익을 위하여 필요한 모든 정보자료로서, 순전한 의미에서의 국가기밀에 한하지 않고 정치, 경제, 사회, 문화 등 각 방면에 관한 국가의 모든 기밀 사항이 포함되며, 그것이 신문 기사를 통하여 또는 국내에서 적법하게 간행된 책자 등을 통하여 국내에 널리 알려진 공지의 사항이라도 반국가단체인 북한에는 유리한 자료가 되고 대한민국에는 불이익을 초래할 수 있는 것이면 국가기밀에 속한다는 것은 당원이 이미 누차 밝혀 온 견해이다."라는 이유다.

---

[385] 대법원 1994. 5. 24. 선고 94도930 판결.

2) 한정합헌결정 이후

1997년 한정합헌결정 이후로는 국가기밀의 범위가 다소 줄어들면서 무죄판결들이 일부 나왔다. 범민련 남측본부 중앙위원 강순정은 1992년 1월부터 1994년 5월까지 12차례에 걸쳐 범민련 캐나다 본부 중앙위원 강 모 씨의 지시에 따라 국내 정세와 재야 동향, 범민련 남측본부 인사들의 구속 및 재판과정 등 내용을 탐지, 수집해 편지 또는 녹음테이프로 정리한 뒤 이를 강 씨에게 전달한 혐의로 구속기소되었다. 대법원은 이 내용이 "일반적으로 널리 알려진 공지의 사실로, 누설되어도 국가안보에 실질적 위험을 초래할 우려가 없는 경우는 기밀 보호의 실질 가치가 없어 국가기밀에 해당한다고 볼 수 없다." 하여 무죄 취지로 파기환송[386]했다. '구국전위' 사건으로 수배 중이던 이광철은 순창농민회가 쌀 개방 반대 투쟁 중이고 청년회원들 수가 비교적 많으며 다른 군 단위 농민회보다 운영이 잘되는 편이라는 현황을 알려 국가기밀을 누설한 혐의로 기소되어 1심에서 유죄가 선고되었으나, 1997년 2심에서는 헌법재판소의 결정 취지에 따라 국가기밀누설 부분에 대해 무죄가 선고되었다.[387] 이 부분은 상고기각으로 확정되었다.

그러나 한정합헌결정 이후에도 국가기밀의 인정 범위는 여전히 넓었다. 국가안전기획부는 1996년 8월 19일 만취한 상태에서 북한에 다녀온 혐의로 소설가 김하기를 국가보안법상 국가기밀누설 혐의 등을 적용하여 구속하였다. 대법원[388]은 남한 작가들의 신상, 비전향 장기수 명단에 대해 "이 내용이 널리 알려진 공지의 사실도 아니며, 그것이 누설되는 경우 국

---

[386] 대법원 1997. 7. 16. 선고 97도987 전원합의체 판결.
[387] 인권하루소식, 1997. 2. 26., 「〈자료요약〉'구국전위' 이광철 씨 항소심 무죄 판결문-공지사실 '국가기밀누설'적용 안 돼」
[388] 대법원 1997. 9. 9. 선고 97도1656 판결.

가의 안전에 명백한 위험을 초래한다고 볼 만한 실질적인 가치가 있다.”며 국가기밀누설로 보아 유죄판결을 확정했다. 1998년 9월 민주주의민족통일 대전·충남연합 전 대변인 윤종세는 북한 공작원으로부터 금품을 받고 편지 교류를 했다는 혐의로 간첩, 금품수수, 잠입·탈출, 회합·통신 등 혐의로 기소되었는데, 전국연합 전문, 강령, 조직구성 및 연간사업계획서에 대해 국가기밀이라는 이유로 유죄판결이 내려졌다.

2006년 일심회 사건에서는 민주노동당의 2002년 대통령 선거 관련 당내 대선 방침 정립 여부, 2002년 대선 관련 민주노동당 내 계파별 입장 차이, 권영길 민주노동당 대통령 후보의 현황, 권영길 후보 선출 이후 당내 계파별 입장 차이, 일부 당직자의 사상 경향 및 활동 동향, 2002년 대선 관련 '범진보진영 단일후보 선출을 위한 범국민추진기구'와 관련한 전국연합, 인천연합, 전농, 민주노총, 한국노총 등 여러 단체 내지 그 내부 계파의 동향, 민주노동당 선거기획단의 현황 등 정당에서 구할 수 있는 자료나, 그것을 피고인이 가공한 2차 자료들조차 국가기밀이라고 보아 처벌되었다.

2008년에는 탈북민 원정화가 국가보안법상 간첩, 목적수행, 자진지원, 금품수수, 잠입·탈출, 찬양·고무, 회합·통신으로 유죄판결을 받았다. 그중 국가기밀 관련 부분은 북한 국가안전보위부 소속 공작원으로 교육받은 원정화가 2001년 10월경 미군 부대의 위치를 파악하고 북한 관련 신문 사설을 수집하라는 지령을 받고 조선족 위장 신분으로 대한민국에 잠입하여 미군 부대 정문, 울타리, 초소 사진 등을 촬영해 그 위치를 탐지·수집해 북한 공작원에게 전달하고, 2005~2006년경에는 비전향 장기수 보호 시설의 전화번호, 하나원, 대성공사, 국정원 위치와 탈북민 동기 5명의 집에 가서 그들의 인적사항, 주소 및 연락처를 확인하여 북한 공작원에게 전달하였다는 내용이었다.

이 정보들은 누구든지 인터넷 등에서 쉽게 검색할 수 있는 사실로서 군사상 기밀 또는 국가기밀에 해당하지 않는다는 주장에 대해, 법원은 미군 부대 등 위치는 반국가단체인 북한이나 그 구성원으로 남파된 피고인으로서는 더 이상 탐지·수집이나 확인·확증의 필요가 없는 것이라고 할 수 없어 공지의 사실이 아니고 군사상 기밀 또는 국가기밀에 해당한다고 판시하였다.[389] 위 정보들은 미군 부대 위치와 같이 누구든 인터넷 검색으로 쉽게 알 수 있는 것이거나 제한 없이 그 인근에 왕래하면서 파악할 수 있는 것, 또는 탈북민이라면 누구든 알게 되는 하나원과 대성공사 위치, 가까운 탈북민의 인적 사항 정도에 불과하다. 한국 사회 구성원에게는 공지의 사실임이 분명한 주요 시설 위치 등까지 북한 구성원에게는 공지의 사실이 아니라는 이유로 국가기밀로 취급하는 법원의 태도는 국가기밀의 범위를 너무 넓게 보고 있는 현실을 뚜렷이 드러낸다.

5. 살다 보니 알게 된 것도 국가기밀

(1) 알 권리의 내용과 제한 가능성

헌법재판소는 헌법 제21조[390]로부터 알 권리를 도출한다. 사상 또는 의견의 자유로운 표명은 자유로운 의사의 형성을 전제로 하고, 자유로운 의사의 형성은 정보 접근이 충분히 보장되어야 가능하므로, 정보 접근·수집·처리의 자유, 즉 '알 권리'는 표현의 자유와 표리일체의 관계에 있다는 이유다. 세계인권선언 제19조[391]도 국경에 관계없이 어떠한 매체를 통해

---

389 1심 수원지방법원 2008. 10. 15. 선고 2008고합545 판결.
390 헌법 제21조 ① 모든 국민은 언론·출판의 자유와 집회·결사의 자유를 가진다.
391 세계인권선언 제19조 모든 사람은 의견의 자유와 표현의 자유에 대한 권리를 가진다. 이러한 권리는 간

서도 정보와 사상을 추구하고, 얻고 전달할 자유를 명시한다.

알 권리는 '접근할 수 있는 정보를 받아들이고, 받아들인 정보를 취사·선택할 수 있고, 의사형성·여론형성에 필요한 정보를 적극적으로 수집할 수 있는 권리'를 일컫는다. 알 권리는 '정보의 자유'와 동일한 의미로 이해되는데, 현대적인 정보사회의 진전에 따른 정보체계의 근본적인 변화와 맥락을 같이하며, 주권자인 국민의 정보욕구를 충족시키고 이를 통하여 소극적인 지위에 머무르고 있던 국민이 주권자의 입장에서 적극적으로 정보전달체계에 직접 개입할 수 있다는 점에 의의가 있다.[392] 알 권리 또한 헌법 제37조 제2항에 따라 국가안전보장·질서유지 또는 공공복리를 위하여 필요한 경우에 한하여 법률로써 제한할 수 있으나 본질적 내용에 대한 제한은 불가능하다. 알 권리가 가지는 국민주권주의의 실현 및 인간존엄성의 실현이라는 측면에 비추어 볼 때 그 제한은 엄격하여야 한다. 표현의 자유라는 우월적 지위의 논리는 알 권리에도 적용[393]되어야 한다. 표현의 자유는 명백·현존하는 위험을 일으킬 때만 제한할 수 있는 것과 같이, 알 권리에 대한 비례원칙 심사에도 명백·현존 위험의 원칙을 반영하여야 하고, 특히 알 권리 제한으로 침해되는 법익과 균형 문제에 유의하여야 한다.

(2) 비례원칙 심사

제4조 제1항 제2호의 명목상 목적은 국가안전보장이나, 1958년 신설된 이 조항은 총력전 개념에 입각하여 대한민국 사회의 어떤 사항이든 알려지

섭 없이 의견을 가질 자유와 국경에 관계없이 어떠한 매체를 통해서도 정보와 사상을 추구하고, 얻으며, 전달하는 자유를 포함한다.

392 성낙인, 『헌법학』, 법문사, 2020, 1302쪽.
393 성낙인, 위의 책, 1309쪽.

면 북한이 이롭게 되니 기밀누설이야말로 안보의 최대 위협이라고 보고, 사소한 사항을 북측에 알려준 사람도 간첩으로 보아, 간첩 단속을 빌미로 정권안보를 꾀한 것이다. 사상이 불온하다고 여겨진 사람들, 또는 북한 측 인물과 접촉한 사람은 손쉽게 간첩이나 국가기밀누설로 처벌받을 위험에 놓였다. 특히 국가기밀의 범위를 매우 넓게 해석함으로써 일상생활에서 경험한 것, 재야운동권의 상황까지도 국가기밀이라고 하므로, 손쉽게 간첩으로 만들어질 수 있었다. 1970-80년대 간첩조작사건을 만들어내고 발표한 목적이 실제로는 반민주적 집권세력의 정당성 확보를 위해서였음은 부인할 수 없는 역사적 사실이다. 2013년 서울시 공무원 간첩조작사건도 이명박 정부 당시 야당들의 연대로 당선된 박원순 서울시장에 대한 공격이라는 정치적 목적을 배제하기 어려울 만큼, 이 조항의 실질적 목적은 반민주적 집권세력의 정당성 확보였지, 국가안전보장이라고 하기 어렵다.

다음, 수단의 적합성도 충족되지 않는다. 형법상 공무상 기밀누설, 업무상 기밀누설 등 각종 기밀을 보호하는 조항[394]들에서는 그 직무상 기밀을 취급하거나 알게 되어 비밀보호의무를 지고 있으면서 누설한 사람을 처벌한다. 이에 비해 국가보안법 제4조 제1항 제2호는 직무상 기밀보호의무와 관계없이 모든 사람에게 형사처벌의 위험을 지운다. 군사기밀보호법상 군사기밀 탐지죄 등은 비밀로 표시되고 보호조치가 취해진 것을 누설하는 행위만을 처벌한다. 그런데 국가보안법 제4조 제1항 제2호는 기밀로 지정되었다는 아무런 표시도 없는 것을 통제 없이 알게 된 경우도 처벌한다. 기밀이 '한정된 사람에게만 지득이 허용'된 것이 아닐 때에도 제2호 나목 처벌 대상이다. 비밀 지정 절차나 표시도 없이 모든 국민에게 비밀인지 아닌지를 사전에 판단하도록 하는 부담을 지우고 후일 사형에까지 이

---

394 신동운b, 「형법과 국가보안법의 관계에 관하여-형법전의 제정경위를 중심으로」, 53쪽.

르는 무거운 형사처벌을 부과하는 것이다. 국가안전보장을 위하여 비밀로 보호할 필요가 있다면 국가가 비밀보호의무 있는 사람을 정하고 각 기밀에 대해 지정 관리책임을 다하여 국가안전보장 책임을 이행하고 국민들이 형사처벌 위험에 빠지지 않도록 보호하여야 한다. 제4조 제1항 제2호는 비밀판단의 책임과 관리 의무를 형사처벌로 위협하며 모두 국민에게 떠맡기는 것으로, 국가안보를 목적으로 한다 하더라도 부적합한 수단이다.

또 피해의 최소성도 확보되지 않는다. 대법원은 누설될 경우 반국가단체에는 이익이 되고 대한민국에는 불이익을 초래할 위험성이 명백하다면 국가기밀이라고 보고 있어, 현존하는 위험이 있는지를 따지지 않는다. 현존하는 위험이 없는 경우에는 표현의 자유와 같은 수준으로 보장되어야 하는 것이므로, 명백·현존 위험의 원칙을 충족하지 못한 경우에도 형사처벌하는 것은 피해의 최소성을 충족하지 못한다.

한편 군사기밀보호법 제11조는 군사기밀 탐지·수집행위의 법정형을 10년 이하의 징역으로 정한다. 이에 비하여 국가보안법 제4조 제1항 제2호 가목의 법정형은 사형 또는 무기징역, 나목은 사형·무기 또는 7년 이상의 징역으로 매우 무겁다. 대법원은 군사기밀보호법과 비교만으로 국가보안법 제4조 제1항 제2호 나목의 법정형이 지나치게 무겁다고 하기 어렵다[395]고 하나, 국가보안법 제4조 제1항 제2호는 구성요건이 모호하고 광범위한데도 법정형의 하한을 7년 이상의 징역으로 규정하고 있어 지나치게 가혹하다. 특히 작량감경해도 집행유예 선고조차 불가능할 만큼 법정

---

395 대법원 2013. 7. 26. 선고 2013도2511 판결 사건에서 피고인은 국가보안법 제4조 제1항 제2호 나목에 규정된 '국가기밀' 부분이 명확성의 원칙, 책임주의 원칙, 평등원칙 등에 위배된다는 취지로 주장하였다. 그러나 대법원은 이를 받아들이지 않았다. "군사기밀보호법 제11조가 군사기밀 탐지·수집행위의 법정형을 10년 이하의 징역으로 규정하고 있는 것과 달리 국가보안법 제4조 제1항 제2호 나목의 법정형이 사형·무기 또는 7년 이상의 징역으로 규정되어 있다는 등의 사정만으로 위 조항이 지나치게 무거운 형벌을 규정하여 책임주의 원칙에 반한다거나 법정형이 형벌체계상 균형을 상실하여 평등원칙에 위배되는 조항이라고 할 수 없으며 법관의 양형 판단 및 결정권을 중대하게 침해하는 것이라고 볼 수도 없다."는 것이다.

형을 정한 것은 군사기밀보호법에 비하여 당사자에게 너무 큰 피해를 안긴다. 또 제4조 제1항 제2호 가목은 국가안전에 중대한 불이익이 있고 한정된 사람에게만 지득이 허용되는 국가기밀 탐지 등을 처벌하는 것으로 법정형이 사형 또는 무기징역인데, 그 외의 국가기밀 탐지 등을 처벌하는 나목에도 여전히 사형 또는 무기징역이 법정형에 포함되어 있다. 나목의 법정형에 7년 이상의 징역형이 더해져 있기는 하나, 하한이 추가된 것일 뿐[396] 사형 또는 무기징역의 위험은 제거되지 않은 것이어서, 책임과 형벌의 비례도 충족하지 못한다.

제4조 제1항 제2호 적용 사례를 보면, 마을 주민들이 알게 되는 경우나 탈북민들은 탈북 과정에서 자연스럽게 알게 되는 것과 같이 수동적인 인지에 불과한 것도 기밀탐지 누설로 처벌된다. 이 조항으로 최근 다수 처벌되고 있는 탈북민들은 대한민국 입국 직후 조사받는 과정에서 국정원 탈북민 수용시설의 위치나 신문 방법 등을 경험하여 알게 된다. 특별한 탐지의 과정을 거치는 것이 아니라 자신에게 강제되는 절차를 거치면서 수동적으로 알게 되는 것에 불과하다. 법원은 이를 이유로 탈북민들을, 북한에 알려지면 이익이 되고 대한민국에 불리해지는 정보를 체득한 사람, 그 존재 자체가 국가기밀인 사람들로 본다. 직무상 비밀을 보호할 의무를 지는 사람이 아니라면, 생존과 사회활동을 위한 일상 공간에서 적극적 탐지 없이 수동적으로 알게 된 경우까지 제4조로 처벌하는 것은 일상생활마저 국가의 통제하에 두고 개인의 일상 행동의 자유를 지나치게 침해하는 전체주의적 발상이다. 아무것도 알지 말고 눈 감으라는 것과 다르지 않아 알 권리의 본질적 내용을 침해한다. 따라서 국가보안법 제4조 제1항 제2호는 알 권리를 침해하는 위헌 규정이다.

---

396 헌법재판소 2014. 11. 27. 선고 2012헌바363 결정 중 청구인 주장 부분.

6. 기밀 표시 없어도 국가기밀

(1) 제4조 제1항 본문 '지령'

반국가단체로부터 받은 '지령'의 개념은 자의적으로 해석되어 무제한적으로 확장되어왔다. 지령指令은 통상 단체 등에서 상부로부터 하부 또는 소속원에 대하여 내려지는 활동 방침에 대한 명령을 뜻한다.[397] 상하 관계가 전제된 개념이다. 그러나 대법원은 국가보안법 각 조항에서 정하는 '지령'에 대하여 일관되게 "지령은 주고받은 사람 사이에 상명하복의 지배관계가 있을 것을 필요로 하지 아니함은 물론 지령의 형식에도 아무런 제한이 없고, 은밀한 방법에 의하여 전달될 필요도 없다"[398]고 해왔다. 실제로 발생하는 사건에서 '지령'은 엄격한 의미의 지시나 명령 형식보다는 일상적인 대화나 부탁의 형식을 취하는 사례가 많으므로 위 대법원의 입장이 타당하다는 주장[399]도 있다. 그러나 형벌법규의 명확성은 수범자가 법규만 보고도 처벌될 행위와 그렇지 않은 행위를 가려보게 하기 위하여 필요한 것이다. 따라서 형벌법규의 해석은 문언의 통상적인 의미 안에서만 가능하다. 더구나 대법원은 '반국가단체의 지령을 받은 자'에 "반국가단체로부터 직접 지령을 받은 자뿐만 아니라 위 지령을 받은 자로부터 지령을 다시 받은 자도 포함된다"[400]고 보고, 헌법재판소 역시 '지령을 받은 자'의 범위

---

397 국립국어원 표준국어대사전은 지령指令을 "① 상급 관청이 하급 관청에 그 소관 사무에 관하여 내리는 명령'으로 '지휘명령'의 동의어. ② 단체 따위에서 상부로부터 하부 또는 소속원에게 그 활동 방침에 대하여 명령을 내림. 또는 그 명령"으로 설명한다.

398 대법원 1990. 6. 8. 선고 90도646 판결. 위 판시는 제6조 제2항 지령에 관한 것이나 제4조 제1항의 지령에 대한 해석도 다르지 않다.

399 황교안, 위의 책, 83쪽.

400 대법원 1972. 5. 23. 선고 72도687 판결; 대법원 1986. 9. 23. 선고 86도1429 판결; 대법원 1987. 9. 8. 선고 87도1446 판결; 대법원 1990. 8. 24. 선고 90도1285 판결; 대법원 1996. 11. 12. 선고 96도2518 판결; 대법원 1997. 11. 25. 선고 97도2084 판결 등.

를 폭넓게 해석[401]하는데, 이것이 지배관계가 없거나 지시가 아닌 경우까지 '지령'에 포함시키는 해석에 더해지면 제4조 제1항 '지령'은 일상적인 제안이나 부탁, 초청까지 처벌 대상으로 하게 되어 그 범위가 무한하게 넓어질 수 있는 것이어서 명확성의 원칙에 위배된다.

'지령을 받은 자'를 구성요건으로 하면서도, 지령을 주고받는 관계, 지령의 형식 등에 대하여 아무런 제한이 없는 상태로 규정하여 법문의 문언만으로 이 조항이 포섭하는 경우를 모두 알기 어려워, 명확성의 원칙에 위반된다.

(2) 제4조 제1항 제2호 '국가기밀'

국가보안법 제4조 제1항 제2호는 형법 제98조에 규정된 행위(간첩)를 하거나 국가기밀을 탐지·수집·누설·전달하거나 중개한 때를 처벌하면서, '군사상 기밀 또는 국가기밀'의 중요도에 따라 처벌을 달리한다. 그런데 군사기밀보호법과 보안업무규정은 각각 군사기밀과 국가기밀에 대해 지정절차를 두어, 비밀인지 아닌지를 표시한다. 군사기밀보호법 제2조 제1호[402]는 군사기밀의 범위를 정해진 절차에 따라 비밀임이 표시되거나 보

---

401 "반국가단체나 그 구성원의 지령을 받은 자로부터 다시 지령을 받은 자도 실질적으로는 반국가단체의 포괄적인 지배 하에 있으면서 그로부터 직·간접적인 방법으로 계속적인 지시와 통제를 받아 반국가활동을 수행한다는 점에서 직접 지령을 받은 자와 그 가벌성에서 차이가 없다고 보아야 할 것이므로 이 사건 법률조항에 반국가단체의 지령을 받은 자로부터 다시 지령을 받은 경우도 포함되는 것으로 보는 것은 당연하다 할 것이고, 이를 가지고 죄형법정주의에 위배된다고 할 수 없다" 헌법재판소 1998. 8. 27. 선고 97헌바85 결정.
402 군사기밀보호법 제2조(정의) 이 법에서 사용하는 용어의 뜻은 다음과 같다.
1. "군사기밀"이란 일반인에게 알려지지 아니한 것으로서 그 내용이 누설되면 국가안전보장에 명백한 위험을 초래할 우려가 있는 군軍 관련 문서, 도화圖畵, 전자기록 등 특수매체기록 또는 물건으로서 군사기밀이라는 뜻이 표시 또는 고지되거나 보호에 필요한 조치가 이루어진 것과 그 내용을 말한다.
군사기밀보호법 시행령 제3조(군사기밀의 등급 구분) ① 법 제3조제1항에 따라 군사기밀의 등급을 다음 각호와 같이 구분한다.
1. 군사 I급비밀: 군사기밀 중 누설될 경우 국가안전보장에 치명적인 위험을 끼칠 것으로 명백히 인정되는 가치를 지닌 것
2. 군사 II급비밀: 군사기밀 중 누설될 경우 국가안전보장에 현저한 위험을 끼칠 것으로 명백히 인정되는 가

호조치가 취해진 것에 한정한다. 헌법재판소의 1992년 구 군사기밀보호법에 대한 한정합헌결정[403] 취지에 따라 개정된 것이다. '국가기밀'에 대해서도 그 범위를 한정하는 입법이 있다. 국가기밀의 관리권한을 가진 국가정보원법 제4조 제1항 제2호[404]에서 '국가기밀'을 국가기관에 의하여 국가기밀로 분류된 사항을 가리키는 것으로 특정하고, 보안업무규정[405]에서 국가기밀 지정 절차를 정해둔 것이다.

반면 국가보안법 제4조 제1항 제2호의 '국가기밀'은 반드시 대외비나 비밀등급이 표시될 것을 요하지 않는다고 한다. 군사기밀보호법이 군사기밀을 "군사기밀이라는 뜻이 표시 또는 고지되거나 보호에 필요한 조치가 행하여진 것"에 국한하는 것과 구별된다.[406] 보안업무규정상 국가기밀의 범위 한정 조항도 국가보안법에는 반영되지 않는다. 무엇을 가리키는

치를 지닌 것

3. 군사 Ⅲ급비밀: 군사기밀 중 누설될 경우 국가안전보장에 상당한 위험을 끼칠 것으로 명백히 인정되는 가치를 지닌 것

② 제1항에 따른 등급 구분에 관한 세부 기준은 별표 1과 같다.

403 헌법재판소 1992. 2. 25. 선고 89헌가104 결정, "군사기밀의 범위는 국민의 표현의 자유 내지 '알 권리'의 대상영역을 최대한 넓혀줄 수 있도록 필요한 최소한도에 한정되어야 할 것이며, 따라서 군사기밀보호법 제6조, 제7조, 제10조는 동법 제2조 제1항의 '군사상의 기밀'이 비공지의 사실로서 적법절차에 따라 군사기밀로서의 표지를 갖추고 그 누설이 국가의 안전보장에 명백한 위험을 초래한다고 볼 만큼의 실질가치를 지닌 것으로 인정되는 경우에 한하여 적용된다 할 것이므로 그러한 해석 하에 헌법에 위반되지 아니한다."

404 국가정보원법 제4조(직무) ① 국정원은 다음 각 호의 직무를 수행한다.

2. 국가 기밀(국가의 안전에 대한 중대한 불이익을 피하기 위하여 한정된 인원만이 알 수 있도록 허용되고 다른 국가 또는 집단에 대하여 비밀로 할 사실·물건 또는 지식으로서 국가 기밀로 분류된 사항만을 말한다. 이하 같다)에 속하는 문서·자재·시설·지역 및 국가안전보장에 한정된 국가 기밀을 취급하는 인원에 대한 보안업무. 다만, 각급 기관에 대한 보안감사는 제외한다.

405 보안업무규정 제2조(정의) 이 영에서 사용하는 용어의 뜻은 다음과 같다.

1. "비밀"이란 「국가정보원법」(이하 "법"이라 한다) 제4조 제1항 제2호에 따른 국가 기밀(이하 "국가기밀"이라 한다)로서 이 영에 따라 비밀로 분류된 것을 말한다.

제4조(비밀의 구분) 비밀은 그 중요성과 가치의 정도에 따라 다음 각 호와 같이 구분한다.

1. Ⅰ급비밀: 누설될 경우 대한민국과 외교 관계가 단절되고 전쟁을 일으키며, 국가의 방위계획·정보활동 및 국가방위에 반드시 필요한 과학과 기술의 개발을 위태롭게 하는 등의 우려가 있는 비밀

2. Ⅱ급비밀: 누설될 경우 국가안전보장에 막대한 지장을 끼칠 우려가 있는 비밀

3. Ⅲ급비밀: 누설될 경우 국가안전보장에 해를 끼칠 우려가 있는 비밀

406 신동운, 「간첩죄와 국가기밀」, 《고시연구》 1998년 1월호, 고시연구사, 218쪽(국회법제실, 「국가기밀보호관련 법령의 정비방안」, 국회입법조사처, 2007. 11., 29쪽에서 재인용).

지 분명히 정하지 않고 '군사상 기밀 또는 국가기밀'이라고만 하는 국가보안법의 입법방식은 헌법이 보장하는 죄형법정주의 원칙상 명확성의 원칙에 위배[407]된다.

대법원은 국가보안법 국가기밀의 인정기준으로, 형식적으로 비밀로 지정된 것을 비밀로 보아야 한다는 형식비形式秘설을 취하지 않고 이른바 실질비實質秘설을 택한다. 보호할 실질적 가치가 있을 때 비밀로 취급해야 한다는 것이다. 실질비설은 군사기밀보호법상 군사기밀과 같이 관계 당국이 형식적으로 비밀로 지정한 것[408]이라도 실질적으로 보호 가치가 없으면 비밀로 인정하지 않을 수 있는 장점이 있다. 그러나 형식적 비밀 지정도 되지 않은 것에 대해 실질비설을 적용해 비밀로 인정하게 되면, 법을 적용받는 사람들로서는 무엇이 금지되고 처벌되는 행위인지 최소한의 예측기준도 갖기 어렵게 된다. 수범자 입장에서는 비밀의 구분과 한계가 모호한 것이다. 실질적 보호 가치가 있는지 판정 기준과 방법도 모호하다.[409]

'국가기밀' 개념의 불명확성의 문제는 제4조 제1항 제2호 나목에서 두드러진다. 가목은 "국가안전에 대한 중대한 불이익을 회피하기 위하여 한정된 사람에게만 지득이 허용되고 적국 또는 반국가단체에 비밀로 하여야 할 사실, 물건 또는 지식"이라는 한정적 서술이 있으나, 나목은 "가목 외의 군사상 기밀 또는 국가기밀"이라고만 되어 있기 때문이다. 대법원은 제4조 제1항 제2호 나목의 '국가기밀'이 명확성의 원칙에 위배되지 않는다고 한다.[410] 그러나 제4조 제1항 2호 나목은 가목과 달리 '가목 외의 군사상

---

407 이태엽, 「비밀의 보호와 헌법상 기본권 간의 조화」, 《인권과 정의》 2020년 8월, 대한변호사협회, 2020, 90쪽.
408 현행 군사기밀보호법 및 시행령의 군사기밀의 범위도 군사에 관한 사항이라면 모두 군사상 기밀로 정할 수 있을 정도로 넓다는 비판이 있다. 류지영, 「군사기밀과 죄형법정주의」, 《중앙법학》 제21권 제3호, 중앙대학교 중앙법학회, 2019. 8쪽.
409 김재현b, 「형법상 국가기밀의 개념」, 150쪽.
410 대법원 2013. 7. 26. 선고 2013도2511 판결 사건에서 피고인은 국가보안법상 간첩죄가 명확성의 원칙,

기밀 또는 국가기밀'이라는 막연한 용어를 사용함으로써 그 의미가 불명확하여 죄형법정주의 원칙에 위배된다.

헌법재판소는 1997년 한정합헌결정에서 "범죄의 유형 및 그 경중의 개별화·구체화·명확화라는 관점에서 볼 때에는 (제4조 제1항 제2호) 나목의 규정은 매우 소홀한 입법형태라는 비난을 면하기 어렵다. 이 점은 국내의 여타 국가기밀법제와 비교해보거나 외국의 국가기밀법제와 비교해보아도 명백하다. 입법자는 '국가안전의 완벽한 보호'를 목적으로 이러한 입법형태를 채택한 것으로 짐작되나, 바람직하지 못한 입법형태로서 조속히 개정되어야 할 것이다."[411]라고 지적하였다. 그러나 국가보안법 제4조 제1항 제2호 나목 규정은 개정되지 않고 그대로 존속하고 있다.

(3) 제4조 제1항 제4호 '기타 중요시설', '기타 물건'

제4조 제1항 제4호는 '교통·통신, 국가 또는 공공단체가 사용하는 건조물 기타 중요시설을 파괴'한 행위, '함선·항공기·자동차·무기 기타 물건을 이동·취거'한 행위 등을 처벌 대상으로 하는데, '기타 중요시설', '기타 물건'은 광범위한 규정으로 죄형법정주의 위반의 의심이 있다는 비판으로부터 자유롭지 않다.

책임주의 원칙, 평등원칙 등에 위배된다는 취지의 주장을 하였다. 그러나 대법원은 이 주장을 받아들이지 않았다. "국가보안법 제4조 제1항 제2호 나목에 규정된 '국가기밀'은 '그 기밀이 정치, 경제, 사회, 문화 등 각 방면에서 반국가단체에 대하여 비밀로 하거나 확인되지 아니함이 대한민국의 이익이 되는 모든 사실, 물건 또는 지식으로서, 그것들이 국내에서 적법한 절차 등을 거쳐 이미 일반인에게 널리 알려진 공지의 사실, 물건 또는 지식에 속하지 아니한 것이어야 하고, 또 그 내용이 누설되는 경우 국가의 안전에 위험을 초래할 우려가 있어 기밀로 보호할 실질가치를 갖춘 것'일 경우에 한정된다고 보는 것이 대법원 1997. 9. 16. 선고 97도985 전원합의체 판결 이래 대법원의 확립된 견해이다. '국가기밀'의 일반적 의미를 위와 같이 제한적으로 해석하는 한편, 위 규정이 그 행위주체를 '반국가단체의 구성원 또는 그 지령을 받은 자'로 한정하고 있을 뿐만 아니라 그 행위가 '반국가단체의 목적수행을 위한 행위'일 것을 그 구성요건으로 하고 있어 행위주체와 행위태양의 면에서 제한을 하고 있는 점 등에 비추어 보면, 위 규정이 헌법에 위배된다고 할 정도로 죄형법정주의가 요구하는 명확성의 원칙에 반한다고 할 수 없다."는 이유다.

411 헌법재판소 1997. 1. 16. 선고 92헌바6 등 결정.

'기타 중요시설' 앞에는 '교통, 통신, 국가 또는 공공단체가 사용하는 건조물'이 열거되어 있는데, 위 표현만으로 '기타 중요시설'에 포함될 수 있는 시설의 종류가 무엇인지 구체적인 판단기준을 알기 어렵다. 기준이 사용 목적인지, 사용 주체인지, 그 밖에 다른 판단기준이 적용될 여지는 없는 것인지 명확하지 않다. 구체적인 판단기준을 알기 어려운 광범위한 규정이다.

구체적 판단기준을 알기 어렵다는 점은 '기타 물건'에서도 같다. 더구나 함선, 항공기, 자동차는 이동 수단인데 이와 아무 공통점 없는 무기까지 열거된 상태에서 '기타 물건'이라는 표현이 더해져 있다. 이동·취거할 경우 범죄행위가 되는 대상 물건의 범위와 판단기준이 모호하고, '기타 물건'에 포함될 수 있는 범위가 지나치게 넓다. 국민보호와 공공안전을 위한 테러방지법 제2조 제1호[412]가 '테러' 중 물건파괴의 방법과 정도에 대해

---

412 국민보호와 공공안전을 위한 테러방지법 제2조(정의) 이 법에서 사용하는 용어의 뜻은 다음과 같다.
1. "테러"란 국가·지방자치단체 또는 외국 정부(외국 지방자치단체와 조약 또는 그 밖의 국제적인 협약에 따라 설립된 국제기구를 포함한다)의 권한 행사를 방해하거나 의무 없는 일을 하게 할 목적 또는 공중을 협박할 목적으로 하는 다음 각 목의 행위를 말한다.
가. 사람을 살해하거나 사람의 신체를 상해하여 생명에 대한 위험을 발생하게 하는 행위 또는 사람을 체포·감금·약취·유인하거나 인질로 삼는 행위
나. 항공기(「항공안전법」 제2조 제1호의 항공기를 말한다. 이하 이 목에서 같다)와 관련된 다음 각각의 어느 하나에 해당하는 행위
1) 운항 중(「항공보안법」 제2조 제1호의 운항 중을 말한다. 이하 이 목에서 같다)인 항공기를 추락시키거나 전복·파괴하는 행위, 그 밖에 운항 중인 항공기의 안전을 해칠 만한 손괴를 가하는 행위
2) 폭행이나 협박, 그 밖의 방법으로 운항 중인 항공기를 강탈하거나 항공기의 운항을 강제하는 행위
3) 항공기의 운항과 관련된 항공시설을 손괴하거나 조작을 방해하여 항공기의 안전운항에 위해를 가하는 행위다. 선박(「선박 및 해상구조물에 대한 위해행위의 처벌 등에 관한 법률」 제2조제1호 본문의 선박을 말한다. 이하 이 목에서 같다) 또는 해상구조물(같은 법 제2조제5호의 해상구조물을 말한다. 이하 이 목에서 같다)과 관련된 다음 각각의 어느 하나에 해당하는 행위
1) 운항(같은 법 제2조제2호의 운항을 말한다. 이하 이 목에서 같다) 중인 선박 또는 해상구조물을 파괴하거나, 그 안전을 위태롭게 할 만한 정도의 손상을 가하는 행위(운항 중인 선박이나 해상구조물에 실려 있는 화물에 손상을 가하는 행위를 포함한다)
2) 폭행이나 협박, 그 밖의 방법으로 운항 중인 선박 또는 해상구조물을 강탈하거나 선박의 운항을 강제하는 행위
3) 운항 중인 선박의 안전을 위태롭게 하기 위하여 그 선박 운항과 관련된 기기·시설을 파괴하거나 중대한 손상을 가하거나 기능장애 상태를 일으키는 행위
라. 사망·중상해 또는 중대한 물적 손상을 유발하도록 제작되거나 그러한 위력을 가진 생화학·폭발성·소이성(燒夷性) 무기나 장치를 다음 각각의 어느 하나에 해당하는 차량 또는 시설에 배치하거나 폭발시키거나 그 밖

비교적 상세히 정해두고 있는 것과 비교된다.

(4) 제4조 제1항 제6호 '사회질서의 혼란을 조성할 우려가 있는 사항'[413]

헌법 제21조 제1항, 자유권규약 제19조 제2항[414]은 모든 형태와 내용의 표현물의 제작과 유통에 관한 전 과정을 표현의 자유로 보호한다. 표현의 자유는 다른 기본권에 우선하는 것으로서 그 보호되는 '표현'에는 사실상 제약이 없고, 그 제한은 다른 기본권보다 더 신중해야 하며, '명백 현존 위험의 원칙(clear and present danger test)'에 따라야 한다. 민주사회의 열린 정치체제를 보장하고자 그 어느 기본권보다 우월한 지위가 부여된 표현의 자유를 제약하기 위해서는 단순히 그 표현행위가 해악을 가져오리라

의 방법으로 이를 사용하는 행위

1) 기차·전차·자동차 등 사람 또는 물건의 운송에 이용되는 차량으로서 공중이 이용하는 차량

2) 1)에 해당하는 차량의 운행을 위하여 이용되는 시설 또는 도로, 공원, 역, 그 밖에 공중이 이용하는 시설

3) 전기나 가스를 공급하기 위한 시설, 공중이 먹는 물을 공급하는 수도, 전기통신을 이용하기 위한 시설 및 그 밖의 시설로서 공용으로 제공되거나 공중이 이용하는 시설

4) 석유, 가연성 가스, 석탄, 그 밖의 연료 등의 원료가 되는 물질을 제조 또는 정제하거나 연료로 만들기 위하여 처리·수송 또는 저장하는 시설

5) 공중이 출입할 수 있는 건조물·항공기·선박으로서 1)부터 4)까지에 해당하는 것을 제외한 시설

마. 핵물질(「원자력시설 등의 방호 및 방사능 방재 대책법」 제2조 제1호의 핵물질을 말한다. 이하 이 목에서 같다), 방사성물질(「원자력안전법」 제2조 제5호의 방사성물질을 말한다. 이하 이 목에서 같다) 또는 원자력시설(「원자력시설 등의 방호 및 방사능 방재 대책법」 제2조 제2호의 원자력시설을 말한다. 이하 이 목에서 같다)과 관련된 다음 각각의 어느 하나에 해당하는 행위

1) 원자로를 파괴하여 사람의 생명·신체 또는 재산을 해하거나 그 밖에 공공의 안전을 위태롭게 하는 행위

2) 방사성물질 등과 원자로 및 관계 시설, 핵연료주기시설 또는 방사선발생장치를 부당하게 조작하여 사람의 생명이나 신체에 위험을 가하는 행위

3) 핵물질을 수수授受·소지·소유·보관·사용·운반·개조·처분 또는 분산하는 행위

4) 핵물질이나 원자력시설을 파괴·손상 또는 그 원인을 제공하거나 원자력시설의 정상적인 운전을 방해하여 방사성물질을 배출하거나 방사선을 노출하는 행위

413 표현의 자유의 내용과 제한 법리에 대해서는 민주사회를 위한 변호사모임, 『헌법 위의 악법』, 190-202쪽에 기술되어 있으므로 중복을 피하기 위하여 줄인다.

414 시민적 및 정치적 권리에 관한 국제규약 제19조

2. 모든 사람은 표현의 자유에 대한 권리를 가진다. 이 권리는 구두, 서면 또는 인쇄, 예술의 형태 또는 스스로 선택하는 기타의 방법을 통하여 국경에 관계없이 모든 종류의 정보와 사상을 추구하고 접수하며 전달하는 자유를 포함한다.

는 예상을 넘어서서 '사회에 실질적인 해악을 가져올 명백하고 현존하는 위험을 초래하는지'에 따라 매우 엄격한 심사를 할 필요가 있다. 사회에 현존하지도 않는 위험을 예방한다는 이유로 섣불리 사상 정치적 의견 표현의 자유를 제한할 수 없다.

국가보안법 제4조 제1항 제6호는 반국가단체 구성원 또는 그 지령을 받은 자가 '제1호 내지 제5호의 행위를 선동·선전한 때'와 '사회질서의 혼란을 조성할 우려가 있는 사항에 관하여 허위사실을 날조하거나 유포한 때' 2년 이상의 유기징역으로 처벌한다. '선동·선전'이 표현의 자유의 보호 범위에 포함된다는 데는 이론의 여지가 없다. '날조·유포'도 표현행위의 일종이다. 그런데 이 조항의 구성요건들은 구체적인 포섭 범위를 특정할 수 없을 만큼 모호하여 표현의 자유를 침해할 가능성이 매우 높다. 우선 제1호부터 제5호까지의 각 형법저촉행위에 대해 '선동·선전'하는 행위의 범위가 모호하다. 말인지, 몸짓인지, 문서나 도화를 만드는 것인지, 만든 문서 등을 전파하는 것인지, 아니면 이 모든 것을 포함하는지 불명확하다. '사회질서의 혼란을 조성할 우려가 있는 사항'도 막연하고 추상적이어서 범위를 특정할 수 없다. 위 문언만으로는 무엇이 '사회질서의 혼란을 조성할 우려가 있는 사항'인지 구체적 판단기준을 알기 어렵다. 사회질서에 '혼란'이 발생하였다고 볼 수 있는 경우는 매우 다양하고, 이를 범죄의 구성요건으로 하기 위해서는 일응의 판단기준이 필요함에도 불구하고 위 법문만으로는 어떤 경우가 이에 해당하는지 알기 어렵다. 혼란을 실제로 조성한 것이 아니라 조성할 우려만 있어도 처벌하니, 처벌범위가 무한히 확대될 수 있다. 그러면 법 적용대상 여부에 대한 판단이 법 집행자의 자의적인 해석에 맡겨지게 될 수밖에 없다. 모호한 규정으로 가벌성이 무한확장되면 결국 해당 조문의 적용 여부는 수사기관 또는 법원의 자의적 판단에 맡겨지고, 수사관, 검사, 법관의 내밀한 가치판단에 따라 같은 행위라도 구성요건해당성이 달라지게 된다. 행위가 아닌 행위자에 대한 선입견 등이 처벌의 결과에 영향을 미칠 가능성이 매우 높다. 따라서 해당 조항은 법적 안정성을 해치고 개개인의 표현의 자유를 심각하게 침해할 위험이 있다.

참고할 만한 선례로, 자유권규약위원회는 '국익을 해하는 허위정보를 국외에 유포하는 것'을 범법행위로 정한 슬로바키아 형법 제98조에 대해 "매우 광범위하게 표현되어 명확성이 결여되었고, 자유권규약 제19조 제3항에 의해 허용되는 것을 넘어서 표현의 자유를 제한할 위험을 가져온다."라고 우려를 표명한 바 있다.[415 416]

이와 유사한 방식의 규정이 명확성 원칙 위반으로 판단된 사례도 있다. 헌법재판소는 미성년자에게 음란성 또는 잔인성을 '조장할 우려가 있는 만화'를 처벌 대상으로 한 미성년자보호법에 대해, 처벌범위가 너무 광범위하여 명확성의 원칙에 위배된다고 하였다.[417] 집회 및 시위에 관한 법률이 절대적 집회금지 사유로 정했던 '현저히 사회적 불안을 야기시킬 우려가 있는 집회 또는 시위'[418] 조항 합헌 결정에서도, 반대의견들[419]은 명확

---

415 UN OHCHR 펴냄, 국제인권법연구회 번역, 『국제인권법과 사법』, 2014, 678쪽.

416 박경신, 『표현·통신의 자유 : 이론과 실제』, 논형, 2013, 112-113쪽에 따르면, 자유권규약위원회는 1990년대 카메룬, 튀니지, 모리셔스, 아르메니아, 우루과이에 있는 허위사실유포제에 대해 표현의 자유를 위반한다는 의견을 표명하였고, 1995년에 튀니지의 언론법 제49조(공공질서를 어지럽히거나 어지럽힐 것으로 보이는 허위사실을 악의적으로 유포하는 행위)에 대해 최고 징역 3년의 형을 선고하는 것에 대해 표현의 자유를 제약한다고 우려를 표명하였다(강재원, 「국제인권법의 시각에서 본 표현의 자유」, 《사법논집》 제28집, 법원도서관, 2015, 28-29쪽에서 재인용).

417 헌법재판소 2002. 2. 28. 선고 99헌가8 결정 "'조장'은 '힘을 도와 더 자라게 함'의 뜻으로, '미성년자가 보유한 일말의 기질인 음란성 또는 잔인성에 힘을 도와 더 자라게 한다'는 것으로 해석이 가능한데, 이러한 태양에는 미성년자가 보유한 음란성 또는 잔인성 등의 기질에 결합하여 강화시키는 것만이 아니라, 그 기질의 발현을 억제시켰던 주저와 망설임을 약화시키는 것, 또는 종래 이를 극복하는 가치체계로 쌓아온 순결관이나 온정주의를 둔화시키는 것 등이 포함될 수 있다. 이에 '근심이나 걱정'이라는 뜻의 '우려'까지 덧붙여지면 (중략) 객관적으로 묘사한 것이거나 성교육을 위한 만화와 같이 사회통념상 정당한 것으로 볼 여지가 많은 것까지 처벌의 대상으로 할 수 있게 된다. 그런데 위와 같은 경우를 모두 처벌하게 되면 그 처벌범위가 너무 광범위해지고, 일정한 경우에만 처벌하게 된다면 어느 경우가 그에 해당하는지 명확하게 알 수 없다."

418 집회 및 시위에 관한 법률 [법률 제3278호, 1980. 12. 18., 일부개정] 제3조(집회 및 시위금지) ① 누구든지 다음 각 호의 1에 해당하는 집회 또는 시위를 주관하거나 개최하여서는 아니 된다. 4. 현저히 사회적 불안을 야기시킬 우려가 있는 집회 또는 시위

419 헌법재판소 1992. 1. 28. 선고 89헌가8 결정 중 변정수 재판관은 "신체의 자유를 제한하는 형벌규정이

성 원칙 위배라고 판시하였고, 위 조항은 반대의견과 같은 내용의 비판에 따라 헌법재판소 결정 전인 1989년 3월 29일 삭제되었다. 구 전기통신기본법 제47조 제1항[420]은 공익을 해할 목적으로 전기통신설비에 의하여 공연히 허위의 통신을 한 자를 형사처벌하고 있었다. 헌법재판소는 '공익'은 의미가 불명확하고 추상적이어서 '허위의 통신' 가운데 어떤 목적의 통신이 금지되는 것인지 고지하여 주지 못하여, 이 조항은 명확성 원칙에 위배되어 헌법에 위반된다[421]고 하였다.[422] '사회적 혼란', '조성할 우려'라는 불

면서도 그 구성요건의 명확성을 결여하여 죄형법정주의에 위배되므로 그 점에 있어 신체의 자유의 본질적 내용을 침해하는 법률이고 또한 위 법률조항은 집회 및 시위를 통한 표현행위를 제한하는 법률이면서도 명확성의 결여뿐만 아니라 당해 집회 및 시위가 국가의 안전보장이나 질서유지 또는 공공복리에 명백한 현실적인 위험을 초래할 수 있는가에 대한 구체적인 기준의 제시 없이 다만 막연히 사회적 불안을 야기시킬 우려가 있는 집회 또는 시위라는 자의적인 판단만으로 무조건 집회 또는 시위를 통한 표현행위를 금지하고 처벌대상으로 삼고 있다는 점에서 집회 및 시위의 자유의 본질적 내용을 침해하는 위헌법률이다."라고 하였다. 김우진 재판관은 "'누구든지 현저히 사회적 불안을 야기시킬 우려가 있는 집회 또는 시위를 주관하거나 개최하여서는 아니 된다.'라는 규정을 보면 '현저히', '사회적 불안', '야기시킬 우려'와 같은 지극히 애매모호하고 지나치게 광범한 표현으로써 집회 및 시위의 자유를 제한하고 있다. 이러한 표현은 표현의 자유를 제한함에 있어 필요한 명확성을 결한 애매모호성과 지나친 광범성으로 인하여 위헌을 면하지 못한다고 생각된다."고 하였다.

420 전기통신기본법 [법률 제10139호, 2010. 3. 17., 일부개정] 제47조(벌칙) ① 공익을 해할 목적으로 전기통신설비에 의하여 공연히 허위의 통신을 한 자는 5년 이하의 징역 또는 5천만 원 이하의 벌금에 처한다.

421 "'공익'은 … 그 의미가 불명확하고 추상적이어서, 법 집행자의 통상적 해석을 통하여 그 의미내용이 객관적으로 확정될 수 있다고 보기 어렵고, 공익을 해할 목적이 있는지 여부를 판단하기 위한 공익 간 형량의 결과가 언제나 객관적으로 명백한 것도 아니므로 수범자인 국민에 대하여 일반적으로 허용되는 '허위의 통신' 가운데 어떤 목적의 통신이 금지되는 것인지 고지해주지 못하고 있으므로 표현의 자유에서 요구하는 명확성의 요청 및 죄형법정주의의 명확성원칙에 위배하여 헌법에 위반된다." 헌법재판소 2010. 12. 28. 선고 2008헌바157 전원재판부 결정.

422 강재원은 이 위헌결정에 대해 다음 이유로 찬성의견을 표한다. "허위사실이 진리추구에 도움이 되지 못하거나 공동체의 의견형성에 기여하지 못하는 것은 표현된 그 사실이 허위임이 명백한 때일 것인데, 의견표명 즉시 그 의견의 전제가 된 사실이 허위인지 진실인지를 가리는 것은 결코 쉬운 일이 아니고, 우리의 실제 경험, 가령 "줄기세포" 보도 사건의 경험에서 알 수 있듯이 표현(보도) 당시에는 허위 또는 '황당한' 주장으로 보이는 것이라도 후에 진실임이 밝혀지는 경우도 있다. 줄기세포 연구에 관한 의혹을 제기한 피디수첩 방송 후 정치인, 언론, 종교단체 및 일반 국민들이 해당 방송국과 피디에 대하여 보여준 폭압적이고, 국가주의적인 태도를 상기해볼 필요가 있다. 한편 표현행위 당시 허위사실임이 명백한 경우에는 그로 인해 특별한 해악이 있다고 보기도 어렵다. 따라서 허위사실의 표현도 표현의 자유의 보호영역 내에 속하는 것으로 포함하되, 헌법 제37조 제2항(자유권규약 제19조 제3항)에 따라 제한할 수 있는 것으로 해석하는 것이 타당하다고 생각된다. 그리고 위 전기통신기본법상 허위사실유포죄는 위 헌법재판소 결정의 법정의견이 제시한 논거 외에도 1961년 전기통신법으로 제정된 후(전기통신법 제89조 제1항) 사실상 50년 가까이 적용된 바가 없다가 위 헌법재판소 결정에서 문제 된 사례에서 거의 처음으로 적용된 규정이었던 점, 허위사실유포죄 또는 그 유사 형별법규는 여러 국가에서 대개 권위주의적 정권이 국민의 표현의 자유를 제약하기 위한 의도로 제정되고, 집행되었다는 점 등 여러 사정을 고려할 때에는 위헌결정이 합당한 것이라고 생각된다." 강재원, 위의 글, 30-31쪽.

명확하고 애매모호한 개념을 사용하여 구성요건을 정하는 국가보안법 제 4조 제1항 제6호는 명확성의 원칙에 위배된다.

제5조 제1항 자진지원
– 평화운동 정보수집도, 가족재결합 목적도 기소

제5조(자진지원·금품수수) ① 반국가단체나 그 구성원 또는 그 지령을 받은 자를 지원할 목적으로 자진하여 제4조 제1항 각호에 규정된 행위를 한 자는 제4조 제1항의 예에 의하여 처벌한다.

② 국가의 존립·안전이나 자유민주적 기본질서를 위태롭게 한다는 정을 알면서 반국가단체의 구성원 또는 그 지령을 받은 자로부터 금품을 수수한 자는 7년 이하의 징역에 처한다.

③ 제1항 및 제2항의 미수범은 처벌한다.

④ 제1항의 죄를 범할 목적으로 예비 또는 음모한 자는 10년 이하의 징역에 처한다.

⑤ 삭제 〈1991. 5. 31.〉

"젊은 생명들이 사라졌음을 알리는 일상적인 조종 소리가 견디기 힘들 만큼 끔찍한 공포가 되었음에도 평화를 주창하면 병사들에 대한 배신행위로 비난받습니다. 다른 누구보다도 병사들 자신이 평화를 바라고 있는데도 말입니다."[423]

1. '자생적 공산주의'도 봉쇄

국가보안법 제5조는 제4조 이외에 반국가단체와 관련된 제반 행위를 처벌한다. 제5조 제1항은 제4조 제1항의 행위를 자진해서 한 경우이고, 제2항은 금품을 받은 경우다. 제4조에 해당하는 행위를 한 사람에 대해 공안수사기관이 그 배후를 아무리 파헤쳐도 전혀 북한과 연계가 없는 경우, 곧 반국가단체의 구성원 등과 아무런 사전 의사연락 없이 자기 스스로의 의사에 의하여 범행한 경우[424]에 제5조 제1항이 적용된다. 앞서 본 것과 같이 제4조 제1항은 외환유치, 소요, 방화, 통화위조, 살인, 강도, 중요시설 파괴, 약취·유인 등 처벌 필요성이 큰 행위부터 남용 위험이 큰 국가기밀 탐지·누설, 위 행위들의 선전·선동, 사회질서 혼란 조성 우려 사항 허위사실 날조·유포까지 폭넓게 포괄한다. 제5조 제1항은 반국가단체 구성원의 지령 없이 '자진하여' 위 행위를 한 것도 제4조 제1항처럼 위법하다고 본다. 따라서 '지령을 받은 자'임이 밝혀지지 않아도 지령을 받은 것처럼 무겁게 처벌하겠다는 것이다.

이 조항은 1958년 개정 시 제10조[425]에서 '제6조 내지 제8조에 규정된

---

423 버트런드 러셀, 송은경 옮김, 『인생은 뜨겁게 - 버트런드 러셀 자서전』, 사회평론, 2014, 258쪽.

424 황교안, 위의 책, 216쪽.

425 국가보안법 [법률 제500호, 1958. 12. 26., 폐지제정] 제10조(살상, 방화, 소요, 중요시설 등 손괴) ① 제

결사, 집단 또는 단체를 위하여'라고 하여 처음 처벌 대상으로 규정되었고, 1960년 국가보안법 개정 시 별도 조항인 제5조로 바뀌었다.[426] 1980년 개정 시 목적수행 행위가 상세히 정해졌고, 자진지원대상은 '반국가단체'에서 '반국가단체나 그 구성원 또는 그 지령을 받은 자'로 넓어졌다.

제5조 제1항 자진지원은 제4조 목적수행죄와는 달리 '반국가단체나 그 구성원 또는 그 지령을 받은 자를 지원할 목적'을 요건으로 한다. 법 규정상으로는, 행위자 스스로 국가의 존립·안전이나 자유민주적 기본질서를 위태롭게 하는 행위를 한다는 것을 아는 것, 즉 '고의'만 있어서는 안 되고, 반국가단체나 그 구성원 또는 그 지령을 받은 자를 지원한다는 목적이 있을 때에만 적용되어야 한다. 그런데 이 조항의 적용에 관한 종래의 판례[427]와 학설[428]은, '지원할 목적'은 적극적으로 의욕하거나 희망할 필요까지는 없고 반국가단체나 그 구성원, 그 지령을 받은 자를 지지하고 후원하여 이롭게 한다는 점에 대한 인식만 있으면 족하다고 한다. 그렇다면 행위자가 북한을 이롭게 하는 일이라는 생각만 가지고 있다면 지원할 목적을 인정될 수 있게 된다. 1991년 이후 국가보안법 다른 조항들이 개정되거나

6조 내지 제8조에 규정된 결사, 집단 또는 단체를 위하여 또는 그 지령을 받고 살상방화 또는 소요행위를 하거나 또는 운수통신기관, 관공서, 외국공관, 기타 중요시설을 손괴한 자는 사형, 무기 또는 7년 이상의 징역에 처한다.

② 제6조 내지 제8조에 규정된 결사, 집단 또는 단체를 위하여 또는 그 지령을 받고 형법 제107조 내지 제109조의 죄를 범한 자는 전항의 형과 같다.

③ 전항의 경우에는 형법 제110조는 적용하지 아니한다.

④ 제6조 내지 제8조에 규정된 결사, 집단 또는 단체를 위하여 또는 그 지령을 받고 형법 제366조의 죄를 범한 자는 1년 이상의 유기징역에 처한다.

426 국가보안법 [법률 제549호, 1960. 6. 10., 전부개정] 제5조(자진지원, 금품수수) ① 반국가단체를 자진 지원할 목적으로의 전3조의 행위를 한 자도 전3조의 예에 의한다.

② 반국가단체의 구성원 또는 그 지령을 받은 자로부터 그 정을 알고 금품을 수수한 자는 7년 이하의 징역에 처한다.

427 대법원 1990. 6. 8. 선고 90도646 판결, "반국가단체나 그 구성원 또는 그 지령을 받은 자를 지원할 목적은 행위자에게 그 상대방을 지원하여 이롭게 한다는 인식이 있음으로써 족하고, 나아가 그 상대방을 지원하여 이롭게 할 것을 의욕하거나 희망할 것까지를 요구하는 것은 아니다."

428 황교안, 위의 책, 218쪽.

해석상 그 적용 범위가 일부 좁아진 것과 달리, 제5조 제1항 자진지원은 '지원할 목적'을 완화해 해석하여, 반국가단체를 '이롭게 한' 행위라면 광범위하게 처벌 대상에 포함시키게 된다. 국내 정치, 경제체제 개혁을 위한 제반 '사회운동 목적'을 '반국가단체를 자진지원할 목적'과 구별[429]하지 않고 기소한 사례들도 있었다. 결국 제5조 제1항은 '자생적 공산주의'를 봉쇄한다는 명목으로 반국가단체와 의사연락이 없는 활동까지 가중처벌하여 국내사회운동 등을 지나치게 제한하는 조항으로 작동해왔다.

한편 제5조 제1항 '지원할 목적'은 "그것이 유일하거나 배타적일 필요가 없고 다른 목적에 결부되어 있어도 본죄가 성립한다"[430]고 설명되어왔다. 여기에 북한을 이롭게 한다는 인식만 있으면 지원할 목적이 인정된다는 해석론과 그 인식이 있었는지는 간접사실과 정황을 통해 추론하는 판단 방법이 더해지면, '지원할 목적'의 인정 범위는 결과적으로 북한에 이로운 행위 전반으로 넓어질 수 있다. 그러나 사람의 행위에는 언제나 단하나의 목적만이 있는 것이 아니고 주된 목적과 부수적 목적이 함께 있을 수 있다. 주된 목적을 실현하기 위해 원치 않는 행동을 할 때도 있다. 이런경우에 모두 '지원할 목적'을 인정해 형사처벌하면 처벌범위는 제한 없이확대된다. 제5조 제1항이 '지원할 목적'이 있다는 이유만으로 제4조 지령수수 목적수행과 같은 무거운 형으로 처벌하면서 '지원할 목적'을 이처럼폭넓게 해석하는 것은 지나치게 과중한 형벌로 이어질 수 있다.

특히 최근에는 탈북민이 '생활상 곤란 극복 또는 가족 재결합 목적'을 위하여 재입북하거나 북측의 가족 등과 연락하면서 북측 당국의 조사에 응하거나 지시에 따르는 등의 행위를 하지 않을 수 없었던 경우에도, 결과

429 박원순b, 『국가보안법연구 3』, 77쪽.
430 황교안, 위의 책, 218쪽.

적으로 북한을 이롭게 하는 것이라는 이유로 '지원할 목적'이 있다고 인정되어 처벌되는 사례가 다수 발생하고 있다. 그러나 북에 가족이 있는 탈북민은 제8조 회합·통신죄에서 주로 검토하는 것과 같이 '가족에 관한 권리'를 갖고, 국가는 그 보장을 위하여 노력하여야 한다. 탈북민이 가족에 관한 권리를 실현하고자 하는 것이 주된 목적이라면, 개인으로서는 피할 수 없는 북측 내부 절차에서 제5조에 해당하는 듯한 행위를 하게 될 것을 인지했다고 하더라도 이는 주된 목적 실현을 위하여 부수적으로 감수한 것으로 보아야 한다. '지원할 목적'은 주된 목적일 때만 인정하는 것으로 한정되어야 한다.

제5조 제1항이 처벌 대상으로 하는 범위는 대단히 넓지만, 적용 사례의 대부분은 국가기밀 탐지·누설이다. 사회운동 과정에서 알게 된 사실이 국가기밀이라거나, 해외 단체들과 연락하거나 북한 당국의 조사에 응하는 과정에서 국가기밀을 누설하였다 하여 처벌 대상이 되는 것이다. 따라서 자진지원 조항이 적용된 사건의 수사와 재판과정에서도 탐지·누설했다는 것이 국가기밀인지 여부가 주로 문제되었다.

2. 민주화운동 상황 전달, 사업 제안도 자진지원 국가기밀 누설

제4조 목적수행죄에 대해 법원은 '지령을 받은 자'의 범위를 매우 폭넓게 해석한다. 그 결과 지령 없이 자진지원했다고 제5조 제1항이 적용된 사례는 그다지 많지 않다. 제5조 제1항이 적용된 사건 가운데 대부분은 국가기밀 탐지·누설과 관련된 것이다. 따라서 제4조의 국가기밀의 범위가 지나치게 넓은 것이 제5조에서도 같은 문제를 일으킨다. 그 밖에는

1970년 초에 자진지원 항공기 취거 예비죄로 처벌된 경우,[431] 1989년 임수경 방북 시 대학생들의 생활을 이야기한 것이 자진지원 군사상 이익 공여로 제5조 제1항, 제4조 제1항 제1호, 형법 제99조(일반이적)가 적용된 사례가 있다. 제5조 제1항으로 처벌하려면 '지원할 목적'이 있어야 하는데, 임수경 방북 사건 판결과 같이 '지원할 목적'은 의욕이나 희망, 확정적 인식이 아니라 '미필적으로 지원한다는 인식'만 있으면 인정된다고 하면 처벌범위가 지나치게 넓어진다.

(1) 대학 생활 말한 것이 자진지원 군사상 이익 공여

1989년 7월 평양에서 열린 제13차 청년학생축전에 정부 허락 없이 전대협 대표로 참가하였다는 이유로 처벌받은 임수경은 북한에 있는 동안 그곳 사람들에게 "전대협은 19개 지구와 특별기구로 구성되며 19개 지구 대표가 정책을 결정한다. 전대협의 동원 능력은 3만 명이다. 대학 졸업 후 취업이 어려우며 등록금 부담이 크다. 대학생들은 민중들과 연대하고 있다. 대학생들이 북한 바로 알기 운동을 하고 있다."는 등의 말을 하였다. 법원은 총력전이라는 현대전의 양상에 비추어볼 때 이 내용이 국방상 기밀 사항에 해당하지 않더라도 우리나라의 군사상 이익을 해하고 북한에 군사

---

431 북한에 납치되었다가 돌아온 사람과 함께 북한을 자진지원할 목적으로 폭발물을 사용해서 국내항공사 소속 항공기를 취거하여 북한의 지배지역으로 탈출할 것을 결의한 후 그 사람의 집 안방에서 그와 함께 폭발물의 구조, 제조 방법, 그 위력, 폭발물을 가지고 비행기에 탑승할 때 금속탐지기에 걸리지 않게 하는 방법 등에 관하여 토의한 후, 전후 4회에 걸쳐 우산대 파이프, 통조림 깡통, 시동 화약, 티엔티, 폭약, 도화선 등을 사용하여 폭탄 7개를 제조하고, 전후 3회에 걸쳐 마을 뒤 야산 등지에서 폭발실험을 하고, 그가 구입하여 온 군용 수류탄 2개를 금속탐지기에 걸리지 않도록 하기 위하여 그 바깥 부분을 벗겨 분해 제조하고, 그와 같이 항공기를 납치하여 월북할 시기를 국내에 큰 사건이 발생하여 경찰력이 한 곳에 집중될 때, 선거 시기 사회질서가 조용하여 각 수사기관원이 나태해졌을 때 실행하기로 합의하였다는 이유로 자진지원 항공기 취거 예비죄로 처벌된 사건이다. 춘천지방법원 강릉지원 1971. 7. 6. 선고 71고합9 판결.(황교안, 위의 책, 262쪽에서 재인용)

상 이익을 공여한 것이라는 이유로 유죄판결을 선고하였다.[432]

(2) 대화하다 전민련 상황 말한 것도 자진지원 국가기밀누설

문익환 목사와 전 국회부의장 비서관 유원호는 재일언론인 정경모와 함께 북한의 조국평화통일위원회(조평통) 초청으로 정부의 승인을 받지 않고 도쿄에서 베이징을 거쳐 1989년 3월 25일 평양을 방문했다. 유원호는 문 목사와 정경모의 부탁으로 그들 사이의 연락을 도왔는데, 문 목사가 민주화운동단체의 연합체인 전국민족민주연합(전민련) 고문으로 추대된 사실이 국내 신문에 보도되자 개인적 호기심에서 전민련의 체계와 구성원 등을 메모했다가 정경모를 만나 문 목사의 방북 시 지위 등에 관하여 대화를 나누던 중에 전민련 관련 사항을 알려준 것이 자진지원 국가기밀누설로 처벌되었다. 정경모가 북한의 지령을 받은 재일 북한정치공작원임을 알면서 그의 지시 내지 협력하에 문 목사의 방북을 추진하던 과정에서 문 목사를 고문으로 추대한 전민련의 조직체계와 구성원 등에 관한 사항을 알게 하여 정경모의 방북 추진 활동에 유리한 자료가 된다는 정을 잘

---

432 1심 서울형사지방법원 1990. 2. 5. 선고 89고합1182 등 판결, 2심 서울고등법원 1990. 6. 11. 선고 90노1023 판결, 3심 대법원 1990. 9. 25. 선고 90도1613판결 모두 자진지원 군사상 이익 공여죄 공소사실을 유죄로 인정하였다. 2심 판결은 이 부분에 대하여, "국가보안법 제5조 제1항, 제4조 제1항 제1호, 형법 제99조 소정의 죄는 반국가단체나 그 구성원 또는 그 지령을 받은 자를 지원할 목적으로 자진하여 형법 제92조 내지 98조 소정사항 이외에 대한민국의 군사상 이익을 해하거나 적국에 군사상 이익을 공여함으로써 성립되는 추상적 위험범으로써 여기서 군사상 이익을 해한다거나 공여한다고 함은 총력전이라는 현대전의 양상에 비추어 볼 때 형법 제98조 제1항의 간첩, 즉 '순수한 국가기밀뿐만 아니라 정치, 경제, 사회, 문화, 사상 등 각 방면에 걸쳐서 우리나라의 국방상 북한공산집단에게 알리지 아니하거나 확인되지 아니함이 우리나라의 이익이되는 모든 기밀사항'에는 해당되지 아니하는 사항이라도 또한 그 행위 태양이 탐지, 수집, 누설, 방조에 해당되지 않는 경우라도 일정한 행위가 우리나라의 군사상 이익을 해하거나 적국에 이를 공여하였을 때를 지칭하는 것으로서 이는 형법 제98조와는 일반, 특별의 관계에 있다할 것이고 그 지원할 목적은 행위자에게 그 상대방을 확정적 또는 미필적으로 지원한다는 인식이 있으면 족하고 반드시 그 상대방을 이롭게 할 것을 의욕하거나 희망할 것까지는 요구하는 것이 아니라고 할 것"이라고 하면서, 임수경이 북한방문 시 반국가단체의 구성원 또는 그 지령을 받은 2인에게 "전대협의 조직실태 및 학생동원능력, 우리 대학의 실정, 대학생들의 북한에 대한 인식 및 대학생과 노동자, 농민의 연대투쟁상황 등을 알려준 사실"을 인정하고, 이것이 군사상 이익에 해당하며 그 상대방을 지원한다는 확정적 또는 미필적 인식하에 공여한 것이라고 판단하였다.

알고 있었다는 이유다.[433] 전민련 간부인 김현장이 전민련 활동 상황을 한통련에 발송한 것도 자진지원 국가기밀누설죄로 처벌되었다.[434]

1996년에는 소설가 김하기가 효도 관광차 아버지를 모시고 중국 여행에 나섰다가 만취한 상태에서 두만강을 건너 월북한 사건이 발생했다. 김하기는 북한 수사기관에서 조사를 받으면서 남한으로 귀환하기를 바라며 수사관들의 요구에 따라 "남한의 미전향 장기수들의 인적사항, 수감교도소, 복역실태, 생활실태 등과 휴전선 부근의 지리 상황, 땅굴 발견을 위한 남한의 동태" 등에 관하여 진술했는데, 이것이 자진지원 국가기밀누설·전달로 처벌되었다. 김하기가 자진해 북한으로 들어갔고 북한 수사기관에서 방어 방법이 없는 협박을 당한 것이 아니라는 점이 자진하여 국가기밀을 누설했다는 근거였다.[435]

안재구 교수는 2006년 "북한공작원에게 전달하기 위하여 '범민련 남측본부 의장단, 고문단 회의 내용' 등 극히 제한된 인원만이 알 수 있는 정보들을 모아서 '2006년 범민족대회 전후 이남사회 통일운동권의 현황분석' 제목의 문건을 작성하고 위 문건을 첨부하여 북한공작원에게 전달하기 위한 편지를 작성"하였다는 혐의로 자진지원 국가기밀누설 예비로

---

433 대법원 1990. 6. 8. 선고 90도646 판결.

434 대법원 1990. 10. 12. 선고 90도1744 판결.

435 서울고등법원 1997. 6. 12. 선고 97노531 판결. 이 사건에서 변호인은 북한 수사기관에서 진술이 "자진하여" 한 것이 아니기 때문에 자진지원죄가 성립하지 않는다고 주장하였다. 그러나 법원은 "가사 피고인이 북한 지역에서 남한으로의 귀환을 바라고 있던 심리적 상황에서 북한의 당국자의 요구에 따라 반국가단체의 활동을 찬양·고무하고, 그 구성원에게 국가기밀을 누설한 것이라 하더라도, 앞서 인정한 바와 같이 피고인은 자진하여 북한으로 들어갔고, 특별한 폭행이나 협박을 당하지 아니한 상태에서 반국가단체의 활동을 찬양·고무하는 내용의 감상문을 작성하였을 뿐만 아니라 국가기밀을 누설하였으며, 특히 피고인 자신의 진술에 의하여도 자신의 판단으로 군사적 비밀에 해당한다고 생각되는 부분에 대하여는 북한 당국자의 질문에도 불구하고 그 대답을 회피하였다고 진술하고 있는 점 등의 여러 정황을 종합하여 보면, 피고인이 위 각 범행 당시 자신의 신체에 대한 위해를 방어할 방법이 없는 협박을 받았다고는 인정되지 아니하므로, 이와 다른 견해에서 주장하는 위 항소논지도 이유 없다"고 판단하였다. 항소심에서 변경된 공소사실 부분을 제외하고는 원심판결이 확정되었다.

유죄판결[436]을 받았다. 위 문건 내용이 "반국가단체인 북한에 누설될 경우 국내 운동권단체에 대한 북한의 통일전선공작 등에 이용될 수 있는 것으로서 반국가단체인 북한에는 이익이 되고 대한민국에는 불이익을 초래할 위험성이 명백한 국가기밀"이라는 이유다.

드물지만 무죄판결을 받은 경우도 있다. 1990년대 중반 유럽 순회 강연 중이던 불교인권위원회 서래 스님이 베를린 소재 조국통일범민족연합(범민련) 유럽본부 사무실에서 회원들과 '순회 강연 총평 및 국내 정세와 통일에 대한 좌담회'를 갖고 상호 의견을 개진하면서 정부의 반통일성, 국내 통일운동 단체에 대한 탄압상, 국가보안법 철폐 및 주한 미군 철수, 재야 통일단체들의 단결 필요성을 역설했다가 '자진지원 국가기밀누설·전달 국가보안법 위반' 혐의로 기소되었다가 무죄판결을 받았다. 국가기밀에 해당하지 않는다는 이유였다.[437]

(3) 예술창작 및 평화운동 목적도 자진지원 기소

2007년에는 대인지뢰와 핵무기 등의 위험성을 알리는 사진 작품을 창작하며 평화운동을 해오던 사진작가 이시우가 자진지원 등으로 기소되었다. 대인지뢰매설지역, 화학무기보관시설, 핵잠수함, 미군기지 등 사진 촬영이 자진지원 국가기밀누설이라는 것이었다. 검찰과 경찰이 3년 이상 이

---

436 서울중앙지방법원 2014. 7. 31. 선고 2012고합1828 판결.
437 서래 스님 사건의 1심 판결인 서울지방법원 1997. 9. 23. 선고 97고합344 판결은 "국가보안법상 처벌의 대상이 되는 국가기밀은 정치, 경제, 사회, 문화 등 각 방면에 관하여 반국가단체에 대하여 비밀로 하거나 확인되지 아니함이 대한민국의 이익이 되는 모든 사실, 물건 또는 지식으로서, 그것들이 국내에서의 적법한 절차 등을 거쳐 이미 일반인에게 널리 알려진 공지의 사실, 물건 또는 지식에 속하지 아니한 것이어야 하고, 또 그 내용이 누설되는 경우 국가의 안전에 위험을 초래할 우려가 있어 기밀로 보호할 실질가치를 갖춘 것"이어야 하는데 피고인이 누설·전달하였다는 정보가 그 외형과 내용에 있어서 '국가기밀'에 해당하지 않는다는 이유로 자진지원 국가기밀누설·전달 부분에 대해 무죄를 선고했다. 2심 서울고등법원 1998. 1. 16. 선고 97노2373 판결, 3심 대법원 1998. 4. 24. 선고 98도326 판결 역시 같다.

작가를 감청, 미행하는 등 수사했는데도 지령 수수가 없으니 이 작가의 언론 기고 기사가 북한 방송에 보도된 것 등을 근거로 이 작가를 자진지원 혐의로 기소한 것이다. 법원은 이 작가에게 북한을 지원할 목적이 인정되지 않는다고 판단하여 무죄판결을 내렸다.[438]

(4) 대북협력 사업 제안도 자진지원으로 처벌

대북협력사업가들도 자진지원죄로 처벌받을 위험에 놓이고 있다. 2018년 10월에는 안면인식 기술을 이용한 IT 업체 김호 대표가 중국에 있는 북한 개발자들에게 방위사업청이 공고한 입찰 제안서의 '일부' 등을 보냈다는 이유로 국가보안법 제5조 제1항 자진지원 군사상 기밀누설 혐의로 기소되어 1심에서 유죄판결[439]을 받았다. 문재인 정부 이후 '사문화'되었다던 국가보안법으로 기소된 첫 번째 사건인데다, 김 대표가 과거 '남북경제문화협력재단' 등을 통해 남북경제교류사업을 해오던 터라, 남북교류협력에 관한 법률이 아닌 국가보안법을 적용하는 이유에 대해서 근본적인 질문을 던지게 하는 사건이다.

김 대표가 대북사업을 시작한 것은 2002년으로, 그 과정에 알게 된 중국의 사업 파트너가 소개한 개발자들과 프로그램을 개발·판매하기 시작한 것은 2008년경이다. 자진지원 혐의로 공소제기된 입찰 제안서 중 일부를 프로그램 개발을 위해 중국과 북한의 개발자들에게 보낸 것은 2013년 2월이다. 김 대표는 사업 추진 과정에서 국정원에게 개발자와 대화 및 회의록을 공유해주었고, 비밀유지 서약서를 작성하여 국정원에게 교부하기

---

438 서울중앙지방법원 2008. 1. 31. 선고 2007고합558 판결.
439 서울중앙지방법원 2022. 1. 25. 선고 2018고합865 판결.

도 하였다. 따라서 국정원은 오래전부터 사업 내용과 접촉 대상, 접촉 내용을 알고 있었고, '지원할 목적'이 아니라 '사업' 목적으로 개발자와 사이에 프로그램 개발에 필요한 사항을 주고받는 상황을 인지하고 있었다. 그런데도 검찰은 2018년 김 대표를 자진지원, 금품수수, 편의제공, 회합·통신협의로 기소하였다. 공안수사기관이 인지하고 있던 경제거래마저 국가보안법 위반으로 처벌받게 된 것이다.

3. 탈북민의 가족 재결합·생활고 탈피 목적도 자진지원으로 처벌

최근에는 탈북민들이 자진지원죄 처벌 대상이 되는 경우가 늘고 있다. 북에 두고 온 가족과 다시 만나기 위해 또는 생활고로 재입북하려다가 소지하고 있던 수첩이나 휴대전화에 들어 있는 탈북민 명단과 연락처가 국가기밀의 주된 내용으로 판단되고 있기 때문이다. 탈북민 관련 자료는 북한이 탈북민과 그 가족들을 상대로 협박, 재입북 회유, 테러 등을 할 때 사용되는 등 대남선전, 대남공작에 악용될 우려가 큰 국가기밀이라는 이유다. 이로 인해 탈북민 가운데 국가보안법 제5조 제1항 자진지원 국가기밀누설로 처벌되는 피해자가 계속 늘어가고 있다.

(1) 탈북민 연락처 가지고 체포되면 자진지원 국가기밀누설 예비

탈북민이 부인과 이혼소송 중이고 신용불량자로 등록되는 등 남한에서 생활에 적응하지 못하여 일본을 통해 북한으로 탈출하기 위해 출국장으로 들어갔다가 체포되었는데 다른 탈북민의 이름과 연락처가 기재된 수첩을 소지하고 있어 자진지원 예비죄로 처벌된 사건,[440] 딸을 따라 탈북한 탈북민이 북에 있는 처와 아들을 탈북시키려다 성사시키지 못하다가 처로부터 자수 재입북 권유를 받고 출국장에 들어가다 체포되었는데 휴대전화에 다른 탈북민 연락처가 저장되어 있었다는 이유로 자진지원 예비죄로 처벌받은 사례가 대표적이다. 법원은 양형이유로, 피고인의 행위가 대한민국의 탈북민 사회에 큰 동요를 일으키고, 북한의 대남선전에 악용될 소지가 있는 중대한 범행이라고 보았다. 제3차 핵실험과 개성공단 폐쇄 등으로 남북 간의 군사적 긴장 관계가 최고조에 이른 상황에서 이러한 피고인의 범행은 대한민국의 안보에 크나큰 악영향을 끼칠 우려가 있다는 것이다.[441]

(2) 수용소 모면하려 조사에 응해도 자진지원

2010년 탈북한 사람이 재입북하여 탈출, 자진지원 등으로 기소된 사건에서, 피고인은 대한민국에서의 생활에 환멸을 느끼고 있던 차에 북한에서 탈북민이 재입북하여 환영받는 것을 보고 북한에 가서 어머니와 함께 살기 위해 재입북했다가 북한 당국에 협조할 마음이 있어 국가안전보위부 소속 조사관에게 자신이 알고 있는 탈북민 동향, 관리실태, 국정원 위치 등을 진술한 경우, 반국가단체인 북한이나 그 구성원을 지원할 목적으로 인정되어 처벌되었다.[442] 이 사건 피고인은 2심에서, 민사소송에서 패소하여 자포자기한 상태에서 북한에 가서 어머니와 함께 살기 위해 재입북한 것으로 정치범수용소에 가지 않고 가족들과 함께 살기 위해 북한 국가안

---

440 1심 광주지법 2013. 9. 26. 선고 2013고합326 판결, 2심 광주고법 2013. 12. 5. 선고 2013노446 판결.
441 수원지방법원 2013. 8. 13. 선고 2013고합367 판결.
442 1심 서울중앙지방법원 2013. 12. 20. 선고 2013고합954 판결, 2심 서울고등법원 2014. 3. 14. 선고 2014노24 판결.

전보위부 소속 조사관의 조사에 응한 것이므로 반국가단체를 지원할 목적이 없었다고 주장하였으나, 2심 판결은 지원할 목적을 인정하였다.

피고인은 북한 국가안전보위부의 명령을 거절할 경우 자신과 가족들이 피해를 당할 것이 두려워 자진지원 및 찬양·고무행위를 한 것이어서 적법행위에 대한 기대가능성이 없었다고 주장하였으나, 2심 판결은 행위자가 강제상태를 자초한 것이므로 강요된 행위의 요건인 강제상태를 인정할 수 없고, 북한 국가안전보위부에서 조사받으면서 자신이나 가족의 신체에 대한 구체적이고 명시적인 협박을 당한 적은 없으니 기대가능성이 없다고 할 수 없다고 판단하였다. 법원은 탈북민 관련 자료는 북한이 탈북민과 그 가족들을 상대로 협박, 재입북 회유, 테러 등을 할 때 사용되는 등 대남선전, 대남공작에 악용될 우려가 큰 국가기밀이라고 판시해 자진지원으로 처벌했다. 대한민국에 들어와 심사받는 과정에서 특별한 탐지 활동 없이도 당연히 알게 되는 국정원 중앙합동신문센터 위치 등의 단편적인 사항들마저 북한이 이를 알게 되면 국가의 존립 안전을 위태롭게 할 수 있는 국가기밀로 취급되고, 탈북민이 이를 탐지·누설한다고 평가되고 있는 것이다.

(3) 처를 데리고 대한민국에 돌아와도 3년 6월 실형

재탈북한 사람은 자진지원 국가기밀누설죄에서 벗어나기 어렵다. 2015년 3월 탈북한 피고인이 북한에 남겨두고 온 처에 대한 미안한 마음으로 괴로워하다가 2016년 3월 처와 통화하면서 탈북을 권유하였으나 처가 북한 당국에 검거될 수 있다는 이유로 망설이자 직접 데리고 나오기 위해 다시 입북했다가 8개월 만에 함께 탈북하였다. 피고인은 입북 시 휴대폰을 가지고 오라는 북한 보위부의 지시에 따라 휴대폰을 북한 보위부에 제공한 것은 편의제공, 휴대폰에 저장되어 있던 다른 탈북민의 신원 사항 등에 대해 진술한 것은 자진지원 국가기밀누설로 기소되었고, 보위부 지도원의 지령에 따라 국내 탈북민에게 전화하여 재입북을 권유한 것은 목적수행, 북한 선전매체 좌담회에 참석하여 대한민국 체제를 자살률이 세계적으로 가장 높은 곳이라고 매도했다는 것은 찬양·고무로 기소되어 징역 3년 6월 및 자격정지 3년 6월로 처벌되었다.

2심 판결은 1심 판결이 "피고인은 탈북민으로서 밀입북할 경우 피고인이 지득한 대한민국의 정보가 북한 당국자들에 의하여 수집되고, 피고인이 북한의 대남선전에 활용될 수 있다는 사정을 충분히 알고 있었음에도 입북하였고, 실제로 탈북민이 입북하도록 회유하거나 북한의 대남선전 방송에 출연하여 남한 사회를 비방하는 등 대한민국의 존립과 안전에 위해를 줄 수 있는 행위를 하였다는 점에서 그 죄책이 매우 무거운 점", "밀입북 후 8개월 만에 아내와 함께 재탈북하였는데 재탈북 동기 역시 순수한 것으로 보이고 북한의 지령을 받았다는 등의 사정은 보이지 않는 점" 등을 들어 법정 최하한의 징역형을 선고하였다면서, "피고인이 밀입북한 이후 북한에서 한 활동이 강요된 측면이 있다는 점"을 인정하면서도 피고인의 항소를 기각하였다.[443]

(4) 살아보려고 다시 대한민국에 와서 처벌받다

탈북민들은 생계유지 또는 가족 부양을 위해 남북을 오가는 경우 양측 당국의 조사에 노출되지 않을 수 없는 취약한 처지에 놓인다. 2014년 심양 북한 영사관 직원을 만나 북으로 돌아간 탈북민이 북한 국가안전보위

---

443 1심 수원지방법원 2017. 10. 27. 선고 2017고합495 판결, 2심 서울고등법원 2018. 4. 6. 선고 2017노 3450 판결.

부 조사 담당자에게 국정원 중앙합동신문센터 위치, 탈북민 조사 방법 및 신문 사항, 탈북민 신원 사항을 진술하였다가 자진지원으로 처벌된 사건[444]도, 이 탈북민이 2009년 8월 1차 탈북 시 탈북브로커에게 2인 탈북비용 500만 원을 주기로 약정하였으나 100만 원은 주지 못하였더니, 브로커가 정부 지원으로 받은 피고인의 임대주택보증금을 가압류하기에 이르러 다시 재입북한 경우다.

탈북민들은 재입북 시 북한 당국의 조사를 받게 될 경우 이를 통과하기 위해 남에서 습득한 단편적인 지식이라도 말해야 하는 경우가 있을 것이다. 분단상황에서 북에 두고 온 가족을 외면할 수 없는 탈북민들로서는 피치 못할 행동일 수 있다. 재입북 시 북한 당국에 진술한 내용이 무엇인지에 대해서는 피고인의 진술 외에는 별다른 객관적 증거가 있을 수 없다. 분단 현실에서 가족의 이산과 생활고로 재입북하면서도 결국 다시 대한민국을 선택한 탈북민들이 최근 제5조 제1항 자진지원죄의 주요 처벌 대상이 되는 현상은 매우 우려스럽다.

4. 공익적 정보수집·공개도 위축

제5조 제1항 처벌 대상은 자진하여 제4조의 행위를 한 것이어서, 제5조 제1항의 위헌성도 주로 제4조의 위헌성 문제로 논의되어 왔음은 이미 제4조에서 살핀 것과 같다. 제5조 제1항에서 가장 적용 사례가 많은 것은 자진하여 제4조 제1항 제2호의 국가기밀 탐지·누설행위를 한 경우다.

헌법재판소는 구 군사기밀보호법에 대하여 "군사기밀의 범위가 필요 이

---

[444] 광주지방법원 목포지원 2014. 8. 14. 선고 2014고합73 판결.

상으로 광범위할 때 군사 사항에 관한 한, 언론보도를 위한 취재는 물론 입법이나 학문연구를 위한 자료조사 활동과도 갈등 또는 마찰을 빚게 되어 표현의 자유(알 권리)나 학문의 자유가 위축되는 것은 물론 국민의 정당한 비판이나 감독도 현저히 곤란하거나 불가능하게 만들어 결국 국민주권주의 및 자유민주주의의 기본이념과도 배치된다."[445]고 하였는데, 이는 국가보안법 제4조 국가기밀에서도 마찬가지로 일어나는 문제다. 국가보안법 제4조 제1항 제2호는 군사기밀보호법보다 국가기밀의 범위를 매우 넓게 보고 있어 알 권리 행사를 제한할 위험이 높다. 그런데 제4조는 북한 측의 지령이 있는 경우에 적용되는 데 비해, 제5조 제1항은 지령이 없는 경우 '지원할 목적'이 있다는 이유로 적용된다. 공안수사기관은 공익을 위한 정보수집 활동에 대해 북한 측의 지령이 있는지를 뒤쫓다가, 발견되지 않으면 관련자들의 성향과 행위자의 전력 등을 모아 '지원할 목적'으로 한 것이라고 몰아세운다. 이 경우 피해자의 알 권리를 침해할 위험이 훨씬 크다.

특히 제5조 제1항은 공익적 활동을 제한하는 것으로 이어질 수 있다. 한국 사회운동의 발전에 따라, 한국 사회의 첨예한 쟁점이 되는 문제들에 대하여도 시민들이 의견을 내고 토론을 필요로 하는 경우가 많아졌다. 의견을 내려면 감시권을 행사할 수 있어야 하고, 그러자면 접근할 수 있어야 한다. 투명성과 공개성은 그 자체로 사회의 갈등을 줄이고 문제해결의 방안을 도출하기 쉽게 한다. 국가기밀의 범위를 좁혀야 민주주의라는 공익 실현이 가능하다. 국가기밀 탐지 누설과 관련한 국가보안법 제5조 제1항은 알 권리를 지나치게 침해하고 공익적 활동의 공간을 제한하여 활발한 정보수집을 위축시킨다. 자유권규약위원회 일반논평 34호 30문단[446]은 당

---

445 헌법재판소 1992. 2. 25. 선고 89헌가104 결정.
446 General comment No. 34 Article 19: Freedoms of opinion and expression
30. Extreme care must be taken by States parties to ensure that treason laws and similar provisions

사국에 대하여 국가안보 관련 법률을 원용해 국가안보에 해가 되지 않는 정당한 공익적 공개 정보를 은폐 또는 저지하거나, 그러한 정보의 배포를 이유로 언론인, 연구자, 환경운동가, 인권운동가 들을 기소하는 것은 자유권규약 제19조 제3항에 부합하지 않는다고 한다.

2007년 이시우 작가 사건은 평화운동 목적으로 정보를 취득하고 공개한 것이 북을 자진지원할 목적이라고 기소된 것으로, 위 일반논평의 지적과 정확히 일치한다. 이 사건에서는 전부 무죄판결이 선고되었다. 특히 서울중앙지방법원은 평화와 안전 등 공공의 이익을 목적으로 군에 관한 정보를 취득하여 공개하여 결과적으로 반국가단체 등에 유리한 상황이 되었다 해도 지원할 목적을 쉽게 추단해서는 안 된다고 판시하기도 하였다. "국가보안법 제5조 제1항의 자진지원 행위는 같은 법 제4조 제1항의 목적수행행위와 달리 반국가단체나 구성원 또는 그 지령을 받은 자와의 의사연락이 없는 국가기밀 침해행위를 처벌하는 규정으로서, 주관적 구성요건으로 '반국가단체나 그 구성원 또는 그 지령을 받은 자를 지원할 목적'이 있을 것을 정하고 있는바, 우리 헌법상의 국민주권주의와 자유민주주

---

relating to national security, whether described as official secrets or sedition laws or otherwise, are crafted and applied in a manner that conforms to the strict requirements of paragraph 3. It is not compatible with paragraph 3, for instance, to invoke such laws to suppress or withhold from the public information of legitimate public interest that does not harm national security or to prosecute journalists, researchers, environmental activists, human rights defenders, or others, for having disseminated such information. Nor is it generally appropriate to include in the remit of such laws such categories of information as those relating to the commercial sector, banking and scientific progress. The Committee has found in one case that a restriction on the issuing of a statement in support of a labour dispute, including for the convening of a national strike, was not permissible on the grounds of national security.

당사국은 반역죄 관련 법 및 국가안보에 관한 유사 조항들이, 국가기밀법이나 치안방해법 또는 다른 이름으로 명명되었는지 여부를 불문하고, 3항의 엄격한 요건에 부합하는 방식으로 고안되고 적용되도록 각별한 주의를 기울여야 한다. 예컨대, 그러한 법률을 원용해, 국가안보에 해가 되지 않는 정당한 공익적 공개 정보를 은폐 또는 저지하거나, 그러한 정보의 배포를 이유로 언론인, 연구자, 환경운동가, 인권운동가 등을 기소하는 것은 3항에 부합하지 않는다. 그러한 법률의 적용 대상에 상업부문, 은행업무, 과학발전과 관련된 정보의 범주를 포함시키는 것은 일반적으로 적절하지 않다. 본 위원회는 한 사건에서, 전국적 파업 소집과 같은 노동쟁의를 지지하는 성명 발표를 제한하는 것은 국가안보를 근거로 허용될 수 없음을 판단한 바 있다.

의 체제에서는 주권자인 국민이 국정에 적극 참여하여 이를 감시·비판할 수 있어야 하고 이를 위하여는 국가 행위와 국가기관의 정보가 국민에게 최대한 공개되어야 하는데, 특히 언론이나 비정부기구 등 시민사회의 정부나 군에 대한 감시·통제 활동은 그에 관한 정보의 수집·분석을 필연적으로 수반할 수밖에 없으나 이 또한 우리 헌법에 의하여 당연히 보장되는 권리라 할 것이므로, 공공의 이익을 목적으로 정부나 군에 관한 정보를 취득하여 공개하는 행위를 하여 결과적으로 반국가단체 등에 유리한 상황을 초래하였다 하더라도 그 행위자에게 반국가단체 등을 지원할 목적이 있었다고 쉽게 추단하여서는 안 될 것이다."[447]는 것이다. 무죄판결은 다행스러운 결과이나, 그 기소만으로도 사회 전반에 위축효과가 발생할 수밖에 없다. 제5조 제1항은 공익적 목적의 정보수집과 공개를 막고 평화 인권운동가를 형사처벌 위협에 노출되게 할 위험을 내재한 조항이다.

5. 700만 원 이하 벌금형 범죄도 가중처벌해 사형까지

(1) 책임과 형벌의 비례원칙

형벌은 범죄에 대한 제재로, 그 본질은 법질서에 의해 부정적으로 평가된 행위에 대한 비난이다. 법질서에 의해 부정적으로 평가되는 행위(행위반가치)와 그로 인한 부정적인 결과의 발생(결과반가치) 가운데, 범죄를 구성하는 핵심 징표이자 형벌을 통해 비난의 대상으로 삼는 것은 행위반가치다. '법질서가 부정적으로 평가한 행위에 나아간 것'이 처벌 대상인 것

---

447 서울중앙지방법원 2008. 1. 31. 선고 2007고합558 판결.

이다. 만약 법질서가 부정적으로 평가한 결과가 발생하였다고 하더라도 그러한 결과의 발생이 어느 누구의 잘못에 의한 것이 아니라면, 부정적인 결과가 발생하였다는 이유만으로 누군가에게 형벌을 가할 수는 없다. 이 와 같이 '책임 없는 자에게 형벌을 부과할 수 없다'는 형벌에 관한 책임주 의는 형사법의 기본원리로, 헌법상 법치국가의 원리에 내재하는 원리인 동시에, 국민 누구나 인간으로서 존엄과 가치를 가지고 스스로의 책임에 따라 자신의 행동을 결정할 것을 보장하고 있는 헌법 제10조로부터 도출 되는 원리다.[448]

책임원칙은 범죄에 대한 귀책사유, 즉 책임이 인정되어야만 형벌을 부 과할 수 있다는 것('책임 없는 형벌 없다'), 책임의 정도를 초과하는 형벌을 과할 수 없다는 것(책임과 형벌의 비례원칙)으로 구체화된다. 따라서 형벌은 불법과 책임의 경중에 일치하여야 한다. 만약 형벌이 불법의 내용과 행위 자의 책임에 일치하지 않는 과도한 것이라면 헌법상 용인될 수 없다.[449]

(2) 제4조 가중처벌의 유일한 근거는 '지령'

국가보안법 존치 주장에서는 제5조 제1항의 입법목적에 대해 "오늘날 에 있어서 우리 사회의 일각에서는 소위 자생적 공산주의자를 비롯하여 북괴를 이롭게 할 이적의 인식 아래 반국가적 행위를 자행하는 자가 없지 않으며, 특히 이러한 행위는 그 위험성에 있어서 반국가단체의 직접적인 목적수행 활동과 조금도 다를 바 없는 것이므로, 이를 규제하기 위하여 본

---

448 헌법재판소 2007. 11. 29. 선고 2005헌가10 결정.
449 책임과 형벌의 비례원칙의 내용에 대하여는 민주사회를 위한 변호사모임, 『헌법 위의 악법』, 330-331 쪽에 기술하였으므로 중복을 피하여 줄인다.

죄를 구성하고 있는 것이다."[450]라고 한다. "오늘날 우리 사회에는 소위 자생적 공산주의자 등 반국가단체나 그 구성원 또는 그 지령을 받은 자와 조직적으로 아무런 연계가 없고, 그들과 사전 의사 연락이 없음에도 불구하고 스스로 반국가단체나 그 구성원 또는 지령을 받은 자 등을 지원하기 위하여 반국가적 행위를 자행하는 사례가 없지 않으며, 앞으로도 한반도의 완전 통일에 이르기까지 그러한 경향은 계속될 것으로 보인다. 그러나 이러한 행위는 그 위험성에 있어서 반국가단체의 구성원 또는 지령을 받은 자가 국가보안법 제4조 소정의 목적수행 활동을 행하는 것과 그 위험성에 있어서 거의 다를 바가 없으므로 이를 엄격히 차단하려는 것에 본 조의 입법목적이 있다."[451]라는 설명도 같은 취지다.

그러나 제4조가 형법의 처벌 규정들을 그대로 옮겨놓고도 형을 가중하는 유일한 근거는 이 행위를 '반국가단체의 구성원 또는 그 지령을 받은 자가 그 목적수행을 위한 행위'를 했다는 것뿐이다. 법정형이 3년 이하의 징역 또는 700만 원 이하의 벌금인 형법 제179조 제2항[452] 자기 소유 일반건조물 일수, 법정형이 7년 이하의 징역 또는 1천만 원 이하의 벌금인 형법 제166조 제2항[453] 자기 소유 일반건조물 등 방화죄, 법정형이 1년 이상 10년 이하의 징역이나 금고 또는 1천500만 원 이하의 벌금인 형법 제115조[454] 소요죄 등도 반국가단체의 구성원 또는 '지령을 받은 자'가 정부

---

450 정경식·이외수, 위의 책, 179쪽.

451 황교안, 위의 책, 214-215쪽.

452 형법 제179조(일반건조물 등에의 일수) ① 물을 넘겨 전2조에 기재한 이외의 건조물, 기차, 전차, 자동차, 선박, 항공기 또는 광갱 기타 타인의 재산을 침해한 자는 1년 이상 10년 이하의 징역에 처한다.
② 자기의 소유에 속하는 전항의 물건을 침해하여 공공의 위험을 발생하게 한 때에는 3년 이하의 징역 또는 700만 원 이하의 벌금에 처한다.

453 형법 제166조(일반건조물 등에의 방화) ① 불을 놓아 전2조에 기재한 이외의 건조물, 기차, 전차, 자동차, 선박, 항공기 또는 광갱을 소훼한 자는 2년 이상의 유기징역에 처한다.
② 자기소유에 속하는 제1항의 물건을 소훼하여 공공의 위험을 발생하게 한 자는 7년 이하의 징역 또는 1천만 원 이하의 벌금에 처한다.

454 형법 제115조(소요) 다중이 집합하여 폭행, 협박 또는 손괴의 행위를 한 자는 1년 이상 10년 이하의 징

참칭 또는 국가변란을 위해 한 경우라면 국가보안법 제4조 제1항 제3호에 따라 법정형이 완전히 달라진다. 형법상 정해진 법정형을 완전히 뛰어넘어, 사형·무기 또는 10년 이상의 징역이 부과되는 것이다. 벌금형을 받을 수 없는 것은 물론, 법정형의 최하한이 징역 10년이니 집행유예도 불가능하다. 더구나 국가보안법 위반죄로 유기징역형을 받으면 제14조에 따라 자격정지가 병과될 수 있고, 실무적으로는 국가보안법 위반 사범 대부분에 대해 자격정지형이 병과[455]된다. 자격정지 기간 동안 공무담임권은 물론 선거권도 박탈당하며, 법률로 요건을 정한 공법상의 업무에 관한 자격이 정지되어 사회생활에서 체계적으로 퇴출당하고 배제된다. 이처럼 제4조가 형법상 법정형이 서로 다른 여러 범죄에 대해 일률적으로 법정형을 가중하고 그 행위자를 사회로부터 축출하는 이유에 대해, 존치론에서는 "그 죄질이 같은 이상 '위험성'에 아무런 차이가 없기 때문"[456]이라고 설명한다. 수백만 원 수준의 벌금형을 선고받을 수도 있는 자기 소유 건조물 일수, 사형을 선고받을 수도 있는 살인죄가 죄질이 같다고 평가될 수 있는 근거는, 반국가단체의 구성원 또는 그 지령을 받은 자가 반국가단체의 목적인 정부참칭 또는 국가변란을 수행하기 위해 이 행위들을 했다는 것뿐이다. 위법성 평가의 기준을 행위 결과의 객관적 위험이 아니라 지령수수로 완전히 옮겨놓은 것이다.

(3) '지령' 없는 제5조 제1항 가중처벌은 위헌

그런데 제5조 제1항 자진지원은 반국가단체의 구성원이 아니고 지령

역이나 금고 또는 1천500만 원 이하의 벌금에 처한다.
455 황교안, 위의 책, 79쪽.
456 황교안, 위의 책, 79쪽.

을 받지도 않은 사람이 한 행위에 적용된다. 그렇다면 제5조 제1항 자진지원의 법정형을 제4조와 같게, 형법의 각 처벌 규정보다 일률적으로 높게 할 근거가 무엇인지가 문제된다. 자진지원은 반국가단체의 구성원 등과 아무런 사전 의사연락도 없는 경우다. 위법성 평가의 기준을 행위 결과의 객관적 위험으로부터 떼어낸 '지령'이 없다. 그렇다면 제4조 목적수행의 법정형 가중에 동원된 정당화 논리는 제5조 제1항에 적용될 수 없다.

제5조 제1항의 유일한 가중 요소는 '지원할 목적'이 있다는 것이다. '지원할 목적'은 반국가단체나 그 구성원, 그 지령을 받은 자를 지지하고 후원하여 이롭게 한다는 점에 대한 인식만 있으면 족하다는 기존 해석론에 따르면 행위자가 북한을 이롭게 하는 일이라는 생각만 가지고 있어도 지원할 목적이 인정될 수 있는 셈이다. 제4조의 '지령'은 적어도 반국가단체 구성원과 의사소통이 이루어지고 지시명령이 내려졌다는 객관적 실체로 존재하는 것인데, 제5조 제1항의 '지원할 목적'은 객관적 실체가 없는 순전히 행위자 개인의 내심의 의사에 불과하다. 내심에 머무른 의사를 객관적 실체가 있는 지령과 같게 볼 수 없다. 따라서 제5조 제1항을 제4조와 같은 형으로 벌하는 것은 정당화될 수 없다. 가령 벌금형을 선택할 경우 700만 원 이하의 벌금에 그칠 수 있는 자기 소유 일반건조물 일수 행위를 '지령'이 없는데도 그 행위자의 전력과 소속 단체 등으로 미루어볼 때 '지원할 목적'으로 한 것이라는 이유로 사형·무기 또는 10년 이상의 징역에 처하는 것은 행위의 객관적 위험과 너무나 크게 동떨어져 합리화될 수 없다. 국가보안법 제5조 제1항은 제4조의 '지령'이라는 객관적 가중 요소가 없는데도 똑같이 처벌하도록 하여 지나치게 무거운 형벌을 규정한 것으로 책임과 형벌의 비례원칙에 위배되어 위헌이다.

제5조 제2항 금품수수
- 경제거래도 대남공작인가

제5조(자진지원·금품수수) ② 국가의 존립·안전이나 자유민주적 기본질서를 위태롭게 한다는 정을 알면서 반국가단체의 구성원 또는 그 지령을 받은 자로부터 금품을 수수한 자는 7년 이하의 징역에 처한다.
③ 제1항 및 제2항의 미수범은 처벌한다.

"두려움의 그늘 아래 너무 오래 있다 보면 무력해지기 십상이다."[457]

1. 차별 프리즘으로만 명확해지는 기준,
'위태롭게 한다는 정을 알면서'

제5조 제2항 금품수수는 1980년대까지는 일본에 친지를 둔 국민이 그로부터 돈을 받았는데 그 친지가 조총련 소속이라는 이유로 적용되는 경

---

457 아이리스 M. 영 지음, 허라금·김양희·천수정 옮김, 『정치적 책임에 관하여』, 이후, 2013, 214쪽.

우가 많았다. 당시에는 조총련이 반국가단체로 취급된 사건들이 다수 나왔다. 최근 유죄판결은 북한 관련 사건만 이어지고 있다. 제5조 제2항은 '누구든지', 즉 주체에 아무런 제한이 없고 행위 자체가 '금품수수'로 지나치게 광범위하여, 반국가단체 구성원인 북한 사람들과 무엇이든 주고받게 될 때 언제든 적용될 수 있어서 문제가 심각하다.

제5조 제2항은 반국가단체 구성원 등으로부터 돈을 받은 것을 처벌한다. 반국가단체의 공작자금 유입을 차단하고 돈에 매수되어 반국가적 행위를 하는 것을 사전에 막겠다는 것이다. 당초 대법원은 채무변제에 충당하는 것으로 돈을 받은 경우, 제5조 제2항 금품수수로 보지 않은 원심을 파기하고 "그 수수의 목적이 무엇이건 가리지 않고 일체의 수수의 경우를 포함하는 것"이라며 유죄취지로 환송458하는 등, "금품수수가 반국가단체의 목적수행을 위한 것이라는 요건은 별도로 요하지 않는다."459는 태도였다. 하지만 "국가보안법 제5조 제2항의 금품수수죄가 성립되려면, 그것이 반국가단체의 구성원 또는 그 지령을 받은 자로부터 수수되어야 하되, 반국가단체의 목적수행과 관련이 있는 것이라야 한다고 해석함이 타당하다."460는 판결도 있었는데, 이후 대법원은 1985년 전원합의체 판결로 목적수행과 관련이 없어도 금품수수죄로 처벌하면서 이와 다른 취지의 판결을 폐기하였다.461 그 뒤로 같은 취지의 판결462이 이어져, 금품의 가액이나

---

458 대법원 1962. 4. 4. 선고 62도24 판결.
459 대법원 1985. 1. 22. 선고 84도2323 판결.
460 대법원 1970. 10. 13. 선고 70도1763 판결, 대법원 1980. 2. 12. 선고 78도90 판결.
461 대법원 1985. 12. 10. 선고 85도1367 전원합의체 판결은 "금품수수죄는 금품을 교부하는 자가 반국가단체의 구성원 또는 그 지령을 받은 자라는 정을 알고 그가 교부하는 금품을 수수한 자라는 뜻이므로 동조 동항 소정의 금품수수죄는 금품을 교부하는 자가 반국가단체의 구성원 또는 그 지령을 받은 자라는 정을 알면서 그로부터 금품을 수수하면 금품수수의 목적이 무엇이건 가리지 않고 성립되는 것이지, 그 밖에 더 나아가서 반국가단체의 이익이 된다는 정을 알고 금품수수를 할 것과 그 금품수수가 반국가단체의 목적수행과 관련이 있어야만 할 것 등은 같은 죄의 성립요건이 아니라 할 것"이라 판시하였다.
462 대법원 1991. 12. 24 선고 91도2495 판결 "구 국가보안법 제5조 제2항 소정의 금품수수죄는 금품을 수수하는 상대방이 반국가단체의 구성원 또는 그 지령을 받은 자라는 점을 알면서 그 금품을 수수함으로써 성

가치, 금품수수의 목적, 반국가단체 목적수행과의 관련성을 요구하지 않았다. 결국 반국가단체의 목적수행과 연관되었다고 할 만한 공작자금이나 선거자금[463]뿐 아니라, 행사비·체류 경비 지원,[464] 출판문화사업 자금[465]을 받은 경우에도 예외 없이 제5조 제2항이 적용되었다.

1990년 국가보안법 제7조 제1항, 제5항 한정합헌결정[466]이 "국가의 존립·안전이나 자유민주적 기본질서에 실질적 해악을 줄 명백한 위험성이 있는 경우에만 적용되는 것으로 해석하는 경우 헌법에 위반되지 아니한다."고 한 뒤, 개정 전 제5조 제2항에 대해서도 위 기준에 따른 해석론이 적용되었다.[467] 헌법재판소가 제시한 "실질적 해악을 줄 명백한 위험성" 기준에 따라 최근 구미유학생간첩단 사건 재심에서 북측으로부터 금품을 수수한 경우에도 위 요건을 엄격히 적용하여 무죄를 선고한 판결이 확정[468]된 바 있다. 그러나 무죄판결 비율이 높은 재심사건이라는 요소가 작용했을 가능성도 배제할 수 없다. 재심사건이 아닌 현재의 사건들에 대해서는

립되는 것으로서, 그 금품의 가액이나 가치 또는 금품수수의 목적은 가리지 아니하며, 그 금품수수가 반국가단체의 목적수행을 위한 것이라는 요건은 별도로 요하지 않는다."

463 대법원 1990. 6. 8. 선고 90도646 판결.

464 한국민주통일연합의 행사비 지원에 관한 대법원 1995. 9. 26. 선고 95도1624 판결.

465 작가 황석영의 25만 불 수수에 관한 대법원 1994. 5. 24. 선고 94도930 판결.

466 헌법재판소 1990. 4. 2. 선고 89헌가113 결정.

467 헌법재판소 1997. 1. 16. 자 89헌마240 결정. 문익환 목사의 유족들이 1991년 개정 전 구 국가보안법 제5조 제2항에 대하여 제기한 헌법소원사건에서, 헌법재판소는 구법에 대해서도 기존 한정합헌결정 취지 그대로 "소정의 행위가 국가의 존립·안전이나 자유민주적 기본질서에 해악을 끼칠 명백한 위험이 있는 경우에 적용된다 할 것이므로, 그러한 해석 하에 헌법에 위반되지 아니한다."고 판단하였다.

468 대법원 2021. 7. 29. 선고 2020도11671 판결. 2심 서울고등법원 2020. 8. 21. 선고 2020노545 판결에서는 "피고인의 북한 방문 및 6,000달러 수수 행위가 그 자체만으로 국가의 존립·안전이나 자유민주적 기본질서에 실질적 해악을 끼칠 명백한 위험성을 지니고 있다고 단정하기 어렵다. 피고인이 북한에 방문하게 된 동기와 목적, 북한 방문의 방법과 횟수 등에 비추어 보면, 피고인의 북한 방문 및 금품 수수 행위가 북한의 대한민국에 대한 적대적 의도 내지 목적에 이용된 것으로 볼 수도 있고, 이러한 정도의 행위만으로 대한민국의 외부 및 내부체제를 위태롭게 하는 행위에 해당한다고 단정하기 어렵다. 검사가 제출한 다른 증거들을 모두 살펴보더라도 피고인의 북한 방문의 실질적인 목적이 북한과의 지속적인 연계를 추구하거나 이적행위로 나아가기 위한 것이었는지, 금품 수수의 목적과 사용처는 무엇이었는지 등이 증명되지 않는다. 검사가 주장하는 당시 시대적 상황, 북한이라는 장소적 특성, 피고인이 수령한 돈의 액수 등의 사정을 고려하더라도 피고인의 북한 방문 및 금품 수수 행위가 국가의 존립·안전이나 자유민주적 기본질서에 실질적 해악을 끼칠 명백한 위험성을 지닌 것이라 단정하기 어렵다."고 판시하였다.

여전히 수수 목적과 관계없다고 하므로, 반국가단체의 목적수행과 관련되지 않은 금품이어도 금품수수로 처벌되고, 기관지 판매대금과 같이 경제거래관념상 그 대가를 받은 것에 불과한 것도 금품수수로 처벌되고 있기 때문이다.

위 한정합헌결정이 제7조의 객관적 구성요건의 불명확성을 지적한 후, 1991년 개정 시 제5조 제2항, 제6조 제1항, 제7조, 제8조에 모두 '국가의 존립·안전이나 자유민주적 기본질서를 위태롭게 한다는 정을 알면서' 요건이 삽입되었다. 그러나 '정을 알면서'라는 주관적 구성요건 삽입만으로는 객관적 구성요건의 불명확성 문제를 해결할 수 없고, 1991년 개정은 헌법재판소 결정의 취지조차도 온전히 반영한 것이 아니라는 점은 제7조의 명확성의 원칙 위배 문제에서 살펴본 것과 같다.[469] 한정합헌결정의 취지만이라도 온전히 반영하려면 법 개정 시 지나치게 광범위하게 적용되는 모호한 객관적 구성요건을 명확하게 구체화하는 것이 필요했다. 판례도 금품수수와 목적수행의 관련성을 요구하거나, 남북교류협력에 관한 법률상 승인받은 남북협력사업과 관련된 것이면 국가보안법 제5조 제2항 적용을 배제한다는 등으로 적용기준을 구체적으로 정립하는 등의 조치를 했어야 한다. 그러나 1991년 개정 이후 판례는 그야말로 개정 전 금품수수죄의 논리를 되풀이하면서 개정된 문구만을 별다른 의미 없이 삽입하여 "금품수수가 국가의 존립·안전 및 자유민주적 기본질서를 위태롭게 할 위험이 없는 경우에는 처벌할 수 없다."[470]고 되풀이하고 있을 뿐이다.

신설된 '위태롭게 한다'는 문언은 모호하고 추상적이다. 이 문구가 명확하고 구체적인 기준이 될 수 있는 것은, 사람들을 그 소속 집단에 따라

---

469 민주사회를 위한 변호사모임, 『헌법 위의 악법』, 320쪽 참조.
470 대법원 1996. 11. 2. 선고 96도2158 판결.

나누고, 특정 집단에 속한 사람의 행위는 '위태롭게 하는 것'이며 그는 '위태롭게 한다는 정을 알면서' 했다고 단정할 때만 가능하다. 탈북민, 국가보안법 처벌 전력이 있는 사람, 집권세력과 상반되는 주장을 펼치는 통일운동단체 소속 인사들처럼 일정한 지표를 가진 사람이 그 대상이 된다. 위와 같은 전력과 생각을 가진 사람이 금품을 받은 것이므로 국가의 안전을 위태롭게 하는 행위라는 결론에 이르는 것이다. 하지만 이는 곧 출신 지역과 처벌 전력, 소속단체, 사상과 정치적 의견에 따른 차별로, 국가기관이 해서는 안 되는 차별이다. '위태롭게 한다는 정을 알면서'라는 모호한 기준은 오직 차별의 프리즘을 통해서만 명확성을 가질 수 있다. 차별적 취급을 할 수 없게 되면, 이는 실효성 있는 판별기준이 될 수 없다. 결국 '국가의 존립·안전 및 자유민주적 기본질서를 위태롭게 한다는 정을 알면서' 기준은 차별을 통한 처벌일 뿐이어서, 새로이 차별문제를 발생시키는 반면 모호성과 불명확성 문제는 여전히 해결하지 못한다.

제5조 제2항은 1958년 개정 시 제9조[471]에서 '전3조에 규정된 결사, 집단 또는 단체를 위하여 또는 그 지령을 받고 금품을 수수하거나'로 처음 신설되었다. 1960년 개정[472]에서는 '반국가단체의 구성원 또는 그 지령을 받은 자로부터 그 정을 알고 금품을 수수한 자'를 처벌하는 규정으로 바뀌었다. 한편 1961년 제정된 반공법 제5조[473]는 '반국가단체나 국외의 공산

---

471 국가보안법 [법률 제500호, 1958. 12. 26., 폐지제정] 제9조(금품수수, 관여, 권유) 전조에 규정된 결사, 집단 또는 단체를 위하여 또는 그 지령을 받고 금품을 수수하거나 타인에게 가입, 금품제공, 기타 관여를 권유한 자는 10년 이하의 징역에 처한다.
472 국가보안법 [법률 제549호, 1960. 6. 10., 전부개정] 제5조(자진지원, 금품수수) ① 반국가단체를 자진 지원할 목적으로의 전3조의 행위를 한 자도 전3조의 예에 의한다.
② 반국가단체의 구성원 또는 그 지령을 받은 자로부터 그 정을 알고 금품을 수수한 자는 7년 이하의 징역에 처한다.
473 반공법 [법률 제643호, 1961. 7. 3., 제정] 제5조(회합, 통신 등) ① 반국가단체나 국외의 공산계열의 이익이 된다는 정을 알면서 그 구성원 또는 그 지령을 받은 자와 회합 또는 통신 기타 방법으로 연락을 하거나 금품의 제공을 받은 자는 7년 이하의 징역에 처한다.
② 전항의 미수범은 처벌한다.

계열의 이익이 된다는 정을 알면서' 금품제공을 받은 자를 모두 처벌하였다. 그러나 반공법 규정이 공산국가와 교류할 때에 많은 법적 장애요인이 된다는 이유로 1980년 반공법이 국가보안법에 흡수될 때, 금품수수 조항은 이전 국가보안법 규정 그대로 '반국가단체의 구성원 또는 그 지령을 받은 자로부터 그 정을 알고'로 통합했다.[474] 1980년 개정 국가보안법이 반국가단체 정의 규정 자체에 국외공산계열까지 포함하면서, '국외공산계열' 문구도 삭제되었다.[475][476] 1991년 개정 시 '국가의 존립·안전이나 자유민주적 기본질서를 위태롭게 한다는 정을 알면서'라는 주관적 구성요건이 추가되고, 예비 또는 음모 처벌 규정이 삭제되어 지금에 이르고 있다. 그러나 대법원은 1991년 개정 전후 제5조 제2항에 대해 똑같이, 수수가액이나 가치는 물론 그 목적도 가리지 아니하고, 그 금품수수가 대한민국을 해할 의도가 있는 경우에 한하는 것도 아니라고 한다.[477]

반국가단체 구성원 또는 그 지령을 받은 자 외의 사람만 처벌하는 제5

③ 제1항의 죄를 범할 목적으로 예비 또는 음모한 자는 5년 이하의 징역에 처한다.

474 정경식·이외수, 위의 책, 182–183쪽.

475 국가보안법 [법률 제3318호, 1980. 12. 31., 전부개정] 제5조 (자진지원·금품수수) ① 반국가단체나 그 구성원 또는 그 지령을 받은 자를 지원할 목적으로 자진하여 제4조 제1항 각호에 규정된 행위를 한 자는 제4조 제1항의 예에 의하여 처벌한다.
② 반국가단체의 구성원 또는 그 지령을 받은 자로부터 그 정을 알고 금품을 수수한 자는 7년 이하의 징역에 처한다.
③ 제1항 및 제2항의 미수범은 처벌한다.
④ 제1항의 죄를 범할 목적으로 예비 또는 음모한 자는 10년 이하의 징역에 처한다.
⑤ 제2항의 죄를 범할 목적으로 예비 또는 음모한 자는 5년 이하의 징역에 처한다.

476 황교안은 1980년 국가보안법 개정 시 금품수수 대상에서 '국외공산계열의 구성원 또는 그 지령을 받은 자'가 제외된 것에 관하여, 국외공산계열까지 규제대상으로 하는 반공법 조항이 당시 시대 상황에 비추어 공산국가와 교역·외교 등에 있어 커다란 법적 장애가 되고 다변화된 국제관계에서는 적절하지 않다는 것 때문이라고 한다. 황교안, 위의 책, 224쪽. 그러나 그 삭제 경위는 1980년 국가보안법 제2조 제2항에서 국외공산계열을 반국가단체로 규정하면서 금품수수 조항에 별도로 국외공산계열을 명시할 필요가 없었기 때문인 것으로 보인다.

477 대법원 1995. 9. 26. 선고 95도1624 판결 "구 국가보안법(1991.5.31. 법률 제4373호로 개정되기 전의 것)이나 현행 국가보안법 제5조 제2항의 금품수수죄는 반국가단체의 구성원이나 그 지령을 받은 자라는 정을 알면서 또는 국가의 존립, 안전이나 자유민주적 기본질서를 위태롭게 한다는 정을 알면서 반국가단체의 구성원이나 그 지령을 받은 자로부터 금품을 수수함에 의하여 성립하는 것으로서, 그 수수가액이나 가치는 물론 그 목적도 가리지 아니하고, 그 금품수수가 대한민국을 해할 의도가 있는 경우에 한하는 것도 아니다."

조 제1항과 달리, 판례는 제5조 제2항의 처벌 대상에 반국가단체 구성원 또는 그 지령을 받은 자도 포함한다.[478] 또 제2항은 제1항과 달리 지원할 목적을 요건으로 하지 않고, "국가의 존립이나 자유민주적 기본질서를 위태롭게 한다는 점을 알면서" 금품을 받으면 모두 처벌한다.

2. 기관지 판매대금 받아도 금품수수

반국가단체의 목적수행과 관계가 드러나지 않는 금품수수도 처벌하는 입장이 1970년대와 80년대에 빈발한 조작간첩사건과 맞물리면서, 일본에 친척을 둔 사람 등이 친척으로부터 돈을 받았다가 금품수수죄로 처벌되는 사례가 많았다.

조총련계인 친동생을 만나 광산 운영자금과 여비를 받은 것에 대해, 대법원은 조총련을 북괴의 지령하에 조직 활동하는 반국가단체로 보고, "만나고 금품까지 받게 되면 자연히 그들 조총연맹원들의 말대로 움직이고 동조할 부담을 느끼게 될 것이니 결국 반국가단체나 국외의 공산계열의 이익이 된다는 정을 알면서 그 구성원 또는 그 지령을 받은 자와 회합하고 금품을 제공받은 자에 해당된다고 보아야 할 것", "비록 피고인이 실제實弟인 공소외인으로부터 피고인 경영 광산의 운영자금을 원조받고 여비조로 금품을 받은 것이라 하여 달리 볼 수 없는 것"[479]이라 하였다. 조총련계인 친형으로부터 귀국 여비를 받은 것도 "금품수수가 반국가단체의 목적수행

---

478 대법원 1968. 7. 30. 선고 68도754 판결 "반공법 제5조 제1항 소정의 회합, 통신, 금품 수수 등 죄의 성립에 있어, 그 상대방이 반국가단체의 구성원, 또는 그 지령을 받은 자이면 되는 것이고, 범죄의 주체에 관하여 반국가단체의 비구성원이거나, 지령을 받지 아니한 자임을 요건으로 한다고는 볼 수 없으므로, 반국가단체의 구성원 또는 그 지령을 받은 자 상호 간에 위와 같은 행위를 한 경우에도 이 죄가 성립한다고 할 것이다."
479 대법원 1970. 5. 12. 선고 70도558 판결.

을 위한 것임을 요하는 것이 아니므로 피고인이 … 반국가단체 구성원임을 알고 그로부터 금품을 수수한 이상 위의 국가보안법 제5조 제2항에 해당하는 범죄가 성립된다."[480]는 이유로 처벌되었다. "친척 간의 여비 보조 및 가족들의 선물이므로 동죄가 성립하지 않는다는 논지는 이유 없다."[481]면서 목적수행 관련성을 문제 삼지 않는 태도는 결국 조총련계 친척을 둔 다수 사람들을 금품수수로 처벌했다.

조총련계뿐만 아니라 민단계 교포와 접촉도, 원고료도 금품수수 처벌 대상이 되었다. 1972년 문인간첩단 사건으로 구속된 문학평론가 임헌영은 기소 시에는 간첩죄는 빠지고 금품수수 등으로 기소되어 유죄판결을 받았다. 민단 소속 재일교포들이 펴내는 월간지 《한양》으로부터 청탁받은 원고를 써주고 받은 원고료, 일본 여행 중 식사와 술을 얻어먹고 관광 안내를 몇 번 받은 것 때문이었다. 집행유예를 선고받은 임헌영은 1998년이 되어서야 복권되었고 2018년에야 재심으로 무죄판결을 받았다.[482]

법원은 남북 간의 문화교류에 대해서도 같은 잣대를 적용했다. 1989년 3월 20일 북한에 방문한 황석영 작가는 남북분단이 고착화된 뒤 처음으로 북한에 들어간 남한 작가였는데, 그에 대한 국가보안법 위반 공소사실에는 북한 측으로부터 미화 25만 달러를 받은 것이 공작금이라는 내용도 포함되어 있었다. 황 작가는 이를 소설 『장길산』의 영화화 계약에 따른 원작료라고 주장했다.[483] 법원은 위 돈을 원작료가 아니라 출판문화사업을 하기 위한 자금이라고 판단하면서, 황 작가가 국가의 존립·안전이나 자유민주적 기본질서를 위태롭게 한다는 정을 알면서 위 금원을 수수하였으니

---

480 대법원 1972. 10. 31. 선고 72도2049 판결.
481 대법원 1984. 10. 10. 선고 84도1796 판결.
482 임헌영·유성호, 『문학의 길 역사의 광장』, 한길사, 2021, 361, 372쪽.
483 한승헌a, 『불행한 조국의 임상노트』, 일요신문사, 1997, 189-190쪽.

금품수수죄라고 하였다.[484]

　2012년 조국통일범민족연합 남측본부 사무처장은 기관지 판매대금을 수령한 것으로 금품수수죄로 처벌되었다. 2004년 2월 2일부터 2006년 8월 25일까지 범민련 공동사무국 근무자로부터 11회에 걸쳐 남측본부 기관지 '민족의 진로' 판매대금 1,080만 원을 받았다는 이유다. 범민련은 남, 북, 해외 3자 연대체로, 상호 연락 및 연대사업을 담당하는 공동사무국을 두고 있는데, 공동사무국에서 기관지 해외구독자들의 구독료를 전달해준 것이다. 법원은 위 금원을 전달해준 공동사무국 근무자를 재일 북한공작원으로 보고, 위 금원이 "이적표현물 제작·반포의 대가의 성질을 갖는 것"이어서 "국가의 존립·안전이나 자유민주적 기본질서에 실질적 해악을 끼칠 명백한 위험성이 있다"는 이유로 금품수수로 처벌하였다.[485]

　국가보안법 제7조 제5항은 이적표현물 '반포·판매'를 각각 별개의 행위 유형으로 처벌한다. 반포란 표현물을 무상으로 배부하는 것인데 비해 판매는 유상으로 양도하는 것이다. 판매를 처벌할 경우 판매 대가는 범죄수익으로 몰수 대상이 된다. 그러나 판매대금 수수 자체는 '범죄에 의해 획득한 위법한 이익을 확보하거나 사용, 처분하는 사후행위'인 불가벌적 사후행위로 취급된다. 내국인을 상대로 기관지를 판매한 것은 제7조 제5항 판매죄는 성립하더라도 구독 대금을 받은 것 때문에 따로 처벌되지 않는 것이다. 그런데 위 판결에 따르면 해외구독자들로부터 구독료를 받아 전달한 사람이 북한공작원이라면 별도의 금품수수죄가 된다. 돈을 준 사람이 반국가단체 구성원이기만 하면 목적을 가리지 않고 처벌해온 금품수수죄 과잉 처벌의 비논리적 단면이다.

---

484 대법원 1994. 5. 24. 선고 94도930 판결.
485 1심 서울중앙지방법원 2011. 12. 22. 선고 2009고합731등 판결, 2심 서울고등법원 2012. 6. 8. 선고 2012노82 판결, 3심 대법원 2012. 10. 11. 선고 2012도7455 판결.

북한 프로그래머 등과 거래하면서 정보통신망법 위반행위를 한 경우에도 금품수수로 처벌받는 사례가 나오고 있다. 사행성 게임을 제작 유통해오던 피고인은 국내에서는 수사기관 등의 단속을 피하여 불법 게임 프로그램을 만들기 어렵고 비용도 많이 소요되므로 중국에서 북한 프로그래머를 통해 프로그램을 제작하기로 하고, 2009년 10월 북한 프로그래머에게 엠토너먼트(포커, 바둑이, 맞고) 프로그램을 2,700달러에 개발하여 받기로 하는 계약을 체결하고 프로그램을 받은 바 있다. 그런데 그 프로그램 안에 좀비PC 살포용 악성 프로그램이 들어있었다. 피고인은 이를 알면서도 2010년 8월 위 프로그램을 유통시켜 돈을 벌기 위해 자신 명의 서버에 다시 한번 엠토너먼트 게임을 설치해달라고 요구해 엠토너먼트 게임을 설치받았는데, 이로 인해 금품수수로 처벌되었다.[486] 북한 프로그래머가 북한 대남공작기구 소속의 사이버전 전문 요원으로서 중국에 파견 나온 반국가단체 구성원으로서, 해당 게임에 좀비PC 살포용 악성 프로그램을 설치·배포하여 이를 이용한 디도스 공격을 통해 국가기관이나 주요 산업시설의 전산망을 공격하거나 국가안보와 관련된 중요한 정보를 빼낼 수도 있음을 인식하고서도 게임을 설치해달라고 하였다는 이유다.

피고인의 행위는 등급분류가 거부된 게임을 유통한 것으로 게임산업진흥에 관한 법률위반, 정보통신시스템 등을 훼손·멸실시키거나 운용을 방해할 수 있는 프로그램을 전달 또는 유포한 것으로 정보통신망 이용촉진 및 정보보호 등에 관한 법률상 정보통신망침해죄에 해당된다. 그러나 이를 넘어 국가보안법상 금품수수로 의율될 일은 아니다.

---

486 대전지방법원 천안지원 2012. 8. 16. 선고 2012고단893 판결.

3. 돈 받으면 매수되기 마련이라는 선입견

제5조 제2항은 금품과 매개된 인간관계 형성 및 사회활동의 자유, 특히 경제활동의 자유를 제한당하므로 일반적 행동의 자유 침해 문제가 제기된다.

(1) 일반적 행동의 자유의 내용과 제한 법리

봉건 권력에 대항하여 개인의 자유와 인권을 선언하며 근대를 열어낸 권리장전들은 구체적인 개개의 자유권적 기본권들을 열거함과 동시에 개인의 자유 영역을 포괄적으로 보호하고자 '자유의 일반원칙'을 천명하였다. 1789년 프랑스 국민의회가 선포한 '인간과 시민의 권리에 대한 선언' 제4조 전문 "자유는 타인의 권리를 침해하지 않는 범위 내에서 모든 것을 할 수 있는 것을 말한다."[487] 1791년 미국 수정헌법 제9조 "헌법이 경시하는 권리들을 열거하는 것이 인민이 갖는 다른 권리들을 부정하거나 경시하는 것으로 해석되어서는 아니 된다."[488]는 규정들이 바로 그것이다. 현대에 들어 '인격의 자유로운 발현권'으로 일컬어지는 독일기본법 제2조 제1항 "누구든지 다른 사람의 권리를 침해하거나 헌법질서 또는 도덕률에 반하지 않는 한 자기의 인격을 자유롭게 실현할 권리를 가진다."[489] 규정도 위

---

[487] Déclaration des droits de l'Homme et du citoyen de 1789
Article 4 La liberté consiste à pouvoir faire tout ce qui ne nuit pas à autrui.

[488] United States Bill of Rights IX. The enumeration in the Constitution, of certain rights, shall not be construed to deny or disparage others retained by the people.

[489] Grundgesetz für die Bundesrepublik Deutschland
Art 2 (1) Jeder hat das Recht auf die freie Entfaltung seiner Persönlichkeit, soweit er nicht die Rechte anderer verletzt und nicht gegen die verfassungsmäßige Ordnung oder das Sittengesetz verstößt.

와 같은 취지로, 이러한 규정들이 '일반적 행동의 자유'의 근거가 되었다.

대법원은 "헌법 제10조에 내재된 일반적 행동의 자유",[490] 헌법재판소는 "인격의 자유 발현을 위한 필요한 행동을 할 수 있어야 한다는 의미의 행복추구권의 파생으로 일반적 행동자유권"[491]이라고 판시하며 헌법 제10조 행복추구권으로부터 '일반적 행동의 자유'를 인정한다. 일반적 행동자유권은 개별 기본권을 파생시키는 포괄적 자유권, 주자유권, 모기본권으로서 성격을 갖는다.[492] 이 '자유'에 대해 헌법재판소는 "적극적으로 자유롭게 행동하는 것은 물론 소극적으로 행동하지 않을 자유, 즉 부작위의 자유도 포함되는 것"[493]이라고 하여 포괄적으로 인격 발현을 위한 모든 행동의 자유로 이해한다. '행동'은 자유를 향유할 수 있는 모든 행동을 포괄하고,[494] 헌법재판소는 "인격의 자유 발현을 위한 필요한 행동"[495]이라고 판시함으로써 인격권을 행사하는 수단으로 설명한다. 개인 등의 '일반적 행동의 자유'에 대하여 국가는 기본적 인권의 확인과 보장 의무(헌법 제10조 2문)를 이행해야 하고, 그 제한에는 법률에 의한 유보와 과잉금지원칙이 적용된다.

경제활동의 자유, 금전거래의 자유는 자본주의 경제체제의 핵심을 이루는 것으로, 일반적 행동의 자유 가운데서도 중요 내용이다. 중세 봉건사회에서 근대로 진전하는 역사적 과정에서 경제활동의 자유가 큰 역할을 차지했다. 전 세계적 냉전체제에서 사람은 장벽을 넘지 못해도 돈은 장벽을 넘었다. 테러 자금이나 성매매 자금과 같이 범죄행위와 직접 결부된 돈이어서 범죄행위를 차단할 필요가 있는 경우, 또는 국가의 경제 정책상 필

490 대법원 2013. 3. 14. 선고 2010도410 판결.
491 헌법재판소 2014. 2. 27. 선고 2013헌바106 결정.
492 장영철, 「일반적 행동자유권에 관한 고찰」, 《서울법학》 제28권 제1호, 서울시립대학교 법학연구소, 2020. 5., 26쪽.
493 헌법재판소 1991. 6. 3. 선고 89헌마204 결정.
494 장영철, 위의 글, 14쪽.
495 헌법재판소 2014. 2. 27. 선고 2013헌바106 결정.

요에 따라 제한하는 경우가 아니라면, 사상과 정치적 의견이 다른 국가 또는 단체, 사람이라고 하여 경제활동과 금전거래를 제한하는 것은 일반적 행동자유권과 경제활동의 자유 침해다.

(2) 목적의 정당성

제5조 제2항의 입법목적에 관하여는 종래 "오늘날 우리 사회생활의 대부분이 경제적 동기와 밀접한 관련을 맺고 있는 것이 사실인바, 북한 등 반국가단체는 이 점에 착안하여 그들의 조직을 확대하고 반국가적 활동을 도모함에 있어 단순히 선전·설득에만 의존하지 않고 금품으로 상대방을 매수하고 또한 이를 위한 활동자금을 보관, 마련하기 위하여 일시 은닉하거나 영리사업에 투자하는 등 활동자금의 원활한 조달에 노력하고 있다. 한편 반국가단체로부터 매수된 사람은 결국 반국가단체의 활동을 방조하게 되기 쉬운 것인바 이는 국가안보에 적지 않은 위해 요인이 되는 것이므로 반국가단체의 자금회전 및 공작자금의 유입을 철저히 차단함으로써 이러한 결과의 발생을 미리 방지하려는 것"[496]이라고 설명되었다. "본죄는 반국가단체의 자금회전 및 공작금품의 유입을 봉쇄함과 아울러 일반 국민이 반국가단체에 매수되었거나 물질적으로 방조하는 위험성을 방지하는데 그 입법 취지가 있다. 특히 오늘날 사회생활의 대부분이 경제적·물질적 활동과 밀접한 관련을 가지게 됨에 따라 현실적으로 금전을 비롯한 각종의 재물이 중요시되어 북괴를 비롯한 반국가단체도 그 목적수행 활동을 위하여 많은 공작자금을 투입하고 있는데, 한편으로 그들로부터 금품을 수수한 사람은 자의건 타의건 간에 어쩔 수 없이 반국가적 행위를 자행하

---

[496] 황교안, 위의 책, 223-224쪽.

게 될 것이므로 국가는 이를 미연에 방지할 필요가 있는 것"[497]이라는 설명도 같은 취지다.

그러나 위 논지도 시인하듯 "오늘날 사회생활의 대부분이 경제적·물질적 활동과 밀접한 관련을 가지게" 되었기 때문에, 금품 등 재물을 주고받는 행위는 일상적인 사회생활의 중요 부분이 되었다. 제5조 제2항은 반국가단체로부터 오는 금품은 공작자금이고 이 금품을 받으면 결국 매수되기 마련이며 반국가단체의 활동을 방조하게 되기 쉽다는 선입견을 전제로 한다.

형법 등에서 금품수수를 처벌하는 것은, 금품수수가 목적수행과 직접 관련된 것이거나, 직무상 청렴성이 요구되는 신분을 가지고 있어서 금품수수를 하면 그 청렴성을 유지할 수 없게 되는 경우다. 목적수행과 관련 없는 금품수수 일반을 처벌하는 조항은 국가보안법 제5조 제2항 외에는 존재하지 않는다. 일정한 직무상 신분 있는 사람에 한정하지 않고 모든 사람에 대하여 금품수수를 처벌하는 것도 제5조 제2항뿐이다. 제5조 제2항의 입법목적은 반국가단체의 목적수행과 직접 관련이 없더라도 금품을 받는 것 자체를 막겠다는 것이다. 이는 헌법 제37조 제2항이 기본권제한의 정당한 목적으로 명시한 국가안전보장을 넘은 지나치게 광범위한 목적이다. 제5조 제2항에는 목적의 정당성이 인정될 수 없다.

(3) 수단의 적합성

1991년 남북기본합의서 체결 이후 남북교류가 확대되고 경제적 협력과 인적 교류도 크게 늘었다. 남북교류협력에 관한 법률은 북한 주민 접촉이나 북한 왕래, 물품 반입·반출에 대해 일정한 절차에 의한 승인을 받도록

---

[497] 정경식·이외수, 위의 책, 181-182쪽.

하고, 승인 없이 북한 주민을 접촉하거나 물품을 반입·반출하면 3년 이하의 징역 또는 1,000만 원 이하의 벌금에 처하도록 하고 있다(제27조). 그런데 위 법률이 제정된 이후에도 국가보안법 제5조 제2항 금품수수 조항은 1991년 개정 시 '국가의 존립·안전이나 자유민주적 기본질서를 위태롭게 한다는 정을 알면서' 요건만 추가한 채 존속하고 있다. 대법원은 개정조항에 대해서도 수수가액이나 가치는 물론 그 목적도 가리지 않고, 그 금품수수가 대한민국을 해할 의도가 있는 경우에 한하는 것도 아니라고 한다. 여전히 목적수행 관련성이 없는 경우까지 폭넓게 처벌하고 있는 것이다.

남북교류협력에 관한 법률 제3조는 남북교류·협력행위에 대해서는 위법의 목적 범위 내에서 국가보안법보다 우선 적용된다고 하지만, 국가보안법상 금품수수 조항이 목적수행 관련성이 없는 때에도 성립하면, 결국 국가보안법이 남북교류협력법을 잠식하게 될 수밖에 없다. 황석영 작가의 소설 원작료 또는 출판문화사업자금 수수가 경제문화교류에서 오간 금품이 아니라 "국가의 존립·안전이나 자유민주적 기본질서를 위태롭게"하는 금품으로 처벌된 것, 북한 프로그래머와 거래하던 사업자가 프로그램을 설치 받은 것이 국가보안법상 금품수수로 처벌되는 사례들은, 국가보안법상 주관적 요건만으로는 국가보안법이 여전히 남북교류협력에 관한 법률에 우선하는 현실을 바꾸지 못한다는 것을 보여주는 증례. 국가보안법 제5조 제2항은 남북교류협력이 증대되는 시대적 변화에 맞지 않는 부적합한 수단이다.

(4) 피해의 최소성

공무원이 금품을 수수한 경우 처벌되는 것은 금품수수가 직무와 대가성을 가졌을 때에 국한된다. 타인의 사무를 처리하는 자가 금품을 수수한 경우 처벌되는 것은 부정한 청탁과 관련한 것이어야 한다. 뇌물수수죄나 배임수재죄에서 문제되는 금품은 모두 직무대가성이나 청탁관련성을 요구한다. 따라서 소추와 재판과정에서 그 대가성 또는 관련성이 가장 중요한 쟁점이 된다.

그러나 국가보안법 제5조 제2항은 대가성이나 관련성이 없어도 처벌한다. 개정 전 대법원 판례에 따르면 상대방이 이른바 '반국가단체'의 구성원 등이라는 사실을 알기만 하였다면 금품수수죄가 성립한다는 것이므로, 과거에는 친척 간이나 지인 간의 사교적 의례로 약간의 돈이나 선물을 받거나 인도적·문화적 목적에서 사소한 기부나 격려금을 받아도 모두 금품수수죄로 처벌되었다. 다만 1991년 개정 시 '국가의 존립·안전이나 자유민주적 기본질서를 위태롭게 한다는 정을 알면서' 요건이 삽입된 후로는 사교적 의례로 금품을 받은 경우에는 국가의 존립·안전 및 자유민주적 기본질서를 위태롭게 할 위험이 없다는 이유로 금품수수죄 처벌에서 제외되고 있다. 그러나 제5조 제2항은 여전히 목적수행과 관계없는 금품수수도 처벌하고 있어서 결국 "범죄인임을 알고 거래하거나 증여를 받았다는 이유만으로 처벌하는 것"[498]이 되고 있다. 특정한 직무상 의무 없는 자가 금품을 받았다고 하여 매수되기 마련이라는 이유로 아예 금품수수 자체를 금지하고 처벌하는 것은 일반적인 행동자유권을 지나치게 광범위하게 침해한다.

(5) 법익의 균형성

제5조 제2항은 재일교포 중 조총련 소속 친지를 둔 사람에 대한 간첩조작 사건 등에서 많은 피해자를 낳아왔다. 최근에는 어떤 이유로든 북한

---

[498] 박원순b, 『국가보안법연구 3』, 78쪽.

관계자와 경제적 관계를 맺은 사람들도 금품수수죄 처벌 대상이 되고 있다. 이는 북한과는 어떤 관계든 맺을 경우 처벌 위험에 빠질 수 있다는 강력한 위축 효과를 낳는다. 사상과 이념을 뛰어넘어 경제적 협력과 상호 이익을 도모하는 것은 개인의 생활을 영위하고 부를 축적하기 위한 자본주의 체제의 생활양식일 뿐만 아니라, 국가 경제의 성장을 위한 합리적인 행동이다. 또한 남북관계에서 분단과 전쟁이 남긴 갈등을 해소하고 미래를 도모하는 협력방식을 찾아내는 유용한 수단이기도 하다. 그런데 제5조 제2항은 이러한 경제적 활동과 인적 교류를 막아 일반적 행동자유권, 특히 경제활동의 자유를 침해하며 국가 경제의 성장 기회를 막는다. 경제협력을 통한 남북관계 개선의 가능성도 상실시킨다. 따라서 제5조 제2항으로 얻는 사회적 이익보다 발생하는 손해가 더 크다.

3부

만나지도 돕지도 말아라

제6조 잠입·탈출 – 끝내 지우지 못한 금단의 선

제6조[잠입·탈출] ① 국가의 존립·안전이나 자유민주적 기본질서
를 위태롭게 한다는 정을 알면서 반국가단체의 지배하에 있는 지역
으로부터 잠입하거나 그 지역으로 탈출한 자는 10년 이하의 징역
에 처한다.

② 반국가단체나 그 구성원의 지령을 받거나 받기 위하여 또는 그
　목적수행을 협의하거나 협의하기 위하여 잠입하거나 탈출한 자
　는 사형·무기 또는 5년 이상의 징역에 처한다.

③ 삭제(1991. 5. 31.)

④ 제1항 및 제2항의 미수범은 처벌한다.

⑤ 제1항의 죄를 행할 목적으로 예비 또는 음모한 자는 7년 이하의
　징역에 처한다.

⑥ 제2항의 죄를 범할 목적으로 예비 또는 음모한 자는 2년 이상의
　유기징역에 처한다.

난 올해 안으로 평양으로 갈 거야.

기어코 가고 말 거야, 이건

잠꼬대가 아니라고 농담이 아니라고

이건 진담이라고

(중략)

난 걸어서라도 갈 테니까

임진강을 헤엄쳐라도 갈 테니까

그러다가 총에라도 맞아 죽는 날이면

그야 하는 수 없지

구름처럼 바람처럼 넋으로 가는 거지[1]

문익환, 「잠꼬대 아닌 잠꼬대」

1. 편 가르기와 배제

문익환 목사가 1989년 첫 새벽에 시 「잠꼬대 아닌 잠꼬대」를 발표했을 때 이를 북행을 예고한 '진담'으로 여긴 사람은 많지 않았다. '북한'은 반공 만화영화 '똘이장군'[2]과 '간첩단사건'을 통해 악마화된 이미지였기에, 북한을 다녀온다는 것은 상상할 수 없는 금기였다. 하지만 그해 3월 25일 오후, 문익환 목사는 북한 당국이 제공한 조선민항 특별기편으로 베이징을 출발, 평양 순안비행장에 도착했다. '평양으로 가고 말겠다'는 그의 연

---

1 문익환, 「잠꼬대 아닌 잠꼬대」, 『두 손바닥은 따뜻하다』, 사계절, 2018.
2 김종군b, 「한국인의 분단적대성 구축 서사의 유형과 의미」, 《통일인문학》 제81집, 건국대학교 인문학연구원, 2020. 3., 97-102쪽.

두 시는 농담이 아니라 진담이었다. 그는 평양 도착 성명에서 "제가 금단의 땅이던 이곳을 찾아왔다는 것, 김일성 주석과 더불어 서로가 민족의 일원으로서 뜨겁게 부둥켜안고 민족의 빛나는 미래에 대하여 이야기한다는 것, 그 상징적인 뜻을 생각한다는 것만으로 저는 기쁨을 억누를 수가 없습니다.", "말로 하는 대화가 아니라 가슴과 눈으로 하는 대화를 하려고 왔습니다."라고 심경을 밝혔다. 문 목사는 약 10일간 북한에 머물며 김일성 주석, 허담 조국평화통일위원회 위원장 등과 회담 후 귀국하였다. 안기부는 문 목사를 귀국 즉시 연행하여 잠입·탈출 등 혐의로 조사하였다. 박정희 전두환 정권 내내 얼어붙어 있던 통일운동이 87년 6월 민주항쟁 이후 막다시 시작되던 무렵, 민주화운동진영의 원로인 문익환 목사의 방북은 한국 사회 전체에 큰 충격을 주었다. 그 후 임수경, 문규현 신부 등 여러 민주인사의 방북이 이어졌다.

"여기 있는 이 선이 지난 반세기 동안 우리 민족을 갈라놓은 장벽이었습니다. 이 장벽 때문에 우리 국민, 민족은 너무 많은 고통을 받아왔습니다. 저는 이번에 대통령으로서 이 금단의 선을 넘어갑니다. 제가 다녀오면 더 많은 사람들이 다녀오게 될 것입니다. 그러면 마침내 이 선도 점차 지워질 것입니다."[3] 2007년 10월 2일 오전 9시 6분, '남쪽 대통령이 분단 이후 처음으로 걸어서 북쪽 땅을 밟는 순간', 노무현 대통령의 말이다. 그러나 국가보안법은 다시 사람들의 발을 묶었다. 금단의 선은 여전히 이 땅위에 선명하며, 아직도 각 개인의 머릿속에 남아있다.

지리적 분단의 가장 뚜렷한 표시는 오고 가지 못하는 것이다. 가는 것은 탈출이요 오는 것은 잠입이다. 일반적으로 '잠입'은 몰래 숨어들어오는 것, '탈출'은 갇혀 있던 곳에서 빠져 달아나는 것을 의미한다. 그런데 대법

---

3 한겨레, 2007. 10. 2., 「59년 '금단의 선' 넘은 한걸음, 평화의 이정표로」

원이 임수경 방북사건에서 "반국가단체의 지배하에 있는 지역으로부터 국내에 잠입하면 잠입죄가 성립되는 것이며 탈출 당시 다시 들어올 목적이 있었는지 은밀히 들어온 것인지 여부는 탈출, 잠입죄의 성립에 영향이 없다."[4]고 한 것처럼, 국가보안법상 잠입·탈출 조항은 위와 같은 용어의 본래 뜻과는 달리 '반국가단체의 지배하에 있는 지역'을 드나든 것 자체를 문제 삼는다. 제6조 제1항(단순 잠입·탈출)은 아무런 목적 없는 단순한 잠입·탈출을 처벌한다. 이 조항은 원래 간첩이 침투하여 기밀탐지·수집이나 테러 등의 행위를 하지 않고 장기 잠복하거나 구축 등을 임무로 하는 경우 처벌의 흠결을 막기 위한 조항으로 설명되었다.[5] 제6조 제2항(특수 잠입·탈출)은 '반국가단체나 그 구성원의 지령을 받거나 받기 위하여 또는 목적수행을 협의하거나 협의하기 위하여 잠입하거나 탈출'한 것을 처벌한다.

잠입·탈출 조항은 국가보안법 제정 당시에는 들어 있지 않았다. 1958년 개정 시 제19조(왕래, 잠입, 은거, 형의 가중)[6] 신설로 '국가보안법이 사실상 시행되지 못하는 지역' 왕래 등을 처벌하기 시작해 1960년 개정 시 제6조(불법지역 왕래)[7]로 개편되었다. 1961년 제정 반공법 제6조

---

4 대법원 1990. 9. 25. 선고 90도1613 판결.

5 정경식·이외수, 위의 책, 189쪽.

6 국가보안법 [법률 제500호, 1958. 12. 26., 폐지제정] 제19조(왕래, 잠입, 은거, 형의 가중) ① 제6조 내지 전조의 죄가 외국 또는 본법이 사실상 시행되지 못하는 지역 내에 있는 제6조 내지 제8조에 규정된 결사, 집단 또는 단체의 지령을 받은 자에 의한 행위일 때에는 사형, 무기 또는 10년 이상의 징역에 처한다. 단, 각 조에 규정된 형이 보다 중할 때에는 그 형으로 처벌한다.
② 전항의 결사, 집단 또는 단체의 지령을 받기 위하여 또는 그 목적한 사항의 실행을 협의하기 위하여 그 지역을 왕래한 자는 10년 이상의 유기징역에 처한다.
③ 제6조 내지 전조의 죄를 범할 목적으로 전항의 결사, 집단 또는 단체의 지령을 받고 잠입 또는 은거중에 있는 자는 사형, 무기 또는 7년 이상의 징역에 처한다.
④ 제1항과 전항의 죄를 범한 자가 다시 형법 제225조, 제226조, 제228조 내지 제232조, 제234조 내지 제236조의 죄를 범하였을 때에는 그 죄에 대한 형의 장기의 2배까지 가중한다.

7 국가보안법 [법률 제549호, 1960. 6. 10., 전부개정] 제6조(불법지역왕래) ① 반국가단체의 불법 지배하에 있는 지역으로부터 제1조 내지 제5조의 죄를 범할 목적으로 잠입하거나 그 지역으로 탈출한 자는 5년 이하의 징역에 처한다.
② 반국가단체의 지령을 받거나 받기 위하여 또는 그 목적수행을 협의하거나 협의하기 위하여 전항의 행위를 한 자는 1년 이상 10년 이하의 징역에 처한다.

⁸는 이에 더하여 국외 공산계열의 지령을 받기 위해 탈출한 자도 처벌했다. 1980년 반공법을 국가보안법에 흡수할 때 중복된 구성요건이 통합되어 제6조⁹로 정리되었다. 1991년 개정 시 단순 잠입·탈출에 '국가의 존립·안전이나 자유민주적 기본질서를 위태롭게 한다는 정을 알면서'라는 주관적 구성요건을 삽입하여 지금에 이르고 있다.

38선 또는 군사분계선이 금단의 선이 된 배경에는, 이 선을 기준으로 적이냐 우리 편이냐, 반역자냐 아니냐를 가르는 뿌리 깊은 관념이 존재한다. 이 선을 넘으면 북의 편이 된다고 보는 것이다. '월북'작가들의 작품 출판이나 공연이 금지되었던 것 역시 같은 논리다. 심지어 '납북'된 사람에 대해서도 '월북'했다는 이유로 남은 가족들에게 빨갱이 가족이라는 혐오와 배제를 가하는 일들이 벌어진 것도, 북에 가면 북의 편이 된다고 보기 때문이다. 이 관념은 38선이 남북의 경계선으로 고착되기 시작한 시점, 국가보안법 제정 이전부터 형성되었다. 1948년 10월 하순, 일제 치하에서 독립운동가를 고문한 것으로 유명했던 수도경찰청 사찰과장 노덕술 등

---

8 반공법 [법률 제643호, 1961. 7. 3., 제정] 제6조(탈출, 잠입) ① 반국가단체의 지배하에 있는 지역으로 탈출한 자는 10년 이하의 징역에 처한다.
② 반국가단체의 지배하에 있는 지역으로부터 잠입한 자가 지체 없이 수사정보기관에 자수하지 아니한 때에는 5년 이상의 유기징역에 처한다.
③ 반국가단체 또는 그 구성원의 지령에 의하여 전항의 죄를 범한 때에는 사형, 무기 또는 5년 이상의 징역에 처한다.
④ 반국가단체 또는 국외 공산계열의 지령을 받기 위하여 탈출한 자는 전항의 례에 의한다.
⑤ 제1항과 전항의 미수범은 처벌한다.
⑥ 제1항의 죄를 범할 목적으로 예비 또는 음모한 자는 7년 이하의 징역, 제4항의 죄를 범할 목적으로 예비 또는 음모한 자는 2년 이상의 유기징역에 처한다.
9 국가보안법 [법률 제3318호, 1980. 12. 31., 전부개정] 제6조(잠입, 탈출) ① 반국가단체의 지배하에 있는 지역으로부터 잠입하거나, 그 지역으로 탈출한 자는 10년 이하의 징역에 처한다.
② 반국가단체나 그 구성원의 지령을 받거나 받기 위하여 또는 그 목적수행을 협의하거나 협의하기 위하여 잠입하거나 탈출한 자는 사형·무기 또는 5년 이상의 징역에 처한다.
③ 반국가단체나 그 구성원의 이익이 된다는 정을 알면서 국외 공산계열의 지령을 받거나 받기 위하여 또는 그 목적수행을 협의하거나 협의하기 위하여 잠입하거나 탈출한 자도 제2항의 형과 같다.
④ 제1항 내지 제3항의 미수범은 처벌한다.
⑤ 제1항의 죄를 범할 목적으로 예비 또는 음모한 자는 7년 이하의 징역에 처한다.
⑥ 제2항 및 제3항의 죄를 범할 목적으로 예비 또는 음모한 자는 2년 이상의 유기징역에 처한다.

경찰간부들 4명이 우익 테러리스트 백민태에게 반민족행위처벌법 제정에 앞장선 노일환 등 국회의원, 반민특위 요인인 김병로 대법원장 등을 살해하라는 테러를 사주했다. 이들의 계획은 노일환 의원 등을 납치해 의원직 사퇴서를 작성하게 하고 38선 부근으로 끌고 가 살해하는 것이었다. 상부에는 '조국을 배신하고 월북하는 것을 발견해 즉결처형했다'고 보고하기로 하고, 암살에 쓸 권총, 실탄, 수류탄도 백민태에게 주었다. 하지만 백민태는 암살자 명단을 보고 두려움을 느껴 김준연, 노일환 의원 등에게 이 계획을 고백하고 자수했다. 1심, 2심에서는 노덕술 등에 대해 무죄판결이 나왔으나, 대법원은 1950년 4월 18일 4명 모두에 대해 유죄취지로 원심판결을 파기환송했다. 유죄취지에 따라 2심 재판이 다시 이루어져야 했지만, 한국전쟁이 나고 기록이 모두 사라져, '법원 재난에 기인한 민형사사건 임시조치법' 제2조, 제3조에 따라 공소기각 결정이 났다. 노덕술 등은 완벽한 면죄부를 얻었다.[10] 이 테러 사주의 핵심 기획이 '월북하는 자는 죽여도 된다'라는 관념에 근거한 것임에 주목할 필요가 있다.

한국전쟁이 멈춘 뒤에도 이 관념은 여전히 끈질기게 작동해왔다. 1981년 6월 10일 검거가 시작된 전국민주노동자연맹(민노련) 사건은 '공산주의 또는 사회주의로 의식화된 좌경분자들이 노동자들이 중심이 된 노동운동을 주도하고 폭력혁명으로 현 정권을 전복시키고 공산주의 사회를 건설하려 하였다.'는 내용으로 반국가단체 구성죄로 기소[11]되었는데, 이는 수사 과정에서 가해진 물고문과 협박으로 조작된 것임이 밝혀졌다. 협박 내용은 바로 "휴전선에 갖다 버리겠다."는 것이었다.[12] 북한에 가고자 하는

---

10 김두식, 위의 책, 365-369쪽.

11 진실·화해를위한과거사정리위원회b, 「진실화해위원회 종합보고서 Ⅳ」, 274-275쪽.

12 김재명, 「또다른 고문희생자, 이태복의 절규」, 「월간 중앙」, 1988년 6월호, 634쪽(박원순a, 「국가보안법연구 2」, 272쪽에서 재인용).

사람은 대한민국의 적이므로 형사처벌은 물론이고 생명을 빼앗아도 무방하다는 관념은 몇십 년의 세월을 넘어 끈질기게 이어져 왔다. 북한에 가려는 사람은 반공 대한민국에서 공존할 수 없는 적으로 취급되었다. 해외유학생이나 재외동포 친지를 둔 사람들이 해외 체류 중 북한에 다녀오거나 해외의 북한대사관에 다녀왔다는 이유로 탈출죄로 기소되었고, 일단 북한에 가면 예외 없이 북에 포섭되어 그 구성원이 되거나 지령을 받은 자로 여겨졌다. 1970년대에 납북어부 간첩조작사건들이 이어진 이유도, 풍랑 때문이든 기계 고장 때문이든 어떤 이유로든 북에 갔다면 교육받고 지령을 받아 내려왔을 것이라는 의심 때문이었다.

한편, 이 관념은 이른바 '빨갱이', '종북'으로 공격받는 사람들에 대한 배제의 언어, "북으로 가!"로 나타나기도 했다. 북을 이롭게 하거나 편드는 사람들이니 대한민국에서 함께 공존할 자격이 없고, 계속 같은 생각을 가지고 있을 것이면 북으로 가버리라고 배척하는 것이다. 북한으로 가는 것 자체를 국가의 존립·안전을 위태롭게 하는 행위로 보고 중형으로 처벌하여 금지하면서, 한편으로 북으로 가라고 공격하는 일견 모순된 대응이 동시대에 함께 나올 수 있는 근거는, 금단의 선 안에 머물면 우리 편이고 이를 넘으면 반역자라는 고정관념 외에는 없다. 금단의 선을 정해둔 법률을 없애지 않는 한, 사람들의 머릿속에 그어진 금단선은 지워지지 않는다. 대통령이 금단의 선을 넘는 역사적 진전을 이룬다 해도, 관념을 만들어내는 법률을 폐지하지 않는 한, 사실의 축적만으로 관념의 재생산을 막을 수 없다.

1980년대 후반부터 2000년 이전까지는 문익환, 서경원, 임수경 등 이른바 방북인사들이 공개적으로 북한을 방문하고 돌아오면서 탈출죄는 주로 통일운동 인사들의 방북 시 처벌조항으로 적용되었다. 1987년 6월 항쟁을 통해 민주화운동이 진전되면서 남북관계 개선과 평화통일을 요구하는 사회운동도 폭발적으로 성장하기 시작했고, 분단 이후 철저히 차단된 남북민간교류를 되살리는 것이 평화통일을 위해 매우 중요하다고 본 통일운동 인사들이 처벌을 감수하고 방북길에 올랐기 때문이다. 제6조 제1항은 북한이 반국가단체라는 전제 위에서 정부 승인 없이 방북하는 행위를 막거나 처벌하는 조항으로 활용되었다.

2000년 6·15 공동선언 이후 남북민간교류가 당국의 승인 아래 이루어지기 시작하면서 통일운동 인사들에 대한 제6조 적용은 크게 줄어들었다. 2010년 천안함 사건 이후 개성공단을 제외하고 남북민간교류가 차단된 이후 새로이 생겨난 유형은, 북에 있는 가족을 만나거나 북에 재정착하기 위해 출국하려던 탈북민들이다. 가족과 함께 지내기 위해 중국이나 일본행 티켓을 사서 공항이나 부두에 들어서는 순간 체포되어 탈출예비로 처벌되는 사례가 생기고 있다. 심지어는 재입북해 가족을 데리고 다시 대한민국으로 돌아온 탈북민에 대해서도 탈출죄가 적용되고 있다.

제6조는 헌법 제14조 거주·이전의 자유 침해가 주로 문제되고, 제10조 인간으로서의 존엄과 가치, 제11조 평등권, 제12조 신체의 자유, 제19조 사상·양심의 자유도 침해된다. 사형에 이르는 무거운 처벌을 정하면서도 그 기본적 구성요건조차도 명확하게 규정하지 않아 헌법 제12조 죄형법정주의 원칙, 책임과 형벌의 비례원칙에도 위반된다. 또한 평화통일원리에도 위배된다.

2. 단순 잠입·탈출 – 국가를 '위태롭게' 할 수 없는 사람들

(1) 남한 주민의 경우

남한 주민 가운데 제6조 제1항 단순 탈출죄가 적용된 경우는 많지 않다. 안기부는 1996년 8월 19일 만취한 상태에서 북한에 다녀온 혐의로 소설가 김하기를 탈출죄 등으로 구속했다. 김 작가는 효도 관광차 아버지를 모시고 중국 여행에 나섰다가 연길 소재 북한 식당 금강원에서 술을 마시고 만취한 상태에서 두만강을 건너 월북하였고, 15일 만에 한국으로 돌아왔다. 안기부와 검찰은 김 작가가 "국가의 존립·안전이나 자유민주적 기본질서를 위태롭게 한다는 정을 알면서 반국가단체의 지배하에 있는 지역으로 탈출"하였다면서 국가보안법을 적용하였다. 검찰은 특히 '탈출죄'를 성립시키기 위해 김 작가의 과거 국가보안법 위반 전력, 장기수 관련 소설집 등을 문제 삼으며 월북행위에 이적 목적이 있다고 주장하였다. "만취한 상태에서 일어난 우발적인 행동"이었음이 분명한 사건이었으나 법원은 탈출죄, 국가기밀누설죄 등에 대해 모두 유죄로 인정하여 징역 3년 6월을 선고하였다.

1999년 9월 15일 금강산관광 도중 월북을 기도한 혐의로 박 모 씨가 긴급체포, 구속기소되었다. 박 씨는 9월 11일 풍악호 편으로 금강산 관광길에 나서 다음날인 12일 만물상 관광 도중 북한 측 환경감시원에게 월북의사를 표명했다가 거부당했다. 박 씨는 조사과정에서 "94년 사업에 실패하고 올 7월 이혼까지 당해 북한으로 도망치려 했다."고 했는데, 1심에서 탈출 미수로 집행유예를 선고받았다.

최근 남한 주민에 대한 적용 사례로는, 2010년 9월 미국 뉴욕 소재 UN 북한 대표부를 찾아가 "북한에서 살고 싶다."며 진입을 시도하였으나 거부당하여 탈출 예비죄로 처벌받은 피고인이 2014년 11월 말경 북의 '우리민족끼리' 인터넷 사이트 게시판에 "북한으로 가서 살고 싶다."는 글을 써놓고 중국을 통해 입북한 사건이 있다. 북한 적십자회 중앙위원회는 2014년 12월 24일 대한적십자사 총재에게 "2014. 11. 말경 북한 측 국경지대에서 불법 입국한 피고인을 단속하였고, 피고인이 불법 입국한 사실을 인정하면서 남쪽에서 자신을 정신병자로만 치부하고 자유를 구속하므로 북한에서 살게 해줄 것을 간절히 요청하였으나, 인도주의적 견지에서 피고인을 잘 설득하여 남한으로 돌려보낸다."는 내용의 전통문을 보내 그를 송환하였다. 피고인은 재차 탈출죄로 처벌되었다.[13]

탈출예비에 그친 것으로는, 18대 대통령 선거 관권개입 및 개표 부정을 주장해온 피고인이 2013년 10월 북에 들어가 이를 선전하겠다며 주중 북한대사관에 입북 의사를 표명하였다가 거절당한 경우[14]가 있다. 2017년 3월 이틀 동안 강원도 양구 지역을 노숙하며 걷다가 양구 위병소에서 군인들에게 적발된 조현병 환자로서 정신과적 치료가 필요한 피고인이 "북한으로 갈 생각으로 양구 GOP 철책을 넘으려고 했다."고 하자 탈출예비로 처벌된 사례[15]도 있다.

이 사례들 모두 북이 남으로 돌려보내거나 입북을 거절해 아예 들어가지도 못한 경우이거나, 치료가 필요한 상태 또는 만취 상태에서 한 일이어서, 국가의 존립·안전이나 자유민주적 기본질서를 위태롭게 하는 행위인지 의문이다. 남북교류협력에 관한 법률 제27조 제1항 제1호가 방문 승인을 받지 않고 방북한 남한 주민에 대해 3년 이하의 징역 또는 3천만 원 이하의 벌금에 처하도록 정하고, 제3항에서 그 미수범도 처벌하므로 이에 따라 처벌하면 충분할 것이다. 탈출의 실행에 착수하지 않고 예비에 그친 행위만으로는 가벌성이 있다고 하기도 어렵다. 이처럼 남한 주민들의 단순 잠입·탈출 사건들은 국가의 존립·안전이나 자유민주적 기본질서를 위태롭게 하는 것이라고 보기 어렵다.

---

13 1심 서울중앙지방법원 2015. 5. 27. 선고 2015고단536 판결, 2심 서울고등법원 2015. 8. 13. 선고 2015노2245 판결, 3심 대법원 2015도12890 판결.
14 1심 서울중앙지방법원 2016. 9. 21. 선고 2016고단4546 판결, 2심 서울중앙지방법원 2017. 1. 19. 선고 2016노3650 판결.
15 1심 춘천지방법원 2017. 11. 3. 선고 2017고합94 등 판결, 2심 서울고등법원(춘천) 2018. 7. 4. 선고 2017노171 판결.

(2) 탈북민의 경우

1) 생활고로 재입북 시도

2010년 이후로는 탈북민이 재입북하려다 단순 잠입·탈출죄로 처벌되는 경우가 이어지고 있다. 탈북민이 부인과 이혼소송 중이고 신용불량자로 등록되는 등 남한에서 생활에 적응하지 못하여 탈북민들의 이름과 연락처가 기재된 수첩을 소지하고 일본을 통해 북한으로 탈출하기 위해 출국장으로 들어갔다가 탈출예비로 처벌된 사건[16]이 전형적인 유형이다. 이들의 재입북에는 남한 생활 적응의 어려움뿐만 아니라, 탈북 과정에서 지게 된 빚이 원인이 되는 경우까지 있다. 1차 탈북 시 탈북브로커에게 2인 탈북비용 500만 원을 주기로 약정하였으나 100만 원은 주지 못한 탈북민이 브로커에 의해 정부 지원 임대주택보증금을 가압류당하자, 심양 북한 영사관 직원을 만나 북으로 다시 돌아갔다가 재탈북한 사례다. 결국 남한으로 돌아온 이 탈북민에 대해, 법원은 재입북 행위를 탈출죄로 판단하여 징역 2년 및 자격정지 2년, 집행유예 4년을 선고하였다.[17] 생활고에 못 이겨 살아보려고 재입북을 시도했으나 결국 대한민국 땅에서 한 발도 떼지 못한 사람, 재입북했다가 다시 대한민국을 선택해 돌아온 사람의 입북이 대한민국에 어떤 명백하고 현존하는 위험을 가져오는지 의문이다.

2) 가족을 데리고 나오려고 재입북했다가 탈출죄 처벌

2015년 3월 탈북한 피고인은 북한에 남겨두고 온 처에 대한 미안한 마음으로 괴로워하다가 2016년 3월 처와 통화하면서 탈북을 권유하였다.

---

16 1심 광주지방법원 2013. 9. 26. 선고 2013고합326 판결, 2심 광주고등법원 2013. 12. 5. 선고 2013노446 판결.
17 광주지법 목포지원 2014. 8. 14. 선고 2014고합73 판결.

피고인은 북한에 있는 처를 브로커를 통해 중국으로 탈출시킨 후 중국에서 한국으로 데려오려고 중국에 갔는데, 처가 중국으로 나오지 못하자 처를 데리고 나오려고 재입북했다가 8개월 만에 함께 탈북하였다. 1심은 제6조 제1항 탈출죄에 대해 유죄를 선고하면서, "피고인이 그 가족을 탈출시키려는 의도로 북한지역으로 들어갔더라도 피고인의 이와 같은 행위가 북한 당국자에 의하여 발각될 경우 남북 간의 긴장을 고조시킬 위험이 있고, 피고인은 약 1년간 대한민국에서 생활하면서 대한민국의 정치·경제·사회·문화 각 분야의 많은 견문을 축적하여 피고인이 북한 당국에 협조할 경우 피고인의 견문은 그 자체가 엄청난 정보 가치를 지닌 것이어서 북한의 대남 선전·선동 및 대남공작 활동에 비중 있게 활용될 가능성이 상당하므로, 피고인의 이 부분 범행이 대한민국의 자유민주주의 체제에 아무런 위험이 없는 행위라고는 볼 수 없다."고 판시하였다.

피고인은 아내의 탈북계획이 보위부에 발각되어 붙잡혀 있는 것을 알고 데리고 나오려고 부득이 재입북한 것이니 국가의 존립·안전이나 자유민주적 기본질서에 명백한 위험이 있는 행위가 아니므로 탈출죄는 해당하지 않는다고 항소하였다. 2심 판결은 1심 판결이 "밀입북 후 8개월 만에 아내와 함께 재탈북하였는데 재탈북 동기 역시 순수한 것으로 보이고 북한의 지령을 받았다는 등의 사정은 보이지 않는 점" 등을 들어 법정 최하한의 징역형을 선고하였다면서 항소를 기각하였다.

2심 판결은 항소 기각 이유로 특히 아래 두 가지를 명시했다.

"피고인은 대한민국에서 생활하면서 남한 사람들과 어울리는 것과 생계를 유지해 가는 것에 대해 많이 힘들어했다. 탈북민 업무 담당자에게도 '한국이 이렇게 힘든 줄 몰랐고 이렇게 살기 어려운 사회인 줄 알았으면 오지 않았을 것'이라고 말하며 '괜히 남한으로 내려왔다'라고 얘기하기도 하였다."

"피고인은 북한에 있는 처 등을 중국에서 만나 대한민국으로 데려오기 위해 중국으로 출국한 것이라고 하면서도, 처 등과 만날 날짜, 장소 등에 관하여 정해진 것은 없었던 것으로 보이고, 나아가 어떻게 처 등과 함께 대한민국으로 들어올 것인지 등에 관하여 구체적인 계획도 없었던 것으로 보인다."[18]

낯선 땅에서 새로 시작하는 생활이 어렵지 않은 탈북민이 얼마나 되겠는가. 인생의 어느 시점에 다른 길을 택했다면 어땠을까 생각해보지 않는 사람은 얼마나 되겠는가. 가족을 탈북시키는 일이 관광이라도 가듯 방법이 정해져 있고 계획대로 진행되는 일인가. 생사의 위험을 감수하며 처를 데리고 대한민국으로 돌아온 탈북민에게 3년 6월의 징역형을 선고하고 "법정 최하한의 징역형"이니 형이 무거워서 부당하지 않다는 판단에는 한 조각의 연민이라도 들어 있는 것인지, 의문이 아닐 수 없다.

(3) 탈북브로커에 속아서 탈북한 경우

탈북브로커가 개입하여 자신의 수익을 위해 북한 주민을 탈북시키는 사례로 인한 피해자도 있다. 북한에서 가족과 함께 생활하던 김련희 씨는 중국에 거주하는 사촌 언니를 방문하여 체류하다가 브로커를 통해 대한민국에 가면 두 달 만에 많은 돈을 벌어 돌아올 수 있다는 말을 듣고 대한민국에 입국하기로 결심하였는데, 입국 과정에서야 비로소 브로커의 말대로 재입북하는 것이 불가능하다는 사실을 깨닫고 도망치려 했지만, 브로커가 여권을 가져가서 돌려주지 않았다. 김 씨는 입국하자마자 국가정보원을 찾아 재입북할 수 있게 해달라고 요청하였으나, 국정원은 재입북

---

18 1심 수원지방법원 2017. 10. 27. 선고 2017고합495 판결, 2심 서울고등법원 2018. 4. 6. 선고 2017노3450 판결.

을 위한 제도적 장치가 마련되어 있지 않다며 한국 국민이 되겠다는 서약서 작성을 강요했다.[19] 김 씨는 재입북을 위해 중국 심양에 있는 북한 영사관에 연락하였다가 그 지령에 따라 탈북자 17명의 연락처, 거주지, 생년월일, 고향 등 인적 사항을 취득하고 여권을 위조하였다는 이유로 탈출예비, 공문서위조, 회합·통신, 국가보안법상 간첩 혐의에 대해 유죄판결을 받았다. 1심 판결은 "피고인의 이와 같은 행위로 자유를 찾아 대한민국을 찾는 다른 북한 이탈주민들의 선량한 의도까지도 의심받게 될 여지가 있는 점" 등의 이유로 징역 2년 및 자격정지 2년을 선고했다.

김 씨는 2심에서야 "자신이 저지른 범행 모두를 인정하면서 자신의 잘못을 진지하게 반성하고 있고, 그러한 태도를 바탕으로 장차 재범하지 않고 대한민국 국민으로서 성실하게 살아갈 것을 다짐하고" 있다는 점이 반영되어 집행유예로 석방되고 보호관찰을 선고받았다.[20] 그러나 공장에 취직해 일하던 김 씨를 보호관찰관이 일주일에 한두 번씩 업무시간에 불러냈고, '간첩' 혐의로 구속된 것이 공장에 알려져 따돌림도 당했다. 북의 가족을 잊을 수 없었던 김 씨는 송환을 거듭 요청했는데, 대구지검은 2020년 12월 김 씨를 국가보안법 위반(찬양·고무, 잠입·탈출 등) 및 폭력행위처벌법상 공동퇴거불응 혐의로 불구속기소했다. 2016년 3월 김 씨가 주한 베트남대사관을 통해 북한에 가게 해달라고 요청하였다가 거절당한 것을 탈출예비로, SNS와 메일 글 등을 찬양·고무로 기소한 것이다.

그러나 2017년 7월 방한한 토마스 오헤아 킨타나 유엔 북한인권특별보고관은 김련희 사건을 포함하여 조사한 후 2017년 9월 18일 유엔 총회에 제출한 '북한 인권 상황 보고서' 33문단[21]에서, "국가보안법은 개인이

---

19 문영심, 『탈북마케팅』, 오월의봄, 2021, 80-82쪽.
20 1심 대구지방법원 2014. 12. 5. 선고 2014고합570 판결, 2심 대구고등법원 2015. 4. 21. 선고 2014노738 판결.

당국의 승인 없이 북한과 공식 접촉하는 것을 막지만, 이동의 자유는 국제법을 준수해야 하고 국가안보를 저해하는 긴급 사유가 있을 때만 제한할 수 있다."고 전제한 후 "특별보고관은 개인적 이익에 따라 북한으로 돌아가고자 하는 사람들의 경우에 그들의 복지와 가족생활 권리를 한국 정부가 다른 고려 사항보다 우선시하도록 촉구한다."고 강조했다.[22]

3. 특수 잠입·탈출 – 간첩 조작 수단

남한 주민에 대해 잠입·탈출죄가 적용되는 경우는 대부분 북한에 가서 지령을 받고 입국하여 암약하면서 국가기밀을 탐지·누설했다는 이른바 '간첩단' 사건에서였다. 따라서 단순 잠입·탈출이 아니라 법정형이 사형에까지 이르는 특수 잠입·탈출죄가 적용되었다. 이 부류 사건들 가운데 독재정권 시기 사건의 상당수는 정권이 위기에 몰릴 때마다 만들어낸 조작사건이었다.

---

21 Situation of human rights in the Democratic People's Republic of Korea, A/72/394, 2017. 10. 18., Report of the Special Rapporteur on the situation of human rights in the Democratic People's Republic of Korea
33. During his last visit to the Republic of Korea, the Special Rapporteur met a man who wishes to return to the Democratic People's Republic of Korea, where his wife and son currently live. The man escaped in 2014 and, despite being aware of the risk of being punished for travelling abroad without authorization, is willing to go back to his home country to recover his lost family ties. The Special Rapporteur was also made aware of the case of a woman who wishes to return. As is the case for all citizens of the Republic of Korea, the National Security Act prevents individuals who seek to return from establishing formal contact with the Democratic People's Republic of Korea without approval by the authorities or expressing affinity with the country. The Special Rapporteur recalls that restrictions on the right to freedom of movement must comply with international law and be based on imperative reasons of national security. He calls upon the Republic of Korea to consider cases of persons who wish to return to the Democratic People 's Republic of Korea on their individual merit, placing the person's well-being and right to family life above other considerations.

22 오마이뉴스, 2017. 12. 3., 「[단독] 류경식당 기획 탈북 의혹, 유엔 총회서 보고됐다」

(1) 동백림 사건
- 외국 국적자의 동베를린 북한대사관 직원 집 방문도 탈출로 처벌

1967년 박정희 정부가 삼선개헌을 준비하던 중 국회의원 선거 부정에 대한 저항운동이 일어나자, 7월 8일 중앙정보부는 '동백림(동베를린)을 거점으로 한 북괴 대남 적화 공작단' 수사 결과를 발표했다. 윤이상 작곡가, 이응로 화백 등 예술가, 교수, 학생, 공무원 등 194명이 관련자로 지목되었고, 모두 107명이 구속되었다. 주된 혐의는 구속자 중 7명이 1958년 9월부터 동베를린 소재 북한대사관을 왕래하고 북한으로 탈출하거나 국내에 잠입해 간첩 활동을 해왔다는 것이었다. 이응로 화백은 파리에 거주하다가 한국전쟁 때 행방불명된 아들이 북한에 살고 있다는 소식을 듣고 그 혈육을 만나게 해준다는 북한 측 공관원의 말에 따라 동백림에 갔다가 헛걸음만 하고 돌아왔다. 이 화백은 박정희 대통령 중임重任 경축식에 해외에서 국위선양을 한 유공자로 초청한다기에 입국했다가 국가보안법 위반으로 묶인 몸이 되었다.[23] 동백림 사건 직후 국내외 화랑들은 이응로 화백의 작품을 취급하지 않겠다는 결의까지도 했다.[24] 1969년 3월까지 진행된 재판 결과, 잠입·탈출 등 혐의로 사형을 선고받은 2명을 포함해 15명이 실형을, 15명이 집행유예를 선고받았다. 수사과정에서 정부는 서독, 프랑스 등에 유학 중인 유학생과 교민 등을 강제 연행하여 심각한 국제 문제를 일으켰다. 특히 자국 내에서 17명이나 한국으로 납치당한 서독은 영토주권 침해라고 강력히 항의하며 강제 연행자들의 원상회복을 요구하였다. 그 결과 실형 복역 중이던 윤이상, 이응로 등을 비롯한 교민 등이 1970년

---

23 한승헌a, 『불행한 조국의 임상노트』, 106쪽.
24 한승헌a, 위의 책, 107-108쪽.

경까지 모두 석방되어 유럽으로 돌아갔고 사형수 2명도 특별사면으로 풀려났다.[25]

동백림 사건 피해자의 상당수가 제6조 제2항으로 처벌받았는데, 대법원은 북한에 간 것만이 아니라 동베를린의 북한 외교공관과 북한대사관 직원 주택에 다녀온 것까지 탈출죄로 보았다. "반공법 제6조 제1항에서 반국가단체의 지배하에 있는 지역이라 함은 북한(지역)과 같이 북괴가 불법 점거하고 있는 대한민국 영토의 일부에 국한한다고 해석하여야 할 근거는 없고 반국가단체가 사실상 지배하고 있는 모든 지역을 포함한다고 해석함이 상당하다. … 동백림 내에 있는 이건 안전가옥은 북괴 대사관 직원의 주택이라고는 하나 실은 북괴 공작원 등의 교육이나 공작에 이용되는 장소로서 부근 100여 미터 주위는 마음대로 통행할 수 없고 특정인 외에는 출입할 수 없도록 감시되는 특정 지역이라는 것을 인정할 수 있으니 반국가단체인 북괴의 사실상 지배를 받는 지역이라고 아니할 수 없다."[26]는 것이다.

이러한 판례 입장은 2003년 송두율 교수 사건에서 베를린 주재 북한이익대표부를 방문한 것을 제6조 제2항 탈출죄로 보아 기소한 것까지 이어진다. 검찰은 국제관행이나 협약상 북한이익대표부는 치외법권 지역으로서 북한 영토의 연장이라고 주장했다. 그러나 법원은 1심에서 3심에 이르기까지 모두, 베를린 주재 북한이익대표부는 독일이라고 보아야 하므로 탈출죄는 성립하지 않는다는 이유로 무죄를 선고하였다.[27] 북한대사관 직원의 주택에 간 것도 북한에 간 것과 다름없는 탈출죄라고 본 동백림 사건

25 김학민, 위의 책, 155-156쪽.

26 대법원 1969. 3. 31. 선고 68도1870 판결. 구미유학생간첩단 사건(서울형사지방법원 1986. 1. 20. 선고 85고합977 판결)에서도 법원은 동독 소재 북한 대사관에 다녀온 행위를 탈출죄로 처벌하였다.

27 1심 서울중앙지방법원 2004. 3. 30. 선고 2003고합1205 판결, 2심 서울고등법원 2004. 7. 21. 선고 2004노827 판결, 3심 대법원 2008. 4. 17. 선고 2004도4899 전원합의체 판결.

의 논리모순이 송두율 교수 사건을 통해 뒤늦게 드러난 셈이다.

(2) 최종길 교수 사건
- 유럽 유학생 간첩단 사건 조작

1974년 10월 유신반대 대학가 시위가 거세진 상황에서, 서울대 법대 최종길 교수가 중앙정보부의 요구에 따라 출석하여 신문 받다가 10월 19일 사망하였다. 중앙정보부는 10월 25일 최 교수, 유학생, 공무원 등 54명이 연루된 유럽 유학생 간첩단 사건을 발표하면서 최 교수를 '구라파 거점 학원 침투 거물 간첩'으로 지목하였다. 최 교수가 1960년 5월 평양에 가서 사상교양과 간첩교육을 받고 1962년 8월 국내에 잠입하여 서울법대 학생과장 등을 역임하면서 북한의 지령을 15차례 받은 후 한일회담 반대, 삼선개헌 반대 등의 학생 데모를 배후에서 조종해왔는데, 조사 시 평양에 다녀온 간첩이라고 자백하고 중앙정보부 건물에서 투신자살하였다[28]는 것이다.

그러나 2006년 유족이 제기한 손해배상청구소송에서 인정된 사실에 따르면, 중앙정보부 발표와 달리, 최 교수는 조사 시 동베를린에 다녀온 일을 말했을 뿐이고, 수사단서가 된 특정 인물과 고등학교 동창으로 친분이 있었다는 것 이외에는 간첩으로 볼 아무런 자료가 없는 상태에서 사망하였다. 중앙정보부가 최 교수에 대한 내사 결과 아무런 간첩 혐의를 발견하지 못하였음에도 불구하고 최 교수를 간첩으로 조작하거나 공작에 이용할 목적으로, 구속영장을 발부받지 않은 채 최 교수를 중앙정보부 남산 분청사에 구금한 다음, 잠 안 재우기, 모욕 등 언어폭력, 발길질, 각목을 무릎

---

[28] 김형태, 『지상에서 가장 짧은 영원한 만남』, 한겨레출판, 2013, 188쪽.

에 끼워 허벅지를 발로 짓밟기 등의 고문을 가하면서 간첩활동에 대한 자백을 강요하였다는 것이다. 법원은 최 교수가 고문 등 가혹행위로 인하여 사망하였거나, 고문 등 가혹행위를 견디지 못하여 이를 피하려는 과정에서 사망하였거나, 또는 고문 등 가혹행위에 따라 의식불명 상태에 이른 최 교수가 사망한 것으로 오인한 중앙정보부 수사관들이 최 교수를 건물 밖으로 던졌을 것으로 인정된다고 판단하였다.[29]

중앙정보부는 유럽 거점 간첩단 사건에 모두 54명이 연루되었다고 하였으나, 기소된 사람은 농림부 토목기사 김촌명, 대통령 자문기관인 경제·과학심의회의 분석관 김장현 2명뿐이었다. 이들은 동베를린 북한대사관을 방문하였다 하여 잠입·탈출, 회합·통신, 목적수행, 간첩 혐의로 기소되었는데, 김촌명에 대해서는 1974년 1심부터 3심까지 모두 무죄판결이 선고되었다.[30] 김장현은 탈출죄는 2심에서 무죄판결이 내려졌고 그 외 부분에 대해 징역 4년을 선고받았다. 최종길 교수가 동베를린에 다녀왔다는 단서 하나로부터 출발해 최 교수를 죽음으로 몰고 간 사건, 사망했기 때문에 간첩이 되어야 했던 최 교수를 비롯해 54명을 간첩단으로 만들어낸 이 사건 전체에서, 단 한 명만 유일하게 유죄판결을 받은 것이다. 그러나 이 판결도 김장현에 대한 불법구금과 고문, 가혹행위로 인한 허위자백에 기초한 것으로, 2011년 12월 22일 대법원은 김장현에 대해 재심 무죄판결을 확정했다. 하지만 재심 판결 당시 김장현은 고문 후유증 등으로 중증 알츠하이머병 환자가 되어 무죄 선고의 의미조차 알 수 없는 상태였다.[31]

북에 다녀왔다거나 북한대사관에 방문했다는 것은 1980년대까지 이어

---

29 서울고등법원 2006. 2. 14. 선고 2005나27906 판결. 이 판결은 대법원 2006. 11. 9. 선고 2006다19795 판결로 확정되었다.

30 김학민, 위의 책, 183쪽.

31 김학민, 위의 책, 197쪽.

진 간첩 및 간첩단 조작에서 빠지지 않는 탈출죄 혐의였다. 특히 일반 국민은 해외에 나갈 기회가 적었던 1970년대까지는 유학생과 공무원 등이 탈출죄와 간첩죄 조작의 주요 피해자가 되었다.

(3) 납북어부 간첩조작사건

탈출죄로 처벌된 또 하나의 주요 유형은 납북어부들이다. 1967년 7월 22일 소연평도 근해에서 조기를 잡던 부안군 거주 선주 백남욱과 선원 등 5명은 북한 경비정에 나포되어 북한에 끌려갔다가 그해 12월 24일 귀환하였다. 경찰은 이들을 불법구금하여 조사하면서 북한 해상으로 탈출하였다는 허위자백을 받아내고 잠입, 찬양·고무, 간첩 혐의로 기소하였다. 백남욱 등은 징역 1년에서 5년 형을 선고받았다. 진실화해위원회는 이들이 불법구금과 가혹행위로 허위자백하였다는 점을 밝혀내고 재심사유가 존재함을 확인하였다.[32]

1968년 6월 4일 부안군 위도에서 출항한 어선 태영호는 연평도 근처에서 어로작업을 하다가 북한 경비정에 나포되어 억류되었다가 4개월 후 풀려났는데, 경찰과 검찰은 선주와 선원 8명에게 불법구금과 고문을 가하고 이들을 "월선하여 북괴 지역으로 탈출"하였다는 혐의로 기소하였다. 이들은 모두 유죄로 인정되어 징역 1년에서 1년 6월 형을 선고받았다. 그러나 진실화해위원회 조사 결과, 검찰이 기소 11일 후 해군본부로부터 태영호가 월선, 탈출한 것이 아니라 북한 경비정에 나포되었음을 증명하는 회신문을 받고도 아무런 조치를 취하지 않아 유죄판결을 받게 한 것이 드러났다. 진실화해위원회는 이 사건이 1968년 11월 어부들의 납북을 막기

---

32 진실·화해를위한과거사정리위원회b, 「진실화해위원회 종합보고서 IV」, 177-179쪽.

위한 강력한 대처가 필요하다는 이유로 귀환 납북어부들을 무조건 입건한 당시 수사당국의 정책에 의해 탈출죄로 처벌받은 경우로, 한국 사회의 반공이데올로기 강화정책에 의한 대표적 피해사례라고 결론지었다.[33] 이 사건 이후로도 여러 납북어부들이 탈출죄 등으로 다수 처벌되었다.

(4) 임수경 평양축전 참가
- 대통령도 허용하겠다던 북한 초청을 지령으로 몰아

대학생 임수경은 1989년 7월 1일 평양에서 열린 청년학생축전 등에 참석하고 7월 27일 판문점으로 귀환하였다는 이유로 제6조 제2항 특수잠입·탈출죄로 기소되었다. 청년학생축전은 북한이 만든 행사가 아니라 국제학생동맹 등 국제단체가 몇 년에 한 번씩 여러 나라를 돌며 열어온 것으로, 평양축전에는 미국, 영국, 프랑스, 일본 등 180개 나라에서 참가했다. 노태우 대통령은 1988년 7·7선언 이후 10월 4일 국회에서 한 국정연설에서 "(남북대학생들 간) 교류를 실현함에 있어 당국 간에 안전만 보장된다면 그 규모나 형식에는 구애받을 것이 없다는 생각"[34]이라고 한 바 있었다. 1988년 12월 26일 북한의 '제13차 세계청년학생축전 조선준비위원회'와 '조선학생위원회'가 공동명의로 '전국대학생대표자협의회(전대협)' 앞으로 초청 서한을 보냈다. 1989년 1월 17일 연두 기자회견에서 노태우 대통령은 평양축전에 대해 "소위 반제국제공산주의 운동의 전위의 역할을 하는 집회"라고 하면서도 "그러나 남북 간에 어떤 형태든, 어떤 분야든 교류를 해야 되겠다는 입장과 정책에 따라서 문교부에서 이 학생 교류방

---

33 진실·화해를위한과거사정리위원회b, 「진실화해위원회 종합보고서 IV」, 181~182쪽.
34 남북회담사무국, 《남북대화》 제46호(1988. 10.~1988. 12), 통일원, 7쪽.

침을 지금 정하고 있지 않습니까? 우리는 어떤 것이든 교류 성사의 기회로 활용할 것입니다."[35]라는 입장을 밝혔다. 이러한 정부 입장을 토대로, 1월 20일 전대협은 초청을 수락하는 내용의 답신을 대한적십자사에 전달 요청하였다.[36] 정부는 남북학생교류추진위원회를 만들고 3월에는 위원장인 단국대 정용석 교수가 전대협 주최 공청회에 참석했으며 북측에 회담을 제안하기까지 했다. 그러나 1989년 4월 문익환 목사가 방북해 김일성 주석을 만나고 돌아오자, 정부는 스스로 추진했던 평양축전 참가를 불허하고 임수경의 평양축전 참가를 북한의 지령에 따른 것으로 몰아갔다.[37]

법원은 "초청장이 대한적십자사를 통하여 전대협에 전달된 바 있다고 하더라도 본래 북한공산집단이 전대협을 초청한 취지는 공식적인 초청과 관계없이 전대협 대표자를 밀입국시켜서라도 평양축전에 참가하도록 하라는 의미가 들어 있는 것이라고 보아야 할 것"이라면서 북한공산집단의 지령을 받고 탈출, 잠입한 경우에 해당한다고 판단[38]하고, 북에 간 행위에 대해 탈출죄를, 공개적으로 판문점을 통해 남에 돌아온 행위에 대해 잠입죄를 적용하여 징역 5년을 선고하였다.

한편 노태우 정부의 핵심 인물로서 대북 정책 수립과 실행에 깊이 관여했던 박철언 전 정무장관은 청와대 정책보좌관으로 재직하던 1989년 6월 30일부터 7월 1일까지 1박 2일간 북한을 방문해 평양축전 개막식을 참관하고 허담 조국평화통일위원장 등과 면담했다.[39] 박철언 전 장관은 2003년 언론사와 인터뷰에서 "88년 평양축전을 초대받아 참관하고 대화할 수 있었다. 임수경 양이 북한을 방문하던 그때다."고 밝혀 위 보도가 사실임

35 남북회담사무국, 《남북대화》 제47호(1989. 1.-1989. 4), 통일원, 6쪽.
36 남북회담사무국, 《남북대화》 제47호(1989. 1.-1989. 4), 37쪽.
37 김형태, 위의 책, 246-247쪽.
38 대법원 1990. 9. 25. 선고 90도1613 판결.
39 중앙일보, 1990. 1. 18., 「박철언 장관 작년 6월30일 방북/1박2일 체류」

을 확인했다. "비밀 접촉을 통해 서로 신뢰감을 쌓다 보니 상호 초청을 하기도 했는데 북측은 나를 88년 평양축전에 초대해 북한에 갔는데 그때가 바로 임수경 양이 북한에 입북해 남북 간 상당한 문제가 됐던 시기"라고 한 것이다.[40] 정부는 당시 이른바 창구단일화 논리를 내세워 북측과 교류를 독점하고, 이에 순응하지 않는 민간통일운동에 대해서는 국가보안법으로 중하게 처벌하는 입장을 고수하였다. 반면 정부 측 인사의 행위에 대해서는 국가보안법을 아예 원천적으로 적용하지 않은 국가보안법의 자의적 적용 문제가 뚜렷이 드러나는 장면이다.

(5) 남북교류협력법상 방북 신청도 탈출예비

1993년 김낙중 민중당 대표는 민중당 차원에서 남북교류협력에 관한 법률상 방북 신청한 것에 대하여 국가보안법 제6조 제2항 특수 탈출예비로 처벌되었다.[41] 국가보안법의 규정은 남북교류협력에관한법률 제3조 소정의 남북교류와 협력을 목적으로 하는 행위에 관하여는 정당하다고 인정되는 범위 안에서는 적용이 배제된다. 그런데 김낙중 대표가 북한공작원들과 사전 연락하에 주도한 민중당의 방북 신청은 그러한 정을 모르는 다른 민중당 인사들에게는 남북교류협력의 목적이 있었다 할 수 있으나, 김낙중 대표 자신에 대한 관계에서는 위 법률 소정의 남북교류협력을 목적으로 한 것이라고 볼 수 없어, 형식상으로는 위 법률에 의한 방북 신청을 하였더라도 국가보안법상의 탈출예비에 해당한다는 것이다.

---

40 프레시안, 2003. 10. 2., 「"대북밀사 때 극우, 미일 견제 심했다"-구해우의 '한반도 워치'〈19〉박철언 전 장관 인터뷰」
41 대법원 1993. 10. 8. 선고 93도1951 판결, 2심 서울고등법원 1993. 6. 17. 선고 93노834 판결.

(6) 전국연합, 범민련 대표 방북 사건

1999년 8월 5일 북경에서 열린 '민족의 자주와 대단결을 위한 민족대토론회'에 참석한 범민련 고문 등 5명은 토론회를 마친 뒤 8월 7일 방북하여 '범민족 통일대축전' 등 행사에 참가하고 9월 2일 판문점을 통해 귀국 직후 국정원에 연행되었다. 검찰은 이들의 방북을 '밀입북'으로 규정하고, 방북 중 활동이 북한의 일방적 지령을 받은 것이라 하여 국가보안법상 특수잠입·탈출혐의로 기소하였다. 당사자들은 "방북 목적이나 활동이 북한의 지령·수수를 받은 것이 아니고 모든 활동이 공개적으로 이루어"진 점 등을 들어 국가보안법 적용은 부당하다고 주장하였으나, 법원은 "북한의 치밀한 계획에 따라 일방적으로 진행되어지는 범민족대회에 참가하기 위하여 지령을 받고 탈출, 잠입"한 것으로 인정하여 유죄판결을 내렸다.[42]

이명박 정부는 2009년 5월 범민련 남측본부 이규재 의장, 이경원 사무처장 등을 체포하여 국가보안법상 특수 잠입·탈출죄 등으로 기소했다. 2000년 6·15 선언 이후 민간교류가 활발해졌는데, 정부가 6·15 공동위원회 발족을 위한 남북 민간단체들의 실무협의 등에서 특정 조직 소속임을 밝힌 인사에게는 방북 승인 및 북한주민접촉 승인을 내주지 않고 선별 승인하는 상황에서, 노무현 정부 시기인 2004년 11월부터 2007년 11월경 범민련 사무처장 등이 범민련이 소속된 단체인 '통일연대', '6·15 남측위원회' 등 회합에 그 소속으로 승인받고 방북하여 범민련 북측본부 소속 인사를 만난 것을 뒤늦게 수사해 기소한 것이다. 통일부 장관이 '구체적 교류협력사업 추진 시 정부와 사전 협의 및 접촉목적 외 협(합)의 금지', '북한주민접촉은 승인받은 접촉목적 범위 내에서만 가능하며, 승인범위를

---

42 대법원 2000. 9. 29. 선고 2000도2536 판결.

일탈하는 대북접촉 등으로 남북교류협력 질서를 저해하는 행위는 금지'
등의 조건 및 유의사항을 부여했는데 이를 위반했다는 이유였다. 그러나
법원은 방문 행위 자체가 정당한 경우 국가보안법상 탈출행위로 보아서는
안 된다는 이유로 무죄를 선고했다.[43]

(7) 증언하러 입국한 미국 시민권자도 잠입·탈출죄로 처벌

2001년 4월, 국가보안법 사건 재판에 증인으로 채택되어 입국한 미국
시민권자 송학삼이 이적표현물 제작·판매 및 특수 잠입·탈출 혐의로 기
소되었다. 송 씨는 김명철이 쓴 일본어판 『김정일의 통일전략』 판권을 도
서출판 살림터에 판매하였는데, 출판사 대표가 이 책을 출판했다는 이유
로 국가보안법으로 구속되었다. 이에 출판 배경과 과정을 아는 송 씨가 증
인으로 채택되어 입국해 증언했다가 국정원에 연행되어 출판의 공범으로
구속된 것이다. 송 씨의 공소사실에는 2000년 10월 "북한 대남공작원 김
명철로부터 입북 제의를 받고 입북해 북한 당국자와 만나 책자 발간 문제

---

43 1심 서울중앙지방법원 2011. 12. 22. 선고 2009고합731 등 판결 "대한민국의 존립·안전이나 자유민주
적 기본질서를 위태롭게 하는 행위를 할 명백한 의도를 가진 사람이 방문목적을 속여 북한 방문증명서를 받
은 다음 그 방문증명서에 기재된 방문목적에 따른 행위는 전혀 하지 않고 다른 행위를 한 예외적인 경우에는,
북한 방문증명서에 기재된 방문목적은 방문증명서를 받기 위한 외형상의 구실에 불과하여 방문증명서를 받
았다는 이유만으로 그 북한 방문이 남북교류와 협력을 목적으로 하는 행위로서 정당하다고 볼 수는 없으므
로, 그 북한 방문행위가 국가보안법이 정한 탈출죄의 구성요건을 충족하는 경우에는 그에 따른 죄책을 면할
수 없다. 그러나 이러한 예외적인 경우를 함부로 인정하게 되면 남북교류와 협력을 촉진하려는 같은 법의 목
적 내지 통일부장관이 북한 방문을 허용한 정책적 판단의 취지를 가볍게 부정하는 결과를 낳게 될 것이다. 따
라서 북한 방문자가 통일부장관이 허용한 방문목적에 부합하는 행위를 실제로 하는 한편, 그 방문 기회를 이
용하여 법률상 허용될 수 없는 다른 행위를 하였다고 하더라도, 하나의 북한 방문행위에 대한 정당성 여부를
방문목적별로 나누어서 따로 평가할 수는 없다. 그러므로 북한 방문자가 오로지 법률상 허용될 수 없는 다른
행위를 하기 위하여 북한을 방문한 것이고 밖으로 내세운 방문목적은 단지 북한 방문증명서를 받아내기 위한
명목상의 구실에 불과한 것이었다고 볼 수 있는 경우가 아니라면 그 북한 방문행위 자체는 정당성이 인정된
다고 볼 것이고, 그 다른 행위에 대하여 해당 처벌 조항에 따른 죄책을 묻는 것은 별론으로 하더라도, 더 나아
가 북한 방문행위 자체를 통일부장관이 허용한 방문목적과 전혀 다른 행위를 한 위의 경우와 동일시하여 남
북교류와 협력을 위한 행위로서의 정당성을 전면 부정하고 국가보안법상의 탈출행위로 처벌하여서는 아니
된다." 2심 서울고등법원 2012. 6. 8. 선고 2012노82 판결, 3심 대법원 2012. 10. 11. 선고 2012도7455 판결.

를 협의한 뒤 입국하여 출판사 대표에게 북한 측 지시사항을 전달"하였다는 이유로 특수 잠입·탈출죄가 포함되었다. 국제사면위원회는 "국가보안법은 인권과 표현의 자유를 위반한 부당한 법"이라는 입장을 밝혔다.[44]

송 씨는 김명철이 "북한의 지령을 받아 활동하는 대남심리전 공작원으로서 북한의 비공식 대변인을 자처하는 재일 군사·외교 평론가"가 아니라 미국 내 한반도 정책 결정에 관계하는 인사들과 교류하며 특히 미국 공화당계열 및 보수적 인사들과 친교를 맺고 미국 국방대학과 미태평양 사령부 주최 토론회에 공식 초청받아 참석하는 등 미국 내에서 신인도를 확보한 북한 연구자임을 밝혔다. 입북도 김명철의 지령에 따른 것이 아니라 오히려 송 씨가 북한에 사는 동생을 만나기 위해 김명철의 도움을 받은 것이며, 방북 전후 출판사 대표를 만난 것도 『김정일의 통일전략』 발행부수를 확인하고 인세를 받기 위해서였다고 해명했다. 언론은 이 책자가 여러 달동안 베스트셀러였다고 보도했는데 출판사 대표는 '발행부수가 5천 부 미만'이라고 했기 때문에 믿기 어려워 확인을 위해 직접 만난 것에 불과했다는 것이다. 그러나 법원은 모두 유죄를 인정하고 집행유예를 선고했다. 미국 시민권자가 국가보안법으로 기소되기는 이 사건이 처음이었다.[45]

송 씨는 미국 시민권자로서 대한민국 국적을 상실한 상태였는데도 제6조 탈출죄로 처벌받았다. 외국 국민이 북한에 들어간 것이 제6조 탈출에 해당하는지에 대해, 대법원은 두 차례 입장 변경을 거쳐 2008년 송두율 교수 사건에 이르러서야 최종적으로 탈출죄에 해당하지 않는다고 판단하였다.[46]

---

44 통일뉴스 2001. 3. 29., 「美언론 시민권자 송학삼 씨 구속사건 보도」

45 인권하루소식, 2001. 4. 21., 「'북한방문해서 지령받았다', 미국 시민권자 기소」

46 외국인이 북한 지역으로 들어간 행위가 국가보안법상 잠입·탈출죄에 해당하는지에 관련하여, 판례는 두 차례의 입장 변경을 거쳐, 외국인의 국외범이므로 처벌할 수 없다는 결론에 이르렀다. 국가보안죄 위반죄는 형법 제5조(외국인의 국외범) 조항에 명시되어 있지 않다.

4. '돌아올 권리'조차 없나

헌법 제14조는 '모든 국민은 거주·이전의 자유를 가진다'고 하여 거주·이전의 자유를 보장한다. 거주·이전의 자유는 국가 권력의 간섭을 받지 아니하고 자신이 원하는 곳에 주소 또는 거소를 정하거나 그곳으로부터 자유로이 이전하거나 또는 자신의 의사에 반하여 거주지와 체류지를 변경하지 아니할 자유를 말한다.[47][48] 거주·이전의 자유 보장 과정을 연혁적으로 살펴보면, 시민혁명에 의한 자본주의 사회 성립에 앞서 보장되었다는 점이 특징적으로 발견된다. 서구의 중세 사회에서는 일정한 영주에 예속되어 있지 않은 자라 할지라도 기존의 당국에 상당한 추징세를 치르지 않으면 안 되었고 새로운 곳에서도 비싼 대가를 물어야 했다. 거주·이전의 자유는 1215년 영국의 마그나카르타에서 최초로 상인에 대하여 이

즉, 대법원은 구 반공법 내지 국가보안법 사건에서, 북한은 대한민국의 통치권이 실지로 행사되는 지역이 아닌 반국가단체의 지배하에 있는 지역이라는 전제 아래, "외국인이 일본에서 소련을 거쳐 반국가단체의 지배하에 있는 지역으로 들어가고 일본에서 반국가단체의 구성원과 통신 기타 연락을 하거나 반국가단체를 이롭게 한 행위는 외국인의 국외범에 해당하여 반공법을 적용하여 처벌할 근거가 없다."(대법원 1976. 5. 11. 선고 76도720 판결)고 하고 있었다.

그러나 이후 대법원은 "헌법 제3조는 대한민국의 영토는 한반도와 그 부속도서로 한다고 규정하고 있어 북한도 대한민국의 영토에 속하는 것이 분명하다"고 선언하면서 "캐나다 국적을 가진 피고인이 북한의 지령을 받기 위하여 캐나다 토론토를 출발하여 일본과 중국을 순차 경유하여 북한 평양에 들어간 행위는 제3국과 대한민국 영역 내에 걸쳐서 이루어진 것"이라는 입장을 취하였다(대법원 1997. 11. 20. 선고 97도2021 전원합의체 판결).

그 후 대법원은 송두율 교수 사건에서 최종적으로 입장을 변경하였다. 독일 국적을 취득하여 대한민국 국적을 상실한 송 교수가 독일에 거주하다가 독일에서 출발하여 북한을 방문한 사안에서 "대한민국 국민이 아닌 사람이 외국에 거주하다가 그곳을 떠나 반국가단체의 지배하에 있는 지역으로 들어가는 행위는 대한민국의 영역에 대한 통치권이 실지로 미치는 지역을 떠나는 행위 또는 대한민국의 국민에 대한 통치권으로부터 벗어나는 행위 어디에도 해당하지 않으므로 이는 국가보안법 제6조 제1항의 탈출 개념에 포함되지 않는다"고 판시하였다(대법원 2008. 4. 17. 선고 2004도4899 전원합의체 판결). 박상옥·김대휘, 『주석 형법[총칙 1]』, 84-85쪽, 101쪽.

47 헌법재판소 2004. 10. 28. 선고 2003헌가18 결정.

48 권영성, 『헌법학원론』, 법문사, 2006, 460쪽.

동의 자유를 보장하면서 법적 권리로 인정되기 시작하였고, 1555년 아우구스부르크 종교회의에서 그 영주의 신앙고백에 동조하지 않는 신민을 위한 이주의 자유가 인정되었다. 그 후 농민해방이 이전의 자유 발전을 위한 중요한 토대가 되었다. 거주·이전의 자유는 봉건체제가 붕괴한 직후 절대 군주국가 이전에 이미 실현되었으므로, 시민혁명 당시에는 이미 법문에 명시할 필요가 없을 정도로 당연한 것으로 여겨졌다.[49] 이주의 자유는 국가가 시민의 정치적 자율권의 가장 기초적인 부분을 존중하는 것으로, 헌법사적으로 국가가 신민들을 소유물처럼 처리하고 착취대상으로 취급하는 헌법 질서로부터 벗어나는 것을 의미[50]했다.

거주·이전의 자유는 인신의 자유, 표현의 자유, 인격 형성의 기초가 되는 자유 등 민주제를 정착시키기 위한 기초조건과 깊이 관련되어 있어, 인간의 기본이고 본질적인 자유로서 성격을 가진다. 우선 거주·이전의 자유는 널리 인간의 이동의 자유를 보장함으로써 인신의 자유와 밀접하게 관련된다. 또한 정신적 자유권과도 결합된다. 제한의 방법에 따라서는 이동 자유의 제약을 통하여 표현의 자유를 실질적으로 억제하는 것도 가능[51]하게 되기 때문이다. 거주·이전의 자유는 인간의 활동 영역을 확대시켜 줌으로써 자유로운 인간교섭의 장을 마련하여 주는 것일 뿐 아니라 개인의 인격 형성과 인간적 성장을 뒷받침한다는 의미에서 인간의 존엄과 가치를 유지하기 위한 자유로서의 성격 또한 갖고 있다.[52] 자유권규약 제12조[53]에 관한 자유권규약위원회 일반논평 27호(1999년) 1문단 1문은 "이동

---

49 권형준, 「거주·이전의 자유에 관한 연구」, 《법학논총》 제25집 제3호, 한양대학교 법학연구소, 2008, 2쪽.
50 권형준, 위의 글, 1쪽.
51 권형준, 위의 글, 2쪽.
52 권영성, 위의 책, 414쪽.
53 시민적 및 정치적 권리에 관한 국제규약 제12조
1. 합법적으로 어느 국가의 영역 내에 있는 모든 사람은, 그 영역 내에서 이동의 자유 및 거주의 자유에 관한 권리를 가진다.

의 자유는 한 사람의 자유로운 발전에 있어 필수불가결한 조건이다."⁵⁴라
고 한다.

헌법과 국제인권규약상 보장된 거주·이전의 자유에는 국내에서 거주
하고 이전할 자유, 우리나라를 떠날 수 있는 출국의 자유와 외국 체류를
중단하고 우리나라로 돌아올 수 있는 입국의 자유가 함께 포함된다. 세계
인권선언 제13조,⁵⁵ 자유권규약 제12조는 모두 거주·이전의 자유가 각국
영역 내에서 보장되어야 하고 영역을 벗어나서도 보장되어야 한다고 한
다. 특히 자유권규약 제12조 제4항은 "어느 누구도 자국에 돌아올 권리를
자의적으로 박탈당하지 아니한다."고 명시한다. 자유권규약위원회는 일
반논평 27호(1999년)⁵⁶ 18문단에서 정치적 또는 기타의 의견을 이유로 한

---

2. 모든 사람은 자국을 포함하여 어떠한 나라로부터도 자유로이 퇴거할 수 있다.
3. 상기 권리는 법률에 의하여 규정되고, 국가안보, 공공질서, 공중보건 또는 도덕 또는 타인의 권리와 자유를
보호하기 위하여 필요하고, 또한 이 규약에서 인정되는 기타 권리와 양립되는 것을 제외하고는 어떠한 제한
도 받지 아니한다.
4. 어느 누구도 자국에 돌아올 권리를 자의적으로 박탈당하지 아니한다.
54 General Comment No. 27 Freedom of movement (article 12), 1999
1. Liberty of movement is an indispensable condition for the free development of a person.
55 세계인권선언 제13조
1. 모든 사람은 각국의 영역 내에서 이전과 거주의 자유에 대한 권리를 가진다.
2. 모든 사람은 자국을 포함한 어떤 나라로부터도 출국할 권리가 있으며, 또한 자국으로 돌아올 권리를 가진다.
56 General Comment No. 27 Freedom of movement (article 12), 1999
18. The application of the restrictions permissible under article 12, paragraph 3, needs to be
consistent with the other rights guaranteed in the Covenant and with the fundamental principles
of equality and non-discrimination. Thus, it would be a clear violation of the Covenant if the rights
enshrined in article 12, paragraphs 1 and 2, were restricted by making distinctions of any kind,
such as race, colour, sex, language, religion, political or other opinion, national or social origin,
property, birth or other status. In examining State reports, the Committee has on several occasions
found that measures preventing women from moving freely or leaving the country by requiring
them to have the consent or the escort of a male person, constitute a violation of article 12.
제12조 3항 하에서 허용될 수 있는 제한의 적용은 동 규약에 의해 보장되는 다른 권리들, 그리고 평등과 차별
금지의 기본적인 원칙과 일치해야 한다. 따라서, 인종, 피부색, 성, 언어, 종교, 정치적 또는 기타의 의견, 민족
적 또는 사회적 출신, 재산, 출생 또는 기타의 신분 등에 의해 제12조 1항과 2항의 권리들이 제한된다면, 이는
동 규약에 대한 명백한 위반이 된다.
19. The right of a person to enter his or her own country recognizes the special relationship
of a person to that country. The right has various facets. It implies the right to remain in one's
own country. It includes not only the right to return after having left one's own country; it may
also entitle a person to come to the country for the first time if he or she was born outside the
country (e.g. if that country is the person's state of nationality). The right to return is of the utmost

거주·이전의 자유 제한도 명백한 위반으로 보고, 19문단 1문에서 "자국에 돌아올 권리는 그 사람이 그 나라에 대해 갖는 특별한 관계를 인정하는 것이다.", 21문단에서 "본 위원회는 자국에 돌아갈 권리를 박탈하는 상황이 합리적인 경우는 거의 없다고 본다."고 한다. 유럽인권협약 제4 추가의정서 제3조[57] 역시, "어느 누구도 자신의 국적국으로부터 개인적으로나 집단적으로 추방되지 아니한다.", "어느 누구도 자기 국적의 영역으로 입국할 권리를 박탈당하지 아니한다."고 한다. 미주인권협약 제22조 제5항[58]도 "어느 누구도 자신의 국적국으로부터 추방될 수 없으며, 국적국으로 입국할 권리를 박탈당하지 아니한다."고 한다.

---

importance for refugees seeking voluntary repatriation. It also implies prohibition of enforced population transfers or mass expulsions to other countries.

자국에 돌아올 권리는 그 사람이 그 나라에 대해 갖는 특별한 관계를 인정하는 것이다. 이 권리는 다양한 면을 가지고 있다. 이 권리는 자국에 잔류할 수 있는 권리를 함축한다. 이 권리는 자국을 떠난 후에 다시 돌아올 권리뿐만 아니라, 국외에서 태어난 사람의 경우 처음으로 그 나라에 입국할 권리 역시 포함한다(예를 들어, 그 나라가 국적국일 경우). 귀환할 수 있는 권리는 자발적인 귀환을 모색하는 난민에게는 매우 중요한 의미를 지닌다. 또한 이 권리는 강제 인구 이주나 타국으로의 대량 추방 금지를 포함한다.

21. In no case may a person be arbitrarily deprived of the right to enter his or her own country. The reference to the concept of arbitrariness in this context is intended to emphasize that it applies to all State action, legislative, administrative, and judicial; it guarantees that even interference provided for by law should be in accordance with the provisions, aims and objectives of the Covenant and should be, in any event, reasonable in the particular circumstances. The Committee considers that there are few, if any, circumstances in which deprivation of the right to enter one's own country could be reasonable. A State party must not, by stripping a person of nationality or by expelling an individual to a third country, arbitrarily prevent this person from returning to his or her own country.

어떠한 경우에 있어서도 한 개인의 자국에 돌아갈 권리를 자의적으로 박탈해서는 안 된다. 이 맥락에서 자의적이라는 개념에 대한 언급은 그것이 입법, 사법, 행정 등 국가의 모든 행위에 적용된다는 점을 강조하기 위함이다. 즉, 법률에 의해 규정된 간섭이라 할지라도 동 규약의 규정, 의도 및 목적에 부합해야 하며, 어떠한 경우, 어떠한 특정상황에서라도 합리적이어야 한다. 본 위원회는 자국에 돌아갈 권리를 박탈하는 상황이 합리적인 경우는 거의 없다고 본다. 당사국은 한 개인의 국적을 박탈하거나 개인을 제3국으로 추방함으로써 자의적으로 그 사람이 자국에 귀환하는 것을 막아서는 안 된다.

57 Protocol No. 4 to the Convention for the Protection of Human Rights and Fundamental Freedoms, Article 3 Prohibition of expulsion of nationals

1. No one shall be expelled, by means either of an individual or of a collective measure, from the territory of the State of which he is a national.

2. No one shall be deprived of the right to enter the territory of the state of which he is a national.

58 American Convention on Human Rights, Article 22(Freedom of movement and Residence)

5. No one can be expelled from the territory of the state of which he is a national or be deprived of the right to enter it.

대법원도 헌법 제14조의 거주·이전의 자유는 "외국 체류를 중단하고 다시 우리나라로 돌아올 수 있는 입국의 자유를 포함한다."[59]고 한 바 있다. 국가인권위원회는 "거주·이전의 자유는 국외에 체류하고 있는 재외국민에게는 모국으로 돌아올 수 있는 자유를 보장한다는 점에서 보다 특별한 의미를 가지고 있다."고 한다.[60] 잠입·탈출죄로 거주·이전의 자유를 제한하는 것이 타당한지 비례원칙심사에 비추어 살펴본다.

(1) 목적의 정당성

제6조 제1항 잠입·탈출은 '반국가단체의 지배하에 있는 지역'으로 가거나 그 지역으로부터 돌아오는 것을 처벌한다. 그런데 지금까지 판례상 반국가단체로 지목된 대상 가운데 일정한 지역을 지배하였거나 지배하고 있는 경우는 북한뿐이다. 따라서 이 조항은 북한으로 가거나 그로부터 돌아오는 것을 처벌하는 것이다. 1991년 개정된 제6조에 대하여 헌법재판소는 합헌 판단을 내려왔다. "구법 제6조 제1항을 문리 그대로 해석·운영한다면 "잠입"과 "탈출"의 동기나 목적 또는 수단, 방법을 가리지 아니하고 반국가단체의 지배하에 있는 지역으로부터 우리나라에 들어오거나 그곳으로 나가는 행위(특히 제3국에 거주하다가 그 지역으로 나가는 행위)가 모두 그 처벌대상이 될 수 있다. 따라서 국가의 존립·안전이나 자유민주적 기본질서에 해악을 끼칠 명백한 위험이 없는 경우까지도 형사처벌이 확대될 위헌적 요소가 있었다. 그러나 신법 제6조 제1항은 "국가의 존립·안전이나 자유민주적 기본질서를 위태롭게 한다는 정을 알면서"라는 주관적 구

---

59 대법원 1996. 11. 12. 선고 96두1221 판결.
60 대법원 2008. 1. 24. 선고 2007두10846 판결.

성요건을 이에 추가함으로써 구법 규정이 띠고 있던 위헌적 요소는 제거되었다고 볼 수 있다."[61]는 것이다.

학설들도 대체로 국가보안법 제6조의 입법목적은 헌법 제37조 제2항의 국가안전보장이라고 한다. 헌법 제3조는 "대한민국의 영토는 한반도와 그 부속도서로 한다."고 정하므로 북한지역에도 주권은 미치지만, 실질적으로 통치권 행사는 제약되기에 북한지역으로는 거주·이전의 자유가 인정되지 않는다[62]는 것이다. 또 남북교류협력에 관한 법률상 교류 협력의 목적을 위한 북한지역으로 왕래 및 교역은 합법적으로 허용하고 있으므로 국가보안법 제6조는 국가안전보장을 위한 거주·이전의 제한[63]이라는 것이다. "북한공산집단은 국내에 산재하는 자생적 공산주의자, 좌익용공세력 등을 선동, 북한공산집단의 지배하에 있는 지역으로 들어오도록 유인함으로써 우리 체제의 취약화 및 국론분열을 꾀하고 있는데, 이에 동조하여 통일운동 등을 빙자, 밀입북하는 사례가 종종 발생하고 있으며, 심지어는 일부 사회불만세력 가운데 막연한 북한 동경 또는 현실도피의 방법으로 월북을 기도하는 경우도 없지 않다. 이러한 현상은 우리 체제를 공고히 하고 국론을 통일하여 일사불란하게 통일을 지향함에 막대한 지장을 초래할 뿐 아니라, 현실적으로는 간첩행위 또는 무력도발 못지않게 국가안보에 큰 위협을 가하게 되는 것이므로 이러한 행위를 엄격히 차단하기 위하여"[64] 제6조가 규정되었다는 주장도 유사한 취지다.

61 헌법재판소 1997. 1. 16. 선고 92헌바6 등 결정.
62 권영성, 위의 책, 461쪽; 권형준, 위의 글, 13쪽.
63 권형준, 위의 글, 13쪽.
64 황교안, 위의 책, 235-236쪽.

1) 적용사례를 통해 본 제6조의 실질적 입법목적

제6조와 같은 취지의 처벌 규정이 처음 국가보안법에 들어온 1958년 이후 이미 60여 년이 넘었고, 1991년 개정조항이 시행된 지도 30여 년이 흘렀으므로, 제6조의 실질적 목적이 무엇인지는 실제 적용사례를 통해 확인할 수 있다. 앞서 살핀 것처럼 제6조는 1960~70년대에는 해외유학생과 납북어부 등 간첩 조작을 위한 수사의 출발점이자 불법 구금과 가혹행위로 끌어내는 허위자백의 핵심 사항이었다. 정권이 위기에 몰릴 때마다 간첩단 사건을 만들어내기 위해 사용된 핵심 조항이 제6조였다. 북한으로 가는 것은 북한의 이념이나 체제에 동의하여 대한민국과 대치하고 있는 북한 편에 서는 것이고, 일단 북한 편이 되면 돌아오는 것도 북한의 지침에 따라 대한민국 내에서 암약하기 위한 것이라는 고정관념을 정권 안보를 위한 간첩단 조작에 활용한 것이다. 1980년대에 제6조는 민주통일 인사들이 남북화해와 교류를 도모하기 위해 감행한 방북을 처벌하기 위한 수단이었고, 1991년 개정 후에도 2000년 6·15 공동선언 이전까지는 역시 같은 용도로 사용되었다. 6·15 공동선언으로 금강산관광 등 남북교류가 활성화된 이후에도 제6조는 정부 승인 없이 방북하는 행위를 막거나 처벌하는 조항으로 이용되었다. 여전히 제6조의 구성요건개념이 불명확하여 공안수사기관의 의도에 따라 그 적용이 무한정 확대될 수 있었기 때문이다. 또한 최근 제6조는 탈북민들이 남에 정착하려고 애쓰다 북에 있는 가족과 만나거나 재결합하기 위해 재입북하는 것을 엄벌하고, 이들로부터 다시는 재입북을 시도하지 않고 남에 재정착하겠다는 반성을 받아내는 근거로 기능하고 있다.

그렇다면 제6조의 실질적 목적은 역사적으로는 간첩조작을 통한 정권 안보였고, 개정 후에는 북한 왕래 시 정부 승인을 강제하고, 특히 탈북민에 대해서는 남에 정착하도록 강제할 목적이라 할 수밖에 없다. 이것이 현실 적용과정을 통해 확인된 제6조의 입법목적이다. 북한 왕래 시 정부 승인을 받도록 강제하는 것은 남북교류협력에 관한 법률상 처벌조항이면 충분하다. 굳이 왕래행위 자체를 국가보안법으로 처벌하는 이유는, 정부의 통제 안에 들어오지 않으면 제6조의 중형으로 처벌된다고 위협을 가중시켜 정부 정책에 순응하라는 것뿐이다. 이른바 창구단일화 논리와 다르지 않다. 탈북민에 대해 남에 정착할 것을 강제하는 것은 탈북민을 통해 북한체제보다 남한체제가 우월하다는 것을 입증하겠다는 집착이다. 1970년대 박정희 정부가 장기수의 사상전향을 남한의 우월성을 증명하는 방법으로 삼은 것이, 이제 탈북민이 북으로 돌아가지 못하도록 하는 것으로 바뀐 셈이다. 이는 탈북민들에게 자신이 태어나고 가족과 거주하던 곳으로 돌아가 가족과 재결합할 권리를 박탈하는 것으로 인류에 반한다. 중복되고 가중된 정부 정책 순응 강제, 인류까지 무너뜨리는 대한민국 정착 강제는 국가안전보장을 위한 것이라 할 수 없다. 북한 지역 왕래를 중형으로 형사처벌하여 거주·이전의 자유를 제한하는 제6조에는 목적의 정당성이 없다.

2) 탈출

앞서 본 것처럼, 거주·이전의 자유는 정신적 자유권과 밀접히 연관되어 있다. 거주·이전의 자유가 당초 중세 영주의 신앙에 그 신민을 복속시키고 봉건적 속박에 가두었던 것에서 벗어나 종교와 사상, 표현의 자유를 획득하고자 했던 과정에서 인정되었던 연원을 다시 떠올릴 필요가 있다. 인간의 활동영역을 확대하여 자유로운 인간교섭을 가능하게 함으로써 개인의 인격 형성과 인간적 성장에 기여하게 한다는 인간존재의 본질적 자유로서 거주·이전의 자유의 성격 역시 되새겨야 한다. 국가안전보장을 이유로 거주·이전의 자유를 제한하는 것이 사실상 사상 형성의 자유, 표현의 자유, 학문의 자유를 제한하는 수단으로 사용될 경우, 국가안전보장은 거주·이전의 자유 제한의 정당한 목적이 될 수 없다.

제6조가 처음 국가보안법에 들어온 1950년대와 달리, 중국과 러시아 등 사회주의국가들과 인적·물적 교류가 제한 없이 열린 지 이미 30여 년, 한 세대가 지났다. 오늘날 대한민국 여권으로 가지 못할 나라는 없다.[65] 국민들이 세계를 향해 나가고 부딪히고 경험할 수 있게 되자, 한국 문화가 전 세계를 휩쓸기에 이르렀다. 대한민국이 세계 어느 나라와도 적대하지 않고, 자유로운 왕래가 가능하도록 한 것도 성공요인 중 하나일 것이다. 단 하나의 예외가 북한이다. 오직 북한에 가는 것만 국가보안법으로 처벌된다. 많은 외국인이 북한을 왕래하며 그 사회를 직접 목격하고 경험하지만, 한국인들은 외국인을 통해서만 북한의 실상을 전해 들을 수 있을 뿐이다.

1991년 국가보안법 개정 이후 남북한 지도자가 만나 정상회담을 열고 수십만 명이 금강산 관광을 가고 남북 노동자가 함께 개성공단에서 근무하는 등 새로운 남북관계가 펼쳐지기 시작했다. 그러나 이명박·박근혜 정부 들어 남북관계가 악화되자, 공안수사기관은 과거 노무현 정부 당시 합법적으로 이루어지던 민간교류를 방북 조건 위반 등의 사유로 제6조 특수 잠입·탈출로 기소하며 통일운동을 압박했다. 또 가족과 재결합하기 위한 재입북 시도도 같은 이유로 국가보안법으로 처벌하기 시작했다. '미수복 지역'에 가면 바로 북한 편이고 대한민국의 적이라는 1950년대 냉전적 사고방식에 갇힌 것이라 하지 않을 수 없다. 우리 국민은 세계 어디로든 갈 수 있지만, 오직 가장 가까이 있는 북한에만 갈 수 없다. 세계로 나가 세계인의

---

65 영국에 본부를 둔 글로벌 시민권·영주권 자문회사 '헨리 앤드 파트너스'가 전 세계 200개국을 대상으로 해당국 여권으로 여행할 수 있는 나라의 수가 많은 차례로 순위를 매긴 '2019년 헨리 여권 지수'에서 한국이 공동 2위(입국 가능 수 기준)에 올랐다. 대한민국 여권이 있으면 조사 대상 200개국 중 모두 188개국을 단기 방문 시 무비자, 또는 도착 비자로 입국할 수 있는 것으로 나타났다. 한겨레, 2019. 11. 4., 「한국 '여권 파워' 미국 제치고 세계 2위」

마음을 사로잡기 시작한 대한민국이지만 땅과 하늘이 이어진 북한을 상대로는 문을 닫아걸고 국민들이 북한에 가지 못하도록 형사처벌하고 있는 셈이다.

탈출행위만을 떼어서 형사처벌하는 국가보안법 구조로는 어떤 목적의 탈출이든 국가안전보장 명분으로 제한할 수 있게 된다. 그러나 이미 2008년 대법원 별개의견은, 토론 등 표현의 자유를 행사하기 위하여 북한에 간 것은 표현의 자유에 부수된 것으로 보장되어야 한다는 견해를 내놓았다. 송두율 교수의 대한민국 국적 상실 전 북한 방문에 대한 탈출죄 기소 부분에 관하여, 박시환 대법관의 별개의견은, 송 교수가 북한에 방문하여 북한 학자들이나 간부들과 주체철학에 관하여 토론하거나 한반도 비핵화 방안 등에 관하여 대담하는 등의 행위를 하였다는 이유로 탈출죄로 기소된 부분에 관하여 제6조 탈출죄를 적용할 수 없다는 취지로, 아래 견해를 밝혔다. "누구나 자기 생각을 외부로 나타내고 같은 생각을 하는 사람들끼리 모여 생각을 나누고 그 생각을 더욱 심화시켜 가고 싶은 것은 당연한 욕구이고, 사상의 자유로부터 자연스럽게 도출되는 권리이다. 그에 따른 행위가 특별히 별도의 위험을 새로 유발하거나 본래 그 사상이 갖는 위험성을 크게 강화시키는 예외적인 사정이 없는 한 그러한 행위는 사상의 자유 자체가 갖는 불가침의 영역에 놓아두어야 한다. 다수자가 소수자의 사상이나 생각이 마음에 들지 않는다고 하여 소수자들이 자기들 생각을 외부로 표현하고 소수자들끼리 모여 자기들 생각을 이야기 나누는 것 자체마저 막을 수는 없다."[66]는 것이다. 나아가 위 별개의견은 "피고인의 이 사건 행위는 그러한 생각이 지배하고 있는 영역인 북한 내의 지역에서 일어난 일이다. 그러한 생각이 지배하고 있는 영역 내에서 그런 생각을 가진 사람들

---

66 대법원 2008. 4. 17. 선고 2004도4899 전원합의체 판결 중 박시환 대법관의 별개의견.

이 모여 그 생각들을 나누고 토론하고 학습하였다고 하여 그 영역 외부에 대하여까지 새삼스럽게 현실적인 위험을 따로 더 발생시키지는 않을 것이다."라고 하여 처벌 필요성이 없다고 판단하였다. 학술 토론의 장소가 북한임을 문제 삼아 탈출죄를 적용하는 것은, 국가안전보장을 이유로 거주·이전의 자유를 제한함으로써 학문의 자유를 제한하는 것이라는 취지다. 이 사건에 관한 탈출죄 적용이 사상 형성의 자유와 표현의 자유도 제한하는 것은 물론이다.

지금 한반도에서 가장 중요한 쟁점들의 상당 부분은 남북관계로부터 비롯되었을 뿐만 아니라 연관되어 있다. 남북한의 대치 상태를 그대로 둘 것인지, 어떻게 해결할 것인지, 군사력 배치는 그대로 두는 것이 좋은지 또는 양측이 함께 바꿔나갈 수 있는지, 통일은 어떤 절차로 어떤 모습으로 해야 하는지, 이처럼 중요한 사회 문제의 쟁점들을 문제 발생지역인 한반도 안에서, 북한지역 안에서 논의할 수 없다면, 사건 발생 현장에 가는 것은 금지하고 강의실에서만 해결책을 논의하라는 것과 같다. 분단과 대결이 낳은 문제를 알기 위해서는 분단으로 영향받은 사람들이 사는 장소에 가야 하고, 통일의 방안을 찾기 위해서는 남북 주민들이 생활하는 공간에 가야 한다. 그래야 국민들이 헌법 전문이 국민 각자에게 지운 '평화통일의 책무'를 이행할 수 있다. 북한 주민들은 어떤 사고방식을 가지는지를 외국인의 눈을 통해 간접적으로 보아야 하는 상황을 언제까지 연장할 것인가. 가지 못하게 하면 생각이 금지되고, 표현이 제한되며, 새로운 생각은 자라나지 못한다. 북에 가면 북에 포섭되어서 간 것이라거나 북에 가면 포섭되어 더 이상 우리 편이 아닌 적이 되고야 만다는 고정관념을 전제로 북에 가는 것 자체를 처벌하는 제6조 '탈출' 부분은, 정신적 자유권을 제한하는 수단으로 거주·이전의 자유를 제한하는 것이어서 목적의 정당성이 없다.

3) 잠입

제6조 제1항 '잠입' 처벌 부분은 '간첩이 침투하여 기밀탐지·수집이나 테러 등의 행위를 하지 않고 장기 잠복하거나 지하당의 구축 등을 임무로 하는 경우 처벌의 흠결을 막기 위한 조항'[67]이다. 그러나 간첩이든 누구든, 국민인 이상 우리나라에 들어오는 것 자체를 막을 수는 없다. 국민은 자신의 국적 국가에서 거주할 권리가 있고, 입국하여 형사처벌 받는 것은 별론으로 하고, 들어오는 것 자체를 범죄로 간주해서는 안 된다.

자유권규약 제12조 제4항의 자국에 돌아올 권리, 즉 입국권은 국민에 대해서는 제한 없이 보장된다고 해석된다. 이 권리가 자유권규약상 제한 가능할 때는 제4조에 정한 국민의 생존을 위협하는 공공의 비상사태가 발생할 때뿐이다.[68] 곧 계엄과 같은 경우에만 입국할 권리를 제한할 수 있을 뿐이다. 일반논평 27호 19문단이 명시하는 것처럼, '자국으로 입국할 권리'는 그 나라에 대한 개인의 특별한 관계를 인정하는 것으로, 자국을 떠난 뒤 돌아올 권리도 포함한다. 프랑스에서는 귀국의 자유는 어떠한 조건에서도 내국인에게 보장되는 절대적 권리이다.[69] 내국인 왕래의 자유는 프랑스 영토를 통행할 자유와 출국의 자유에 한하여만 제한 가능할 뿐, 자국에 입국할 자유는 어떠한 제한 없이 보장된다.[70] 귀국하는 사람이 저지른 범죄에 대해 처벌하는 것은 별론으로, 귀국 자체를 형사처벌 한다면 이는 귀국의 자유를 제한하는 것이 된다.

대법원은 임수경 방북 사건에서 "반국가단체의 지배하에 있는 지역으

---

67 정경식·이외수, 위의 책, 189쪽.
68 김선일, 「기획-국제인권규약 해설/제12조 거주·이전의 자유」, 《공익과 인권》 제2권 제2호, 서울대학교 공익인권법센터, 2005, 85쪽.
69 김지수, 「프랑스 헌법상 왕래의 자유에 대한 고찰」, 《세계헌법연구》 제26권 제1호, 세계헌법학회 한국학회, 2020, 6쪽.
70 김지수, 위의 글, 7-8쪽.

로부터 국내에 잠입하면 잠입죄가 성립되는 것이며 탈출 당시 다시 들어올 목적이 있었는지 은밀히 들어온 것인지 여부는 탈출, 잠입죄의 성립에 영향이 없다."[71]고 하였다. 그러나 국내에 거주하던 우리나라 국민이 고국으로 돌아오는 것 자체는 막을 수 없다. 대한민국 영토를 벗어나는 것을 범죄로 보았다면 다시 돌아오는 것은 범죄행위가 끝나는 것으로 보아야지, 돌아오는 것 자체를 또 하나의 별개의 범죄로 보는 것은 논리모순이자 불필요한 처벌이다. 국가안보를 위해서는 국가안보를 침해한 행위를 처벌하면 될 뿐, 입국 자체를 처벌함으로써 금지할 필요가 없다. 제6조 '잠입' 처벌 부분에는 목적의 정당성이 없다.

(2) 수단의 적합성

탈출을 처벌하는 것은 국가안전보장을 위해 적합한 수단이라 할 수 없다. 동독 정부는 장벽을 넘는 동독 시민에게 총격을 가했으나, 서독 정부는 동독으로 가는 서독 시민을 막지 않았다. 분단기에 서독에서 동독으로 넘어간 이들은 60만 명이 넘는다. 동독으로 넘어갔다가 적응하지 못하고 다시 서독으로 돌아오는 이들도 많았다. 이들에 대한 처벌도 없었다.[72] 실제 동독으로 갈 수 있느냐 여부를 떠나 법적으로 제한을 두지 않은 서독의 대처는, 동서독 분단 상황에서도 동서독 전체가 독일이고 동서독 주민 모두가 독일 민족이라는 전제에서 출발한다. 독일기본법에서 모든 독일인이 이동할 수 있는 자유를 보장한 것을 기초로, 서독 당국은 동서독 주민 모두에게 독일 전체 영역에서 기본권을 보장해야 한다고 보았기에 서독 주

---

71 대법원 1990. 9. 25. 선고 90도1613 판결.
72 이광빈·이진, 『힙 베를린, 갈등의 역설』, 이은북, 2021, 138-139쪽.

민에게 동독 지역까지 포함한 독일 전체 영역에서 거주·이전의 자유를 인정한 것이다. 또 이는 서독이 공식적으로는 동독의 국가성을 인정하지 않은 것과도 일치하는 태도로 평가되고 있다. 이러한 역사적 경험에 기초하여, 전 독일문제연구소 소장이었던 데틀레프 퀸은 한국 정부가 모든 국민이 신고 의무 없이 북한 땅을 자유롭게 밟을 자유와 권리를 가지도록 선언할 필요가 있다고 한다.[73]

이러한 시각은 국가보안법의 존치를 주장해온 학설과 법원의 입장에서도 참고할 필요가 있다. 이들의 주장은 헌법 제3조가 한반도 전체를 대한민국의 영토로 선언한 것의 규범력을 시인하고 이를 현실에서 실현시키려는 것[74]으로, 북한지역 역시 대한민국의 영토라는 것이다. 이 논리를 따라 추론하면, 대한민국 국민이 북한 당국으로부터 그 지역의 출입을 거부당하는 것은 별론으로, 대한민국 정부가 우리 국민이 북한지역에 가는 행위 자체를 형사처벌하는 것은 헌법 제3조에 맞는 수단일 수 없다.

(3) 침해의 최소성

정부의 승인 없이 '밀입북'하거나 이를 시도한 경우에는 대부분의 경우, 방북 행위 자체를 '지령수수나 목적수행을 위한' 행위로 보아 특수 잠입·탈출 또는 그 예비로 처벌하는 경향이다. 그러나 이 경우 목적수행 등은 그 자체로 이미 국가보안법 제4조로 처벌되는데 별도의 잠입·탈출죄까지 적용하여 형량을 가중하는 것은 이중적인 처벌이어서 침해의 최소성

---

73 이광빈·이진, 위의 책, 183-184쪽.
74 법원의 입장과 달리 헌법 제3조를 북한지역에 대한 실효적 지배와 국가보안법의 근거로서가 아니라 민족 구성원의 보호를 위한 범위에서만 규범력을 갖는다고 해석해야 한다는 점은 제2조 반국가단체 중 북한의 헌법상 지위를 논한 부분에 상세히 기술하였으므로 중복을 피하여 줄인다.

원칙에 어긋난다. 더구나 특수 잠입·탈출은 사형까지 처벌할 수 있어 '야만적이고 잔혹한 형벌'로서 인간의 존엄을 파괴하므로, 침해의 최소성 원칙을 충족하지 못한다.

(4) 법익의 균형성

7·7 선언을 통해 남북관계 개선을 추진할 무렵, 노태우 대통령은 1990년 7월 20일 '민족대교류를 위한 대통령 특별발표'를 통해 8월 13일부터 18일까지를 민족대교류 기간으로 선포하고 이 기간에 남북 동포들이 판문점을 통해 자유로이 왕래하도록 하자고 북한에 제의한 바 있다. "이 기간 중 우리 국민 누구라도 제한 없이 판문점을 통해 북한을 방문할 수 있도록 조처할 것"[75]이라고 한 것이다. 남북관계 발전과 평화통일을 위해 국가보안법상 잠입·탈출 조항의 적용을 배제할 수 있다고 한 것이다. 위 입장이 실현되지는 못하였으나, 위와 같은 시도의 취지만큼은 재평가할 필요가 있다. 만나지 않고 평화통일이 올 리 없다. 처벌 위험 없이 오고 갈수 있어야 자유로운 생각이 자라나고, 그 위에서만 남북당국은 물론 남북주민들의 합의에 따른 평화통일방안이 나올 수 있다. 잠입·탈출죄를 처벌하여 달성할 국가안전보장의 법익보다, 이를 처벌하지 않음으로써 자유를 증진하고 남북교류를 주도하여 달성하는 남북관계 진전과 협력환경 조성의 법익이 더 크다.

1973년 7월 31일 독일 연방헌법재판소는 동서독기본조약 합헌결정에서 동서독 간 경계를 넘는 동독 주민들에 대해 동독 경비병들이 총격을 가하는 문제를 지적하면서, "독일연방공화국과 독일민주공화국의 경계에서

---

[75] 남북회담사무국,《남북대화》제50호(1990. 4.-1990. 8.), 통일원, 4쪽.

행해지는 현재의 실제, 즉 장벽, 철조망, 접근자 사살구역 그리고 발포 명령은 이 사건 조약과 결코 양립될 수 없다."[76]며 중대한 인권유린임을 지적한 바 있다. 상대방 영역으로 가는 우리 측 주민을 처벌하지 않는다는 것을 전제로 해야 상대방이 같은 행위를 하는 사람을 처벌하지 않게 하고 그의 의사를 존중하도록 요구할 수 있다. 먼저 자유와 권리를 중시해야 같은 접근을 요구할 수 있다는 것이다. 서독은 동독으로 가는 사람들을 실제로 막지 않았다. 북이 탈북민에 대해 어떻게 대하든지, 먼저 대한민국이 우리 국민들을 잠입·탈출죄로 처벌하지 않겠다는 언명이 필요하다.

(5) 기본권의 본질적 내용의 침해 금지

국가인권위원회는 한통련에 대한 여권발급 거부 처분이 인권침해라는 결정에서, 재외국민에게 모국으로 돌아올 거주·이전의 자유에 대하여 "필요한 경우 이를 제한한다고 하여도 그 본질적인 내용이 침해되지 않는 범위 내에서 엄격한 기준에 따라 적용되어야 한다."[77]고 하였다. 북한 주민도 모두 헌법상 대한민국 국민으로 보고 보호의무를 다해야 한다면, 그가 국내에 들어와 범죄행위를 하면 처벌하면 될 뿐이다. 그를 국가의 국민으로 취급하거나 보호대상으로 보는 한, 국내에 들어오는 것 자체를 처벌하는 것은 기본권의 본질적 내용을 침해하는 것이다. 탈북민들이 국가보안법 제4조 목적수행을 위해 위장 탈북한 것으로 판정되면 그의 입국 행위 자체가 잠입으로 처벌되는데, 목적수행 처벌은 별론으로 하더라도, 입국 행위 자체를 처벌하는 것은 국적국으로 돌아올 기본권의 본질적 내용을 침

---

76 동·서독기본조약에 대한 독일 연방헌법재판소 판결 전문, 193쪽.
77 국가인권위원회 2021. 5. 26. 진정0798800 결정, 12쪽.

해하는 것이다.

5. 누구는 남북교류협력법, 나는 왜 국가보안법

1991년 남북 유엔 동시 가입과 남북기본합의서 체결을 전후하여, 방북과 교류 등 북한과 접촉을 처벌로 일관하던 국가보안법을 남북교류협력법으로 대체해야 할 필요가 제기되었다. 그러나 국가보안법이 폐지되지 못한 채 두 법률이 함께 존재하게 되면서, 남북교류협력법에 우선 적용 규정을 두는 것으로 관계를 정리하였다. 남북교류협력법은 '이 법률의 목적 범위'에서 국가보안법에 우선한다고 정한다.[78][79] "국가보안법의 적용이 배제되기 위하여는 우선 그 왕래행위가 남북교류와 협력을 목적으로 하는 것이라야 할 것"이라는 기준을 제시한 대법원판결[80]은 이미 1993년에 있었다. 하지만 이 판결은, 문규현 신부를 북한에 보낸 피고인에 대하여, 임수경을 보호하고 그에 대한 국가보안법 적용과 처벌이 부당하다는 것을 주장하는 데 목적이 있었다고 보면서, 남북교류와 협력을 위한 목적이 아니

---

78 남북교류협력에 관한 법률 제1조(목적) 이 법은 군사분계선 이남지역과 그 이북지역 간의 상호 교류와 협력을 촉진하기 위하여 필요한 사항을 규정함으로써 한반도의 평화와 통일에 이바지하는 것을 목적으로 한다.
제3조(다른 법률과의 관계) 남한과 북한의 왕래·접촉·교역·협력사업 및 통신 역무役務의 제공 등 남한과 북한 간의 상호 교류와 협력(이하 "남북교류·협력"이라 한다)을 목적으로 하는 행위에 관하여는 이 법률의 목적 범위에서 다른 법률에 우선하여 이 법을 적용한다.
79 2005년 개정 전 남북교류협력에 관한 법률 제3조는 우선 적용 범위를 '정당하다고 인정되는 범위 내에서'라고 하고 있었다. 이에 대하여 헌법재판소 1993. 7. 29. 선고 92헌바48 결정은 합헌결정을 내렸으나, 변정수 재판관의 반대의견은 "그 의미를 구체적으로 한정할 수 없는 아무런 기준도 없는 매우 애매모호하고 추상적 개념이어서 결국 법집행당국이 추단하는 행위자의 내심의 의사에 따라 사람을 구별"하는 것이라 비판하였다. "그 사람이 정부당국 내지는 법집행당국의 이해관계에 순응하는 사람인가 아닌가를 기준으로 적용 여부를 달리하는 결과"를 가져오고, "이러한 결과는 범죄구성요건을 명확히 정해야 한다는 죄형법정주의에 반할뿐더러 똑같은 행위일지라도 사람에 따라 차별대우를 할 수 있게 하는 것이어서 평등의 원칙에 위반된다."는 것이다. 위 부분은 2005년 개정 시 '이 법률의 목적 범위'로 바뀌었다. 개정 이유는 구법의 '정당하다고 인정되는 범위 내에서'가 지극히 모호하므로 이 문제를 극복하려는 것일 텐데, 개정 조항에 따르더라도 판단 기준은 여전히 명확하지 않다.
80 대법원 1993. 2. 9. 선고 92도1815 판결.

라고 판단하였다. 남북교류와 협력을 직접적이고 유일한 목적으로 하는 경우에만 국가보안법 적용을 배제할 수 있다는 취지로 보인다. 남북교류협력법이 국가보안법 적용을 배제하는 효과를 발휘하고 있지 못한 것이다.

남북교류협력법이 규율하는 행위유형들은 대부분 국가보안법이 처벌하는 행위들이고, 특히 제9조 '왕래'는 국가보안법 제6조 '잠입·탈출' 행위유형과 다르지 않다. 1989년 7월 문규현 신부를 북한에 파견한 신부가 제6조 공동정범으로 기소된 사건과 관련한 헌법소원에서, 헌법재판소 반대의견은 "국가보안법상의 '잠입·탈출'이라는 행위는 북한과 통모하여 남한 정부의 전복을 기도하거나 간첩활동을 하기 위한 것이 아닌 한 남북교류법상의 '왕래'와 동일한 개념으로 해석하여야 할 것"이어서 "국가보안법의 적용이 배제되고 남북교류협력법이 적용되어야 할 것"[81]이라고 한 바 있다. 정부의 방문 승인 없이 북한지역을 방문한 경우, 국가보안법이 적용되면 국가안보를 위태롭게 하는 '잠입·탈출죄'가 되지만, 남북교류협력법이 적용되면 행정목적상 필요하여 요구된 절차를 밟지 않았다는 이유로 '남북교류협력에 관한 법률위반죄'가 된다. 사전승인 없는 남북 간의 접촉행위를 단순한 질서범(행정범)으로 평가한 것이다. 형사정책상의 큰 전환이다.

이처럼 정부의 통제를 받지 않은 대북한접촉행위가 도덕적·윤리적으로 비난받는 형사범으로부터 단순한 행정법상 의무위반인 행정범으로 가치평가가 달라졌다면, 형사범으로 규율하고 있는 법률의 효용은 이미 다하였다고 보아야 한다. 서로 다른 가치평가에 따른 두 법률이 적용기준도 애매한 상태에서 양립해 있는 것은 법질서에 큰 혼란을 불러온다. 법 집행기관의 자의적 선택적 집행이 이루어질 위험도 커진다. "법 운영에 있어서 자의성을 주는 것은 법치주의 원리에 반하는 것이고 결국 법의 집행을 받

---

81 헌법재판소 1993. 7. 29. 선고 92헌바48 결정 중 변정수 재판관의 반대의견.

는 자에 대한 헌법 제11조의 평등권 침해가 되는 것"[82]이다.

국가보안법과 남북교류협력법은 반민주적 정권이 양손에 쥐고 있던 두 가지 수단이다. 정권에 비판적이거나 반대하는 사람에게는 '북으로부터 지령받아 잠입·탈출'했다며 국가보안법 위반죄를 씌우고, 그 외의 사람들에게는 남북교류협력법으로 합법성을 부여하고 그 과실을 누리게 보장하는 한편, 국가보안법 처벌 사례를 위협용으로 삼아 남북관계의 쟁점에 대한 국민 다수의 머릿속에 금단의 선이 남아 있게 하였다. 아무리 남북교류협력에 관한 법률이 있다 해도, 국가보안법 제6조 잠입·탈출죄를 그대로 두고는 자의적 적용의 평등권 침해 문제를 해소할 수 없고, 한반도의 땅 위에서도, 국민의 머릿속에서도 금단의 선을 지울 수 없다.

6. '정을 알면서'로 해소되지 않는 모호함

헌법재판소는 제6조에 대해 "구법 규정과는 달리 '국가의 존립·안전이나 자유민주적 기본질서를 위태롭게 한다는 정을 알면서' 등의 주관적 구성요건을 추가하는 등의 방법으로 구법에 비해 개념의 불명확성을 제거하여 입법목적을 일탈하는 확대해석의 위험을 제거하였으므로 헌법에 위반된다고 할 수 없다."[83]고 하였다. 그러나 법원이 이 주관적 구성요건에 관하여 엄격한 증명을 요구하지 않고 간접사실을 통해 추단해온 상황에서는, 한정합헌결정의 취지는 아무런 실효성을 갖지 못한다. 이 주관적 요건은 국가보안법의 위헌성을 감추는 수사적 표현이자 '장식'에 불과하다. 또

---

[82] 헌법재판소 1990. 4. 2. 선고 89헌가113 전원재판부 결정.
[83] 헌법재판소 2002. 4. 25. 선고 99헌바27 등 전원재판부 결정.

한 아래와 같이 각 구성요건들의 한계와 개념도 불명확하여, 공안기관의 자의에 따라 처벌의 범위가 크게 넓어질 수 있다. 남북 민간교류가 활발해질수록, 법 조항의 모호함 때문에 제6조의 자의적 남용의 위험이 더 커질 수 있고, 결국 현실과 괴리를 빚으며 일반인으로서는 처벌 범위를 예측하기 어려운 상황이 더 늘어날 수 있다. 잠입·탈출조항을 폐지하는 것만이 현실과 실정법 사이의 괴리를 해소하는 길이다.

(1) 제6조 제1항 '잠입·탈출'

헌법재판소는 "구법 제6조 제1항을 문리 그대로 해석 운영한다면 "잠입"과 "탈출"의 동기나 목적 또는 수단, 방법을 가리지 아니하고 반국가단체의 지배하에 있는 지역으로부터 우리나라에 들어오거나 그곳으로 나가는 행위가 모두 그 처벌 대상이 될 수 있으므로 국가의 존립·안전이나 자유민주적 기본질서에 해악을 끼칠 명백한 위험이 없는 경우까지로 형사처벌이 확대될 위헌적 요소가 있"다고 하였다. 이어 신법이 '국가의 존립·안전이나 자유민주적 기본질서를 위태롭게 한다는 정을 알면서'라는 주관적 구성요건을 추가함으로써 구법 규정이 띠고 있던 위헌적 요소는 제거되었다고 볼 수 있다고 하였다.[84] 그러나 '정을 알면서'라는 주관적 구성요건은 피고인의 경력, 성향, 친분 관계 등 간접사실을 통해 추단된다는 것이어서, 국가보안법 등 처벌 전력이 있거나 소속단체가 북한과 유사한 입장을 표명한 적이 있다는 등의 사정만 있으면 '정을 알면서' 한 것으로 인정될 수 있다. '정을 알면서' 판단에서는 개별 행위에 대한 행위자의 동기보다 전력과 소속이 중시된 것이 현실이다. 더구나 판례 입장과 같이 공개적인 방

---

84 헌법재판소 1997. 1. 16. 선고 92헌바6 등 결정.

북과 귀국 등까지 문언의 의미를 넘어 '잠입·탈출'로 판단되면, 처벌되는 잠입·탈출의 범위는 무한정 넓어질 수 있다. '정을 알면서' 주관적 구성요건 삽입은 처벌 범위의 불명확성 문제를 제거하지 못하였다.

(2) 제6조 제2항 '지령'

제6조 제2항 '지령' 요건도 거의 제한 없이 확대해석된다.[85] 지령은 상하적 관계가 전제된 개념이지만, 상하관계가 없고 특별한 친분도 없는 상대방의 공개적 정치 행위인 초청도 지령으로 판단되었다. 북한 김일성 주석이 1989년도 신년사에서 남한의 노태우 대통령과 김대중, 김영삼, 김종필 등 야당 총재들, 김수환 추기경, 문익환 목사 등을 북한으로 초대한다고 한 발언,[86] 범민족대회 추진을 위해 북측이 남측의 정부를 통하여 전달한 서신[87] 등도 지령으로 인정되었다. 언어의 일반적인 용례를 크게 넘는 해석까지 가능한 법규정은 명확성의 원칙에 위배되는 것이다.

심지어 대법원은 임수경 방북 사건에서 "반국가단체가 그 구성원의 지령을 받기 위하여 탈출하는 경우 그 받고자 하는 지령의 내용이 구체적으로 무엇인지, 반국가단체나 그 구성원 또는 그 지령을 받은 자의 활동을 찬양, 동조하고 그 구성원 또는 지령을 받은 자와 회합, 금품을 수수한 경우 북한공산집단에게 이익이 되는 내용이 구체적으로 무엇인지, 반국가단체나 그 구성원의 지령을 받고 잠입 또는 탈출한 경우 누가 구성원이고 누가 그 지령을 받은 자인지를 구분하여 밝히지 아니하였다고 하여 공소사

---

85 '지령'의 명확성의 원칙 위배 문제에 대하여는 제4조 제1항 본문 '지령'의 명확성의 원칙 위배 문제와 관련하여 상세히 기술하였으므로 중복을 피하기 위하여 줄인다.

86 대법원 1990. 6. 8. 선고 90도646 판결.

87 대법원 2000. 9. 29. 선고 2000도2536 판결.

실의 특정이 없었다고 할 수는 없을 것"[88]이라고까지 하였다. 지령의 내용이나 주체, 수령자가 특정되지 않았다고 하여도 유죄판결에 영향이 없다는 것이니, 여기에 이르면 단순 정보제공, 연락, 초청, 제안 가운데 범죄 구성요건인 '지령'의 범위에 해당하지 않는 것을 구분해내기조차 어렵게 된다. 위와 같이 적용되는 '지령'은 명확성의 원칙에 위배되는 법규정이다.

(3) 제6조 제2항 '목적수행'

헌법재판소는 "국가보안법 제6조 제2항의 구성요건 가운데 '목적수행'이라는 개념은 다의적이고 그 적용 범위가 광범하다. '목적수행'에는 '정부참칭'이나 '국가변란'으로 직접 이어지는 행위가 포함됨은 물론 반국가단체나 그 구성원의 존속·유지를 위한 모든 행위도 간접적으로는 목적수행을 위한 행위로 평가될 수도 있다."[89]고 명확성의 원칙 위배 문제를 지적하였다. 또 제2항은 제1항 단순 잠입·탈출죄와 달리 "반국가단체의 지배하에 있는 지역으로부터의 잠입이나 그 지역으로의 탈출을 요건으로 하고 있지 아니하므로, 잠입죄에 있어서는 잠입 전의 출발장소에, 탈출죄에 있어서는 탈출목적지에 아무런 제한이 없다. 그만큼 적용의 범위가 확대되어 있음을 뜻한다.", "이 조항을 그 문리대로만 해석하는 경우에는 '정부참칭'이나 '국가변란'과 실질적으로 관련성이 매우 희박하거나 그 중요성에 있어서 극히 사소한 것으로 인정되는 행위여서, 그것이 국가의 존립·안전이나 자유민주적 기본질서에 해악을 끼칠 위험성이 거의 없는 경우에도 적용될 소지가 없지 않다."고 하였다. 헌법재판소는 제6조 제2항을 "국가

---

[88] 대법원 1990. 9. 25. 선고 90도1613 판결.
[89] 헌법재판소 1997. 1. 16. 선고 89헌마240 결정.

의 존립·안전이나 자유민주적 기본질서에 해악을 끼칠 명백한 위험성이 있는 경우"에만 적용하는 것으로 축소 제한하면 헌법에 합치된다고 한다.

그러나 '목적수행'의 범위를 구체적인 행위로 특정하거나 제한하지 않는 이상, '명백한 위험성이 있는 경우'라는 추상적 문구만으로는 적용 범위 확대 문제를 극복할 수 없다.

7. 북에 다녀왔다고 사형까지

제6조 제2항(특수 잠입·탈출)은 지령을 받거나 목적수행을 협의한 잠입·탈출을 가중처벌한다. 제1항(단순 잠입·탈출)의 법정형은 10년 이하 징역인데, 제2항은 이보다 훨씬 무거운 사형·무기 또는 5년 이상의 징역이다. 지령과 협의에 따른 구체적 행동으로 나아가지도 않은 상태인데, 지령을 받거나 목적수행을 협의했다는 것만으로 같은 잠입·탈출행위를 제1항보다 무겁게 벌하는 것이다.

심지어 제2항은 지령을 받기 위하여 또는 목적수행을 협의하기 위하여 출국 또는 입국한 경우도 사형·무기 또는 5년 이상의 징역에 처한다. 아직 지령을 받거나 목적수행을 협의하지도 않은 상태다. 지령을 받으러 또는 목적수행을 협의하러 출국이나 입국했다는 것만으로는 이후 어떤 실행행위를 하게 될지를 전혀 예상할 수 없다. 제2항의 '목적수행'을 좁게 보아 제4조(목적수행)에서 처벌 대상으로 열거하는 각 행위로만 보더라도, 그 범위는 매우 넓고 행위양상도 그야말로 다양하다. 살인도 제4조의 목적수행행위에 포함되지만, 이른바 사회질서의 혼란을 조성할 우려가 있는 사항에 관하여 허위사실을 유포할 목적으로 음모하는 데 그친 것도 제4조의 목적수행이다. 둘 중 어느 것을 협의하기 위하여 출국했든, 제6조 제2

항에 따르면 모두 법정최고형인 사형에 이른다. 실행행위에 착수한 것도 아니고, 어떠한 실행행위에 관한 지령이나 협의인지도 전혀 가려보지 않고 지령을 받거나 목적수행을 협의하기 위하여 단지 북한지역에 갔다는 것만으로 사형을 선고할 수 있게 한 것은 책임과 형벌의 비례원칙에 어긋난다.

제8조 회합·통신 - '수인囚人'이 된 국민들

제8조(회합·통신 등) ① 국가의 존립·안전이나 자유민주적 기본질서를 위태롭게 한다는 정을 알면서 반국가단체의 구성원 또는 그 지령을 받은 자와 회합·통신 기타의 방법으로 연락을 한 자는 10년 이하의 징역에 처한다.

② 삭제 〈1991. 5. 31.〉

③ 제1항의 미수범은 처벌한다.

④ 삭제 〈1991. 5. 31.〉

나 죽으면, 높은 산 제일 꼭대기에 묻어라

대륙 산하를 볼 수 있는 곳

대륙이 보이지 않으니, 할 수 있는 건 오직 통곡뿐!

나 죽으면 높은 산 제일 꼭대기에 묻어라

두고 온 내 고향 볼 수 있도록

보이지 않지만 영원히 잊을 수 없는 곳

하늘은 아득히 창창하고, 들판은 끝없이 망망한데

산 위에 올라보니, 온 나라가 상중이다

위유런,[90] 「망대륙望大陸(국상國傷)」[91]

1. 만나고 연락하는 것도 위험하다

사람이 가족이나 사회를 이루어 살아가는 것은 타인과 관계 형성을 기본적인 전제로 한다. 만나고 모이는 것은 인간 본연의 행동이다. 타인과 관계 형성은 서로 만나거나(회합) 연락하는(통신 등) 행위를 통하여 만들어진다. 회합·통신 등이 금지·제한되면 타인과 관계를 형성하지 못하거나 지장 받게 된다. 이는 곧 인간 소외와 사회관계 단절을 초래하여 인간의 존엄을 해하고 사회·문화의 자유로운 발전을 저해한다. 따라서 회합·통신 등의 자유는 어느 인간에게도 어느 사회에서도 그 존재와 발전을 위한 필수적인 조건이다. 특히 가족을 만나고 연락하는 것은 인간이 살아가기 위하여 반드시 보장되어야만 하는 최소한의 권리다.

죄에 대해 과하는 형벌의 가장 전통적인 유형이 바로 가두어두는 것이었다. 타인과 접촉을 차단하고 대화할 수 없게 하여 정신을 고립시키는 것이다. 가두어져 타인과 연락할 수 없으면 사회 경제활동 전반을 할 수 없게 된다. 그의 활동을 차단하여 능력을 저하시키는 것이 바로 형벌의 효과다. 타인과 자유롭게 만날 수도 없고, 연락하지도 못한다면 감금되지 않았더라도 갇힌 '수인囚人'의 삶일 뿐이다. 국가보안법 제8조 회합·통신죄는

---

90 위유런(于右任, 1879-1964)은 중국의 언론인이자 민주혁명가로, 국민당 원로로서 34년간 감찰원장을 역임한 중국 역사상 가장 청렴했던 고위 공직자로 불리며 중국과 대만 모두에서 추앙받아온 인물이다. 중국에 두고 온 아내를 그리워하며 대만에서 생을 마쳤다.
91 김명호, 『중국인 이야기 3』, 한길사, 2014, 42쪽.

모든 국민에 대하여 북한 관계자와 만나거나 연락하는 것을 금지한다. 국민 전체를 가두어두는 조항이 제8조다.

국가보안법의 모태가 된 일제 강점기 치안유지법에는 '회합·통신 등' 죄는 존재하지 않았다.[92] '회합·통신 등' 처벌 규정이 처음 등장한 것은 1961년 제정된 반공법 제5조에서부터다.[93] 1980년 반공법이 국가보안법에 흡수 통합되면서 '회합·통신 등' 죄도 국가보안법 제8조[94]에 자리 잡았다. 제8조 회합[95]죄는 우연히 만나게 된 경우에는 적용되지 않고 일정한 목적을 갖고 만나는 경우에만 적용된다. 또 회합은 일정한 장소를 전제로 하지 아니한다는 점에서 집회와 구별된다. 또 제8조는 '통신 기타의 방법으로 연락(통신 등)'이라고 규정하여 전화, 팩스나 서신, 인편 등 통신수단이나 방법에 제한을 두지 않았다. 어떠한 수단·방법으로든 연락하였으면 처벌할 수 있게 한 것이다.

대법원은 제8조 성립요건으로 '국가의 존립·안전이나 자유민주적 기

---

92 치안유지법에서 국가보안법 제8조 '회합·통신 등'과 유사한 규정을 찾는다면 치안유지법 [조선총독부법률 제54호, 1941. 3. 8. 전부개정, 1941. 5. 13. 시행] 제5조 및 제11조 '목적사항의 실행에 관한 협의'의 처벌조항을 들 수도 있겠으나, 위 조항들은 국체의 변혁 또는 사유재산제도의 부인을 목적으로 하는 결사의 목적사항을 실행하는 것과 관련한 '협의'를 처벌하는 것이기 때문에, 연락하고 만나는 행위 자체를 처벌하는 국가보안법 제8조 '회합·통신 등'과 유사하다고 평가하기는 어렵다.

93 반공법 [법률 제643호, 1961. 7. 3. 제정·시행] 제5조(회합·통신 등) ① 반국가단체나 국외의 공산계열의 이익이 된다는 정을 알면서 그 구성원 또는 그 지령을 받은 자와 회합 또는 통신 기타 방법으로 연락을 하거나 금품의 제공을 받은 자는 7년 이하의 징역에 처한다.
② 전항의 미수범은 처벌한다.
③ 제1항의 죄를 범할 목적으로 예비 또는 음모한 자는 5년 이하의 징역에 처한다.

94 국가보안법 [법률 제3318호, 1980. 12. 31. 전부개정·시행] 제8조(회합·통신 등) ① 반국가단체의 이익이 된다는 정을 알면서 그 구성원 또는 그 지령을 받은 자와 회합·통신 기타의 방법으로 연락을 한 자는 10년 이하의 징역에 처한다.
② 반국가단체의 이익이 된다는 정을 알면서 국외공산계열의 구성원 또는 그 지령을 받은 자와 회합·통신 기타의 방법으로 연락을 한 자도 제1항의 형과 같다.
③ 제1항 및 제2항의 미수범은 처벌한다.
④ 제1항 및 제2항의 죄를 범할 목적으로 예비 또는 음모한 자는 7년 이하의 징역에 처한다.

95 회합을 回合이라고 쓰게 되면 '우연히 만남'의 의미이고, 會合으로 쓰게 되면 '토론이나 상담을 위하여 여럿이 모이는 일, 또는 그런 모임'의 의미를 갖는다(국립국어원 표준국어대사전). 법제처 국가법령정보센터에 따르면 회합의 죄가 처음 규정된 반공법 제5조나 이를 흡수한 국가보안법 제8조의 회합은 會合으로 확인된다.

본질서를 위태롭게 한다는 정을 알면서', '회합·통신', '실질적 해악을 끼칠 명백한 위험성' 세 가지를 든다.[96] 또 대법원은 목적수행 활동과 관계없는 모임은 회합죄가 되지 않는다[97]고 하는 한편, 사전 공동의사가 있어야 하는 것은 아니[98]라고 한다.

헌법재판소는 남한 주민이 북한 주민 등과 회합·통신 기타의 방법으로 접촉하고자 할 때에는 통일부 장관의 승인을 받도록 하는 남북교류협력에 관한 법률 제9조 제3항에 관한 위헌소원 사건에서 "이 사건 법률조항은 헌법 제10조에서 유래되는 일반적인 행동의 자유나 제14조에서 규정한 거주·이전의 자유, 제18조에서 규정한 통신의 자유 등을 제한하는 측면이 있으나"[99]라고 판시한 바 있다. 위 법 조항이 국가보안법 제8조의 적용과 관련한 규정이라고 볼 때, '일반적 행동의 자유', '거주·이전의 자유' 및 '통신의 자유'를 제8조와 관련된 기본권으로 볼 수 있다. 또 제8조는 남북분단으로 인한 이산가족에게 가족의 자유로운 형성·유지를 국가가 강제하거나 방해할 수 없다는 불가침의 인권으로서 혼인과 가족생활에 관한 헌법 제36조 제1항에 근거한 가족의 권리를 제한하는 중대한 법적 장애로 작용한다.

헌법재판소는 1991년 개정 전 제8조 제1항 중 '이익이 된다는 정을 알

---

96 대법원 2008. 4. 17. 선고 2003도758 전원합의체 판결 "국가보안법 제8조 제1항에 정한 회합·통신죄는 국가의 존립·안전이나 자유민주적 기본질서를 위태롭게 한다는 정을 알면서 반국가단체의 구성원 또는 그 지령을 받은 자와 회합·통신 기타의 방법으로 연락을 하고, 이때 그 회합·통신 등의 행위가 국가의 존립·안전이나 자유민주적 기본질서에 실질적 해악을 끼칠 명백한 위험성이 있을 때 성립한다."

97 대법원 1993. 9. 28. 선고 93도1969 판결 "반국가단체의 구성원과의 단순한 대면이나 그의 목적수행을 위한 활동과는 아무런 관련이 없는 전연 다른 의도 하에서의 모임이나 순수한 인도적 의미에서의 도움은 구 국가보안법 소정의 회합죄에 해당하지 아니한다."

98 "국가의 존립·안전이나 자유민주적 기본질서를 위태롭게 한다는 정을 알고서 그 구성원 또는 그 지령을 받은 자와 회합을 하면 성립되는 것으로서, 그것이 의례적, 사교적인 차원에서의 전혀 다른 의도하에서의 모임이 아닌 한 회합자 상호 간에 사전 공동의사가 있어야 하는 것도 아니고, 회합의 경위나 방법도 불문하여, 반드시 일정한 사항을 논의하거나 결정하여야 하는 것도 아니며, 목적수행을 위한 일련의 활동 과정에서의 모임으로 인정되면 족하다." 대법원 1990. 8. 24. 선고 90도1285 판결, 대법원 1993. 10. 8. 선고 93도1951 판결, 대법원 1995. 9. 26. 선고 95도1624 판결, 대법원 1997. 9. 9. 선고 97도1656 판결.

99 헌법재판소 2000. 7. 20. 선고 98헌바63 결정.

면서' 부분에 대해 "지나치게 포괄적이고 그 적용 범위가 광범하여 이 조항을 문리대로 해석·적용하면 국가의 존립·안전이나 자유민주적 기본질서 또는 국민의 생존 및 자유에 아무런 해악을 끼칠 우려가 없는 사항에 관한 회합·통신 등마저 처벌 대상이 될 우려가 있어 위헌적 소지가 있었다."고 하면서, 1991년 개정 시 이 부분을 삭제하고 그 대신 '국가의 존립·안전이나 자유민주적 기본질서를 위태롭게 한다는 정을 알면서'라는 주관적 구성요건을 추가함으로써 위헌적 요소를 제거하였다는 이유로 명확성 원칙에 반하지 않는다고 판단하였다.[100] 그러나 이 주관적 구성요건을 추가하였다고 하여도 모호성과 광범함이 제거되지 않는다는 점은 이미 제5조 제2항 자진지원에 관련하여 살펴본 것과 같다. 위 개정 이후에도 낯선 환경에서 가족에 대한 그리움과 생활고에 시달리며 북한 당국자들과 접촉했다가 결국 대한민국에서 다시 살기 위해 돌아온 탈북민들이 회합·통신죄로 계속하여 처벌되고 있다. 남북이 대치하고 대립하는 상황에서 살기 위해 애쓴 분단의 피해자일 뿐인 이들의 행위가 과연 대한민국의 존립·안전에 얼마나 큰 위해가 될 수 있을 것인가. 개정법의 '정을 알면서' 기준은 이들에 대해 탈북민이라는 이유로 '정을 알면서' 했을 것이라 보는 차별적 법 적용의 근거로 사용되고 있을 뿐이다.

2. 승인받고 방북해도 회합죄 처벌

(1) 조총련계 친척과 안부 연락만으로도 처벌

1970년대, 80년대에는 반국가단체의 이익이 된다는 정을 알면서 그 구

---

[100] 헌법재판소 2003. 5. 15. 선고 2000헌바66 결정, 헌법재판소 2014. 9. 25. 선고 2011헌바358 결정.

성원과 통신 기타 연락을 하면 회합·통신죄가 성립한다는 판례[101]에 기초하여, 일본에 조총련계 친척이 있는 사람들은 반국가단체의 목적수행에 직접 관련되지 않은 안부 차원의 연락으로도 제8조로 처벌되었다. 조총련 구성원인 외삼촌과 외숙모를 방문하고 귀국한 후 "무사히 도착하였고 며칠 후 외숙모의 사촌오빠를 찾아뵙고 연락을 드리겠다."고 전화한 것도 제8조 위반행위가 되었다. 외삼촌 내외로부터 외숙모의 사촌오빠와 접촉 근황을 보고하라는 지령을 받았으므로, 위 전화도 피고인이 국내에 무사히 도착하여 지령 사항을 수행하겠다는 내용이 포함된 연락이라는 이유다. 그 후 피고인이 외삼촌 내외에게 "외숙모의 사촌오빠를 만나 뵙고 왔는데, 모두 잘 있으며 외숙모의 주소와 전화번호를 적어주었으며 자주 연락드리도록 부탁하였다."는 전화를 한 것도 연락죄가 되었다. 지령 사항을 수행하였거나 수행 중임을 알리는 전화이므로 위 각 전화는 단순한 친척 간의 안부 연락을 넘어 반국가단체인 조총련의 이익이 된다는 정을 알면서 그 구성원과 지령 사항에 관한 통신 연락을 한 것이라는 이유다.[102]

(2) 사진작가 이시우의 인터넷상 댓글 사건

2007년 6월, 사진작가 이시우는 재일교포로서 조총련 소속인 임원재가 2003년 2월 통일뉴스 홈페이지에 게재된 「〈특별기고〉 주한미군의 핵에 대한 보고 – 이시우」 기고문 하단에 댓글을 게시한 것을 보고 임원재의 댓글 바로 위에 답글을 게시한 것으로 회합통신죄로 기소되었다. 인터넷 시대에는 얼굴을 마주하고 만나는 것뿐만 아니라 인터넷이나 SNS를 통한 만남과

---

101 대법원 1971. 2. 23. 선고 71도45 판결.
102 대법원 1984. 10. 10. 선고 84도1796 판결.

연락이 활발해지는 것이 당연하고, 인터넷 공간의 접촉은 단편적이고 일면적인 경우가 대부분이다. 그러나 검찰은 댓글을 쓴 사람이 조총련 소속이라는 이유로 그의 댓글에 답한 것까지 회합통신으로 기소하였다. 제8조가 '기타 방법의 연락'까지 모두 처벌대상으로 하여, 대면접촉이나 연락과는 그 양상이나 질이 다른 인터넷상 의사소통까지도 제8조 위반으로 기소한 것이다.

1심 판결[103]은 이시우 작가가 합법적으로 개최한 사진전에서 이를 관람하러 온 임원재를 한번 만났을 뿐이고 그런 관계인 임원재와 사이에 댓글과 답글을 주고받았다는 것만으로, 그와 같은 행위가 의례적, 사교적 차원을 넘어서서 어떤 목적수행을 위한 일련의 활동 과정에서 이루어진 것이라고는 인정할 수 없고, 달리 이를 인정할 아무런 증거가 없다는 이유로 무죄를 선고하였다. 이 판결은 대법원에서 최종 확정되었다.

(3) 범민련 사건

2001년 8월 조국통일범민족연합 남측본부 부의장이 통일부의 방북 승인을 받고 평양에서 열린 '2001년 민족통일대축전' 행사에 참석하였는데, 그 후 범민련 북측본부 성원 등과 만나 범민련 강령·규약 개정 등을 논의하였다가 국가보안법상 이적단체 가입, 탈출, 동조, 회합 등으로 기소되었다. 회합죄에 대해 대법원은, 승인받고 방북했더라도 그 기회에 반국가단체 구성원 등과 회합한 행위가 남북교류와 협력을 목적으로 하는 행위로서 정당하다고 인정되는 범위 내에 있다고 볼 수 없다는 이유로 유죄판결을 내렸다. 이에 대해서는 그 회합 경위나 논의 내용에 국가의 존립·안전이나 자유민주적 기본질서에 대한 명백하고 현존하는 실질적 해악성이 없

---

103 서울중앙지방법원 2008. 1. 31. 선고 2007고합558 판결.

으면 회합죄로 처벌할 수 없다는 별개 의견이 개진되었다.[104]

또 대법원은 범민련 남측본부가 일본 동경 소재 범민련 공동사무국을 통해 범민련 북측본부와 팩스로 통신한 행위를 유죄로 판단하면서 "반국 가단체의 구성원 또는 그 지령을 받은 자를 직접 상대방으로 하는 경우는 물론이고 제3자를 이용하여 통신 기타의 방법으로 연락하는 것"[105]도 제8조로 처벌하였다.

---

104 대법원 2008. 4. 17. 선고 2003도758 전원합의체 판결은 "통일부 장관의 북한 방문증명서 발급은 북한 방문 자체를 허용한다는 것일 뿐, 북한 방문 중에 이루어지는 구체적이고 개별적인 행위까지 모두 허용한다거나 정당성을 부여한다는 취지는 아니므로, 북한 방문 중에 이루어진 반국가단체 구성원 등과의 회합 등 행위가 대한민국의 존립·안전이나 자유민주적 기본질서에 실질적 해악을 끼칠 명백한 위험성이 인정되는지 여부는 각 행위마다 별도로 판단하여야 한다. 따라서 북한 방문증명서를 발급받아 북한을 방문하였다고 하더라도 그 기회에 이루어진 반국가단체 구성원 등과의 회합행위 등이 남북교류와 협력을 목적으로 하는 행위로서 정당하다고 인정되는 범위 내에 있다고 볼 수 없고, 오히려 대한민국의 존립·안전이나 자유민주적 기본질서에 실질적 해악을 끼칠 명백한 위험성이 인정되는 경우에는 그로 인한 죄책을 면할 수 없다."고 하면서, "피고인이 이 사건 북한 방문 후 반국가단체 구성원과 가진 원심 판시 범민련 회합은 정치적 논의를 금지하는 이 사건 북한 방문증명서 발급조건에 위반되는 것으로서, 그 협의회 등에서 논의된 범민련 강령·규약은 한반도의 적화통일과 사회주의 혁명을 기본목표로 하는 북한과 조선로동당의 노선에 따르는 이적단체인 범민련 및 범민련 남측본부의 활동을 구체화하기 위한 것이었으며, 비록 종전보다 내용을 완화하는 취지의 개정안이 논의되었다고는 하지만 이는 여전히 우리의 자유민주적 기본질서 전복과 적화통일 및 사회주의 체제 실현을 추종하는 범민련의 종전 기본노선을 유지하면서 범민련 남측본부의 합법성을 표방하고 대중성을 강화하기 위한 전술의 일환으로 이루어진 것이었음으로, 이와 같은 범민련의 강령·규약 개정을 논의하기 위해 이 사건 북한 방문을 기화로 원심 판시 범민련 회합을 가진 행위는 남북 교류와 협력을 목적으로 하는 행위에 해당하지 아니하는 것으로서, 국가의 존립·안전이나 자유민주적 기본질서에 실질적 해악을 끼칠 명백한 위험성이 있고, 당시 피고인 또한 그 행위가 국가의 존립·안전이나 자유민주적 기본질서를 위태롭게 한다는 정을 알고 있었다고 보기에 충분하다."는 이유로, 회합죄를 인정한 원심을 확정했다.

한편 박시환, 김지형, 전수안 대법관의 별개 의견은, "설사 어떤 단체가 국가보안법상 이적단체에 해당하고, 그 단체의 이름으로 그 단체 구성원이 반국가단체 구성원이나 반국가단체의 지령을 받은 자와 회합을 했다 하더라도, 그 모든 회합행위가 국가의 존립·안전과 자유민주적 기본질서에 실질적 해악을 끼칠 위험성이 있는 때에 해당한다고 말할 수는 없고, 그 회합의 경우나 그 회합 석상에서 논의된 내용에서 국가의 존립·안전이나 자유민주적 기본질서에 대한 명백하고 현존하는 실질적 해악성을 인정하기 어렵다면 그 회합에 대하여는 국가보안법상 회합죄로 처벌할 수는 없는 것이다."라고 하면서, 범민련 북측본부의 성원 등과의 회합 당시 논의를 통해 강령·규약을 개정하려 한 내용에 국가의 존립·안전이나 자유민주적 기본질서를 위협하는 부분을 찾아볼 수 없고, 정부가 피고인이 범민련 남측본부의 간부임을 알고 있었고, 행사 당시 범민련 회합을 예상할 수 있었음에도 불구하고 북한방문증명서를 발급해 준 사정, 위 회합 이후 범민련의 강령·규약이 개정되기는 하였으나 범민련 남측본부의 실제 활동에서 그 이적성이 이전과 비교하여 강화되었다고 볼 자료를 찾기 어려운 사실 등에 근거하여 "피고인의 이 사건 범민련 회합행위는 겉으로는 반국가단체 구성원과 회합한 것에 해당하는 것이나, 더 나아가 국가보안법 제8조 제1항이 적용되어야 할, 국가의 존립·안전이나 자유민주적 기본질서에 실질적 해악을 끼칠 명백하고 현존하는 위험성이 있는 경우에 해당한다고 말하기는 어렵다."며 다수의견에 반대하고 "회합죄를 유죄로 인정한 원심판결에는 국가보안법의 해석·적용에 관한 법리를 오해한 위법이 있다"고 판시하였다.

105 대법원 1996. 12. 23. 선고 96도2673 판결.

(4) 대북협력사업가들

2000년 이후 남북교류가 활발해지면서 대북, 대중국사업을 하는 사업체들도 많이 생겨나게 되었다. 남북한 정부당국자들 사이의 대화뿐만 아니라 민간교류 역시 같은 민족으로서 동질감을 만들어가고 평화와 통일을 위해 반드시 이루어져야 하는 절차라고 할 것이다. 하지만 합법적인 남북교류협력사업인지 국가보안법상 회합·통신인지 구별 기준이 명확하게 정립된 것이 아니어서, 그 구별은 그야말로 '귀에 걸면 귀걸이, 코에 걸면 코걸이'라고 할 정도로 자의적이다.

종래에는 남북교류협력사업이던 것이 이명박 정부의 5·24 조치로 남북교류가 차단된 이후에는 국가보안법상 회합·통신행위로 처벌되기도 하였고, 그 과정에서 사업을 위해서 만났던 무역중개상들이 '북한공작원'으로 둔갑하기도 하였다.[106] 어제까지만 해도 건실한 사업가이자 대북협력사업체의 대표였던 사람이 하루아침에 '간첩'이 되고, 대북 교류가 막히면서 쌓인 재고를 해결하기 위해 중국 현지에서 무역중개상을 만나 수출경로를 의논한 것이 '북한공작원과 회합·통신'한 국가보안법 범죄행위가 되어 처벌되는 것이 최근 대북협력사업가들이 겪는 일이다.

중국 동포인 줄 알았던 무역중개상이 실제로는 북한 국적 공작원이라는 사실은 검사가 입증해야 하지만, 실제 재판에서 그 입증 방법은 피고인과 무역중개상 간의 거래에는 전혀 개입한 바 없고 이미 오래전 북한을 떠나온 탈북민의 증언뿐이다. 증인으로 나온 탈북민이 "내가 북한에 있을 때 본 사람인데, 북한보위부 고위공작원이 맞다."고 말하는 순간, 이름도 제대로 알지 못하고 만난 사람은 북한공작원임이 입증되고, 법원은 당사자에게

---

106 연합뉴스 2016. 8. 15., 「북한공작원과 연계…군용 타이어 밀반출하다 덜미」

'북한공작원을 만난 회합·통신죄'로 유죄를 선고한다. 탈북민의 증언은 시간적으로 크게 동떨어진 경험을 말하는 것뿐이므로 그 신빙성도 매우 낮을 뿐만 아니라, 증언 내용이 사실이라고 하더라도 공소사실과 관련도 극히 적다. 하지만 이 증언은 길게는 몇십 년이 지난 뒤에도 그 공작원이 계속 공작 활동을 하고 있다는 유력한 증거로 사용되고 있다.

3. 가족을 만나려다 처벌되는 탈북민들

(1) 대한민국에 다시 돌아온 탈북민에게 실형 선고

최근 제8조 처벌 사례 중 탈북민들이 늘고 있다. 탈북민 가운데는 대한민국 생활에 적응하기 어려워 재입북을 시도하면서 회합·통신 처벌 위험에 노출되는 경우가 드물지 않다. 2006년 대한민국에 입국 후 아파트 보증금을 포함한 2천만 원의 정착지원금과 함께 기초생활수급자로서 매월 30만 원의 정부 지원을 받으며 대학에 다니던 탈북민이 대한민국에 적응하지 못하고 캐나다, 노르웨이 등에 난민 신청을 하였다가 실패하고 다시 어린 시절을 보낸 북한에 대한 향수로 2013년 5월 중국 단둥 소재 북한 영사 지부와 심양 소재 총영사관을 찾아가서 재입북 의사를 밝힌 사건에서, 북한 영사는 피고인의 대한민국 여권을 받고 탈북 경위를 A4 용지 5장 분량쯤 적게 한 뒤 얼굴 사진을 찍고 "조선에서 신분이 확인될 때까지 1주일 정도 기다리라."며 30여 분 만에 여권을 돌려주고 피고인을 총영사관에서 내보냈는데, 피고인은 인근 호텔에서 기다리다가 심경에 변화를 일으켜 귀국하였다. 그 후 피고인은 2014년 2월 재입북하였다가 결국 재탈북하였는데, 실제 재입북에 성공한 행위뿐만 아니라, 입북을 시도하였으나 중도에 그만둔 2013년 5월 행위에 대해서도 반국가단체의 지배하에 있는 지역인 총영사관 내로 탈출하고 반국가단체 구성원인 영사와 회합·통신한 것으로 유죄판결을 받았다.[107]

그러나 재입북했다고 하여 탈출 및 회합·통신죄로 처벌받는 탈북민은 결국 대한민국으로 다시 돌아온 사람들이다. 지금 대한민국에서 살기 위해 돌아온 사람들을 이전에 북으로 탈출하고 반국가단체 구성원과 회합·통신했다고 구속하고 '대한민국 정착을 다짐' 받으며 실형에 처하여 수감하는 것이 적절한지 의문이다. 더구나 위 사건에서는 재입북에 성공한 회합·통신 외에 재입북 시도를 중단한 회합·통신도 유죄로 인정되었는데, 재입북 시도를 중단한 회합·통신은 현행 판례에 따른 해석으로도 국가의 존립·안전이나 자유민주적 기본질서를 위태롭게 하는 것으로 보기 어렵다. 또 1심 판결은 양형 사유로 "탈북 후 대한민국 정부로부터 지원을 받고 생활하다 자진하여 재입북한 것"을 불리한 사유로 판시했는데, 2012년에서 2016년까지 탈북민 7,700여 명 가운데 비보호처분을 받은 175명을 제외하고 98퍼센트가 정부 지원을 받은 점[108]을 고려하면, 탈북민의 절대다수가 불리한 양형 사유를 안고 있는 셈이다.

(2) 탈북민도 가족을 그리는 이산가족

2009년 제정된 남북 이산가족 생사확인 및 교류 촉진에 관한 법률 제2조 제1호는 '이산의 사유와 경위를 불문하고, 현재 군사분계선 이남지역(남한)과 군사분계선 이북지역(북한)으로 흩어져 있는 8촌 이내의 친척·인

---

107 1심 춘천지방법원 속초지원 2015. 4. 8. 선고 2015고단44 판결, 2심 춘천지방법원 강릉지원 2015. 6. 11. 선고 2015노153 판결.
108 문영심, 위의 책, 202-203쪽.

척 및 배우자 또는 배우자이었던 자'를 이산가족으로 정의한다.[109][110] 이산가족이 된 경위와 상관없이 남과 북으로 흩어져 사는 일정한 범위의 친족이 모두 이산가족에 포함되는 것이다. 1950년 한국전쟁으로 인해 남과 북에 흩어져 살게 된 가족들뿐만 아니라 그 전후의 입북자, 탈북민 등도 모두 위 법상 이산가족에 해당한다.

한국전쟁 시기에 생겨난 이산가족들도 남북당국 간 합의를 통해서만 만날 수 있을 뿐 그 이외의 방법으로 접촉하기 어려운 현실에 처해있는데, 정부가 주도한 상봉 행사에는 전쟁 시기 생겨난 이산가족이나 오래전에 헤어진 국군포로 가족들만이 참여할 수 있을 뿐, 탈북민들은 탈북 등으로 새로이 생겨난 이산가족으로서 위 법률상 이산가족에 해당하면서도 처벌의 위험 없이 가족을 만날 권리를 보장받지 못한다.

탈북민들은 대한민국에 올 때도 합동신문센터의 심사와 확인을 받아야만 했는데, 북한에 있는 가족을 만나러 가면 북한 기관의 심사를 받는 상황에 처할 수 있다. 탈북민들이 가족과 연락하다 보면 그 사회의 다른 사람과도 연락이 닿지 않을 수 없다. 가족과 만나고 연락하기 위해서는 부딪힐 수밖에 없는 상황에서 한 행동을 일일이 반국가단체 구성원과 회합·통신한 것으로 보아 처벌하면 결국 탈북민들은 가족과 연락 자체를 저해 받을 수밖에 없다. 더구나 제8조는 법정형으로 징역형만을 규정하고 있어, 탈북민들은 가족과 만나거나 연락하려다 신체의 자유를 제한당할 수 있

---

109 남북 이산가족 생사확인 및 교류 촉진에 관한 법률 제2조(정의)
1. "남북 이산가족"이란 이산의 사유와 경위를 불문하고, 현재 군사분계선 이남지역(이하 "남한"이라 한다)과 군사분계선 이북지역(이하 "북한"이라 한다)으로 흩어져 있는 8촌 이내의 친척·인척 및 배우자 또는 배우자이었던 자를 말한다.

110 남북 이산가족 생사확인 및 교류 촉진에 관한 법률 시행령은 제6조 민간교류경비 지원 대상에서만 북한이탈주민을 제외하고 있을 뿐, 다른 조항에서는 북한이탈주민을 제외하지 않는다.
제6조(민간교류경비 지원의 요건과 절차 등) ① 통일부장관은 남한의 이산가족(「북한이탈주민의 보호 및 정착지원에 관한 법률」 제2조제2호에 따른 보호대상자나 보호대상자이었던 사람은 제외한다. 이하 이 조에서 같다)이 민간차원에서 다음 각호의 어느 하나에 해당하는 교류활동을 한 경우 법 제11조제1항에 따른 민간교류경비(이하 "민간교류경비"라 한다)를 지원할 수 있다.

고, 우리 사회에 적응할 가능성도 더 낮아질 위험에 처하게 된다.

낯선 환경에서 가족에 대한 그리움과 생활고에 시달리며 가족 재결합 또는 다시 고향에서 생존을 시도하려고 북한 당국자들과 접촉했다가 결국 대한민국으로 다시 살기 위해 돌아온 탈북민의 회합·통신 행위가 과연 대한민국의 존립·안전에 얼마나 큰 위해가 될 수 있을 것인가. 그 역시 남북이 대치하고 대립하는 상황에서 살기 위해 애쓴 분단의 피해자일 뿐이다. 탈북민들도 가족을 그리워하는 이산가족이다. 탈북민들이 북의 가족과 대면하고 연락하는 과정에서 북측이 가하는 규제는 별론으로 하고, 우선 우리 측에서 가해질 수 있는 형사처벌의 위험을 제거하여 가족을 만날 권리를 보장함으로써 이후 이들이 남북 어디로부터도 처벌받지 않고 가족과 만나고 가족관계를 유지할 권리를 보장받을 수 있도록 해야 한다.

4. 통신의 자유부터 가족에 관한 권리까지

(1) 통신의 자유 등

제8조와 관련해서는 통신의 자유, 거주·이전의 자유, 일반적 행동의 자유, 가족에 관한 권리가 중첩하여 관련된다. 통신의 자유는 헌법 제18조 "모든 국민은 통신의 비밀을 침해받지 아니한다."에 근거한 기본권이다. 위 조항은 통신의 비밀에 대한 불가침을 규정하는데, 이는 통신의 자유가 전제되어야만 가능하므로 통신의 자유를 보장하는 취지로 보아야 한다.[111]

---

111 김상겸, 「개인정보보호와 감청에 관한 헌법적 연구」, 《비교법연구》 제10권 3호, 동국대학교 비교법문화연구소, 2010, 133쪽.

¹¹² 국민의 사생활 영역을 주로 공간적으로 보호하기 위한 것이 거주·이전의 자유라면, 이를 내용적으로 보호하기 위한 것이 통신의 자유라고 해석하기도 한다.¹¹³ 각자가 자유롭게 자신의 의사를 형성하려면 다른 사람과 제한 없이 통신할 수 있어야 한다는 점에서, 통신의 자유는 양심의 자유, 사상의 자유와도 관련된다. 또 다른 사람과 통신이 자유로워야 표현도 자유로울 수 있으므로, 통신의 자유는 표현행위의 기초 내지 전제가 된다.¹¹⁴ 통신의 자유는 자신이 원하는 대로 통신할 수 있는 자유라는 의미에서 일반적인 행동의 자유와도 관련된다.¹¹⁵

통신의 자유는 소극적으로는 통신내용의 비밀 보호, 적극적으로는 자유로운 의사 전달·소통을 핵심 내용으로 한다. 따라서 국가는 국민이 통신수단이나 매체를 자유롭게 이용하고 제한 없이 접근할 수 있는 권리를 보장해야 할 의무가 있다. 통신의 자유 행사는 거주·이전의 자유 행사보다 공익에 위해를 가할 가능성이 적으므로, 통신의 자유 제한에는 거주·이전의 자유 제한보다 더욱 엄격한 법리가 적용되어야 한다. 일반적 행동의 자유는 제5조 제2항 금품수수와 관련하여 살핀 것과 같이 헌법 제10조 행복추구권으로부터 나오는 것으로, 인격의 자유발현을 위해 필요한 행동을 할 자유다. 헌법 제14조 "모든 국민은 거주·이전의 자유를 가진다."에

---

112 헌법재판소도 같은 취지로 "헌법 제18조에서는 '모든 국민은 통신의 비밀을 침해받지 아니한다.'라고 규정하여 통신의 비밀보호를 그 핵심내용으로 하는 통신의 자유를 기본권으로 보장하고 있다."고 한다. 헌법재판소 2001. 3. 21. 선고 2000헌바25 결정.

113 헌법재판소는 이와 관련하여 "통신의 자유를 기본권으로써 보장하는 것은 사적 영역에 속하는 개인 간의 의사소통을 사생활의 일부로서 보장하겠다는 취지에서 비롯된 것이라 할 것이다. 그런데 개인과 개인 간의 관계를 전제로 하는 통신은 다른 사생활의 영역과 비교해볼 때 국가에 의한 침해의 가능성이 매우 큰 영역이라 할 수 있다. 왜냐하면 오늘날 개인과 개인 간의 사적인 의사소통은 공간적인 거리로 인해 우편이나 전기통신을 통하여 이루어지는 경우가 많은데, 이러한 우편이나 전기통신의 운영이 전통적으로 국가독점에서 출발하였기 때문이다. 사생활의 비밀과 자유에 포섭될 수 있는 사적 영역에 속하는 통신의 자유를 헌법이 별개의 조항을 통해서 기본권으로 보호하고 있는 이유는 이와 같이 국가에 의한 침해의 가능성이 여타의 사적 영역보다 크기 때문이라고 할 수 있다."라고 하였다. 헌법재판소 2001. 3. 21. 선고 2000헌바25 결정.

114 권영성, 『헌법학원론』, 법문사, 1995, 419쪽.

115 전학선, 「통신의 자유와 통신차단장치」, 《헌법학연구》 제7권 4호, 한국헌법학회, 2001, 241쪽.

근거하여 보장되는 거주·이전의 자유는, 제6조 잠입·탈출 부분에서 살핀 것과 같이, 인간 존재의 본질적 자유로서 인간의 활동영역을 확대시켜 줌으로써 자유로운 인간교섭의 장을 마련하여 주는 것일 뿐 아니라 개인의 인격형성과 인간적 성장을 뒷받침한다는 의미에서 인간의 존엄과 가치를 유지하기 위한 자유로서 성격도 갖고 있다.[116] 거주·이전의 자유는 개인 또는 집단에게 이동의 자유를 보장하는 것이므로 상호 회합이나 대면 통신 등이 가능하게 하는 전제가 된다.

(2) 가족에 관한 권리

가족에 관한 권리는 가족을 자유롭게 형성하고 유지할 수 있는 권리로서, 인간의 존엄과 가치를 구현하는 데 있어 반드시 보장되어야 할, 인간이면 누구에게나 보장되어야 하는 인권에 속한다.[117] 가족에 관한 권리는 헌법상 보장된 기본권으로 수용되어 있으며, 다양한 국제법규에 근거하여 인정되는 국제법적 권리로도 보장되어 있다.

즉, 헌법 제36조 제1항은 "혼인과 가족생활은 개인의 존엄과 양성의 평등을 기초로 성립되고 유지되어야 하며, 국가는 이를 보장한다."고 규정하여, 국가에 혼인과 가족생활 유지를 보장할 의무를 명시한다. 모든 인간에게 기본적 인권 및 인간의 존엄과 가치를 보장하기 위하여 제정되었으며 모든 인권에 관한 국제협약의 이념적 기초가 되는 세계인권선언 제16조 제3항은 "가정은 사회의 자연적이고 기초적인 단위이며, 사회와 국가의 보호를 받을 권리가 있다."[118]고 하여 가족에 관한 권리가 인간의 보

---

116 권영성, 『헌법학원론』, 법문사, 1995, 414쪽.
117 이준일, 「이산가족의 가족에 관한 권리」, 《헌법논총》 제25권, 2014, 313쪽.
118 Universal Declaration of Human Rights 16. 3. The family is the natural and fundamental group

편적 권리임을 선언한다. 자유권규약 제23조 제1항은 위 세계인권선언과 같은 내용을 규정한다.[119] 자유권규약 제23조에 관한 자유권규약위원회 일반논평 19호(1990년) 1문단[120]은 자유권규약 제24조의 가족 구성원으로서 아동의 권리를 이와 관련하여 상기시킨다. 또한 5문단은 가정을 구성할 권리란 함께 살 가능성을 포함하는 것으로, 정치적 이유로 가족 구성원들이 떨어져 있는 경우, 국내 차원에서 그리고 다른 국가들과 협력하여 가족의 화합이나 재결합을 위하여 적절한 조치를 해야 한다고 정한다. 나아가 경제적·사회적 및 문화적 권리에 관한 국제협약(사회권규약) 제10조는 가족에 대한 국가의 보호와 지원을 가능한 한 폭넓게 인정하도록 요

---

unit of society and is entitled to protection by society and the State

119 시민적 및 정치적 권리에 관한 국제규약 제23조
1. 가정은 사회의 자연적이며 기초적인 단위이고, 사회와 국가의 보호를 받을 권리를 가진다.

120 General comment No. 19: Article 23 (The family), 1990
1. Article 23 of the International Covenant on Civil and Political Rights recognizes that the family is the natural and fundamental group unit of society and is entitled to protection by society and the State. Protection of the family and its members is also guaranteed, directly or indirectly, by other provisions of the Covenant. Thus, article 17 establishes a prohibition on arbitrary or unlawful interference with the family. In addition, article 24 of the Covenant specifically addresses the protection of the rights of the child, as such or as a member of a family. In their reports, States parties often fail to give enough information on how the State and society are discharging their obligation to provide protection to the family and the persons composing it.
자유권규약 제23조는 가정이 사회의 자연적이며 기초적인 단위이고, 사회와 국가의 보호를 받을 권리가 있음을 규정하고 있다. 가정과 그 구성원들에 대한 보호 역시 동 규약의 다른 규정들에 의해 직접 또는 간접적으로 보장된다. 그러므로, 제17조에서는 가정에 대한 자의적이거나 불법적인 간섭을 금지하고 있다. 게다가, 동 규약 제24조는 특히 아동으로서 또, 가족 구성원으로서의 아동의 권리를 규정하고 있다. 당사국들은 종종 보고서에서 가정과 가족 구성원들을 보호하기 위해 국가와 사회가 의무를 어떻게 이행하고 있는지에 대한 정보를 충분히 제공하지 않는다.
5. The right to found a family implies, in principle, the possibility to procreate and live together. When States parties adopt family planning policies, they should be compatible with the provisions of the Covenant and should, in particular, not be discriminatory or compulsory. Similarly, the possibility to live together implies the adoption of appropriate measures, both at the internal level and as the case may be, in cooperation with other States, to ensure the unity or reunification of families, particularly when their members are separated for political, economic or similar reasons.
'가정을 구성할 권리'는 원칙적으로, 자녀를 출산하고 함께 살 가능성을 내포한다. 당사국이 가족계획 정책을 채택한 경우, 그 정책은 동 규약과 부합해야 하고, 특히, 차별적이거나 강제적이어서는 안 된다. 마찬가지로, '함께 살 가능성'은 특히, 정치·경제적 혹은 기타 비슷한 이유들로 인해 가족 구성원들이 떨어져 있는 경우, 국내 차원에서 그리고 다른 국가들과 협력하여 가족의 화합이나 재결합을 위해 적절한 조치를 취하는 것을 의미한다.

구한다.[121]

가족에 관한 권리는 누구든지 자유롭게 가족을 형성할 수 있는 권리로, 적극적으로 가족을 형성할 권리뿐만 아니라 이미 형성된 가족을 계속 유지할 권리, 가족생활을 어떠한 내용과 방식으로 유지할지 결정할 수 있는 자유를 내용으로 한다. 특히 가족 유지에 관한 권리에서는 가족 구성원들끼리 원하면 언제든지 자유롭게 얼굴을 맞대고 이야기를 나눌 수 있는 '면접교섭권'이 핵심을 이룬다. 면접교섭권은 가족생활의 핵심요소인 공동생활, 보호, 부양, 교육, 양육, 친밀감 형성에서 필수적인 전제조건이기 때문이다. 가족 구성원들끼리 서로 원할 때 자유롭게 만나서 손을 맞잡고 정을 나눌 수 없다면 공동생활도, 보호나 부양도, 교육이나 양육도, 친밀감의 형성도 불가능하다. 따라서 가족에 관한 권리, 특히 가족의 유지에 관한 권리가 보장되었다고 말할 수 있으려면 면접교섭권이 필수적으로 보장되어야 한다.[122] 면접교섭을 위한 절차가 지나치게 복잡하거나, 해당 절차를 거칠 경우 형사처벌을 받을 위험에 처하게 되면 이는 가족의 유지에 관한 권리가 보장되는 것이라 하기 어렵다.

우리나라에서 가족에 관한 권리가 일반성과 보편성에서 마주치게 되는 문제 중의 하나가 이산가족 문제다. 이산가족은 전 세계 어디든 존재하지만, 남북이 분단된 우리에게는 '이산가족'이 고유명사화 되어 있다. 남북으로 분리된 이산가족도 당연히 헌법상, 국제법상 보장된 가족에 관한 권리의 주체가 된다. 그런데 이산가족에게는 가족에 관한 권리 중 가족 형성

---

121 경제적·사회적 및 문화적 권리에 관한 국제규약 제10조
이 규약의 당사국은 다음 사항을 인정한다.
1. 사회의 자연적이고 기초적인 단위인 가정에 대하여는, 특히 가정의 성립을 위하여 그리고 가정이 부양 어린이의 양육과 교육에 책임을 맡고 있는 동안에는 가능한 한 광범위한 보호와 지원이 부여된다. 혼인은 혼인의사를 가진 양 당사자의 자유로운 동의하에 성립된다.
122 이준일, 위의 글, 295-297쪽.

에 관한 권리보다는 가족 유지에 관한 권리가 중요하다. 그중에서도 '면접교섭권'을 자유롭게 행사하는 것이 가장 중요하다. 정부는 남북 간 이산가족 상봉 행사를 벌여 왔지만,[123] 이산가족 당사자들의 기본적인 인권 보장이라는 '인권적 관점'이 아니라 남북 간 활발한 인적 교류를 통해 통일을 앞당길 수 있다는 '정책적 관점'에서만 접근해왔고,[124] 대단히 제한적인 이산가족 인원으로만 행사를 진행해왔다는 비판이 제기되고 있다.

남북당국이 모두 자유로운 교류를 허용하고 보장하며 지원해야 하는데, 북이 이러한 보장책을 마련하고 있는지 의문이나, 남의 국가보안법 제8조 회합·통신죄도 문제인 것은 분명하다. 이산가족의 경우 70세 이상의 고령자가 85.6퍼센트를 차지[125]하는 상황에서, 남북 이산가족 간의 연락이나 만남이 국가의 존립·안전에 명백·현존하는 위험을 불러오는 것이라고 하기 어렵다. 이산가족들 사이의 회합·통신에 대해서는 남북교류협력법상 승인이 있는 이상 그 내용이나 형식을 따지지 않고 국가보안법의 적용을 완전히 배제하는 것이 시급하다.

5. 어느 분단국도 만남과 연락을 처벌하지 않는다

인격의 자유 발현을 위해 필요한 행동을 할 수 있는 자유, 타인과 교섭을 위해 자유롭게 이동할 수 있는 자유, 자신의 의사를 타인에게 전달하고

---

123 통일부 통계에 따르면, 2021. 8. 31. 기준으로 정부에 이산가족 상봉을 신청한 인원은 총 133,530명이다. 정부가 1985년 최초로 남북 이산가족 상봉행사를 진행한 이래 최근 마지막 위 행사가 진행된 2018년까지 직접 상봉할 수 있었던 이산가족은 총 20,761명(화상 상봉한 3,748명 제외)으로, 신청인원 대비 15.5퍼센트에 불과하다.
124 이준일, 위의 글, 291쪽.
125 통일부, 「이산가족정보통합시스템」, 이산가족등록현황(2022. 1. 31. 기준)

소통할 수 있는 자유는 민주주의의 근간일 뿐만 아니라 개인의 사상과 인격 형성에도 핵심적인 역할을 하며, 일반적 행동의 자유, 거주·이전의 자유 및 통신의 자유의 핵심적인 내용을 이룬다. 또 자유롭게 가족을 형성하고 유지하는 것을 내용으로 하는 가족에 관한 권리는 인간의 존엄과 가치를 구현하는 데 있어 반드시 보장되어야 할 기본적인 인권에 속한다. 따라서 이러한 자유와 권리들은 가능한 한 최대한으로 폭넓게 보장되어야 하고, 이에 대한 제한은 지극히 절제되고 엄격한 방식으로 가능한 한 최소한의 범위에 그쳐야 한다.

(1) 목적의 정당성

제8조의 입법목적은 "반국가단체의 구성원 또는 그 지령을 받은 자들과의 회합·통신 기타 연락행위를 엄격히 차단함으로써 반국가단체의 조직유지·확대 및 목적수행 활동을 봉쇄하고자 함"이라고 설명된다. "반국가단체가 그 조직을 유지·확대시키고 그 목적 활동을 수행하려면 필연적으로 그들 상호 간 또는 외부인들과 회합·통신 등 방법으로 연락을 취하여야 하고, 일반 국민이 반국가단체의 구성원과 회합·통신 등 연락을 하게 되면 통상은 그들의 선전·선동에 현혹될 위험성이 크다."[126]는 것이다. 1990년 이전 적용사례를 통해 보면, 제8조의 목적은 위와 같은 논리로 북한 주민들과 만나고 연락하는 것 자체가 위험한 것임을 상기시켜 만남과 연락을 일체 금지하는 데 있었다고 할 수 있다. 물론 일반 국민이 북한 구성원과 연락하게 되면 현혹될 위험이 크다는 위 주장이 민간의 남북교류협력이 시작된 1990년대 이후에는 전혀 현실성 없는 것임은 명백하다.

---

126 황교안, 위의 책, 423쪽.

1990년대 들어 남북교류협력에 관한 법률이 시행된 이후에도 살아남은 국가보안법 제8조는, 구법의 '이익이 된다는 정을 알면서' 부분을 삭제하고 대신 '국가의 존립·안전이나 자유민주적 기본질서를 위태롭게 한다는 정을 알면서'라는 주관적 구성요건을 추가하였다. 헌법재판소는 구법 제8조 제1항 중 '이익이 된다는 정을 알면서' 부분은 "지나치게 포괄적이고 그 적용 범위가 광범하여 이 조항을 그 문리대로 해석·적용하면 국가의 존립·안전이나 자유민주적 기본질서 또는 국민의 생존 및 자유에 아무런 해악을 끼칠 우려가 없는 사항에 관한 회합·통신 등마저 처벌 대상이 될 우려가 있어 위헌적 소지가 있었"다고 하였다. 반면 개정된 제8조는 구법의 위헌적 요소를 제거하였으므로, 명확성의 원칙에 위반되지 않아 합헌이라고 판단해왔다.[127]

그러나 1990년대에 개정 제8조가 실제 적용된 양상을 보면, '위태롭게 한다'는 정을 알고 있었는지 여부는 행위자의 과거 전력, 소속단체, 사상이나 정치적 의견을 근거로 차별적으로 판단되어 왔다. 반민주적 집권세력이 이른바 '창구단일화' 논리로 북한주민 접촉승인 권한을 독점하고, 정부 정책에 동의하는 사람들에게는 북한 측과 회합·통신할 수 있게 하되, 정부 정책에 반대하는 민주화·통일운동단체와 인사들의 북한 접촉은 처벌하고 금지하기 위하여 제8조가 사용된 것이다. 정치적 의견이 다른 통일운동단체와 인사를 처벌하는 것이 제8조의 실질적 목적이 되었다고까지 볼 수 있다.

2000년 6·15 공동선언 이후 김대중·노무현 정부에서는 남북교류협력에 관한 법률 적용 폭을 넓혀 민간교류가 비교적 자유롭게 이루어질 수 있게 하였고, 자연스럽게 국가보안법 제8조 처벌 사례도 줄었다. 그러나 이

---

127 헌법재판소 1997. 1. 16. 선고 92헌바6 등 결정, 헌법재판소 2002. 4. 25. 선고 99헌바27 등 결정, 헌법재판소 2003. 5. 15. 선고 2000헌바66 결정, 헌법재판소 2014. 9. 25. 선고 2011헌바358 결정.

명박·박근혜 정부 들어 민간교류를 억제하고 제8조 적용을 확대하면서, 법원은 남북교류협력에 관한 법률상 승인받은 방북이라 할지라도 방북 목적을 넘은 행위는 국가보안법 제8조 회합·통신죄 처벌 대상이 된다는 판례까지 내놓았다. 남북교류협력에 관한 법률상 절차를 완료하고 함께 방북한 일행이 모두 국가보안법 적용이 배제된다고 신뢰하였다가, 일행 중 특정 단체 소속 인사들에 대해서만 뒤늦게 국가보안법이 적용되는 것이다. 이러한 논리라면 남북교류협력에 관한 법률상 인정되는 목적 범위는 매우 좁을 수밖에 없을 뿐만 아니라, 북한주민 접촉 신고가 수리되었다 할지라도 행위자로서는 어떤 말과 행동이 신고 범위 내의 것인지 명확하게 구분해낼 수 없다. 결국 국민들로서는 누구에게 언제 어떤 경우에 국가보안법이 적용될 것인지 사전에 예상할 수 없게 되어, 형벌법규의 자의적 적용으로 평등권이 침해되는 상황이 된다. 여전히 제8조의 실질적 목적은 정치적 의견이 다른 단체와 인사들의 북한 접촉을 금지하고 처벌하는 것에 머물러 있다. 차별적 처벌을 목적으로 하는 법률에는 목적의 정당성을 인정할 수 없다.

(2) 수단의 적합성

혈연적 인적 관계는 형사처벌의 위협이 존재한다고 해도 인위적으로 없앨 수 없다. 전쟁으로 흩어진 이산가족들이 몇십 년 만나지 못하고 사망해도 후손들은 또다시 서로를 찾고 만난다. 공간지리적 조건과 오랜 역사, 문화적 유산의 공유를 통해 형성된 공동생활 관계의 밀접성 역시 형사처벌의 장벽 아래 옅어지기는 하나 아예 제거되지는 않는다. 사람과 사람이 만나고 대화하는 것이 쌍방의 체제에 위험을 증가시킨다고 해도, 만남은 영영 금지될 수 없다. 인간사회의 어떠한 접촉도 아예 금지할 수 없다. 위험한 교섭과 위험하지 않은 교섭을 가려내는 것으로 쌍방에 대한 영향을 없애거나 무해하게 만들 수는 없다. 오히려 만남을 특별하지 않은 것으로 만들어 사회적 면역을 형성하고 서로 섞이게 하여 사상의 자유 시장에서 다듬고 순화하여 수용하는 것이 위험을 줄이는 길이다.

우리와 같이 분단을 겪은 나라들의 대응 방법을 보면, 만남과 연락을 처벌하는 것은 국가안전보장을 위한 적절한 수단이 되지 못했다. 인적 교류를 허용하고 상호 연락이 가능하게 하는 것이 오히려 국가안전보장에 유익했다. 1961년 장벽이 세워진 베를린에서도 크리스마스 기간에 헤어진 가족과 친족을 만나게 하자는 빌리 브란트 서베를린 시장의 제안으로 '베를린 통행증 협정'이 시행되어 1963년 12월 25일부터 1964년 새해까지 2주일간 서베를린 사람들이 동베를린을 방문했다.[128] 1972년 5월 '독일민주공화국(동독)과 독일연방공화국(서독) 간의 교통 문제에 관한 조약(교통조약)'이 체결되어 동서독 여행 제약 조건이 완화되자 인적 교류가 본격적으로 늘어났다. 1972년 12월 동서독기본조약에서 통행 규제가 더욱 완화되고 이산가족의 재결합, 우편물 교환도 합의되었다.[129] 이 노력들은 이후 1991년 독일통일로 이어졌고, 그 후 동서독 간 차이를 이해하고 격차를 줄이기 위한 정책을 통해 독일의 안정적 성장을 불러왔다.

국공 내전으로 심각한 피해를 겪은 중국과 대만도 1987년 상호 친척 방문을 허용하면서 인적 교류를 시작해 지속적으로 확대해왔다. 대만은 1987년 10월 15일 전통윤리 및 인도적 사고라는 입장에 따라 1987년 11월 2일부터 대만지구 주민의 대륙 친척 방문을 허용하였다. 처음에는 대륙지구에 3촌 이내의 혈족, 배우자가 있는 자에 한하여 연간 1회 3개월 이

---

128 김연철b, 『협상의 기술』, 휴머니스트, 2016, 595쪽.
129 김연철b, 위의 책, 617쪽.

내의 대륙 방문을 허용하였는데, 1989년 8월부터는 방문 가능 친족의 범위가 4촌 이내로 확대되었고, 1990년 5월 26일부터는 방문 횟수 제한이 없어지고 체류 기간 제한도 2년 이내로 늘어났다. 다만 직항로가 개설되어 있지 않아 홍콩 등 제3지역을 경유하고 있고, 공무원은 대륙 방문에 제약이 있다. 대만은 가족을 만나고 돌볼 수 있도록 대륙 주민에게 대만에서 가족 상봉을 위해 1년까지 체류 기간을 보장한다. 문병 또는 문상을 위해 방문한 경우 4개월까지 체류할 수 있다. 구급된 친척을 위한 면회 방문도 가능하다. 각급 학교 학생은 누구나 대륙 또는 대만을 방문하여 서로 교류할 것을 신청할 수 있다. 대만지구 주민의 배우자로서 결혼 후 만 2년이 지났거나 자녀를 출산한 때에는 대만지구 거류를 신청할 수 있고, 계속 만 2년을 거류한 후에는 정착신청을 할 수 있다. 원래의 호적이 대만지구에 있는 사람들은 아무런 제한 없이 대만 복귀 정착 거주가 가능하다.[130] 중국 역시 1987년부터 인적 교류 관련 법제를 만들었고, 1988년 11월 부모, 배우자, 자녀의 문병·문상 목적의 대만 방문을 허용하고, 2000년에는 공산당원을 제외한 중국인의 대만 방문을 허용했다.[131] 대만 주민이 중국에서 3개월 이상 장기 체류하거나 정주하는 것도 가능하다.[132] 대만 주민의 중국 방문이 2005년 이후 매년 400만~600만 명에 달하고, 대륙 주민의 대만 방문도 2009년 100만 명을 넘었다. 친인척 간 서신 왕래도 2005년에서 2010년 사이 매년 각각 600만 통이 넘었으며, 전화 통화도 2009년 한 해에만 각각 2억~3억 회가 넘었다.[133] 중국과 대만의 인적 교류는 단순한 인적 왕래에 그치지 않고 경제와 사회·문화 분야에서 교류협력을 확대하는

130 문준조, 「중국과 대만의 인적교류법제」, 한국법제연구원, 2004, 73-74쪽.
131 신종호, 「중국-대만 간 교류협력의 특징 및 남북관계에 대한 시사점」, 경기개발연구원, 2010, 72쪽.
132 문준조, 위의 글, 42-43쪽.
133 신종호, 위의 글, 73쪽.

데 중요한 역할을 했다. 중국과 대만은 인적 교류를 시작한 이래 정치·군사적인 구조적 갈등이 지속되는 상황에서도 경제·사회 분야에서 교류협력을 지속적으로 심화·확대시켰다.[134]

400년 이상 그리스계와 터키계 주민들이 섞여 함께 지내던 키프로스는 1963년에서 1974년까지 10여 년이 넘는 내전을 겪은 후 지리적으로 완전히 분단되었다. 유엔 평화유지군이 관할하는 완충지대를 사이에 두고 남쪽에는 키프로스 공화국(그리스계 거주), 북쪽에는 북키프로스 터키 공화국(터키계 거주)으로 나뉘었다. 완충지대에는 민간인 출입이 금지되었고 양국 간 왕래는 철저히 차단되었다. 그러나 유럽연합 확대 추진 과정에서 분단 29년 만인 2003년 왕래가 허용되었다. 북키프로스 터키 공화국이 검문소를 개방하고, 키프로스 공화국도 북키프로스 터키 공화국을 방문하는 주민에 대해 90일간 방문을 허용[135]한 것이다.

이처럼 세계 다른 분단국들도 이제 만남과 연락을 처벌하지 않는다. 냉전이 끝나고 인적, 물적 교류의 장벽이 무너지고 특히 지역 간 통합이 추진되는 과정에서 일어난 변화다. 만남과 소통이 정치·군사적인 긴장을 완화하고 극한 대립을 막아 국가안전보장에 더 효과적이라는 점은 이미 다른 분단국들의 경험 속에서 확인된 것이다. 전 세계적 개방과 교류의 추세 속에서 국민 각자의 자유로운 만남과 연락을 금지하고 특히 반민주적 집권세력과 정치적 의견이 다른 통일운동단체나 인사의 회합·통신을 차단하며 이산가족의 연락까지 처벌하는 방법으로는 국가안보를 도모하기 어렵다. 제8조는 수단의 적합성을 갖추지 못하였다.

---

134 신종호, 위의 글, 113쪽.
135 김연철b, 위의 책, 511-538쪽.

(3) 침해의 최소성

남한 주민이 북한 주민과 회합·통신할 때, 교류·협력 목적이면 남북교류협력법에 따라, 교류·협력 목적이 아니면 다른 국가들과 마찬가지로 형법이나 형사소송법, 출입국관리법, 통신비밀보호법, 전파법 등으로 국가의 안전을 위태롭게 하는 활동을 규제할 수 있다. 남북교류협력에 관한 법률 제9조의2는 남한 주민이 북한 주민과 회합·통신할 경우 신고하도록 하고, 국가안전보장을 해칠 명백한 우려가 있는 때는 통일부 장관이 신고 수리를 거부할 수 있도록 하여 접촉을 금지한다. 이를 위반하면 300만 원 이하의 과태료를 부과하는데, 북한의 노선에 따라 활동하는 국외 단체의 구성원도 북한 주민으로 본다.[136] 조총련 구성원 등과 접촉할 때도 위 법률상 신고를 요구[137]하는 것이다. 신고 대상 접촉 방식은 법규정에 명시되어 있지 않으나, 직접적인 대면접촉 외에도 통신상의 접촉, 중개인을 통한 접촉까지 모두 포함하는 것으로 본다.[138] 따라서 남북교류협력에 관한 법률로도 국가안전보장을 해칠 명백한 우려가 있는 회합·통신은 금지할 수 있다. 나아가 인터넷상 북한 주민과 접촉도 북한에서 운영하는 인터넷 사이

---

136 남북교류협력에 관한 법률 제9조의2(남북한 주민 접촉) ① 남한의 주민이 북한의 주민과 회합·통신, 그 밖의 방법으로 접촉하려면 통일부 장관에게 미리 신고하여야 한다. 다만, 대통령령으로 정하는 부득이한 사유에 해당하는 경우에는 접촉한 후에 신고할 수 있다.
② 방문증명서를 발급받은 사람이 그 방문목적의 범위에서 당연히 인정되는 접촉을 하는 경우 등 대통령령으로 정하는 경우에 해당하면 제1항의 접촉 신고를 한 것으로 본다.
③ 통일부 장관은 제1항 본문에 따라 접촉에 관한 신고를 받은 때에는 남북교류·협력을 해칠 명백한 우려가 있거나 국가안전보장, 질서유지 또는 공공복리를 해칠 명백한 우려가 있는 경우에만 신고의 수리受理를 거부할 수 있다.
제28조의2(과태료) ① 다음 각호의 어느 하나에 해당하는 자에게는 300만 원 이하의 과태료를 부과한다.
2. 제9조의2 제1항에 따른 신고를 하지 아니하고 회합·통신, 그 밖의 방법으로 북한의 주민과 접촉하거나 거짓이나 그 밖의 부정한 방법으로 신고를 한 자
제30조(북한주민 의제) 이 법(제3조 제1항과 제11조는 제외한다)을 적용할 때 북한의 노선에 따라 활동하는 국외단체의 구성원은 북한의 주민으로 본다.
137 박훈민, 「남북교류협력법에 관한 연구」, 한국법제연구원, 2018, 30쪽.
138 박훈민, 위의 글, 52쪽.

트를 유해 사이트로 지정하는 방법으로 국내에서 직접 방문하는 것이 차단되어 있어서,[139] 결국 정부가 허용하는 접촉만 가능하도록 제반 제도가 만들어져 있다. 따라서 일반인들의 회합·통신을 규제하는 것은 위 법률로도 가능한데도 국가보안법 제8조로 형사처벌하는 것은 침해의 최소성을 충족하지 못한다.

한편 이산가족도 회합·통신죄 처벌 대상이 될 수 있도록 한 것은 과도한 침해다. 혼인과 가족생활에 관한 헌법 제36조 제1항에 의하면 국가는 가족의 유지를 위해 이산가족이 서로 연락하거나 만나는 것을 금지하거나 부수적 요소를 이유로 실질적으로 연락하기 어렵게 방해해서는 안 된다. 동서독은 물론 대만과 중국도 가족 간 만남은 일정 기간 이내에서 자유로이 허용하였다. 특히 한국전쟁으로 생겨난 남측 이산가족의 경우 70세 이상의 고령자가 85.9퍼센트[140]에 이르는 상황에서 이들이 북한의 이산가족과 연락하거나 만난다고 하여 국가의 존립·안전이나 자유민주적 기본질서에 어떤 위험을 불러온다고 하기도 어려운데, 이들도 회합·통신죄 처벌 대상에서 제외되지 않고 있다. 더구나 그 법정형으로는 징역형만 있어, 제8조는 침해의 최소성을 충족하지 못한다.

(4) 법익의 균형성

제8조는 일반적 행동의 자유, 거주·이전의 자유, 통신의 자유 및 가족에 관한 권리의 각 핵심적인 내용을 중대하게 침해한다. 또 제8조는 북한 주민과 연락하거나 만나면서 상호 신뢰하고 교류·협력하여 평화통일의

---

139 박훈민, 위의 글, 53쪽.

140 통일부, 「이산가족정보통합시스템」, 이산가족등록현황(2022. 1. 31. 기준).

기초를 쌓을 기회를 잃게 하여, 평화통일의 공익을 크게 훼손한다. 헌법은 전문과 제4조에서 평화적 통일을 지상명령으로 선언한다. 평화적 통일의 가능성은 남북 구성원들 사이에 상호 적대가 아닌 신뢰가 쌓여야만 커진다. 대립과 갈등이 아닌 교류와 협력이 진척되어야만 평화적 통일이 현실이 될 수 있다. 연락과 만남이 형사처벌 위험에 처하면 교류·협력도 위축되고 신뢰가 형성될 여지도 크게 줄어들 수밖에 없다. 평화적 통일을 추진하고 정책을 수립하는 데 있어 남북 주민들 사이의 연락과 만남은 가장 기본적인 요소이므로 폭넓게 허용되고 개방되어야 하는데, 제8조는 그 기본적 조건이 만들어지지 못하게 한다.

더구나 제8조의 구성요건의 모호함 때문에 법 적용의 예측 가능성도 크게 떨어져, 남한 주민으로서는 북한 주민과 회합·통신에 위축될 수밖에 없다. 만남이 불가능해 서로에 대한 정보가 없고 이해도가 낮아지면, 상대방에 대한 거짓 정보와 가짜뉴스가 범람하는 것을 제어할 수 없다. 상호 대립과 갈등은 커지고 남북 주민 간의 이해와 유대가 약화되어 남북 평화도 화해·협력도 멀어지면, 오히려 국가의 안전을 해치는 결과를 초래할 수 있다. 결국 제8조는 국가의 안전이라는 공익을 실현하지도 못하면서, 형사처벌로 일반 국민들 특히 이산가족들의 기본권을 침해하면서 평화와 통일이라는 공익마저 침해한다. 제8조는 법익의 균형성 요건도 갖추지 못하였다.

(5) 본질적 내용의 침해 금지

통신의 자유로부터 가족에 관한 권리까지 제8조와 관련된 모든 기본권들 가운데서도, 가족을 만날 권리는 가장 최소한의 본질적 내용이다. 혈연으로 연결된 가족들을 만나고 교류할 권리는 자신의 정체성을 확인하고 존엄을 지키기 위하여 필수불가결한 것이기 때문이다. 전쟁과 남북 대립 상황 때문에 흩어진 가족을 만나지 못하고 지내야 했던 이산가족들에게, 최소한 가족을 만날 권리만큼은 보장되어야 한다.

스스로 북한을 떠나온 탈북민들도 가족을 만나고 도울 권리는 형사처벌의 위험 없이 누릴 수 있어야 한다. 그렇지 않으면 탈북민들은 가족에 관한 권리를 조금도 행사할 수 없게 되기 때문이다. 주된 목적이 북한에 두고 온 가족과 만나고 생활을 지원하며 가족과 재결합하기 위한 것이라면, 그 목적을 실현하는 과정에서 북한 당국의 요구에 수동적으로 따른 행위까지 국가보안법으로 형사처벌해서는 안 된다. 그러나 최근 탈북민들이 국가보안법의 주요 처벌 대상이 되고 있다. 대부분 북한에 두고 온 가족을 만나고 지원하려다 벌어진 일인데도, 무거운 형량을 선고받는 사례가 이어지고 있다. 제8조를 비롯한 국가보안법 처벌조항들은 통신의 자유와 가족에 관한 권리의 최소한을 행사하는 탈북민들의 행위까지 무겁게 형사처벌하고 있어, 기본권의 본질적 내용을 침해하여 위헌이다.

제9조 편의제공 –돕는 것도 죄가 되는가

제9조(편의제공) ① 이 법 제3조 내지 제8조의 죄를 범하거나 범하려는 자라는 정을 알면서 총포·탄약·화약 기타 무기를 제공한 자는 5년 이상의 유기징역에 처한다.

② 이 법 제3조 내지 제8조의 죄를 범하거나 범하려는 자라는 정을 알면서 금품 기타 재산상의 이익을 제공하거나 잠복·회합·통신·연락을 위한 장소를 제공하거나 기타의 방법으로 편의를 제공한 자는 10년 이하의 징역에 처한다. 다만, 본범과 친족관계가 있는 때에는 그 형을 감경 또는 면제할 수 있다.

③ 제1항 및 제2항의 미수범은 처벌한다.

④ 제1항의 죄를 범할 목적으로 예비 또는 음모한 자는 1년 이상의 유기징역에 처한다.

⑤ 삭제 〈1991. 5. 31.〉

크레온 : (안티고네에게) 너는 그렇게 하지 말라는 포고가 내려졌다는 사실을 알고 있었느냐?

안티고네 : 알고 있었습니다. 공지 사실인데 어찌 모를 리가 있겠습니까?

크레온 : 그런데도 너는 감히 법을 어겼단 말이냐?

(중략)

크레온 : 적은 죽어서도 친구가 안 되는 법이다.

안티고네 : 나는 서로 미워하기 위해서가 아니라, 서로 사랑하기 위해서 태어났어요.[141]

1. 인간의 본성을 처벌하다

사람은 서로를 도우며 살아간다. 협력하고 돕는 것은 인간 본연의 모습이다. 사람이 사람과 협력하는 것은 각자의 생존을 보장받기 위한 것을 넘어, 더 나아가 설령 자신에게 이익이 돌아오지 않을지라도 돕는 것이 옳다는 도덕적 판단에 기초한 것이다. 어떤 사람을 어떤 경우에 어느만큼 도울지에 대한 판단은 사람마다 모두 다르다. 타인을 돕는 행동은 각자의 내면에 형성된 양심의 결정에 따라 이루어지는 것이기 때문이다. 타인에게 주는 도움의 정도는 각자의 도덕적 판단에 따라 정해진다. 국가는 도움이 필요한 타인에게 주어야 할 도움의 최소 수준을 보편적 도덕에 따라 정할 수

---

[141] 소포클레스 지음, 천병희 옮김, 『안티고네』, 문예출판사, 1983, 344, 349쪽. 테베의 왕이었던 오이디푸스의 두 아들 에테오클레스와 폴뤼네이케스가 일대일 전투에서 전사하자, 새 통치자가 된 크레온은 에테오클레스는 조국의 수호자로서 전사했으니 후히 장사지내되, 폴뤼네이케스는 조국을 공격하다 죽었으니 그 시신을 매장하지 말고 개와 새의 밥이 되게 하라는 엄명을 내린다. 이를 거역하고 오빠 폴뤼네이케스를 매장하다 붙잡힌 안티고네는 신들의 불문율인 윤리규범을 어기는 인간의 법을 지킬 수 없다고 선언하며, "증오가 아니라 사랑에 가담하는 것이 나의 본성이다."라고 말한다.

있다. 법률상 구호의무 등이다. 국가가 도움을 금지할 수 있는 유일한 경우는 범죄행위에 대한 방조일 때다. 그 외에는 어떤 도움도 금지할 수 없다. 범죄자를 돕는 것도 특정한 범죄행위에 대한 방조가 아닌 한 처벌할 수 없다. 타인을 돕는 것은 보편적 도덕에 부합하는 것이기 때문이다. 그런데 국가보안법 제9조 편의제공은 타인을 돕는 양심을 처벌한다. 처벌당하지 않으려면 자신의 양심을 꺾어야 한다.

제9조는 양심의 결정으로 도움을 주는 사람뿐만 아니라 도움을 받는 사람에 대한 처벌이기도 하다. 제9조의 진정한 목적은 바로 국가보안법을 위반하고서도 다른 사람으로부터 도움을 받은 자를 고립시키고 그에게 고통을 가하여 그의 사상을 저버리게 하는 것이다. 사람에게 가장 가혹한 형벌은 고립이다. 어떤 형태로든 반역자를 돕는 사람은 처벌당할 것이라는 위협이 가해지는 시공간 아래 있는 한, 저항 행동을 감행한 사람은 물리적 생존은 물론 인간성 유지를 위한 사회관계로부터도 고립된다. 한국전쟁 시 국군의 지리산 일대 빨치산 토벌과정에서 여러 민간인학살사건이 이어졌는데, 이 학살은 "적에게 협조하는 주민은 적으로 간주하라"는 9연대 작전명령 5호 등에 의거한 것[142]으로 분석된다. 이 학살을 감행한 주요 인물들은 일본 제국주의 군인으로, 만주국 군인으로 복무할 때 만주에서 독립운동가들을 토벌하면서 사용했던 '견벽청야堅壁清野'작전[143]을 그대로 되

---

142 김동춘c, 「한국전쟁 시기의 인권침해 – 한국정부, 군과 경찰의 인권침해를 중심으로」, 《사회와 역사》 제 124집, 한국사회사학회, 2019, 142쪽.

143 인민군이 후퇴 후 잔류한 인민군·빨치산과 국군 간에 산발적인 전투가 전개되던 1950년 11월 이후에는 산악지역에서 학살사건이 발생하였다. 국군 11사단 9연대가 산청, 거창, 함안지역에, 그리고 20연대가 전남북 지역에 진주하여 빨치산을 완전히 없애는 작전을 펼치게 된다. 작전명령은 견벽청야堅壁清野, 즉 '자신의 성은 견고하게 지키되 포기해야 할 곳은 인적, 물적 자원을 모두 정리해서 적이 이용할 수 있는 여지를 없앤다.'는 뜻이다. 이들 부대는 본격적인 학살을 벌이기 전에 게릴라가 활동하던 마을의 가옥을 태우는 작업을 했다. 그것은 적이 은거할 수 있는 주거지만을 없애는 것이 아니라 사람도 "태워 없애고, 굶겨 죽이고, 죽여 없애는" 이른바 일본 제국주의가 벌였던 3진三盡, 3광三光 작전의 반복이었다. 결국 11사단 9연대와 20연대는 거창, 산청, 함양, 전북 남원, 순창, 고창, 전남 함평과 나주 등지에서 수많은 민간인을 학살하였다. 피학살자의 상당수는 전투 능력이 없는 여성, 노인, 어린이들이었다. 거창사건 재판과정에서 밝혀진 제11사단 견벽청야 작전지침의 지시사항은 '작전 지역 내에 있는 사람 전원 총살', 공비의 근거지가 되는 가옥 '전부 소각'(1951.

풀이했다. 적이 이용할 만한 것은 모조리 파괴하고, 누구든 적을 돕지 못하게 한다는 것이다. 제9조 편의제공죄는 이른바 '사상전'의 견벽청야작전이다. 냉전체제는 만성적인 전쟁체제이며, 더 나아가 적으로 분류된 집단과 정치공동체를 완전히 '절멸'시키고자 한 극단주의 체제였다. 내부의 적은 국가 내부의 공산주의 세력을 넘어 반공주의에 반대하는 세력 일반, 나아가 그들에게 협력하는 사람에게까지 확대[144]된다. 불온한 사상을 가진 내부의 적에 대해 물리적·사회적 생존의 조건을 제거함으로써 철저한 고립을 강제하여 고사하게 하거나 항복하게 하는 것, 전쟁 시 군사작전에서나 가능했던 것을 평상시 국민을 상대로 감행하는 것이 바로 제9조 편의제공죄다. 국가보안법 가운데 지금까지 가장 많이 적용된 제7조 찬양·고무 등 행위를 하려는 사람에게 편의를 제공하는 것도 제9조에 따라 처벌대상이 된다.

반역자를 돕는 사람은 처벌하겠다는 위협은 권력에 저항하는 정신을 무너뜨리는 가장 효과적인 방법이었다. 자신을 도와준 사람이 처벌당하는 현실을 마주한 사람은, 사상과 신념을 좇느라 정작 자신을 도운 사람을 사지에 끌고 간 스스로를 발견하게 된다. 인간의 본성은 이 모순된 상황이 불러오는 고통을 감내할 수 없다. 자신을 도와주었다는 이유로 타인이 처벌받는 것을 목격해야 하는 것은 정신적 고문이다. 제9조 편의제공죄는 양심을 짓밟아 무너뜨림으로써 인간성을 파괴하는 법률이다.

한편 제9조는 제3조와 결합하여 북한 사람들과 관계 맺으며 편의를 제

---

2. 2.) 등이었고, 당시 분대장급 이상에 즉결처분권이 주어졌다. 11사단 20연대의 전남 함평지역 작전 대대장이었던 김필상은 "우리 병력이 없는 곳은 전부 인민공화국입니다."(진실화해위원회, 「호남지역 군작전 중 발생한 민간인 희생사건 - 11사단 20연대 작전지역을 중심으로」, 2009. 11., 131쪽)라면서 좌익 활동지역의 주민을 모두 적으로 간주할 수 있다고 말했다. 무장하거나 저항하지 않은 일반 주민들에 대한 약식처형 혹은 '즉결처형'은 사실상의 집단학살을 달리 표현한 것이다. 김동춘c, 「한국전쟁 시기의 인권침해 - 한국정부, 군과 경찰의 인권침해를 중심으로」, 141-142쪽.

144 김동춘b, 「'간첩 만들기'의 전쟁정치: 지배질서로서 유신체제」, 148쪽.

공하는 것을 포괄적으로 처벌 대상으로 삼는다. 1991년 남북 유엔 동시 가입과 남북기본합의서 체결 이후, 북한의 지도자든 간부든 누구든 국가보안법으로 직접 처벌받지 않았다. 1991년 이후에도 국가보안법이 북한을 반국가단체로 한 것은, 북한에 관해 표현하거나 북에 왕래하거나 북한 사람들을 만나거나 북한 사람들에게 기타 편의를 제공한 대한민국 국민을 국가보안법 위반으로 처벌하는 것으로만 활용되었다. 사람과 사람이 관계를 맺으면 자연스럽게 편의를 주고받게 된다. 그런데 상대방이 북한 공작원이거나 재입북하려는 탈북민이라면, 범죄가 될 만한 일이 아니라 그저 서로 돕고 협력한 일들이 편의제공으로 돌변한다.

북한 대외경제사업기관 간부로부터 요청을 받아 이산가족 상봉사업 추진을 위한 자료로 이산가족 명단을 보냈다가 그가 공작원이라고 지목되면 제4조 국가기밀누설, 요청 없이 먼저 보내면 제5조 자진지원, 만나기 위해 외국으로 출국했다 돌아오면 제6조 잠입·탈출, 통신을 주고받으면 제8조 회합·통신, 국가기밀로 분류될 만한 것이 아닌 정보나 자료를 보냈으면 제9조 편의제공이다. 상대가 다른 외국인이었으면 전혀 형사 처벌되지 않을 사항들이 상대가 북한 공작원이라고 지목되면 국가보안법 위반죄가 된다. 심지어 북한 해커들과 함께 해킹을 했어도 정보통신망침해죄에 그치지 않고 국가보안법상 편의제공죄가 붙는다. 북에 재입북하려고 중국으로 출국한 탈북민은 국가보안법으로 처벌받지 않으나 국내에 남아 그의 임대차보증금 회수를 도와준 탈북민은 편의제공죄로 처벌받는다. 인간과 인간의 관계 맺기에서 어디까지는 합법이고 어디부터가 편의제공인지 가려낼 방법이 없다. 제9조는 북한 사람들과 관계 맺지 않는 것이 유일한 예방책이라는 신호 외에는 주지 않는다.

제9조 편의제공죄는 국가보안법 위반자를 돕는 것을 처벌한다. 제1항은 무기 제공을 처벌하나 실제 사건은 거의 없다. 제2항은 '기타의 방법으

로 편의를 제공'한 자를 처벌한다. 국가보안법 위반 범죄의 방조나 범죄 실행행위에 소용되는 수단을 제공하는 것이 아니어도, 위반자에게 어떤 방법으로든 편의를 제공하면 10년 이하의 징역으로 처벌된다. 인간에 대한 관용을 불온한 사상의 표출로 재단하고, 인간에 대한 예의를 국가안전보장을 위해 금지되어야 할 행위로 규정한다. 제9조는 예방처벌이다. 국가보안법 위반자의 행위 자체를 처벌하는 것이 아니고, 행위에 대한 방조를 처벌하기 위한 조문도 아니고, 행위자의 생존을 돕는 행위를 처벌한다.

반국가단체 구성원으로 지목된 사람과 관련하여 국가보안법 제3조에서 제8조로 처벌할 수 없는 행위도 제9조 편의제공으로 처벌되고 있다. 제9조가 '기타의 방법으로 편의를 제공한 자'라고 하여 처벌 범위를 무한정 확대하고 있어, 결국 제3조에서 제8조로 처벌할 수 없는 행위에 대한 보충적 처벌 조항으로 활용되는 것이다. 특히 국가기밀이 아닌 사항의 전달까지 편의제공으로 처벌되고 있다. 편의제공죄가 1958년 국가보안법 제12조와 유사하게 운용하고 있는 것이다. 1958년 개정된 제12조[145]는 국가기밀이 아닌 공표된 정보수집과 전달까지 처벌하고 있었다. 결국 제12조는 국민의 모든 공적 생활의 전 영역을 국가보안법의 처벌 대상으로 하는 것이어서 선량한 국민도 처벌할 우려가 있는 독소조항으로 지적[146]되어 1960년 개정 시 삭제되었는데, 편의제공죄가 그 대체품이 된 모습이다.

헌법재판소는 1992년 "구법 제9조 제2항 소정의 행위가 국가의 존립이나 안전을 위태롭게 하거나 자유민주적 기본질서에 위해를 줄 명백한

---

145 국가보안법 [시행 1959. 1. 16.] [법률 제500호, 1958. 12. 26., 폐지제정] 제12조 (정보수집) ① 전조의 경우를 제외하고 적을 이롭게 할 목적으로 국가의 정치, 경제, 사회, 문화, 군사에 관한 정보를 수집한 자는 10년 이하의 징역에 처한다.
② 적을 이롭게 할 목적으로 관공서, 정당, 단체 또는 개인에 관한 정보를 수집한 자도 전항의 형과 같다.
③ 전2항의 정보가 공표되지 아니한 것일 때에는 1년 이상의 유기징역에 처한다.
제13조 (국가기밀, 정보의 교부, 전달, 중개) 전2조에 의하여 취득한 국가기밀 또는 정보라는 정을 알면서 이를 적에게 교부, 전달, 또는 중개한 자는 각 죄에 정하는 형과 동일한 형으로 처벌한다.
146 김병운, 「국가보안법 제4조 제1항 제2호 나목 소정의 국가기밀」, 212쪽.

위험성이 있는 경우에 한하여 적용된다고 해석하는 한 헌법에 위반되지 않는다."[147]라며 한정합헌 결정을 내렸다. 그러나 1997년 한총련 이적단체 규정 이후 대대적인 체포작전이 시작되자, 수배 중인 학생을 하룻밤 재워 준 것조차 편의제공죄로 규율되었다.

다시 2014년 헌법재판소는 제9조 제2항 본문 중 '제4조'와 관련된 부분은 죄형법정주의의 명확성원칙에 위배된다고 할 수 없다는 합헌 결정[148]에서, "실제 편의제공의 내용이 목적수행과 관련이 없거나 인도적 의미에서의 도움에 불과하거나 인정의 발로에 불과한 것으로 인정될 때에는 편의제공죄에 해당하지 않는다. 편의제공죄의 처벌 대상 역시 국가의 존립·안전이나 자유민주적 기본질서에 실질적 해악을 미칠 구체적이고 명백한 위험성이 있는 경우로 제한되어야 하고, 그와 같은 위험성이 있다고 단정하기 어려우면 처벌의 대상에서 배제된다."고 하였다. 그러나 그 뒤로도 북에 두고 온 아들이 전화를 바꿔주어 통화하게 된 북한 사람이 다른 탈북민들에게 전화 받으라는 취지를 전달하라고 하여 이에 따른 것만으로도 편의제공죄가 인정된 경우[149]도 있다. 그 취지도 구체적이지 않고 아들 옆에서 전화를 듣고 있던 사람이라 요청을 거절하기도 쉽지 않았을 점을 감안하면, 명백한 위험성이라는 기준은 여전히 모호하여, 일반 국민들로서는 예상하지 못한 국가보안법 처벌 위험에 노출되어 있다.

편의제공죄가 처음 규정된 것은 이승만 정부가 1958년 정권의 위기를 타개하기 위하여 국가보안법을 대폭 강화하는 내용으로 개정했을 때다. 그러나 그 원형은 한국전쟁 시기 부역자 처벌에서부터 나타난다. 전쟁 시기

---

147 헌법재판소 1992. 4. 14. 선고 90헌바23 결정.
148 헌법재판소 2014. 9. 25. 선고 2011헌바358 전원재판부 결정.
149 1심 수원지방법원 2017. 7. 14. 선고 2017고단2002 판결, 2심 수원지방법원 2017. 11. 20. 선고 2017노5366 판결.

부역자 처벌은 공간적으로는 적이 점령했던 전 지역을 대상으로 하고 있었고, 그 지역에 잔류했던 대한민국 국민을 대상으로 한 무차별적 사찰과 숙청과정이었다.[150] 피난 가지 못하고 서울에 남아야 했던 소설가 박완서의 표현에 따르면 "국민들을 인민군 치하에다 팽개쳐 두고 즈네들만 도망갔다 와가지고 인민군 밥해준 것도 죄라고 사형시키는 이딴 나라"[151]의 대통령 이승만은, 서울 수복 후 "부역 처단은 앞날의 우리나라의 기초를 안정시키는 데 가장 기본적인 요소"라고 강조했다.[152] 부역자 '재판'은 전체 부역자 처벌의 한 부분에 불과했다. 재판이 벌어지기 이전에 이미 군·경은 A급 부역자들을 현지에서 바로 사살했다. 지역의 민간인들도 사형私刑의 형태로 부역자를 임의로 처벌했다. 재판에 넘겨진 부역자들은 부역 혐의가 상대적으로 약했던 B급, C급의 부역자들이었다.[153] 정부 간행물에 따르면 약 55만 명, 주한 미국 대사의 보고로도 1950년 12월 말 162,763명이 부역자로 검거되어 처벌되었다. 계엄사령부 발표에 따르면 1950년 11월 25일 현재 부역 재판에서 사형을 선고받은 사람이 877명에 달했다.[154]

'적'에게 조금이라도 도움을 준 자는 부역자로 처벌당하고 고초를 겪어야 하는 시대는 모두를 얼어붙게 했다. "우리 마을에서 조문초등학교 가는 길 오른쪽 밭 모서리에는 6·25 때 거기서 생을 마감한 인민군 '리영태의 묘'라는 엉성한 판자때기 묘비명을 세워둔 가묘가 있었습니다. (1950년 당시 초등학교 4학년이었던) 내가 중학교를 졸업할 때까지도 그 묘의 주인공은 아무렇게나 쌓은 흙더미 아래에서 발목과 군화를 드러낸 채 누워 있었습니다. 이웃 마을 해병대 출신 아저씨가 그의 금이빨을 뽑아 주머니에 넣

---

150 김득중, 「부역자 처벌의 논리와 법의 외부」, 《사회와 역사》 제103집, 한국사회사학회, 2014, 75-76쪽

151 박완서, 『그 산이 정말 거기 있었을까』, 웅진출판, 1995, 128쪽.

152 경향신문, 1950. 11. 15.(김득중, 위의 글, 64쪽에서 재인용)

153 김득중, 위의 글, 78쪽.

154 김득중, 위의 글, 70쪽.

고 다니며 자랑을 해댔어요. 한참 뒤에야 마음씨 착한 밭 임자가 흙 잔디를 입혀 온전한 무덤으로 만들어주었지요. 진작 그렇게 해주고 싶었겠지만 인민군 묘를 손질해주면 행여 빨갱이로 몰릴까 두려웠던 탓에 우리는 그 시신의 군화를 오래도록 봐야 했습니다."[155] 문학평론가 임헌영이 회고하는 이승만 시대의 단면이다.

이 잔혹한 시대의 절정이 1958년 국가보안법 개정이었다. 국가보안법은 제21조[156]로 편의제공죄를 신설했다. 그러나 남용 가능성을 크게 비판받자, 편의제공죄는 4월 혁명 직후 1960년 개정 시 삭제되었다. 하지만 편의제공죄는 5·16 군사쿠데타 직후 1961년 제정된 반공법 제7조[157]로 다시살아났다. 반공법 제7조는 반공법 위반자뿐만 아니라 국가보안법 위반자에 대해서도 적용되도록 정하고 있었다. 그 후 1980년 반공법이 국가보안법과 통합되면서, 편의제공죄는 국가보안법 제9조로 옮겨졌다. 1991년 개정 시 편의제공 처벌 대상 범죄자가 국가보안법 위반자 전체에서 "이 법 제3조 내지 제8조의 죄를 범하거나 범하려는 자"로 좁아졌고, 편의제공죄에 대한 예비·음모 중 일부가 처벌 대상에서 제외되어 지금에 이르고 있다.

제9조는 편의제공을 하는 사람이 자신의 사상과 신념에 따라 자유롭게 행동하지 못하고 상대방의 사정에 의하여 무조건 편의제공을 하지 못하게

---

155 임헌영·유성호, 위의 책, 81-82쪽.
156 국가보안법 [법률 제500호, 1958. 12. 26., 폐지제정] 제21조(편의제공) ① 본법의 죄를 범하거나 범하려는 자에 대하여 총포, 탄약, 도검, 금품 기타 재산상의 이익을 제공한 자는 그 죄의 정범과 동일한 형으로 처벌한다.
② 본법의 죄를 범하거나 범하려는 정을 알고 잠복, 집합, 연락 등을 위한 장소의 편의를 제공하거나 알선한 자도 전항의 경우와 같다.
③ 전2항의 행위를 약속하거나 기타의 방법으로 방조한 자도 제1항의 경우와 같다.
④ 본법의 죄를 범하고 도피 중에 있는 자임을 알고 은닉하거나 교통의 편의를 제공하거나 기타도피를 용이하게 한 자도 제1항의 경우와 같다.
⑤ 본조의 행위가 친족관계에 기인하는 때에는 정상에 따라 그 형을 감경할 수 있다.
157 반공법 제7조(편의제공) 본법 또는 국가보안법의 죄를 범한 자라는 정을 알면서 총포, 탄약, 금품 기타 재산상의 이익을 제공하거나 잠복, 회합연락을 위한 장소를 제공하거나 또는 기타의 방법으로 편의를 제공한 자는 10년 이하의 징역에 처한다. 단, 범인과 친척관계가 있는 때에는 그 형을 감경할 수 있다.

되므로, 수범자의 양심의 자유 및 일반적 행동자유권을 침해한다. '기타 무기', '기타의 방법'이라는 문언 그 자체의 모호성으로 해석이 명확하지 않아 위헌의 소지가 있다. 또한, '범하려는 자'까지 처벌 대상에 포함하여, 예비나 음모단계에 이르지 않은 자를 돕는 것까지 처벌함으로써, '생각만으로는 처벌하지 않는다.'는 근대 형법의 대원칙에도 반한다.

2. 하룻밤 재워준 것도 편의제공

(1) 재일교포, 북한 관련

1970~80년대에는 일본에 조총련 소속 친척을 둔 사람들이 친척을 방문하거나 연락하면서 사소한 부탁을 들어준 것만으로도 편의제공으로 처벌되었다. 조총련 구성원인 외숙부와 외숙모를 방문하였다가 외숙모의 사촌 오빠를 찾아 외숙모의 주소와 전화번호를 적어주고 연락하도록 부탁하여 두 사람 사이에 국제통화를 하게 한 것도 제9조 제2항 편의제공으로 처벌되었다. 외숙부 부부로부터 외숙모의 사촌오빠를 접촉하고 전화 연락하도록 외숙모의 일본 내 주소와 전화번호를 알려주라는 지시를 받았고, 친척 등 연고자를 대상으로 대남침투포섭공작을 하는 조총련의 구성원인 외숙부 부부의 활동에 편의를 제공한 것이라는 이유다.[158]

1976년 10월 재일교포로서 간첩으로 지목된 사람의 국내 관광을 도와주고 김포공항에서 전송하고 돌아오는 길에 제주신문 서울지사에 들러 그로부터 부탁받은 「경제통감」을 구할 수 있는지를 알아본 것도 반공법 제7

---

158 대법원 1984. 10. 10. 선고 84도1796 판결.

조 편의제공죄로 기소되어 1심에서 유죄판결을 받았다. 피고인이 항소한 결과, 반공법 제7조 편의제공은 반공법 또는 국가보안법의 범죄를 범한 자에게 편리를 제공하여 범인을 적극적으로 비호하는 모든 행위를 말하는 데, 「경제통감」을 구할 수 있는지를 알아본 것만으로는 아직 어떠한 편리가 현실적으로 주어진 것은 아니므로 반공법 제7조의 편의제공이 있었다고 할 수 없다는 이유로 2심에서야 무죄판결[159]이 나왔다.

북한과 관련된 사건으로는, 북한의 지령을 받고 남파된 공작원이라는 정을 알았음에도 불구하고 그를 자기 집 다락방에서 하룻밤 재워준 것도 잠복을 위한 장소를 제공한 편의제공으로 처벌된 사건이 있다.[160] 북한 주민을 돕기 위한 민간차원의 운동도 편의제공죄로 기소되었다. 안기부는 1997년 4월부터 일간지 광고를 통해 북한 동포 돕기 성금 명목으로 모금한 1만 5천 달러(1천3백만여 원)를 국내은행 계좌를 통해 5월과 6월 각각 5천 달러씩 세 차례에 걸쳐 일본 소재 범민련 공동사무국을 통해 북한에 전달하도록 한 혐의로 범민련 남측본부 의장 대행, 사무처장 등 범민련 간부 7명을 편의제공, 회합통신 혐의로 구속하였다. 검찰은 법원에 제출한 공소장을 통해 이들의 모금 활동을 '김정일 보위 투쟁'의 일환으로 규정했다. 1심 법원은 편의제공 혐의에 대해서는 무죄를 선고하였으나, "남북교류협력법상 적법한 승인 절차를 받지 아니하고 임의적으로 대북지원 사업을 수행하였다는 점에 대해서는 논란의 소지가 있다."는 이유로 예비적으로 공소제기된 남북교류협력법 위반죄에 대해 유죄판결을 내렸다.[161]

159 1심 서울형사지방법원 78고합221 등 판결, 2심 서울고등법원 1977. 11. 3 선고 77노1423 판결.
160 1심 서울형사지방법원 66고21066 판결, 2심 서울고등법원 1967. 6. 20. 선고 67노79 판결.
161 민주화실천가족운동협의회, 「국가보안법 적용상에서 나타난 인권실태」, 국가인권위원회 연구용역 보고서, 2004, 303쪽.

(2) 국가기밀 누설이나 간첩죄가 되지 않는 경우 보충적 처벌조항으로 활용

반국가단체 구성원으로 지목된 사람과 관련하여 국가보안법 제3조에서 제8조로 처벌할 수 없는 행위가 제9조 편의제공으로 처벌되고 있다. 1999년 민혁당 사건에서 검찰은 남파간첩에게 남한 내 실존 인물의 주민등록등본 및 초본 각 1통을 발급받아 건네준 행위, 남파간첩이 소지하고 있던 위조 주민등록증을 변조해준 행위, 강화도 성동검문소의 검문 상황을 확인하고 남파간첩이 검문소를 무사히 통과할 수 있도록 도와준 행위를 주위적으로 간첩방조로, 예비적으로 편의제공으로 기소하였다. 법원은 남파간첩의 침투목적이 김 모 씨의 사상전향 여부를 확인하고 민혁당의 중앙위원인 피고인을 만나 민혁당의 동향을 탐지·수집하는 데 있어, 피고인의 위 행위가 정범인 남파간첩의 간첩행위 그 자체를 쉽게 하는 행위로 볼 수 없다 하여 무죄라고 판단하면서, 예비적 공소사실인 편의제공에 대해 유죄판결을 내렸다. 간첩방조죄가 성립하지 않을 경우 편의제공죄가 보충적으로 적용될 수 있음을 보여주는 사례다.[162]

2014년에는 반국가단체의 구성원으로서 목적수행 활동 등을 하려는 자인 것을 알면서 통합진보당 당직 선거 관련 당내 정세 등에 관한 정보를 제공함으로써 편의를 제공하였음을 인정할 수 있다는 이유로 유죄판결이 내려졌다.[163]

---

162 2심 서울고등법원 2000. 6. 16. 선고 2000노628 판결, 3심 대법원 2000. 10. 6. 선고 2000도2965 판결.
163 대법원 2015. 4. 23 선고 2015도1278 판결.

(3) 한총련 수배자 관련

이적단체로 규정된 한총련 수배자에 대한 주거 또는 금품제공도 편의
제공죄로 처벌되었다. 1996년 8월 15일 연세대학교에서 열린 한총련 통
일축전 직후, 대검찰청 공안부는 한총련 사태와 관련한 7개 공안 유관부
처 실무대책회의를 열어 "연세대 시위를 주도해 지명수배된 한총련 핵심
간부들과 주동자들에게 도피자금을 지원하거나 은신처를 제공하는 사람
은 한총련 배후세력으로 간주해 엄단하기로 했다."고 발표했다. 검찰은 특
히 "이적단체구성가입죄가 적용될 한총련 핵심 간부를 숨겨주거나 자금을
지원한 사람에 대해서는 국가보안법상의 편의제공 등 혐의를 적용해 처벌
하겠다."고 공언했다. 그 후 후배들을 하룻밤 재워주거나 자신 명의의 통
장을 수배된 학생에게 빌려준 시민과 학생이 국가보안법상 편의제공 혐
의로 구속되었다. 이에 대해 "인륜을 무시한 지나친 공권력의 남용"이라
는 비난이 일었다. 수배 중이던 동료에게 주민등록번호를 알려준 사람, 한
총련과 거래한 납품업자, 농성 중인 한총련 수배자들의 부탁을 받고 근처
PC방에서 '명동성당 농성단' 명의의 글을 전송하고 게시해준 사람도 편의
제공죄로 구속기소되었다. 이들은 모두 유죄판결을 선고받았다. 역시 이
적단체로 규정된 범청학련 후원회에 후원금 3만 원을 전달한 대학원생도
편의제공죄로 구속기소되었다.

(4) 탈북민들

2000년대 이후 국가보안법으로 처벌받는 대표 집단이 된 탈북민들이
편의제공죄로도 처벌받는 사건들이 생기고 있다. 북한에 있는 가족들과
연락하는 과정에서 북한 기관원 측 요구에 응하게 된다거나, 재입북하려

는 탈북민을 도왔다는 이유 등이다. 탈북민인 피고인이 2016년 2월 북한에 있는 아들과 통화하던 중, 아들이 옆에 있는 남자를 바꿔주면서 "나를 봐주는 믿을 만한 사람이다."라고 하여 통화하게 되었다. 그는 얼마 후 다시 전화해 다른 탈북민들 몇 명에게 '누구 아빠 맞느냐' 등 문자를 보내거나 '처가 통화하고 싶어한다.'고 전해달라고 했다. 피고인은 이를 수락했고, 그가 또 전화해 연락했는지 묻자 "나는 알 길이 없다. 통화도 해보고 문자도 해봤는데, 소식이 없다.", "전했으니 연락해보라."고 답변했다. 피고인은 2016년 12월 아들과 통화하면서 그 남자가 보위부원임을 알게 되어 2017년 1월 국정원에 이 사실을 알렸다. 하지만 피고인은 편의제공죄 및 통신죄로 징역 1년, 자격정지 1년을 선고받았다. 그 남자가 북한보위부원으로 드러났고, 피고인이 그에게 편의를 제공해 대한민국의 안위에 명백한 위험이 초래되었다는 것이 편의제공죄 처벌 이유다. 통신죄 처벌 이유는, 피고인이 짐작건대 그 남자가 보위부원임을 알 수 있었는데도 전화를 받아 국가의 존립·안전이나 자유민주적 기본질서를 위태롭게 한다는 정을 알면서 반국가단체인 북한보위부 구성원 또는 그 지령을 받은 자와 통신했다는 것이다. 법원은 피고인의 문자를 받은 탈북민 가운데 한 사람이 이후 재입북했으니 피고인의 죄책이 가볍지 않다고 판단했다. 그러나 판결문상으로는 문자를 받은 탈북민의 재입북이 피고인의 행위와 관련된 것인지도 명확히 드러나지 않았고, 보위부원으로 짐작되는 사람의 목적이나 계획이 무엇인지 분명하지도 않다. 더구나 그의 목적을 피고인이 알았다고 인정할 요소도 뚜렷하지 않은데 편의제공죄가 유죄로 인정되었다.[164]

탈북 과정에서 알게 된 탈북민이 북한으로 돌아가는 것을 도왔다는 이유로 편의제공으로 처벌된 사례도 있다. 2012년 탈북한 여성인 피고인은

---

164 1심 수원지방법원 2017. 7. 14. 선고 2017고단2002 판결, 2심 수원지방법원 2017. 11. 20. 선고 2017노5366 판결.

탈북한 남성과 2015년경부터 동거하였는데, 동거인은 무면허 운전과 강제추행 등으로 구속영장이 청구되자 구속을 피해 다시 중국을 통해 북한으로 탈출하려 하였다. 피고인은 동거인이 중국 비자를 신청하는 데 동행하고 배웅하였으며, 중국에 입국한 동거인에게 동거인 명의의 예금을 인출해 송금하고 임대차보증금을 반환받아 송금해주었다. 법원은 피고인이 동거인이 북한으로 탈출하려 한다는 것을 알면서도 그의 대한민국 내 주거지를 처분하고 주거지 보증금 및 예금 잔액 등을 환전하여 송금해주는 등 편의를 제공하였다며 징역 8월 집행유예 2년 형을 선고하였다.[165]

탈북민들 가운데서는 '제3조 내지 제8조의 죄를 범하려는 자라는 정을 알면서' 도왔다는 이유로 편의제공죄로 처벌된 사례도 나왔다. 피고인은 함께 숙식하던 탈북민이 북에 있는 아들을 데려오고 싶어 하자 자신이 알아봐 주겠다면서 9천만 원 상당의 덤프트럭 담보 대출 보증을 서도록 했는데, 2013년 4월경 동거인이 "죽더라도 북한에 가서 처와 아들이 있는 곳에서 죽겠다."면서 충성자금을 마련해 북에 가겠다면서 대출을 받아달라고 부탁하자 그를 승용차로 인천 연안부두까지 태워다주고 대출 브로커로부터 대출을 받아 250만 원을 받게 도와주었다는 것이다. 탈출 예비를 도왔다는 이유로 편의제공죄로 처벌된 사례다.[166]

(5) 대북협력사업가 등

2014년 코리아랜드 사건에서는 남북경제협력, 이산가족 상봉 등을 추진하면서 1998년 이후 북한 대외경제협력추진위원회 참사와 교류하던 사

---

165 청주지방법원 충주지원 2018. 4. 27. 선고 2018고단1 판결.
166 1심 수원지방법원 2014. 5. 16. 선고 2013고합846 판결, 2심 서울고등법원 2015. 2. 5. 선고 2014노1599 판결, 3심 대법원 2015. 5. 29. 선고 2015도2622 판결.

업가가 2012년 이후 행위에 관해 편의제공죄로 기소되었다. 이전부터 계속 접촉해오던 북측 파트너가 북한공작원으로 드러났다는 이유다. 편의제공 내용은 북측과 협력사업을 추진하기 위해 개성-평양-신의주 간 고속도로 건설 노선도와 DMZ 평화공원 개발 구상안을 교부했다는 것이었다. 기소된 사업가는 1심에서 편의제공 혐의에 대해 유죄를 선고받고, 2심에서야 무죄판결을 받았다.[167]

북한 사람과 범행을 함께 저지른 경우도 편의제공죄로 처벌되고 있다. 컴퓨터 프로그램 개발자 구인광고를 낸 피고인은 광고를 보고 연락한 북한 프로그램 회사 대표에게 2012년 3월경 '바둑이, 맞고, 포카' 온라인 도박 프로그램 개발을 의뢰하고 해당 프로그램을 납품받았는데, 여기에 악성 프로그램이 들어있었다. 북한 회사로부터 게임 프로그램을 제공받은 것은 금품수수, 개발대금을 지급한 것은 편의제공으로 처벌되었다.[168] 거래한 회사가 북한 대남공작부서 하부조직으로 IT 무역업체로 위장 설립된 회사라는 이유다.

2011년 북한 대남공작부서 하부조직으로 중국 심양에 IT 업체로 위장 설립된 '북한 심양팀'에게 모바일 게임에 사용되는 도박프로그램 제작을 의뢰하고 그 대가로 금원을 지급하였다가 편의제공으로 처벌된 사례[169]도 있다. 북한 심양팀이 단순한 북한 국적 컴퓨터 프로그래머들이 아니고 북한 당국의 외화벌이 및 사이버전 임무 수행을 위해 엄격한 통제를 받으며 일하는 해커들이고, 그들의 수익금 중 일부는 북한 당국으로 들어가서 통치자금 등으로 사용되고, 피고인으로서는 위 프로그램들에 악성 프로그램

---

167 1심 서울중앙지방법원 2014. 7. 24. 선고 2014고합115 판결, 2심 서울고등법원 2014. 12. 30. 선고 2014노2206 판결, 3심 대법원 2015. 4. 9. 선고 2015도1003 판결.
168 인천지방법원 2014. 2. 21. 선고 2013고단6975 판결.
169 1심 서울중앙지방법원 2015. 2. 13. 선고 2014고단6484 판결, 2심 서울중앙지방법원 2015. 8. 13. 선고 2015노1134 판결.

이 내장되어 국가기관이나 주요 전산망을 공격하는 데 사용될 수 있음을 충분히 인식할 수 있었다는 이유다.

피고인이 2000년경 북한 국내에서 필로폰을 제조하면서 만난 인물로부터 2009년 9월에서 2010년 10월까지 탈북민 암살 지령을 수수하고 살인을 예비하여 제4조 제1항 제3호 목적수행 살인 예비·음모로 처벌된 사건에서, 피고인은 2009년 북한 공작원 또는 그 지령을 받은 자로부터 요청을 받고 서울 등지에 있는 열병합발전소 위치 및 상호를 조사하여 이를 알려주고, 서점에서 서울·경기 일원 지도책을 사서 제공하였는데, 이것도 북한을 위한 정보제공을 한 편의제공으로 처벌되었다. 해당 인물이 북한을 위하여 공작 활동을 하는 반국가단체의 구성원으로서 국가보안법 제3조에서 제8조의 죄를 범하거나 범하려는 자라는 정을 알면서 정보제공의 방법으로 편의를 제공하였다는 것이다.[170] 북한 영내에서 필로폰 제조에 가담한 사람이라면 북한 공작원 또는 그 지령을 받은 인물일 수밖에 없고 그가 체제선전에 피고인을 데리고 다니기도 하였으니 피고인도 이를 알았을 것이라는 논리다. 해당 범죄행위의 공범으로 처벌하면 충분한 사건들이, 북한 측 공범이 북한의 공작 활동부서 산하 조직에 속해있다거나 수익금을 북한 당국에 낸다는 이유로 국가보안법상 편의제공죄가 추가 적용되고 있다.

3. '너를 도와준 사람은 처벌된다'는 고문

헌법 제19조가 보장하는 사상·양심의 자유에서 현실적으로 문제가 되

---

[170] 서울중앙지방법원 2015. 9. 25. 선고 2015고합392 판결.

는 것은 사회적 다수의 양심이 아니라, 국가의 법질서나 사회의 도덕률에서 벗어나려는 소수의 양심[171]이고, 다수가 지지하는 사상이 아니라 그로부터 벗어난 소수의 사상이다.

헌법재판소는 양심의 자유가 양심형성의 자유와 양심실현의 자유로 나뉘고, 양심실현의 자유는 다시 소극적 양심실현의 자유(양심표명의 자유, 부작위에 의한 양심실현의 자유)와 적극적 양심실현의 자유로 나뉜다[172]고 본다. 또 양심형성의 자유와 양심적 결정의 자유는 내심에 머무르는 한 절대적 자유라고 할 수 있지만, 작위 혹은 부작위의 방법으로 양심을 실현하는 자유는 순수한 내심의 영역을 벗어난 것으로 필요한 경우 법률에 의한 제한이 가능하다[173]고 한다. 그러나 헌법재판소가 정의하는 양심은 구체적 행동과 필연적으로 그리고 절박하게 연결되어 있는 내면의 소리이다. 따라서 '내심의 자유'뿐만 아니라 '양심실현의 자유'도 어느 한도 안에서는 양심의 자유의 본질적 내용이 될 수 있다는 것을 인정하지 않으면 안 된다. 그렇지 않으면 양심의 자유는 유명무실한 것이 되어버릴 수 있다. 양심의 자유의 본질적 내용은 '양심의 형성 또는 결정'의 측면보다는 오히려 그 '실현'의 측면에서 찾아야 한다.[174] 오직 '양심의 형성 또는 결정'만을 제한 불가능한 절대적 자유라고 보는 헌법재판소의 시각은 다분히 도식적이며, 양심의 자유의 본질적 내용을 너무 편협하게 해석하는 것이다.

제9조는 타인을 돕고 타인과 관계 맺고자 하는 사람의 양심적 결정에 따른 행동을 제한한다. 이는 양심의 자유 중 적극적 양심실현의 자유 제한으로만 평가되어, 필요한 경우 법률로써 제한할 수 있는 것으로 보이기

---

171 헌법재판소 2004. 8. 26. 선고 2002헌가1 결정.
172 헌법재판소 2004. 8. 26. 선고 2002헌가1 결정.
173 헌법재판소 1998. 7. 16. 선고 96헌바35 결정.
174 오승철, 「부작위에 의한 양심실현의 자유」, 《헌법학연구》 15권 2호, 한국헌법학회, 2009, 307-309쪽.

쉽다. 적극적 양심실현 영역에서는 양심에 따른 외부적 행동을 제한하더라도 양심 자체는 보존될 수 있다고 보는 논리 때문이다. 하지만 친족이나 가까운 지인 사이인 경우, 편의제공 행위를 금지함으로써 적극적 양심실현만을 제한하더라도, 결국 양심의 핵심 자체가 무너질 수밖에 없고, 양심 자체가 변형될 수밖에 없다. 양심을 유지·형성할 자유가 침해되는 것이다. 제9조 제2항은 "다만, 본범과 친족 관계가 있는 때에는 그 형을 감경 또는 면제할 수 있다."고 하여, 친족 사이의 편의제공에 대해서도 형벌이 당연히 면제되도록 하지 않고 임의로 감면할 수 있다고만 한다. 친족도 처벌될 수 있는 위험에 놓아두고, 감면 여부를 수사기관의 자의와 법원의 은전에 맡긴 것이다. 친족 사이에서도 처벌의 위험 없이 도울 수 없다면, 이는 친족을 보호해야 한다는 인간 본연의 도덕률마저 지키지 말라고 강제하는 것이다. 도움이 필요한 타인을 도와야 한다는 도덕률은 친족뿐만 아니라 가까운 지인 사이에서도 버릴 수 없는 양심의 핵심내용이다. 아무리 가까운 사이라도 도우면 처벌하는 제9조는 양심을 변형시키라는 강제로서 양심 유지의 자유 제한이며 본질적 내용의 침해로서 허용되지 않는다.

아울러 제9조의 핵심 기능이 편의를 제공하는 사람뿐만 아니라 제공받는 사람, 제3조에서 제8조 위반자 또는 이를 위반하려는 사람의 사상과 신념을 무너뜨리는 데 있다는 점을 지나칠 수 없다. 자신을 돕고 자신과 협력한 사람이 바로 그 도움과 협력 때문에 처벌받는다는 사실은, 그 도움을 받은 사람에 대한 정신적 고문이다. 자신이 지켜온 사상을 버리고 신념을 배신하지 않으면 도움을 준 사람을 형사처벌의 위험으로부터 구출할 수 없다는 협박이다. 제9조는 사상과 양심의 적극적 실현만을 규제하는 데 그치는 것이 아니라 반국가행위자로 몰린 사람의 내면 양심의 유지·형성 자체를 공격하여, 사상과 양심의 자유의 본질적 내용을 침해한다. 사상·양심의 유지·형성을 침해하는 법률에 대해서는 헌법 제37조 제2항의 비례원칙에 따라 기본권 제한의 정당성 여부를 심사할 필요 없이 위헌을 선언해야 한다. 제9조는 타인을 돕는 사람과 도움을 받는 사람 모두의 양심 형성·유지의 자유를 제한하여 양심의 자유의 본질적 내용을 침해하는 제한으로 위헌이다.

4. 상대방이 국가보안법 위반자라면 나도 위험하다

(1) 일반적 행동자유권의 내용과 제한법리

헌법재판소는 헌법 제10조 행복추구권 속에 일반적 행동자유권이 들어있다[175]고 한다. 일반적 행동자유권이란 인간이 스스로의 의지에 따라 자유롭게 행동할 수 있는 권리로, "개인이 행위를 할 것인가의 여부에 대하여 자유롭게 결단하는 것을 전제로 하여 이성적이고 책임감 있는 사람이라면 자기에 관한 사항은 스스로 처리할 수 있을 것이라는 생각에서 인정되는 것"[176]이다. 자유로운 의지를 가진 개인이 자신의 의사결정에 따라 타인에게 편의를 제공하는 것, 영업활동의 일환으로 타인에게 편의를 제공하는 것 역시 일반적 행동자유권의 범위 내에 든다. 일반적 행동의 자유는 헌법 제37조 제2항 비례원칙에 따라 제한될 수 있지만, 개인의 인격 발현과 밀접히 관련되어 있으므로 최대한 존중되어야[177] 한다.

헌법재판소는 구법 제9조 제2항에 대한 1992년 한정합헌 결정에서, 그 문언해석상 그 적용범위가 넓고 불명확하므로 헌법 제10조 소정의 행복

---

175 헌법재판소 1991. 6. 3. 선고 89헌마204 결정.
176 헌법재판소 2003. 10. 30. 선고 2002헌마518 결정.
177 헌법재판소 1996. 2. 29. 선고 94헌마13 결정.

추구권에서 파생하는 일반적 행동자유권을 위축시킬 수 있다고 인정하였다.[178] 제9조는 수범자가 누구인지가 아니라 상대방이 누구인지에 따라 무조건적으로 편의제공을 금지하여 수범자의 일반적 행동자유권을 제한한다. 개인이 자신이 형성한 자유의지와 양심에 따라서 행동하도록 놓아두지 않고, 오로지 타인이 국가보안법 위반자인지 아닌지에 맞추어 행동하게 하는 것이다.

헌법재판소의 위 한정합헌 결정 이유는 "구법 제9조 제2항을 문리 그대로 해석하면 기본권 침해의 결과에 이를 수밖에 없으므로 구법 제9조 제2항 소정의 행위가 국가의 존립이나 안전을 위태롭게 하거나 자유민주적 기본질서에 위해를 줄 명백한 위험성이 있는 경우에 한하여 적용된다고 해석하는 한 헌법에 위반되지 않는다."는 것이었다. 그러나 1991년 개정의 실질적 내용은 편의제공 처벌 대상 범죄를 제3조에서 제8조로 줄인 데 지나지 않는다. 무엇보다 위 한정합헌 결정 이후에도, 1997년 한총련 관련한 일련의 편의제공 처벌 사례에서 보듯, 하룻밤 재워주는 것과 같이 국가의 존립·안전이나 자유민주적 기본질서에 어떤 해를 가할 수 없는 행위들도 모두 편의제공죄로 처벌되었다. 한정합헌 결정이 법률의 위헌성을 제거하거나 통제해낼 수 없음을 보여주는 냉엄한 실례다.

(2) 목적의 정당성

국가보안법 존치론자들은 각 조항을 제1조에 명시된 대로 '국가의 안전과 국민의 생존 및 자유를 확보'하기 위하여 '국가의 안전을 위태롭게 하는 반국가활동을 규제'하기 위한 것으로 여겨왔다. 형사법은 행위를 처

---

178 헌법재판소 1992. 4. 14. 선고 90헌바23 결정.

벌하여 재범과 다른 범죄의 발생을 막기 위한 것이다. 행위에 대한 처벌은 국가보안법 제3조부터 제8조까지 처벌 규정으로도 이미 과도하게 이루어지고 있다. 민주주의 국가에서는 어떤 범죄자도 범죄에 대한 처벌 이상으로 사회적 관계를 차단당해서는 안 된다. 형사법은 행위자를 처벌해 행위자를 고립·말살시키는 것이어서는 아니 된다.

국가보안법 체계상 국가적 법익을 침해하는 행위의 핵심은 제9조가 '본범'이라고 칭하는 제3조에서 제8조까지다. 제9조는 제3조에서 제8조 위반자 또는 위반하려는 자의 존재를 전제로 그에게 도움을 주거나 협력하거나 관계 맺은 주변 사람을 부수적으로 처벌하는 조항이다. 제9조 행위의 가벌성은 제3조에서 제8조 행위자에 비해 낮을 수밖에 없다. 제3조에서 제8조까지 행위 가운데 1990년대 이후 최근까지 가장 많이 적용되어온 조항은 사상과 표현을 처벌하는 제7조이고, 그다음으로 자주 적용된 조항은 제4조와 제5조 중 국가기밀 관련 부분, 그 행위 자체에 폭력이 들어있지 않은 제6조 잠입·탈출, 제8조 회합·통신 등이다. 살인 등 폭력적이고 가벌성이 큰 행위 실행으로 처벌되는 경우는 극히 적다.

결국, 반민주적 정권에서 민주화운동가들에게 적용된 제9조의 실질적인 목적은 주로 사상과 표현을 이유로 처벌 대상이 된 이들에게 일체의 인간적 지원과 사회적 협력을 제공하는 사람들을 형사처벌함으로써 민주화운동가들을 주변으로부터 차단해 고립·말살시키고 그 사상과 신념을 버리게 하는 데 있다. 남북교류가 잦아지고 탈북민이 많아진 이후 제9조의 실질적 기능은 남북협력사업이든 무엇이든 북한 사람과 관계 맺는 것, 북한으로 돌아가고자 하는 탈북민을 돕는 것은 언제든 국가보안법으로 처벌될 수 있다는 위협을 상기시키는 데 있다. 국가가 허용하는 것과 다른 사상과 신념의 유지·형성을 막는 것, 헌법의 평화통일원리에 반하여 남북교류 저해를 실질적 목적으로 하는 제9조에는 목적의 정당성이 없다.

(3) 수단의 적합성

제9조, 특히 제2항은 국가보안법이 내건 입법목적인 '국가의 안전과 국민의 생존 및 자유'를 달성하는 데 적합하지 않다. 제9조는 개인이 일반적 도덕률과 양심의 결정에 따라 타인을 돕는 것을 처벌함으로써 국가 형벌권을 도덕에 반하는 것으로 인식되게 한다. 특히 친족 간 행위도 처벌될 수 있게 한 결과, 국가권력이 허용하지 않는 사상을 가진 사람이라면 친족이라도 버려야 한다는 인륜에 반하는 선택을 강제함으로써, 국가권력에 대한 반발을 불러올 수밖에 없다. 한편 제9조는 경제적 수익을 목적으로 대북협력사업 등을 추진하며 사업 상대방과 자유롭게 협의하고 활동하는 것을 제한한다. 이미 남북교류협력에 관한 법률에 따른 승인 등 절차를 마치고 오랫동안 경제거래관계를 맺어온 북측 상대방과 교섭 내용까지도 편의제공죄로 처벌하는 제9조는 자본주의의 핵심요소인 경제활동의 자유를 침해한다. 탈북민들이 북에 있는 가족과 연락하거나 다른 탈북민으로부터 부탁받은 일을 해주는 것도 대한민국에 위해를 가하는 것이라는 이유로 처벌한다. 남한에 정착하기 위해 북한을 떠나온 주민들은 남한에 와서도 불안한 상태에 놓일 수밖에 없다. 국가권력에 대한 반발을 불러오고 국민의 경제활동의 자유를 침해하며 탈북민들을 불안정한 상태에 처하게 하는 제9조는 국가의 안전과 국민의 자유를 보장할 적합한 수단이라 할 수 없다.

(4) 피해의 최소성

형법상 '종범從犯'은 정범正犯의 실행행위 자체를 용이하게 하는 방조행위를 한 자로, 정범의 실행행위가 있을 때 비로소 성립된다. 국가보안법 제9조 가운데 제3조에서 제8조의 범죄행위에 가담한 행위는 제9조 없이도 형법에 따라 정범의 방조범으로 처벌할 수 있다. 행위 가담 정도가 클 때는 실행행위를 한 공동정범으로 처벌됨은 물론이다. 제9조가 활용되는 경우는 정범의 실행행위에는 가담한 바 없어 공범 또는 방조범으로도 처벌되지 않는 경우다. 특히 아직 제3조 내지 제8조를 위반하지 않았을 뿐만 아니라 예비·음모 단계에 이르지도 않은, '범하려는 자'에게 편의를 제공한 자까지 광범위하게 처벌할 때 제9조가 활용된다.

헌법재판소의 구법 제9조 제2항 한정합헌 결정 중 반대의견은 "구태여 위와 같은 형태의 조문이 없더라도 경우에 따라 종범(형법 제32조)으로 처벌이 가능하다는 점에서 처벌 가치가 없는 일체의 편의제공 행위까지 포괄하여 형벌필요성의 요구를 벗어남으로써 과잉금지의 원칙에 위배된 위헌법률"[179]이라고 판시하였다. 국가인권위원회도 제9조 행위 가운데 특정 범죄행위에 대한 방조에 이르러 가벌성이 있는 행위는 형법 제30조(공동정범), 제31조(교사범), 제32조(종범), 제34조(간접정범, 특수교사, 방조에 대한 형의 가중), 제95조(시설제공이적), 제97조(물건제공이적), 제99조(일반이적), 제90조 및 제101조(내란·외환 예비, 음모), 제98조(간첩방조)로 처벌할 수 있다고 설명한다. 범죄행위에 대한 방조에 미치지 않는 편의제공을 제9조로 처벌하는 것은 침해의 최소성 원칙에 반한다.

국가보안법 위반자를 숨겨주거나 도피하게 하는 것도 제9조 제2항에 해당할 수 있는데, 이 경우 10년 이하의 징역에 처해질 수 있다. 형법상 범인은닉죄[180]가 3년 이하의 징역 또는 500만 원 이하의 벌금에 처하게 하

---

179 헌법재판소 1992. 4. 14. 선고 90헌바23 결정 중 변정수 재판관의 반대의견.
180 형법 제151조(범인은닉과 친족 간의 특례) ① 벌금 이상의 형에 해당하는 죄를 범한 자를 은닉 또는 도피하게 한 자는 3년 이하의 징역 또는 500만 원 이하의 벌금에 처한다.
② 친족 또는 동거의 가족이 본인을 위하여 전항의 죄를 범한 때에는 처벌하지 아니한다.

는 것에 비하여 형량이 훨씬 무겁다. 형법 제151조 범인은닉죄와 달리 국가보안법상 편의제공은 오직 징역형만을 정하고 벌금형은 아예 두고 있지 않다. 적극적으로 구금된 자를 탈취하거나 도주하게 하는 형법 제147조 도주 원조가 아닌, 은닉이나 도피 원조에 그치는 형법 제151조 범인은닉죄는 친족이나 동거하는 가족은 처벌 대상으로 하지 않는다. 친족 간에는 돕는 것이 인륜이어서 은닉이나 도피 원조 요청을 거절할 것을 기대할 수 없다고 보기 때문이다. 그러나 국가보안법상 편의제공은 친족관계가 있는 때에도 그 형을 감경 또는 면제할 수 있다고만 정하여, 감경 또는 면제를 결정할 권한을 수사기관과 법원에 맡기고 있다. 국가보안법상 편의제공은 형법상 범인은닉죄가 보호하는 친족 간의 인륜마저 위협하는 것이다.

또 제9조 제2항은 제3조에서 제8조 위반자 각각에 대해 그 주변 인물들로 형사처벌을 확대하는 근거로 사용된다. 수사기관은 제9조 제2항을 근거로 국가보안법으로 처벌받을 사람의 숫자를 무한히 확장시킬 수 있게 된다. 제1조 제2항은 "이 법을 해석적용함에 있어서는 제1항의 목적 달성을 위하여 필요한 최소한도에 그쳐야 하며, 이를 확대해석하거나 헌법상 보장된 국민의 기본적 인권을 부당하게 제한하는 일이 있어서는 아니 된다."라고 하여 국가보안법의 확대 적용 금지 원칙을 법률의 첫머리에 선언하고 있다. 국가보안법 적용의 인적 범위를 무한정 확대할 수 있는 제9조는 침해의 최소성을 충족하지 못하여 제1조 제2항과 공존할 수 없는 모순된 조항이다.

(5) 법익의 균형성

제9조의 형식적 입법목적은 국가안전보장이고, 제한하는 사익은 양심의 자유와 일반적 행동의 자유이다. 양심의 자유는 기본권 중에서도 개인

의 인격적 존재가치와 직결된 매우 중요한 기본권이다. 일반적 행동의 자유 또한 개인의 자유로운 의사가 행동으로 발현된다는 점에서 양심의 실현과 밀접하게 관련된 중요한 기본권이다. 대한민국은 민주공화국이다. 국가가 먼저 있고 국민이 있는 것이 아니라, 국민이 있고 그다음에 국가가 있다. 국가는 국민으로부터 권한을 위임받은 것이므로, 국민공동체가 있어야 국가가 있다는 것이 근대 국민국가론의 내용이다. 그러므로 국가안전보장이 중요한 공익이라 하더라도 이를 이유로 국민공동체 형성의 기초가 되는 개인의 자유로운 양심 형성과 실현까지 침해할 수는 없다.

제9조가 계속 존재한다면 국민 개개인은 자신과 관계를 맺고 있는 다른 사람이 국가보안법을 위반하는 자인지 아닌지 의심하고 행동할 수밖에 없다. 상대방이 북한 사람이라면 더욱 경계를 늦추기 어렵게 된다. 자신의 모든 행동이 '기타 편의 제공'으로 취급되어 제9조 처벌 대상이 될 가능성이 있기 때문이다.

또 최근 제9조로 기소되거나 형사처벌되는 사람들의 상당수는 대북협력사업가와 탈북민들로서, 이들의 목적은 경제적 이익을 얻는 것이거나 생활의 안정을 찾는 것이지 대한민국의 헌법기관을 해체하는 등으로 국가안보를 위험에 빠뜨리는 것이 아니다. 제9조가 보호하겠다고 하는 국가안보라는 공익의 침해 가능성은 극히 희박한데 침해하는 사익인 양심의 자유와 일반적 행동의 자유 제한은 매우 중대하므로, 제9조는 법익의 균형성을 상실하여 비례원칙에 반한다.

(6) 본질적 내용의 침해 금지

제9조는 개인이 주체적이고 자유로운 결정에 따라 타인을 돕는 행위와 경제적 이익을 위한 협력활동을 형사처벌한다. 타인을 해하는 행동이라

면 자기결정과 행동의 자유가 제한됨이 마땅하나, 타인을 돕는 행동을 제한당할 경우 개인은 자신이 스스로 결정할 수 있는 영역이 어디까지인지, 일반적 행동의 자유의 허용범위가 어디까지인지 매우 혼란스럽게 된다. 또 이미 당국의 승인까지 받고 북한 측 상대방과 사업상 거래해오던 대북협력사업가들이 교섭 중 행위를 이유로 형사처벌되는 경우 이는 경제활동 자체를 지속할 수 없게 되는 결과를 초래하고, 재승인을 받기도 어려운 상황에 놓이게 된다. 경제활동의 기반을 완전히 잃게 되는 것이다. 일반적 행동자유권의 본질적 내용에 대한 침해다.

5. 표현의 자유 행사한 사람을 돕는 것도 형사처벌

제7조 위반자를 돕는 행위를 제9조로 형사처벌하는 것은, 표현의 자유를 행사한 사람을 돕는 것조차 금지하는 것으로, 표현의 자유에 대한 극단적인 침해다. 더구나 제7조 위반자를 돕는 행위가 표현행위일 때는, 표현의 자유를 옹호하기 위한 표현의 자유 행사마저 형사처벌하는 것이기까지 하다. 헌법재판소도 1991년 개정 전 제9조 제2항에 대하여, "도움은 말로도 줄 수 있는 것이라면 (헌법) 제21조 소정의 표현의 자유마저 위축시킬 수 있다."[181]고 하였다.

헌법재판소는 위 결정에서 "제9조 제2항 소정의 행위가 국가의 존립이나 안전을 위태롭게 하거나 자유민주적 기본질서에 위해를 줄 명백한 위험성이 있는 경우에 한하여 적용된다고 해석하는 한 헌법에 위반되지 않는다."고 한정합헌 결정하였다. 그러나 명백·현존 위험의 원칙을 도입하

---

181 헌법재판소 1992. 4. 14. 선고 90헌바23 결정.

지 않는 표현의 자유 제한은 정당한 제한이 될 수 없다. 명백·현존하는 위험이 없는 표현을 편의제공이라 하여 형사처벌하는 것은 표현의 자유 침해다.

미국은 외국 테러 단체 지원금지법을 두어, 행위자가 테러리스트 조직임을 알고 있는 단체의 지시에 따르는 지원을 금지한다. 미국 정부는 이 법에 대해 "법은 어떤 종류의 독립적인 지지나 표현을 금지하지 않는다."[182]는 입장을 표명하였다. 지시에 따른 것이 아닌 '독립적인 지지나 표현'은 허용[183]한다는 것이다. 테러 단체에 속하거나 테러 단체의 지시에 따르는 것이 아닌 지지, 곧 독립적이고 자발적인 도움은 처벌 대상이 되지 않는다. 국가보안법 제9조가 자발적인 지지도 모두 편의제공으로 처벌하고, 국가기밀에 이르지 않는 사실을 전달하는 표현행위도 편의제공으로 보아 처벌하는 것과 대비된다.

2010년 미국 연방대법원의 외국 테러 단체 지원금지법에 대한 합헌 결정[184]에서 브레이어 대법관이 작성하고 긴즈버그, 소토마요르 대법관이 참여한 반대의견은, 타밀 테러 단체가 유엔 청원제도를 활용할 수 있도록 도우려고 한 원고들은 정치적인 목적을 추구하기 위해 평화적이고 합법적인 행위를 지지하려고 한다고 보았다. 이에 기초하여, "불법 활동에 관여하고 있는 단체와 '협력'은 어떤 전통적인 범주의 보호 예외에 의해서도 수정헌법 제1조의 보호를 박탈하지 않는다. 원고들은 범죄를 권유하려고 하지 않았다. 그들은 사기나 명예훼손에 관여하거나 음란물을 돌리는 일에 관여하지 않을 것이다. 그리고 수정헌법 제1조는 지지행위가 '즉각적인 불법행위를 자극 또는 일으키지 않거나 그리고 그러지 않을

182 장주영, 위의 책, 290쪽.
183 장주영, 위의 책, 307쪽.
184 Holder v. Humanitarian Law Project, 561 U.S. 1(2010)

것 같으면' 불법 행동의 지지조차도 보호한다."[185]고 판시하였다. 즉각적인 폭력을 불러오는 것이 아니라면, 도우려는 상대방이 테러 단체라고 하더라도, 불법행위를 지지하는 것이라도 표현의 자유로 보호되어야 한다는 것이다. 표현의 자유 제한 시 명백·현존 위험의 원칙에 충실한 판단으로, 국가보안법 제9조의 표현의 자유 침해 문제를 판단할 때 고려하여야 할 논지다.

6. 도움될 수 있는 행위는 일체 금지

(1) 제9조 제1항·제2항 '이 법 제3조 내지 제8조의 죄를 범하려는 자'

제9조 제1항·제2항은 '이 법 제3조 내지 제8조의 죄를 범하거나 범하려는 자'라는 정을 알고 무기류 또는 편의를 제공한 행위를 처벌 대상으로 정한다. 그러나 '이 법의 죄를 범하려는 자'는 범죄의 구체적 준비단계, 즉 예비단계에도 이르지 않은 상태까지 의미하는 것으로 해석될 경우, 지나치게 광범한 규정[186]이어서 객관적으로 해당 여부를 따지기가 불가능한 구성요건[187]이다. 헌법재판소 반대의견은 "개정 전 국가보안법 제9조 제2항은 편의제공 상대방에 '이 법의 죄를 범하려는 자'를 포함시킴으로써 예비·음모 이전 단계까지 처벌하여 '누구든지 생각(사색)만으로는 처벌받지 않는다.'는 근대형법의 대원칙에 반"[188]한다고 하였다.

---

185 장주영, 위의 책, 303쪽.
186 심희기·이석수, 「국가보안법의 운영실태와 개정방안」, 한국형사정책연구원, 2004, 119쪽.
187 박원순b, 『국가보안법연구 3』, 91쪽.
188 헌법재판소 1992. 4. 14. 선고 90헌바23 결정 중 변정수 재판관의 반대의견.

2014년 헌법재판소는 제9조 제2항 본문 중 '제4조'와 관련된 부분은 죄형법정주의의 명확성원칙에 위배된다고 할 수 없다는 합헌 결정[189]에서, "편의제공죄는 본범 행위가 국가의 안전과 직접 관계있는 중대 범죄이고, 반국가활동범죄의 위험이 실현·지속·확산되는 결과를 사전에 차단하기 위하여는 편의제공의 대상자에 '죄를 범하려는 자'가 포함되어야 하므로, 적용 범위가 지나치게 광범위하다고 할 수 없다."는 근거를 들었다. 그러나 앞서 본 대로, 국가보안법 위반죄들은 모두 구성요건이 추상적이고 불명확하여 의미가 모호해 수사기관과 법관에 의해 자의적으로 적용될 소지가 있다. 제9조 제2항이 제4조와 결합되면 '지령'의 개념이 자의적으로 해석되어 처벌 대상이 무한히 확장될 위험이 있는 것처럼, 제9조는 국가보안법의 모든 범죄와 관련되어 있어 적용 범위 확대와 자의적 적용 문제가 고스란히 처벌 대상 확대로 나타날 수 있다.

(2) 제9조 제2항 '기타 재산상의 이익', '기타의 방법에 의한 편의제공'

제9조 제2항 '기타 재산상의 이익', '기타의 방법에 의한 편의제공'은 무형적인 추상개념인 '이익', '편의'에 '기타'라는 범용적 용어를 더한 것이어서 그 범위를 도저히 한정할 수 없다.[190] 종전 합헌결정에서 헌법재판소는 "제9조 제2항의 '기타의 방법으로 편의를 제공한 경우'는 본범에 대하여 총포, 탄약, 금품 기타 재산상의 이익제공행위, 잠복, 회합 연락을 위한 장소제공행위를 제외한 모든 방법으로 하는 일체의 편의제공 행위를 가리키는 것"이고, "건전한 상식과 통상적인 법감정을 가진 사람이라면 충분히

---

189 헌법재판소 2014. 9. 25. 선고 2011헌바358 전원재판부 결정.
190 한국법제연구모임, 『국가보안법개정의견』, 사람과 생각사, 1989, 44쪽.

이를 알 수 있다"고 하였다.

그러나 명시된 것 외에도 모든 방법의 편의제공을 처벌 대상으로 정하는 제2항은, 범죄와 형벌은 성문의 법률로 규정되어야 한다는 형벌법규법률주의 위반이다. 헌법재판소는 변호사법 제112조 제1호 위헌소원 사건에서 '그 밖의 방법'에 대하여, "예시적 입법형식이 명확성원칙에 위배되지 않으려면 예시한 구체적인 사례(개개 구성요건)들이 그 자체로 일반조항의 해석을 위한 판단지침을 내포하고 있어야 할 뿐 아니라, 그 일반조항자체가 그러한 구체적인 예시를 포괄할 수 있는 의미를 담고 있는 개념이어야 한다."고 하였다.[191] 국가보안법 제9조 제2항은 예시된 사례인 '금품', '장소 제공' 자체도 행위양태를 특정하지 못한다. '재산상 이익', '편의'는 더욱 추상적이다. 대법원은 반공법상 편의제공 조항에 대하여, "원심이 기타의 방법으로 편의를 제공하였다고 하려면 총포, 탄약, 금품 기타 재산상의 이익이나 잠복, 회합, 연락을 위한 장소를 제공한 것과 맞먹을 정도의 수단과 방법이어야만 한다고 제한적인 해석을 하였음은 소론과 같이 반공법 제7조의 범의를 오해한 것"[192]이라고 한 바 있다.

제9조 제2항은 사전적으로 '그 밖의 또 다른 것'을 의미하는, 개념의 외포가 무한한 '기타'를 구성요건으로 한다. 이것은 실제로는 '백지형법'[193]으로 기능하게 된다. 더구나 제9조 제2항은 여기에 '이익'이라는 추상적 개념과 정형화되지 않은 '편의'를 결합시킨다. 제2항 규정만으로는 행위의 양태, 방법, 영향이 제각각인 여러 불특정 행위 중에서 어느 것이 편의제공죄로 처벌되는지 추론하기 쉽지 않다. 일회적이고 단순한 심부름까지 모두 편의제공에 포함될 수 있다. 제9조 제2항은 구체적으로 한정되지 않

---

191 헌법재판소 2015. 7. 30. 선고 2013헌바439 결정.
192 대법원 1975. 7. 22. 선고 74도2675 판결.
193 박원순b, 『국가보안법연구 3』, 32쪽.

는 '기타의 방법에 의한 편의제공'을 모두 처벌 대상으로 하는 것이어서 명확성의 원칙에 위배된다.

내부의 적을 색출해야 국가안보가 위협받지 않는다는 적대의식과 경계로 익숙해진 관점에서는 처벌 대상 행위를 예측하기 어렵지 않다. 국가보안법 위반자를 돕는 모든 것이 편의제공이라고 보면 되기 때문이다. 1948년 제정 국가보안법 제4조는 "본법의 죄를 범하게 하거나 그 정을 알고 총포, 탄약, 도검 또는 금품을 공급, 약속 기타의 방법으로 자진방조한 자는 7년 이하의 징역에 처한다."고 되어 있었는데, '기타의 방법으로 자진방조한 자'에 대하여, 오제도 검사는 "광범한 규정으로서 인간의 수요 또는 욕망을 만족시킬 수 있는 유형무형의 사물 내지 이익을 제공하거나 제공을 약속하여 본법 범죄행위의 실현에 편익을 공급하는 일절의 위험행위를 포함한다."고 설명했다.[194] 처벌 대상을 구체적으로 제한하여 정한 것이 아니라 무엇이든 다 포함될 수 있도록 무한 확장[195]한 이 조항과 유사한 규정 방식이 바로 제9조 제2항의 '기타의 방법에 의한 편의제공'이다. 더구나 '방조'라는 한계마저 넘은 '편의제공'은 더욱 광범하게 적용되는 규정일 수밖에 없다.

한국전쟁 전후 지리산 자락 주민들이 밤에 내려온 빨치산에게 먹을 것을 주었다고 낮에 들어온 국군에 의하여 살상당한 민간인학살이 이 논리에 입각해 있었고, 1990년대 후반 한총련 수배자를 하룻밤 재워주었다고 하여 편의제공죄로 처벌된 것 역시 이 논리로 가능했다. 이러한 적대의식과 경계가 전쟁을 겪은 대결 시대의 통상적인 법 감정이었을 수 있다. 그러나 이를 우리가 추구하는 공존의 사회, 화해와 협력의 미래를 위한 옳은

---

194 오제도, 위의 책, 72쪽.
195 강성현d, 「한국의 국가 형성기 '예외상태 상례'의 법적 구조」, 97-98쪽.

기준이라 하기는 어렵다. 건전한 상식이란 헌법의 근본원리인 인권과 평화를 담은 것이어야 한다.

"형, 이번에 내려온 북한군인들을 생포해서 만경 뜰에서 난 햇곡식과 거제 앞바다에서 잡은 햇멸치 그리고 경주 법주 한 보따리를 들려 휴전선 너머로 보냈더라면 어떠했을까요. 그래서 나이 38살의 유림이 북의 고향 집에 가서 이 보따리 풀어 조상님들께 차례 지내고 그 아이들과 처와 오순도순 나누어 먹었더라면 얼마나 좋았을까요. 이런 동화 같은 상상을 하는 제 눈에는 걷잡을 수 없이 눈물이 흐릅니다. 그것이 안 되면 사람답게 주검이나마 잘 거두어 염이라도 해주는 게 인간에 대한 예의가 아닐까요."**196 197**

화해와 공존의 시대가 필요로 하는 상식은, 타인의 생각에 동의하지 않더라도, 그의 행위는 처벌될 것이더라도, 사람에 대한 도움 자체는 범죄시하지 않는 것이어야 한다. 대결 시대의 비극을 끝내고 인권과 평화의 상식이 자리잡을 수 있는 남북관계를 만드는 것이 국가의 책임이다. 남북관계에서 평화로 먼저 다가가 상대방을 움직일 효과적인 방법은 바로 대결의 법률을 없애는 것이다.

---

196 한겨레, 1996. 10. 7., 김형태, 「인간에 대한 예의」. 이 칼럼은 1996. 9. 강릉 잠수함 사건 직후에 게재되었다.

197 1996. 9. 18. 강릉 해안도로에서 북한의 소형 잠수함이 좌초된 채 발견되자, 군인·경찰·예비군 등 150만 명이 투입되어 49일 동안 소탕작전을 펼쳤다. 우리 군인 11명과 경찰 1명, 예비군 1명, 민간인 4명, 모두 17명이 교전 또는 사고로 사망했고, 27명이 부상당했다. 북한 무장요원 가운데 1명이 체포되었고, 13명은 사살되었으며, 승조원 11명은 사망한 채 발견되었다. 북한은 9. 22. 인민무력부 대변인 성명을 통해 기관 고장으로 표류하다가 좌초했다고 주장했는데, 12. 29. 외무성 대변인 성명을 통해 "위임에 의하여 막심한 인명피해를 초래한 1996년 9월 남조선 강릉 해상에서의 잠수함 사건에 대하여 깊은 유감을 표시한다. 조선민주주의인민공화국은 그러한 사건이 다시 일어나지 않도록 노력하며, 조선반도에서의 공고한 평화와 안정을 위하여 유관 측들과 함께 힘쓸 것이다."라고 사과하였다. 우리 외무부와 통일원은 이를 수락할 만한 수준으로 평가하였고, 언론들도 외교적 표현상 최상에 해당하는 '깊은 유감'을 표명한 것을 놀라운 일로 평가하였다. 김상범, 위의 글, 23~24쪽. 12. 30. 사망한 북한 요원 24명의 시신이 판문점을 통해 북한에 송환되었다.

7. 예비의 방조 법정형이 본범보다 무겁다

(1) 예비의 방조의 예비·음모까지 처벌

예비·음모란 어떤 범죄를 저지를 것을 계획하거나 그 범죄를 저지를 것을 준비하는 일, 즉 실행의 착수에 이르지 않은 범죄의 형태를 말한다. 이처럼 실행의 착수에도 이르지 않은 상태이기에 형법은 법률에 특별한 규정이 없는 한 예비·음모를 벌하지 아니한다(형법 제28조). 대법원도 ① 범죄의 구성요건 개념상 예비죄의 실행행위는 무정형·무한정한 행위이고 종범의 행위도 무정형·무한정한 것인 점, ② 형법 제28조가 예비죄 처벌이 가져올 범죄구성요건의 부당 유추 내지 확장해석을 금지하는 점 등에 따라, 형법 전체의 정신에 비추어 예비의 종범 성립을 부정[198]한다. "정범이 실행의 착수에 이르지 아니한 예비의 단계에 그친 경우에는 이에 가공한다 하더라도 예비의 공동정범이 되는 때를 제외하고는 종범으로 처벌할 수 없다."[199]는 것이다.

그런데 제9조는 '이 법 제3조 내지 제8조의 죄를 범하거나 범하려는 자라는 정을 알면서' 그를 도울 경우 처벌 대상으로 한다. 이 중 '제3조 내지 제8조의 죄를 범하려는 자'는 제3조 내지 제8조의 예비단계이거나 그에도 미치지 못하는 단계에 불과하다. 이를 모두 예비단계라고 보고 제9조의 행위를 방조라고 보더라도, 제9조는 형법 원칙상 처벌할 수 없는 '예비의 방조'를 처벌하려는 것이다. 더구나 형량도 5년 이상의 징역(제9조 제1항), 10년 이하의 징역(제9조 제2항)으로 매우 높다. 책임과 형벌의 비례가

---

198 대법원 1976. 5. 25. 선고 75도1549 판결.
199 대법원 1979. 5. 22. 선고 79도552 판결.

완전히 무너진 셈이다.

나아가 제9조 제4항은 "제1항의 죄를 범할 목적으로 예비 또는 음모한 자는 1년 이상의 유기징역에 처한다."고 하여, 제1항의 예비·음모를 처벌한다. 제1항이 이미 '예비의 방조'를 처벌하는데, 제4항은 더 앞질러 형법상 형사 처벌할 만한 책임을 지울 수 없는 제1항 '예비의 방조'의 예비·음모를 처벌하는 것이다. '제3조 내지 제8조의 죄를 범하려는 자'에는 예비에도 이르지 못한 단계도 포함된다는 점을 고려하면 문제는 더 심각하다. 제9조 제3항·제4항이 제1항의 미수범은 물론 예비, 음모범까지 처벌하는 것에 대하여는, 위 법률조항에서 편의제공 상대방에 '이 법의 죄를 범하려는 자'까지 포함한 것은 예비, 음모 이전 단계까지 처벌하겠다는 것으로서 이는 의사형법意思刑法 내지 심정형법心情刑法을 인정하는 것이 되어 "누구든지 생각(사색)만으로는 처벌받지 않는다."는 근대형법의 대원칙에 반한다[200]는 비판이 있다.

어떤 행위를 범죄로 규정하고 이를 어떻게 처벌할 것인가 하는 문제, 곧 범죄의 설정과 법정형의 종류 및 범위 선택 문제는 범죄의 죄질과 보호법익에 대한 고려뿐만 아니라 우리의 역사와 문화, 입법 당시의 시대적 상황, 국민 일반의 가치관과 법감정 그리고 범죄예방을 위한 형사정책적 측면 등 여러 가지 요소를 종합적으로 고려하여 입법자가 결정할 사항으로서 입법재량 내지 형성의 자유가 인정되어야 할 분야이다.[201] 그러나 헌법은 국가 권력의 남용으로부터 국민의 기본권을 보호하려는 법치국가의 실현을 기본이념으로 하고, 법치국가의 개념은 범죄에 대한 법정형을 정함에 있어 죄질과 그에 따른 행위자의 책임 사이에 적절한 비례 관계가 지켜

---

200 헌법재판소 1992. 4. 14. 선고 90헌바23 전원재판부 결정 중 변정수 재판관의 반대의견.
201 헌법재판소 2011. 11. 24. 선고 2010헌바472 결정, 헌법재판소 2012. 8. 23. 선고 2010헌바402 결정.

질 것을 요구하는 실질적 법치국가의 이념을 포함하므로, 어떤 행위를 범죄로 규정하고 어떠한 형벌을 과할 것인가 하는 데 대한 입법자의 입법형성권이 무제한일 수는 없다. 입법형성권 역시 형벌의 위협으로부터 인간의 존엄과 가치를 존중하고 보호해야 한다는 헌법 제10조의 요구에 따라야 하고, 헌법 제37조 제2항이 규정하고 있는 과잉입법금지의 정신에 따라 형벌개별화 원칙이 적용될 수 있는 범위의 법정형을 설정하여 실질적 법치국가의 원리를 구현해야 하며, 형벌이 죄질과 책임에 상응하도록 적절한 비례성을 지켜야 한다.[202] 이 원칙에 근거하여 대법원은 예비의 종범 성립 자체를 부정한다. 그러나 제9조는 예비의 방조, 예비단계에도 이르지 않은 자에 대한 방조를 처벌 대상으로 하고, 이 각각에 대한 예비·음모의 죄까지 규정함으로써 법질서가 부정적으로 평가할 만한 행위를 하지 않은 사람에 대해서까지 형벌을 부과한다. 결국 제9조는 책임이 인정되지 않는 자에 대하여 형벌을 부과하거나 그 책임의 정도를 초과하는 형벌을 과하는 것으로서 책임과 형벌 간의 비례 원칙에 위배되어 위헌이다.

(2) 본범보다 무거운 법정형

범죄의 행위태양이 다르면 책임의 정도가 달라지므로, 그에 대한 법정형도 달라야 한다. 제3조 내지 제8조는 관련자에 대한 부수적 처벌인 제10조 불고지죄를 제외하면 국가보안법이 처벌 대상으로 삼은 반국가행위의 전부로, 그야말로 많은 행위유형을 처벌 대상으로 한다. 법정형도 사형부터 5년 이하 징역까지 큰 차이가 난다. 그런데 제9조 제1항은 이 행위들에 대한 무기제공의 법정형을 일률적으로 5년 이상 징역에, 제2항은 금품

---

202 헌법재판소 2010. 11. 25. 선고 2009헌바27 결정, 헌법재판소 2017. 11. 30. 선고 2015헌바300 결정.

제공 또는 편의제공의 법정형을 일률적으로 10년 이하 징역으로 정하였다. 책임에 따라 형벌을 부과해야 한다는 책임과 형벌의 비례원칙에 어긋난다.

제9조 법정형의 획일성은 중대한 모순까지 낳는다. 제7조 제7항 이적단체 구성 예비·음모의 법정형은 5년 이하 징역인데, 제7조 제7항 위반자를 하룻밤 재워 편의제공 했다는 이유로 기소된 사람은 제9조 제2항에 따라 10년 이하 징역으로 처벌되는 것이다. 편의를 제공한 데 불과한 사람이 본범보다 무거운 형을 받을 수 있게 한 이 법체계가 부당함은 더 말할 필요가 없다.

헌법재판소 반대의견은 이미 1992년, 개정 전 국가보안법 제9조 제2항에 대하여 "획일적으로 10년 이하의 징역에 처하도록 하여 편의제공 행위가 종범적인 성질의 것임에도 불구하고 죄에 따라서는 오히려 편의제공 행위의 대상자 즉 정범보다도 더 무겁게 처벌할 수 있도록 함으로써 범죄와 형벌 사이에 정당한 비례관계가 유지되었다고 보기 어려우며"[203]라고 판시하여 이 점을 지적하였다.

---

203 헌법재판소 1992. 4. 14. 선고 90헌바23 결정 중 변정수 재판관의 반대의견.

제10조 불고지 – '반인륜'의 대명사

제10조(불고지) 제3조, 제4조, 제5조 제1항·제3항(제1항의 미수범에 한한다)·제4항의 죄를 범한 자라는 정을 알면서 수사기관 또는 정보기관에 고지하지 아니한 자는 5년 이하의 징역 또는 200만 원 이하의 벌금에 처한다. 다만, 본범과 친족관계가 있는 때에는 그 형을 감경 또는 면제한다.

그날은
－새[204]

천상병

이젠 몇 년이었는가
아이론 밑 와이샤쓰 같이
당한 그날은⋯

---

204 천상병, 『천상병 전집 : 시』, 평민사, 2018, 117쪽. 이 시는 《월간문학》, 1971. 2.에 발표되었다.

이젠 몇 년이었는가

무서운 집 뒷창가에서 여름 곤충 한 마리

땀 흘리는 나에게 악수를 청한 그날은…

내 살과 뼈는 알고 있다.

진실과 고통

그 어느 쪽이 강자인가를…

내 마음 하늘

한 편 가에서

새는 소스라치게 날개 편다.

1. 전 국민을 잠재적 범죄자로 취급하다

불고지죄는 국가보안법 논리의 극단으로서 폭압성의 정도가 가장 크다[205]고 평가되어 왔다. 가장 먼저 지적되어온 문제는, 인륜 도덕을 파괴한다는 것이다. 국가보안법 위반 사실을 알게 되는 것은 결국 가까운 친·인척들뿐일 텐데 이들에게 가족 간의 정리와 애정을 버리고 수사기관에 신고하라는 것은 우리의 선량한 풍속에 반한다.[206] 경우에 따라서는 처가 남편을, 자식이 부모를 신고해야 한다는 것인데, 신고하지 않았다고 처벌하

---

205 정태욱, 「불고지죄에 대하여」, 《민주법학》 제3호, 민주주의법학연구회, 1989, 117쪽.
206 참고로, 조선시대의 경국대전 '형전'에는 "자손·처첩·노비가 부모나 가장의 비행을 진고陳告한 자는 모반이나 역반사건 외에는 진고한 자를 교수형에 처한다. 노의 처나 비의 부가 상전의 집 가장의 비행을 진고한 자는 장 1백, 유 3천 리의 형에 처한다"고 규정하고 있었다. 『경국대전』, 일지사, 1981, 436-464쪽(박원순b, 『국가보안법연구 3』, 93쪽에서 재인용).

는 국가보안법 제10조 불고지죄는 친족 간에도 여전히 형을 필요적으로 면제하지 않고 '감경'에 그치게 할 수 있다.[207] 친족 사이라도 처벌될 수 있으므로 신고의 압박에서 완전히 풀려날 수 없어 반인륜적 행위를 강제당하는 것이다. 불고지죄는 사람들의 사이를 벌리며 '감시의 일상화'를 강제하는 통제장치로서, 감시의 시선을 수상한 이방인에 대해서만이 아니라 지인, 친척, 심지어는 가족으로까지 확대[208]시키는 법적 그물망이다.

불고지죄는 전 국민을 국가보안법 위반자로 만들 수 있는 조항이었다. 신고 의무 대상을 국가보안법 제3조에서 제9조까지로 하고 있었던 1991년 개정 전 불고지죄[209]에 대하여, 대법원은 불온서적임을 알고도 그 판매자를 신고하지 않고 매수한 경우 불고지죄가 성립한다고 한 바 있다.[210] 이 논리에 따르면 그 책을 발행하는 출판사, 판매하는 서점, 구입하는 고객이 모두가 서로 불고지죄를 저지르고 있던 셈이다. 출판사와 서점은 이적표현물을 소지한 고객을, 고객은 이적표현물을 제작·반포하는 출판사와 서점을 즉각 수사기관에 고지하지 않은 죄를 뒤집어써야 했다. 전국의 서점에 깔린 수만, 수십만 부의 이적표현물을 사고파는 사람들의 수만, 수십만 건의 불고지범죄가 매일같이 일어난 것이었다.[211] 불고지죄가 국민의 생존

---

207 본범과 친족관계가 있는 자의 불고지 행위에 대하여 개정 전 국가보안법은 "그 형을 감경 또는 면제할 수 있다."고 하여 임의적 감면사유로 규정하고 있었으나, 현행법은 "그 형을 감경 또는 면제한다."라고 규정하여 필요적 감면사유로 변경하였다. 황교안, 위의 책, 473쪽.

208 임유경, 「불고지죄와 증언」, 《역사비평》 2017. 5., 역사비평사, 192쪽.

209 국가보안법 [법률 제3318호, 1980. 12. 31., 전부개정] 제10조(불고지) 제3조 내지 제9조의 죄를 범한 자라는 정을 알면서 수사기관 또는 정보기관에 고지하지 아니한 자는 5년 이하의 징역 또는 200만 원 이하의 벌금에 처한다. 다만, 본범과 친족관계가 있는 때에는 그 형을 감경 또는 면제할 수 있다.

210 "공산주의노선에 동조하는 책인 줄 알고, 또 그러한 책은 다른 사람에게 판매하여서는 아니 되는 불온서적임을 알고 이것을 읽어보고 모르는 사람에게 자랑하고 싶은 영웅심에서 매수하였다면 피고인은 이러한 서적을 판매한 자의 행위가 북한을 이롭게 하는 것임을 인식하고 있었다고 보아야 할 것이므로 그 판매한 자를 신고하지 아니한 것이 불고지죄가 된다고 할 것이다." 대법원 1970. 5. 12. 선고 69도80 판결(박원순b, 『국가보안법연구 3』, 94쪽에서 재인용).

211 박원순, 「전 국민을 범죄자로 만들 것인가」, 《신동아》 1989년 8월호, 288쪽(박원순b, 『국가보안법연구 3』, 94쪽에서 재인용).

을 도모하기는커녕 국민 각자를 국가보안법 위반범죄는 무엇이든 보이는 대로 정보기관에 신고하지 않으면 불안과 초조에 사로잡히게 함으로써 오히려 국민 생활의 안정을 해치는 조항이 되었음을 말해준다.[212]

제10조 불고지죄는 헌법상 기본권인 양심의 자유 중 일부로 그 본질적 내용인 '부작위에 의한 양심실현의 자유'를 침해한다. 다른 어떤 법률도 모든 국민에 대해 신고하지 않았다고 처벌하지 않는데, 국가보안법 위반자에 대한 불고지만을 범죄로 하는 것은, 헌법상 평등의 원칙에도 어긋난다.[213] 또 국가보안법 제3조에서 제5조까지 조항들이 모두 모호하고 자의적으로 적용될 소지가 있으니, 제10조의 '죄를 범한 자'에 대한 판단도 역시 자의적일 수밖에 없다.[214] 따라서 죄형법정주의에서 도출되는 명확성의 원칙에도 위배된다.

나아가 불고지죄는 직업윤리상 직무수행 중 취득한 비밀을 지켜야 할 사람들에게까지 아무 제한 없이 신고의무를 들이밀어, 직업윤리를 침해하는 것은 물론 직업윤리로 연결된 사회질서를 깨뜨린다. 변호사, 의사, 변리사, 공증인, 종교인 등이 대표적으로, 이들은 형법 제317조[215]에 따라 직무처리 중 취득한 비밀의 보호를 강제 받는데, 국가보안법 제10조는 오히려 직무수행 중 알게 된 사항을 수사기관에 신고하도록 강요한다. 이들에게 직무상 취득한 비밀의 신고를 강제하면 그 사회의 질서는 더 유지될 수 없게 된다.[216] 실정법상의 명문규정은 없으나 기자도 취재원비닉권을 보장받

---

212 정태욱, 위의 글, 114쪽.

213 백형구, 「불고지죄의 법리」, 『사법행정』 1989년 9월호, 15쪽.

214 박원순b, 『국가보안법연구 3』, 92쪽.

215 형법 제317조(업무상비밀누설) ① 의사, 한의사, 치과의사, 약제사, 약종상, 조산사, 변호사, 변리사, 공인회계사, 공증인, 대서업자나 그 직무상 보조자 또는 차등의 직에 있던 자가 그 직무처리 중 지득한 타인의 비밀을 누설한 때에는 3년 이하의 징역이나 금고, 10년 이하의 자격정지 또는 700만 원 이하의 벌금에 처한다. ② 종교의 직에 있는 자 또는 있던 자가 그 직무상 지득한 사람의 비밀을 누설한 때에도 전항의 형과 같다.

216 박원순b, 『국가보안법연구 3』, 95쪽.

아야 하므로 취재원의 신고를 강제 받아서는 안 된다.

불고지죄는 제정 국가보안법에는 존재하지 않다가, 1958년 개정을 앞두고 삽입 논의가 제기되었다. 1957년 검찰 당국은 북한의 '간접침략'에 대처하기 위하여 법 개정이 필요하다고 보았고, 불고지죄에 대해서도 처벌해야 한다는 의견을 제기했다. 개정안 초안을 작성한 실무 담당자 중 한 사람이었던 오제도에 따르면, 법의 미비로 인해 간첩과 그 동조자들을 수사하고 처벌하는 데 제약이 따르기 때문에 현실적 필요에 따라 법 개정이 필요하다는 것이었다. 그러나 불고지죄가 인권에 영향을 미치는 독소조항이 될 수 있다는 우려가 검찰 내부에서도 제기될 만큼 이 조항의 삽입 여부는 국가보안법 개정에서 가장 큰 논란이 된 사항이었다.[217]

불고지죄가 신설된 것은 4월혁명 직후 민주당 정부가 집권했던 시기인 1960년 개정 국가보안법 제9조에서다.[218] 개정안에 대한 국회 심의 시 법안을 축조 심의해야 할 제2독회에서 수정안이 제출된 제2조와 제8조를 제외한 나머지 부분에 대해서는 전혀 심의하지도 않았고 제3독회도 생략되었기 때문에, 제9조 불고지죄는 국회에서는 아무 논란도 없이 신설되었다. 이 조항이 시행되자마자 부산지검 부장검사 한옥신, 법무부 사무차관 김영천 등이 위반자로 지목되기도 했다. 당시 불고지죄는 친족에 대해서도 필요적 감면만을 정하고 있어서, 친족 간에도 처벌 대상이 될 수 있게 하였다. 불고지죄 신설은 감시의 시선을 사회 내부, 나아가서는 가족 내부로까지 침투시키려는 것이었다.[219]

---

217 동아일보, 1974. 11. 28., 「비화 제1공화국〈423〉 제15화 보안법 파동④」(임유경, 위의 글, 191쪽에서 재인용).

218 국가보안법 [법률 제549호, 1960. 6. 10., 전부개정] 제9조(불고지) 전8조의 죄를 범한 자를 인지하고서 범죄수사의 직무에 종사하는 공무원에게 고지하지 아니한 자는 5년 이하의 징역 또는 10만 환 이하의 벌금에 처한다. 단, 본범과 친족관계가 있는 때에는 그 형을 감면한다.

219 후지이 다케시, 「4·19/5·16 시기의 반공체제 재편과 그 논리 – 반공법의 등장과 그 담지자들」, 《역사문제연구》 제25호, 역사문제연구소, 2011, 13쪽.

이미 기술하였듯이 1960년 국가보안법까지는 표현과 표현물을 처벌하는 조항이 들어있지 않았다. 그런데 4월혁명 이후 시민사회에서 통일논의가 활발해지자, 장면 정부의 현석호 내무부 장관은 국가보안법을 개정한 결과 "오늘날 대남간첩 오열伍列 이것을 색출해가지고 검거하는 데 있어 확실히 여러 가지 애로가 있는 것이 사실"이라며 '어떤 특수한 법'이 필요하다고 주장했다. 장면 정부는 "적기가赤旗歌를 부르고 김일성 만세를 부르고 하는 이런 사태"에 대처해야 한다는 명목[220]으로 1961년 3월 10일 반공임시특별법(시안)을 발표하였다. 반공임시특별법(시안) 제4조에는 기존 국가보안법에 없던 찬양·고무 조항이 신설되었고, 제4항에는 이적표현물을 취득한 뒤 수사기관에 고지하지 않은 자에게도 3년 이하의 징역이나 5만 환 이하의 벌금에 처하는, 이른바 '표현물 불고지죄' 조항이 들어있었다.[221] 반공임시특별법(시안)을 근간으로 5·16쿠데타 직후 반공법이 제정된다. 이제 반공법상 모든 범죄에 불고지죄가 적용되었다.[222][223] 1980년 반공법이 국가보안법에 흡수되면서 친족에 대한 필요적 감면이 임의적

---

220 경향신문, 1961. 3. 24., 조간, 「민주民主·신민新民·통사統社 삼당대표좌담회 – 반공법을 이렇게 본다」 중 조재천 법무부 장관의 발언(후지이 다케시, 위의 글, 19쪽에서 재인용).

221 반공임시특별법(시안) 제4조(찬양·고무 등) ① 반국가단체의 이익이 된다는 것을 알면서 그 단체나 구성원을 찬양·고무 또는 이에 동조하거나 기타의 방법으로 반국가단체의 목적수행을 위한 행위를 한 때에는 2년 이상의 유기징역에 처한다.
② 전 항의 행위가 반국가단체 또는 외국의 공산주의단체의 구성원이나 그 지령을 받은 자에 의한 행위일 때에는 사형·무기 또는 5년 이상의 징역에 처한다.
③ 전 2항의 행위에 제공할 문서, 도서, 기타의 표현물을 제작, 복사, 보관, 운반 또는 휴대한 자는 10년 이하의 징역에 처한다.
④ 제1항의 행위에 제공된 문서, 도서, 기타의 표현물을 취득한 뒤 범죄 수사의 직무에 종사하는 공무원에게 그 사실을 고지하지 아니한 자에게는 3년 이하의 징역이나 5만 환 이하의 벌금에 처한다.
⑤ 제1항 또는 제3항의 미수범은 처벌한다.
⑥ 제1·제3항의 죄를 범할 목적으로 예비음모한 자는 10년 이하의 징역에 처한다.
후지이 다케시, 위의 글, 18쪽.

222 후지이 다케시, 위의 글, 22쪽.

223 반공법 [법률 제643호, 1961. 7. 3., 제정] 제8조(불고지) 전5조의 죄를 범한 자를 인지하고 수사, 정보기관에 이를 고지하지 아니한 자는 국가보안법 제9조의 예에 의한다.

감면으로 바뀌어 처벌이 강화되었다. 1991년 개정[224]시 신고대상이 제3조 (반국가단체의 구성 등), 제4조(목적수행), 제5조 제1항·제3항·제4항(자진 지원 및 그 미수, 예비·음모)로 줄어들었고, 친족에 대한 임의적 감면이 다시 필요적 감면으로 바뀌어 지금에 이른다.[225]

2. 부모 형제도 처벌하는 법률

(1) 남파간첩 관련 사건들

1960년 신설 당시 "부모 형제까지 고발하라니 공산사회보다 더한 것 아니냐"는 비판[226]을 받은 불고지죄는 신설 직후부터 곧바로 적용되기 시작했다. 불고지죄가 적용된 '최초의 케이스'[227]는 남파간첩 양원진 사건이었다. 북한에서 내려온 양원진을 고종지간이라는 이유로 신고하지 않았다는 이유로 나익환, 나찬영, 나옥자, 나지환 등 일가족 4명이 불고지죄 위반으로 무더기 기소되었다.[228] 이를 계기로 불고지죄가 인륜에 반하는 조항이라는 문제가 다시 제기되었다.

심지어는 검사도 불고지죄를 피해갈 수 없었다. 1960년 부산지검 정보

---

224 1991년 개정 이유에 대해서는 "불고지죄에 있어서는 반국가단체구성죄, 목적수행죄, 자진지원죄 등에 대한 불고지만을 처벌하도록 하고, 그외 금품수수, 잠입·탈출, 찬양·고무·동조, 회합·통신, 편의제공에 대한 불고지는 처벌 대상에서 제외하며, 반국가사범과 친족관계에 있는 자가 불고지죄를 범한 경우 현재에는 임의적으로 형을 감면할 수 있도록 하고 있으나, 앞으로는 형을 반드시 감경 또는 면제하도록 함."이라고 밝히고 있다. 국가보안법 [법률 제4373호, 1991. 5. 31. 개정] 개정이유 1쪽.

225 황교안, 위의 책, 472쪽.

226 한겨레, 2010. 4. 25., 한홍구, 「'인혁당' 기소 검사 승승장구…항명 검사 좌천–사표」

227 경향신문, 1960. 8. 21., 「혈연 때문에 숨겨 간첩고발 않은 일가 기소」(임유경, 위의 글, 191쪽에서 재인용) ; 민플러스, 2021. 6. 7., 「분단체제에 맞서 물러섬이 없었던 삶, 양원진 선생」

228 임유경, 위의 글, 191쪽.

부장(공안부장) 한옥신 검사의 이종사촌 동생 김임종이 월북했다가 공작원으로 남파되었다. 검찰은 김임종을 체포한 뒤 1960년 10월 31일 김임종의 친형제, 처와 처남 등 가족 전원을 구속기소했다. 법조계를 중심으로 "가족제도 면"에서나 "대공사찰정책적 면"에서 불고지죄의 필요성과 운영에 대한 재고가 필요하다는 인식이 확산되었다. 대공사찰에 만전을 기한다는 명목하에 "부부나 부자 간 형제 간에 고발하도록 국민들을 강요"할 수 없다는 것이었다.[229] 한편 김임종은 한옥신의 집에서 하룻밤을 자고 갔는데, 한옥신이 이를 신고하지 않았다는 것이 문제되었다. 한옥신도 연금되어 조사받았으나 기소를 면하고 징계처분만을 받았다. 5·16쿠데타 직후 최고회의 공보실은 '민주당 정권의 용공정책 진상'을 대대적으로 발표하였는데, 이때 한옥신 검사 사건은 민주당 정권이 '용공검사'를 비호해 단순 징계에 그친 사건으로 거론되었다.[230]

1960년, 영문학자인 연세대 오화섭 교수는 간첩으로 남파된 친척 정연철을 집 밖으로 쫓아 보냈을 뿐 이를 수사기관에 신고하지 않았다는 혐의로 서울지검에 구속되었다. 사건의 요지는 1960년 10월 14일 밤 오랫동안 소식이 끊겼던 정연철이 처남인 오 교수를 찾아와 자신이 북한 노동당 중앙위원회 지시에 따라 남파된 간첩이라는 사실, 오 교수 등을 포섭하라는 지령을 받고 왔다는 사실을 털어놓았으나, 오 교수는 "독재자 밑에서는 살아도 공산당 밑에서는 살 수 없다.", "내 집을 당장 나가지 않으면 경찰에 고발하겠다."고 말하여 쫓아 보냈다는 것이다. 결국 정연철은 오화섭으로부터 크게 푸대접을 받고 밤중에 쫓겨 나가 산중을 헤매다가 높이 15척이나 되는 언덕에서 떨어져 정신을 잃고 얼마 후 깨어나서는 간첩 활동을 하

---

229 동아일보, 1960. 11. 2., 「'불고지죄'와 '혈육의 정' – 국가보안법 운영에 새 과제」(임유경, 위의 글, 192쪽에서 재인용)

230 한겨레, 2010. 4. 25., 한홍구, 「'인혁당' 기소 검사 승승장구…항명 검사 좌천–사표」

지 않기로 결심하고 다른 사람에게 경찰에 고발해 달라고 부탁하여 경찰에 붙잡혔다. 그러나 오 교수는 이를 수사기관에 신고하지 않았다는 이유로 불고지죄 위반으로 구속기소되어 80일가량 구금되었다. 정연철은 징역 15년을 선고받았고, 오 교수는 1심에서 선고유예, 2심에서 무죄, 3심에서 다시 선고유예판결을 받았다.[231] 이 사건으로 불고지죄가 혈육의 정마저 해친다는 문제가 다시 부각되었다.[232]

노태우 비자금 사건으로 전국이 들끓던 1995년 10월 24일 충남 부여에서 "고정간첩과 접선하려다 총격전 끝에 생포"되었다는 간첩 김동식 사건은 1995년 후반기 공안정국을 불러오며 불고지죄 논쟁을 유발하였다. 11월 6일 우상호(전 연세대 총학생회장), 이인영(전 고려대 총학생회장), 함운경(전 서울대 삼민투위원장)이, 11월 7일 허인회(당시 국민회의 당무위원)가 이른바 부여 간첩 김동식을 만나고도 신고하지 않았다는 이유로 불고지죄로 체포되었다. 유일한 증거는 김동식의 진술이었다. 우상호, 이인영은 무혐의로 풀려났으나 허인회, 함운경은 구속기소되었다가 이후 법원의 보석 결정으로 석방되었다. 이후 전개된 재판에서 법원은 이 두 사건에 대해 유죄, 무죄 등 상이한 판결을 내리며 논쟁이 가속화되었다.[233][234]

---

231 대법원 1961. 10. 5. 선고 4294형상208 판결. 2심 판결은 오화섭 교수가 자신의 행위를 죄가 되지 않는다고 여긴 것에 사회통념상 정당한 이유가 있다 하여 무죄를 선고하였으나, 대법원은 "피고인 1(정연철)은 피고인 2(오화섭)에 대하여 경찰에 고발하지 말아 달라고 애원하였으며 피고인도 이를 경찰에 연락하여야 할 것인가를 걱정하고 고민하다가 붙잡힌 것이며 피고인이 피고인 1을 만나기 약 한 주일 전인 4293년 10월 7일경에는 나라 안의 각 신문에 현 법무부 차관 모 씨는 자기 동생이 간첩임을 알고 수사기관에 고발하였다고 크게 보도되고 또 그 당시 법무부 장관과 검찰총장의 담화로 일반 국민에게 간첩을 고발하라고 요망하는 기사도 게재된 바이므로 대학교 교수인 피고인이 간첩을 고발 아니하여도 죄가 되지 아니한다고 그릇 인정하였다고 하는 것은 말이 되지 아니하는 것이니 원심은 이 점에서 법령 적용을 그릇한 위법이 있다."는 이유로 원심을 파기하고, 징역 10월과 자격정지 10월의 선고를 유예하였다.

232 민주화실천가족운동협의회, 위의 글, 307쪽.

233 민주화실천가족운동협의회, 위의 글, 312-313쪽.

234 허인회는 불고지죄 혐의로 기소되어 1심에서 증인인 간첩 김동식의 진술에 신빙성이 부족한 점 등 증거부족을 이유로 무죄판결을 받았다가, 다시 2심에서 유죄(징역 8월에 집행유예 2년 및 자격정지 1년)판결이 내려져 대법원에서 유죄 확정되었다. 조선일보, 1998. 2. 27., 「[대법] '불고지혐의' 허인회 씨 유죄 확정」. 반면 함운경은 1심에서 유죄(징역 8월에 집행유예 2년)를 선고받았다가 2심에서 역시 증인 김동식의 진술

(2) 동백림 사건

1967년 7월 8일 김형욱 중앙정보부장은 "서구 일대와 국내에 걸쳐 국제적 공작 망을 펴고 있던 최대 규모의 간첩단" 사건을 발표했다. "대학교수, 의사, 예술인, 공무원 등 저명인사와 젊은 지식인들"이 해당 사건에 연루되어, 사건 관련자 2백여 명 중 약 70명이 국가보안법 및 반공법 위반 혐의로 구속된 상태였다.[235] 동백림 사건은 한국 사회에서 지식인들이 대거 연루된 첫 대규모 공안사건이었으며, 이후 유사 사건들이 연이어 발생하는 점에 비추어볼 때 공안 시대의 서막을 올린 사건이었다.[236]

동백림 사건에서는 불고지죄와 관련해 두 건의 비극적인 장면이 포착된다. 동백림 사건의 출발은 독일 유학생 출신 학자 임석진의 박정희 대통령 독대[237]다. 첫 장면은 임석진이 자수하면서 동생 임석훈의 범죄사실도 함께 신고한 것에서 시작된다. 대법원판결은 임석진이 동생과 함께 서독에서 유학하다가 귀국 이후 방도를 의논한 것, 임석훈이 형의 권유로 함께 동백림 소재 북한대사관에 다녀온 것, 형으로부터 전갈을 받은 임석훈이 서독에서의 수사에 협력한 것, 그런데도 법률상 자수가 없다 하여 2심에서 사형을 선고받은 전말을 고스란히 기록하고 있다.[238] 임석훈은 형량이 과하다는 이유로 3심에서 파기 환송되어 다시 열린 재항소심에서야 징역 15년 및 자격정지 15년을 선고받아 사형으로부터 벗어날 수 있었다. 어

에 일관성이 없는 점 등 증거부족을 이유로 무죄판결을 받았다. 그러나 대법원은 위 증인 진술의 신빙성이 있다는 이유로 파기환송하여 결국 벌금 200만 원 유죄판결이 확정되었다. 조선일보, 2001. 11. 4., 「[대법] 간첩 만난 함운경 씨, 불고지 혐의 '유죄'」; 전북일보, 2002. 5. 8., 「함운경 씨 불고지죄 벌금」

235 경향신문, 1967. 7. 8., 「동백림 거점으로 한 북괴 공작단 검거」(임유경, 위의 글, 188쪽에서 재인용).
236 임유경, 위의 글, 188쪽.
237 국정원과거사건진실규명을통한발전위원회a, 「과거와 대화 미래의 성찰-주요 의혹사건편 上권(Ⅱ)」, 국가정보원, 2007, 307쪽.
238 2심 서울고등법원 1968. 4. 13. 선고 68노60 판결, 3심 대법원 1968. 7. 30. 선고 68도745 판결.

떤 예외도 허용하지 않는 불고지죄로 인해 친형제가 죽음의 문턱까지 가게 된 현실은 비극이 아닐 수 없다. 그러나 참극을 최소한이나마 멈춰 세운 대법원 판사들도 용공 판사로 비난받아야 했다. "김일성의 앞잡이, 북괴 장단에 춤추는 빨갱이"라는 벽보가 붙었고, 한 판사의 부인에게는 "내조하는 부인으로 양심의 가책을 느끼지 않느냐"는 편지가 우송되었다.[239]

두 번째 장면은 시인 천상병으로 채워진다. 동백림 사건의 피해자 가운데는 천재 시인이자 기인으로 알려져 그런 사건에 끼어들 만한 여지가 전혀 없다고 여겨졌던[240] 천상병도 들어있었는데, 그를 고문으로 몰아넣은 근거도 바로 불고지죄 조항이었다. 중앙정보부는 천상병을 고문하여 얻어낸 자백을 근거로 반공법상 불고지죄를 적용했다. 서울대 상과대학 동문인 강빈구가 "반국가단체의 구성원으로 그 목적수행을 위하여 암약 중인 간첩이란 정을 충분히 지실知悉하였음에도 이를 수사정보기관에 고지치 않"았다는 것이었다. 중정은 여기에 천상병이 강빈구에게 수십 회에 걸쳐서 1백원 내지 6천5백 원씩 도합 5만여 원을 갈취 착복"했다며 공갈죄까지 적용하였다. 친구로부터 술값 몇 푼 받은 것이 공갈죄로 둔갑했다. 강빈구가 "간첩 활동을 하고 있어 수사대상 인물임을 기화로 금품을 갈취할 목적에 중앙정보부에서 내사 중이라고 말하여 공포감을 갖게 하여 갈취"했다는 것이다.[241] 법원은 징역 1년 집행유예 3년을 선고했다.

천상병에 따르면, 그는 '세 번의 전기 고문'을 당했으며 그 결과 처벌의 잔혹성이 각인된 불구의 몸을 갖게 되었다. 고문의 목적은 천상병으로 하여금 "친구와의 관계를 자백"하게 하는 데 있었고, 이는 그 "친구"가 '간첩

239 경향신문, 2015. 2. 8., 한승헌, 「의혹과 진실 – 한승헌의 재판으로 본 현대사(18) : 동백림 거점 대남 공작단 사건」
240 한승헌b, 『한 변호사의 고백과 증언』, 한겨레출판, 2009, 78쪽.
241 동아일보, 1967. 7. 14., 「북괴대남적화공작단사건 제5차 발표문」(임유경, 위의 글, 189쪽에서 재인용).

이라는 사실'을 증언[242]하도록 강제하는 것이었다. 이로써 그는 자신의 불고지죄도 자백한 것으로 간주되었다. 천상병의 사례는 불고지죄가 누군가를 가혹하게 고문하고 처벌하면서까지 입증해야 할 죄였는가에 관해 질문하게 한다.[243] 천상병은 훗날 이렇게 썼다. "1967년 7월 동백림 사건에 연루되어 내 인생은 사실상 끝났던 것이다."[244] 그의 나이 38세에 겪었던 이 사건은 그의 삶을 송두리째 흔들어놓았다. 천상병은 한때 중정에서 받은 전기고문 후유증으로 길거리를 헤매다 행방불명되어 사망한 것으로 여겨져 지인들이 유고시집까지 냈는데, 시립병원에 행려병자로 수용[245]되어 있었음이 뒤늦게 알려지기도 했다.

(3) 서경원 의원 방북 사건

서경원 국회의원은 1988년 8월 20일 북한을 방문하고 김일성 주석을 만난 후 1989년 6월 27일 자수하여 국가보안법 위반으로 구속되었다. 안기부는 서 의원의 북한 방문 사실을 알고 있었던 평민당 김대중 총재, 이길재·김원기·이철용 의원, 한겨레신문 윤재걸 기자, 가톨릭농민회 정성헌 사무국장, 서 의원의 보좌관과 비서 등을 불고지죄로 입건했다.[246] 검찰은 김대중 총재를 불고지 혐의로 불구속 기소하였다가 1991년 공소 취하하였다. 그러나 김대중 총재는 그 뒤로도 때마다 불고지죄 의혹 제기에 시달려야 했다.

---

242 임유경, 위의 글, 202-203쪽에서 발췌·인용.
243 임유경, 위의 글, 186-187쪽에서 발췌·인용.
244 천상병, 「들꽃처럼 산 '이순耳順의 어린 왕자'」, 『천상병 전집-산문』, 평민사, 1996, 44쪽(임유경, 위의 글, 186쪽에서 재인용).
245 한승헌b, 『한 변호사의 고백과 증언』, 79-80쪽.
246 박원순a, 『국가보안법연구 2』, 349-350쪽.

또한, 1989년 7월 2일 안기부는 윤재걸 기자가 서 의원의 방북 사실을 인터뷰 과정에서 알고도 신고하지 않았다며 구속하고, 윤 기자의 취재자료 등에 대한 압수·수색영장도 발부받았다. 안기부는 이 영장에 대한 준항고 사건 결정이 나기도 전인 7월 12일 800여 명의 경찰력을 동원하여 한겨레신문사에 대한 압수·수색을 감행[247][248]하여 언론의 취재원 보호 의무까지 무시하였다.

검찰은 서 의원이 귀국 후 김수환 추기경을 찾아가 방북 사실을 털어놓은 것까지 문제 삼았다. "성직자의 입장에서는 당연한 행동일지 모르지만 역시 실정법 위반으로 사법 처리 대상이 된다."[249]면서 김 추기경과 당시 참석한 함세웅 신부 등에 대해 불고지죄 적용 가능성을 시사한 것이다. 결국 이는 고백성사에 가깝다는 이유로 입건까지 가지는 않았으나,[250] 안기부는 "김수환 추기경의 방북추진과 관련, 북한 쪽과 어떠한 형태로든 접촉했을 가능성이 있는 것으로 보고 함 신부의 최근 출입국 현황 파악에 나서는 등 주변 조사를 벌"였다.[251]

(4) 남한조선노동당 사건 관련

1992년 대통령 선거를 앞두고 일어난 '남한조선노동당' 사건과 관련해 안기부에 의해 '총책'으로 발표된 황인오의 어머니 전재순과 처 송혜숙, 장기표와 그의 처 조무하, 김선태 등 6명이 불고지죄로 구속되었다. 특히 전

---

247 박원순a, 『국가보안법연구 2』, 88쪽.
248 윤재걸 기자에 대해서는 결국 불기소처분이 내려졌다. 노컷뉴스, 2014. 3. 18., 「한겨레사옥 때려 부수던 백골단 눈에 선해」
249 중앙일보, 1989. 7. 3., 「'불고지죄' 적용 놓고 논란」
250 박원순a, 『국가보안법연구 2』, 257쪽.
251 한겨레, 1989. 7. 11.(박원순a, 『국가보안법연구 2』, 257쪽에서 재인용).

재순과 송혜숙은 아들 또는 남편인 황인오가 "1990년 12월경 북한공산집단의 지배하에 있는 지역으로 탈출하여 그 구성원과 회합한 뒤 다시 잠입하여 남파간첩과 회합하면서 간첩 활동을 하고 있다는 정을 알면서도" 이를 수사기관 또는 정보기관에 고지하지 아니하였다는 이유로 불고지죄가 적용된 것이어서, 이 조항이 헌법에 보장된 양심의 자유에 위배될 뿐만 아니라 반인륜적이라는 비난이 일었다. 전재순은 "구 국가보안법 제10조의 불고지죄 규정은 헌법상 양심의 자유 등을 침해한 것"이라며 불고지죄에 대해 헌법소원을 청구했으나, 헌법재판소는 한정합헌결정을 내렸다.[252][253]

한편 장기표, 조무하는 간첩 리선실을 신고하지 않았다는 이유로 불고지죄가 적용되었는데, 이에 대해 이들은 "간첩 확신이 서지 않는 사람을 단지 의심스럽다는 이유만으로 신고해야 한다는 것은 불고지죄의 무리한 남용"이라고 주장했다. 이들은 모두 법원으로부터 유죄판결을 받았다.[254]

3. 침묵할 권리도 없다

(1) 신고 강제는 양심의 자유 침해

헌법재판소는 위 전재순이 제기한 헌법소원 사건에서 "불고지죄는 국가의 존립과 안전에 저해가 되는 타인의 범행에 관한 객관적 사실을 고지할 의무를 부과할 뿐이고 개인의 세계관·인생관·주의·신조 등이나 내심에 있어서의 윤리적 판단을 그 고지의 대상으로 하는 것은 아니므로 양심

---

252 민주화실천가족운동협의회, 위의 글, 311~312쪽.
253 헌법재판소 1998. 7. 16. 선고 96헌바35 전원재판부 결정.
254 민주화실천가족운동협의회, 위의 글, 311쪽.

의 자유 특히 침묵의 자유를 직접적으로 침해하는 것이라고 볼 수 없"다는 이유로 합헌 결정[255]을 내렸다. 사실 신고 자체는 사상이나 양심과는 관계없다는 논리다.

모든 국민을 대상으로 하는 형법은 어떤 범죄에 대해서도 고지의무를 부과하지 않는다.[256] 살인, 방화와 같은 중대한 폭력의 결과를 일으킨 자임을 알면서 수사기관에 신고하지 않더라도 처벌 대상이 되지 않는다. 군형법 제9조 반란불보고죄[257]는 군인·군무원 등 한정된 사람에게만 병기를 휴대한 반란이라는 행동에 대한 보고의무를 부과할 뿐이다. 군사기밀보호법 제16조 제1항 신고불이행죄[258]도 군사기밀을 보관하는 사람에 대해서만 분실·도난 시 신고의무를 부과하는 데 그친다. 그 외에 범죄를 목격하거나 알게 되면 신고할 의무를 지도록 규정하는 법률들은, 가정폭력범죄나 노인학대처럼 근절해야 할 사회적 필요가 명백한데 은폐되는 경우가 많고 피해자가 범죄자에게서 벗어나 사회의 구조와 보호를 받게 하기 위하여 신고가 꼭 필요한 경우다. 가정폭력범죄 신고가 객관적 사실을 수사기관에 알리는 것만을 말함은 분명하다. 그러나 신고의무 부과의 전제는,

---

255 헌법재판소 1998. 7. 16. 선고 96헌바35 전원재판부 결정.

256 정태욱, 위의 글, 112쪽.

257 군형법 제1조(적용대상자) ① 이 법은 이 법에 규정된 죄를 범한 대한민국 군인에게 적용한다.

② 제1항에서 "군인"이란 현역에 복무하는 장교, 준사관, 부사관 및 병兵을 말한다. 다만, 전환복무轉換服務 중인 병은 제외한다.

③ 다음 각 호의 어느 하나에 해당하는 사람에 대하여는 군인에 준하여 이 법을 적용한다.

1. 군무원

2. 군적軍籍을 가진 군軍의 학교의 학생·생도와 사관후보생·부사관후보생 및 「병역법」 제57조에 따른 군적을 가지는 재영在營 중인 학생

3. 소집되어 복무하고 있는 예비역·보충역 및 전시근로역인 군인

제9조(반란 불보고) ① 반란을 알고도 이를 상관 또는 그 밖의 관계관에게 지체 없이 보고하지 아니한 사람은 2년 이하의 징역이나 금고에 처한다.

② 제1항의 경우에 적을 이롭게 할 목적으로 보고하지 아니한 사람은 7년 이하의 징역이나 금고에 처한다.

258 군사기밀보호법 제16조(신고·제출·삭제의 불이행) ① 군사기밀을 보관하는 사람이 이를 분실하거나 도난당한 경우에 지체 없이 그 사실을 소속 기관 또는 감독 기관의 장에게 신고하지 아니한 경우에는 3년 이하의 징역 또는 3천만 원 이하의 벌금에 처한다.

이미 폭력이 일어난 경우이고, 구제받아야 할 피해자로서는 신고하기 어려운 상황에 있다는 것이다. 이때의 신고의무는 현재 발생한 폭력의 해악으로부터 피해자를 구제하기 위하여 필수적이다. 도움을 필요로 하는 타인을 구제하기 위한 직접적이고 효과적인 수단으로서 신고의무는 보편적 도덕률에 부합한다. 그런데 이 의무도 가정폭력범죄의 처벌 등에 관한 특례법 제4조,[259] 노인복지법 제39조의6[260]에 정한 의료인, 복지시설종사자

---

[259] 가정폭력범죄의 처벌 등에 관한 특례법 제4조(신고의무 등) ① 누구든지 가정폭력범죄를 알게 된 경우에는 수사기관에 신고할 수 있다.
② 다음 각 호의 어느 하나에 해당하는 사람이 직무를 수행하면서 가정폭력범죄를 알게 된 경우에는 정당한 사유가 없으면 즉시 수사기관에 신고하여야 한다.
1. 아동의 교육과 보호를 담당하는 기관의 종사자와 그 기관장
2. 아동, 60세 이상의 노인, 그 밖에 정상적인 판단 능력이 결여된 사람의 치료 등을 담당하는 의료인 및 의료기관의 장
3. 「노인복지법」에 따른 노인복지시설, 「아동복지법」에 따른 아동복지시설, 「장애인복지법」에 따른 장애인복지시설의 종사자와 그 기관장
4. 「다문화가족지원법」에 따른 다문화가족지원센터의 전문인력과 그 장
5. 「결혼중개업의 관리에 관한 법률」에 따른 국제결혼중개업자와 그 종사자
6. 「소방기본법」에 따른 구조대·구급대의 대원
7. 「사회복지사업법」에 따른 사회복지 전담공무원
8. 「건강가정기본법」에 따른 건강가정지원센터의 종사자와 그 센터의 장
제66조(과태료) 다음 각 호의 어느 하나에 해당하는 사람에게는 300만원 이하의 과태료를 부과한다.
1. 정당한 사유 없이 제4조제2항 각 호의 어느 하나에 해당하는 사람으로서 그 직무를 수행하면서 가정폭력범죄를 알게 된 경우에도 신고를 하지 아니한 사람

[260] 노인복지법 제39조의6(노인학대 신고의무와 절차 등) ① 누구든지 노인학대를 알게 된 때에는 노인보호전문기관 또는 수사기관에 신고할 수 있다.
② 다음 각 호의 어느 하나에 해당하는 자는 그 직무상 65세 이상의 사람에 대한 노인학대를 알게 된 때에는 즉시 노인보호전문기관 또는 수사기관에 신고하여야 한다.
1. 의료법 제3조제1항의 의료기관에서 의료업을 행하는 의료인 및 의료기관의 장
2. 제27조의2에 따른 방문요양과 돌봄이나 안전확인 등의 서비스 종사자, 제31조에 따른 노인복지시설의 장과 그 종사자 및 제7조에 따른 노인복지상담원
3. 「장애인복지법」 제58조의 규정에 의한 장애인복지시설에서 장애노인에 대한 상담·치료·훈련 또는 요양업무를 수행하는 사람
4. 「가정폭력방지 및 피해자보호 등에 관한 법률」 제5조 및 제7조에 따른 가정폭력 관련 상담소 및 가정폭력피해자 보호시설의 장과 그 종사자
5. 「사회복지사업법」 제14조에 따른 사회복지전담공무원 및 같은 법 제34조에 따른 사회복지관, 부랑인 및 노숙인보호를 위한 시설의 장과 그 종사자
6. 「노인장기요양보험법」 제31조에 따른 장기요양기관의 장과 그 종사자
7. 「119구조·구급에 관한 법률」 제10조에 따른 119구급대의 구급대원
8. 「건강가정기본법」 제35조에 따른 건강가정지원센터의 장과 그 종사자
9. 「다문화가족지원법」 제12조에 따른 다문화가족지원센터의 장과 그 종사자
10. 「성폭력방지 및 피해자보호 등에 관한 법률」 제10조에 따른 성폭력피해상담소 및 같은 법 제12조에 따른 성폭력피해자보호시설의 장과 그 종사자

등 관련 업무를 담당하는 사람에게만 지워지는 것이지, 범죄 발생이나 학대 사실 등을 알게 된 모든 사람에게 부과되는 것이 아니다. 보편적 도덕 원칙에 따른 신고의무조차 일정한 직무상 의무를 진 사람에게만 지워질 뿐이다. 신고의무를 이행하지 않을 경우 강제수단도 가정폭력범죄 미신고에 대해 형벌이 아닌 과태료가 부과될 뿐이고, 노인학대 미신고에 대해서는 일체의 제재가 없다.

국가보안법 제10조 불고지죄에 대해서는 "중요한 국가보안법 위반사범에 대해서만은 국가의 존립·안전을 지키기 위해 대한민국의 국민이라면 누구나 이들 범죄를 범한 자에 대해 빠짐없이 의법처리될 수 있도록 신고하는 것이 당연한 의무"[261]라고 주장하는 견해가 있다. 그러나 다른 법률상 신고의무와 비교해보면, 군형법상 반란불신고죄나 군사기밀보호법상 기밀분실 시 신고불이행죄, 가정폭력처벌에 관한 특례법과 노인복지법상 신고의무처럼 행동이 이미 벌어지고 폭력의 결과가 발생한 경우와 달리, 국가보안법 제3조, 제4조, 제5조 제1항이 실제 처벌하는 주요 대상은 사상과 표현 단계에 머무른 것을 다수 포함하고 있다. 제3조 반국가단체 구성 등이 행동으로 나아가지 않은 사상에 대한 처벌이고 표현의 자유의 일부인 결사에 대한 처벌임은 이미 기술한 것과 같다. 제4조 목적수행, 제5조 제1항 자진지원 가운데서도 주로 적용되는 간첩 및 국가기밀탐지 등도 표현의 자유로부터 나오는 알 권리로 보장되어야 할 것을 처벌하는 것임도 기술하였다. 가정폭력범죄 등과는 달리, 국가보안법 제3조에서 제5조 실제

---

11. 「응급의료에 관한 법률」 제36조에 따른 응급구조사
12. 「의료기사 등에 관한 법률」 제1조의2제1호에 따른 의료기사
13. 「국민건강보험법」에 따른 국민건강보험공단 소속 요양직 직원
14. 「지역보건법」 제2조에 따른 지역보건의료기관의 장과 종사자
15. 제31조에 따른 노인복지시설 설치 및 관리 업무 담당 공무원
261 황교안, 위의 책, 471쪽.

적용사례의 대부분은 권력자에게는 심각한 거부감을 불러일으키지만, 직접적인 피해자를 발생시키지 않는다. 그러므로 국가보안법 위반으로 지목된 사상과 표현에 동의하거나 생각과 결사의 자유를 옹호하는 사람이라면, 지인을 국가보안법상 제3조, 제4조, 제5조 제1항 위반자라고 하여 신고하는 것은 곧 그의 생각과 표현, 결사의 자유를 침해하는 데 동참하는 결과가 된다. 국가보안법 제10조의 신고의무는 타인을 폭력으로부터 당장 구조하는 데 필요한 것이 아니라, 명백·현존하는 위험을 발생시키지 않는 친족 또는 지인의 생각과 말을 처벌받게 하기 위한 신고다. 심지어 제10조는 실행의 착수에 이르지 않은 예비·음모까지도 신고하도록 강제한다.

민주주의 국가라면 생각은 처벌할 수 없고 말은 할 수 있어야 한다는 헌법 원칙을 기억하는 사람이라면, 생각과 말을 처벌하라는 신고는 자신의 민주주의 신념에 반하는 것이다. 따라서 국가보안법 위반죄를 신고하라고 의무를 부과하는 제10조는 민주주의 원칙을 기준으로 형성해온 사상을 스스로 꺾고 양심을 배반하라는 강제다. 더구나 국가보안법 위반자로 지목되면 가족과 직장을 잃고 사회적으로 고립·배제되며 손가락질과 소외당하며 생활의 곤란과 좌절에 빠져야 했던 것이 국가보안법 제정 이후 74년 동안 되풀이된 현실이다. 친족이나 지인을 다수의 생각과 다른 사상을 가졌다는 이유로 처벌받도록 신고하라고 강제하는 것은 양심의 기본내용인 인륜을 저버리게 하는 가혹행위다. 국가인권위원회는 2004년 국가보안법 폐지권고 결정에서, 불고지죄는 "국가보안법에 대한 비판적 가치평가를 허용하지 않을 뿐만 아니라 친척이나 친구에 대하여도 신고하도록 하여 사회의 건전한 인륜도덕, 직업윤리에 반하도록 강제한다."고 판단하였다.[262] 심지어 국가보안법 폐지에는 반대하는 학자마저도, 가족 간

---

262 국가인권위원회, 2004. 8. 23., 「국가보안법 폐지권고 결정문」, 19쪽.

에 불고지죄가 성립한다는 것은 형법의 기대가능성 이론에 어긋난다고 하였다. 가정파괴의 결과를 가져올 것이 뻔하므로, 가족 간의 윤리규범에 어긋나는 법은 악법의 대열에 끼울 수 있는 법이라는 것이다.[263]

실제 남한조선노동당 사건 관련자 황인오의 부인과 어머니의 경우, 아들·남편을 신고하지 않았다는 이유로 불고지죄를 적용하는 것은 가족을 수사기관에 고자질하도록 강요하는 반인륜적 처사라는 비난이 일었다.[264] 그러나 그보다 훨씬 이전에 이미 대법원은 "처가 남편을 수사기관에 간첩이라고 고지할 것을 기대할 수 없다는 것은 독자적인 견해에 불과하다."[265] 고 판시한 바 있다. 이 판결을 한 대법관은 자신의 처가 자신을 고발한 경우를 기대할 수 있는지를 먼저 생각해 보았어야 마땅하다. 잔인하고 무서운 죄목이 아닐 수 없다.[266] 나아가 관련 직무를 수행하고 있는 사람 외에 전 국민에게 신고의무를 지우고 신고하지 않으면 형사처벌하는 법률은 국가보안법 제10조밖에 없다.

(2) 침묵에 대한 처벌은 양심 형성·유지의 자유 침해

국가보안법 제10조는 모든 국민에게 자신이 알게 된 지인의 죄를 신고하라고 요구한다. 신고하지 않으면 처벌한다. 침묵에 대한 처벌이다. 헌법재판소는 "양심의 자유에는 널리 사물의 시시비비나 선악과 같은 윤리적 판단에 국가가 개입해서는 안 되는 내심적 자유는 물론, 이와 같은 윤리적 판단을 국가권력에 의하여 외부에 표명하도록 강제 받지 않는 자유 즉 윤

---

263 백형구, 위의 글, 15쪽.
264 한겨레, 1992. 10. 8.(민주화실천가족운동협의회, 위의 글, 312쪽에서 재인용)
265 대법원 1968. 9. 6. 선고 68도856 판결.
266 박원순b, 『국가보안법연구 3』, 93쪽.

리적 판단사항에 관한 침묵의 자유까지 포괄한다."[267]고 하였다. 국가인권위원회도 "침묵의 자유 또는 묵비의 권리는 인간의 가장 내밀한 내심의 영역을 외부의 간섭으로부터 보호하고자 하는 인간 본연의 존엄과 가치에 대한 존중으로부터 나오는 인권"[268]이라고 보았다.

헌법재판소는 양심의 자유 가운데 양심형성의 자유와 양심적 결정의 자유는 내심에 머무르는 한 절대적 자유이지만, 양심실현의 자유는 상대적 자유로 헌법 제37조 제2항에 따라 제한될 수 있다고 한다. 또 "양심실현은 적극적인 작위의 방법으로도 실현될 수 있지만, 소극적으로 부작위에 의해서도 그 실현이 가능하다."고 하면서, 국가보안법 제10조 불고지는 '부작위에 의한 양심실현'으로 내심의 의사를 외부에 표현하거나 실현하는 행위라고 본다. 불고지라는 부작위는 이미 순수한 내심의 영역을 벗어난 양심실현 행위이므로 제한할 수 있다는 것[269]이다.

그러나 침묵은 부작위로 양심을 실현하기 위한 방법일 뿐만 아니라, 양심을 형성·유지하기 위한 방법이기도 하다. 자신의 사상·양심에 반하는 말을 내뱉을 것을 강제당하면서는 양심이 자유로이 형성·유지될 수 없다. 강제당한 기억을 아예 없었던 것처럼 지울 수 없으니, 한번 깨어진 마음은 흔적 없이 붙일 수 없다. 양심을 무너뜨리는 행위를 강제당하고 나면 그가 만들어온 양심이 파괴되기 이전의 상태로 유지되고 그로부터 출발하여 정련되기를 기대할 수 없다. 국가인권위원회는 2004년 국가보안법 폐지권고 결정에서, 불고지죄는 "사상·양심을 자유롭게 형성·유지할 권리를 침해한다."고 판단하였다.[270]

---

267 헌법재판소 1991. 4. 1. 선고 89헌마160 결정.
268 국가인권위원회, 「국가보안법 폐지권고 결정문」, 19쪽.
269 헌법재판소 1998. 7. 16. 선고 96헌바35 전원재판부 결정.
270 국가인권위원회, 「국가보안법 폐지권고 결정문」, 19쪽.

(3) 양심적 부작위 처벌은 양심의 자유의 본질적 내용 침해

헌법 제37조 제2항은 "국민의 모든 자유와 권리는 국가안전보장·질서유지 또는 공공복리를 위하여 필요한 경우에 한하여 법률로써 제한할 수 있으며, 제한하는 경우에도 자유와 권리의 본질적인 내용을 침해할 수 없다."고 한다. 기본권의 본질적 내용은 '그 침해로 말미암아 당해 기본권이 유명무실한 것이 되어버릴 만큼 중요한 내용'[271]을 말한다. 헌법재판소는 "구 국가보안법 제10조가 양심의 자유를 제한하고 있다 하더라도 그것이 헌법 제37조 제2항이 정한 과잉금지의 원칙이나 기본권의 본질적 내용에 대한 침해 금지의 원칙에 위반된 것이라고 볼 수 없다."고 하였다.[272]

그러나 제9조 편의제공죄의 양심의 자유 침해 문제에서 살핀 것처럼, 양심의 자유의 본질적 내용은 '양심의 형성 또는 결정'의 측면보다는 오히려 그 '실현'의 측면에서 찾아야 한다. 오직 '양심의 형성 또는 결정'만을 제한 불가능한 절대적 자유라고 보는 헌법재판소의 시각은 도식적일 뿐만 아니라 양심의 자유의 본질적 내용을 지나치게 좁게 해석한 것이다. 최소한 '소극적 양심실현의 자유', 곧 '양심에 반하는 행위를 강제당하지 아니할 자유'는 양심실현의 자유 중 가장 원초적인 형태라 할 수 있다.[273] 억지로 행위를 강제당할 때 양심은 큰 갈등에 휩싸이고, 강제된 행위에 이를

---

271 권영성, 『헌법학원론』, 법문사, 2008, 354쪽(오승철, 위의 글, 307쪽에서 재인용).

272 헌법재판소 1998. 7. 16. 선고 96헌바35 전원재판부 결정.

273 오승철은, 양심의 자유 중에서 '침묵의 자유'를 '소극적 양심실현의 자유'보다 더 본질적인 권리로 이해하는 경향이 있다고 지적한다. 그러나 실제로 그것이 침해될 때 양심이 경험하는 갈등과 상처의 정도를 생각해보면, '소극적 양심실현의 자유'는 '침묵의 자유'와 비교할 수 없으리만큼 무거운 권리라는 것이다. 요컨대, '소극적 양심실현의 자유' 즉 '양심에 반하는 행위를 강제당하지 아니할 자유'는 양심실현의 자유 중 가장 원초적인 형태이다. 또한 양심의 자유의 모든 내용 중에서 그것이 위협받을 때 양심에 가장 큰 갈등을 일으키고, 그것이 침해되었을 때 양심에 가장 큰 상처를 입힌다. 즉 그것은 '양심의 형성 및 결정'과 매우 절박하고 구체적으로 연결되어 있다. 그러므로, '부작위에 의한 양심실현의 자유' 중 일정 부분은 양심의 자유의 본질적 내용이라는 것을 인정하지 않을 수 없다. 오승철, 위의 글, 307-309쪽.

때 양심은 깊이 상처받는다. 양심에 반하는 행위를 강제당하지 않는 것은 '양심의 형성 및 결정'과 매우 절박하고 구체적으로 연결되어 있다. 따라서 '부작위에 의한 양심실현의 자유' 중 일정 부분은 양심의 자유의 본질적 내용이라고 보아야 한다. '양심실현의 자유의 최소한'마저 절대적으로 보장하지 않고 양심형성의 자유를 절대적으로 보장한다는 것은 공허한 구호에 지나지 않는다.[274] 양심적 부작위는 양심의 자유의 본질적 내용과 매우 밀접하게 연결되어 있다.

특히 사람에게 금전 지급 등으로 부담을 지우는 것을 넘어 그 스스로 직접적인 행위를 할 것을 요구하는 경우,[275] 이를 국가가 사인에게 요구하는 경우,[276] 그에게 요구되는 행위가 자신이 스스로 선택하지 않은 관계에 기초한 경우[277]인 '좁은 의미의 양심적 부작위'는 양심의 자유의 본질적 내용과 필연적으로 그리고 매우 절박하게 연결된 것[278]으로, 양심의 자유의 본질적 내용에 준하여 거의 절대적으로 보호되어야 한다. 양심에 반하는 작위의무를 국가가 법률로써 강제하기 위하여는 양심의 자유를 훼손하면

---

274 부작위에 의한 양심실현의 자유는 인간의 존엄과 가치 및 행복추구권의 본질적 내용과도 관계된다. 오승철, 위의 글 309-310쪽.

275 오승철은 사람에게 금전 지급이나 물건 인도 등 부담을 지우는 것은 물건이 인도된 '결과'만이 중요하지 그가 직접 수행하는지 여부는 중요하지 않으므로 양심과 '절박하게' 연결되어 있지 않다고 본다. 오승철, 위의 글, 311쪽.

276 오승철은 좁은 의미의 양심적 부작위는 국가와 사인 간의 관계에서만 발생한다고 본다. 사인 간의 법률관계에서 양심에 반하는 작위의무가 발생하는 것은 대부분 계약 또는 불법행위로 인한 경우인데, 이는 자신이 의도적으로 형성한 법률관계에서 발생하거나 고의·과실에 의한 위법 행위로 자초한 것이니, '사인 간의 관계'에서 양심의 자유는 '국가와 사인 간의 관계'에서와 동일한 정도로 보장받을 수 없다는 것이다. 오승철은 또한 "이것은 기본권의 제3자적 효력과는 별개문제"라고 하면서, 위 논문작성시인 2009년 당시까지 "양심의 자유를 근거로 선고된 유일한 위헌결정(헌법재판소 1991. 4. 1. 선고 89헌마160 결정, 소위 '사죄광고 명령 사건')이 사인 간의 법률관계에서 나왔다는 사실은 참으로 아이러니한 일"이라고 한다. 오승철, 위의 글, 312쪽.

277 오승철은 국가와 개인 사이의 관계에서도 작위의무가 개인이 스스로 형성한 법률관계에서 발생한 경우는 '좁은 의미의 양심적 부직위'에 원칙적으로 포함되지 않는다고 본다. 그 경우에는 기본권의 경쟁관계에서 본인 스스로 다른 기본권(예컨대, 공무담임권 또는 계약의 자유)을 선택하였기 때문에, 국회의원·법관의 직업적 양심과 개인적 양심이 충돌하는 경우에는 직업적 양심이 우선한다고 보는 것이다. 오승철, 위의 글, 312쪽.

278 오승철, 위의 글, 314-315쪽.

서까지 오직 그 작위의무만을 강제해야 할 특별한 사정이 존재하여야 한다. 그 입증 책임은 국가에 있다.[279] 위와 같은 사정은 과잉금지원칙의 일반적인 심사기준보다 훨씬 더 엄격하게 심사되어야 한다.[280]

국가보안법 제10조 불고지죄도 '좁은 의미의 양심적 부작위'를 처벌하는 경우에 포함된다.[281] 불고지죄는 헌법 제19조의 양심의 자유, 그중에서도 부작위에 의한 양심의 자유 제한[282]이고, 수범자에게 '신고'라는 직접 수행해야 하는 행동을 요구하며, 신고 강제는 국가와 사인 간의 관계에서 발생하는 양심적 부작위 문제의 전형으로, 이 신고 의무는 개인이 국가와 스스로 형성한 법률관계에서 발생한 것이 아니다. 따라서 제10조에서 제한하는 기본권은 양심의 자유의 본질적 내용인 '좁은 의미의 양심적 부작위'이다. 제10조는 기본권의 본질적 내용을 제한하는 것이어서 헌법 제37조 제2항 비례원칙에 따라 살필 필요도 없이 위헌이다. 불고지죄는 국가기관이 개인의 사상과 양심을 외부적인 형태로 나타내도록 강제하고 처벌함으로써 개인이 가지는 양심의 자유의 본질적인 내용인 부작위에 의한 양심실현의 자유를 침해하여 헌법 제19조에 위반되는 위헌 조항이다.

4. 공안당국의 필요에 따른 자의적 적용

헌법재판소는 1991년 개정 전 제10조에 대하여 "이 사건 심판대상 법

---

279 한인섭, 「양심적 병역거부: 헌법적·형사법적 검토」, 《인권과 정의》 309호, 2002, 24쪽, 26쪽(오승철, 위의 글, 315쪽에서 재인용).

280 오승철, 위의 글, 315쪽.

281 오승철은 '좁은 의미의 양심적 부작위'의 예로 양심적 사유에 의한 병역거부(구 병역법 제88조), 집총거부 기타 항명(군형법 제44조), 국가보안법 위반혐의자의 불고지(국가보안법 제10조)를 든다. 오승철, 위의 글, 311~313쪽.

282 헌법재판소 1998. 7. 16. 96헌바35 결정.

률조항은 '제3조 내지 제9조의 죄를 범한 자라는 정을 알면서 수사기관 또는 정보기관에 고지하지 아니한 자'를 처벌한다고 규정하고 있는바, 위 규정 내용 자체를 보더라도 그것이 지나치게 추상적이거나 불명확한 개념을 사용하고 있다고 보이지 아니하며, 위 규정 내용 중 '죄를 범한 자라는 정을 알면서'라는 부분도 본범에 대한 인식의 상태를 말하는 것으로서 이에 관하여는 대법원의 판례도 그 인식의 정도가 단순히 의심하는 정도만으로는 부족하고 본범이라는 확실한 인식을 의미한다고 판시하고 있으며, 그와 같은 해석은 피의자 또는 피고인에게 오히려 유리한 해석으로서 죄형법정주의에 어긋나는 해석이라고 볼 수도 없다."[283]라고 하였다.

그러나 제10조는 '제3조, 제4조, 제5조 제1항·제3항(제1항의 미수범에 한한다)·제4항의 죄를 범한 자라는 정을 알면서 수사기관 또는 정보기관에 고지하지 아니한 자'라고 하여 본범이 죄를 범한 사실을 알 것을 요건으로 하면서도, 본범에 대하여 어느 정도의 인식이 있어야 고지의무가 발생하는지 구체적으로 정하지 않았다. 포괄적·추상적이고 불투명하게 규정된 구성요건은 법률에 대한 예견 가능성과 법적 안정성을 저해하고 국가기관에 의한 자의적인 해석의 여지를 남긴 것이어서, 남용의 우려가 있다.[284] 따라서 헌법 제12조 제1항에 의한 죄형법정주의의 파생원칙인 명확성의 원칙에 위반된다.

헌법재판소는 "본범이라는 확실한 인식을 의미"한다고 하나, 국가보안법상 죄가 모두 모호하여 법 집행 당국의 정치적 입장에 따라 자의적으로

---

283 헌법재판소 1998. 7. 16. 선고 96헌바35 전원재판부 결정.
284 헌법재판소는 구 도로교통법 제78조 제1항 제5호 '운전면허를 받은 사람이 자동차 등을 이용하여 범죄 행위를 한 때' 부분에 대하여, "이 사건 규정에 의하면 자동차 등을 살인죄의 범행 도구나 감금죄의 범행장소 등으로 이용하는 경우는 물론이고, 주된 범죄의 전후 범죄에 해당하는 예비나 음모, 도주 등에 이용하는 경우나 과실범죄에 이용하는 경우에도 운전면허가 취소될 것", "이 사건 규정이 범죄의 중함 정도나 고의성 여부 측면을 전혀 고려하지 않고 자동차 등을 범죄행위에 이용하기만 하면 운전면허를 취소하도록 하고 있는 것은 그 포섭범위가 지나치게 광범위한 것으로서 명확성원칙에 위반된다."고 한 바 있다. 헌법재판소 2005. 11. 24. 선고 2004헌가28 결정.

적용될 위험이 있으니, '죄를 범한 자' 판단 역시 자의적일 수밖에 없다.[285] 실제로 서경원 의원 방북 사건에서, 수사기관은 법 적용에서 정치적 자의성을 뚜렷이 드러냈다. 같은 정치인에 대해서도 평민당 지도부들은 불고지죄로 철저하게 수사했지만, 민주당 김영삼 총재나 민정당 이종찬 사무총장은 수사하지 않은 것이다. 불고지죄의 법 집행이 공안당국의 필요에 따라 자의적으로 이루어져 왔음을 보여주는 실례다.[286]

위 결정에서 헌법재판소는 "구 국가보안법 제10조가 규정한 불고지죄는 소위 진정부작위범으로서 행위자가 자기 또는 공범 이외의 타인이 구 국가보안법 제3조 내지 제9조에 해당하는 죄를 범한 자라는 정을 알면서도 그로부터 사회통념상 상당하다고 인정되는 기간 내에 이를 수사기관 또는 정보기관에 신고하지 아니한 경우에 성립하는 범죄이다."라고 하였지만, '사회통념상 상당하다고 인정되는 기간' 역시 불명확하여 일반 국민으로서는 대체 어느 정도가 상당한 기간인지 사전에 명확하게 알 수 없다. 죄형법정주의의 명확성의 원칙 위반이다.

국가보안법 폐지에 신중을 기해야 한다는 입장에서도, 제10조 불고지죄에 대해서는 죄형법정주의 관점에서 개폐작업이 강력하게 요구된다고 본다. 특히 반국가단체 구성, 가입 및 가입 권유의 미수(제3조 제3항)와 예비 음모(제3조 제4항, 제5항)까지 불고지죄 대상으로 한 것은 지나친 처벌 확장이라는 것이다. 반국가단체의 구성, 가입 및 가입 권유가 장차 목표로 한 범죄의 예비·음모에 불과한 것인데, 그 예비·음모를 예비·음모한 것까지 형사 처벌하는 것은 행위형법의 원칙에 위배된다는 지적이다.[287]

---

285 박원순b, 『국가보안법연구 3』, 92쪽.

286 정태욱, 위의 글, 114쪽.

287 손동권, 「형사사법의 정비방안」, 《비교형사법연구》 제8권 제1호, 한국비교형사법학회, 2006, 259쪽.

4부

오직 국가보안법에만 있는

특별형사소송규정

배경과 연혁

 국가보안법은 제3장에 '특별형사소송규정'을 따로 두어 참고인의 구인·유치(제18조), 구속기간의 연장(제19조), 공소보류(제20조) 등 일반 형사소송법의 예외를 정한다. 형사소송법은 "강제처분은 이 법률에 특별한 규정이 있는 경우에 한"한다고 하고(제199조 제1항 단서), 피의자 이외의 사람에 대해서는 강제수사를 허용하지 않았다. 그러나 국가보안법은 참고인을 강제로 구인·유치할 수 있게 한다. 형사소송법상 구속기간은 사법경찰관 단계에서 10일, 검사 단계에서 10일을 초과할 수 없으며, 검사의 신청 및 지방법원 판사의 허가로 1차에 한하여 10일 이내에서만 연장 가능하다(제202조, 제203조, 제205조). 그러나 국가보안법은 사법경찰관 단계에서 1차 연장(최장 10일), 검사 단계에서 2차 연장(최장 20일) 가능하여 기소 전 최장 50일 동안 구속 수사가 가능하도록 정한다. 형사소송법은 검사에게 공소를 제기할 수 있는 권한뿐만 아니라 형법 제51조[1]의 사항을 참작하여 공소를 제기하지 아니할 수 있다고 정한다(기소유예). 그런데 국

---

1 형법 제51조(양형의 조건) 형을 정함에 있어서는 다음 사항을 참작하여야 한다.
1. 범인의 연령, 성행, 지능과 환경
2. 피해자에 대한 관계
3. 범행의 동기, 수단과 결과
4. 범행 후의 정황

가보안법은 공소보류를 받은 자에게 '법무부 장관이 정한 감시·보도에 관한 규칙'을 준수하도록 강제하여, 공소보류자에게 사실상 전향을 강요하고 수사기관의 요구에 순응하게 하는 수단으로 삼아 왔다.

다른 특별형법에는 국가보안법의 특별형사소송규정과 같은 규정이 없다. 특정강력범죄의 처벌에 관한 특례법이 살인 등 특정강력범죄처벌 절차상 특례를 두지만, 제8조의2(피의자의 얼굴 등 공개)[2]를 제외하고는 모두 수사단계가 아닌 재판과정에서 집중심리 등에 관한 규정일 뿐이다. 이에 비해 국가보안법상 특별형사소송규정은 모두 기소 전 수사 절차에 관한 것으로, 공안수사기관의 편의 목적 외에는 이유를 찾기 어렵다.

이처럼 국가보안법에 공안수사기관의 편의를 위한 특별형사절차가 규정된 것은, 1948년 '비상시기 임시조치법'의 성격으로 제정된 태생적 한계에서 비롯되었다. 국가보안법 제정 명분은, 여순사건 등 극도로 비상한 시기이기에 '일시적으로' 비상한 방법을 사용하는 것이 불가피하기 때문에 '한시적 법률'로서 국가보안법이 필요하다는 것이었다. 국가보안법 특별형사소송규정은 일시적인 비상한 방법이라는 미명하에 수사의 편의를 앞세워 생겨난 반헌법적, 반인권적인 독소조항이다. 한시법으로서 국가보안법은 1953년 형법 제정과 함께 사라졌어야 마땅했다.[3]

---

2 특정강력범죄의 처벌에 관한 특례법 제8조의2(피의자의 얼굴 등 공개) ① 검사와 사법경찰관은 다음 각 호의 요건을 모두 갖춘 특정강력범죄사건의 피의자의 얼굴, 성명 및 나이 등 신상에 관한 정보를 공개할 수 있다.
1. 범행수단이 잔인하고 중대한 피해가 발생한 특정강력범죄사건일 것
2. 피의자가 그 죄를 범하였다고 믿을 만한 충분한 증거가 있을 것
3. 국민의 알 권리 보장, 피의자의 재범방지 및 범죄예방 등 오로지 공공의 이익을 위하여 필요할 것
4. 피의자가 「청소년 보호법」 제2조제1호의 청소년에 해당하지 아니할 것
② 제1항에 따라 공개를 할 때에는 피의자의 인권을 고려하여 신중하게 결정하고 이를 남용하여서는 아니 된다.

3 당시 권승렬 법무부 장관은 국회에서 "국가보안법안은 평화 시기의 법안은 아니며 비상시기의 조치이므로 이런 경우에 인권옹호상 조금 손상이 있다 하더라도 불가불 건국에 이바지해야 한다."며 한시법적 성격을 인정했다. 1953년 형법을 제정할 당시에도 김병로 대법원장이 "국가보안법은 한시법이고 형법으로 규율할 수 있으므로 보안법을 폐지하자."고 말하며 "보안법을 폐지하지 않고 형법을 제정하면 법률 중복의 문제가 생긴다."고 주장했다. 대한민국 정책브리핑'(www.korea.kr), 2004. 9. 8., 「국가보안법 제정 배경」

특별형사소송규정은 국가보안법 제정 당시에는 들어있지 않다가, 1949년 개정 시 제2장 형사절차 규정으로 처음 등장하였다. 그 뒤 개정 내용은 1950년 개정 시 '단심제'를 폐지하고 '구류갱신제한' 규정을 두어 인권보호 측면을 보완한 것을 제외하면 모두 기본권을 제한하는 것이었다. 특히 법 조항을 대폭 늘려 사실상 신법 제정 수준으로 개정한 1958년 개정 시에는 제3장 특별형사소송규정을 별도로 두어 제32조부터 제40조까지를 신설하였는데, 수사상 편의를 위해 피의자의 권리를 침해한 조항이 대부분이었다. 그 후 1980년 국가보위입법회의 개정 내용이 지금까지 이어지고 있다. 1958년 개정은 국회 의결 형식은 갖추었으나 야당 의원들을 배제한 날치기 통과였고, 1980년 개정은 국가보위입법회의에 의해 이루어진 것으로 적법한 헌법상 입법 주체에 의한 개정이 아니라는 근본적 문제가 있다.

1) 1차 개정(1949. 12. 19.)

1948년 12월 1일 제정·공포된 국가보안법으로 1949년에만 11만 8,621명이 검거·투옥[4]되고 형무소의 80퍼센트 이상이 좌익수로 넘치는 등 국가보안법 사건과 재판이 폭주하자, 이승만 정부는 법 제정 당시에는 없던 형사소송 특칙을 신설한다. 1949년 1차 개정 시 도입된 단심제, 보도소 설치 등이다. 1949년 개정 법률은 제10조에 "제1장에 규정한 죄에 관한 형사절차는 본장에 규정한 외에는 일반의 예에 의한다."고 하여 형사소송법의 특칙임을 선언하고 있다. 국가보안법을 형사소송법에 우선하여 특별대우하기 시작한 것이다.

① 단심제 : 일제강점기에 제정되어 1948년 당시에도 시행되던 구 형

---

4 대한민국 정책브리핑'(www.korea.kr), 「국가보안법 개정사」

사소송법은 모든 사건에 대해 3심 제도를 두고 있었다. 국가보안법 위반 사건에 대해서도 당연히 일반 형사소송법에 따른 심급제도가 적용되었다. 그러나 1949년 개정 국가보안법은 단심제[5]를 도입해 지방법원에서 재판을 끝내도록 했다. 이승만 정부가 내세운 단심제 도입 이유는 '사건의 폭주와 처리의 지연, 조속한 처형의 필요성' 등이었는데, 결국 반대 세력을 조속히 축출하려는 의도였다. 이는 국민의 재판을 받을 권리를 침해하는 위헌규정이었다.

② 보도구금과 보도소 설치 : 1차 개정 법률은 단심제와 함께 보도구금제와 보도소 설치에 관한 조항을 신설했다.[6] 그 내용은 '사안이 경미하고 전향 가능성이 존재하면 형의 선고유예와 함께 보도구금소에 보내 교화를 하고, 전향하여 석방되어 나오면 보도연맹에 가입시켜 일정한 관찰에 붙인다.'는 것이다. 보도구금제도는 일제하의 전향제도[7]를 그대로 옮겨놓은 것으로 이 제도는 1차 개정 법률이 시행되지 않아 2차 개정 법률에 의해 1950년 5월 12일부터 시행되었고, 전국 각지마다 결성된 보도연맹은 30여만 명을 감시·관리하는 조직으로 급격히 커져갔다.

③ 소급 적용 : 1차 개정 법률은 "제1장의 규정은 본법 시행 전의 행위

---

5 국가보안법 [법률 제85호, 1949. 12. 19., 전부개정] 제11조 제1장에 규정한 죄에 관한 사건의 심판은 단심으로 하고 지방법원 또는 동지원의 합의부에서 행한다.

6 당시 권승렬 법무부 장관은 그 필요성에 대해 다음과 같이 말했다. "지금 사상에 대한 범죄 수가 지극히 많습니다. … 교화해서 다시 포섭할 수 있는 사람이 있으리라고 생각합니다. 그 이유는 공산도배는 … 여러 가지로 속여 가지고 다시 당에 넣는 방법이 있는 듯하고 또 … 여러 가지 애정이라든지 친구 의리라든지 할 수 없이 본의는 아니지만, 당에 들어가는 경우가 있습니다. 이러한 사람은 능히 형의 선고를 하지 아니하고 일정한 기간 내에 교화해서, … 사회에 나올 수 있는 선량한 국민으로 복구할 수 있지 않는가, 그러므로 그런 사람들에게는 형의 선고를 유예해 가지고 감옥에 넣어 가지고 보도구금소를 만들어서 … 즉 구금은 하지만 노복勞服에 취하지 않고 … 일정한 기간까지 완전무결한 사람으로 인정되면 내보내겠다", "이것이 통과되면 정부에서는 보도구금소를 만들어 가지고 … 실상은 구금은 되었지만 노역은 하지 않고 선도를 하게 될 것입니다." 국회속기록 – 제헌국회 제5회 제56차 본회의(1949. 12. 2.) 중 권승렬 법무부 장관 발언, 29쪽.

7 보도구금제와 국민보도연맹의 실질적 구상자였던 오제도 검사는 이들 제도의 취지를 "사상의 전향"에 두고 있다. "사상범은 일벌백계의 엄벌주의로서 임하는 동시에 그 사상의 시정교화 즉 전향시키는 데에 있다. 그러므로 … 선량한 국민으로 잘 보호·선도·교화하여 내심으로 완전 전향함과 동시에 우리 민국을 절대 지지·육성할 수 있게 …" 오제도, 위의 책, 39-40쪽.

에 대하여도 적용한다."는 부칙을 두었다. 제정 헌법 제23조 "모든 국민은 행위 시의 법률에 의하여 범죄를 구성하지 아니하는 행위에 대하여 소추를 받지 아니하며 또 동일한 범죄에 대하여 두 번 처벌되지 아니한다."는 규정에 정면으로 위반되는 것이었다.

2) 2차 개정(1950. 4. 21.)

1차 개정 법률이 1949년 12월 19일 법률 제85호로 공포된 지 두 달이 채 되지 않아 정부는 2차 개정안을 국회에 제출했다.[8] 정부는 '사형을 선고받은 자에 한해서 단심제를 적용하지 않고 상고의 기회를 주자'는 것이 주요 내용이었다. 이에 국회 역시 1차 개정 법률의 가장 중요한 골격이라고 할 수 있는 '단심제' 폐지를 골자로 하는 독자적인 수정안을 제출하였다. 국회 법사위안은 '단심제를 폐지하여 원래의 심급제로 환원'하는 것과 '재판의 신속성을 기하기 위해 구류갱신을 각 심급마다 2회를 초과할 수 없'도록 하는 내용을 담고 있었다.

1950년 2월 15일 국회 본회의 제31차 회의에서는 정부안과 국회 법사위안에 대해 격론이 벌어졌는데, 법사위 수정안의 '단심제 철폐'와 '구류갱신의 제한'의 필요성이 집중 거론되어, 법사위 수정안이 거의 그대로 통과되었다.[9] 그러나 2차 개정 법률은 1차 개정 법률의 틀을 그대로 유지하면서, 법사위에서 격론이 벌어진 단심제(제11조)와 소급 적용(부칙)을 폐지하였을 뿐 보도구금과 보도소 설치 등 나머지 1차 개정 법률의 독소조

---

8 1차 개정 법률은 부칙에 "본법 시행기일은 대통령령으로 정한다."고 하였는데 실제 대통령령을 제정하지 않아 결국 1차 개정 법률은 시행되지도 못한 채 2차 개정 법률안이 나오게 되었다.

9 이와 같이 국회를 통과한 국가보안법 2차 개정 법률안은 1950. 2. 25. 정부에 이송되었다. 그러나 정부는 3. 11. 국회에 재의를 요청한다. 국회는 4. 8. 제71차 회의에서 국가보안법 2차 개정안의 재의 요구에 대한 심의를 진행하였다. 그러나 수많은 논쟁이 오고 간 끝에 재석 148인 가운데 가 106, 부 3의 압도적인 표차로 원안대로 가결되었다. 정부가 재의를 요구하면서까지 법사위 안에 반대한 이유는, 당시 법원·검찰 인원에 비추어 도저히 기한 내에 사건을 처리할 수 없어 국가보안법 위반범죄자들을 대거 석방해야 하는 중대한 사태가 발생한다는 것이었다.

항은 그대로 남아 1950년 5월 12일 시행되었다.

3) 3차 개정(1958. 12. 26.)

3차 개정 법률은 전문 3장 40조, 부칙 1조로 이전 법보다 훨씬 많은 조항을 두어 사실상 신법 제정 수준의 개정이었는데, 특히 제3장에 '특별형사소송규정'을 두고 있다. 그 내용은 보석허가에 대한 즉시항고, 구속적부심사와 즉시항고, 경찰조서의 증거능력인정, 구속기간의 연장과 갱신규정 등이다. 제3장은 기본권의 심각한 제한을 초래하면서 공안수사기관의 권한 확대와 편의 도모에 주안점을 둔 것이었다.

① 보석허가 결정에 대한 즉시항고(제33조), 구속적부심사와 즉시항고(제35조) : 형사소송법은 판사의 보석허가 결정에 대해서는 항고할 수 없다고 하고, 구속적부심 결정에 대해서도 청구기각결정에 대해서만 항고할 수 있게 하고 있었다.[10] 무죄추정의 원칙에 따라 수사와 재판 중인 피의자나 피고인의 구속은 최소화되어야 하므로, 판사가 석방을 명하면 검사는 다툴 수 없게 한 것이다. 그러나 국가보안법 3차 개정 법률은 국가보안법상 모든 범죄에 대해, 판사가 구속적부심사를 거쳐 석방을 결정하더라도, 형사소송법 규정과 달리 검사가 즉시 항고해 재심사받을 수 있게 했다. 제19조 왕래, 잠입, 은거죄 피의자에 대해서는 판사가 보석을 허가하여 석방 결정을 내렸어도 검사가 불복할 수 있게 했다.[11] 결국 검사가 항고하면 국

---

10 형사소송법 [법률 제341호, 1954. 9. 23., 제정] 제97조(보석과 검사의 의견) ② 보석을 허가하는 결정에 대하여는 항고할 수 없다.
제201조(구속) ④ 전3항의 규정에 의하여 구속을 받은 자 또는 그 변호인, 법정대리인, 배우자, 직계친족, 형제자매, 호주나 가족은 관할법원에 구속의 적법여부의 심사를 청구할 수 있다.
⑤ 전항의 청구를 받은 법원은 지체없이 구속한 자와 구속받은 자를 심문하여 그 청구가 이유없다고 인정한 때에는 결정으로 이를 기각하고, 이유있다고 인정한 때에는 결정으로 구속받은 자의 석방을 명하여야 한다.
⑥ 전항의 청구를 기각하는 결정에 한하여 항고를 할 수 있다.
11 국가보안법 [법률 제500호, 1958. 12. 26., 폐지제정] 제33조(보석허가결정에 대한 즉시항고) 제19조의 죄를 범한 자에 대한 보석허가 결정에 대하여는 형사소송법 제97조 제2항의 규정에 불구하고 그 즉시 항고할 수 있다.

가보안법 피의자는 석방되지 못하고 구속상태를 벗어날 수 없게 된다. 헌법상 무죄추정의 원칙에 위배된다.

② 증거능력(제37조) : 당시 형사소송법 제312조[12]는 검사 외에 경찰 등 수사기관이 작성한 피의자신문조서는 피의자가 내용을 인정할 때만 증거로 쓸 수 있다고 하였다. 그런데 3차 개정 국가보안법은 대부분 사건에서 피의자의 내용 인정 없이도 경찰 등 수사기관의 피의자신문조서를 증거로 채택할 수 있게 했다.[13] 이렇게 하면 수사기관은 유죄판결을 받아낼 가장 쉬운 방법으로 자백을 받아내는 데 몰두한다. 자백에 의존하는 수사 관행은 결국 강압 수사로 이어져 수사 과정에서 인권침해를 불러온다.

③ 증인 구인, 구속기간 연장 등 : 제34조 증인의 구인, 유치조항은 단순히 참고인에 불과한 증인을 구속할 수 있도록 하였다. 제36조 구속기간의 연장, 제38조 구속기간과 갱신 등에서도 제19조 왕래, 잠입, 은거죄 피의자에 대해서는 합리적인 이유 없이 형사소송법에 정해진 일반 범죄와 달리 구속기간을 연장하였다. 수사단계에서 구속기간 연장은 피의자를 장기간 수사기관의 수중에 두어 고문과 장기구금의 폐해를 가져올 우려가 있는 것이었다. 제39조 공소보류는 감시·보도에 관한 규칙을 위반한 경우 공소보류를 취소할 수 있게 하여 사상전향의 수단으로 악용될 우려가 있었다.[14] 제34조 증인의 구인·유치, 제36조 구속기간의 연장, 제39조 공

제35조(구속적부심사와 즉시항고) 형사소송법 제201조 제5항에 의한 석방을 명하는 결정이 본법의 죄를 범한 자에 대한 것일 때에는 동조 제6항의 규정에 불구하고 즉시 항고할 수 있다.

12 형사소송법 [법률 제341호, 1954. 9. 23., 제정] 제312조(동전) 검사 또는 사법경찰관의 피의자 또는 피의자 아닌 자의 진술을 기재한 조서, 검증 또는 감정의 결과를 기재한 조서와 압수한 서류 또는 물건은 공판준비 또는 공판기일에 피고인 또는 피고인 아닌 자의 진술에 의하여 그 성립의 진정함이 인정된 때에는 증거로 할 수 있다. 단, 검사 이외의 수사기관에서 작성한 피의자의 신문조서는 그 피의자였던 피고인 또는 변호인이 공판정에서 그 내용을 인정할 때에 한하여 증거로 할 수 있다.

13 국가보안법 [법률 제500호, 1958. 12. 26., 폐지제정] 제37조(증거능력) 제6조 내지 제20조와 제22조에 해당하는 범죄로 공소된 피고사건에 대하여는 형사소송법 제312조 단서를 적용하지 아니한다.

14 국가보안법 [법률 제500호, 1958. 12. 26., 폐지제정] 제34조(증인의 구인, 유치) ① 검사 또는 사법경찰관으로부터 본법에 규정된 죄의 증인으로 소환을 받은 자가 정당한 이유 없이 2차 이상 소환에 불응할 때에

소보류 조항은 약간씩 변형되어 현재까지 이어지고 있다.

또 제40조 국군정보기관의 수사권[15] 조항을 두어 제10조(살상, 방화, 소요, 중요시설 등 손괴), 제11조(국가기밀의 탐지, 수집, 누설 등)와 제18조 제1항(군인, 군속 또는 군적을 가진 군소속기관의 학생생도와 간부후보생에 대한 반항선동)의 범죄에 관하여 군정보기관의 일반인 수사를 법적으로 가능하게 하였다.

4) 4차 개정(1960. 6. 10.)

제2공화국에 이르러 국가보안법이 축소 개정(1960. 6. 10. 법률 제549호)되면서 특별형사소송규정 또한 축소되어 지금과 유사한 형태로 개정되었다. 4차 개정에 따른 특별형사소송규정은 제14조 증인의 구인·유치, 제15조 구속기간, 제16조 공소보류 등이다. 하지만 제15조(구속기간)[16]에 의한

는 지방법원 판사의 구속영장을 받아 구인할 수 있다.

② 구속영장의 집행을 받은 증인을 구인하는 경우에 필요할 때에는 가장 근접한 경찰서나 기타 적당한 장소에 임시로 유치할 수 있다.

제36조(구속기간의 연장) ① 지방법원판사는 제19조에 해당하는 범죄로서 사법경찰관의 신청에 의하여 수사를 계속함에 상당한 이유가 있다고 인정할 때에는 형사소송법 제202조의 구속기간의 연장을 일차에 한하여 허가할 수 있다.

② 전항의 기간의 연장은 10일을 초과하지 못한다.

제38조(구속기간과 갱신) 제19조에 해당하는 범죄로 공소된 피고사건에 대한 구속기간은 형사소송법 제92조제1항 후단의 규정에 불구하고 심급마다 일차에 한하여 갱신할 수 있다.

제39조(공소보류) ① 검사는 본법의 죄를 범한 자에 대하여 형법 제51조의 상황을 참작하여 공소제기를 보류할 수 있다.

② 전항에 의하여 공소보류를 받은 자가 2연간 공소됨이 없이 경과한 때에는 형사소송법 제247조에 의하여 공소를 제기하지 아니하는 것으로 간주한다.

③ 공소보류를 받은 자가 감시, 보도에 관한 규칙에 위반한 때에는 공소보류를 취소한다. 감시, 보도에 관한 규칙은 법무부 장관이 이를 정한다.

④ 전항에 의하여 공소보류가 취소된 경우에는 형사소송법 제208조의 규정에 불구하고 동일한 범죄사실로 재차 구속할 수 있다.

15 국가보안법 [법률 제500호, 1958. 12. 26., 폐지제정] 제40조(국군정보기관의 수사권) ① 국군정보기관의 장교, 준사관 및 하사관은 제10조, 제11조와 제18조제1항에 규정된 죄를 범한 일반인을 본법과 형사소송법의 규정에 의하여 수사할 수 있다.

② 전항의 범죄수사에 있어서는 검사의 지휘명령에 복종하여야 한다.

16 국가보안법 [법률 제549호, 1960. 6. 10., 전부개정] 제15조(구속기간) ① 지방법원 판사는 제1조 내지 제6조에 해당하는 범죄로서 검사의 승인을 얻은 사법경찰관의 신청에 의하여 수사를 계속함에 상당한 이유가 있다고 인정할 때에는 형사소송법 제202조의 구속기간의 연장을 1차에 한하여 허가할 수 있다.

구속기간 연장은 이전에는 제19조 왕래, 잠입, 은거죄에 한해 가능하던 것을 '제1조 내지 제6조에 해당하는 범죄'로 확대하여, 반국가단체 구성, 자진지원, 금품수수 등 다수 행위에 대해서도 구속기간이 연장되었다. 다만 사법경찰관의 연장신청시 검사의 승인을 요건으로 하는 제한을 두었을 뿐이다.

5) 1961년 5·16쿠데타 이후 특별법들

1961년 5·16쿠데타로 집권한 박정희 군부세력은 기존 법률 개정 절차를 밟지 않고 국가재건비상조치법을 근거로 특별법을 만들어 헌법에 위반되는 특별형사소송절차를 적용하는 편법을 사용했다.[17] 1961년 7월 3일 제정된 인신구속 등에 관한 임시특례법 제2조는 국가보안법 및 반공법, 특수범죄처벌에 관한 특별법 제6조(특수반국가행위) 위반자에 대하여 법관의 영장 없이 구속, 압수, 수색할 수 있게 하였다. 또한, 위 혐의로 구속된 피의자에 대해서는 접견을 제한할 수 있게 하고, 변호인은 구속기관의 허가를 얻어 접견하게 하였다. 헌법상 영장주의를 정면으로 부정하고 피의자와 변호인의 접견교통권을 심대하게 침해한 이 법률은 1963년 12월 17일에야 폐지되었다.[18]

---

② 전항의 기간의 연장은 10일 내로 한다.

17 국가재건비상조치법 [국가재건최고회의령 제42호, 1961. 6. 6., 제정] 제22조 (특별법, 혁명재판소와 혁명검찰부) ① 국가재건최고회의는 5·16군사혁명이전 또는 이후에 반국가적 반민족적 부정행위 또는 반혁명적 행위를 한 자를 처벌하기 위하여 특별법을 제정할 수 있다.
② 전항의 형사사건을 처리하기 위하여 혁명재판소와 혁명검찰부를 둘 수 있다.
제24조 (헌법과의 관계) 헌법의 규정 중 이 비상조치법에 저촉되는 규정은 이 비상조치법에 의한다.
18 인신구속 등에 관한 임시특례법 [법률 제644호, 1961. 7. 3., 제정] 제1조(목적) 본법은 형사소송법 기타 형사소송에 관한 제절차법규에 불구하고 국가재건과업수행에 중대한 영향을 미치는 죄를 범한 자에 대한 인신구속 등에 관한 임시특례를 규정함을 목적으로 한다.
제2조(영장 없이 구속 등을 할 수 있는 범죄) ① 다음 각호에 해당하는 죄를 범한 자에 대하여는 법관의 영장 없이 구속, 압수, 수색할 수 있다.
1. 특수범죄처벌에관한특별법 제4조 내지 제7조의 죄
2. 국가보안법 및 반공법에 규정된 죄

국가보안법, 반공법, 특수범죄처벌에 관한 특별법상 특수반국가행위죄 위반자는 재판도 일반법원에서 받을 수 없었다. 국가재건최고회의는 1961년 6월 1일 경비계엄하 군사재판에 관한 특별조치령을 제정하여, 국가보안법 등에 대한 재판을 민간법원이 아닌 고등군법회의로 넘겼다. 1961년 7월 3일 반공법 제정 이후 12월 2일부터는 반공법 위반죄도 고등군법회의에서 재판했다.[19] 특수범죄처벌에 관한 특별법위반죄는 1961년 7월 12일 제정된 혁명재판소 및 혁명검찰부조직법에 따라 혁명재판소에서 재판받아야 했다.[20]

---

② 전항의 규정에 의하여 영장 없이 사람을 구속한 경우에는 구속기관의 장은 구속한 날로부터 2일 이내에 구속된 피의자가 지정하는 가족과 변호인에게 구속죄명, 구속일시, 구속장소 및 구속기관을 명시하여 이를 통지하여야 한다.

제3조(접견의 제한) 전조의 규정에 의하여 구속된 피의자에 대한 접견은 이를 제한할 수 있다. 단, 변호인은 구속기관의 허가를 얻어 접견할 수 있다.

19 경비계엄하 군사재판에 관한 특별조치령 [법률 제776호, 1961. 12. 2., 일부개정] 제2조(재판관할권) 다음 각 호에 규정된 죄를 범한 자는 당해지역을 관할하는 고등군법회의에서 이를 심판한다. 단 계엄사령관은 당해 관할법원으로 하여금 이를 심판하게 할 수 있다.

1. 군사혁명위원회와 국가재건최고회의의 영 또는 포고에 규정된 죄
2. 계엄법 제15조에 규정된 죄
3. 계엄법 제16조 제1호 내지 제3호 또는 제25호에 규정된 죄
4. 국가보안법에 규정된 죄
5. 관세법 제197조, 제198조 또는 제198조의2
6. 무역법에 규정된 죄
7. 조세범처벌법 제8조, 제9조, 제11조 또는 제12조의 죄
8. 다음에 규정된 죄 중 단기4294년 5월 16일 이후에 범한 죄
가. 계엄법 제16조 제4호, 제10호, 제15호, 또는 제17호 내지 제19의 죄
나. 연초전매법 제37조의 죄
다. 형법에 규정된 죄 중 공안을 해하는 죄, 폭발물에 관한 죄, 공무원의 직무에 관한 죄, 교통방해에 관한 죄, 아편에 관한 죄, 권리행사를 방해하는 죄, 상해죄 또는 강간죄
라. 공무원 또는 공공단체나 공공기업체의 직원이 범한 형법 제삼백오십육조의 규정에 해당하는 죄
9. 반공법에 규정된 죄
10. 폭력행위 등 처벌에 관한 법률에 규정된 죄
11. 청원법 제십일조 제일항에 규정된 죄

20 혁명재판소 및 혁명검찰부조직법 [법률 제630호, 1961. 6. 21., 제정] 제7조(재판권) 혁명재판소는 다음 범죄에 관한 사건을 심판한다.
1. 국가재건비상조치법 제22조 제1항에 의거하여 제정된 특수범죄처벌에 관한 특별법 및 부정축재처리법에 규정된 죄
2. 부정선거관련자처벌법에 규정된 죄

6) 5차 개정(1962. 6. 24.)

5·16쿠데타 이후 박정희에 의한 국가재건최고회의 통치 시절이던 1962년 6월 24일 국가보안법이 일부 개정되었는데, 재범자를 가중하여 법정형의 최고를 사형으로 한다는 규정을 신설하였다(제10조의2).

7) 6차 개정(1980. 12. 30.)

제5공화국에 이르러 국가보안법이 전면 개정(1980. 12. 31. 법률 제3318호)되면서 특별형사소송규정은 현행 규정의 형태로 개정되기에 이른다. 제3장 특별형사소송규정은 제18조 참고인의 구인·유치, 제19조 구속기간의 연장, 제20조 공소보류 등이다. 현행 국가보안법상 특별형사소송규정은 바로 이 제6차 개정 내용이 그대로 이어지고 있다.

제18조 참고인의 구인·유치

> 제18조(참고인의 구인·유치) ① 검사 또는 사법경찰관으로부터 이 법에 정한 죄의 참고인으로 출석을 요구받은 자가 정당한 이유 없이 2회 이상 출석요구에 불응한 때에는 관할법원 판사의 구속영장을 발부받아 구인할 수 있다.
> ② 구속영장에 의하여 참고인을 구인하는 경우에 필요한 때에는 근접한 경찰서 기타 적당한 장소에 임시로 유치할 수 있다.

1. 협조 요청에서 자백 강요로

형사소송법상 공판절차에서 증인과 달리, 수사단계에서 참고인은 수사기관에 출석할 의무가 없다. 참고인은 수사의 협조자일 뿐이어서, 검사 또는 사법경찰관이 수사에 필요한 때에는 이들의 출석을 요구하여 진술을 들을 수 있을 뿐이다.[21] 수사기관은 참고인에 대한 출석요구를 할 수 있으

---

[21] 형사소송법 제221조(제3자의 출석요구) 검사 또는 사법경찰관은 조사에 필요한 때에는 피의자 아닌 자의 출석을 요구하여 진술을 들을 수 있고 감정, 통역 또는 번역을 위촉할 수 있다.

나, 참고인이 이에 응하지 않아도 강제로 구인할 수는 없다.[22] 그러나 국가보안법은 수사단계에서 참고인을 구인·유치할 수 있도록 정한다. 이 규정은 1958년 개정 시 제34조로 처음 신설[23]되었고, 1980년 개정 시 '증인으로 소환을 받은 자' 부분이 '참고인으로 출석을 요구받은 자'로 용어만 바뀐 채 유지되고 있다. 이 조항에 따라 검사 또는 사법경찰관으로부터 국가보안법이 정한 죄의 참고인으로 출석을 요구받은 사람이 정당한 이유 없이 2회 이상 출석요구에 불응한 때에는 관할법원 판사가 발부한 구속영장에 의해 강제 구인되고 필요한 때에는 유치장에 유치될 수 있다. 이로써 수사기관은 참고인을 구인하여 강제수사할 수 있게 된다. '구인'이란 피의자나 피고인을 교도소나 구치소 외의 법원이나 기타 장소에 인치하는 강제처분이다. 피고인 또는 피의자를 교도소나 구치소에 감금하는 강제처분인 '구금'과는 구속 장소로 구별된다.

공안수사기관은 이 조항을 활용해 사건에 조금이라도 관련이 있다고 판단되면 누구든 일단 끌고와 자신 또는 타인의 범죄 혐의에 대한 자백이나 진술을 받아내기 위해 가두어둘 수 있다. 또 반민주적 집권세력이 자신의 정치적 위기를 타개하기 위해 비판세력에게 국가보안법 위반 혐의를 씌워 빠른 시간 안에 일망타진하고자 할 때, 이 조항을 활용해 수사를 급속히 진행시킬 수 있게 된다. 나아가 누구든 국가보안법 위반 혐의자와 관련되면 공안수사기관에 끌려가 신체의 자유를 빼앗길 수 있다는 위협을 가함으로써 국가보안법 위반 혐의자를 주변으로부터 고립시키는 정치적

---

22 김희옥·박일환, 『주석 형사소송법(Ⅱ)』, 한국사법행정학회, 2017, 323쪽.
23 국가보안법 [법률 제500호, 1958. 12. 26., 폐지제정] 제34조(증인의 구인, 유치) ① 검사 또는 사법경찰관으로부터 본법에 규정된 죄의 증인으로 소환을 받은 자가 정당한 이유 없이 2차 이상 소환에 불응한 때에는 지방법원 판사의 구속영장을 받아 구인할 수 있다.
② 구속영장의 집행을 받은 증인을 구인하는 경우에는 필요한 때에는 가장 접근한 경찰서나 기타 필요한 장소에 임시로 유치할 수 있다.

목적도 관철시킬 수 있다. 아울러 공안수사기관이 일반 형사사건수사담당 부서보다 더 강한 강제처분권한을 행사함으로써 무소불위의 권력기관으로서 위치를 공고히 하는 방편이기도 하다.

최근 재심판결을 통해 국가보안법 사건 관련자 가운데 참고인 임의동행 형식으로 수사기관에 와서 유치된 상태에서 구속 위협에 시달리다 허위증언에까지 이른 사례들이 드러나고 있다. 1971년 10월 울릉도 부근에서 오징어잡이를 하다 북한 경비정에 납북되어 1년 뒤에 귀환한 납북어부인 피고인은 북한의 지령에 따라 국가기밀을 수집하고 북한을 고무·찬양하고 다닌다는 이유로 86일 동안 경찰에 불법 구금되었다. 참고인은 홍성경찰서의 소환을 받고 조사를 받기 위해 출석하였는데, 수사관들이 눈에 검은 안대를 씌우고 차에 태워 지하 조사실로 데려갔다. 참고인이 피고인은 북한을 찬양하거나 간첩 활동을 한 사실이 없다고 부인하자, 수사관들은 이틀 동안 잠을 재우지 않고 피고인의 간첩행위에 대하여 진술하지 않으면 간첩을 도와준 것으로 하여 구속시키겠다고 하였다. 이에 참고인은 더 이상 견디지 못하고 수사관들이 묻는 대로 "피고인이 공소사실에 기재된 바와 같은 말을 자신에게 하였다."고 허위로 진술하였다. 참고인은 이와 같이 진술을 하고서야 사흘째 되는 날 비로소 석방되었다. 이후 참고인은 진실화해위원회에서 "경찰에서 조사를 받을 때 분위기를 보니까 피고인에게 좋게 말을 하다가는 나까지 구속될 수 있겠다는 강박관념이 들었다. 그래서 구속되지 않으려고 수사관들이 원하는 대로 허위로 진술하여 석방된 것이다. 법정에서도 경찰에서 인정한 부분을 부인하였다가는 나에게 어떠한 해가 돌아올지 알 수가 없어 경찰에서 인정한 것을 모두 인정하였다."고 진술하였다. 피고인은 참고인의 진술과 증언에 근거하여 징역 10년 자격정지 10년을 선고받았다가, 2011년에야 재심을 통해 무죄판결을 선고받았다.[24] 이러한 사례를 보면, 참고인 구인·유치 조항이 수사기관에 의해 어떻게 악용되어 왔는지 충분히 짐작할 수 있다.

1992년 9월 4일 전희식 진보정당추진위원회 인천 북갑 위원장은 국가안전기획부 수사관들로부터 김낙중 구 민중당 공동대표로부터 3백여만 원의 중앙당 지원금을 여타 지구당과 마찬가지로 받았다는 점에 대해 진술서 작성을 요구받았다. 당초 안기부 수사관들은 "혐의자가 아니고 참고인에 불과하다."며 아무 문제도 안 되는 단순 확인사항이니 협조해달라고 요청해왔다. 그러나 전희식이 사실을 시인하면서도 진술서 작성을 거절하자, 수사관들은 김낙중 대표를 보고 그 앞에서 진술서를 쓸 수 있겠느냐고 제안했다. 전희식은 변호사를 대동하고 김낙중 대표를 접견하여 진술서를 쓰기로 한 약속을 믿고 변호사 사무실에서 수사관들을 만났다. 그러나 수사관들은 변호사 동석이 불가능하다고 말을 바꿨고, 이에 전희식이 동행을 거절하자 강제 연행하였다. 전희식은 남산 안기부 취조실로 연행되었고, 당초 요구받은 진술서를 써주고도 수사관 2명으로부터 "이놈의 간첩새끼 어디 맛 좀 봐라." 등 욕설과 함께 한 시간가량 구타당했다. 수사관들은 전희식에게 직업훈련소 전자과를 나왔으니 통신을 잘 할 수 있을 것이라는 등 사건 관련 여지를 거듭 추궁하다가 49시간 만에 풀어주었다. 전희식은 전치 3주의 상해를 입었다.[25]

24 서울고등법원 2011. 6. 3. 선고 2010재노46 판결.
25 전희식, 「김낙중은 과연 간첩인가 4 – 안기부에서의 48시간」, 《월간 길》 1992년 10월, 124-126쪽.

2. 국가보안법상 강제처분 규정은 위헌

헌법 제12조 제1항은 "모든 국민은 신체의 자유를 가진다. 누구든지 법률에 의하지 아니하고는 체포·구속·압수·수색 또는 심문을 받지 아니하며, 법률과 적법한 절차에 의하지 아니하고는 처벌·보안처분 또는 강제노역을 받지 아니한다."고 정한다. 형사소송의 기본법인 형사소송법 제199조 제1항은 "수사에 관하여는 그 목적을 달성하기 위하여 필요한 조사를 할 수 있다. 다만, 강제처분은 이 법률에 특별한 규정이 있는 경우에 한하며, 필요한 최소한도의 범위 안에서만 하여야 한다."고 한다. 따라서 수사 시 강제처분은 형사소송법 자체에 특별한 규정이 있을 때만 할 수 있다. 형법 또는 어떤 형사특별법에 따른 수사든, 강제처분은 형사소송법에 근거해서만 가능하도록 한 것이다. 1995년 12월 29일 개정되기 전 제199조[26]는 "단, 강제처분은 법률에 특별한 규정이 없으면 하지 못한다."고 하고 있었다. "법률에 특별한 규정이 없으면 하지 못한다." 부분이 "이 법률에 특별한 규정이 있는 경우에 한한다."로 개정된 것이다. 개정 전에는 어떤 법률이든 법률 형식을 가진 것이면 모두 강제처분의 근거를 둘 수 있었다. 형사소송법이든 국가보안법이든 또 다른 형사특별법으로도 형사소송법상 강제처분보다 중하거나 다른 강제처분을 규정할 수 있었다. 하지만 형사소송법 제199조 개정 후에는 명확히 '이 법률'에만 강제처분의 근거를 둘 수 있으므로, 위 개정 법률이 시행된 1997년 1월 1일 이후에는 형사소송법이 아닌 다른 형사특별법으로 강제처분의 근거를 별도로 두거나 형사소송법상 강제처분보다 중한 강제처분을 할 수 없다.

---

26 형사소송법 [법률 제3955호, 1987. 11. 28., 일부개정] 제199조(수사와 필요한 조사) ①수사에 관하여는 그 목적을 달성하기 위하여 필요한 조사를 할 수 있다. 단 강제처분은 법률에 특별한 규정이 없으면 하지 못한다.

"이 법률에 특별한 규정이 없으면 하지 못한다."는 형식의 입법은 조세특례제한법 제3조[27]에서도 발견된다. 어떤 법률로든 조세감면을 해줄 수 있는 것이 아니고, 원칙적으로 '이 법'(조세특례제한법)을 개정해야만 조세감면을 할 수 있다고 정하고, 그 밖에 조세감면규정을 둘 수 있는 법률을 일일이 열거하는 방식이다. 조세특례제한법을 개정하지 않고 다른 법률 개정으로 조세를 감면하는 시도를 아예 금지하는 취지다. 1995년 개정된 형사소송법 제199조가 "강제처분은 이 법률에 특별한 규정이 있는 경우에 한하며"라고 한 것 역시 같은 취지로 해석해야 한다. 곧, 형사소송의 기본법인 형사소송법 외에 개별 형사특별법에 특별형사소송절차를 두지 말라는 것이다. 이 법률에 특별한 규정이 있는 경우에만 강제처분을 할 수 있다고 하는 이유는, 형사절차의 기본법인 형사소송법을 개정하지 않고

---

27 조세특례제한법 제3조(조세특례의 제한) ① 이 법, 「국세기본법」 및 조약과 다음 각 호의 법률에 따르지 아니하고는 조세특례를 정할 수 없다.
2. 「법인세법」
3. 「상속세 및 증여세법」
4. 「부가가치세법」
5. 「개별소비세법」
6. 「주세법」
7. 「인지세법」
8. 「증권거래세법」
9. 「국세징수법」
10. 「교통·에너지·환경세법」
11. 「관세법」
12. 「지방세특례제한법」
13. 「임시수입부가세법」
14. 삭제 〈2001. 12. 29.〉
15. 「국제조세조정에 관한 법률」
16. 「금융실명거래 및 비밀보장에 관한 법률」
17. 삭제 〈2000. 12. 29.〉
18. 「교육세법」
19. 「농어촌특별세법」
20. 삭제 〈1999. 5. 24.〉
21. 「남북교류협력에 관한 법률」
22. 삭제 〈2010. 1. 1.〉
23. 「자유무역지역의 지정 및 운영에 관한 법률」
24. 「제주특별자치도 설치 및 국제자유도시 조성을 위한 특별법」(제주특별자치도세에 관한 규정만 해당한다)
25. 「종합부동산세법」

별도의 특별법을 만드는 편법을 동원해 수사상 강제처분의 요건을 완화하거나 강제처분의 범위를 확대할 수 없도록 하려는 것이다. 위 법률 규정은, 특별법을 통한 강제처분을 불허한다는 뜻이다. 신체의 자유 제한을 위해 헌법이 허용하는 수단인 법률은, 형사소송법으로 한정되어 있는 셈이다. 여러 형사특별법을 만들면서 개별법마다 특별형사절차를 두도록 허용하면, 개별법률을 제·개정하면서 각각 특별형사소송절차를 만들어 형사소송법에 정해둔 강제처분의 제한을 회피하거나 우회하려 할 가능성이 있기 때문이다. 형사소송법 제199조와 헌법 제12조[28]를 함께 보면, 헌법 제12조가 신체의 자유를 보장하면서 "누구든지 법률에 의하지 아니하고는 체포·구속·압수·수색 또는 심문을 받지 아니"한다고 할 때 '법률'이란 바로 형사소송법을 말한다고 보아야 한다. 따라서 형사소송법과 별도로 특별형사절차규정을 두고 '참고인의 구인·유치' 조항으로 형사소송법이 허용하지 않는 강제처분을 가능하게 하는 국가보안법 제18조는 헌법 제12조 신체의 자유를 침해하는 것이어서 위헌이다.

3. 내란, 테러죄에도 없다

또한 참고인에 대한 구인·유치는 헌법 제37조 제2항 비례원칙에 위반되어 위헌이다. 헌법 제37조 제2항은 "국민의 모든 자유와 권리는 국가안전보장·질서유지 또는 공공복리를 위하여 필요한 경우에 한하여 법률로써 제한할 수 있으며, 제한하는 경우에도 자유와 권리의 본질적인 내용을

---

28 헌법 제12조 ① 모든 국민은 신체의 자유를 가진다. 누구든지 법률에 의하지 아니하고는 체포·구속·압수·수색 또는 심문을 받지 아니하며, 법률과 적법한 절차에 의하지 아니하고는 처벌·보안처분 또는 강제노역을 받지 아니한다.

침해할 수 없다."고 하는데, 국가보안법 제18조의 참고인 구인·유치는 국가안전보장·질서유지 또는 공공복리를 위하여 필요한 경우로 보기 어렵다.

참고인 구인·유치 조항이 필요하다는 주장은, "국가보안법은 그 위반 범죄의 위험성이 극히 중대할 뿐 아니라 증거보전을 적시에 하지 못할 경우 국가안전보장상 회복할 수 없는 국가적 피해가 발생하게 되며, 나아가 본범과 일정한 범행관계가 있는 경우도 많으므로 수사기관에 대해서도 참고인의 구인과 유치를 인정한 것"[29]이라고 설명한다. 하지만 국가보안법보다 더 중대한 법익침해가 있는 형법상 내란죄에도 참고인 구인·유치는 허용되지 않는다. 내란죄는 실제 발생한 폭동 또는 그 예비·음모를 처벌하는 것으로, 국가보안법은 제정 당시부터 내란죄에 미치지 못하는 단계인 조직 구성 등에 머물러 있는 사람을 처벌하기 위한 법률로 설계되었다. 국가안보에 가장 큰 위협을 불러온 범죄인 내란죄 수사에도 허용되지 않는 참고인 구인·유치를 국가보안법 수사에 허용하는 실질적 목적은, 참고인에 대한 강제구인이나 강제적인 진술확보를 통해 증거를 확보하고자 하는 수사편의와 공안수사기관의 권한 강화 외에 다른 근거를 찾아보기 힘들다.

또 '일정한 범행관계가 본범과 있는 경우'에는 이미 참고인이 아니라 '공범'이 되어버리기 때문에, 참고인 구인·유치 조항을 사용할 필요가 없게 된다. 제18조에는 목적의 정당성이 없다. 피고인 또는 피의자 신분이 아닌 참고인을 수사단계에서 구인하는 제도는 우리나라에 현존하는 법체계 전체를 통틀어 국가보안법 제18조밖에 없다. 최근 국제적으로 위험성이 높아지고 있으나 수사가 어려워 특별법이 필요하다는 이유로 제정된 '국민보호와 공공안전을 위한 테러방지법'에도 국가보안법상 참고인 구인·유치와 같은 조항은 없다. 따라서 수단의 적합성도 없다. 나아가 참고

---

29 정경식·이외수, 위의 책, 316-317쪽.

인에 대한 강제 구인·유치는 사람을 강제로 구인하여 신문하는 것이므로 일정 기간 신체의 자유를 억압하는 것이고 수사기관의 자의적 판단에 의한 남용의 소지도 높아 피해의 최소성도 확보되지 않는다. 신체의 자유를 최대한으로 보장하려는 헌법이념에 부합하지 않아 법익의 균형성도 없다. 인신구속의 엄격한 제한을 요하는 헌법 제12조, 제37조 제2항에 위반하는 국가보안법 제18조 참고인 구인·유치 조항은 폐지되어야 한다.

제19조 구속기간 연장

제19조(구속기간의 연장) ① 지방법원 판사는 제3조 내지 제10조의 죄로서 사법경찰관이 검사에게 신청하여 검사의 청구가 있는 경우에 수사를 계속함에 상당한 이유가 있다고 인정한 때에는 형사소송법 제202조의 구속기간의 연장을 1차에 한하여 허가할 수 있다.

② 지방법원 판사는 제1항의 죄로서 검사의 청구에 의하여 수사를 계속함에 상당한 이유가 있다고 인정한 때에는 형사소송법 제203조의 구속기간의 연장을 2차에 한하여 허가할 수 있다.

③ 제1항 및 제2항의 기간의 연장은 각 10일 이내로 한다.

1. 50일까지 구속

형사소송법은 피의자의 구속기간에 대하여 사법경찰관이 피의자를 구속한 때에는 10일 이내에 피의자를 검사에게 인치하지 아니하면 석방하여야 하고(제202조), 검사가 피의자를 구속한 때 또는 사법경찰관으로부터 피의자의 인치를 받은 때에는 10일 이내에 공소를 제기하지 아니하면

석방하여야 하며(제203조), 단 지방법원 판사의 허가를 받아서 검사의 구속기간은 10일을 초과하지 아니하는 한도에서 1차에 한하여 연장할 수 있다(제205조)고 정한다. 부당한 장기구속을 방지하고 인신구속의 신중을 기하기 위하여 사법경찰관의 구속기간을 10일로, 검사의 구속기간을 최장 20일로 제한하고 있는 것이다.

국가보안법 제19조 구속기간 연장 규정은 형사소송법의 위 일반규정에 대한 특칙으로 존재하였다. 1958년 국가보안법 개정 시 제36조로 처음 도입된 구속기간 연장 규정은 "① 지방법원 판사는 제19조에 해당하는 범죄로서 사법경찰관의 신청에 의하여 수사를 계속함이 상당한 이유가 있다고 인정할 때에는 형사소송법 제202조의 구속기간의 연장을 1차에 한하여 허가할 수 있다. ② 전항의 기간의 연장은 10일을 초과하지 못한다."는 것이었다. 제19조는 왕래, 잠입, 은거죄다. 그런데 검사만이 구속연장을 청구할 수 있는데도 사법경찰관이 단독으로 판사에게 구속기간의 연장을 신청할 수 있도록 규정한 것은 부당하다는 비판이 일자, 1960년 개정 시 제15조에서 "① 지방법원판사는 제1조 내지 제6조에 해당하는 범죄로서 검사의 승인을 얻은 사법경찰관의 신청에 의하여 수사를 계속함이 상당한 이유가 있다고 인정할 때에는 형사소송법 제202조의 구속기간의 연장을 1차에 한하여 허가할 수 있다. ② 전항의 기간의 연장은 10일을 초과하지 못한다."라고 개정되었다. 구속기간을 연장할 수 있는 범죄는 반국가단체구성, 군사목적수행, 일반목적수행, 선동·선전, 자진지원·금품수수, 불법지역왕래로 넓어졌다. 1980년 개정 시 구속기간 연장의 대상 범죄는 잠입·탈출, 찬양·고무, 회합·통신, 편의제공, 불고지죄 등으로 대폭 확장되었고, 검사의 구속기간 연장은 2차에 걸쳐 가능하도록 개정하여 현재에까지 이르고 있다.

법조문상으로는 국가보안법 위반 범죄 중 제11조(특수직무유기)와 제

12조(무고·날조)를 제외한 나머지 제3조 내지 제10조에서 정하고 있는 모든 범죄가 구속기간의 특별연장이 가능한 범죄로 규정되어 있다. 그러나 헌법재판소는 국가보안법 제7조(찬양·고무 등) 및 제10조(불고지)의 두 죄에 대한 본조의 구속기간 특별연장규정은 위헌이라고 결정[30]하였다. 따라서 제19조 구속기간 연장 규정은 제3조(반국가단체의 구성 등), 제4조(목적수행), 제5조(자진지원·금품수수), 제6조(잠입·탈출), 제8조(회합·통신 등), 제9조(편의제공)의 죄에 대해 적용된다.

제19조 역시, 제18조에 관해 기술한 것과 같은 이유로 위헌이다. 1997년 1월 1일부터 시행된 개정 형사소송법 제199조 제1항은 "수사에 관하여는 그 목적을 달성하기 위하여 필요한 조사를 할 수 있다. 다만, 강제처분은 이 법률에 특별한 규정이 있는 경우에 한하며, 필요한 최소한도의 범위 안에서만 하여야 한다."고 하므로 수사 시 강제처분은 형사소송법 자체에 특별한 규정이 있을 때만 할 수 있고, 형사소송법 외에 다른 법률로 새로운 강제처분을 신설하거나 형사소송법상 규정된 기준보다 무거운 강제처분을 하는 것은 헌법 제12조 "모든 국민은 신체의 자유를 가진다. 누구든지 법률에 의하지 아니하고는 체포·구속·압수·수색 또는 심문을 받지 아니"한다는 규정에 위반되어 허용되지 아니한다. 따라서 1997년 1월 1일 이후 국가보안법 제19조에 따라 구속기간이 형사소송법상 최장한도인 30일을 넘은 경우, 이는 위헌법률에 근거한 강제처분으로서 위헌이며 무효다.

---

30 헌법재판소 1992. 4. 14. 선고 90헌마82 결정.

2. 고문방지위원회도 단축 권고

제19조는 과도한 구속기간이라는 점에서 헌법 제12조의 신체의 자유를 침해하는 조항이다. 1992년 헌법재판소가 국가보안법 제19조 중에서 제7조 및 제10조의 죄에 관한 구속기간 연장 부분은 헌법에 위반된다고 판단한 근거는 다음과 같다. "형사소송법상의 구속기간은 헌법상의 무죄추정의 원칙에서 파생되는 불구속수사원칙에 대한 예외로서 설정된 기간으로 이 구속기간을 더 연장하는 것은 예외에 대하여 또다시 특례를 설정하는 것이 되므로 그 예외의 범위를 확장하는 데에는 국가안전보장과 질서유지라는 공익과 국민의 기본권 보장이라는 상충되는 긴장관계의 비례성 형량에 있어서 더욱 엄격한 기준이 요구되므로 그 예외의 확장은 극히 최소한에 그쳐야 한다. 그런데 국가보안법 제7조(찬양·고무 등) 및 제10조(불고지)의 죄는 구성요건이 특별히 복잡한 것도 아니고 사건의 성질상 증거수집이 더욱 어려운 것도 아님에도 불구하고 국가보안법 제19조가 제7조 및 제10조의 범죄에 대하여서까지 형사소송법상의 수사기관에 의한 피의자 구속기간 30일보다 20일이나 많은 50일을 인정한 것은 국가형벌권과 국민의 기본권과의 상충관계 형량을 잘못하여 불필요한 장기구속을 허용하는 것이어서 결국 헌법 제37조 제2항의 기본권 제한입법의 원리인 과잉금지의 원칙을 현저하게 위배하여 피의자의 신체의 자유, 무죄추정의 원칙 및 신속한 재판을 받을 권리를 침해한 것으로 보아야 한다."는 것이다.

위 결정 이후 서울지방법원(박시환 판사)은 1996년 3월 5일 국가보안법 제3조, 제8조, 제9조에 관한 구속기간 연장 부분의 위헌 여부에 관한 심판을 제청하였다. "국가보안법 제3조 내지 제10조에 규정된 위 각 죄가 일반형사사건에 비하여 수사에 시간과 노력이 다소 더 필요한 것으로 인정된다 하더라도, 마찬가지로 수사에 시간과 노력이 더 필요할 가능성이 높은 위 내란죄, 외환죄, 마약사범, 조직폭력범죄 등에 대하여는 구속기간 연장에 관한 아무런 예외규정을 두지 않으면서, 사상과 표현의 자유와 관련되어 더욱 엄격한 헌법원칙의 적용과 적법절차의 존중이 요구되는 국가보안법 위반 범죄에 대하여만 유독 위와 같은 예외규정을 두는 것은 헌법상 보장된 평등원칙에도 위반될 소지가 있다 할 것이다."는 이유다.

하지만 헌법재판소는 제7조, 제10조에 관한 결정과 달리, 이번에는 헌법에 위반되지 않는다는 결정[31]을 내렸다. "신·구법 제3조(반국가단체의 구성 등), 제5조(자진지원·금품수수), 제8조(통신·회합 등), 제9조(편의제공)에 해당하는 피의사건은, 일반형사범죄의 피의사건과는 달리, 지능적·조직적으로 범죄가 이루어지므로 그 공범자나 참고인 등 사건 관련자의 수가 많은 것이 일반적이고, 또 이들 범죄는 그 성질상 은밀하게 그리고 우리의 수사권이 사실상·법률상 미치지 아니하는 북한과 중국·일본·독일 등지에 걸쳐 광범위하게 이루어지는 일도 흔히 있으므로 그 사건을 수사하기 위해서는 우리 공관 등 외교 경로를 통하거나 국제형사경찰기구 등을 통하여 사실확인을 하거나 증거자료를 확보하는 경우도 흔히 있다. 따라서 이들 범죄에 대한 수사는 수사단서의 발견, 증거수집, 심증 형성 등 수사를 함에 있어서 일반 형사 범죄에 비하여 상대적으로 많은 시간이 필요하다. 그리고 이들 범죄의 피의자는 일반적으로 주거가 일정하지 않고 증거를 인멸할 염려가 많은 데다가 이들 범죄의 성격상 불구속수사를 하기에는 부적절한 경우가 많다. 그러므로 이들 범죄에 대한 수사에 있어서는 그 피의자에 대한 구속기간을 최소한의 범위 내에서 연장할 상당한 이유가 있다고 보여진다."는 것이다.

헌법재판소는 이어 "더구나 그 구속기간의 연장에는 지방법원 판사의

---

31 헌법재판소 1997. 6. 26. 선고 96헌가8 등 전원재판부 결정.

허가를 받도록 규정하고 있어서, 수사기관의 부당한 장기구속에 대한 법적 방지장치도 마련되어 있다."고 하였다. 위 결정은 "최근 북한은 극심한 식량난 등 경제적으로 매우 어려운 상황에 봉착하여 체제위기 상황에 직면하고 있으므로 이에 대한 탈출구로서 우리 대한민국에 대한 무력도발 특히 국지전을 감행함으로써 체제유지를 기도할 가능성을 배제할 수 없고, 상대적으로 둔감해진 국민의 안보의식에 편승하여 우리나라 국내외에 대대적인 간첩 활동을 전개하여 우리 국가사회를 교란하고자 하는 시도를 할 가능성을 배제할 수 없는 상황에 놓여 있다."는 공안적 시각을 전제로 하고 있음을 판시내용에서 뚜렷이 드러냈다.

그러나 위 판시는 위헌제청이유에서 밝힌 "내란죄, 외환죄, 마약사범, 조직폭력범죄 등 국가보안법 위반 범죄보다도 오히려 조직적이고 지능적인 범죄에 대해서도 구속기간 연장에 관한 예외가 없다."는 지적에 관하여 아무런 판단을 하지 않은 채 국가보안법 위반 범죄와 '일반형사범죄'를 비교함으로써, 내란죄 등 일반형사범죄 중 국가보안법보다 더 조직적이고 국가안전보장에 치명적인 범죄에도 구속기간 연장에 관한 특칙이 존재하지 않는 점을 외면한 것이다.

제19조 구속기간 연장규정의 정당성을 인정하는 주장은, 국가보안법 위반 범죄는 일반 형법범과는 달리 그 위험성이나 결과의 중대성 등에 비추어 수사에 철저를 기할 필요가 있고, 국가보안법 위반사범의 조직성이나 밀행성 등에 비추어 일반 형사소송법상 구속기간만으로는 범행의 실체적 진실을 규명하기 어려운 경우가 많다고 한다. 국가보안법 위반사범에 있어서 범죄수사 및 증거확보의 필요성 등을 감안하여 특별규정이 마련된 것이라는 주장이다.[32] 그러나 형법상의 내란죄, 소요죄, 범죄단체조직죄 등

---

32 황교안, 위의 책, 602쪽.

의 위험성이나 결과의 중대성은 국가보안법 위반 범죄의 경우보다 더 크다. 실체적 진실 규명을 위한 범죄수사 및 증거확보의 필요성의 측면 또한 일반 형사범의 경우에도 마찬가지로 존재하는 문제다. 또 어느 정도 증거가 확보되고서야 입건과 구속이 가능한 것이 형사소송법의 원리라는 점에 비추어볼 때, 위 설명은 합리적이지 못하다.[33] 제19조에는 피의자의 인권보다는 수사기관의 편의를 중시하면서 무조건 구속하고 나서 증거를 찾겠다는 발상이 내포된 것이라 할 수밖에 없다. 제19조에는 정당한 입법목적이 없다. 더욱이 수사기술과 인력, 장비가 점점 발전해가는 상황에서 구속기간이 더 필요하다는 주장은 어떠한 범죄일지라도 이제는 설득력을 가질 수 없는 것이라고 하여야 한다. 제19조에는 수단의 적합성도 없다.

자유는 원칙이고, 구금은 이에 대한 예외여야 한다. 비구금적 조치에 관한 유엔 최소 표준 규칙(UN Standard Minimum Rules for Non-Custodial Measures), 이른바 "도쿄 규칙"의 규칙 6.1에 규정된 것처럼, "미결구금은, 혐의 있는 범법행위와 관련하여 그리고 사회와 피해자의 보호를 위하여, 형사절차에서 최후의 수단으로 사용되어야 한다."[34] 1997년 제52차 유엔총회에 제출된 고문방지위원회 보고서는, 대한민국에 대하여, 기소 전 30일에서 최대 50일까지 수사단계에서 구금은 너무 길기 때문에 단축되어야 한다는 권고[35]를 담고 있었다. 보고서 문구에 국가보안법이 명기되지는 않았으나, 50일까지 연장 가능한 경우는 국가보안법으로 구속된 경우뿐이다. 따라서 위 권고는 국가보안법 제19조에 따른 기소 전 장기구금이

---

33 박원순b, 『국가보안법연구 3』, 98-99쪽.
34 UN OHCHR 펴냄, 국제인권법연구회 번역, 『국제인권법과 사법』, 2014, 216쪽.
35 UN General Assembly, 「Report of the Committee against Torture」, Fifty-second Session Supplement No.44(A/52/44), 1997. 9. 10.
67. "The 30- or 50- day maximum period of detention in police premises for interrogation purposes before the suspect is charged is too long and should be shortened."

'고문 및 그 밖의 잔혹한, 비인도적인 또는 굴욕적인 대우나 처벌의 방지에 관한 협약'[36]이 명시한 '고문'이라고 평가한 것으로 볼 수 있다. 제19조는 피해의 최소성, 법익의 균형성도 충족하지 못한다.

또 제19조는 국가보안법 위반 피의자를 일반 형사피의자와 합리적인 이유 없이 차별하여 수사기관에 과도한 장기구속을 허용하는 조항이어서, 평등권도 침해하는 위헌조항이다.

---

36 고문 및 그 밖의 잔혹한, 비인도적인 또는 굴욕적인 대우나 처벌의 방지에 관한 협약(Convention against Torture and Other Cruel, Inhuman or Degrading Treatment or Punishment) 제1조 1. 이 협약의 목적상 '고문'이라 함은 공무원이나 그 밖의 공무수행자가 직접 또는 이러한 자의 교사·동의·묵인 아래, 어떤 개인이나 제3자로부터 정보나 자백을 얻어내기 위한 목적으로, 개인이나 제3자가 실행하였거나 실행한 혐의가 있는 행위에 대하여 처벌을 하기 위한 목적으로, 개인이나 제3자를 협박·강요할 목적으로, 또는 모든 종류의 차별에 기초한 이유로, 개인에게 고의로 극심한 신체적·정신적 고통을 가하는 행위를 말한다. 다만, 합법적 제재조치로부터 초래되거나, 이에 내재하거나 이에 부수되는 고통은 고문에 포함되지 아니한다.

제20조 공소보류

제20조(공소보류) ① 검사는 이 법의 죄를 범한 자에 대하여 형법 제51조의 사항을 참작하여 공소제기를 보류할 수 있다.

② 제1항에 의하여 공소보류를 받은 자가 공소의 제기 없이 2년을 경과한 때에는 소추할 수 없다.

③ 공소보류를 받은 자가 법무부 장관이 정한 감시·보도에 관한 규칙에 위반한 때에는 공소보류를 취소할 수 있다.

④ 제3항에 의하여 공소보류가 취소된 경우에는 형사소송법 제208조의 규정에 불구하고 동일한 범죄사실로 재구속할 수 있다.

1. 일제의 사상범 대책이 돌아오다

공소보류란 수사 결과 공소를 제기할 만한 충분한 범죄의 혐의가 있고 기소 조건이 구비되어 있더라도 검사가 피의자의 성향이나 죄질 등을 고려하여 공소의 제기를 하지 않고 보류하는 처분을 말한다. 공소보류 조항의 필요성을 인정하는 견해에서는, 공소보류가 국가보안법 위반 범죄의 특성을 탄력적으로 고려함으로써 기소유예 제도보다 일보 전진한 고차원적인 제도로서, 이 제도가 인정되는 근본적인 취지는 국가보안법 위반 범인은 그 특수성에 비추어 형벌을 과하는 것보다 일정한 경우에 공소제기를 보류하는 것이 형사정책상 효과적일 수 있다는 정책적 배려 때문이라고 한다. 주로 북한공산집단에서 밀파한 간첩을 역이용하고 그 기여도 여하에 따라서 공소제기 여부를 결정하는 등 국가보안법 위반자의 죄질에 비추어 신축성 있는 처리를 할 수 있도록 법적 근거를 마련한 것이라고 한다.[37]

공소보류 제도는 형사사범 일반에 적용되는 기소유예 제도와 유사한 듯 보이나 본질이 다르다. 기소유예는 그 자체가 종국처분의 일종이다. 동종 범죄를 다시 일으키는 등 특별한 사정이 없는 한, 기소유예처분을 취소하고 기소하는 경우는 거의 발생하지 않는다. 한편 공소보류 제도는 국가보안법 위반 피의자에 대하여만 특수하게 적용되는 제도다. 국가보안법사건에 활용하기 위해 공소보류 제도를 만든 만큼, 국가보안법 위반 피의자에 대하여는 일반 기소유예처분보다 공소보류가 우선 적용될 것으로 보인다. 그런데 형사소송법상 기소유예와 달리 국가보안법은 아예 형사소송법 제208조 재구속금지조항의 적용을 배제하고 공소보류 취소와 재구속 가능성을 명시한다. 따라서 공소보류자는 공소보류 기간 내내 언제 재구속당하거나 기소당할지도 모르는 대단히 불안한 지위에 놓인다. 또 공소보류자에 대해서는 특별한 관리와 취급이 이루어진다. 결국 공소보류자의 지위는 수사기관의 손에 의해 좌지우지되는 것으로, 그는 수사기관의 요구에 따라 움직이지 않을 수 없게 된다. 이 때문에 이 제도의 숨은 뜻은 공소보류를 통해 전향시키려는 데 있다는 비판이 제기된다.[38]

---

37 황교안, 위의 책, 607쪽.
38 박원순b, 『국가보안법연구 3』, 100-101쪽.

공소보류는 일본이 사상범에 대해 실시한 '유보처분'과 유사하다. 1928년 치안유지법 개정 이후 목적수행죄의 운용으로 사상범이 양산되자, 사상 검사들은 사상범 취급의 새로운 정책을 시도했다. 전향과 갱생이었다. 이후 일본의 사상범에 대해 '유보처분'이 마련되었다. 유보처분이란 사상 검사가 사상범 피의자에 대해 바로 기소 여부를 결정하지 않고 '유보' 상태로 두고 일정 기간 피의자의 개전 상태를 본 후 기소 여부를 정하는 것이다. 이는 사상범 보호관찰의 법제화로 이어졌다. 한편 조선인 사상범에 대한 엄벌 방침은 쉽게 포기되지 않아, 총독부 당국은 식민지 조선에서 전향 정책을 추진하면서도 본격적으로 '유보처분' 방법을 적용하지 않았다. 1936년 사상범보호관찰에 관한 입법에 성공하자, 식민지 조선에서도 전향자에 대해 보호관찰 처분이 내려졌고 사상범 수형자의 전향 비율이 급격히 증가하였다. 전향자들이 단지 '위험사상'을 포기하고 항일운동에서 이탈하는 수준에서 그치는 것이 아니라, '황국신민화'를 실천하도록 한 것이다. 사상과 정신의 개조가 완전히 입증될 때까지, 그래서 충량한 황국신민이 될 때까지 감시하고 교도하는 것이 '유보처분'이었다. 1941년 사상범 예방구금을 통한 사회로부터의 완전 격리가 실행된 것은, 사상범 처리 방침이 점차 포섭에서 배제로 넘어가고 있음을 상징하는 것이었다.[39]

해방 이후 국가보안법 제정 직후, 사상검찰은 1948년 12월 27일 전국 검찰감독관회의에서 국가보안법의 구체적 해석과 운용지침을 마련하면서 사상 범죄 처리의 실무 방침을 세워나갔다. 이 검찰감독관회의에서 서울지검 명의로 제출된 자문답신안은 오제도 검사가 작성했는데, 그 답신안의 주요 내용에 공소보류 처분제가 들어 있었다(동아일보 1976. 6. 19.).

---

39 강성현e, 「'아카'(アカ)와 '빨갱이'의 탄생 - '적(赤 - 敵) 만들기'와 '비국민'의 계보학」, 244-249쪽.

① 사상범과 그 용의자에 대한 사전사찰제도의 확립

② 중점 적극수사체제의 확립

③ 공산주의에 대한 감염을 예방하고 반국가분자를 뿌리 뽑기 위해 엄벌주의로 그 형을 통일할 것

④ 엄벌과 동시에 사상의 시정으로 공산당이 공산당을 때려잡는 반공전위대로 내세울 수 있는 교화전향운동을 적극 펼 것

⑤ 공소보류처분제를 신설, 전향가능자와 죄상이 경미한 자는 일정 기간 책임 감독자에게 보증 인수케 하고 사상을 선도해서 감시했다가 재범의 위험이 없을 때 관용할 것

여기에서 주목할 것은 일제 식민지 검찰의 사상 문제 및 사상범에 대한 정책을 그대로 답습하는 것으로 보이는 검찰의 구체적 방침이다. ①과 ②는 사상 검찰의 '수사주재자'로서의 위상 강화를 강조하고 있다. 수사단계에서 경찰을 지휘해 사상 관계 '요시찰인'을 사찰해 정보를 수집하고 검사 직수의 '중점 적극 수사체제'를 확립시켜야 한다는 것이다. ⑤는 기소 단계에서 전향 가능한 사상범 피의자에 대한 공소를 보류하고 사회로 복귀시킨 후 감시, 보도하도록 하고 있다. 이것은 일제 식민지 사상검찰의 '유보처분'이라는 권력기술과 거의 동일한 것이다. ③과 ④는 엄벌주의 기조 아래 사상 범죄를 처벌하되, '사상의 시정', 즉 개전의 정이 있는 사상범 피의자는 교화시켜서 '공산당을 때려잡는 반공전위대'로 삼도록 실무상의 방침을 세우고 있다.[40]

공소보류제도가 최초로 도입된 것은 1958년 개정 시로, 그후 변화없이 지금에 이르고 있다.

---

40 강성현c, 「1945-50년 '檢察司法'의 재건과 '사상검찰'의 '反共司法'」, 124-125쪽.

2. 공소보류자에 대한 감시와 통제

공소보류의 결정을 받은 자는 '공소보류자관찰규칙(1969. 8. 23. 제정 법무부령 제163호)'에 의하여 공소보류 기간에 수사기관의 감시와 통제를 받도록 되어 있다. 위 규칙의 주요 내용은 다음과 같다.

(1) 서약서 및 신고서의 제출

검사는 공소보류의 결정을 한 때에는 공소보류자에 대하여 공소보류자관찰규칙을 준수할 것을 고지하고 엄중히 훈계하여야 하고, 공소보류자는 검사로부터 훈계를 받은 때로부터 24시간 이내에 서약서[41]를 공소보류의 결정을 한 검사에게 제출하여야 한다(제2조).

공소보류자는 검사에게 서약서를 제출한 날로부터 7일 이내에, 앞으로의 생업·가족관계·재산 및 생활관계 기타 필요한 사항에 관한 신고서를 경찰서장을 거쳐 검사에게 제출하여야 하고, 신고한 사항에 변동이 생긴 경우에도 마찬가지로 신고서를 제출하여야 한다. 그리고 위 신고서에는 2인 이상의 신원보증인이 연서·날인하여야 한다(제6조). 공소보류자가 이러한 신고서 제출을 태만히 하면 공소보류를 취소당할 수 있다.

(2) 공소보류자의 동태에 대한 감시 및 보도

공소보류 결정을 한 검사는 지체 없이 공소보류자의 거주지를 관할하는

---

41 공소보류자가 검사에게 제출하여야 하는 서약서의 문안은 공소보류자관찰규칙 별지 제1호 서식에 규정되어 있는데, 그 문안은 "이번 본인이 공소보류의 은전을 받음에 있어서 과거를 깨끗이 청산하고 대오각성하여 대한민국에 충성을 다할 것이며, 규칙을 성실히 이행하고 모든 지시 명령에 절대복종할 것을 굳게 맹세하고 서약서를 제출하나이다."로 되어 있다.

경찰서장과 그 사건을 수사한 기관의 장에게 공소보류 결정의 통지를 하여야 한다(제3조). 공소보류 결정의 통지를 받은 경찰서장은 공소보류자의 동태를 감시·파악하여야 하는바, 공소보류자에 대한 관찰부를 작성·비치하고 매월 1회 이상 그 동태를 기재하여야 하며, 공소보류자에 대하여 출석 기타 감시상 필요한 조치를 할 수 있다(제4조).

경찰서장 또는 수사기관의 장은 ① 공소보류 결정을 취소할 만한 사유가 생긴 때, ② 공소보류자가 그 경찰서의 관할구역 밖으로 주거를 이전한 때, ③ 공소보류자가 주거지를 무단히 이탈하거나, 소재지가 불분명하게 된 때, ④ 공소보류자가 사망한 때, ⑤ 공소보류자의 신원에 중대한 변화가 생긴 때, ⑥ 기타 공소보류자의 감시에 관계되는 중대한 사유가 생긴 때에는 지체없이 이를 검사에게 보고하여야 한다(제7조).

검사는 공소보류자의 감시 및 보도에 관하여 경찰서장 및 수사기관의 장을 감독하고 필요한 지시를 할 수 있으며(제8조), 검사·경찰서장 및 수사기관의 장은 공소보류자에 대하여 생계 및 취업 기타 필요하다고 인정되는 사항에 관한 보도를 할 수 있고, 이 경우에 경찰서장 및 수사기관의 장은 보도하기 전에 미리 검사의 지시를 받아야 한다(제10조). 지방검찰청 검사장 및 지방검찰청 지청장은 공소보류자명부를 작성·비치하고, 공소보류자의 동태와 감시 및 보도에 관한 사항을 기재하여야 한다(제9조).

(3) 수사협조의 요구

검사 또는 수사기관의 장은 국가의 안전과 관련되는 범죄의 수사를 위하여 필요한 경우에는 보류자에게 협조를 요구할 수 있다(제5조). 공소보류자가 이러한 수사협조의 요구에 응하지 않게 되면 공소보류자관찰규칙에 의한 정당한 지시·요구에 불응한 경우에 해당되어 공소보류의 취소사유가 된다.

3. 공소보류 미끼로 협조 강요

공소보류를 받은 자가 법무부 장관이 정한 감시·보도에 관한 규칙을 위반한 때에는 공소보류를 취소할 수 있다. 여기서 법무부 장관이 정한 감시·보도에 관한 규칙이란 위 '공소보류자관찰규칙'을 말하는바, 규칙 제12조는 공소보류 결정의 취소 사유로 다음 사항을 열거하고 있다.

① 내란의 죄 또는 국가보안법·반공법위반의 죄를 범하였거나 죄를 범할 우려가 현저할 때

② 보류 결정 전의 새로운 범죄사실이 발견되었거나 보류 결정을 한 범행의 수사에 있어서 허위진술을 한 사실이 발견된 때

③ 반국가적 집단을 찬양·고무하거나, 이에 동조 기타의 방법으로 그 집단을 이롭게 하는 언동을 한 때

④ 반국가행위자와 과거 반국가적 노선에서 동조하던 자를 은폐하거나 고발하지 아니한 때

⑤ 제6조의 규정에 의한 신고를 태만한 때

⑥ 보류자가 정당한 이유 없이 검사·경찰서장 또는 수사기관의 장이 이 영의 규정에 의하여 한 지시·요구 기타의 명령에 불응한 때

이 때문에 공소보류자는 수사기관의 지시·요구나 기타 명령에 그대로 따르지 않을 수 없는 처지에 놓인다. 재일동포 김병진의 경우는 그 단적인 예다. 김병진은 연세대 대학원 국문과에 유학하면서 삼성종합연수원 일어과 강사로 재직 중이던 1983년 7월 9일 보안사 서빙고분실로 불법 연행

되어 고문과 구타, 죽음의 협박에 시달렸다. 보안사는 김병진을 공소보류 처분하고 보안사에 근무할 것을 강요했다. 김병진은 처와 갓난아이를 인질로 삼은 위협 때문에 1984년 1월부터 1986년 1월 말까지 보안사 대공처 수사과 수사지도계에서 정보분석 일을 담당하면서 때로 모국어가 서툰 재일동포 용의자의 통역사와 정보분석가로 일하며 이들을 간첩혐의자로 만드는 일에 협조해야 했다. 그 자신이 고문 조작의 피해자인 김병진에게 이는 "이중으로 고통을 주는 일"일 수밖에 없었다.[42]

공소보류는 공안기관의 피의자에 대한 고문을 통한 허위자백을 끌어내는 수단으로 불법 수사에 활용되기도 하였다. 치안본부는 1980년 전향한 남파간첩으로부터 "1950년대 남파된 간첩이 위장귀순 후 간첩활동을 계속해왔는데 개성 출신이고 한쪽 눈을 다쳐 실명한 사람"이라는 진술을 받아내고는, 1983년 개성 출신으로 한쪽 눈이 실명 상태인 함주명을 남영동 대공분실로 강제연행하였다. 함주명은 한국전쟁 때 헤어진 가족을 만나기 위해 1954년 대남공작원을 자원해 군사분계선을 넘었으나 남에 오자마자 자수하였고 30여 년 이상 평범하게 살아왔을 뿐이었다.[43] 수사관들은 함주명이 혐의사실을 부인하자 잠을 자지 못하게 하고 구타, 물고문, 전기고문을 가하여 허위자백을 얻어냈다. 검찰송치 전날 수사관은 "내일 검사의 심사가 있는데 사실대로 말하면 공소보류도 받을 수 있지만, 만약 그렇지 않고 지금까지 조사받은 내용과 다른 말을 하면 다시 대공분실에 데려와 혼을 내겠다."는 취지로 위협하였다. 공소보류는 이렇듯 허위자백을 끌어내고 공안수사기관의 가혹행위를 은폐하기 위한 회유수단으로 사용되었다.

---

42 김현경, 「고문폭력 생존자가 반추한 고문의 고통 체험」, 《사회복지연구》 제42권 제2호, 2011, 260-261쪽.
43 한겨레, 2005. 7. 15., 「함주명 씨, 간첩누명 22년 만에 벗었다」

함주명은 법정에서야 고문과 가혹행위가 있었음을 호소하였으나 허위자백과 전향자의 허위진술에 따라 국가보안법 위반 및 반공법 위반으로 무기징역을 선고받았다가, 2005년 재심을 통해 불법구금과 고문으로 인한 허위자백임을 인정받아 무죄를 선고받았다.[44]

피고인이 "검찰송치 전 수사기관에서 모진 고문과 폭행, 협박 그리고 자백하는 경우 공소보류 조치한 후 해외 대공요원으로 채용하겠다는 회유를 받아 허위의 자백을 하게 된 것이며 검찰에 송치된 후에도 다시 고문을 받게 될는지도 모른다는 공포와 공소보류 처분에의 기대에서 종전의 자백을 그대로 답습한 것이니 검찰에서의 자백도 임의 자백이라고 할 수 없다."고 주장한 사건[45]도 있었다. 대법원이 이 주장을 받아들이지는 않았으나, 앞의 함주명 간첩조작사건에 비추어볼 때, 공안수사기관이 공소보류를 미끼로 피의자를 회유, 협박하였을 가능성이 있다.

이처럼 국가보안법상 공소보류 처분은 고문과 같은 수사기관의 불법, 강압 수사를 은폐하는 수단으로 작동해왔다. 피처분자 입장에서는 공소보류가 취소되지 않기 위해서 수사기관의 부당한 지시조차 순응해야 하는 처지로 내몰리게 된다. 또한 '반국가행위자와 과거 반국가적 노선에서 동조하던 자를 은폐하거나 고발하지 아니한 때'에는 공소보류가 취소될 수 있어, 침묵할 자유까지 박탈되어 양심의 자유를 침해당한다.

---

44 서울고등법원 2005. 7. 15. 선고 2000재노16 판결.
45 대법원 1985. 2. 8. 선고 84도2630 판결.

4. 공소보류 취소 시 재구속은 위헌

국가보안법 제20조 제4항이 "제3항에 의하여 공소보류가 취소된 경우에는 형사소송법 제208조의 규정에도 불구하고 동일한 범죄사실로 재구속할 수 있다."고 한 것은 제18조에 관해 기술한 것과 같은 이유로 위헌이다. 1997년 1월 1일부터 시행된 개정 형사소송법 제199조 제1항은 "수사에 관하여는 그 목적을 달성하기 위하여 필요한 조사를 할 수 있다. 다만, 강제처분은 이 법률에 특별한 규정이 있는 경우에 한하며, 필요한 최소한도의 범위 안에서만 하여야 한다."고 하므로, 수사 시 강제처분은 형사소송법 자체에 특별한 규정이 있을 때만 할 수 있다. 형사소송법 외에 다른 법률로 새로운 강제처분을 신설하거나 형사소송법상 규정된 기준보다 무거운 강제처분을 하는 것은 헌법 제12조 "모든 국민은 신체의 자유를 가진다. 누구든지 법률에 의하지 아니하고는 체포·구속·압수·수색 또는 심문을 받지 아니하며"에 위반되어 허용되지 아니한다. 따라서 1997년 1월 1일 이후로는, 국가보안법 제20조 제4항이 형사소송법 규정에 위반되게 동일한 범죄사실로 재구속할 수 있도록 한 것은 헌법 제12조의 '법률'에 의한 제한이 아니므로 신체의 자유를 침해한 위헌 조항이다. 국가보안법 제20조 제4항은 즉시 폐지되어야 한다.

제21조·제22조 상금 등

제21조(상금) ① 이 법의 죄를 범한 자를 수사기관 또는 정보기관에 통보하거나 체포한 자에게는 대통령령이 정하는 바에 따라 상금을 지급한다.

② 이 법의 죄를 범한 자를 인지하여 체포한 수사기관 또는 정보기관에 종사하는 자에 대하여도 제1항과 같다.

③ 이 법의 죄를 범한 자를 체포할 때 반항 또는 교전상태하에서 부득이한 사유로 살해하거나 자살하게 한 경우에는 제1항에 준하여 상금을 지급할 수 있다.

제22조(보로금) ① 제21조의 경우에 압수물이 있는 때에는 상금을 지급하는 경우에 한하여 그 압수물 가액의 2분의 1에 상당하는 범위 안에서 보로금을 지급할 수 있다.

② 반국가단체나 그 구성원 또는 그 지령을 받은 자로부터 금품을 취득하여 수사기관 또는 정보기관에 제공한 자에게는 그 가액의 2분의 1에 상당하는 범위 안에서 보로금을 지급할 수 있다. 반국가단체의 구성원 또는 그 지령을 받은 자가 제공한 때에도 또한 같다.

③ 보로금의 청구 및 지급에 관하여 필요한 사항은 대통령령으로 정한다.

국가보안법 사건에서 인권침해가 끊이지 않은 이유 중의 하나는, 국가보안법 수사를 전담해온 공안수사기관들이 국가보안법을 무리하게 적용해 인신을 구속하고 짜 맞추기 수사 등으로 '실적'을 올리는 수사 관행을 계속해온 것에 있다. 고문으로 조작해낸 자백도 증거능력을 인정받는 데 아무런 문제가 없었고 공안수사기관 담당자는 상금과 보로금, 특진으로 보상받으며 퇴직하거나 수사 중 잘못으로 해임되어도 보안지도관으로 재직할 수 있었다. 이는 결국 수사과정에서의 가혹행위와 고문을 부추기는 결과를 초래[46]했다. 끊임없이 사건을 만들어내기 위해 증거를 확보하지 못했더라도 일단 구속한 뒤 '자백'을 통해 진술 또는 증거를 확보하고자 했고, 강압적으로 자백을 얻어내는 가장 용이한 수단이 바로 고문과 가혹행위, 이에 준하는 회유와 협박이었다. 국가보안법 제12조가 증거날조를 무겁게 처벌하지만, 증거날조를 감행한 공안수사기관의 당사자들은 아무도 처벌받지 않았다.

1. 증거날조 수사관과 허위증언 탈북민이 받아 간 상금

국가보안법은 제21조에 상금, 제22조에 보로금 조항을 두어, 국가보안법 위반자를 신고하거나 체포한 자, 위반자를 인지체포한 수사기관 또는

---

46 간첩검거 후 지급되는 포상 등과 관련하여, 공소보류 후 1984년부터 2년 동안 강제로 보안사에서 근무해야 했던 김병진은 다음과 같이 기술했다. "보안과 심사과에서는 간첩검거에 따르는 포상분배가 시작되고 있었다. 수사과만이 아니라 간첩검거와는 무관한 부서의 직원들에게까지 포상은 확대되었다. 내근 사무실을 방문한 김상린 5계장에게 오세인 내근계장이 "김 소령, 이원협 하사가 심사과에서 그만큼 수고했는데도 아무것도 없단 말입니다. 사령관 표창이 하나 남아 있는데 이원협 하사에게 주면 어떨까요?"라며 부탁했다. … 간첩검거의 포상으로 2개의 그룹으로 나뉘어 미국과 일본을 1주일쯤 시찰하고 돌아왔다. … 수사과는 인사동에서 망년회를 가졌다. 각 외근이 빠짐없이 모여 '성과'를 올린 일과 오희명 과장의 대령 진급이 내정된 일을 축하하는 축제 같은 소동이었다. '위하여'가 연발되었다. 군용면세 위스키 베리나인 골드가 수십 병이나 뚜껑이 따졌다. 세 명의 밴드가 연주하는 유행가 선율이 술을 따르는 여자들의 애교에 어울려져 흥이 깊어갔다." 김병진, 『보안사』, 소나무, 1988, 263-266쪽.

정보기관 종사자에게 상금 및 보로금을 지급하도록 한다. 또한 국가보안법 제24조는 위 보상대상자를 심의 의결하기 위하여 법무부 장관 소속하에 국가보안유공자심사위원회[47]를 두게 한다.

상금 및 보로금 조항은 국가보안법 제정 시에는 들어있지 않았고, 1951년 5월 대통령령으로 공포된 '이적행위금품을 발각한 자에 대한 상금교부규칙'[48]에 의해 현재의 보로금과 유사한 내용의 규정이 생겨났다.[49] 4월혁명으로 들어선 장면 정부가 1961년 3월 10일 만들어낸 반공임시특별법(시안)은 제9조[50]로 상금규정을 두고 있었고, 이는 현재의 보로금 성격의 금원이었다.

상금 및 보로금 조항은 1961년 5·16 군사쿠데타 직후 반공임시특별법(시안)을 토대로 제정된 반공법 제10조[51]로 법률에 들어왔다. 신설 조문은

---

47 국가보안유공자 심사위원회에 대하여 주무부서인 법무부(국가보안법 제24조)는 업무 내용을 전혀 공개하지 않고 있어서 상금과 보로금의 지급이 구체적으로 어떻게, 어떤 기준에 따라 이뤄지고 있는지 알 길이 없다. 2002년 국감자료에 따르면, 법무부는 이 심사위원회가 2000년도, 2001년도 각 4회 개최되었고 2002년도 4월, 6월 개최되었다고 밝히면서도, 회의 내용에 대해서는 "이를 공개할 경우, 검찰 업무 수행을 현저히 곤란하게 할 염려가 있거나, 국가안보 등에 중대한 영향을 미칠 염려가 있다고 판단하여 이를 제출하지 못한다."고 답변하였다. 한편 법무부와 그 소속기관 직제규칙에 따르면(제6조 제5항) 검찰 제3과장이 국가보안유공자심사위원회의 운영과 상금·보로금의 지급 및 국가보안유공자의 보상에 대한 사항을 분장하는 것으로 되어 있다.

48 이적행위금품을 발견한 자에 대한 상금교부규칙 [대통령령 제500호, 1951. 5. 16., 제정] 제1조 국방경비법, 해안경비법 또는 국가보안법, 기타 법에 규정된 이적행위에 공하기 위하여 공산지구로부터 반입하거나 또는 동 지구에 반출하는 금품을 발각한 개인 또는 단체에 대하여는 본령의 정하는 바에 의하여 상금을 교부한다.
제4조 상금은 몰수 금품평가액의 100분지25 내지 100분지50의 범위 내에서 그 공로의 정도에 따라 교부한다.

49 동아일보, 1959. 6. 14., 조간(후지이 다케시, 위의 글, 19쪽에서 재인용).

50 반공임시특별법(시안) 제9조(상금) ① 본법 또는 국가보안법의 죄를 범한 자를 수사정보기관에 통보한 자 또는 검거한 자에 대하여는 소지한 압수품 가액의 백분지오십에 상당한 상금을 지급한다.
② 전항의 상금은 검사의 공소제기가 있거나 공소제기를 보류처분한 후 청구에 의해 지불한다.
③ 반국가단체 또는 그 구성원으로부터 금품을 취득하여 수사기관에 제공한 자에 대하여는 그 금품이 국고에 귀속된 후 십일 이내에 제1항에 준하여 상금을 지급한다.
④ 전삼항의 규정의 실시에 관하여 필요사항은 국무원령으로 정한다.
후지이 다케시, 위의 글, 19쪽.

51 반공법 [법률 제643호, 1961. 7. 3., 제정] 제10조(상금등) ① 본법 또는 국가보안법의 죄를 범한 자를 수사, 정보기관에 통보한 자 또는 체포한 자에 대하여는 압수품 가액의 2분지 1에 상당한 상금을 지급한다. 그 통보가 허위인 때에는 국가보안법 제10조의 규정을 준용한다.
② 전항의 경우에 압수품이 없을 때에는 각령의 정하는 바에 따라 상금을 지급한다.

반공법 또는 국가보안법 위반자를 신고하거나 체포한 일반인에게 상금을 지급하는 것이었는데, 박정희 정부가 권력 강화에 나서던 1963년 반공법 개정[52]시에는 일반인 신고자뿐만 아니라 반공법 또는 국가보안법 위반자를 인지 체포한 수사기관과 정보기관 담당자에게까지 상금을 지급하는 것으로 바뀌었다. 또한 범인을 체포하려 할 때 반항이나 교전이 있어 살해하거나 범인이 자살한 때에도 지급한다는 조문이 새로 들어갔다. 그 후 위 지급대상에 별다른 변경 없이 1980년 국가보안법에 통합되어 지금에 이르고 있다.

상금 액수와 지급절차 등이 규정으로 만들어진 것은 1981년 대통령령 '국가보안유공자 상금지급 등에 관한 규정'[53] 제정을 통해서다. 당시 신고자와 수사담당자 모두 3천만 원(해상에서 선박으로 잠입탈출하는 자를 신고했을 때는 5천만 원)까지 지급하도록 하다가, 김영삼 정부 때인 1995년에는 상금액을 1억 원까지로 올렸다. 이명박 정부 시기인 2011년에는 신고자에 대한 상금을 5억 원[54]까지로 인상했다. 가장 최근의 인상은 박근혜 대

③ 전항의 상금은 검사가 공소제기를 하거나 공소보류하기로 결정한 후 청구에 의하여 15일 이내에 지급한다.
④ 반국가단체 또는 그 구성원으로부터 금품을 취득하여 수사, 정보기관에 제공한 자에 대하여는 그 금품이 국고에 귀속된 후 15일 이내에 제1항에 준하여 상금을 지급한다.
⑤ 전2항의 규정의 실시에 관하여 필요한 사항은 각령으로 정한다.
52 반공법 [법률 제1412호, 1963. 10. 8., 일부개정] 제10조(상금) ① 이 법 또는 국가보안법에 규정된 죄를 범한 자를 수사기관 또는 정보기관에 통보하거나 체포한 자 및 범인을 인지하여 체포한 수사기관 또는 정보기관에 종사하는 자에 대하여는 각령이 정하는 바에 따라 상금을 지급한다.
② 범인을 체포하려 할 때 반항 또는 교전상태하에서 부득이한 사유로 살해하거나 범인이 자살한 경우에는 전항에 준하여 상금을 지급할 수 있다.
53 국가보안유공자 상금지급 등에 관한 규정 [대통령령 제10357호, 1981. 6. 18., 제정] 제12조(상금 등의 지급기준) ① 상금의 액은 그 공로, 범죄의 경중 기타의 사정을 참작하여 결정하되, 3,000만 원을 초과할 수 없다. 다만, 어로작업에 종사하는 자가 해상에서 선박을 이용하여 잠입하거나 탈출하는 범인을 발견하고 법 제21조에 규정된 행위를 한 때에는 5,000만 원까지 지급할 수 있다.
② 보로금의 액은 압수물 또는 제공된 금품의 공매가격, 압수제공 당시의 시가 또는 공정환율에 의하여 산출한 금액의 2분의 1에 상당하는 범위 안에서 결정하되, 500만 원을 초과할 수 없다.
54 국가보안유공자 상금지급 등에 관한 규정 [대통령령 제23217호, 2011. 10. 12., 일부개정] 제12조(상금 등의 지급기준) ① 법 제21조에 따른 상금은 그 공로, 범죄의 경중, 그 밖의 사정을 고려하여 결정하되, 다음 각 호의 금액을 초과할 수 없다.
1. 법 제21조 제1항에 해당하는 자에게 지급되는 상금: 5억 원. 다만, 해상에서 선박을 이용하여 잠입하거나 탈출하는 범인을 발견하고 수사기관 또는 정보기관에 통보하거나 체포한 경우에는 7억 5천만 원으로 한다.
2. 법 제21조 제2항에 해당하는 자에게 지급되는 상금: 1억 원

통령 탄핵소추로 대통령 직무대행체제로 들어간 2016년 12월 30일 이루어졌다. 이로써 현재 국가보안법 제21조 제1항의 신고자에게 지급되는 상금의 상한은 20억 원, 제2항의 수사기관 또는 정보기관 담당자에 대한 상금 상한은 1억 원[55]이다. 상금을 지급하는 신고나 체포는 '이 법의 죄를 범한 자'에 대한 것이다. 제4조 지령에 의한 살인이나 약취 유인 등 중대 범죄자에 국한하지 않는다. 제7조 찬양·고무, 제9조 편의제공, 심지어 제10조 불고지죄를 범한 자를 신고하거나 인지 체포해도 상금 지급대상이 된다.

국가보안법은 1948년 제정 초기부터 전 국민을 상대로 자신의 사상을 드러내기를 사실상 강제하였다. 좌익조직 또는 남북협상에 찬성한 정당과 사회단체 130여 개를 일거에 해산하고 11만 명이 넘는 사람들을 투옥하면서, 반국가단체를 탈퇴하거나 집단적 또는 개인적으로 전향함으로써 자신의 사상을 드러내고 반공국민으로 확인받지 않으면 국가보안법으로 처벌된다는 위협을 가해온 것이다. 이후 국가보안법은 전국민에 대하여 타인의 사상을 의심하고 감시함으로써 내부의 적을 색출하고 고발하게 하는 다양한 법적 장치를 갖추어나간다. 내부의 적을 찾아내 처벌해야 안보 위해를 줄일 수 있다는 논리로, 사상·양심의 자유에 대한 다층적 침해를 점점 더 심화시킨 것이다. 1958년 공소보류 조항을 신설하며 공소보류 결정 취소사유로 '반국가행위자와 과거 반국가적 노선에서 동조하던 자를 은폐하거나 고발하지 아니한 때'를 정한 것, 1960년 불고지죄를 신설한 것 모두, 국가보안법 위반자를 알고 있는데 신고하지 않으면 처벌된다는 위협

---

② 법 제22조에 따른 보로금은 압수물 또는 제공된 금품의 공매가격, 압수 또는 제공 당시의 시가로 산출한 금액의 2분의 1에 상당하는 범위에서 결정하되, 3천만 원을 초과할 수 없다.

55 국가보안유공자 상금지급 등에 관한 규정 제12조(상금 등의 지급기준) ① 법 제21조에 따른 상금은 그 공로, 범죄의 경중, 그 밖의 사정을 고려하여 결정하되, 다음 각 호의 금액을 초과할 수 없다.
1. 법 제21조 제1항에 해당하는 자에게 지급되는 상금: 20억 원
2. 법 제21조 제2항에 해당하는 자에게 지급되는 상금: 1억 원
② 법 제22조에 따른 보로금은 압수물 또는 제공된 금품의 공매가격, 압수 또는 제공 당시의 시가로 산출한 금액의 2분의 1에 상당하는 범위에서 결정하되, 3천만 원을 초과할 수 없다.

을 통한 사상·양심의 자유 침해다.

1961년 반공법 제정 시에는 상금 지급이라는 방법까지 동원되어 내부의 적을 색출하는 데 박차를 가하게 된다. 불고지죄와 공소보류, 상금 조항은 국가보안법이 만들어낸 전 국민 감시체제의 수단이다. 내부의 적을 색출하여 처단하는 것은 물론, 국가보안법 위반자를 알면서도 신고하지 않으면 그 역시 처벌할 것이며 반대로 신고하면 상금을 주겠다는 것이다. 일반인에 대한 상금지급 내역은 자세히 알려진 바 없지만, 최근에는 2015년에서 2019년까지 국가정보원이 학생운동 전력자를 프락치로 삼아 지인과 동료들을 국가보안법으로 처벌하기 위한 증거날조에 동원하면서, "내란음모조작사건처럼 10억 원을 받게 해주겠다."고 한 사건이 보도되었다. 공안수사기관이 국가보안법 제21조 상금조항을 활용하여 조작과 모함에 동료를 팔 것을 유인한 셈이다.

특히 박정희 정부 당시 정권안보를 위해 반공법 및 국가보안법 위반 사건들을 만들어내기 시작하면서, 1963년 이후 일반인 신고뿐만 아니라 수사기관과 정보기관 종사자에게까지 국가보안법 위반자 인지 체포 시 상금을 지급하도록 하자, 공안수사기관은 상금을 지급받으며 국가보안법 위반자 체포에 박차를 가하였다. 손쉽게 간첩으로 조작되었던 재일교포들은 공안수사 담당자들에게는 보로금의 원천이었다.[56] 그 많은 간첩 사건들이 거리낌 없이 조작된 배경이다. 당시 조작간첩사건을 비롯하여 많은 국가보안법 사건에서 수사에 관여한 자의 가혹행위가 있었음이 인정되어 뒤늦게 재심이 개시되고, 그 심리과정에서 고문에 이기지 못한 허위자백이었음이 밝혀져 무죄를 선고받고 있다. 법무부 통계에 따르면 2000년에서

---

56 이재승b, 「분단체제 아래서 재일 코리언의 이동권」, 189-190쪽.

2020년 사이 국가보안법 위반 재심사건에 대해 462건의 무죄판결[57]이 내려졌다. 그렇다면 해당 수사관들은 허위자백을 만들어내어 증거를 날조한 것으로 국가보안법 제12조 제2항 무고·날조죄로 중하게 처벌받았어야 마땅하다. 그러나 이들은 사건 당시 처벌은커녕 상금과 보로금을 받았고, 이제는 공소시효가 지났다는 이유로 어떠한 책임도 추궁받지 않고 있다.

2000년 이후로도 상금은 주로 수사기관 공무원들에게 돌아가고 있다. 2020년 법무부가 밝힌 바에 따르면 2000년~2019년 국가보안법 상금은 45억 원가량, 그중 68.5퍼센트가 수사기관 공무원에게 지급[58]되었다. 2008년에서 2017년까지 법무부, 경찰, 국정원 자료 분석 결과에 따르면, 이 기간에 지급된 상금 26억 3천여만 원 가운데 경찰이 8억 4,750여만 원(32.2%), 국정원이 12억 7,340여만 원(48.3%)를 지급받았고, 민간인 및 기타 기관에서 5억 1,230여만 원(19.5%)를 지급받았다.[59] 2011년 수사담당자에 대한 상금은 1억 원을 상한으로 종전과 같이 두고 신고자에 대한 상금은 5억 원(2016년 12월에는 20억 원)으로 크게 올렸지만, 이와 무관하게 최근까지도 국정원 수사관들이 상금의 주 수혜자였음이 뚜렷이 드러난다.

2013년 유우성 서울시 공무원 간첩조작사건에서 법무부는 1심 판결이 나기도 전인 2013년 6월 신고자와 증언자, 수사관에게 모두 국가 보안유공자 상금을 지급했다. 유 씨 사건을 최초 제보한 탈북자단체 대표 김 모 씨에게 1,600만 원이 지급되었고, 유 씨에게 불리한 증언을 위해 법정에 소환된 탈북자에게는 증언 하루 전 800만 원이 입금되는 등 증언에 나선 탈북자 4명에게 모두 2,400만 원이 지급되었다. 유 씨가 북한에 들어가지 않았음에도 "북한에서 유우성을 보았다."고 허위증언한 자들이었다. 이후

---

57 이재정 국회의원 질의에 대한 법무부 답변자료, 2020. 3.
58 경기신문, 2020. 10. 15., 「김용민 의원 "공무원들의 국가보안법 포상금 잔치…사건 조작해도 환수 안해"」
59 뉴스데일리, 2017. 10. 11., 「진선미 의원 "국가보안법사범 10명 중 7명은 경찰이 검거"」

언론을 통해 국정원이 탈북민들에게 허위증언을 지시하고 증언의 대가로 금원을 지급한 사실이 드러나기도 하였다.[60] 이처럼 국정원은 탈북민들의 열악한 지위를 이용해서 돈을 주고 허위증언을 요구하는 등 파렴치한 행동까지도 서슴지 않았다. 유 씨가 간첩이라고 진술한 여동생의 조서를 작성한 국정원 조사관도 수백만 원의 상금을 받았다.[61]

그러나 검찰 측의 중국 위조 공문서 제출이 드러나면서 유 씨는 무죄확정 판결을 받았다. 유 씨 여동생에게 폭행을 가해 허위진술을 받아낸 국정원 조사관들은 국가정보원법 위반 및 위증으로 기소되었다. 유우성 간첩조작 사건을 조사한 법무부 검찰과거사위원회는 "탈북민이 경제적으로 열악한 상황에 있는 현실에서 진술의 대가로 금전적 보상을 받을 수 있다는 사실은 전반적으로 탈북민 진술의 신뢰성을 떨어뜨릴 수밖에 없다."고 지적했다.[62] 이 사건 이후인 2020년 1월 국가보안유공자 상금지급에 관한 규정 제16조의2 신설[63]로 비로소 거짓으로 상금 또는 보로금을 받은 자에 대한 환수 규정이 만들어졌다. 이 규정은 신설 이후에만 적용되므로, 그 이전에 거짓 진술이나 증거날조로 받은 상금 또는 보로금에는 아무런 영향이 없다.

'국가보안유공자 수당' 지급은 보안수사요원에게 2중의 혜택을 주는 것이기도 하다. 일반적으로 경찰은 "중요범인 검거 등 유공자에 대해 수시로 심사 임용함으로써 특진의 영예성 제고와 유공자의 사기진작 고양"을

---

60 한겨레 2014. 11. 14., 「탈북자 양심선언 포상금 노리고 유우성이 간첩이라 증언했다」

61 JTBC, 2019. 2. 7., 「'유우성 간첩조작'…법무부, 허위 진술에 보상금」

62 매일경제, 2019. 7. 10., 「'간첩신고' 허위로 밝혀지면 국가보안유공자 상금 환수」

63 국가보안유공자 상금지급 등에 관한 규정 제16조의2(상금 등의 환수) 법무부 장관은 법 제21조에 따라 상금을 받거나 법 제22조에 따라 보로금을 받은 사람이 다음 각 호의 어느 하나에 해당하는 경우에는 상금 및 보로금의 전부 또는 일부를 환수(還收)할 수 있다.
1. 거짓이나 그 밖의 부정한 방법으로 상금 또는 보로금을 지급받은 경우
2. 중복지급, 착오 등의 사유로 상금 또는 보로금이 잘못 지급된 경우
[본조신설 2020. 1. 7.]

위해 특진제도를 운용[64]하고 있다. 그런데 일반 형사사건을 수사하는 경찰관들과 달리 공안수사 담당자들에게는 일반 경찰공무원과 같이 자신의 고유한 업무인 국가보안법 위반자를 인지 체포할 때에도 제21조에 따라 상금을 받는 것이다. 보도[65]에 따르면 보안 분야 경찰관들은 국가보안법 위반혐의자를 붙잡아 구속할 때마다 법무부로부터 1명당 20~40만 원의 '국가보안유공자 수당'을 받는 것으로 드러났다. 법무부는 국가보안법 제21조(상금) 등의 규정에 근거해 1981년부터 수당을 지급해왔으며 1998년과 1999년 각 1억3,339만 원을 예산으로 책정한 것으로 밝혀졌다. 보안 수사관들에 대한 이러한 특혜는 무리한 인신체포를 부추기고 이른바 '실적올리기'식 수사의 배경이 되었다.

나아가 국가보안법 제21조 제3항은 국가보안법 위반자를 체포할 때 반항하는 등 사유로 살해하거나 자살하게 한 때도 상금을 지급한다고 정한다. 일반인의 현행범 체포든 수사기관의 체포든 간에, 강제력은 최소한으로 사용되어야 한다. 체포 시 피의자가 사망하게 하는 것은 과도한 강제력 사용과 국가권력 남용으로 문제될 일이다. 그런데 위 조항은 피의자가 사망하더라도 일반인뿐만 아니라 수사기관 담당자에게까지도 똑같이 상금을 준다고 명시한다. "자살했다고 하고 휴전선에 갖다 버리면 그만"이라며 자백을 강요했던 고문기술자들의 협박은 이 조항 위에서 합법성을 획득하고 있었다. 개인의 생명권이 이렇게 노골적으로 금전과 교환 가능하다고 명시하는 법 규정은 다른 어디에서도 찾아보기 힘들다. 사람의 생명을 국가보안법 위반자 체포의 독려 수단으로 취급하는 이 규정 앞에서 인간의 존엄은 철저히 무시된다.

제21조 상금 및 제22조 보로금 조항은 반민주적 정권이 승인한 것과

---

64 경찰청 홈페이지 www.npa.go.kr
65 한겨레, 1999. 4. 13., 「마구잡이 보안법 수사 … 특진-포상제가 부채질」

다른 사상을 가진 내부의 적을 색출하는 전 국민 감시체계를 만드는 데 사용된 것으로 헌법 제19조가 보장한 사상·양심의 자유를 침해한다. 또한, 사람의 생명권을 금전과 교환 가능한 것으로 취급하여 헌법 제10조가 보장하는 인간의 존엄성을 파괴하는 위헌 규정으로, 즉시 폐지되어야 한다.

2. 한총련 대학생 폭력 검거, 프락치 공작으로 특진

경찰관 특진제도도 보안수사요원에 편중되어 적용되어 왔다. 1997년 한 해 동안 경찰공무원 전체 특별진급자 823명의 32.7퍼센트인 269명이 보안사범 검거(한총련 수배자 검거 238명, 보안사범 29명, 간첩검거 2명)로 특진했다. 1998년 1월 1일부터 1998년 9월 3일까지 특진한 수사관 204명 가운데 한총련 수배자 검거로 특진한 경찰은 1997년 전체 특진자의 28.9퍼센트, 1998년(9월 3일까지) 전체 특진자의 25퍼센트나 되었다. 보안사범 검거까지 포함하면(보안사범 12명, 한총련 수배자 51명, 간첩검거 1명) 등으로 특진한 수사관이 전체 특진자의 31.4퍼센트인 64명이었다.

[표1] 경찰의 공적별 특진내역[66]

연도내역	계	범인검거	직무탁월	청룡봉사상	보안사범검거	경호경비	한총련수배자검거	간첩검거	정보활동유공	노동법반대 수배자 검거	기소중지자검거	기타
1997년	823	408	57	4	29	7	238	2	21	2	5	50
1998년 9.3. 현재	204	77	10	5	12	19	51	1	1			28

---

66 경찰청, 「1997년, 1998년 경찰 특진 내역」, 1998년 행정자치위원회 국정감사 제출 자료.

강력범죄 범인 검거에 따른 형사 분야 특진자(37.5%)와 맞먹는 수치다. 당시 시국사범 검거에 따른 특진의 90퍼센트는 대공 및 시국 사건을 맡은 보안 분야 경찰관들이 차지했다.[67] 1998년 당시, 전체 경찰 인력은 90,555명, 보안 분야 근무 인원은 4,200명으로 전체 경찰 인력의 4.6퍼센트였던 것에 비추면, 보안수사요원의 위와 같은 특진율이 심각하게 편중된 것이었음은 분명하다.

[표2] 1998년 경찰인력현황(분야별)[68]

구분	계	경무	방범	수사	교통	경비	정보	보안	외사	통신	파출소
인원 (명)	90,555	4,409	4,786	14,795	6,951	7,545	3,992	4,200	896	1,278	41,222

보안사범 검거 시 특진이라는 특혜는 국가보안법 사건에서 위법수사를 부추겼다. 2002년 5월 14일 의문사진상규명위원회(위원장 한상범)는 정례 브리핑을 통해, 1997년 한총련 투쟁국장으로 국가보안법 위반 수배를 받던 중 경찰의 체포를 피하려다 아파트에서 떨어진 뒤 경찰 폭행으로 숨진 김준배 씨의 죽음에 경찰의 특진진급제 남용이 한 원인으로 작용했다고 공식 발표했다. 의문사진상규명위원회는 또 특진제가 빈번한 '프락치 공작'을 계획하게 하는 등의 문제가 있었다고 지적했다. 의문사진상규명위원회의 조사 결과, 1997년 한총련 출범 직후 작성된 「제5기 한총련 출범관련 이적·폭력행위자 검거대상 조정계획」 문건에 따르면 경찰이 한총련 출범식과 관련해 국가보안법 위반자 140명과 형사사범 169명 등 모두 309명

---

67 한겨레, 1999. 4. 13., 「마구잡이 보안법 수사 … 특진 – 포상제가 부채질」
68 경찰청, 1998년 행정자치위원회 국정감사 제출자료

의 수배자 검거에 '특진'을 내걸었다. 이는 한총련 출범식 이전 계획됐던 특진대상 수배자 227명보다 82명이나 늘어난 것이었다. 이 문건에는 대상자 검거 시 '검거 수사비'를 지급한다는 내용도 포함되어 있었다.

의문사진상규명위는 "97년 당시 경찰들 사이에서는 대공·보안수사 관련 업무에 대한 선호도가 압도적으로 높았으며 전남지방경찰청 산하 경찰관 중 비보안 요원이 국가보안법 위반 사범을 검거한 사례도 전체의 23.4퍼센트"라고 밝혔다. 실제로 97년 당시 김준배 씨 검거에 나선 이 모 씨와 도 모 씨 모두 보안과 소속이 아닌 일반 형사과 소속 경찰이었다. 한편 특진제 남용은 일선 경찰들로 하여금 빈번한 '프락치 공작'을 계획하게 하는 부작용을 낳은 것으로 위원회 조사결과 드러났다. 97년 당시 보안수사대원이었던 강 모 씨는 "학생들의 경우 협조자의 제보가 중요하며 이 과정에서 협조자에게 금품을 제공하기도 한다."고 밝혔고, 또 다른 보안수사대원들은 "공식적으로 공작원비가 책정돼 있으며 정보원의 경우 A, B, C급으로 나뉘어 관리되며 지급되는 액수도 다르다."고 진술했다.[69]

그러나 의문사진상규명위원회의 발표 이후에도 문제는 계속되었다. 2004년 국정감사 자료에 따르면 특진 보안경찰의 대부분이 한총련 관련자 검거로 특진하였다.[70] 2004년 10월 경찰청에 대한 국회 행정자치위 국정감사에서 당시 최기문 경찰청장은 "보안사범 5명을 검거한 경찰은 특진시키고 있다."고 답변했다.[71]

---

69 연합뉴스, 2002. 5. 14., 「경찰특진제, 김준배 의문사 한 원인」

70 시민의 신문, 2005. 5. 23., 「특진·상금이 공안사건 '생산'」

71 노컷뉴스, 2005. 7. 19., 「"고문의 추억" 보안분실 40여개나 남아있다 – 외부접근 불가능…특진제도와 맞물려 "밀실 강압수사" 우려 커」

[표3] 국가보안법 구속자 수와 특진 보안경찰 수[72]

구분	2000년	2001년	2002년	2003년	2004년 (7.31.까지)
국가보안법 구속자	123	116	116	77	37
국가보안법 관련 특진자	29	11	21	15	19
한총련 수배자 검거 특진자	19	4	11	8	6

　2006년 7월부터 2007년 초까지 이른바 탈북 간첩 원정화 사건 수사 책임을 맡았던 소진만 전 경기경찰청 보안수사대장은 "탈북자 대공 요원들은 일단 간첩 혐의자 기소만 이뤄지면 특진이 되니까 조작 유혹에 시달린다."고 말했다.[73] 이처럼 특진제도는 오랫동안 보안수사요원을 특별히 우대[74]하여 왔다. 2010년 이후로는 특진제도 전체가 보안수사요원을 중심으로 운영되고 있지는 않다. 2010년부터 2014년 8월까지 특별승진한 경찰 3,009명은 주로 형사사범, 지역경찰, 여성청소년, 제도·조직 부분이므로, 간첩 검거는 9명, 보안사범 검거는 35명, 보안행정은 22명에 그쳤다.[75] 2016년부터 2017년 10월까지 특진자 1,167명 가운데 간첩 검거 특진자는 없었다.[76] 하지만 특진경찰관에는 조선일보와 경찰청이 공동주최하는 '청룡봉사상' 수상자가 포함되는데, 과거 고문 경찰관의 대명사였던 이근

---

72 시민의 신문, 2005. 5. 23., 「놓고 먹지만, 특진 더 많아」
73 한겨레, 2014. 8. 1., 「"원정화는 경찰이 개설해준 이메일로 북과 교신"」
74 1996년 안기부법 개정 파동 당시 내무부에 의해 기존의 30개인 지역별 보안수사대를 39개로 늘리는 것을 포함한 〈보안역량 강화계획〉이 발표되었는데, 이 계획에 따르면 해마다 공안사범 검거 실적이 우수한 공안요원 5명씩을 경위로 승진시키는 등 공안요원에 대해서는 경감까지 시험 없이 특진할 수 있도록 하고, 중요 공안사범 검거자에게는 따로 포상금을 주도록 했다. 정부는 또 이들 공안요원에게 다달이 30만 원씩의 보안업무 추진비를 지급하도록 하고 있었다. 또한 당시 보안과가 설치된 1백30개 경찰서 외에 31개 공안 취약지역 경찰서에 보안과를 신설하기로 되어 있었다. 한겨레, 1996. 12. 18., 「대공수사력 강화-내년 540억 투입 인력증원」
75 투명사회를 위한 정보공개센터, 2014. 9. 19., 「경찰 특별승진 현황」
　https://www.opengirok.or.kr/3990
76 경찰청, 「2016-2017 경찰 포상 및 특진 현황」, 2017년 11월 박찬우 의원 제출 자료.

안도 청룡봉사상 수상으로 특진하였고, 이명박·박근혜 정부에서는 무죄로 풀려난 사람을 공안사범으로 검거하는 등 근거 없는 공안몰이에 앞장서온 경찰관들이 청룡봉사상 수상자로 선정되어 특진 포상을 받았다.[77]

3. 공안수사요원에게는 퇴직 후도 보장했다

다른 공무원들과 달리 보안경찰은 퇴직 이후에도 보안업무에 종사할 수 있는 제도가 법적[78]으로 마련되어 있었다. 1991년 7월 경찰청 훈령으로 만들어진 보안지도관 운영규칙은 "퇴직 보안경찰 가운데 5년 이상 보안수사·공작·신문·분석업무 및 보안 분야 교관으로 종사하였던 자"로서 최종 보안부서 근무 종료 후 3년이 지나지 않은 자에 대해 "보안지도관"으로 재임용할 수 있도록 하고 있었다. 보안지도관에게는 ① 보안수사공작, 신문, 상황분석, 첩보수집에 관한 지도와 협조, ② 주민이념계도 및 홍보활동 또는 보안실무교육 출강, ③ 간첩 및 보안사범(정보사범 등) 색출을 위한 내사활동 보조, ④ 보안실무 교안 또는 보안실무 연구 논문작성, ⑤ 좌익이론 연구 및 불온유인물 분석, ⑥ 신문기술 및 사법서류 작성지도, ⑦ 기타 수명사항 처리 등의 임무(규칙 6조)가 주어진다. 보안지도관의 근무 기간은 2년이며, 근무우수자의 경우 1회(1년)에 걸쳐 재임용할 수 있다. 또한 이들 보안지도관에게는 일정 액수의 활동비가 지급된다.

그러나 보안 관련 업무에 종사했다 하더라도, 이미 퇴직한 요원들을 재

---

77 미디어오늘, 2018. 10. 10., 「[단독] 조선일보 '청룡봉사상', 징계할 경찰도 포상」

78 보안지도관운영규칙 [1991. 7. 31 경찰청훈령 제24호] 제1조(목적) 이 규칙은 퇴직한 보안경과의 경찰공무원(이하 "보안경찰"이라 한다) 중에서 우수요원을 선임하여 재직 중 경험지식과 사례 등을 보안업무에 협조지원함으로써 보람과 긍지를 갖도록 한다.

임용하여 현직 경찰에 준하는 내사활동을 보조하도록 한다는 등의 임무를 부여하는 것은 권한 남용 우려가 컸다. 사법경찰관리집무규칙 제20조에 따른 '내사'는 그 범위나 기간 등을 특정하지 않고 있기에 수사기관의 자의적 남용 등으로 인한 광범위한 인권침해가 발생할 소지가 높은 것임에도, 현직 경찰이 아닌 자에게 이러한 업무를 보조하게 하는 것은 지나친 권한 부여이며 인권침해의 온상으로 작용할 위험이 있다는 지적이 있었다. 더구나 2005년 11월 17일 보안지도관 운영규칙 개정 이전에는 근무우수자 가운데 명예보안지도관으로 위촉된 사람은 2년 근무한 뒤 2년을 추가로 일할 수 있었다. 명예보안지도관은 무보수이기는 하지만 보안지도관처럼 필요할 때는 신분증도 발급되어, 권한 남용 우려가 더 크게 제기되었다.

또 보안지도관 운영규칙 제2조 제3항은 보안지도관 자격으로 "자격정지 이상의 형의 선고 또는 선고유예를 받은 자, 징계로 파면·해임된 자는 임용될 수 없다. 다만 재직 중 보안업무를 수행하면서 과실에 의해 파면·해임된 자는 임용될 수 있다."고 규정하고 있었다. 명예보안지도관도 마찬가지였다. 보안업무의 성격상 중과실일 가능성이 큰데도 복직 가능성을 열어놓은 것은 문제라는 비판이 일었다. 위 단서 규정은 2005년 11월 17일 보안지도관 운영규칙 개정 시 삭제되었다.

2005년 11월 개정 시 보안지도관의 임무에 '북한이탈주민 상담'이 추가되었다. 경찰위원회는 운영규칙 제6조 임무 조항에서 보안수사공작을 보안수사로, 주민 반공 계도와 홍보활동을 안보홍보활동으로, 좌경지하조직 색출을 위한 내사활동을 국가안보 위해 조직 색출을 위한 보안활동으로, 좌경이론 연구와 불온유인물 분석을 북한이탈주민 상담으로 각각 개정했다.[79]

---

79 시민의 신문, 2005. 5. 18., 「경로당 내 원로원? 보안지도관」
https://www.betulo.co.kr/413?category=325370

그러나 이에 대해서는 북한이탈주민의 정착지원은 기본적으로 '보안'
과 관련된 것이 아닌데, 보안 관련 사안이 아닌 상담까지 보안경찰이 맡는
것은 북한이탈주민을 관리나 감시 대상으로 보거나 국가안보에 대한 잠재
적 위협세력으로 보는 것이라는 비판[80]이 제기되었다. 이렇듯 비판의 대상
이 되어온 보안지도관 운영규칙은 2007년 10월 30일 실효성 없는 규칙
으로 분류되어 경찰청 훈령 제514호로 폐지[81]되었다.

---

80 인권하루소식, 2005. 9. 10., 「'보안' 고집하는 보안경찰에 미래는 없다 – 최규식 의원, 국회에서 토론회
열어」
81 SBS, 2007. 10. 30., 「'삐라' 신고하면 연필·공책 주던 제도 폐지 – 경찰, '이념계도활동' 등 실효성 없는
규칙 57건 개폐」

국가보안법, 전면 폐지가 답이다

껍데기는 가라
한라에서 백두까지
향그러운 흙가슴만 남고
그 모오든 쇠붙이는 가라

신동엽, 「껍데기는 가라」[1] 중에서

1. 꼭 폐지해야만 하나

2004년 국가보안법 폐지운동이 활발하게 벌어지자, '처벌의 공백'을 우려하는 목소리가 적지 않았다. 남용만 없으면 되지 꼭 폐지해야 하느냐는 질문이 이어졌다. 이 질문들은 지금도 여전하다.

결론부터 말하면, 국가보안법이 있어야만 처벌할 수 있는 것은 생각과 말뿐이고, 생각과 말을 처벌하는 것은 부당하므로, 국가보안법 폐지는

---

[1] 신동엽, 『신동엽 전집』, 창작과비평사, 1975, 67쪽.

있어서는 안 될 처벌을 없애는 것이다. '처벌의 공백'이 아니라, '숨 쉴 공간', [2] '자유의 공간'이 생긴다. 생각이 자라나고 다른 사람들과 사이에서 토론하고 변화 발전하려면 생각과 말이 자유로울 수 있는 공간이 필요하다. 명백·현존 위험의 원칙에 따라 보장되어야 할 사상의 자유, 표현의 자유의 공간을 재범했을 때 사형이라는 극단적 형사처벌로 채우고 각자에게 자기검열을 강요한 것이 바로 국가보안법이었다. 국가보안법 폐지는 우리 사회 구성원 모두에게 생각이 자유롭고 말이 숨 쉴 공간을 갖게 하는 것이다.

국가보안법은 남용될 수밖에 없는 법이다. 사람의 머릿속을 파헤치고 그의 인간관계와 소속 조직, 언행, 과거 전력 등으로 추단한 그의 사상과 정치적 의견에 따라 차별적으로 처벌하는 법이기 때문이다. 남용을 막겠다고 제정 당시부터 무고·날조죄 처벌규정[3]을 두고 1991년 개정 시 제1조 제2항[4]에 남용금지조항을 두었으나 남용이 사라지지 않았다는 점은 역사가 안다. 2004년 국가보안법 폐지운동 이후 기소 건수가 줄어들었으나 이명박·박근혜 정부에서 다시 남용문제가 심각해졌다는 것도 앞에서 든 많은 사례가 증명한다. 급기야 최근에는 살아보겠다고 대한민국에 가족을 데리고 온 탈북민들까지 처벌 대상으로 삼는 법이 국가보안법이다. 1991년 개정으로도, 민주정부가 들어서서 공안수사기관들이 고문하지 못하도록 제어했는데도 여전히 남용을 뿌리 뽑을 수 없었고 또다시 가혹행위와 간첩

---

2 민주주의법학연구회, 2004. 9. 8., 「국가보안법의 완전 폐지만이 정답이다 - 국가보안법개폐론에 대한 민주주의법학연구회 성명서」, 민주법학 제27호, 2005.

3 국가보안법 [법률 제10호, 1948. 12. 1., 제정] 제6조 타인을 모함할 목적으로 본법에 규정한 범죄에 관하여 허위의 고발 위증 또는 직권을 남용하여 범죄사실을 날조한 자는 해당내용에 해당한 범죄규정으로 처벌한다.

4 국가보안법 제1조(목적 등) ① 이 법은 국가의 안전을 위태롭게 하는 반국가활동을 규제함으로써 국가의 안전과 국민의 생존 및 자유를 확보함을 목적으로 한다.
② 이 법을 해석적용함에 있어서는 제1항의 목적달성을 위하여 필요한 최소한도에 그쳐야 하며, 이를 확대해석하거나 헌법상 보장된 국민의 기본적 인권을 부당하게 제한하는 일이 있어서는 아니 된다. 〈신설 1991. 5. 31.〉

조작이 끊이지 않았다면, 법을 폐지하는 것이 유일한 해결책이다.

질문을 바꿀 필요가 있다. '처벌의 공백' 우려로부터 '국가보안법이 있어야만 처벌 가능한 행위가 무엇인지', 곧 국가보안법은 왜 존재하는지로 질문을 바꿔야 한다. 그다음 국가보안법이 있어야만 가능한 처벌이 합헌인지를 따져보아야 한다. 만약 위헌이라면, 헌법이 제시한 우리 사회의 기본원칙에 맞지 않는다면 폐지해야 한다. 1948년 제정부터 74년, 1991년 개정부터 31년 동안 적용사례만 살펴보아도, 국가보안법을 폐지해야 할지 판단할 근거는 충분하다.

2. 국가보안법은 왜 존재하는가

(1) 생각과 말을 처벌하기 위해

국가보안법은 생각과 말을 처벌하기 위한 법률이다. 조직구성 등을 처벌하는 것 역시 생각을 처벌하기 위한 것이다. 국가보안법 제정 당시는 정부 수립 후 새로운 형법이 만들어지기 이전이지만, 제헌헌법 부칙 제100조가 "현행법령은 이 헌법에 저촉되지 아니하는 한 효력을 가진다."고 하여, 일제강점기에 적용되었던 구 형법도 효력을 유지하고 있었다. 여순사건 직후로 국가보안법이 제정되기 전인 1948년 11월 17일부터 12월 31일까지 이승만 정부가 제주 지역에 계엄령을 선포한 기간에 계엄고등군법회의는 제주 4·3사건 관련자들을 구 형법 제77조(내란죄)로 처벌했다.[5] 하지만 내란죄로 처벌할 수 없는 사람들, 단지 좌익성향조직에 가입했을

---

5 이재승a, 위의 책, 340쪽.

뿐 아무런 활동을 하지 않은 사람들, 말만 했을 뿐 폭력적 행동이 없는 사람들을 사상과 말을 이유로 처벌하기 위해 국가보안법이 필요했다. 이미 살핀 대로 국가보안법은 치안유지법을 본뜬 것으로, 치안유지법으로부터 발원한 사상 형법의 입법 기조는 1948년 국가보안법이 일정한 사상을 가진 단체를 구성하거나 가입하는 것 자체를 범죄로 처벌한 이래 지금까지 아무런 변함없이 유지되고 있다.

형법 제77조 내란죄는 '폭동'을 범죄원형으로 한다. 내란행위의 범위는 형법 제87조, 제91조에 따라 "대한민국 영토의 전부 또는 일부에서 국가 권력을 배제하거나 헌법 또는 법률이 정한 절차에 의하지 않고 헌법 또는 법률의 기능을 소멸시키거나 헌법에 의하여 설치된 국가기관을 강압에 의하여 전복 또는 그 권능행사를 불가능하게 할 목적으로 폭동한 행위"에 한정된다. 이에 비하여, 국가보안법은 반국가단체의 '구성·가입'을 범죄원형으로 한다. 단체 구성 등이 폭동을 수단으로 하는 내란목적 단체 구성이나 가입을 의미한다면 형법 제114조 범죄단체조직 처벌규정에 따라 내란죄와 같은 형으로 처벌할 수 있다. 그렇다면 형법으로 처벌할 수 없는 것은 폭동이나 폭행, 협박 등을 수반하지 않는 단체 구성 등이다. 실력행사를 수반하지 않는 경우란 평화적 단체 구성 등이다.[6] 제정 국가보안법이 반국가단체 구성 등 처벌규정을 핵심 조항으로 둔 이유는, 형법으로 처벌할 수 없는 평화적 단체 구성이나 가입을 처벌하기 위해서였다.

1991년 개정 국가보안법의 핵심으로 떠오른 조항은 표현을 처벌하는 제7조로, 1990년대 국가보안법 사건의 90퍼센트가 제7조 위반사건이었다. 형법은 제90조 제2항 내란 선전·선동, 제101조 제2항 외환 등 선전·선동에 해당하거나 그 밖에 다른 범죄행위의 실행에 직접 가공한 교사·방

---

6 신동운b, 「형법과 국가보안법의 관계에 관하여 – 형법전의 제정경위를 중심으로」, 31쪽.

조에 이르지 않으면, 어떤 불온해 보이는 말도 처벌하지 않는다. 반면 국가보안법 제7조 찬양·고무 등, 제4조 제1항 제6호 선전·선동 처벌 규정은 위 형법 규정으로 처벌할 수 없는 표현을 처벌하기 위해 존재한다. 국가의 안전보장을 위해 막아야 하는 내란이나 외환의 실행행위를 불러오지 않는 말, 범죄행위에 가공하지도 않는 말을 처벌하기 위해 국가보안법이 필요했던 것이다. 결국, 국가보안법은 행동이 없이 말만 있는 단계를 처벌한다. 이는 곧 생각 그 자체에 대한 처벌이다.

형법에 내란, 외환 및 공안을 해하는 죄 등에 대한 처벌 규정이 두루 마련되어 있는데도 국가보안법이 존재하는 이유는 바로 생각과 말을 처벌하기 위해서다. 그러나 같은 사상을 가진 사람끼리 평화적으로 단체를 구성하거나 가입하는 것, 평화적으로 생각을 표출하는 것에 대한 대책은 형사법의 몫이 아니다. 생각 자체는 형사처벌로부터 자유로워야 한다. 생각 자체의 규제는 사상의 자유 시장에 맡겨두어도 충분하며 또한 맡겨두어야 한다. 이것은 바로 대한민국이 가입한 국제인권규약의 요구이기도 하다.[7]

(2) 재범 시 법정최고형을 사형으로

그런데 5.16 군사쿠데타로 집권한 박정희 정부는 1962년 국가보안법 개정 시 재범자에 대한 특수가중 처벌 조항을 삽입했다. 제10조의2(재범자의 특수가중) 조항[8]을 신설하여 5년 내 재범 시 법정형의 최고를 사형으

---

7 신동운b, 「형법과 국가보안법의 관계에 관하여-형법전의 제정경위를 중심으로」, 31-32쪽.

8 국가보안법 [법률 제1151호, 1962. 9. 24., 일부개정] [시행 1962. 10. 25.] 제10조의2(재범자의 특수가중) 본법, 반공법, 군형법 제13조, 제15조, 특수범죄처벌에관한특별법 제6조의 죄 또는 형법 제2편 제1장 내란의 죄 제2장 외환의 죄를 범하여 유죄의 판결을 받은 자가 형의 집행 중 또는 그 집행을 종료하거나 집행을 받지 아니하기로 확정된 후 5년 내에 제1조 제3호, 제3조 제3호·제4호, 제4조, 제5조, 제6조, 제7조 또는 제10조의 죄를 범한 때에는 그 죄에 대한 법정형의 최고를 사형으로 한다.

로 올린 것이다. 같은 날 반공법에도 제9조의2(재범자의 특수가중) 조항[9]이 신설되었다. 이 두 조항이 합쳐진 것이 현행 국가보안법 제13조[10]다. 형법에 있는 조항을 다시 국가보안법 제4조에 둔 이유도 바로 재범가중 조항 적용을 위해서다. 이때부터 국가보안법은 형법과 중복된 처벌법규에 그치지 않고, 재범 시 일률적으로 사형을 선고할 수 있게 하는 근거 규정이 되었다. 경미한 국가보안법 위반자도 재범가중이 적용되면 사형당할 수 있게 된 것이다.

특수가중조항은 1974년 4월 민청학련 사건으로 수감되었다가 1975년 2월 15일 형 집행정지로 석방된 지 27일 만인 3월 13일 다시 반공법 위반으로 구속된 김지하에 대해 적용되었다. 석방 후 동아일보에 「고행…1974」 글을 발표하여 인혁당 사건 관계자들이 고문으로 탈장했다는 등 특히 심한 고문을 받았다는 이야기를 한 것 때문이었다. 검사는 공소제기 후 김지하에 대해 공소장 변경을 신청했는데, "공소사실은 그대로 놔두고, 반공법을 여러 차례 어긴 경우에 최고 사형에 처할 수 있다는 법조문 하나를 넣는" 것이었다. 반공법 제9조의2 특수가중조항을 추가하는 공소장 변경이다. 김지하는 치열한 법정 공방과 석방 운동 끝에 징역 7년을 선고받

---

9 반공법 [법률 제1152호, 1962. 9. 24., 일부개정] [시행 1962. 10. 25.] 제9조의2(재범자의 특수가중) 본법, 국가보안법, 군형법 제13조·제15조, 특수범죄처벌에관한특별법 제6조 또는 형법 제2편 제1장 내란의 죄, 제2장 외환의 죄를 범하여 유죄의 판결을 받은 자가 형의 집행 중 또는 그 집행을 종료하거나 집행을 받지 아니하기로 확정된 후 5년 내에 제3조, 제4조 제1항·제2항·제4항·제5항, 제5조, 제6조 제1항·제2항·제5항·제6항 또는 제7조의 죄를 범한 때에는 그 죄에 대한 법정형의 최고를 사형으로 한다.

10 국가보안법 제13조(특수가중) 이 법, 군형법 제13조·제15조 또는 형법 제2편 제1장 내란의 죄·제2장 외환의 죄를 범하여 금고 이상의 형의 선고를 받고 그 형의 집행을 종료하지 아니한 자 또는 그 집행을 종료하거나 집행을 받지 아니하기로 확정된 후 5년이 경과하지 아니한 자가 제3조 제1항 제3호 및 제2항 내지 제5항, 제4조 제1항 제1호 중 형법 제94조 제2항·제97조 및 제99조, 동항 제5호 및 제6호, 제2항 내지 제4항, 제5조, 제6조 제1항 및 제4항 내지 제6항, 제7조 내지 제9조의 죄를 범한 때에는 그 죄에 대한 법정형의 최고를 사형으로 한다.

[단순위헌, 2002헌가5, 2002. 11. 28. 국가보안법(1980. 12. 31. 법률 제3318호로 전문개정된 것) 제13조 중 "이 법, 군형법 제13조·제15조 또는 형법 제2편 제1장 내란의 죄·제2장 외환의 죄를 범하여 금고 이상의 형의 선고를 받고 그 형의 집행을 종료하지 아니한 자 또는 그 집행을 종료하거나 집행을 받지 아니하기로 확정된 후 5년이 경과하지 아니한 자 …… 제7조 제5항, 제1항의 죄를 범한 때에는 그 죄에 대한 법정형의 최고를 사형으로 한다." 부분은 헌법에 위반된다.]

았는데, 김정남 등 지인들은 "박정희 정권 전체가 인혁당 사건의 조작 진상이 폭로되는 걸 굉장히 두려워"했기 때문에 "김지하 입을 막아야 되고 필요하다면 죽일 수도 있다.", "정말 이 정권이 김지하를 죽일지도 모른다."는 위기감에 휩싸였던 것을 회고한다.[11]

형법은 3년 이내 누범累犯 시 그 형의 장기의 2배로 가중[12]하도록 한다. 형법의 누범 규정에 대해서는, 1953년 형법 제정 당시 정부가 1930년대 일본 제국주의 파시즘이 극단에 치닫고 있을 때 만들어진 '개정형법가안'을 모델로 하면서 들어간 것으로 파시즘 시대의 법이론을 그대로 좇아 일사부재리의 원칙에 반한다는 비판이 있다.[13] 일본의 개정형법가안은 독일법 중에서도 특히 나치즘의 영향을 받아, 전체주의적·국수주의적 경향이 짙었던 것[14]으로 평가된다. 일본에서도 패전 후 1946년 새 헌법을 만들고서는 누범 규정을 삭제했는데 우리 형법은 누범 규정을 두고 있다는 비판이다.[15]

그 밖에 특정범죄 가중처벌 등에 관한 법률의 가중처벌 조항[16]에서도

---

11 김정남·한인섭, 『그곳에 늘 그가 있었다』, 창비, 2020, 194-196쪽.
12 형법 제35조(누범) ① 금고 이상의 형을 선고받아 그 집행이 종료되거나 면제된 후 3년 내에 금고 이상에 해당하는 죄를 지은 사람은 누범으로 처벌한다.
② 누범의 형은 그 죄에 대하여 정한 형의 장기長期의 2배까지 가중한다.
13 한상범, 위의 책, 222-223쪽.
14 김대휘·김신, 『주석형법(각칙 1)』, 한국사법행정학회, 2017, 60쪽.
15 한상범, 위의 책, 222-223쪽.
16 특정범죄 가중처벌 등에 관한 법률 제5조의4(상습 강도·절도죄 등의 가중처벌) ① 삭제
② 5명 이상이 공동하여 상습적으로 「형법」 제329조부터 제331조까지의 죄 또는 그 미수죄를 범한 사람은 2년 이상 20년 이하의 징역에 처한다.
③ 삭제 〈2016. 1. 6.〉
④ 삭제 〈2016. 1. 6.〉
⑤ 「형법」 제329조부터 제331조까지, 제333조부터 제336조까지 및 제340조·제362조의 죄 또는 그 미수죄로 세 번 이상 징역형을 받은 사람이 다시 이들 죄를 범하여 누범으로 처벌하는 경우에는 다음 각 호의 구분에 따라 가중처벌한다.
1. 「형법」 제329조부터 제331조까지의 죄(미수범을 포함한다)를 범한 경우에는 2년 이상 20년 이하의 징역에 처한다.
2. 「형법」 제333조부터 제336조까지의 죄 및 제340조제1항의 죄(미수범을 포함한다)를 범한 경우에는 무기 또는 10년 이상의 징역에 처한다.

절도 및 강도의 경우 징역형 상한만 올린다. 사형으로 법정형을 올리는 것은 강도상해 및 강도강간뿐이다. 국가보안법 제13조는 이러한 형법 및 다른 특별형법상 규정과 크게 달리, 5년 이내 누범 시 일률적으로 사형을 법정최고형으로 한다.

당초 1948년 국가보안법 제정 당시에는 법정형에 사형이 들어있지 않았다. 백관수 국회 법제사법위원장의 취지 설명에 따르면, 당시 구 형법상의 내란죄는 법정 최고형을 사형으로 하고 있었는데, 국가보안법은 내란죄에 이르기 전인 결사 또는 집단을 구성한 것에 불과하기 때문에 사형까지 부과해서는 안 된다는 것[17]이었다. 1949년 전부개정 시에도 반국가단체와 그 지원결사의 수괴와 지도적 임무 종사자, 살인 등 행위자에게만 사형을 법정최고형으로 올렸을 뿐이었다. 그런데 1962년 제13조를 신설하여 모든 국가보안법 위반자에 대해 재범 시 일률적으로 사형을 규정한 것이다. 헌법 제10조 인간의 존엄, 제12조 신체의 자유의 전제인 생명권에 대한 극단적이고 광범위한 침해다. 이 조항으로 국가보안법은 말 그대로 야만적 법률이 된다.

자유권규약 제6조 제2항[18]은 사형은 자유권규약의 규정 및 집단살해죄

---

3. 「형법」 제362조의 죄를 범한 경우에는 2년 이상 20년 이하의 징역에 처한다.

⑥ 상습적으로 「형법」 제329조부터 제331조까지의 죄나 그 미수죄 또는 제2항의 죄로 두 번 이상 실형을 선고받고 그 집행이 끝나거나 면제된 후 3년 이내에 다시 상습적으로 「형법」 제329조부터 제331조까지의 죄나 그 미수죄 또는 제2항의 죄를 범한 경우에는 3년 이상 25년 이하의 징역에 처한다.

[2016. 1. 6. 법률 제13717호에 의하여 2015. 2. 26. 헌법재판소에서 위헌결정된 이 조 제1항을 삭제함.]

[2016. 1. 6. 법률 제13717호에 의하여 2015. 11. 26. 헌법재판소에서 위헌결정된 이 조 제6항을 개정함.]

제5조의5(강도상해 등 재범자의 가중처벌) 「형법」 제337조·제339조의 죄 또는 그 미수죄로 형을 선고받고 그 집행이 끝나거나 면제된 후 3년 내에 다시 이들 죄를 범한 사람은 사형, 무기 또는 10년 이상의 징역에 처한다.

17 "우리가 여기서 처음에는 사형도 많이 생각했지만 사형은 너무 과하다. 사형이라고 하는 것은 내란죄에 걸릴 목적이 있어가지고서 폭력행위로 나가가지고서 내란죄에 의하여 처단될 때에는 사형이 되지만, 그 외의 결사 집단은 이 정도로서만 가지고서는 사형은 너무 과하다. 무기징역으로써 3년 이상의 징역만을 하게 하기로, 이것은 법리상으로 말하자면 참 엄엄嚴嚴한 법령입니다." 국회속기록-제헌의회 제1회 제99차 본회의 (1948. 11. 9.), 16쪽, 백관수 법제사법위원장의 발언.

18 시민적 및 정치적 권리에 관한 국제규약 제6조

1. 모든 인간은 고유한 생명권을 가진다. 이 권리는 법률에 의하여 보호된다. 어느 누구도 자의적으로 자신의

의 방지 및 처벌에 관한 협약에 저촉되지 아니하는 법률에 의하여 가장 중한 범죄에 대해서만 선고될 수 있다고 정한다. 생명권에 관한 자유권규약위원회의 일반논평 6호(1982년) 6문단[19]은 "(사형)제도를 극히 한정된 경우에만 사용해야 할 의무가 있으며, 특히 '가장 중한 범죄' 이외의 경우에는 사용하지 않도록 해야 한다. 따라서, 당사국은 이런 점에서 자국의 형법을 검토할 것을 고려해 봄이 마땅하고, 어떤 경우든지 사형의 적용을 '가장 중한 범죄'에 한정시킬 의무가 있다."고 한다. 일반논평 36호(2019년)[20] 35문단은 '가장 중한 범죄'는 직접적으로 살인으로 이어진 극도의

생명을 박탈당하지 아니한다.
2. 사형을 폐지하지 아니하고 있는 국가에 있어서 사형은 범죄 당시의 현행법에 따라서 또한 이 규약의 규정과 집단살해죄의 방지 및 처벌에 관한 협약에 저촉되지 아니하는 법률에 의하여 가장 중한 범죄에 대해서만 선고될 수 있다. 이 형벌은 권한 있는 법원이 내린 최종판결에 의하여서만 집행될 수 있다.

19 General comment No. 6: Article 6 (Right to life), 1982
6. While it follows from article 6 (2) to (6) that States parties are not obliged to abolish the death penalty totally they are obliged to limit its use and, in particular, to abolish it for other than the "most serious crimes". Accordingly, they ought to consider reviewing their criminal laws in this light and, in any event, are obliged to restrict the application of the death penalty to the "most serious crimes".(후략)
제6조 2항부터 6항까지의 규정에 따라 당사국이 사형을 전면적으로 폐지해야 할 의무를 지는 것은 아니지만, 이 제도를 극히 한정된 경우에만 사용해야 할 의무가 있으며, 특히 "가장 중한 범죄" 이외의 경우에는 사용하지 않도록 해야 한다. 따라서, 당사국은 이런 점에서 자국의 형법을 검토할 것을 고려해 봄이 마땅하고, 어떤 경우든지 사형의 적용을 "가장 중한 범죄"에 한정시킬 의무가 있다.
7. The Committee is of the opinion that the expression "most serious crimes" must be read restrictively to mean that the death penalty should be a quite exceptional measure.
본 위원회는 "가장 중한 범죄"라는 표현이 사형은 매우 예외적인 조치여야 함을 의미하는 것으로 제한적으로 이해되어야 한다는 입장이다.

20 General comment No. 36: Article 6 : right to life, 2019.
35. The term "the most serious crimes" must be read restrictively and appertain only to crimes of extreme gravity involving intentional killing. Crimes not resulting directly and intentionally in death, such as attempted murder, corruption and other economic and political crimes, armed robbery, piracy, abduction, drug and sexual offences, although serious in nature, can never serve as the basis, within the framework of article 6, for the imposition of the death penalty. In the same vein, a limited degree of involvement or of complicity in the commission of even the most serious crimes, such as providing the physical means for the commission of murder, cannot justify the imposition of the death penalty. States parties are under an obligation to review their criminal laws so as to ensure that the death penalty is not imposed for crimes that do not qualify as the most serious crimes. They should also revoke death sentences issued for crimes not qualifying as the most serious crimes and pursue the necessary legal procedures to resentence those convicted for such crimes.
'가장 중한 범죄'라는 용어는 제한적으로 해석되어야 하며, 의도적 살인과 연관된 극도의 중범죄에만 관련이

중범죄에만 관련된 것이라고 하면서, 특히 정치적 범죄에 대해 사형선고가 있어서는 안 되고 법정형에서도 사형이 제외되도록 법을 재검토해야 한다는 점을 명시한다. 나아가 제36문단은, 어떠한 경우라도 정치적 반대 집단 구성에 대해 사형을 유지하는 당사국은 자유권규약을 위배하는 것이라고 명언한다. 자유권규약의 해석 적용의 기준인 일반논평까지 모아보면, 국가보안법 제3조 제1항 반국가단체의 수괴를 비롯한 각 죄에 대하여 살인으로 직접 이어지지 않는데도 사형을 법정형으로 한 것은 자유권규약 위배다. 더구나 제13조 특수가중으로 5년 이내 재범 시 법정형의 최고를 사형으로 일률적으로 올리도록 한 것은 명확히 자유권 규약에 위배된다.

이 규정에 대해서는 비록 일부에 국한된 것이나 단순 위헌결정이 내려져 있다. 헌법재판소는 국가보안법 위반으로 금고형 이상을 받은 자가 5년 이내 재범 시 법정형의 최고를 사형으로 하도록 한 국가보안법 제13조는 다시 범한 죄가 제7조 제5항 표현물 범죄인 경우에는 위헌이라고 판단하였다.[21] 이 결정이 나오게 된 사건은, 출판사 대표가 마르크스주의 서적을 판매하여 제7조 제5항 위반으로 징역형 확정판결을 받은 직후 다시

있어야 한다. 직접적이고 의도적인 살인으로 이어지지 않은 범죄, 즉 살인미수, 부패 및 기타 정치적 및 경제적 범죄, 무장강도, 해적질, 납치, 약물, 성범죄 등은 그 성격이 심각함에도 불구하고, 제6조의 관점에서 결코 사형선고의 기반으로 작용할 수 없다. 마찬가지로, 살인 시 물리적 수단을 제공하는 등 가장 심각한 범죄에 제한적으로 가담하거나 연루된 경우라도, 사형선고가 인정되지 않는다. 당사국은 가장 심각한 범죄 요건을 충족하지 않는 범죄에 사형이 부과되지 않도록 형법을 검토할 의무가 있다. 또한, 가장 심각한 범죄 요건을 충족하지 않는 범죄에 부과된 사형은 철회해야 하며 그러한 범죄로 유죄판결을 받은 이들에게 형벌을 재선고하도록 필요한 법적 절차를 추진해야 한다.

36. Under no circumstances can the death penalty ever be applied as a sanction against conduct the very criminalization of which violates the Covenant, including adultery, homosexuality, apostasy, establishing political opposition groups or offending a head of State. States parties that retain the death penalty for such offences commit a violation of their obligations under article 6, read alone and in conjunction with article 2 (2) of the Covenant, as well as of other provisions of the Covenant.

어떠한 경우라도, 간통, 동성애, 배교背敎, 정치적 반대 집단 구축, 국가원수 모독 등과 같은 행위를 범죄로 취급하는 것은, 동 규약을 위반하는 것이므로 사형제도를 적용시킬 수 없다. 그러한 범죄에 사형을 유지하는 당사국은 동 규약 제6조에 따른, 또는 제6조를 제2조 2항과 연계하여 해석할 경우에 따른 의무와 동 규약의 기타 조항에 명시된 의무를 위반하는 것이다.

21 헌법재판소 2002. 11. 28. 선고 2002헌가5 전원재판부 결정.

위 서적들을 판매·소지하였다고 하여 다시 제7조 제5항 위반으로 기소된 사건이다. 헌법재판소는 위헌 이유로, "반국가적 범죄를 반복하여 저질렀다는 이유만으로 제7조 제5항과 같이 비교적 경미한 범죄라도 사형까지 선고할 수 있도록 한 것은 법정형이 형벌체계상의 균형성을 현저히 상실하여 정당성을 잃은 것"이라고 하였다. 또 제13조가 "그 죄에 대한 법정형의 최고를 사형으로 한다."고 규정한 것이, 법정형의 최고가 사형이므로 그 이하의 형벌까지 모두 선고할 수 있다는 의미인지, 또는 제7조 제5항에 규정된 법정형 외에 사형이 추가된다는 의미인지 불명확하여 명확성 원칙에 반한다는 이유다.

이 위헌결정은 제7조 제5항 재범에 대한 사형이 위헌이라고만 하였으므로, 현재도 그 외 조항의 재범에 대한 법정형의 최고는 여전히 사형이다. 그러나 생활고에 시달리던 탈북민이 다시 북에 가서 살려는 마음으로 탈북민들 몇몇의 연락처를 소지하고 출국장에 들어선 것만으로 제5조 제1항 자진지원 국가기밀누설 예비죄를 다시 범하였다고 하여, 대북협력사업가가 국가기밀에도 이르지 않는 사항을 북측 거래상대방에게 알려주어 제9조 편의제공 등의 범죄를 다시 범하였다고 하여 그 법정형이 사형으로 올라갈 만큼 중대한 범죄라고 할 수 없다. 친족의 국가보안법 위반죄를 신고하지 않았다 하여 제10조 불고지죄(법정형 5년 이하의 징역 또는 200만 원 이하의 벌금)로 징역형을 받은 사람이 다시 국가보안법 위반자인 친족에게 편의를 제공하였다 하여 제9조 편의제공죄(법정형 10년 이하 징역)로 처벌받게 된 경우에도 제13조에 따라 법정형의 최고가 사형으로 올라간다. 이 사례들이 지나치게 과중한 처벌임은 더 말할 필요가 없다. 재범 시 사형이라는 비상식적 위협을 공공연하게 가하는 것이 바로 국가보안법의 존재 이유다.

(3) 공안수사기관의 위헌적 강제수사, 특별형사소송 규정 적용 위해

국가보안법은 국가보안법 위반범죄에 대해 특별형사소송 규정을 두고 형사소송법의 제한을 넘는 50일까지 구금기간 연장, 참고인 구인·유치, 공소보류 피의자 재구속을 가능하게 한다. 이 규정이 헌법 제12조 죄형법정주의에 위반됨은 물론이나, 형법으로도 얼마든지 무거운 형으로 처벌 가능한 행위를 다시 국가보안법으로 처벌하도록 규정한 것의 가장 실질적 이유는 바로 특별형사소송규정 적용을 위해서다. 더구나 신고자와 공안수사기관 종사자는 형법 위반자를 신고하거나 체포한 경우와 달리, 국가보안법 위반자를 신고하고 체포하면 상금을 받을 수 있다. 체포과정에서 살해하거나 자살하게 해도 상금은 사라지지 않는다.

공안수사기관들은 독재정권 시기 정권 유지를 위해 설치되어 정치적 반대세력을 제거하고 억누르는 데 핵심 역할을 했다. 국가보안법은 공안수사기관들이 초헌법적 강제수사를 통해 허위 자백을 받아내고 증거를 조작하며 유죄판결을 받아내는 법률적 근거였다.

(4) 정치적 공격, 혐오와 배제, 자기검열 강제의 법률적 수단

1948년 제정 국가보안법이 제정에 반대한 국회의원들을 겨냥해 1949년 국회 프락치사건조작으로 투옥했듯, 국가보안법은 제정 이후 지금까지 가장 강력한 정치적 공격 수단이었다. 조봉암, 김대중 등 정치인들을 비롯해, 학생운동·통일운동·노동운동은 물론 시민사회운동까지도 국가보안법의 공격을 피할 수 없었다. 2004년 국가보안법 폐지운동 이후 기소 건수는 다소 줄어들었으나, 이명박·박근혜 정부 이후 국가보안법은 극우정치세력과 단체들이 정치적 반대세력을 공격하는 수단으로 다시 활용되기 시작했다. 고발을 근거로 거리와 인터넷에서 "종북, 빨갱이"라는 혐오표현이 쏟아졌다. 그 결과는 고발당한 사람들에 대한 사회적 고립과 배제로 나타났다. 한 번 지목되면 방어가 불가능한 강력한 정치적 공격 수단, 혐오와 배제의 확산 근거라는 점은 제정 당시부터 74년이 지난 지금까지 여전히 국가보안법의 가장 중요한 기능이다. 이 과정을 지켜본 사람들은 누구나 스스로 자기검열하지 않을 수 없게 된다. 사람들의 머릿속에 38선을 긋는 것이 바로 국가보안법의 존재 이유이며 가장 심각한 폐해다.

3. 존속 필요에 대한 조문별 검토

(1) 제2조, 제3조

내란 또는 외환 목적 단체 구성은 형법상 범죄단체조직죄(형법 제114조)나 내란(제90조)·외환(제101조)의 예비, 음모(제90조, 제101조)로 처벌 가능하다. 1953년 형법 제정안 부칙에 국가보안법 폐지법률안이 들어있었던 이유는, 당시 국가보안법이 주목했던 조직구성 처벌에 필요한 조항은 형법에도 있으므로 국가보안법에 중복해서 둘 필요가 없다는 것이었다. 국가보안법 폐지는 형법과 중복을 피하기 위한 조치였다. "현행하는 일반 형법에 내란죄라는 명의로 그것이 있기 때문에 내란죄를 여기에다 다시 삽입해서, 다시 넣어서 규정할 필요가 없고",[22] "폭력행위를 해가지고 폭동을 해서 그 목적이 정부를 전복한다든지 어떠한 국권을 문란한다든지 그러한 행위는 이 법에 특별히 규정을 하지 않더라도 일반 형법에 규

---

22 국회속기록 – 제헌국회 제1회 제99차 본회의(1948. 11. 9.), 3쪽, 백관수 법제사법위원장의 국가보안법 제정안 취지 설명.

정할 수가 있습니다. 이 법에는 할 필요가 없고",[23] "제1조에 '국헌에 위배하여 정부를 참칭하거나 그에 부수하여 국가를 변란할 목적으로 결사 또는 집단을 구성한 자는 …' 이렇게 되어 있는데 국헌에 위배하여 정부를 참칭하며 그에 부수해서 결사 집회라는 이것은 내란죄·예비음모죄에 해당한 것입니다. … 정부를 참칭하는 것 … 역시 내란죄에 해당한 것입니다."[24] 등이 바로 검찰총장과 법제사법위원장의 발언이었다.

국가보안법 폐지 논의과정에서 북한은 국가가 아닌 반국가단체에 불과하기 때문에 국가를 전제로 한 형법상 간첩죄나 출입국관리법 등을 적용할 수 없어 국가보안법이 필요하다는 주장[25]도 제기되었다. 그러나 대법원은 이미 형법상 간첩죄 적용 시 북한을 '준적국'으로 간주해왔다. 위 판결에 대하여 북한을 국가로 보지 않는 헌법 제3조와 배치되어 받아들일 수 없다는 주장도 있으나, 남북 유엔 동시 가입 이후로는 헌법의 국제평화주의 원칙상 형사법 적용과 관련한 문제에서는 북한을 단체가 아닌 국가로 보아야 한다는 점은 이미 기술한 것과 같다. 대한민국에 적대하는, 즉 교전상태에 있는 외국이나 외국인의 단체라면 준적국으로 간첩죄를 적용하는 형법뿐만 아니라, 군사기밀보호법, 산업기술의 유출 및 보호에 관한 법률 등 개별법들까지 이미 여러 법률들이 국가의 안전이나 산업발전에 중요한 비밀을 보호하기 위한 법체계를 이루고 있다. 또 남북교류협력에 관한 법률상 남한 주민이 정부 승인 없이 또는 재외국민이 신고 없이 남북교류를 하게 되면 제27조로 형사처벌되거나 제28조에 따라 과태료 처분을 받게 되므로, 국가가 국민들의 남북 간 인적 교류 현황을 파악하고 규율하

---

23 국회속기록-제헌국회 제1회 제99차 본회의(1948. 11. 9.), 4쪽, 백관수 법제사법위원장의 발언.

24 국회속기록-제헌국회 제1회 제99차 본회의(1948. 11. 9.), 18쪽, 권승렬 검찰총장의 발언.

25 고영주, 「국가보안법의 개폐논의와 관련하여」, 《저스티스》 제22권, 한국법학원, 1989, 82-83쪽(박원순 b, 『국가보안법연구 3』, 202-203쪽에서 재인용).

기 위해서 국가보안법이 반드시 필요한 것도 아니다.

국가보안법 제2조, 제3조가 있어야만 처벌 가능한 부분은, 목적으로는 체제의 급격한 변화를 말하나 실력행사로 나아가지 않는 평화적 단체 구성·가입이다. 명백·현존 위험이 없는 경우이므로 이를 형사처벌하는 것은 사상의 자유 및 결사의 자유 침해로 위헌이다. 이 처벌을 존속시키기 위해 대체입법하거나 형법을 보완하는 것 역시 사상의 자유와 결사의 자유 침해로 위헌일 뿐이다.

(2) 제4조, 제5조

제4조, 제5조는 별도의 구성요건을 정하지 않고 형법상 범죄로 정해진 외환, 방화, 살인 등을 동일한 형 또는 가중된 형으로 처벌하도록 한다. 제13조 특수가중, 제18조에서 제22조 특별형사소송규정 및 상금규정을 없애면 제4조, 제5조 제1항을 국가보안법에 둘 필요가 없다.

제4조에서 범죄행위로 의율하고 있는 대부분의 경우 이미 형법에 처벌조항이 있다. 이는 제1항 제1호 "형법 각 조에 정한 형에 처한다."는 법문 자체로도 알 수 있다. 제4조 제1항 제1호는 '반국가단체의 구성원 또는 그 지령을 받은 자가 그 목적수행을 위한 행위를 한 때'는 형법 제92조(외환유치) 내지 제97조(물건제공이적), 제99조(일반이적), 제250조 제2항(존속살해), 제338조(강도살인·치사) 또는 제340조 제3항(해상강도 살상)에 따라 형법이 정한 각 형에 처하도록 하므로, 처벌범위는 위 형법 규정 그대로다. 제2호는 형법 제98조(간첩)에 규정된 행위를 하거나 국가기밀을 탐지·수집·누설·전달하거나 중개한 행위를 처벌하는데, 법원이 간첩행위의 객체

인 기밀과 제2호 후단의 '국가기밀'을 동일하게 해석[26]하는 점에 비추어보면, 제2호의 처벌범위는 형법 제87조 자체다. 제3호는 형법 조항을 나열하면서 이에 규정된 행위를 하면 사형·무기 또는 10년 이상의 징역에 처하도록 한다. 열거한 형법 규정에 대한 단순 가중처벌 조항일 뿐이다.

제4호는 중요시설 파괴행위, 약취·유인행위, 물건의 이동·취거행위를 규정하는데, 이 또한 형법상 시설파괴이적죄(제96조), 소요죄(제115조), 공익건조물파괴죄(제367조), 약취 및 유인죄(제287조 내지 제294조), 손괴죄(제366조), 특수손괴죄(제369조), 일반교통방해죄(제185조), 기차 등 교통방해죄(제186조) 등으로 처벌되는 행위를 가중처벌할 뿐이다. 그런데 폭력행위 등 처벌에 관한 법률, 특정범죄가중처벌 등에 관한 법률도 약취·유인 등을 가중처벌하니, 국가보안법에서 위 행위들을 가중처벌할 특별한 필요도 없다. 제5호는 형법상 범죄에 대한 단순 가중처벌 조항이면서, 국가기밀에 속하는 서류 또는 물품을 손괴, 은닉, 위조, 변조한 경우에 가중처벌하는 조항이다. 제6호는 1호 내지 5호의 행위를 선동·선전하거나 사회질서의 혼란을 조성할 우려가 있는 사항에 관하여 허위사실을 날조하거나 유포한 경우인데, 명백·현존 위험이 있어 가벌성이 있는 부분은 내란(형법 제90조)·외환(제101조)의 선동·선전죄로 처벌할 수 있고, 명백·현존 위험이 없는 부분을 처벌하는 것은 표현의 자유 침해로 위헌이다.

국가보안법 존치론도 제4조의 중복성은 시인한다. 그런데도 국가보안법을 남겨두어야 할 필요성에 대해 존치론은 아래 주장을 편다. "일반적으로 법률의 규정이 다른 법률과 중복되어 있으면, 법조경합의 문제가 생기는 등 집행상의 혼란을 가져올 수 있는 것은 사실이나, 그럼에도 불구하고 국가보안법의 중복 규정이 있는 것은 그 나름대로 이유가 있는 것이

---

26 대법원 1983. 3. 22. 선고 92도3036판결, 대법원 1985. 11. 12. 선고 85도1939판결.

다. 즉, 형사정책적인 면에서 볼 때 국가보안법 위반의 범죄가 반국가단체라는 조직적 활동의 산물이며, 북한이라는 반국가단체는 그 존재를 계속하고 있는 만큼 같은 유형의 범죄가 되풀이될 가능성이 높기 때문에 안전보장의 측면에서 계속 관리되어야 한다는 점과 반국가단체를 지원하는 행위는 이념이라는 내심적 경향에 의하여 이루어지는 만큼 상습범보다도 더한 재범 가능성을 가지고 있어 같은 정도 이상의 형사정책적 관리를 필요로 하므로, 이와 같은 범죄를 국가보안법 위반이라는 하나의 범죄유형으로 분류하여 체계적으로 관리할 수 있도록 하기 위하여는 중복이 되더라도 단일법의 체계를 형성하는 것이 바람직할 것이다."[27] 그러나 관리 필요 때문에 국가보안법으로 처벌해야 한다는 것은, 수사기관의 정보수집 처리 기능이 고도로 향상된 현대적 관점에서는 합리성 없는 주장이다. 존치론의 핵심은 결국 '사상'을 이유로 가중처벌하겠다는 것이다. 특정한 '내심적 경향'을 가진 사람들을 공안수사기관의 위헌적 강제수사에 맡기겠다는 것이다. 형법 내지 특별법과 중복되는 위 각 조항은, 재범 시 법정형의 최고를 사형으로 올리는 제13조 특별가중, 제18조에서 제22조 특별형사소송규정 적용이 아니라면 별도로 규정할 이유를 찾기 어렵기 때문이다.

애초에 형법 자체가 국가보안법을 폐지하는 것을 전제로 만들어졌다는 점에 주목할 필요가 있다. 형법안 정부 초안을 마련한 법전편찬위원회는 1949년 12월 즈음 정부에 초안을 제출하였는데, 좌우익의 대립으로 인한 각종 테러의 빈발과 이에 대처할 강력한 질서유지의 요청을 반영하고 신생 대한민국의 취약한 존립 기반을 의식하여 형법 초안에 여러 가지로 강력한 대처수단을 강구하였다. 그중에는 신설한 '공안을 해하는 죄'의 장에 의용형법과 일본개정형법가안의 영향을 받아 범죄단체조직죄, 소요죄, 다

---

27 고영주, 「국가보안법의 개폐논의와 관련하여」, 《저스티스》 제22권, 한국법학원, 1989, 84쪽(박원순b, 『국가보안법연구 3』, 194쪽에서 재인용).

중불해산죄, 전시공수계약불이행죄를 두는 것이 포함되어 있었다. 내란죄, 외환죄에 대한 선동·선전죄도 같은 취지로 마련된 것이었다.[28] 이 조항들은 현행 형법에 그대로 존재한다.

제5조 제1항은 국가보안법을 폐지할 경우 입법의 공백이 있을지도 모른다는 차원에서 가장 많이 논의되어 왔다. 그러나 제5조 제1항은 제4조 제1항 각호 행위를 지령 없이 자진하여 한 경우도 지령에 따른 것과 마찬가지로 위험하다는 이유로 제4조 제1항 각호와 같은 형으로 처벌하는 것에 불과하다. 제4조 제1항 제1호에서 제3호까지 행위는 위에서 본 것처럼 형법상 이미 처벌되는 것들이다. 제4호와 제5호 중 가벌성이 있는 행위는 형법상 처벌 규정이 있다. 그 밖에는 너무 광범위한 처벌이어서 명확성 원칙에 위배된다. 제6호 중 명백·현존 위험이 있어 처벌할 수 있는 경우는 내란 또는 외환의 선전·선동으로 처벌되고, 명백·현존 위험이 없는 경우는 처벌할 수 없는 것이다. 따라서 제5조 제1항은 가중처벌 이상의 의미가 없다. 더구나 '지령'이라는 객관적 요소가 없는데 '지원할 목적'이라는 내심을 이유로 지령이 있는 경우와 같이 중형에 처하는 것은 과잉처벌이어서 부당하다.

제5조 제2항 금품수수도 내란 또는 외환, 간첩행위의 일환이면 해당 형법 조항에 따라 내란 또는 외환, 간첩죄 또는 그 예비음모죄로 처벌하면 된다. 내란 또는 외환, 간첩행위 등과 관련된 것이 아니면 남북교류협력에 관한 법률이 승인 없이 물품 등을 반입하는 경우를 금지 처벌하므로 이에 따르면 될 뿐, 별도로 국가보안법에 규정할 필요가 없다.

결국 제4조, 제5조가 있어야만 처벌할 수 있는 것은 제4조 제1항 제4호 '기타 중요시설', '기타 물건', 제5호의 '국가기밀에 속하는 서류 또는

---

28 신동운b, 「형법과 국가보안법의 관계에 관하여─형법전의 제정 경위를 중심으로」, 11쪽; 정부제출 형법안 조문에 대해서는 신동운a, 『형사법령제정자료집(1) 형법』, 형사정책연구원, 1990, 17쪽 이하.

물품' 규정의 모호함 때문에 처벌범위가 너무 넓어 명확성의 원칙에 위배되는 경우, 제6호의 '선전·선동', '사회질서의 혼란을 조성할 우려가 있는 사항에 관하여 허위사실을 날조하거나 유포'한 것이 명백·현존 위험이 없는 경우여서 형사처벌이 표현의 자유를 침해하는 경우다. 이러한 처벌은 없어져야 할 것이지 대체입법이나 형법보완으로 계속 이어지게 할 수 없다.

(3) 제6조, 제8조

제6조 잠입·탈출, 제8조 회합·통신은 행위자가 간첩행위 등 범죄를 목적으로 한 것이면 형법 제92조 외환죄 또는 제98조 간첩죄의 예비·음모 등으로 처벌하면 될 일이고, 그렇지 않으면 모두 남북교류협력에 관한 법률에서 정한 대로 승인·신고절차를 거치도록 하고 위반 시 형사 처벌하거나 과태료를 부과할 대상에 지나지 않는다. 제6조, 제8조가 있어야만 처벌할 수 있는 가벌성 있는 행위는 존재하지 않는다.

(4) 제7조

국가보안법으로만 처벌할 수 있는 것의 핵심은 제7조 찬양·고무 등이다. 명백·현존 위험이 있는 표현과 표현물 관련 행위는 형법 제90조 또는 제101조 내란 또는 외환의 선전·선동으로 처벌하면 된다. 명백·현존 위험이 없는 표현을 처벌하는 것은 사상·양심의 자유와 표현의 자유에 대한 중대한 제한이다. 제7조가 있어야만 처벌할 수 있는 것은 바로 명백·현존 위험이 없는 표현이다. 이 처벌을 계속하기 위해 대체입법을 만들거나 형법을 보완하는 것은 위헌이다.

(5) 제9조

형벌은 사회생활에 불가결한 법익을 보호할 때에 다른 수단으로는 그 보호가 불가능할 경우에 한하여 최후적으로 적용되어야 한다. 형벌의 최후수단성 내지 보충성에 비추어 법익침해와 같은 사회적 갈등을 가해자와 피해자가 자율적으로 해결할 수만 있다면 이를 우선으로 하여야 하고, 그렇지 않을 때 비로소 국가형벌권이 행사되어야 한다. 형벌은 국가공권력에 의해 강제적으로 인간의 자유나 재산권을 박탈하는 것을 본질로 하는 가장 강력한 국가개입 수단이므로 함부로 행사되어서는 안 된다. 따라서 종래 형법에서 범죄로 규율하고 있는 행위에 대하여, 특별한 가중적 구성요건이 없는데도 다른 법률에 동종·유사 행위를 범죄로 규정함으로써 형사처벌의 범위를 확장해서는 안 된다.

제9조 편의제공은 국가보안법 위반행위에 대한 공범유형으로 성립하는 경우에만 처벌하면 족[29]하고 독립된 규정이 존재할 필요성은 없다. 제1항 무기제공에서 구체적인 범죄행위에 가공하는 경우는 형법 제95조(시설제공이적), 제97조(물건제공이적), 제99조(일반이적)의 공동정범, 방조범 등으로 처벌 가능하다. 제2항 무기 외 편의제공도 내란 또는 외환행위에 가공하는 것이면 내란 또는 외환의 예비·음모(형법 제90조, 제101조), 간첩행위에 가공하는 것이면 간첩방조(형법 제98조)로 처벌된다. 제3항 미수죄역시 형법의 미수범(제25조, 제89조, 제100조)으로 처벌 가능하다. 제4항 예비·음모죄는 '제3조 내지 제8조의 죄를 범한 자'에 대해 무기제공을 예비 또는 음모한 때에는 형법의 예비음모죄(제90조, 제101조)로 처벌할 수있으나, 예비단계에 불과한 '제3조 내지 제8조의 죄를 범하려는 자'에 대

---

[29] 박원순b, 『국가보안법연구 3』, 50쪽.

한 무기제공의 예비·음모는 생각에 대한 처벌로 위헌이다.

결국, 국가보안법 제9조가 있어야만 처벌 가능한 것은 범죄행위에 가공하지 않으면서 범죄행위자를 도와준 것에 그치는 경우, '제3조 내지 제8조의 죄를 범하려는 자'에 대한 무기제공의 예비·음모의 경우다. 가벌성이 없고 생각만으로 처벌하는 것이어서, 이 처벌을 유지하기 위해 대체입법이나 형법보완을 할 이유가 없다.

(6) 제10조

제10조 불고지죄는 형법에 처벌 규정이 없으나, 양심에 대한 중대한 침해로 위헌임이 명백하므로, 다른 대체입법을 하거나 형법으로 보완해서도 안 된다.

국가보안법	형법 등 관련법 규정
제3조(반국가단체의 구성 등) ○ 반국가단체 구성·가입죄(제1항) ① 반국가단체를 구성하거나 이에 가입한 자는 다음의 구별에 따라 처벌한다. 1. 수괴의 임무에 종사한 자는 사형 또는 무기징역에 처한다. 2. 간부 기타 지도적 임무에 종사한 자는 사형·무기 또는 5년 이상의 징역에 처한다. 3. 그 이외의 자는 2년 이상의 유기징역에 처한다.	○ 내란(국토의 전부 또는 일부에서 국가권력배제 또는 국헌문란) 목적 단체 구성이면 형법 제114조(범죄단체 등의 조직)로 처벌 가능하며 형량도 유사함. ○ 내란 예비·음모(형법 제90조 제1항), 선전·선동(제2항) 목적 단체도 형법 제114조로 처벌 가능.
○ 반국가단체 가입 권유죄(제2항) ② 타인에게 반국가단체에 가입할 것을 권유한 자는 2년 이상의 유기징역에 처한다.	○ 형법 제30조(공동정범), 제31조(교사범), 제32조(종범)로 처벌 가능.

○ 미수죄(제3항) ③ 제1항 및 제2항의 미수범은 처벌한다.	○ 형법 제25조(미수범), 제29조(미수범의 처벌), 제89조(내란 미수)로 처벌 가능.
○ 예비·음모죄(제4, 5항) ④ 제1항 제1호 및 제2호의 죄를 범할 목적으로 예비 또는 음모한 자는 2년 이상의 유기징역에 처한다. ⑤ 제1항 제3호의 죄를 범할 목적으로 예비 또는 음모한 자는 10년 이하의 징역에 처한다.	○ 형법 제90조(내란 예비, 음모, 선동, 선전)로 처벌 가능.
제4조 (목적수행)	
○ 목적수행죄(제1항) ① 반국가단체의 구성원 또는 그 지령을 받은 자가 그 목적수행을 위한 행위를 한 때에는 다음의 구별에 따라 처벌한다.	○ 형법상 범죄에 대한 가중 처벌 규정.
1. 형법 제92조(외환유치) 내지 제97조(물건 제공이적)·제99조(일반이적)·제250조제2항(존속살해)·제338조(강도 살인·치사) 또는 제340조 제3항(해상강도 살상)에 규정된 행위를 한 때에는 그 각 조에 정한 형에 처한다.	○ 형법과 처벌 대상 및 법정형 같음.
2. 형법 제98조(간첩)에 규정된 행위를 하거나 국가기밀을 탐지·수집·누설·전달하거나 중개한 때에는 다음의 구별에 따라 처벌한다. 가. 군사상 기밀 또는 국가기밀이 국가안전에 대한 중대한 불이익을 회피하기 위하여 한정된 사람에게만 지득이 허용되고 적국 또는 반국가단체에 비밀로 하여야 할 사실, 물건 또는 지식인 경우에는 사형 또는 무기징역에 처한다. 나. 가목 외의 군사상 기밀 또는 국가기밀의 경우에는 사형·무기 또는 7년 이상의 징역에 처한다.	○ 판례상 형법 제98조 간첩죄 대상과 국가보안법 제4조 제1항 제2호의 국가기밀을 동일하게 해석(대법원 71도1498, 82도3036)하므로, 처벌 대상은 형법 제98조와 중복되고 법정형만 가중됨.

3. 형법 제115조·제119조 제1항·제147조·제148조·제164조 내지 제169조·제177조 내지 제180조·제192조 내지 제195조·제207조·제208조·제210조·제250조 제1항·제252조·제253조·제333조 내지 제337조·제339조 또는 제340조 제1항 및 제2항에 규정된 행위를 한 때에는 사형·무기 또는 10년 이상의 징역에 처한다.	○ 형법상 범죄에 대한 단순 가중처벌 조항.
4. 교통·통신, 국가 또는 공공단체가 사용하는 건조물 기타 중요시설을 파괴하거나 사람을 약취·유인하거나 함선·항공기·자동차·무기 기타 물건을 이동·취거한 때에는 사형·무기 또는 5년 이상의 징역에 처한다.	○ '중요시설 파괴'는 형법 제96조(시설파괴이적: 적국을 위하여 전조에 기재한 군용시설 기타 물건을 파괴하거나 사용할 수 없게 한 경우), 제115조(소요죄: 다중이 집합하여 폭행·협박 또는 손괴한 경우), 제367조(공익건조물파괴죄: 공익에 공하는 건조물을 파괴한 경우)로 처벌 가능하고, 국가보안법으로 가중처벌할 뿐임. 그 외에는 가벌성 적고 명확성 원칙 위배됨. ○ '약취·유인'은 형법 제287조 내지 294조(약취와 유인의 죄)로 처벌 가능. ○ '물건 이동·취거'는 형법 제366조(손괴죄: 타인의 재물·문서 또는 전자기록 등 특수매체기록을 손괴 또는 은닉 기타 방법으로 그 효용을 해한 경우), 제369조(특수손괴죄), 제185조(일반교통방해죄), 제186조(기차 등 교통방해죄)로 처벌 가능. 그 외에는 가벌성 적고 명확성 원칙 위배됨.
5. 형법 제214조 내지 제217조·제257조 내지 제259조 또는 제262조에 규정된 행위를 하거나 국가기밀에 속하는 서류 또는 물품을 손괴·은닉·위조·변조한 때에는 3년 이상의 유기징역에 처한다.	○ 전단은 형법상 범죄에 대한 단순 가중처벌 조항. ○ 후단 '국가기밀에 속하는 서류 또는 물품을 손괴·은닉·위조·변조한 때'는 형법 제141조 제1항(공용서류등무효죄), 제225조 내지 제237조의 2(문서에 관한 죄), 제366조(재물·문서 등 손괴죄) 행위 대상이 국가기밀일 때 가중처벌 조항임.

6. 제1호 내지 제5호의 행위를 선동·선전하거나 사회질서의 혼란을 조성할 우려가 있는 사항에 관하여 허위사실을 날조하거나 유포한 때에는 2년 이상의 유기징역에 처한다.	○ 명백·현존 위험 있으면 내란, 외환에 대한 형법 제90조, 제101조(예비, 음모, 선동, 선전)로 처벌 가능. ○ 명백·현존 위험 없으면 표현의 자유 침해로 처벌은 위헌.
○ 미수죄(제2항) ② 제1항의 미수범은 처벌한다.	○ 형법 제25조, 제89조, 제100조로 처벌 가능.
○ 예비·음모죄(제3, 4항) ③ 제1항 제1호 내지 제4호의 죄를 범할 목적으로 예비 또는 음모한 자는 2년 이상의 유기징역에 처한다. ④ 제1항 제5호 및 제6호의 죄를 범할 목적으로 예비 또는 음모한 자는 10년 이하의 징역에 처한다.	○ 내란, 외환에 대한 형법 제90조, 제101조(예비, 음모, 선동, 선전)로 처벌 가능.
제5조 (자진지원·금품수수) ○ 자진지원죄(제1항) ① 반국가단체나 그 구성원 또는 그 지령을 받은 자를 지원할 목적으로 자진하여 제4조 제1항 각호에 규정된 행위를 한 자는 제4조 제1항의 예에 의하여 처벌한다.	○ 제4조 제1항 제1호-제3호, 제4호·제5호 중 가벌성 있는 행위는 모두 형법상 처벌 규정 있어, 지령 없이 자진하여 한 경우에도 처벌됨. ○ 제4조 제1항 제6호는 명백·현존 위험 있으면 지령 없이 자진하여 한 경우에도 내란, 외환에 대한 형법 제90조, 제101조(예비, 음모, 선동, 선전)로 처벌 가능. 명백·현존 위험 없으면 표현의 자유 침해로 처벌은 위헌.
○ 금품수수죄(제2항) ② 국가의 존립·안전이나 자유민주적 기본질서를 위태롭게 한다는 정을 알면서 반국가단체의 구성원 또는 그 지령을 받은 자로부터 금품을 수수한 자는 7년 이하의 징역에 처한다.	○ 금품수수가 내란 또는 외환, 간첩 등 목적이면 형법 제89조, 100조(미수), 제90조, 제101조(예비, 음모)로 처벌 가능. ○ 내란 또는 외환, 간첩 등 목적 없으면 남북교류협력법상 승인·신고하지 않을 경우 제27조 형사처벌 가능. ○ 그 외 목적이면 일반적 행동자유권 영역으로 가벌성 없음.
○ 미수죄(제3항) ③ 제1항 및 제2항의 미수범은 처벌한다.	○ 내란 또는 외환 등 목적이면 형법의 미수죄(제25조, 제89조, 제100조)로 처벌 가능.

○ 예비·음모죄(제4항) ④ 제1항의 죄를 범할 목적으로 예비 또는 음모한 자는 10년 이하의 징역에 처한다.	○ 내란 또는 외환 등 목적이면 형법 제90조, 제101조(예비, 음모)로 처벌 가능.
제6조 (잠입·탈출) ○ 단순잠입·탈출(제1항) ① 국가의 존립·안전이나 자유민주적 기본질서를 위태롭게 한다는 정을 알면서 반국가단체의 지배하에 있는 지역으로부터 잠입하거나 그 지역으로 탈출한 자는 10년 이하의 징역에 처한다.	○ 승인(남한 주민) 또는 신고(재외국민) 없이 북한 방문 시 출입국관리법 제93조의2 내지 제95조, 남북교류협력에 관한 법률 제9조(남북한 방문) 위반으로 제27조(벌칙-남한 주민), 제28조의2(과태료-재외국민) 적용 가능. ○ 승인 또는 신고 시에도 국가보안법 제6조 처벌은 거주·이전의 자유 침해, 평화통일원리 위배로 위헌.
○ 특수잠입·탈출(제2항) ② 반국가단체나 그 구성원의 지령을 받거나 받기 위하여 또는 그 목적수행을 협의하거나 협의하기 위하여 잠입하거나 탈출한 자는 사형·무기 또는 5년 이상의 징역에 처한다.	○ 내란 또는 외환 목적이면 형법 제90조, 제101조(예비, 음모)로 처벌 가능. 간첩 목적이면 제101조(예비, 음모)로 처벌 가능.
○ 미수죄(제4항) ④ 제1항 및 제2항의 미수범은 처벌한다.	○ 출입국관리법 제99조(미수범 등)에 의해 미수범 및 예비·음모죄 처벌 가능.
○ 예비·음모죄(제5, 6항) ⑤ 제1항의 죄를 범할 목적으로 예비 또는 음모한 자는 7년 이하의 징역에 처한다. ⑥ 제2항의 죄를 범할 목적으로 예비 또는 음모한 자는 2년 이상의 유기징역에 처한다.	○ 내란 또는 외환 목적이면 형법 제90조, 제101조(예비, 음모)로 처벌 가능. 간첩 목적이면 제101조(예비, 음모)로 처벌 가능.
제7조 (찬양·고무 등) ○ 찬양·고무·선전·선동 등(제1항) ① 국가의 존립·안전이나 자유민주적 기본질서를 위태롭게 한다는 정을 알면서 반국가단체나 그 구성원 또는 그 지령을 받은 자의 활동을 찬양·고무·선전 또는 이에 동조하거나 국가변란을 선전·선동한 자는 7년 이하의 징역에 처한다. ② 삭제[1991·5·31]	○ 내란 또는 외환 목적으로 폭동 또는 전단 불러올 명백·현존 위험 있는 표현이면 형법 제90조, 제101조(선전, 선동)로 처벌 가능. ○ 명백·현존 위험 없는 표현 처벌은 사상·양심의 자유, 표현의 자유 침해로 위헌(제7조 각항에 공통).

○ 이적단체구성가입(제3항) ③ 제1항의 행위를 목적으로 하는 단체를 구성하거나 이에 가입한 자는 1년 이상의 유기징역에 처한다.	○ 내란 또는 외환 선전 등 목적 단체구성으로 명백·현존 위험 있으면 '내란 또는 외환 선전, 선동죄 범할 목적'의 형법 제114조(범죄단체 조직가입죄)로 처벌 가능.
○ 허위사실날조유포(제4항) ④ 제3항에 규정된 단체의 구성원으로서 사회질서의 혼란을 조성할 우려가 있는 사항에 관하여 허위사실을 날조하거나 유포한 자는 2년 이상의 유기징역에 처한다.	○ 내란 또는 외환 목적으로 명백·현존 위험 있는 표현이면 형법 제90조, 제101조(예비, 음모, 선전, 선동)로 처벌 가능. ○ 타인의 명예를 훼손하면 형법 제307조 제1항(허위사실적시 명예훼손), 제308조(사자의 명예훼손), 제309조 제2항(출판물 등에 의한 허위사실적시 명예훼손)으로 처벌 가능.
○ 이적표현물취득 등(제5항) ⑤ 제1항·제3항 또는 제4항의 행위를 할 목적으로 문서·도화 기타의 표현물을 제작·수입·복사·소지·운반·반포·판매 또는 취득한 자는 그 각항에 정한 형에 처한다.	○ 내란 또는 외환 목적으로 명백·현존 위험 있으면 형법 제90조, 제101조(예비, 음모, 선전, 선동)로 처벌 가능.
○ 미수죄(제6항) ⑥ 제1항 또는 제3항 내지 제5항의 미수범은 처벌한다.	○ 내란 또는 외환 목적으로 명백·현존 위험 있으면 형법의 미수범(제25조, 제89조, 제100조)으로 처벌 가능.
○ 예비·음모죄(제7항) ⑦ 제3항의 죄를 범할 목적으로 예비 또는 음모한 자는 5년 이하의 징역에 처한다.	○ 내란 또는 외환 목적으로 명백·현존 위험 있으면 형법의 예비·음모(제90조, 제101조)로 처벌 가능.
제8조 (회합·통신 등) ○ 회합·통신죄(제1항) ① 국가의 존립·안전이나 자유민주적 기본질서를 위태롭게 한다는 정을 알면서 반국가단체의 구성원 또는 그 지령을 받은 자와 회합·통신 기타의 방법으로 연락을 한 자는 10년 이하의 징역에 처한다.	○ 승인 없이 회합·통신 시 남북교류협력에 관한 법률 제9조의2(남북한 주민 접촉), 제13조(반출·반입의 승인), 제17조(협력사업의 승인), 제20조(수송장비의 운행) 위반으로 제27조(벌칙), 제28조의2(과태료) 적용 가능. ○ 반국가단체의 구성원 또는 그 지령을 받은 자와 회합·통신 시 내란 또는 외환 목적이면 형법 제90조, 제101조(예비, 음모)로, 회합·통신으로 국가기밀정보를 제공하면 제98조(간첩)로 처벌 가능.

○ 미수죄(제3항) ③ 제1항의 미수범은 처벌한다.	○ 형법의 미수범(제25조, 제89조, 제100조)으로 처벌 가능.
제9조 (편의제공) ○ 무기등 편의제공죄(제1항) ① 이 법 제3조 내지 제8조의 죄를 범하거나 범하려는 자라는 정을 알면서 총포·탄약·화약 기타 무기를 제공한 자는 5년 이상의 유기징역에 처한다.	○ 범죄에 가공하는 가벌성 있는 편의제공은 형법 제30조(공동정범), 제31조(교사범) 제32조(종범), 제34조(간접정범, 특수한 교사, 방조에 대한 형의 가중)에 따라 각 범죄에 정한 형으로 처벌 가능. ○ 외환 관련 편의제공은 형법 제95조(시설제공 이적), 제97조(물건제공 이적), 제99조(일반이적)로 처벌 가능. ○ 그 외 편의제공은 범죄에 대한 가공이라 할 수 없거나 가벌성 없어 처벌 필요 없음.
○ 일반편의제공죄(제2항) ② 이 법 제3조 내지 제8조의 죄를 범하거나 범하려는 자라는 정을 알면서 금품 기타 재산상의 이익을 제공하거나 잠복·회합·통신·연락을 위한 장소를 제공하거나 기타의 방법으로 편의를 제공한 자는 10년 이하의 징역에 처한다. 다만, 본범과 친족관계가 있는 때에는 그 형을 감경 또는 면제할 수 있다.	○ 내란 또는 외환 목적의 편의제공은 형법 제90조, 제101조(예비, 음모)로 처벌 가능. ○ 간첩행위에 가공한 편의제공은 형법 제32조(종범)에 따라 제98조(간첩)의 방조범으로, 간첩죄와 동일한 형(사형, 무기 또는 7년 이상의 징역)으로 처벌 가능. ○ 구금된 자를 탈취하거나 도주하도록 원조하면 형법 제147조(도주원조죄)나 제151조(범인은닉죄: 벌금 이상의 형에 해당하는 죄를 범한 자를 은닉 또는 도피하게 한 경우)로 처벌 가능. ○ 범행을 위한 회합·통신·연락을 위한 장소 제공은 형법이나 특별법 처벌규정의 공동정범 또는 방조범으로 처벌 가능.
○ 미수죄(제3항) ③ 제1항 및 제2항의 미수범은 처벌한다.	○ 형법의 미수범(제25조, 제89조, 제100조)으로 처벌 가능.

○ 예비·음모죄(제4항) ④ 제1항의 죄를 범할 목적으로 예비 또는 음모한 자는 1년 이상의 유기징역에 처한다.	○ 실행행위에 가공한 것이면 형법의 예비·음모죄(제90조, 제101조)로 처벌 가능. ○ 예비단계에 불과한 '제3조 내지 제8조의 죄를 범하려는 자'에 대한 방조를 처벌하는 1항에 대한 예비, 음모 처벌은 생각에 대한 처벌로 위헌.
제10조 (불고지) 제3조, 제4조, 제5조 제1항·제3항(제1항의 미수범에 한한다)·제4항의 죄를 범한 자라는 정을 알면서 수사기관 또는 정보기관에 고지하지 아니한 자는 5년 이하의 징역 또는 200만 원 이하의 벌금에 처한다. 다만, 본범과 친족관계가 있는 때에는 그 형을 감경 또는 면제한다.	○ 타율법에 관련 규정 없으나 사상·양심의 자유에 대한 중대한 침해로 폐지되어야 함.
제11조 (특수직무유기) 범죄수사 또는 정보의 직무에 종사하는 공무원이 이 법의 죄를 범한 자라는 정을 알면서 그 직무를 유기한 때에는 10년 이하의 징역에 처한다. 다만, 본범과 친족관계가 있는 때에는 그 형을 감경 또는 면제할 수 있다.	○ 형법 제122조(직무유기)로 처벌 가능. 국가보안법이 법정형을 가중했을 뿐.
제12조 (무고, 날조) ○ 무고, 위증, 날조, 인멸, 은닉죄(제1항) ① 타인으로 하여금 형사처분을 받게 할 목적으로 이 법의 죄에 대하여 무고 또는 위증을 하거나 증거를 날조·인멸·은닉한 자는 그 각 조에 정한 형에 처한다.	○ 국가보안법 남용 막기 위한 조항이나 실제 적용사례 거의 없음. 형법 제156조(무고), 제152조(위증, 모해위증), 제155조(증거인멸 등)라도 제대로 적용되게 해야 함.
○ 직권 남용(제2항) ② 범죄수사 또는 정보의 직무에 종사하는 공무원이나 이를 보조하는 자 또는 이를 지휘하는 자가 직권을 남용하여 제1항의 행위를 한 때에도 제1항의 형과 같다. 다만, 그 법정형의 최저가 2년 미만일 때에는 이를 2년으로 한다.	○ 공안수사기관의 국가보안법 남용 막기 위한 조항이나 실제 적용 안 됨. 형법 제156조(무고), 제152조(위증, 모해위증), 제155조(증거인멸 등)에 관한 제135조(공무원의 직무상 범죄에 대한 형의 가중)라도 제대로 적용되게 해야 함.

제13조 (특수가중)

이 법, 군형법 제13조·제15조 또는 형법 제2편 제1장 내란의 죄·제2장 외환의 죄를 범하여 금고 이상의 형의 선고를 받고 그 형의 집행을 종료하지 아니한 자 또는 그 집행을 종료하거나 집행을 받지 아니하기로 확정된 후 5년이 경과하지 아니한 자가 제3조제1항제3호 및 제2항 내지 제5항, 제4조제1항제1호중 형법 제94조제2항·제97조 및 제99조, 동항제5호 및 제6호, 제2항 내지 제4항, 제5조, 제6조제1항 및 제4항 내지 제6항, 제7조 내지 제9조의 죄를 범한 때에는 그 죄에 대한 법정형의 최고를 사형으로 한다.

○ 국가보안법 제13조(특수가중)로 국가보안법 재범이면 일률적으로 사형 선고 위험.

○ 친족 불고지로 5년 이하 징역형 받은 자가 친족 편의제공(10년 이하 징역, 임의적 감면) 재범 시에도 법정형이 사형까지 올라감.

○ 책임과 형벌의 비례원칙 위배, 헌법 제11조 생명권 극단적 침해로 폐지되어야 함.

○ 표현물소지 등 죄 부분은 헌법재판소 위헌선언으로 효력 상실.
[단순위헌, 2002헌가5, 2002. 11. 28. 국가보안법(1980. 12. 31. 법률 제3318호로 전문개정된 것) 제13조 중 "이 법, 군형법 제13조·제15조 또는 형법 제2편 제1장 내란의 죄·제2장 외환의 죄를 범하여 금고 이상의 형의 선고를 받고 그 형의 집행을 종료하지 아니한 자 또는 그 집행을 종료하거나 집행을 받지 아니하기로 확정된 후 5년이 경과하지 아니한 자가 … 제7조 제5항, 제1항의 죄를 범한 때에는 그 죄에 대한 법정형의 최고를 사형으로 한다." 부분은 헌법에 위반된다.]

4. 대체입법이나 형법보완이 필요하다는 주장들

1980년대 말 이후 국가보안법 개폐 논의가 제기되면 언제나 '처벌의 공백'을 우려하여 국가보안법 존치론 및 소폭개정론, 대체입법론 및 폐지 후 형법보완론이 제기되었다. 국가보안법 존치론자나 소폭개정론자들은 완전폐지는 물론 대체입법 또는 형법보완 구상에도 동의하지 않았다. 이후 국가보안법 폐지 주장에 대한 '부동의의 정서'는 '처벌의 공백' 반문으로 바뀌었다. 처벌의 공백이 생긴다는 우려를 수용한 대안이 대체입법론과 폐지 후 형법보완론이지만, 존치론자나 소폭개정론자들은 이런 대안조차 위험하다고 주장해왔다.[30] 그러나 대체입법도 형법보완도 해서는 안 된다. 대체입법이나 형법보완은 생각과 말이 자유로워야 할 공간을 국가보안법 아닌 다른 법률의 이름으로 또다시 없애자는 주장일 뿐이다.

(1) 민주질서보호법 대체입법론

1980년대 말부터 국가보안법 폐지 주장이 커지자, 1989년 12월 4일 당시 야당인 평민당은 국가보안법을 폐지하자는 주장과 함께 대체법률로 '민주질서보호법(안)'을 발의하였다.

박상천 의원 등 4인 외 67인이 발의한 민주질서보호법안은 국가보안법 일부 조항의 구성요건의 불명확성을 일부 덜어내는 내용이었으나, 여전히 표현을 처벌 대상으로 하고 있어 국가보안법 폐지의 취지에 미치지 못하는 안이었다. 민주질서보호법안은 제안 이유를 통해 "폐쇄사회적 골격의 현행 국가보안법을 폐지하고 개방사회, 민주사회에 대응하는 새로운 골격의 안보법규로 대체하는 법률안"임을 천명하면서, 북한과 공산권에 대한 개방정책 시행 및 우리 사회의 개방화, 민주화와 함께 국가보안법 폐지가 불가피하다고 하였다. 그러나 한편 "국가보안법이 폐지될 경우에는 현재의 형법과 다른 형사특별법만으로는 국가의 안전을 확보하는 데 허점이 생기는 것이 사실"이라는 것이 민주질서보호법안의 전제였다. 그 근거는 "우리나라 형사법 체계를 보면, 형법과 다른 형사특별법에서는 국가의 안전에 관한 폭력적, 물리적 공격을 처벌하고 있고 비폭력적, 정치적 국가전복활동은 주로 국가보안법에 의존하고 있어서, 국가보안법이 완전히 폐지

---

30 심희기·이석수, 위의 글, 11-12쪽.

될 경우에는 '직접적으로 폭력에 호소하지 않는 국가전복을 위한 선전활동'에 대처할 수 없다."는 것이었다.

이 논지에 따라 민주질서보호법안은 '민주질서위해의 죄'[31]로 당시 국가보안법 제7조의 상당 부분을 유지하는 한편, "학문, 예술의 연구나 역사의 기술에 목적을 두는 행위 또는 이와 같은 성질의 행위"에 대하여는 처벌하지 않는 방식의 규정을 두었다. 그러나 비폭력적 선전활동은 국민의 정치적 의사표현의 자유의 하나일 뿐이어서, 원칙적으로 규제대상이 되어서는 안 된다. 정치적으로 국가전복을 꾀하는 활동이란 결국 국민 다수의 의사에 따라 선거를 통해 사회 체제를 바꿔나가는 것일 텐데, 헌법 제정권력인 국민의 뜻이 그러하다면 이를 막는 것이 오히려 헌법 위반이다. 행동이 아닌 말은 명백·현존 위험이 있는 경우에만 처벌할 수 있다. 내란 예비·음모에도 이르지 않은, 말만 있는 상태인 내란 선전·선동을 처벌하는 경우가 바로 이것이다. 명백·현존 위험의 원칙은 내란 선전·선동 이외에 말을 처벌하는 다른 규정을 허용하지 않는다.

'민주질서위해죄' 안에 대해서는 여러 문제점이 지적되었다. 첫째, 기존의 국가보안법 규정과 마찬가지로 대단히 추상적이고 모호하여 죄형법정주의에 어긋난다는 것이다. 즉 '국가의 안전을 침해할 목적'이 무엇인지, '허위의 사실을 조작'한다는 표현에서 어디까지가 처벌되는 허위인지 또

---

31 1989. 12. 4. 박상천 의원 등 4인 외 67인 발의, 민주질서보호법안 제4조(민주질서위해의 죄) ① 국가의 안전을 침해할 목적으로 다음의 행위를 한 자는 7년 이하의 징역 또는 금고에 처한다.
대한민국의 국가로서의 존재를 부인할 것을 선전하거나 헌법의 민주적 기본질서를 폐기할 것을 선전하여 국가의 안전을 위해하는 행위
허위의 사실을 조작하여 대한민국에 적대하는 국가 또는 국가에 준하는 집단의 적대적 활동을 선전하여 국가의 안전을 위해하는 행위
② 제1항에 규정된 행위를 목적으로 하는 단체를 결성하거나 그 정을 알고 이에 가입한 자는 1년 이상의 유기징역 또는 유기금고에 처한다.
③ 제1항 및 제2항의 미수범은 처벌한다.
④ 제1항 및 제2항의 죄를 범할 목적으로 예비 또는 음모한 자는 3년 이하의 징역 또는 금고에 처한다.
⑤ 학문, 예술의 연구나 역사의 기술에 목적을 두는 행위 또는 이와 같은 성질의 행위에 대하여는 제1항은 적용되지 아니한다.

는 허위사실이 조금이라도 있다고 정부 당국이 판단하면 처벌되는 것인지, '국가의 안전을 위해하는 행위'는 무엇인지 전혀 알 길이 없다는 것이다. 이와 같은 구성요건의 불명확성은 사법부와 검찰의 의식과 관행이 별로 달라지지 않은 현재의 시점에서 국가보안법 운용이 과거 경험에서와 마찬가지로 수사기관과 사법부의 자의에 내맡기게 되는 결과를 초래하게 되고, 이것이야말로 또 하나의 '백지형법'이라는 것이다.[32]

둘째, '직접 폭력에 호소하지 않는 국가전복 선전활동'에 대하여 형벌로써 규제하는 것이 과연 바람직한가 하는 점이다. 비폭력적 선전활동은 국민의 정치적 의사표현의 자유 범위 안에 있고, 만약 이것을 문제 삼는다면 사상의 자유와 표현의 자유를 비롯한 국민의 기본권을 유린할 가능성이 높기 때문이다. 더구나 단순히 비폭력적인 선전활동에 그치고 있는 것이라면 폭력적인 방향으로 나아갈 때 처벌해도 늦지 않다. 그것으로도 국가안보와 사회질서는 얼마든지 지켜질 수 있기 때문이다. 아직 개인적이고 원초적인 의사표현의 단계에서 표현의 사소한 내용을 문제 삼는다면 민주주의는 질식당하게 된다는 것이다. 무엇보다도 민주주의는 다양한 사상과 견해의 발표와 자유로운 토론에 그 생명을 두고 있기 때문이다. 아무리 그 내용이 기존질서에 배치되고 정부 의견에 반대되는 것이라고 하더라도 자유로운 토론과 비판에 의하여 극복되는 것이 민주주의의 원리에 부합하는 것이다.[33]

그 밖에 민주질서보호법안은 국가보안법을 폐지하면 "형법의 간첩죄 규정의 미비로 '첩보활동'에 대한 대처가 미흡하게 된다."는 이유로 당시

---

32 최병모, 「국가보안법의 개폐방향」, 『국가보안법대토론회 자료집』, 민주사회를 위한 변호사모임 외, 1991. 5. 3., 24쪽(박원순b, 『국가보안법연구 3』, 209쪽에서 재인용).

33 김선수, 「국가보안법 총괄발제」, 「국가보안법 완전 철폐를 위한 토론회 발제문」, 민가협 외, 1990. 10., 82쪽.

국가보안법 제4조의 국가기밀탐지·수집 등 죄를 큰 변화 없이 옮겨두고 있었다.[34] 이에 대해서는 '국가의 안전에 대한 중대한 불이익', '한정된 인원', '비밀로 하여야 할 사실' 등 쉽게 규정되지 않는 의미를 사용함으로써 남용의 가능성이 여전히 남는다[35]는 비판이 있는 등, 폐지론으로부터 상당한 비판이 가해졌다. 그 외에 민주질서보호법안은 특별형사소송규정 중 공소보류, 상금 규정까지도 그대로 존속시키고 있었다.

한편 당시 여당인 민자당에서는 1990년 3월 14일 '국가보안법 중 개정 법률안'을 발의하였다. 위 개정안에 대한 수정안이 1991년 5월 10일 개정된 국가보안법이다.[36] 민주질서보호법안은 1993년 5월 20일 박상천 의원 등 94인에 의하여 다시 발의되었으나 역시 폐기되었다.

(2) 형법보완론

2004년 노무현 정부와 열린우리당, 민주노동당이 국가보안법 폐지를 추진하고, 국가인권위원회도 8월 24일 국가기관으로는 최초로 법무부 장관과 국회의장에게 국가보안법의 폐지를 권고했다. "제정과 개정의 과정에서 국민적 합의와 절차적 정당성이 결여되어 법률의 규범력이 부족하고, 사상과 양심의 자유, 표현의 자유 등 인간의 존엄성을 해할 소지가 크

---

34 박상천 의원 등 4인 외 67인 1989. 12. 4. 발의 민주질서보호법안 제2조(정의) ⑥ 이 법에서 '군사기밀'이라 함은 국가의 안전에 대한 중대한 불이익을 회피하기 위하여 한정된 인원에게만 지득이 허용되고 다른 국가 또는 국가에 준하는 집단에 대하여 비밀로 하여야 할 사실, 물건 또는 지식을 말한다.
제3조(국가기밀탐지·수집의 죄) ① 대한민국에 적대하는 국가 또는 국가에 준하는 집단을 위하여 국가기밀을 탐지·수집·전달·중개하거나 누설한 자 또는 이러한 행위를 방조한 자는 사형, 무기 또는 7년 이상의 징역에 처한다.

35 김선수, 「국가보안법 총괄발제」, 국가보안법 완전철폐를 위한 토론회 발제문, 민주화실천가족운동협의회 외, 1990. 10., 80쪽(박원순b, 『국가보안법연구 3』, 211쪽에서 재인용).

36 김도형, 「사회주의노동자연합 사건」, 『2008-2010 국가보안법 보고서』, 민주사회를 위한 변호사모임 국가보안법 연구모임 편저, 민주사회를 위한 변호사모임, 2011, 336쪽.

며, 형법 법규로 의율이 가능하다."는 등의 이유다. 노무현 대통령은 9월 5일 방송 인터뷰에서 "낡은 유물은 폐기하고 칼집에 넣어 박물관으로 보내는 게 좋지 않겠나."며 국가보안법 폐지를 역설했다.[37] 열린우리당 내에는 국가보안법을 둘러싸고 개정, 대체입법, 완전폐지 등의 입장으로 의원들이 나뉘어 있었다. 이런 여러 분파들의 입장은 10월 17일 의원총회에서 '형법보완 후 국가보안법 폐지'라는 입장으로 당론을 채택하면서 정리된다.[38]

2004년 열린우리당이 제시한 형법보완 내용은, 형법에 '내란목적단체조직죄'를 신설[39]하고 그 미수와 예비·음모, 선전·선동도 처벌하며, 간첩죄의 '적국'을 '외국 또는 외국인의 단체'로 바꾸는 것이었다. 제안 이유는 "국가보안법을 폐지하되, 국가안보를 공고히 유지하기 위하여 규제대상으로 유지하여야 할 사항은 기본법인 형법을 보완하여 대한민국의 헌법 질서를 침해하는 행위에 단호히 대처하고 국가의 안전과 국민의 생존과 자유를 보장하는 데 만전을 기하고자 함"이었다.

국회에서 국가보안법 폐지를 주장하는 세력이 별도의 형사특별법으로서 대체입법안이 필요하다는 관념에 더 이상 얽매이지 않게 된 것은 진전이라 할 수 있다. 그러나 먼저, 내란목적단체조직죄 신설은 오히려 국가

---

37 박래군, 「국가보안법 폐지 국면을 주체적으로 준비하기 위한 제언」, 『2008-2010 국가보안법 보고서』, 민주사회를 위한 변호사모임 국가보안법 연구모임 편저, 민주사회를 위한 변호사모임, 2011, 114쪽.

38 박래군, 「국가보안법 폐지 국면을 주체적으로 준비하기 위한 제언」, 117쪽.

39 최재천 의원 등 150인 2004. 10. 20. 발의 형법 중 개정법률안
제87조의2(내란목적단체조직) 국토를 참절하거나 국헌을 문란하고자 폭동할 것을 목적으로 하는 결사 또는 집단으로서 지휘통솔체계를 갖춘 단체를 구성하거나 이에 가입한 자는 제87조의 구별에 의하여 처벌한다. 다만, 형을 감경할 수 있다.
제89조(미수범) 제87조 내지 제88조의 미수범은 처벌한다.
제90조(예비, 음모, 선전, 선동) ① 제87조 내지 제88조의 죄를 범할 목적으로 예비 또는 음모한 자는 3년 이상의 유기징역이나 유기금고에 처한다. 단, 그 목적한 죄의 실행에 이르기 전에 자수한 때에는 그 형을 감경 또는 면제한다.
② 제87조 내지 제88조의 죄를 범할 것을 선동 또는 선전한 자도 전항의 형과 같다.

518   헌법 위의 악법 2

보안법이 처벌하지 않는 단체조직 선전·선동까지 처벌하는 것이어서 국가보안법 폐지의 취지에 어긋난다. 형법은 이미 공안을 해하는 죄의 하나로 범죄단체 등 조직죄[40]를 두고 있다. 범죄단체 등 조직죄는 법정형이 사형, 무기, 장기 4년 이상의 징역에 해당하는 범죄를 목적으로 하는 단체 또는 집단에 대해 적용되는데, 형법개정안의 내란목적단체의 '국토를 참절하거나 국헌을 문란하고자 폭동할 것'이라는 단체목적사항은 내란죄 구성요건 그대로다. 따라서 위 내란목적단체조직죄 자체는 이미 범죄단체 등 조직죄에 의하여 처벌 대상으로 한 것을 다시 중복 규정한 것뿐이다. 결국위 형법개정안으로 바꾸려는 것은, 일반 범죄단체조직과 달리 내란목적단체조직은 그 미수, 예비·음모, 선전·선동도 처벌한다는 것이다. 이미 행동에 들어가 위험이 발생한 것도 아니고, 위험을 사전에 방지하기 위하여 조직구성을 처벌하는 것인데, 조직구성의 미수, 예비·음모 처벌에서 더 나아가 조직구성의 선전·선동까지 처벌단계를 앞당길 필요가 있는지 의문이다. 형법이 내란 선전·선동을 처벌 대상으로 한 것은, 내란은 구체적인 폭동을 발생시키는 것이어서 예비·음모 단계에 이르지 않은 선전·선동도 처벌 필요성이 있다는 논리다. 형법상 내란 선전·선동죄가 구체성의 요건을 충족하지 않은 행위에 대해서도 너무 넓게 적용되고 있다는 비판[41]과

---

40 형법 제114조(범죄단체 등의 조직) 사형, 무기 또는 장기 4년 이상의 징역에 해당하는 범죄를 목적으로 하는 단체 또는 집단을 조직하거나 이에 가입 또는 그 구성원으로 활동한 사람은 그 목적한 죄에 정한 형으로 처벌한다. 다만, 형을 감경할 수 있다.

41 '이석기 의원 등 내란음모사건'에서 대법원 소수의견은 다음과 같이 판시하였다. "내란선동은 내란범죄의 실행행위에 이르지 아니함은 물론 준비행위에도 이르지 아니한 것으로서 단지 언어적인 표현행위일 뿐이므로 내란음모죄와 마찬가지로 그 행위에 대한 평가 여하에 따라서는 적용범위가 무한히 확장될 가능성이 있고, 그러한 경우에는 표현의 자유를 위축시키고 죄형법정주의 원칙에도 위배될 우려가 크다. 더욱이 내란음모죄와 달리 '2인 이상의 합의'를 필요로 하지 아니하는 내란선동죄에서의 선동은 선동자가 일방적으로 한 언어적 표현행위에 불과하고 피선동자가 현실적으로 영향을 받을 것을 요건으로 하지도 아니한다는 측면에서 내란선동죄는 내란음모죄보다도 그 성립범위가 지나치게 확장될 우려가 더 크다. 아울러 내란선동은 대개 내란음모의 전 단계에 위치하는 것으로서 내란음모보다 내란의 직접적인 실현 가능성이 높지 아니함에도 형법은 내란선동죄를 내란음모죄와 동일한 법정형으로 규정하고 있는 점에서도, 내란선동죄는 내란음모죄에 상응한 정도의 위험성이 있는 경우에 한하여 그 범죄 성립을 인정하여야 하고, 이를 위하여는 그 구성요건을 객관적인 기준에 의하여 더욱 엄격하게 해석·적용할 필요가 있다.", "다수의견에 따르면 정치체제에 대한 불만

개정 논의[42]가 있다는 점은 뒤로 하고라도, 내란 목적 단체조직 선전·선동은 내란 선전·선동보다 훨씬 앞선 사전단계다. 단체 구성이나 가입은 행동의 예비·음모 단계에도 이르지 않은 것이고 내란 선전·선동도 없는 상태인데, 단체조직 등을 선전·선동했다 하여 형사처벌하는 것은 지나치다.

무엇보다, 국가보안법 제3조도 반국가단체 구성·가입의 예비·음모까지만 처벌 대상으로 할 뿐, 선전·선동까지는 처벌 대상으로 하지 않았다. 위 형법개정안이 '결사의 자유를 과도하게 제약하는 종래의 반국가단체구성죄에 갈음하여' 내란목적단체조직죄를 신설한다고 한 것에 비추면, 단체조직의 선전·선동을 처벌하는 조항은 현재의 국가보안법도 처벌하지 않는 것을 처벌 대상으로 한 것이어서 국가보안법 폐지의 취지에도 맞지 않고, 결사의 자유와 표현의 자유를 과도하게 제한하는 것이어서 부적절하다.

또 위 형법개정안에서는 형법 제98조 간첩죄의 개정 주요 내용을 '적국의 개념을 외국 또는 외국인의 단체로 확장하되, 국익을 해할 것을 구성요건에 추가하여 남용의 소지를 제거함'이라고 설명하는데, 실제 개정안 조문 내용에는 '적국'을 '외국 또는 외국인의 단체'로 바꾸는 것만 들어있을 뿐 남용을 막기 위한 별도의 구성요건을 추가하는 내용은 들어있지 않다. 이미 형법 제102조[43]가 '적국'에 '대한민국에 적대하는 외국 또는 외국인

과 변화 필요성을 거칠고 폭력적인 언사로 표현하는 경우 그로 인한 내란 결의의 유발이나 증대라는 내심의 동요 가능성이 있다고 하여 곧바로 그 행위를 내란선동죄로 처벌할 수 있게 하는 것이 된다. 이는 내란선동죄의 처벌범위를 지나치게 확장하는 것이다." 대법원 2015. 1. 22. 선고 2014도10978 전원합의체 판결 중 내란선동 유죄판단 부분에 대한 이인복, 이상훈, 김신 대법관의 반대의견.

42 강구진은 형법 제88조 내란목적 살인, 내란의 단순관여자에 대한 미수처벌, 내란죄의 선전·선동죄 등의 삭제와 아울러 제91조 '국헌문란의 정도'도 자유로운 민주공화국의 헌법 이념에 알맞게 더욱 상세하고 명확하게 할 필요가 있다고 주장하였다. 강구진, 「국가적 법익에 관한 죄」, 『형법 개정의 제논점』, 형사법개정특별심의위원회, 1985, 224-225쪽(박원순b, 『국가보안법연구 3』, 215쪽에서 재인용).

43 형법 제102조(준적국) 제93조 내지 전조의 죄에 있어서는 대한민국에 적대하는 외국 또는 외국인의 단체는 적국으로 간주한다.

의 단체'도 포함하고 있어, 위 개정이 국가보안법 폐지의 전제조건인 것도 아니다. 교전이나 휴전상태에 있지 않은 외국, 예를 들어 미국이나 일본과 같은 나라에 대해서는 형법상 간첩죄를 적용할 수 없어 차제에 간첩죄를 확대해야 한다는 주장이 있으나, 이는 국가보안법 폐지와는 별도로 논의할 문제다. 또 정보의 공개와 교류가 더욱 활발해지고 있는 국제적 추세에 비추면 간첩죄 확대에는 신중할 필요가 있다. 다른 외국과 달리 북한에 대해서만큼은 국가기밀이 누설되지 않게 할 필요가 있어 형법상 간첩죄를 손질해야 한다는 의견도 제기되나, 형법을 적용할 때는 북한도 다른 외국과 동등하게 대우하면 족하다.

대체입법 또는 형법보완이 필요한지 여부에 대한 질문은, 곧 국가보안법이 왜 존재하는지에 대한 질문이다. 지금의 국가보안법이 존재할 타당한 이유가 없다면 대체입법도 형법보완도 필요 없다. 형법 개정은 형법의 국가보안법화[44]를 가져올 뿐이다.

5. 헌법이 실현되는 사회를 위하여

대한민국 정부 수립 이후 일어난 인권침해 사건들의 근저에는 국가보안법 체제가 있다.[45] 국가보안법이라는 '숨은 헌법'은 정치적 갈등이 국가의 정당성 문제를 다툴 정도로 격화될 때 '데우스 엑스 마키나deus ex machina'처럼 등장하는 초월적 최종심급이기를 그친 적이 없다.[46] 반민주적 집권세력이 공안수사기관의 위헌적 강제수사를 통해 인권을 유린해온

---

44 민주주의법학연구회, 위의 글, 446쪽.
45 이재승a, 위의 책, 498쪽.
46 김항, 「분단의 기억, 기억의 정치」,《인문논총》제73권 제2호, 서울대학교 인문학연구원, 2016, 364쪽.

역사의 과오를 제대로 청산하려면, 그 법적 근거였던 국가보안법 폐지가 필수다. 국가보안법을 전면 폐지하고 국가보안법이라는 이름 자체를 없애는 것은 사상과 정치적 의견을 이유로 생각과 말을 처벌해온 반인권의 과거에서 벗어나는 가장 선명한 표지다. 재범 시 법정형을 일률적으로 사형으로 올리는 야만을 극복하기 위해 국가보안법을 없애야 한다. 국가보안법 폐지야말로 국가의 기본권 보호의무를 이행하고 피해자들에게 근본적인 구제를 제공하는 가장 정당하고 적절한 방법이다. 사상과 정치적 의견이 다르다는 이유로 자행된 예방학살과 형사처벌, 수없이 되풀이되어온 혐오와 사회적 배제의 근거는 바로 국가보안법이었다. 자유로운 생각과 토론, 서로 다른 사람들 사이의 공존이라는 헌법적 가치는 국가보안법으로 인해 철저히 부정되어왔다. 국가보안법을 없애야 헌법의 원칙이 관철되는 법체계와 정치 현실을 만들 수 있다.

헌법재판소와 사법부는 법규범의 자의적 적용 가능성 내지 추상성을 가능한 한 극복하기 위해 구성요건을 엄격하게 해석하고 각 조문에 대해 위헌임을 선언하면서 국가보안법의 자의적 적용 문제를 줄여나갈 책무를 진다. 그러나 이것이 국가보안법이 위헌적 법률이라는 전체적 문제점을 해소하는 방법이 될 수는 없다. 국가보안법의 일부 조문을 위헌선언하거나 좁게 해석하는 것만으로는 문제를 근본에서 해결할 수 없다. 1991년 개정 이래로 국가보안법에 대한 헌법재판소 결정과 대법원판결은 그 이전의 국가보안법 위반사건에서 보인 태도에서 본질적으로 변경되지 않았다. 국가보안법의 문제는 사법부의 판결로 해결될 수 있는 것이 아니라, 입법자인 국회와 그 국회의원을 선출하는 국민의 몫으로 핵심이 이전되었다는 사실을 극명하게 나타내는 것이다.[47] "명백하고 현존하는 위험의 정도에

---

47 이덕인, 「1991년 개정국가보안법 운영의 실증적 검토」, 《사회과학논집》 제24집 제1호, 연세대학교 사회과학연구소, 2006. 6., 188쪽.

이르지 못한 행위를 처벌할 것을 요구하는 현행 국가보안법 조항은 여전히 위헌성의 요소를 제거하지 못한 것"이고, "위헌적 요소가 제거되지 못한 국가보안법은 마땅히 폐지되거나 근본적으로 개정되어야"[48] 한다는 점은 이미 2008년 대법원 전원합의체 판결에서 박시환 대법관이 별개 의견에서 명언한 것이기도 하다.

국가보안법이 만들어진 시대적 배경은 크게 두 가지였다. 일제 강점에서 벗어나자마자 다수 민족구성원의 열망과 달리 분단으로 떠밀려 남북 간 군사적 대결을 겪어야 했던 한반도 상황과 제2차 세계대전 이후 평화에 대한 인류의 소망을 배반하고 냉전의 소용돌이에 휩싸인 체제 대립이 그것이다. 국제적으로 냉전이 사라진 지 이미 30여 년이 지났다. 군사분계선에서 전쟁이 멈춘 것이 70여 년 전이다. 국가보안법이 만들어진 두 가지 조건은 오래전에 사라졌다. 우리 국민은 스스로의 힘으로 정치적 민주주의를 성취해왔고 지금도 경제적 평등과 사회적 다양성을 이루기 위해 나아가고 있다. 그러나 유독 남북관계는 여전히 멈춰있고 분단 극복의 새 모습은 아직 눈앞에 그려지지 않는다. 다른 사상과 생각을 혐오하고 배제하는 현상은 굳어지고, 자기검열이 무의식적 일상이 되었다. 국가보안법이 한국 사회를 장악하고 국민들의 머릿속을 점령해왔기 때문이다.

지금은 한국 문화가 세계인과 호흡하는 시대다. 우리 국민은 세계 모든 곳과 교류하면서도 북한과는 완벽하게 차단된 채 대립 상태에 머물러 있다. 남북관계에만 남아 있는 폐쇄와 단절을 걷어내려면 국가보안법을 없애야 한다. 헌법이 국민 각자에게 지운 평화통일 노력 의무를 이행하기 위해서라도 국가보안법을 폐지하는 것은 필요 최소한의 조치다. 헌법 위의 악법, 국가보안법을 폐지하자.

---

[48] 대법원 2008. 4. 17. 선고 2004도4899 전원합의체 판결 중 박시환 대법관의 별개 의견.

참고문헌

[단행본]

국가정보원, 『북한법령집: 上』, 2020.

권영성, 『헌법학원론』, 법문사, 2006.

김남식, 『21세기 우리민족 이야기』, 통일뉴스, 2004.

김남주, 『사랑의 무기』, 창작과비평사, 1989.

김대휘 · 김신, 『주석형법(각칙 1)』, 한국사법행정학회, 2017.

김동춘a, 『전쟁정치』, 도서출판 길, 2013.

김명호, 『중국인 이야기 3』, 한길사, 2014.

김병진, 『보안사』, 소나무, 1988.

김상숙 · 박은성 · 임채도 · 전명혁 · 한성훈 · 홍순권, 『한국현대사와 국가폭력』, 푸른역사, 2019.

김연철a, 『냉전의 추억』, 후마니타스, 2009.

김연철b, 『협상의 기술』, 휴머니스트, 2016.

김일수, 『법, 인간, 인권 : 법의 인간화를 위한 변론』, 박영사, 1996.

김정기a, 『국회프락치사건의 재발견 II』, 도서출판 한울, 2008.

김정기b, 『국회프락치사건의 증언』, 한울엠플러스(주), 2021.

김정남 · 한인섭, 『그곳에 늘 그가 있었다』, 창비, 2020.

김충식, 『남산의 부장들 I』, 동아일보사, 1993.

김학민, 『만들어진 간첩』, 서해문집, 2017.

김형태, 『지상에서 가장 짧은 영원한 만남』, 한겨레출판, 2013.

김효순, 『조국이 버린 사람들 – 재일동포 유학생 간첩 사건의 기록』, 서해문집, 2015.

김희옥·박일환, 『주석 형사소송법(Ⅱ)』, 한국사법행정학회, 2017.

노중선, 『남북대화백서』, 도서출판 한울, 2000.

박상옥·김대휘, 『주석 형법[총칙 1]』, 한국사법행정학회, 2020.

박완서, 『그 산이 정말 거기 있었을까』, 웅진출판, 1995.

박원순a, 『국가보안법연구 2』, 역사비평사, 1992.

박원순b, 『국가보안법연구 3』, 역사비평사, 1992.

문영심, 『탈북마케팅』, 오월의봄, 2021.

문익환, 『두 손바닥은 따뜻하다』, 사계절, 2018.

문인구, 『신국가보안법개론』, 경찰도서출판협회, 1959.

문준영, 『법원과 검찰의 탄생』, 역사비평사, 2010.

민주사회를 위한 변호사모임, 『헌법 위의 악법』, 삼인, 2021.

서승, 『옥중 19년』, 진실의 힘, 2018.

성낙인, 『헌법학』, 법문사, 2020.

신동엽, 『신동엽 전집』, 창작과비평사, 1975.

신동운a, 『형사법령제정자료집(1) 형법』, 형사정책연구원, 1990.

심지연, 『남북한 통일방안의 전개와 수렴』, 돌베개, 2001.

오제도, 『국가보안법 실무제요』, 서울지방검찰청, 1949.

유영구, 『남북을 오고 간 사람들』, 도서출판 글, 1993.

이광빈·이진, 『힙 베를린, 갈등의 역설』, 이은북, 2021.

이경주, 『평화권의 이해』, ㈜사회평론, 2014.

이재승a, 『국가범죄』, 도서출판 앨피, 2010.

이효원, 『통일법의 이해』, 박영사, 2014.

임영태a, 『북한50년사 Ⅰ』, 들녘, 1999.

임영태b, 『한국에서의 학살』, 통일뉴스, 2017.

임헌영·유성호, 『문학의 길 역사의 광장』, 한길사, 2021.

장주영, 『미국 수정헌법 제1조와 표현의 자유 판결』, 육법사, 2015.

정인섭, 『신국제법강의』, 박영사, 2018.

정경식·이외수, 『신국가보안법』, 박영사, 1987.

정봉화, 『북한의 대남전략』, 한울아카데미, 2005.

정창현, 『남북정상회담』, 도서출판 선인, 2014.

차강진,『헌법강의』, 청출어람, 2014.

최원기·정창현,『남북정상회담 600일』, 김영사, 2000.

한국법제연구모임,『국가보안법개정의견』, 사람과 생각사, 1989.

한상범,『현대법의 역사와 사상』, 나남출판, 2001.

한승헌a,『불행한 조국의 임상노트』, 일요신문사, 1997.

한승헌a,『한 변호사의 고백과 증언』, 한겨레출판, 2009.

홍성우·한인섭,『인권변론 한 시대 : 홍성우 변호사의 증언』, 경인문화사, 2011.

황교안,『국가보안법』, 박영사, 2011.

[논문 및 보고서]

강성현a,「전향에서 감시·동원, 그리고 학살로: 국민보도연맹 조직을 중심으로」, 《역사연구》제14호, 역사학연구소, 2004.

강성현b,「한국전쟁 전 정치범 양산 '법계열'의 운용과 정치범 인식의 변화」,《사림》제36호, 수선사학회, 2010.

강성현c,「1945-50년 '檢察司法'의 재건과 '사상검찰'의 '反共司法'」,《기억과 전망》겨울호(통권 25호), 민주화운동기념사업회, 2011.

강성현d,「한국의 국가 형성기 '예외상태 상례'의 법적 구조」,《사회와 역사》제94집, 한국사회사학회, 2012.

강성현e,「'아카'(アカ)와 '빨갱이'의 탄생 — '적(赤-敵) 만들기'와 '비국민'의 계보학」,《사회와 역사》제100집, 한국사회사학회, 2013.

강일신,「실제적 조화원칙에 관한 연구」, 헌법재판연구원, 2019.

강재원,「국제인권법의 시각에서 본 표현의 자유」,《사법논집》제28집, 법원도서관, 2015.

국가인권위원회,「유엔 인권조약기구 일반논평 및 일반권고 – 자유권규약위원회 일반논평, 고문방지위원회 일반논평」, 2020.

국방부과거사진상규명위원회,「종합보고서」3권, 2007.

국정원과거사건진실규명을통한발전위원회a,「과거와 대화 미래의 성찰 – 주요 의혹사건편 上권(II)」, 국가정보원, 2007.

국정원과거사건진실규명을통한발전위원회b,「과거와 대화 미래의 성찰 – 학원·간

첨편(Ⅵ)」, 국가정보원, 2007.

국회법제실, 「국가기밀보호관련 법령의 정비방안」, 국회입법조사처, 2007. 11.

권형준, 「거주·이전의 자유에 관한 연구」, 《법학논총》 제25집 제3호, 한양대학교 법학연구소, 2008.

김경미, 「단정수립 후 전향장치와 전향자들의 내러티브 – '양심서'를 중심으로」, 《반교어문연구》 제34집, 반교어문학회, 2013.

김대휘·김신, 『주석형법(각칙 1)』, 한국사법행정학회, 2017.

김도형, 「사회주의노동자연합 사건」, 『2008-2010 국가보안법 보고서』, 민주사회를 위한 변호사모임 국가보안법 연구모임 편저, 민주사회를 위한 변호사모임, 2011.

김동춘b, 「'간첩만들기'의 전쟁정치: 지배질서로서 유신체제」, 《민주사회와 정책연구》 통권 21호, 한신대학교 민주사회정책연구원, 2012.

김동춘c, 「한국전쟁 시기의 인권침해 – 한국정부, 군과 경찰의 인권침해를 중심으로」, 《사회와 역사》 제124집, 한국사회사학회, 2019.

김득중, 「부역자 처벌의 논리와 법의 외부」, 《사회와 역사》 제103집, 한국사회사학회, 2014.

김명희, 「한국의 국민형성과 '가족주의'의 정치적 재생산 – 한국전쟁 좌익 관련 유가족들의 생애체험 및 정치사회화 과정을 중심으로」, 《기억과 전망》 21호, 민주화운동기념사업회, 2009. 12.

김범수·김병로·김학재·김희정·박원호·이종민·최규빈·임경훈·최현정, 「2020 통일의식조사」, 서울대학교 통일평화연구원, 2021.

김병운, 「국가보안법 제4조 제1항 제2호 나목 소정의 국가기밀」, 형사실무연구회, 『형사재판의 제문제』 제2권, 박영사, 1999.

김상겸, 「개인정보보호와 감청에 관한 헌법적 연구」, 《비교법연구》 제10권 3호, 동국대학교 비교법문화연구소, 2010.

김상범, 「북한의 무력행위에 대한 대남 사과·유감 표명 사례 연구」, 경남대학교 극동문제연구소, 2020.

김선수, 「국가보안법 총괄발제」, 「국가보안법 완전 철폐를 위한 토론회 발제문」, 민가협 외, 1990. 10.

김선일, 「기획–국제인권규약 해설/제12조 거주·이전의 자유」, 《공익과 인권》 제2권 제2호, 서울대학교 공익인권법센터, 2005.

김재현a, 「형법상 간첩죄 규정에 대한 개선방안」, 《법학연구》 제26권 제4호, 연세대학교 법학연구원, 2016. 12.

　　김재현b, 「형법상 국가기밀의 개념」, 《안보형사법연구》 제1권 제1호, 한국안보형사법학회, 2017.

　　김정인, 「분단의 비극서사, 간첩'들'의 탄생」, 《사학연구》 제138호, 한국사학회, 2020. 6.

　　김종군a, 「분단체제 속 국가폭력과 분단 트라우마의 혼재」, 《통일인문학》 74호, 건국대학교 인문학연구원, 2018. 6.

　　김종군b, 「한국인의 분단적대성 구축 서사의 유형과 의미」, 《통일인문학》 제81집, 건국대학교 인문학연구원, 2020. 3.

　　김지수, 「프랑스 헌법상 왕래의 자유에 대한 고찰」, 《세계헌법연구》 제26권 제1호, 세계헌법학회 한국학회, 2020.

　　김향, 「분단의 기억, 기억의 정치」, 《인문논총》 제73권 제2호, 서울대학교 인문학연구원, 2016.

　　김현경, 「고문폭력 생존자가 반추한 고문의 고통 체험」, 《사회복지연구》 제42권 제2호, 2011.

　　김현귀, 「북한주민의 공법상 지위와 남북한 특수관계론」, 『2019 통일학술대회 자료집』, 헌법재판연구원, 2019.

　　김호정, 「간첩죄 관련 형법 개정 방안」, 《외법논집》 제40권 제1호, 2016. 2.

　　김희훈, 「일제강점기 후반 사상전향과 전향 관변단체 그리고 사상전향의 유산」, 《한일관계사연구》 제69집, 한일관계사학회, 2020.

　　도회근, 「남북한관계와 통일에 관한 헌법학적 연구와 과제」, 『통일과 헌법재판 3』, 헌법재판연구원, 2018.

　　류지영, 「군사기밀과 죄형법정주의」, 《중앙법학》 제21권 제3호, 중앙대학교 중앙법학회, 2019.

　　류병운, 「국제법의 법원法源으로서 '1992년 남북기본합의서'의 성격」, 《홍익법학》 제13권 4호, 홍익대학교 법학연구소, 2012.

　　문준조, 「중국과 대만의 인적교류법제」, 한국법제연구원, 2004.

　　민주주의법학연구회, 2004. 9. 8., 「국가보안법의 완전폐지만이 정답이다 – 국가보안법개폐론에 대한 민주주의법학연구회 성명서」, 《민주법학》 제27호, 2005.

　　민주화실천가족운동협의회, 「국가보안법 적용상에서 나타난 인권실태」, 국가인권위원회 연구용역 보고서, 2004.

박근나, 「북한 연방제 통일방안의 변화 연구」, 조선대학교 정치외교학과 석사학위 논문, 2006. 8.

박래군, 「국가보안법 폐지 국면을 주체적으로 준비하기 위한 제언」, 『2008-2010 국가보안법 보고서』, 민주사회를 위한 변호사모임 국가보안법 연구모임 편저, 민주사회를 위한 변호사모임, 2011.

박성호, 「국가보안법에 있어 '국가기밀'의 의미」, 《민주사회를 위한 변론》 통권 30호(1999년 6/7월호), 민주사회를 위한 변호사모임, 1999.

박정원, 「남북교류와 남북기본합의서」, 『통일과 헌법재판 3』, 헌법재판연구원, 2018.

박훈민, 「남북교류협력법에 관한 연구」, 한국법제연구원, 2018.

백영철, 『분단을 넘어 통일을 향해』, 건국대학교 출판부, 2000.

백학순, 「북한의 대남전략」, 세종연구소 북한연구센터 엮음, 『북한의 국가전략』, 도서출판 한울, 2003.

백형구, 「불고지죄의 법리」, 《사법행정》 1989년 9월호.

손동권, 「형사사법의 정비방안」, 《비교형사법연구》 제8권 제1호, 한국비교형사법학회, 2006.

신동운b, 「형법과 국가보안법의 관계에 관하여 – 형법전의 제정경위를 중심으로」, '국가보안법 어떻게 볼 것인가' 토론회 주제발표문, 《인권과 정의》 339호, 대한변호사협회, 2004. 11.

신종호, 「중국–대만간 교류협력의 특징 및 남북관계에 대한 시사점」, 경기개발연구원, 2010.

심희기·이석수, 「국가보안법의 운영실태와 개정방안」, 한국형사정책연구원, 2004.

엄순영, 「사법적 폭력과 법치주의」, 《민주법학》 제61호, 민주주의법학연구회, 2016.

오병두, 「국민보도연맹과 예비검속」, 《민주법학》 제43호, 민주주의법학연구회, 2010.

오승철, 「부작위에 의한 양심실현의 자유」, 《헌법학연구》 15권 2호, 한국헌법학회, 2009.

유형석, 「국가 승인이론의 재검토」, 《법학연구》 33호, 한국법학회, 2009.

이규창, 「남북합의서의 법적 성격 및 효력에 관한 연구」, 《통일정책연구》 15권 2호, 통일연구원, 2015.

이덕인, 「1991년 개정국가보안법 운영의 실증적 검토」,《사회과학논집》제24집 제1호, 연세대학교 사회과학연구소, 2006. 6.

이기동, 「북한의 8차 당대회 당규약 분석」,《이슈브리프》267호, 국가안보전략연구원, 2021. 6. 4.

이봉범a, 「단정수립 후 전향의 문화사적 연구」,《대동문화연구》제64집, 성균관대학교 대동문화연구원, 2008.

이봉범b, 「냉전 금제와 프로파간다 – 반란, 전향, 부역 의제의 제도화와 내부냉전」,《대동문화연구》제107집, 성균관대학교 대동문화연구원, 2019.

이용일, 「독일의 분단과 통일의 국제법적 과정」,《국제법 동향과 실무》통권 제8호, 외교통상부 조약국, 2004.

이장희, 「북한의 법적 지위」,『통일과 헌법재판 3』, 헌법재판소 헌법재판연구원, 2018.

이재승, 「분단체제 아래서 재일 코리언의 이동권」,《민주법학》제52호, 민주주의법학연구회, 2013. 7.

이준일, 「이산가족의 가족에 관한 권리」,《헌법논총》제25권, 2014.

이태엽, 「비밀의 보호와 헌법상 기본권 간의 조화」,《인권과 정의》2020년 8월, 대한변호사협회, 2020.

임유경, 「불고지죄와 증언」,《역사비평》2017. 5., 역사비평사.

장영철, 「일반적 행동자유권에 관한 고찰」,《서울법학》제28권 제1호, 서울시립대학교 법학연구소, 2020. 5.

전명혁, 「1920년대 '사상사건思想事件'의 치안유지법 적용 및 형사재판과정」,《역사연구》제37호, 역사학연구소, 2019.

전학선, 「통신의 자유와 통신차단장치」,《헌법학연구》제7권 4호, 한국헌법학회, 2001.

전희식, 「김낙중은 과연 간첩인가 4 – 안기부에서의 48시간」,《월간 길》1992년 10월.

정선미, 「1949년-1950년 국가보안법 판례분석 – 부산지방법원의 판례를 중심으로」,《지역과 역사》37호, 부경역사연구소, 2015. 10.

정태욱, 「불고지죄에 대하여」,《민주법학》제3호, 민주주의법학연구회, 1989.

진실·화해를위한과거사정리위원회a, 「2008년 상반기 조사보고서」제3권, 2008.

진실·화해를위한과거사정리위원회b, 「진실화해위원회 종합보고서Ⅳ」, 2010.

천상병, 『천상병 전집 : 시』, 평민사, 2018.

통일원, 「남북기본합의서 해설」, 1992.

최규환, 「헌법재판소의 법률해석」, 헌법재판연구원, 2020.

최종길, 「식민지 조선과 치안유지법의 적용 – 1926·27년을 중심으로」, 《한일관계사연구》 30집, 한일관계사학회, 2008.

한인섭, 「분단과 통일, 그리고 법」, 《법과 사회》 제5호, 법과사회이론학회, 1992.

홍석률, 「박정희 정권기 국가폭력과 인권침해」, 대통령소속 의문사진상규명위원회, 『의문사진상규명위원회 보고서 : 2차(2003. 7.–2004. 6.) – 진실을 향한 험난한 여정』, 2004.

후지이 다케시, 「4·19/5·16 시기의 반공체제 재편과 그 논리 – 반공법의 등장과 그 담지자들」, 《역사문제연구》 제25호, 역사문제연구소, 2011.

황병주, 「1960–70년대 간첩 담론」, 《사학연구》 제138호, 한국사학회, 2020. 6.

[남북합의문]

통일부 통일교육원, 『2020 통일문제 이해』
– 7·4 남북공동성명(1972)
– 남북 사이의 화해와 불가침 및 교류·협력에 관한 합의서(1991)
– 한반도 비핵화 공동선언(1992)
– 6·15 남북공동선언(2000)
– 남북관계 발전과 평화번영을 위한 선언(10·4 선언)(2007)
한반도의 평화와 번영, 통일을 위한 판문점선언(판문점선언)(2018)
평양공동선언(2018)
판문점선언 군사 분야 이행합의서(2018)
개성공업지구와 금강산관광지구 출입 및 체류에 관한 합의서
55주년 광복절 경축식 대통령 연설문
72주년 광복절 경축사

[외국 서적 및 논문(번역)]

로버트 소이어 저, 이상호·윤시원·이동원·박영실 역,『주한미군사고문단사』, 도서출판 선인, 2018.

버트런드 러셀, 송은경 옮김,『인생은 뜨겁게－버트런드 러셀 자서전』, 사회평론, 2014.

소포클레스 지음, 천병희 옮김,『안티고네』, 문예출판사, 1983.

슈테판 쯔바이크 지음, 정민영 옮김,『에라스무스 평전』, 아름미디어, 2006.

아이리스 M. 영 지음, 허라금·김양희·천수정 옮김,『정치적 책임에 관하여』, 이후, 2013.

UN OHCHR 펴냄, 국제인권법연구회 번역,『국제인권법과 사법』, 2014.

水野直樹(Mizuno Naoki) 저, 이영록 옮김,「번역: 조선에 있어서 치안유지법 체제의 식민지적 성격」,《법사학연구》제26권, 한국법사학회, 2002.

[유엔총회 문서]

United Nations Resolution 195(III)

UN General Assembly, 「Report of the Committee against Torture」, Fifty-second Session Supplement No.44(A/52/44), 1997. 9. 10.

Situation of human rights in the Democratic People's Republic of Korea, A/72/394, 2017. 10. 18., Report of the Special Rapporteur on the situation of human rights in the Democratic People's Republic of Korea

[자유권규약위원회 문서]

General comment No. 6: Article 6 (Right to life), 1982

General comment No. 12: Article 1 (Right to self determination), 1984

General comment No. 19: Article 23 (The family), 1990

General comment No. 20: Article 7 (Prohibition of torture, or other cruel, inhuman or degrading treatment or punishment), 1992

General Comments under article 40, paragraph 4 of the International Covenant on Civil and Political Rights, General Comment No. 25 (57) 1/1, 1996

General Comment No. 27 Freedom of movement (article 12), 1999

General comment No. 34 Article 19: Freedoms of opinion and expression

General comment No. 36: Article 6 : right to life, 2019

유엔 자유권규약위원회 최종권고(2015. 11. 5.) Concluding observations on the fourth periodic report of the Republic of Korea

[국회속기록]

국회속기록 – 제헌국회 제1회 제99차 본회의(1948. 11. 9.)

국회속기록 – 제헌국회 제5회 제56차 본회의(1949. 12. 2.)

국회회의록 – 17대 제262회 국정감사 법제사법위원회(2006. 11. 1.)

[기타 문서]

경찰청, 「1997년, 1998년 경찰 특진 내역」, 1998년 행정자치위원회 국정감사 제출 자료.

경찰청, 「2016-2017년 경찰 포상 및 특진 현황」, 2017년 11월 박찬우 의원 제출 자료.

국가기록원, '주한미군 철수' 아카이브.

남북회담사무국, 《남북대화》 제46호(1988. 10.-1988. 12), 통일원.

남북회담사무국, 《남북대화》 제47호(1989. 1.-1989. 4), 통일원.

남북회담사무국, 《남북대화》 제50호(1990. 4.-1990. 8.), 통일원.

대한민국 정책브리핑(www.korea.kr), 2004. 9. 8., 「국가보안법 제정 배경」

대한민국 정책브리핑(www.korea.kr), 2004. 9. 8., 「국가보안법 개정사」

동서독기본조약에 대한 독일 연방헌법재판소 판결 전문, 『통일과 헌법재판 1』, 헌법재판연구원, 2016.

박정희, 「예비검속자 제헌절 출감조치에 대한 담화」, 1961. 7. 17., 『박정희 대통령 연설문집 1집 최고회의편』, 대통령 비서실, 1973.

이재정 국회의원 질의에 대한 법무부 답변자료, 2020. 3.

이종득, 「국가보안법 등」, 법제처, 법령해설(1949. 12. 국가보안법 개정 법령에 대한 해설).

이종득, 「국가보안법 등」, 법제처, 법령해설(1959. 12. 26. 법률 제500호로 폐지제 정된 국가보안법에 대한 해설).

통일부, 「이산가족정보통합시스템」, 이산가족등록현황.

투명사회를 위한 정보공개센터, 2014. 9. 19., 「경찰 특별승진 현황」

[언론 보도]

국민일보, 2018. 1. 28., 「"웃기고 있네…자백한 그들이 원인제공" 당당했던 간첩 조작사건 가해자들」

경기신문, 2020. 10. 15., 「김용민 의원 "공무원들의 국가보안법 포상금 잔치…사건 조작해도 환수 안해"」

경인일보 2016. 12. 4., 「교사출신 40代 탈북민 '김일성 3부자' 찬양 글 국가보안법 위반 기소」

경향신문, 2012. 6. 15., 「학림사건 피해자 31년 만에 무죄 확정」

경향신문, 2012. 11. 8., 「북, 조건마련 시 북남경협 빠르게 추진」

경향신문, 2015. 2. 8., 한승헌, 「의혹과 진실 – 한승헌의 재판으로 본 현대사(18) : 동백림 거점대남 공작단 사건」

경향신문, 2019. 7. 27., 「38년이 지난 오늘…국가의 고문은 끝났습니까」

노컷뉴스, 2005. 7. 19., 「"고문의 추억" 보안분실 40여 개나 남아 있다 – 외부접근 불가능…특진제도와 맞물려 "밀실 강압수사" 우려 커」

노컷뉴스, 2014. 3. 18., 「한겨레사옥 때려 부수던 백골단 눈에 선해」

뉴스데일리, 2017. 10. 11., 「진선미 의원 "국가보안법사범 10명 중 7명은 경찰이 검거"」

뉴스1, 2014. 5. 16., 「'남조선해방전략당 사건' 사형된 권재혁 씨 재심 무죄」

동아일보, 1949. 11. 5., 「'남로당원 자수주간' 중 자수자의 40%가 비당원」

매일경제, 2019. 7. 10., 「'간첩신고' 허위로 밝혀지면 국가보안유공자 상금 환수」

미디어오늘, 2018. 10. 10., 「[단독] 조선일보 '청룡봉사상', 징계할 경찰도 포상」

민플러스, 2021. 6. 7., 「분단체제에 맞서 물러섬이 없었던 삶, 양원진 선생」

법률신문, 2009. 5. 23., 「'아람회' 재심사건 무죄, "사법부 역할 다하지 못해"」

법률신문, 2020. 6. 30., 「'박정희 정권 전복 모의' 故 원충연 대령, 재심서도 '유죄'」

시민의 신문, 2005. 5. 23., 「특진·상금이 공안사건 '생산'」

시민의 신문, 2005. 5. 23., 「놀고 먹지만, 특진 더 많아」

시사인, 2019. 3. 26., 「6년만에 드러난 '유우성 간첩조작사건' 진실」

연합뉴스, 2002. 5. 14., 「경찰특진제, 김준배 의문사 한 원인」

연합뉴스 2016. 8. 15., 「북한공작원과 연계…군용 타이어 밀반출하다 덜미」

오마이뉴스, 2017. 12. 3., 「[단독] 류경식당 기획 탈북 의혹, 유엔 총회서 보고됐다」

오마이뉴스, 2018. 9. 10., 「"북한산 명태 팝니다" 이 글 하나로 보안수사대 표적이 됐다 – 탈북민에게는 더욱 가혹한 국가보안법」

인권하루소식, 1997. 2. 26., 「〈자료요약〉'구국전위' 이광철 씨 항소심 무죄 판결문-공지사실 '국가기밀누설' 적용 안 돼」

인권하루소식, 2001. 4. 21., 「'북한방문해서 지령받았다', 미국 시민권자 기소」

전북일보, 2002. 5. 8., 「함운경 씨 불고지죄 벌금」

제주일보, 2008. 12. 19., 「간첩혐의 故 이장형 씨 재심서 무죄」

중앙일보, 1969. 6. 9., 「피카소 찬양은 위법」

중앙일보, 1988. 7. 22., 「인적·물적 교류활성화 뒷받침 '남북교류 특례법' 만들기로」

중앙일보, 1989. 7. 3., 「'불고지죄' 적용 놓고 논란」

중앙일보, 1990. 1. 18., 「박철언 장관 작년 6월30일 방북/1박2일 체류」

조선일보, 1998. 2. 27., 「[대법] '불고지혐의' 허인회씨 유죄 확정」

조선일보, 2001. 11. 4., 「[대법] 간첩 만난 함운경 씨, 불고지 혐의 '유죄'」

조선일보, 2021. 6. 24., 「박지원 "간첩 잡는 게 국정원, 국보법 폐기 안 돼"」

통일뉴스 2001. 3. 29., 「美언론 시민권자 송학삼 씨 구속사건 보도」

통일뉴스, 2006. 4. 3., 「〈통일시론〉 '북침훈련' 막았다고 고발조치하다니」

프레시안, 2003. 10. 2., 「"대북밀사 때 극우, 미일 견제 심했다" – 구해우의 '한반도

워치〉〈19〉박철언 전 장관 인터뷰」

한겨레, 1996. 10. 7., 김형태, 「인간에 대한 예의」

한겨레, 1999. 4. 13., 「마구잡이 보안법 수사…특진-포상제가 부채질」

한겨레, 2005. 7. 15., 「함주명 씨, 간첩누명 22년만에 벗었다」

한겨레, 2007. 10. 2., 「59년 '금단의 선' 넘은 한걸음, 평화의 이정표로」

한겨레, 2010. 4. 25., 한홍구, 「'인혁당' 기소 검사 승승장구…항명 검사 좌천
-사표」

한겨레, 2011. 11. 14., 「세계 최악의 사법살인, 조작부터 사형까지 '박정희 작품'
김정남의 '증언, 박정희 시대' ③ 인혁당 재건위 사건 〈상〉」

한겨레, 2014. 8. 1., 「"원정화는 경찰이 개설해준 이메일로 북과 교신"」

한겨레, 2014. 11. 2., 「E.H.카 책 소지했다고 옥살이…32년 만에 '간첩 누명' 벗
었다」

한겨레 2014. 11. 14., 「탈북자 양심선언 포상금 노리고 유우성이 간첩이라 증언
했다」

한겨레, 2015. 10. 29., 「유우성 씨 간첩 사건 증거 조작 국정원 직원 유죄 확정」

한겨레신문, 2017. 12. 10., 「국가보안법 위반죄로 경찰조사받은 '평양시민' 김련
희 씨」

한겨레, 2018. 4. 29., 「판문점선언에는 남북연합 통일방안이 숨어 있다」

한겨레, 2019. 11. 4., 「한국 '여권 파워' 미국 제치고 세계 2위」

한겨레, 2020. 7. 6., 「인혁당 피해자 '빚 고문'한 국정원, 법원 조정안도 거절」

한겨레, 2020. 9. 18., 「'조작 간첩'의 딸」

한겨레, 2021. 5. 4., 「마침내 70년 만에 만나는, 피카소 '한국에서의 학살'」

JTBC, 2019. 2. 7., 「'유우성 간첩조작'…법무부, 허위 진술에 보상금」